기초와 응용 실습을 중심으로 한

Allegro OrCAD PCB 설계

제 3 판

차태호, 허찬욱 공저

B.C.Info

머리말

최근 IT 산업은 정보통신, 자동차 전장, 메카트로닉스, 멀티미디어, 컴퓨터 등의 발전과 더불어 임베디드, 모바일 제품이 다양하게 출시되고 변화되고 있습니다. 특히 모바일 산업에서는 소프트웨어 개발과 더불어 제품의 소형화로 회로설계가 복잡해지고 있습니다. 또한 빠른 동작속도와 저전력의 요구가 증가되고 있습니다.

이에 따라 PCB 산업도 관련 산업의 시장 추이에 민감하게 영향을 받아 초고속, 고성능의 전자기기에 대해 신속하고 정확하게 회로를 설계하고 동작을 검증할 수 있는 Tool의 개발로 이어지고 있습니다.

Cadence(OrCAD)사는 야기되는 여러 환경에서 정확하고 충분히 검증할 수 있는 Tool을 제공함으로서 PCB 설계에 관심있는 엔지니어에게 강력한 환경을 제공하고 있습니다.

이 책은 Cadence사의 Allegro OrCAD Ver16.6을 기본으로 기본적인 사용법과 실무예제를 통해 활용능력 배양에 중점을 두었습니다. 이 교재는 크게 3개의 Part로 구성되어 있습니다. Part 1은 OrCAD Capture를 사용한 회로도 작성과 관련된 응용프로그램을 설명하고 실습을 수행할 수 있도록 하였습니다. Part 2는 PCB Editor를 이용한 PCB 설계방법과 관련된 명령어 실습을 하도록 하였습니다. 특히 4장을 통해 에칭 실습을 할 수 있도록 구성되어 있습니다. Part 3은 PCB 설계실습을 따라 하기를 통해 회로도 작성에서 PCB 설계 및 거버 파일 작성까지의 각 과정을 실습과정하고, 5장에서는 가공기에 의한 제작을 통해 납땜까지 해볼 것입니다.

이 책의 미흡한 부분은 계속적으로 보완할 예정이며, 이 책이 출간되기까지 수고해주신 홍승희 교수님, 정영훈 교수님, 이태현 교수님, 나인플러스IT(주) 및 복두출판사 임직원 여러분에게 감사를 드립니다.

목 차

Part I OrCAD Capture

Part II PCB Editor

Part I **OrCAD Capture**

제 1 장 OrCAD Capture 시작

1.1 OrCAD 화면 구성 및 메뉴

① 윈도우즈 시작 버튼을 눌러 Cadence - Release 16.6 - OrCAD Capture를 클릭하여 프로그램을 실행시킨다.

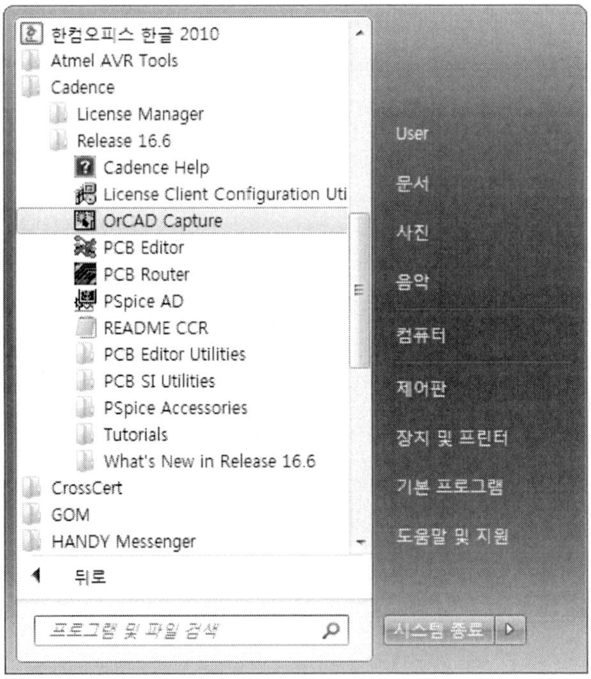

② 프로그램을 처음 실행시키면 아래 그림처럼 Start Page가 나타난다.

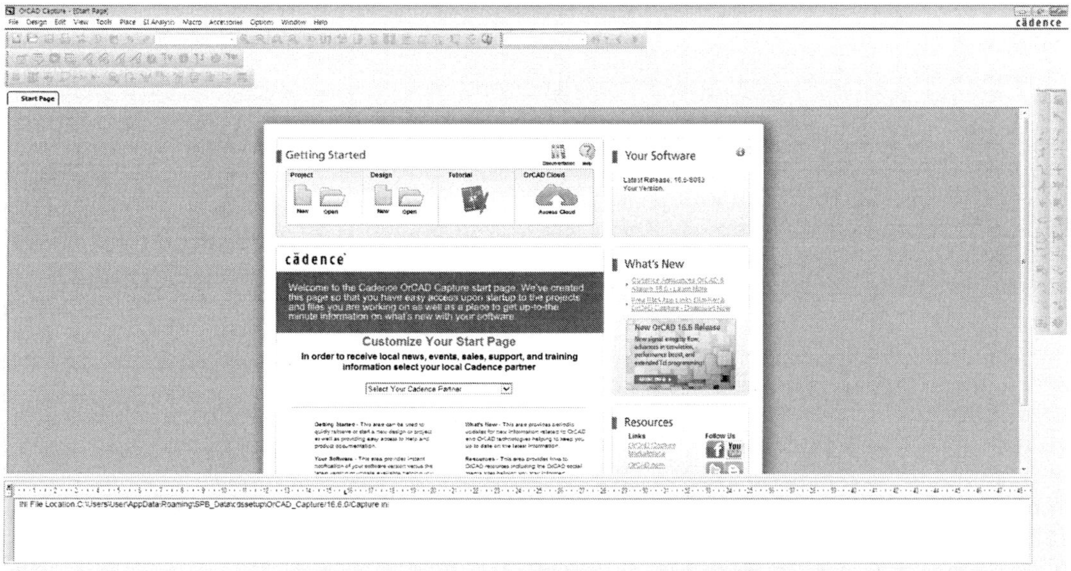

Start Page는 인터넷에 연결되어 있을 경우 자동으로 실행되며

- ► Project 생성 및 열기
- ► Design 생성 및 열기
- ► Tutorial(사용 매뉴얼)
- ► Documentation(프로그램 User Guide)
- ► 프로그램 업데이트 정보 확인
- ► Cadence Home Page
- ► What's New
- ► FaceBook, YouTube, Twitter … 등의 SNS 접속

등의 기능이 있다.

③ 오른쪽 마우스 버튼을 눌러 팝업 창에서 Close를 누르면 Start page는 종료된다.

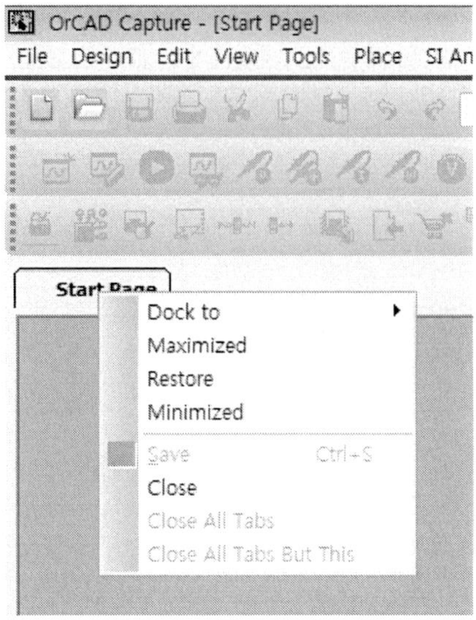

④ Capture의 화면 구성을 알아보기 위해 제공되는 회로도를 열어보자.
메뉴 바에서 File - Open - Design을 클릭한다.

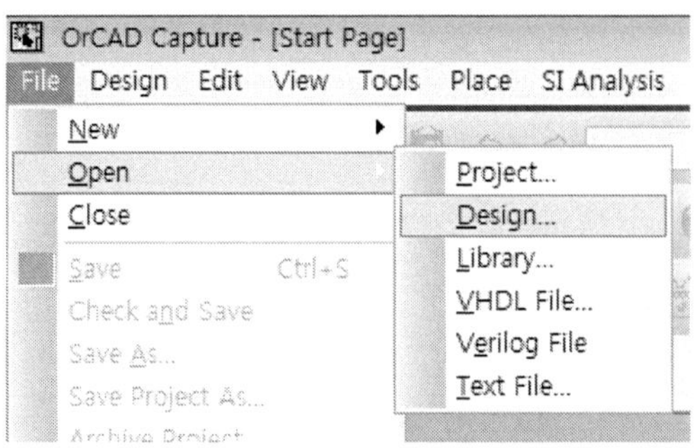

⑤ Open Design 창에서 OrCAD Capture에서 제공하는 샘플 회로(경로: 프로그램 설치 드라이브 – Cadence – SPB_16.6 – tools – capture – samples – ABC.dsn)인 ABC.dsn 파일을 더블 클릭한다.

⑥ 파일이 열리면 프로젝트 매니저 창에서 FULLADD 폴더 하위 항목의 도면을 더블 클릭한다.

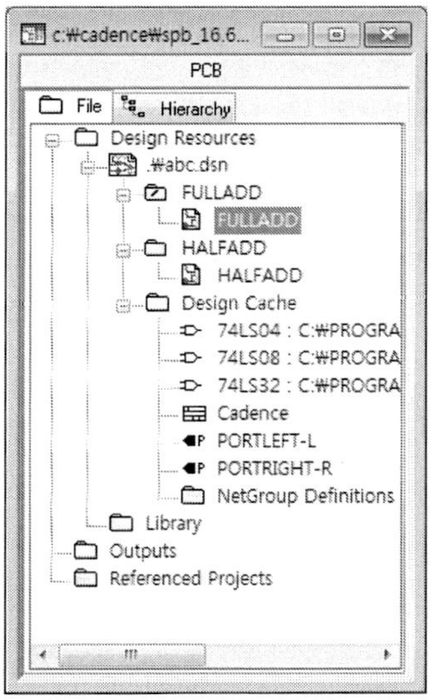

- 기본 화면

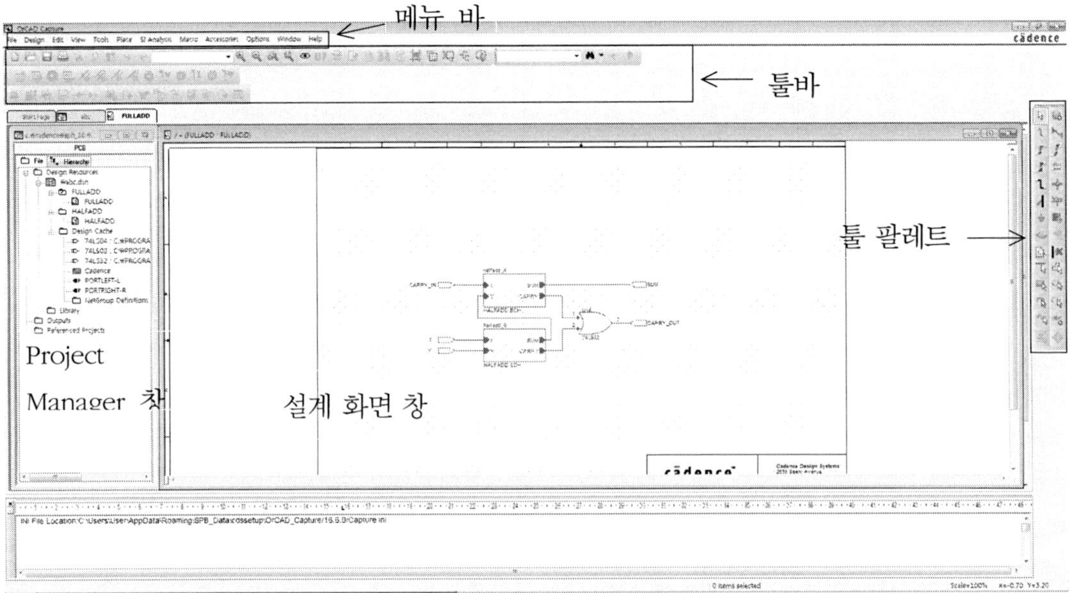
메뉴 바
툴바
툴 팔레트
Project Manager 창
설계 화면 창

- 툴바

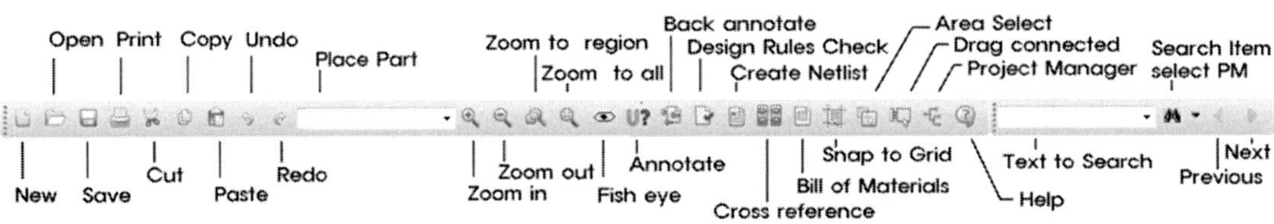
Open
Print
Copy
Undo
Place Part
Zoom to region
Zoom to all
Back annotate
Design Rules Check
Create Netlist
Area Select
Drag connected
Project Manager
Search Item
select PM
New
Save
Cut
Paste
Redo
Zoom in
Zoom out
Fish eye
Annotate
Cross reference
Bill of Materials
Snap to Grid
Help
Text to Search
Next
Previous

• Capture Toolbar

(Create Document)	새 프로젝트를 생성
(Open Document)	기존 프로젝트 열기
(Save Document)	현재 프로젝트 파일이나 도면을 저장
(Print)	현재 도면을 출력
(Cut to clipboard)	선택된 개체를 잘라내기
(Copy to clipboard)	선택된 개체를 클립보드로 복사
(Paste from clipboard)	클립보드에 있는 내용을 붙여넣기
(Undo)	이전 작업을 취소
(Redo)	취소된 작업을 다시 실행
(Zoom In: [I])	현재 화면을 확대
(Zoom out: [O])	현재 화면을 축소
(Zoom to region)	특정 영역만큼 확대
(Zoom to all)	도면 전체를 작업창 안에 표시
(Fish eye)	도면에 특정 z부분을 볼록 렌즈처럼 확대
(Annotate)	부품 참조 자에 대한 정렬작업
(Back annotate)	보드에서 변경된 내용을 회로 디자인에 재적용
(Design Rules Check)	현재 도면에 설계 규칙 검사
(Create netlist)	도면에 대한 Netlist를 생성
(Cross reference parts)	도면에 사용된 부품 심벌의 경로 목록을 생성
(Bill of materials)	부품 목록을 생성
(Snap To grid)	Grid 기반 작업 선택 여부를 설정
(Area Select)	부품 선택 시 부분 선택 또는 전체 선택에 대한 설정
(Drag connected object)	부품 간 연결방법에 대한 설정
(Project manager)	프로젝트 매니저 창을 선택
(Help)	도움말

• Tool Palette

(Select)	개체 선택 시 사용
(Place part: P)	도면에 사용할 부품 선택 시 사용
(Place wire: W)	부품 간 Net 연결에 사용
(Place net alias: N)	Net에 이름을 붙여주는데 사용
(Place bus: B)	Bus line을 표시하는데 사용
(Place junction: J)	Net의 접점을 표시하는데 사용
(Place bus entry: E)	Bus와 Net을 연결하는데 사용
(Place power: F)	Power Symbol을 표시하는데 사용
(Place ground: G)	Ground Symbol을 표시하는데 사용
(Place hierarchical block)	계층 블록 구조를 그리는데 사용
(Place port)	입출력 등 다양한 포트를 표시하는데 사용
(Place pin)	계층 블록의 Pin을 정의하는데 사용
(Place off-page connector)	페이지 간 Net 연결에 사용
(Place no connect: X)	사용하지 않는 Pin을 표시하는데 사용
(Place line)	도면에 Line을 그리는데 사용
(Place polyline: Y)	도면에 다각형을 그리는데 사용
(Place rectangle)	도면에 사각형을 그리는데 사용
(Place ellipse)	도면에 타원을 그리는데 사용
(Place arc)	도면에 호를 그리는데 사용
(Show footprint view)	도면에 작성한 footprint를 3D로 확인
(Place text: T)	도면에 글자를 나타내는데 사용
(Place Bezier)	도면에 곡선을 그리는데 사용
(Auto connect two points)	선택한 단일 pin과 pin을 wire로 자동 연결
(Auto connect multi points)	선택한 여러 pin과 pin을 wire로 자동연결
(Auto connect to Bus)	선택한 pin들과 Bus를 자동 생성 연결
(Place NetGroup)	Net을 그룹으로 관리

(Place Pin array)	핀을 순차적으로 설정함(Edit part 기능)
(Place IEEE Symbol)	Part의 Symbol을 그리는데 사용(Edit part 기능)

1.2 Capture의 주요 메뉴

Schematic 작업에서 주로 사용하는 주요 메뉴에 대해 살펴본다.

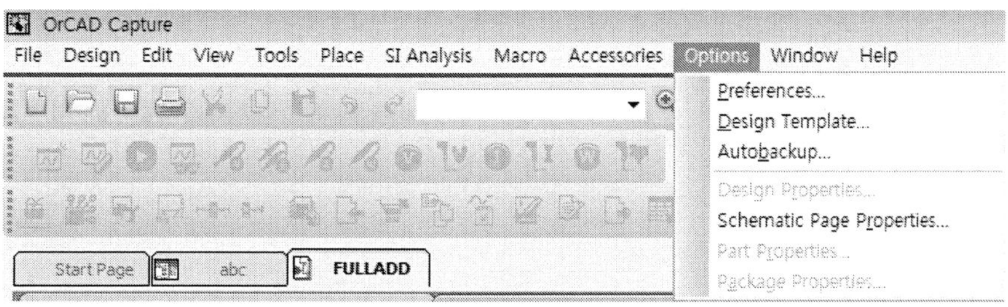

1.2.1 Preference

① Colors/Print

객체의 칼라와 출력 여부를 설정한다.

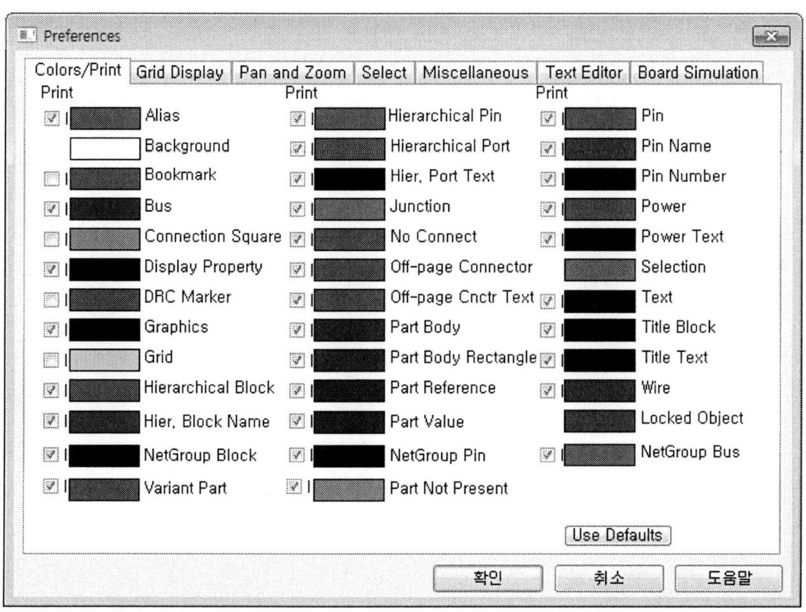

② Grid Display

격자(Grid) 표시 설정과 관련된 메뉴이다.

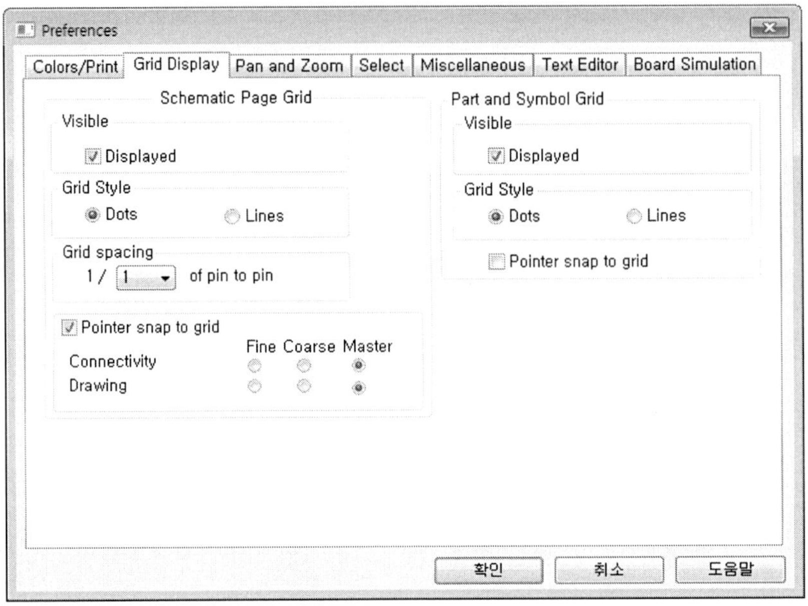

③ Pan and Zoom

화면의 확대 축소에 관한 메뉴이다.

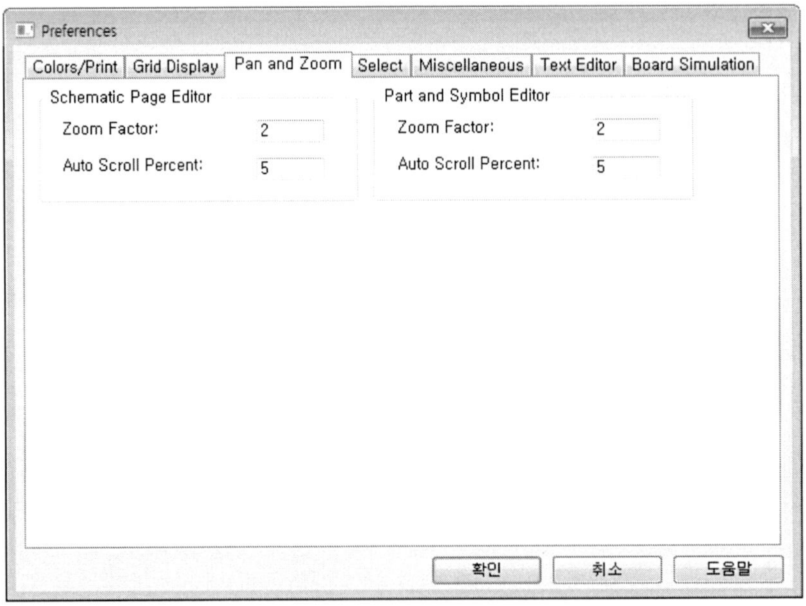

④ Select

객체 선택 옵션을 설정하는 메뉴이다.

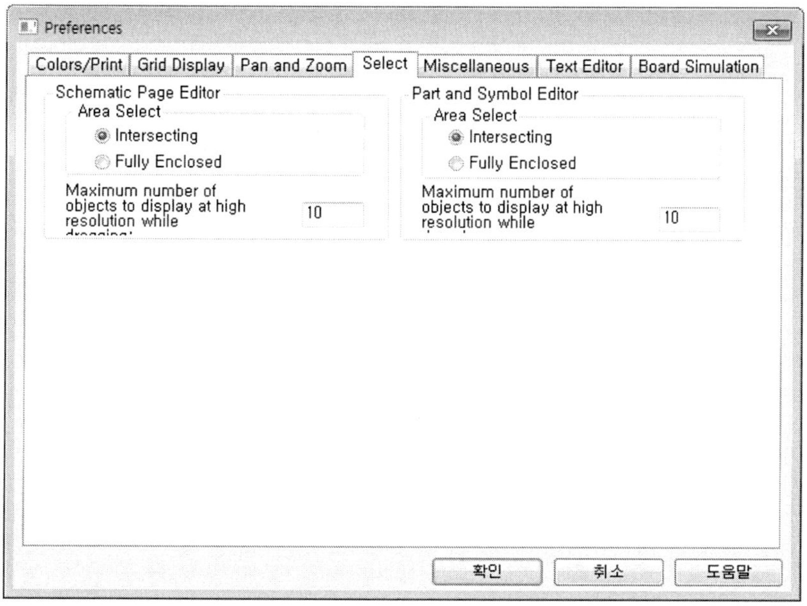

⑤ Miscellaneous

기타 객체의 채우기 형태, 선의 형태 및 굵기 등의 옵션을 설정하는 메뉴이다.

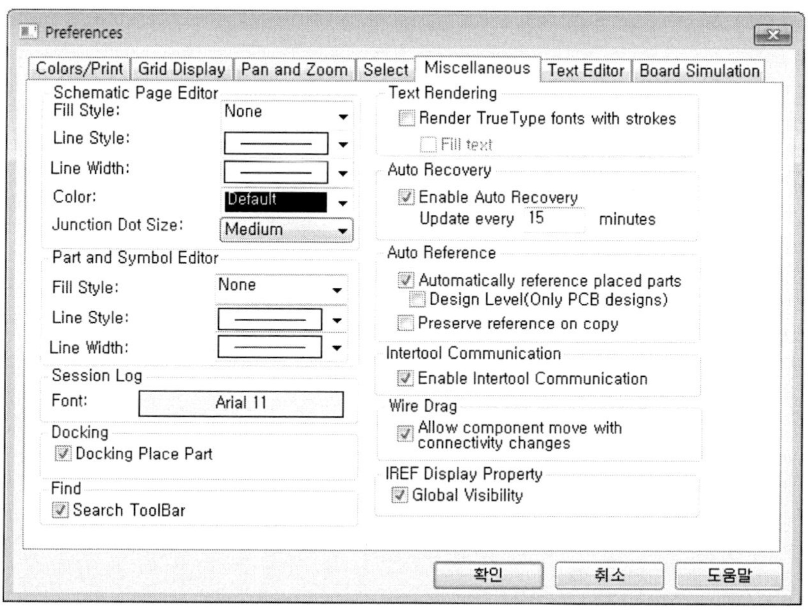

⑥ Text Editor

문자 편집기의 옵션을 설정하는 메뉴이다.

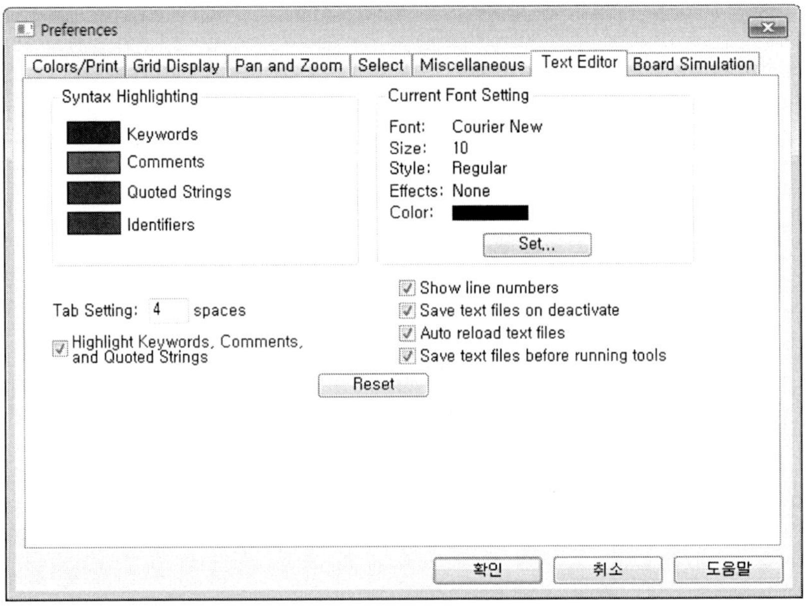

⑦ Board Simulation

보드 레벨 시뮬에이션에 사용되는 하드웨어 개발 언어를 지정하는 메뉴이다.

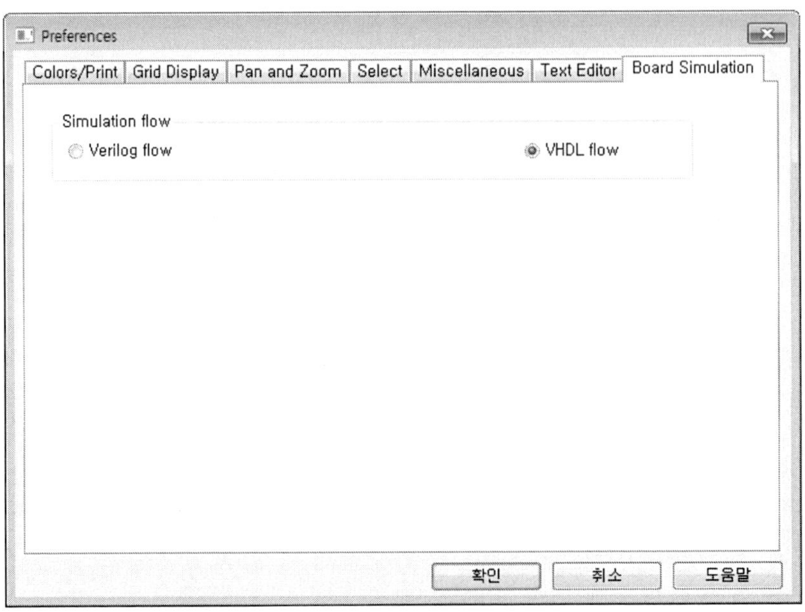

1.2.2 Design Template

① Fonts

회로도면에 포함된 문자들의 글자체와 크기를 설정한다.

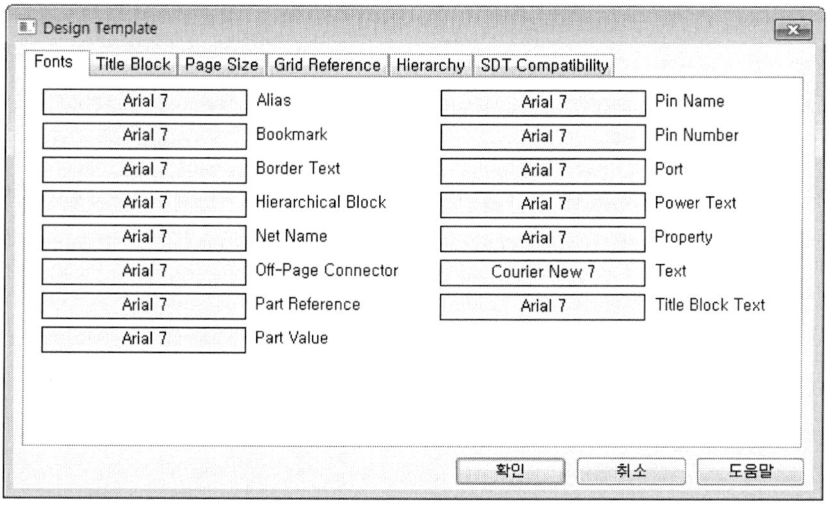

② Title Block

회로도면의 정보를 나타내는 타이틀 블록의 정보를 설정한다.

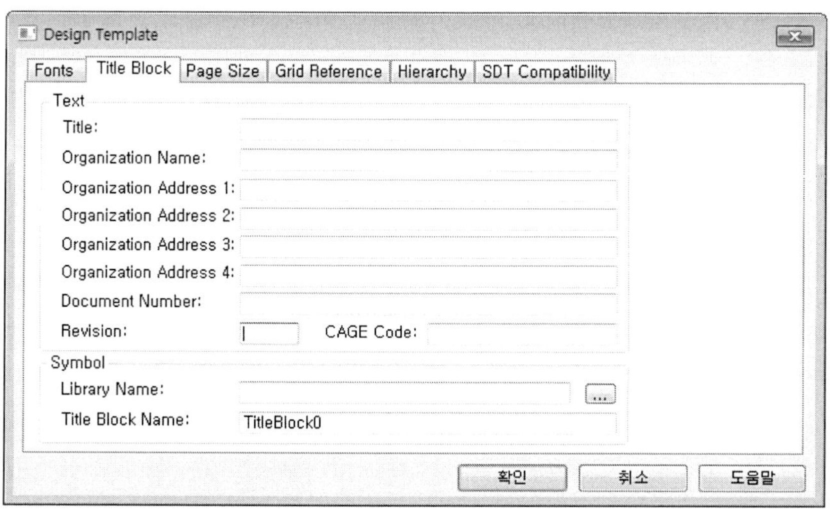

③ Page Size

단위와 회로도면의 크기, 핀 간 간격을 설정한다.

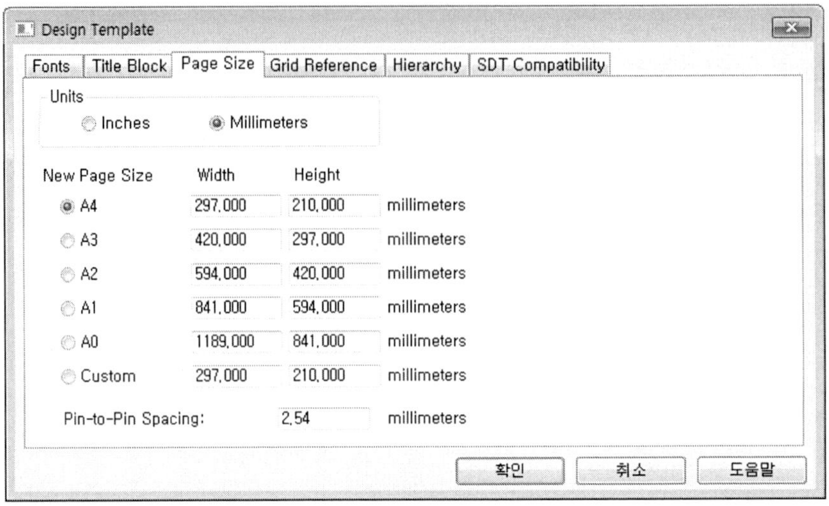

④ Grid Reference

회로도면 가장자리에 있는 그리드 참조값을 설정한다.

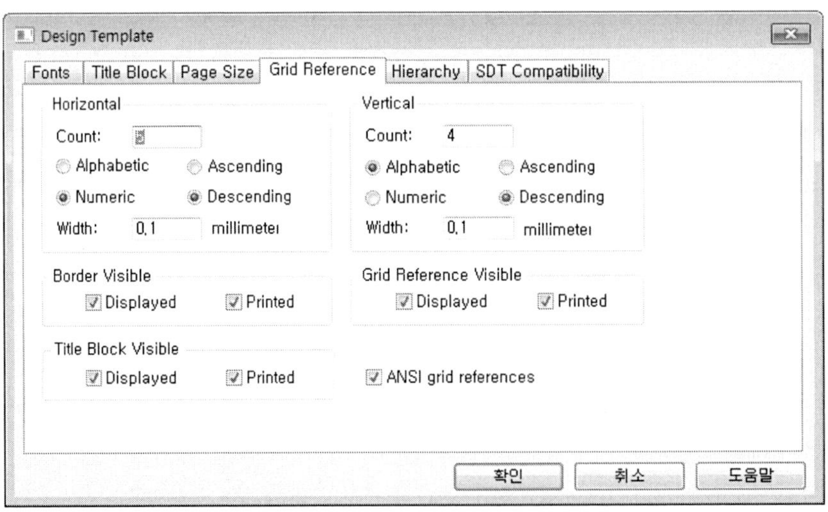

⑤ Hierarchy

새로운 프로젝트에 적용할 계층 구조의 속성을 지정하는 메뉴이다. Primitive를 체크하면 하위 계층 도면을 생성할 수 없고, Nonprimitive를 체크하면 하위 계층 도면을 생성할 수 있다.

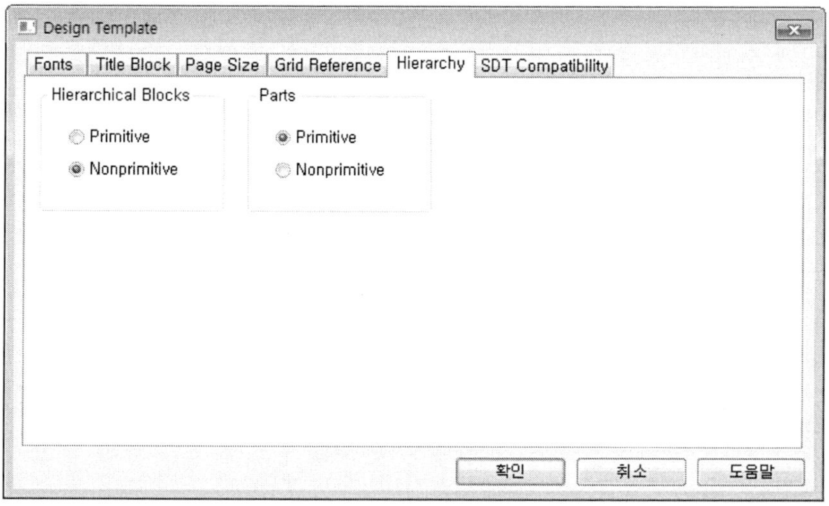

⑥ SDT Compatibility

Capture와 DOS용 Schematic 프로그램인 OrCAD SDT와의 호환성을 위한 설정이다.

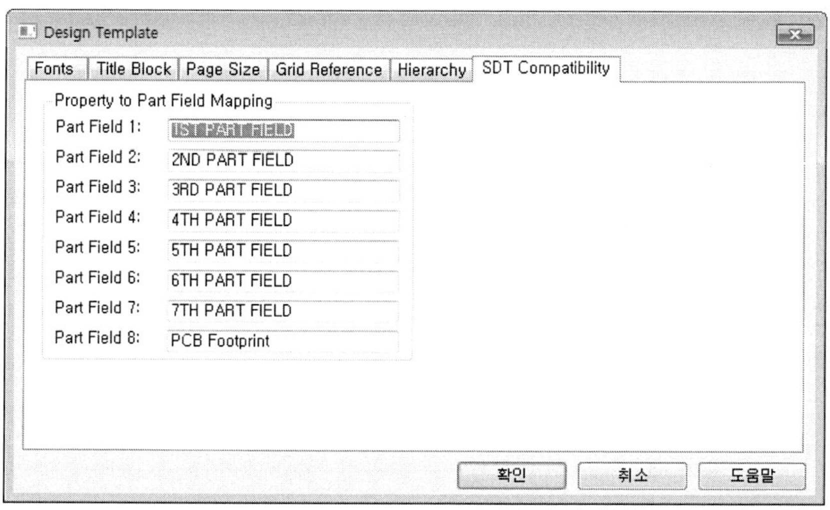

1.2.3 Autobackup

프로젝트 또는 회로도면의 자동저장 기능을 설정한다.

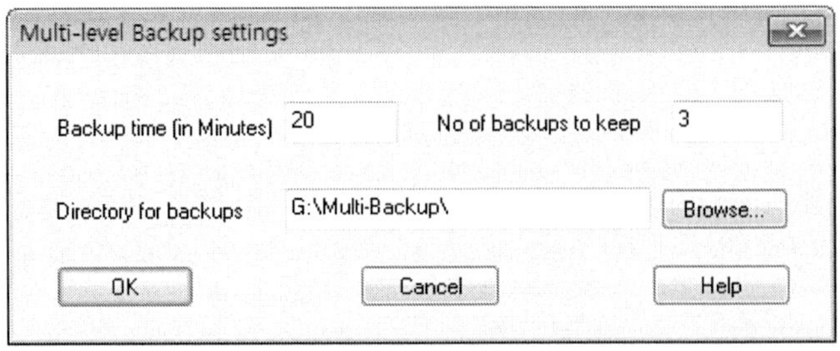

1.2.4 Schematic Page Properties

현재 작업 중인 회로도면의 페이지 속성을 설정한다.

① Page Size

현재 작업 중인 회로도면의 단위와 크기를 설정한다. 핀 간 거리는 설정할 수 없으며, 핀 간 거리의 설정은 Design Template에서만 가능하다.

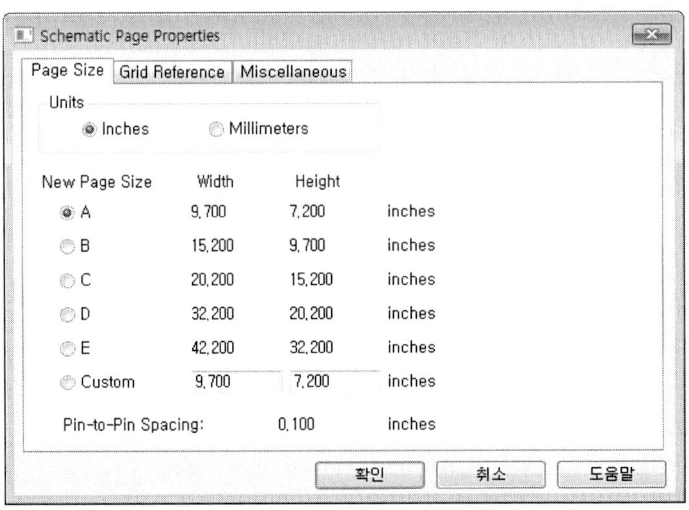

② Grid Reference

현재 작업 중인 회로도면의 그리드 참조 값에 대해 설정한다.

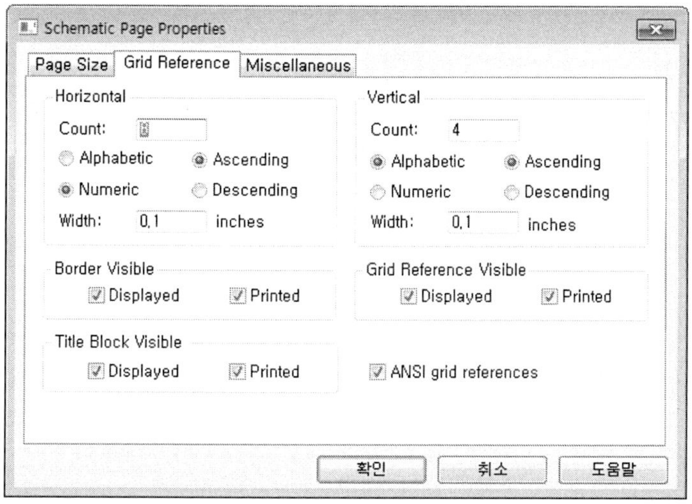

③ Miscellaneous

현재 작업 중인 회로도면의 생성일자와 시간, 수정일자와 시간, 현재 활성화된 페이지의 번호를 나타낸다.

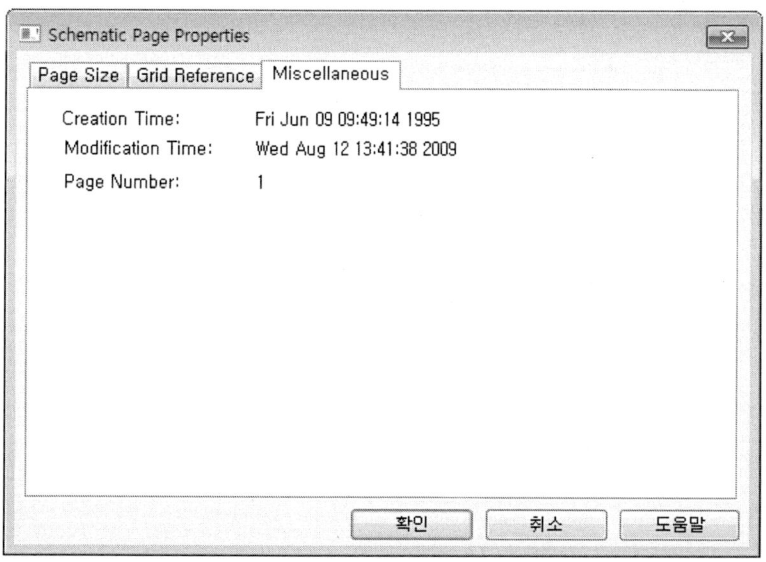

제 2 장 회로도 작성하기

이 장에서는 OrCAD Capture를 이용하여 회로도를 작성하여 보자.

2.1 OrCAD Capture 기본 설계 Flow

1 New Project 생성 (*.opj 와 *.dsn)

OrCAD Capture 또는 Design Entry CIS 프로그램을 실행한다.

✓ 프로그램이 실행되면 메뉴바 〉 File 〉 New... click

✓ 파일명 입력(한글 불가), 프로젝트 타입 4가지 중 1가지 선택, 저장 경로 선택(한글 경로 불가)

2 환경 설정 (도면 Size)

메뉴바 Option 〉 Schematic Page Properties...click

✓ inch, milimeter 타입 중 출력을 위해 주로 쓰는 milimeter의 A4 사이즈 선택

✓ Zoom in/Zoom out은 키보드 I, o 버튼으로 마우스의 커서를 중심으로 확대/축소됨

3 라이브러리 추가 (*.olb 파일 추가)

Schematic page 창을 활성화 한 후 메뉴바 〉 Place 〉 Part... 또는 , 단축 P

✓ Add Library 아이콘을 click 한 후, amplifier.olb ~ transistor.olb까지 열기/추가한다.

✓ Part 명 입력칸에 부품명을 입력한 후 Enter↵, 마우스에 부품이 붙고 click 하면 배치가 완료

4 배치/배선 (Place/Wire)

핀수가 많은 부품부터 차례대로 불러 내어 배치 후, wire(단축 w)로 배선

✓ Part Reference(R1, U1…)는 자동정렬 기능이 있기 때문에 Value/Part Name만 고려하여 배치

✓ 사선 배선은 키보드 Shift키를 누른 상태에서 click 후 배선

✓ VCC, GND 심볼은 part가 아닌, VCC/GND 심볼 메뉴에 있음

5 Annotate (레퍼런스 자동정렬기능)

Schematic Page창이 아닌, Project manager창을 활성화하면 메뉴가 나타남U?

- ✓ Annotate창이 나타나면 Action항목의 'Reset part reference to "?"' 를 선택하여 확인하면, Part reference가 물음표로 전체 부품이 다 바뀐다.
- ✓ 다시 Annotate창을 띄워서 Action항목의 Incremental reference update를 선택하여 확인하면, 부품의 배치된 위치에 따라 좌/우, 상/하 순으로 자동으로 넘버를 지정해 준다.

6 Design Rule Check (*.drc 파일 생성)

Project manager창을 활성화하면 메뉴가 나타남 (메뉴바 Tools..에도 있음)

- ✓ DRC창이 나타나면 Create DRC Marker for warning 항목 체크(에러지점의 녹색마크 표시), View output 항목을 체크하여 에러의 메시지를 확인하여 수정(전기적인 연결여부 확인 중요)

7 PCB Footprint 속성입력

Project manager창의 *.dsn을 선택한 후 오른쪽 마우스 버튼 Edit object properties..선택

- ✓ 도면 전체 부품의 속성을 볼 수 있고, PCB Footprint 속성을 PCB Editor의 Package symbol 명칭으로 반드시 채워야 한다. 예) RES400, Cap196, DIP8_3, SOIC16, TO92
- ✓ 대·소문자 무관, 오타 주의, 신규 Footprint는 PCB Editor의 padpath, psmpath 확인
- ✓ 입력 후 속성창을 닫는다(상단 탭에서 오른쪽 마우스 버튼의 close 선택)

8 Netlist 생성 (*.dat 파일 생성 - 3 개)

Project manager창을 활성화하면 메뉴가 나타남 (메뉴바 Tools..에도 있음)

- ✓ 회로도면이 저장되는 폴더 내에 Allegro 폴더를 자동으로 생성하여 pstxnet.dat/
- ✓ Create or Update PCB Editor Board(Netrev) 항목을 체크하면, PCB 설계 파일인 *.brd 파일을 자동으로 생성하여 Board Launching Option대로 PCB Editor를 자동으로 실행한다.
- ✓ Schematic의 부품과 Footprint 가 제대로 매칭되지 않으면 Netlist를 생성하지 않는다.

2.2 회로도 작성

실습 도면은 다음과 같다.

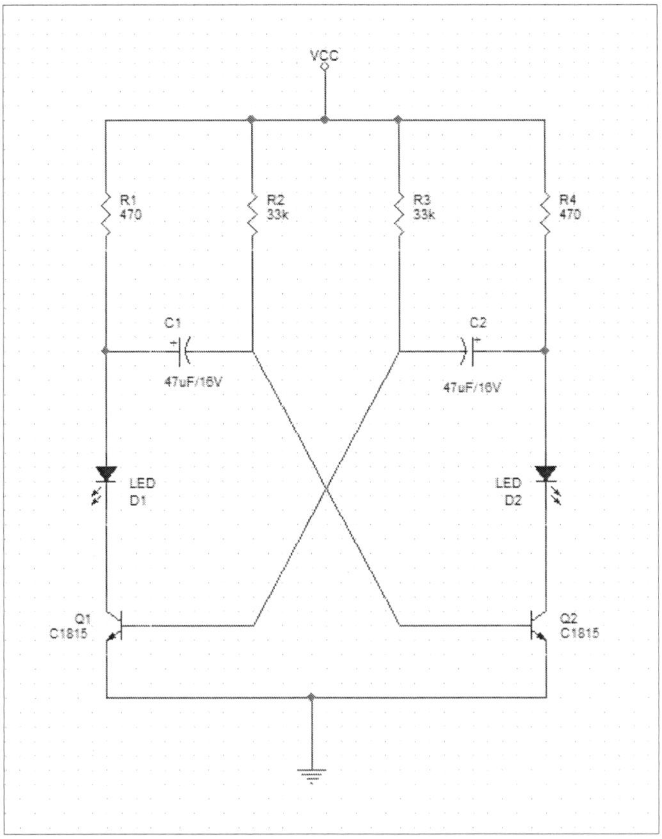

2.2.1 새로운 프로젝트 실행하기

실행하기

시작 — 모든 프로그램 — Cadence — Release 16.6 — OrCAD Capture를 실행

New Project 생성

① 메뉴 File — New — Project를 선택

② Browse 버튼을 클릭하여 Select Directory 창에서 회로도면을 저장할 폴더를 선택(폴더가 없으면 Create Dir 버튼을 클릭하여 폴더를 만든다)

③ New Project 창의 Name 필드에 Multi 기입

④ Create a New Project Using에 Schematic 선택

⑤ Location 필드에 C:₩Multivibrator로 설정 후 OK 버튼

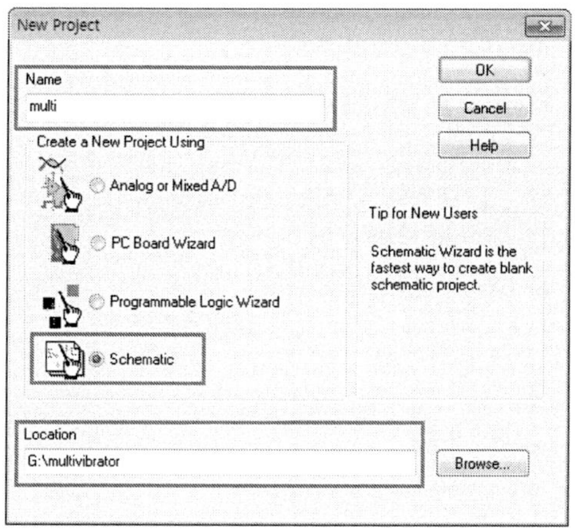

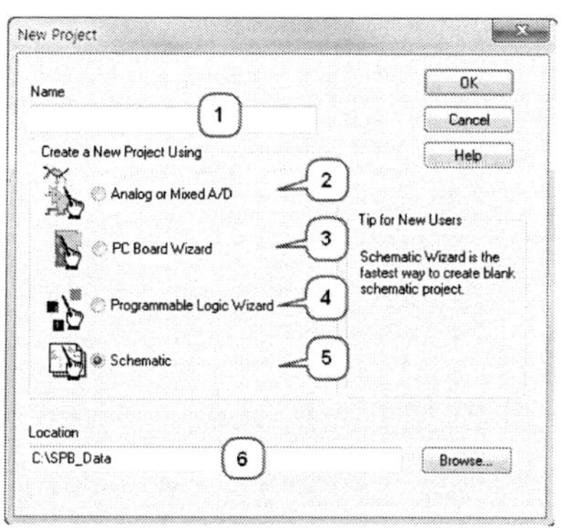

① 작업 프로젝트 이름 – (영문, 숫자로 작성)
예: EXAM

② PSpice A/D 해석

③ PCB작업까지 진행과정을 미리 결정 후 진행

④ CPLD, FPGA 등을 설계

⑤ 범용 회로도 작성

⑥ 저장 위치 – (영문, 숫자로 작성)
예: C:₩SPB_Data₩Exam

프로젝트가 시작되면 아래와 같은 화면이 나타난다.

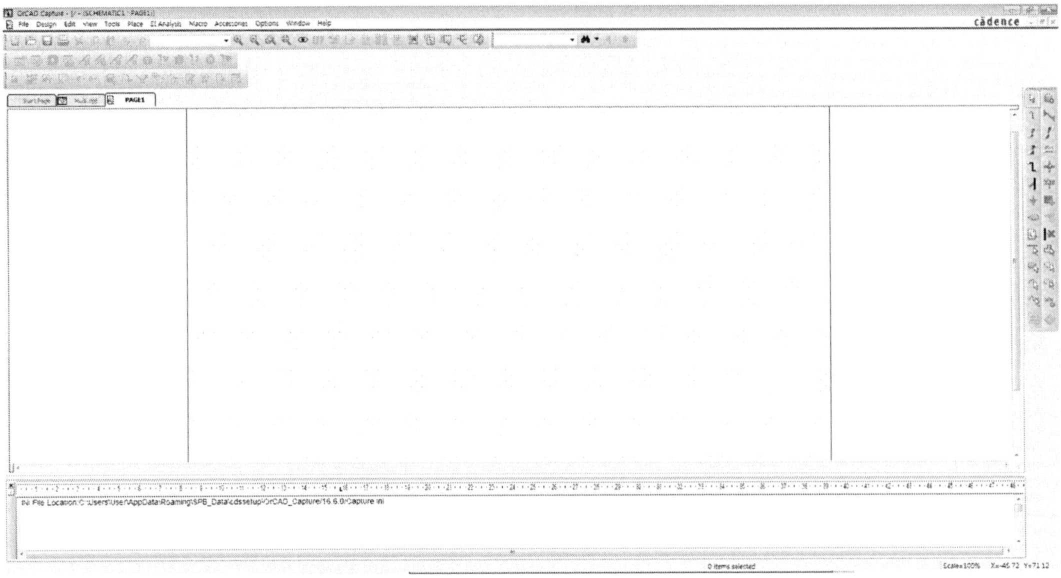

2.2.2 Schematic 환경 설정하기

Schematic Page Size 변경

메뉴 바에서 Options - Schematic Page Properties를 클릭한다.

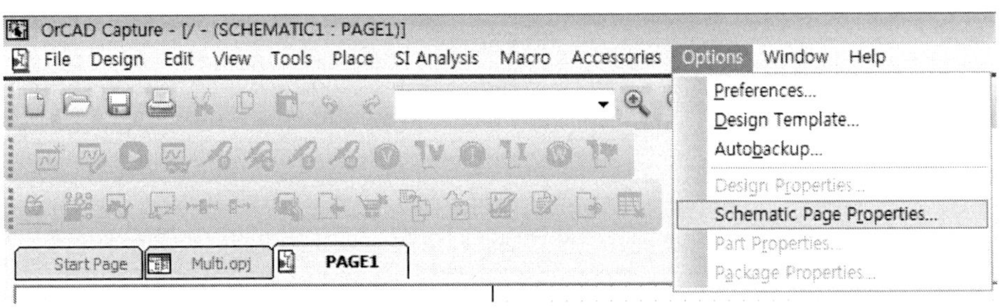

- 단위는 Millimeters, Page Size는 A4로 선택한 후 확인 버튼을 클릭한다.

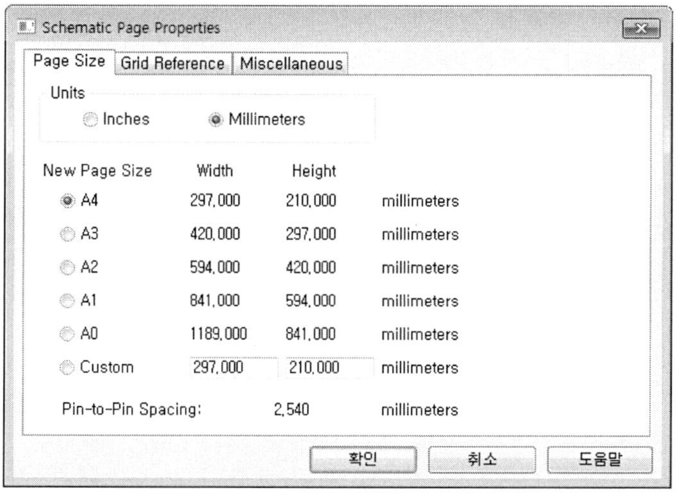

- 설정된 페이지 사이즈는 회로설계 창의 타이틀 블록에서 확인할 수 있다.

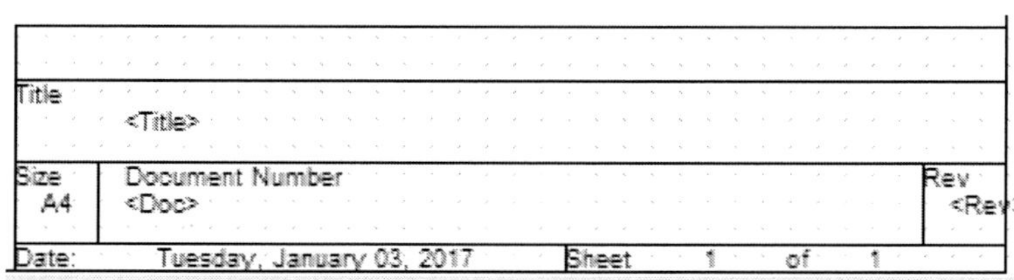

- Schematic Grid 스타일 변경(Dot/Line 타입)

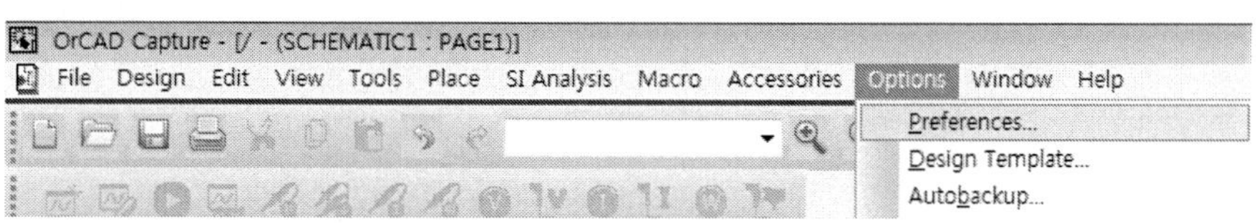

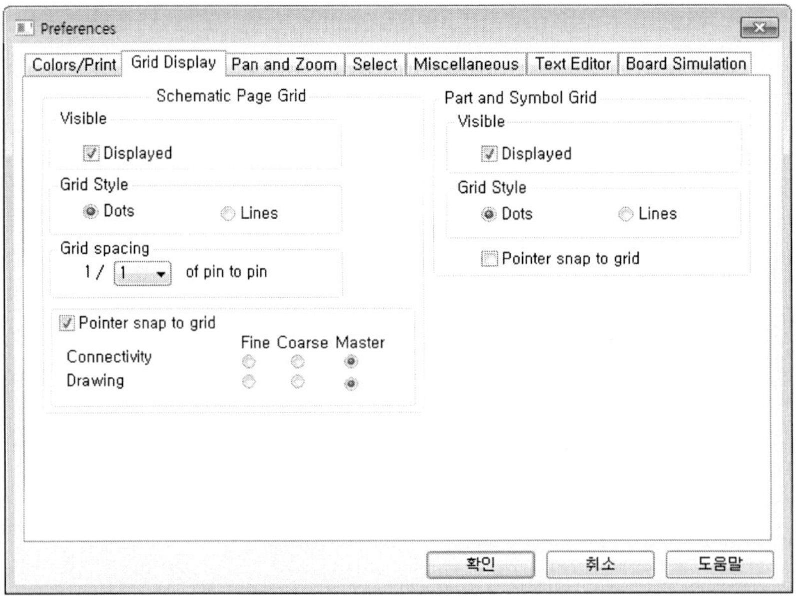

Capture Project Manager

- Schematic Name 변경

① Project Manager 창에서 SCHEMATIC1을 선택 후 오른쪽 마우스 버튼 – Rename 선택

② Rename Schematic 창에서 Name 필드에 multivibrator로 기입

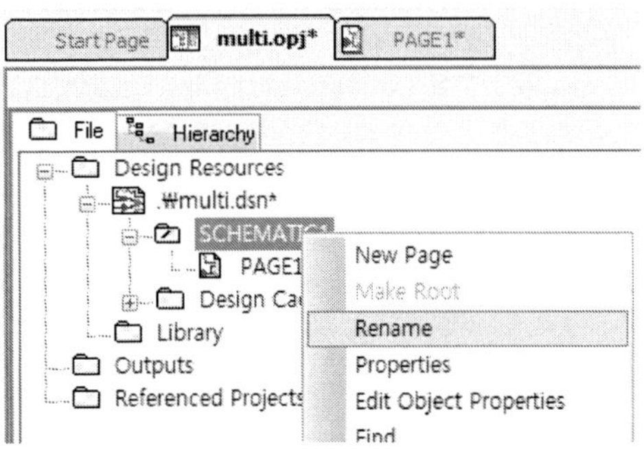

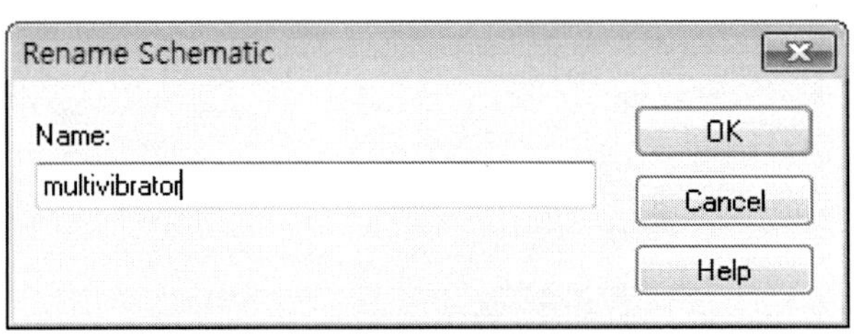

Page Name 변경

① Project Manager 창에서 PAGE1을 선택 후 오른쪽 마우스 버튼 – Rename 선택

② Rename Page 창에서 Name 필드에 Main으로 기입

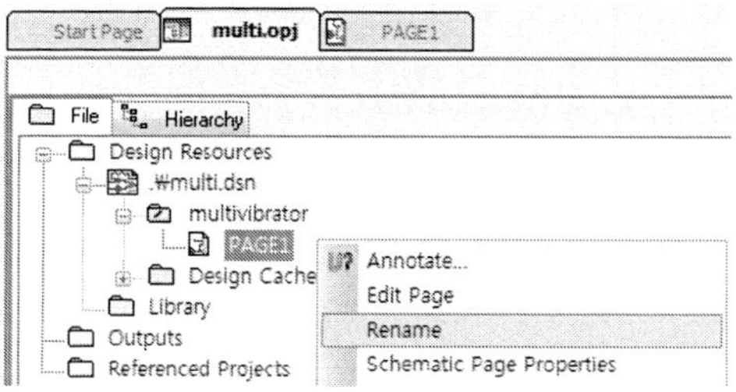

2.2.3 부품 배치

부품배치

① Project Manager창에서 multivibrator – Main을 클릭

② 메뉴 Place – Part( )를 선택

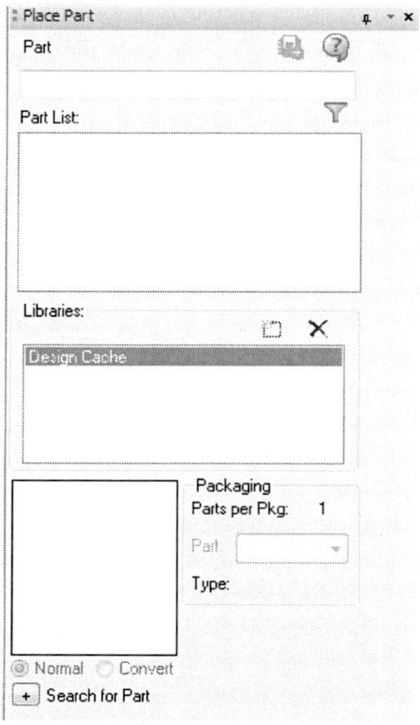

③ Place Part창의 Libraries 항목의 Add Library 아이콘을 선택한 후, 모든 Library를 선택 (Amplifier.olb ~ Transistor.olb)

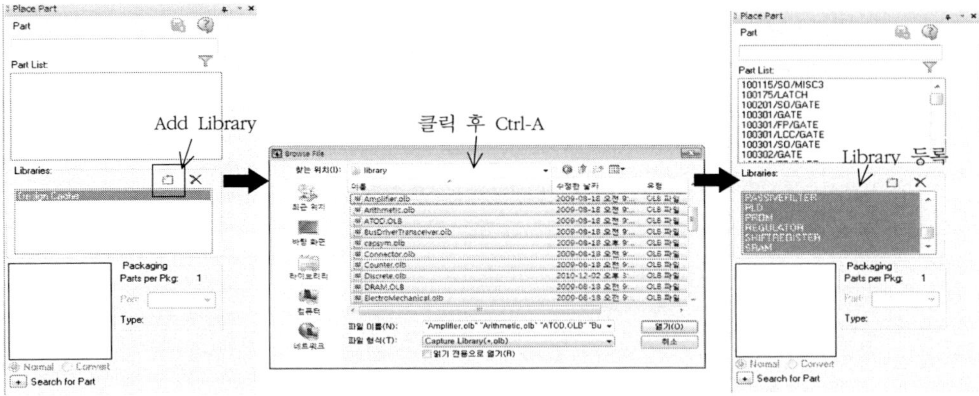

④ Part 필드에 r을 입력한 후 enter(또는, 배치하고자 하는 부품을 선택)

⑤ 선택한 부품은 아이콘을 따라 이동하며, 원하는 곳에 클릭하여 배치

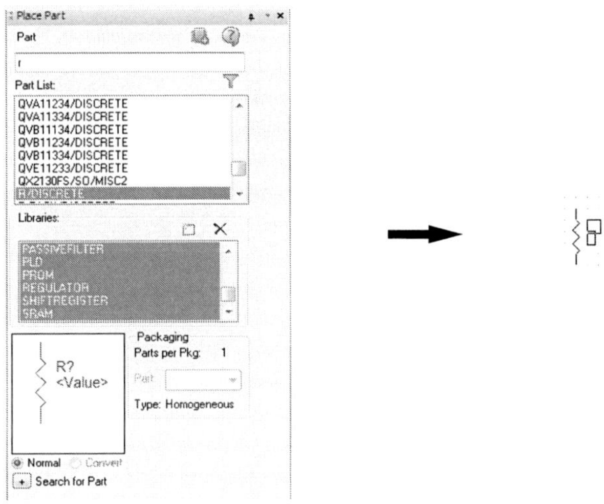

⑥ 부품 배치를 종료하기 위해서는 ESC 키(또는 오른쪽 마우스 버튼 - End Mode)를 클릭

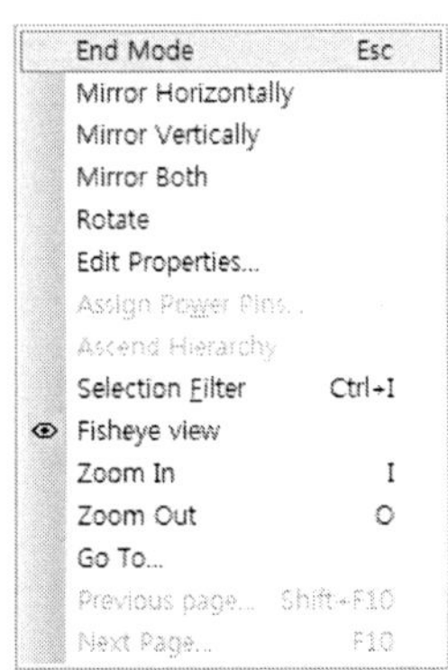

* 부품을 선택한 후 오른쪽 마우스 버튼을 클릭하여 회전(Rotate), 상하 반전(Mirror Vertically), 좌우 반전(Mirror Horizontally)을 할 수 있다.

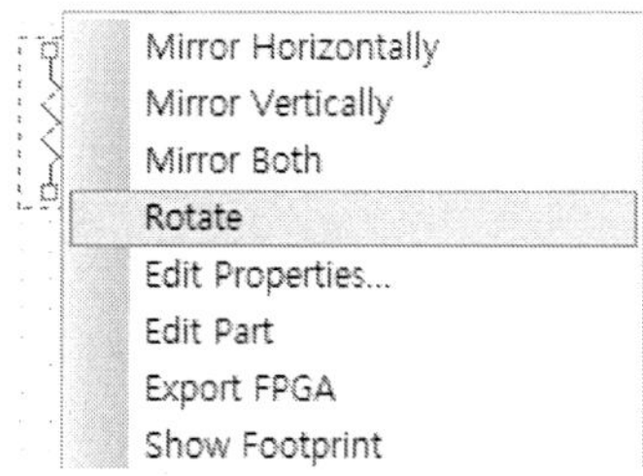

※ 부품 회전(오른쪽 마우스 버튼 – Rotate 또는 단축키: R)

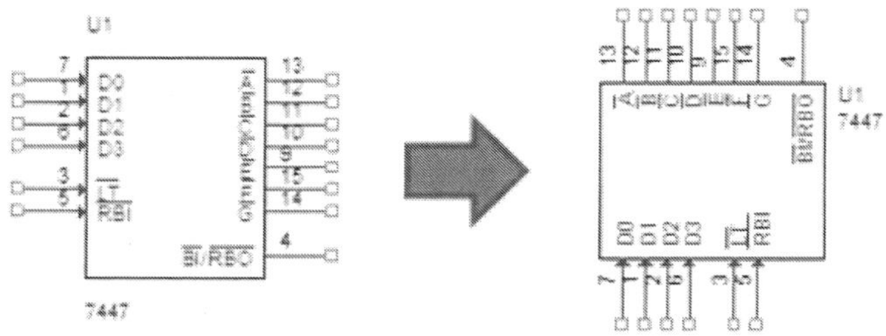

※ 부품 상하 반전(오른쪽 마우스 버튼 – Mirror Vertically 또는 단축키: V)

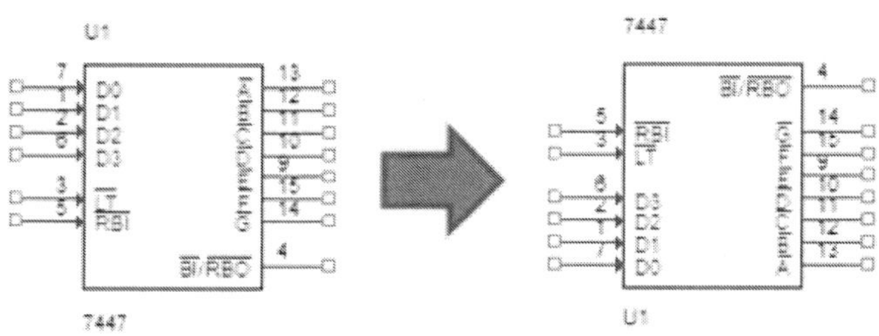

※ 부품 좌우 반전(오른쪽 마우스 버튼 – Mirror Horizontally 또는 단축키: H)

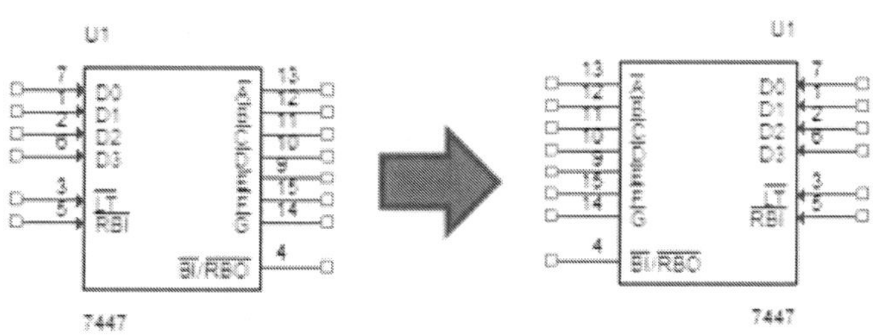

⑦ 부품은 다음과 같이 배치

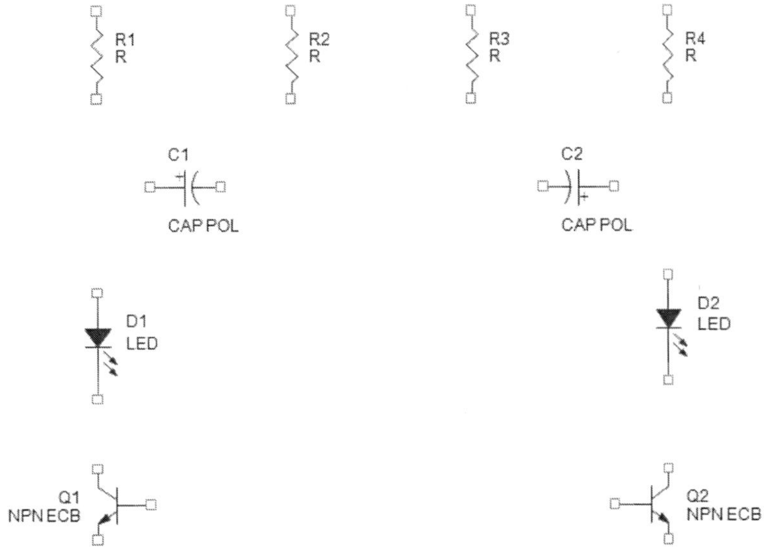

Part	Symbol	Part	Symbol
R (DISCRETE)	R1  R	CAP POL (DISCRETE)	C1 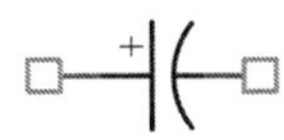 CAP POL
LED (DISCRETE)	D1 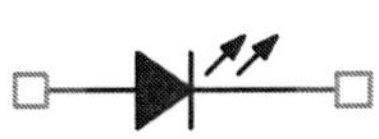 LED	NPN ECB (TRANSISTOR)	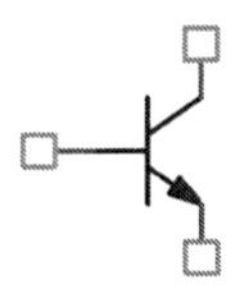 Q1 NPN ECB

2.2.4 배선 작업

전원 심볼(Power, Ground) 배치

① 메뉴 Place – Power, Ground(,)를 선택

② VCC와 GND를 선택

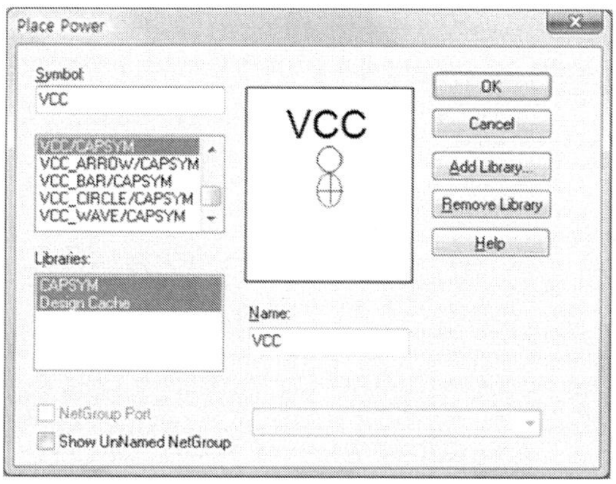

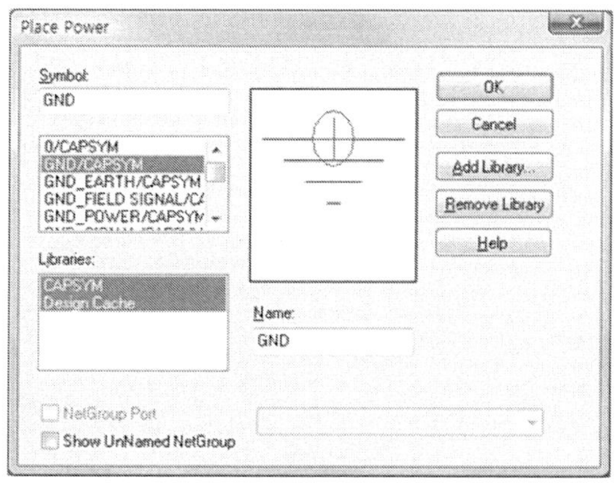

③ VCC와 GND를 다음과 같이 배치

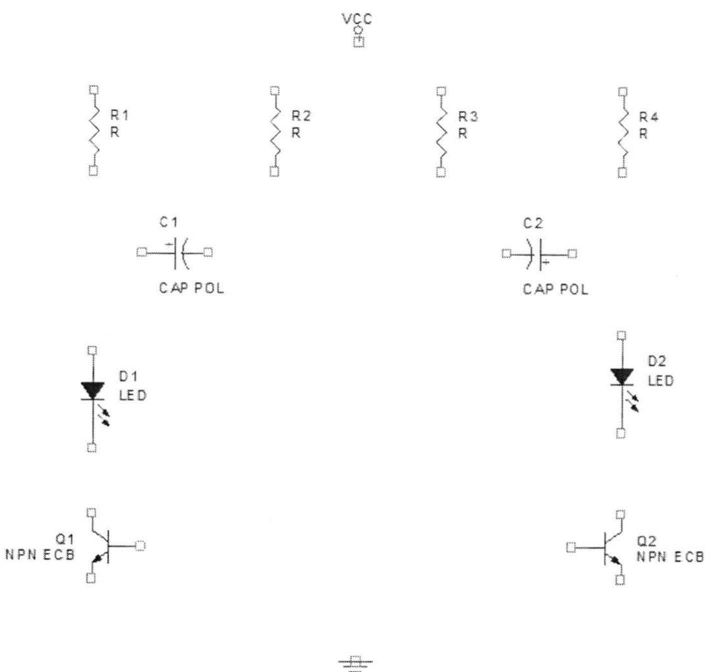

배선

① 메뉴 Place — Wire()를 선택

② 시작점과 끝점을 클릭하여 배선

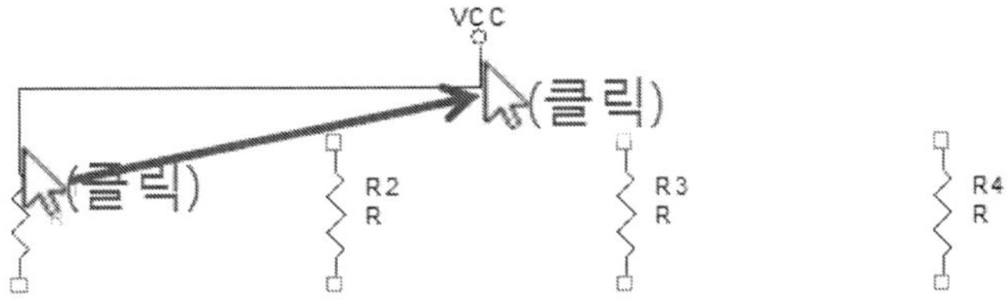

③ 사선 배선은 Shift키를 클릭 후 시작점과 끝점을 클릭

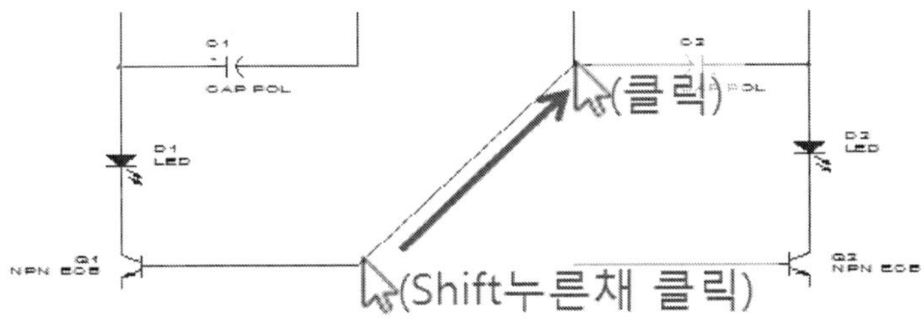

④ 다음과 같이 배선

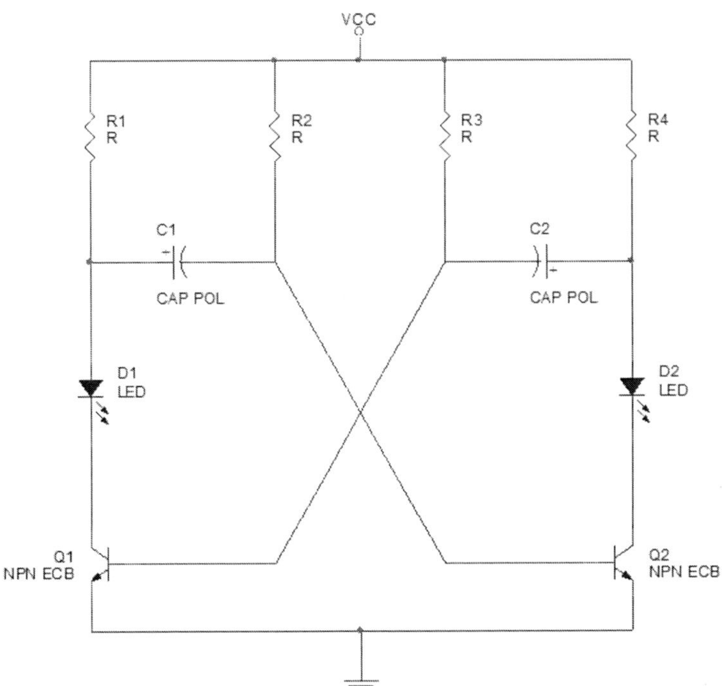

2.2.5 부품값 입력

Value Text를 더블 클릭하면 Display Properties 창이 나타난다. Value 란에 470입력 후 OK버튼을 클릭한다. (470Ω 저항은 470만 입력, 33㏀ 저항을 33K로 입력한다.)

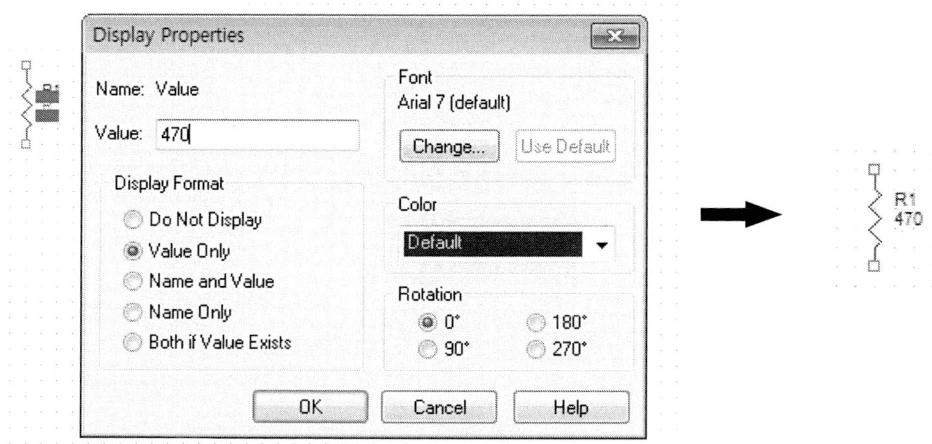

순번	부품 명 (Part name)	소속 라이브러리	배치 수량	부품 값(Value)
1	CAP POL	DISCRETE	2	47uF/16V
2	LED	DISCRETE	2	LED
3	NPN ECB	DISCRETE	2	C1815
4	R	DISCRETE	4	470Ω 2개, 33㏀, 2개

2.2.6 타이틀 블록(Title block) 입력하기

① 회로도 우측 하단의 타이틀 블록의 Title을 더블 클릭하면, Display Properties 창이 나타나며, Value 란에 "Multivibrator"이라고 입력하고 OK 버튼을 클릭한다.

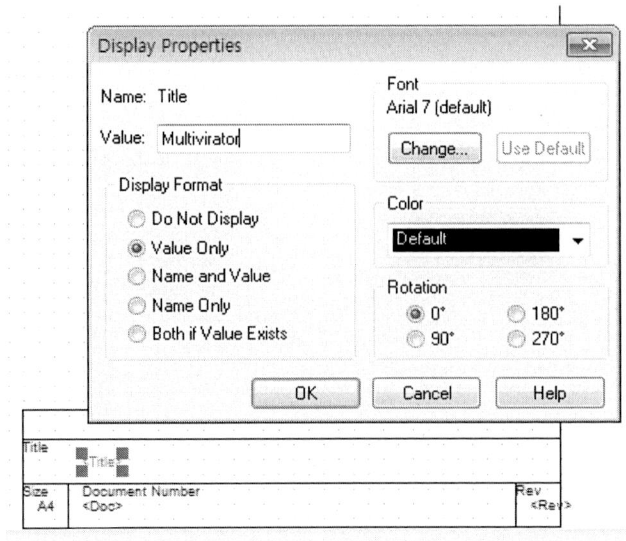

② Text를 변경하고자 하면 Font의 Change 버튼을 클릭하여 글꼴, 글꼴 스타일, 크기를 지정한다.

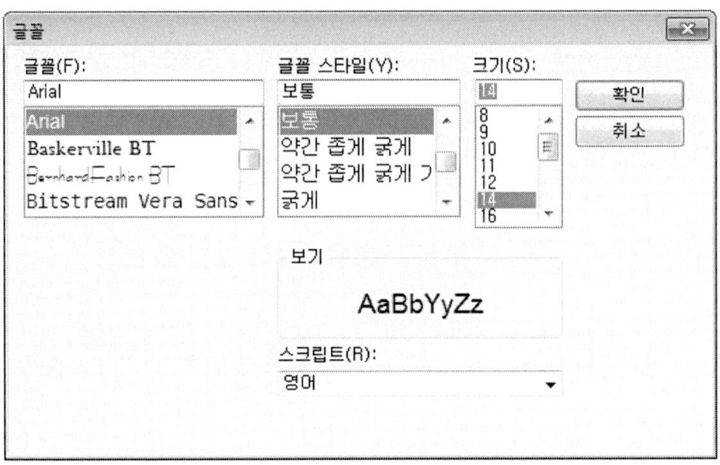

③ 같은 방법으로 Document Number, Revision code를 입력한다.

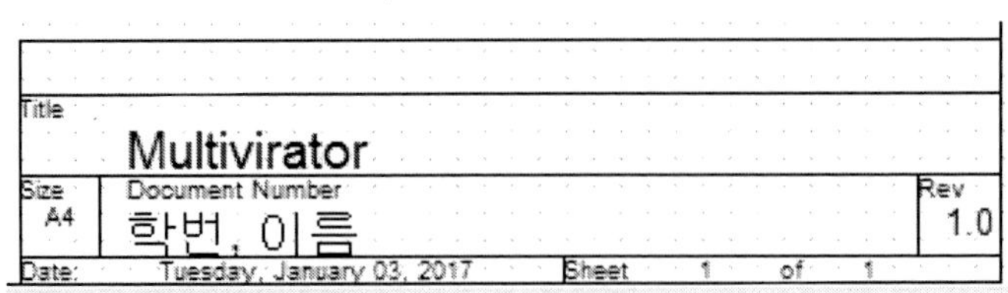

2.2.7 PCB Footprint 값 입력하기

PCB Footprint 속성 부여

① PCB 설계를 하기 위해서 Schematic 부품 각각에 PCB Footprint 항목에 기입한다.
② PCB Footprint 속성을 부여하기 위하여 부품을 더블 클릭하거나, 부품을 선택한 후 오른쪽 마우스 버튼을 클릭하여 Edit Properties를 선택한다.

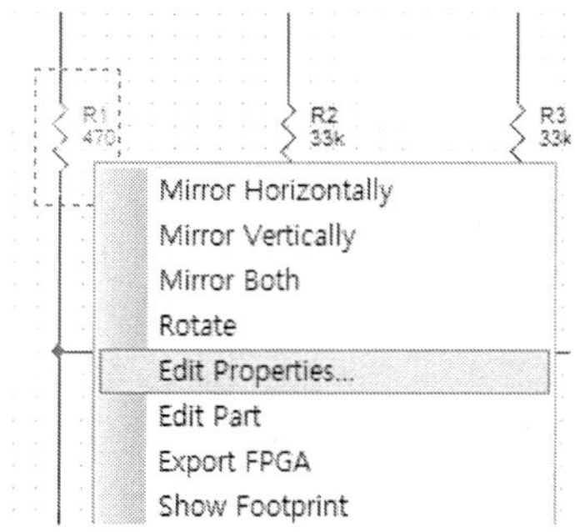

④ 하단의 여러 시트 중 Parts 시트가 선택되어있다.

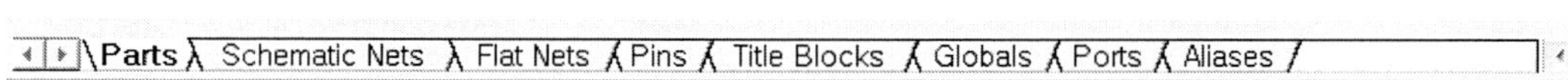

⑤ 스크롤바를 옆으로 움직여 PCB Footprint 란에 각 부품의 PCB Footprint 이름을 입력한다.

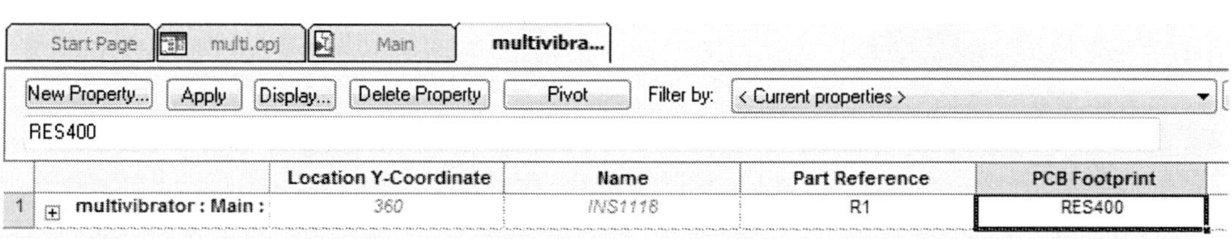

⑥ PCB Footprint 항목에 다음과 같이 기입

부품 참조번호	Part Symbol	부품명	기본 제공 PCB Footprint명	기본 제공 Footprint Symbol
R1~ R4	R1  R	R	RES400	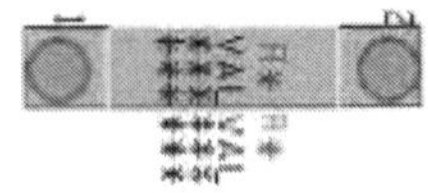
C1 C2	C1 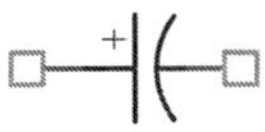 CAP POL	CAP POL	CAP196	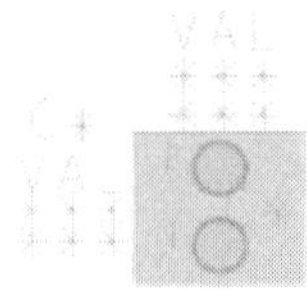
D1 D2	D1  LED	LED	CAP196	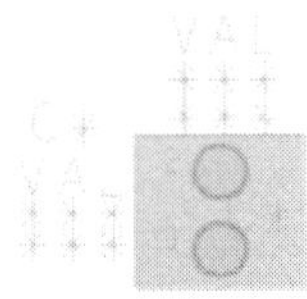
Q1 Q2	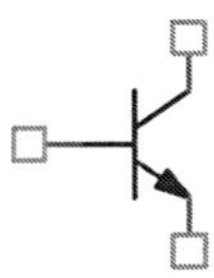 Q1 NPN ECB	NPN ECB	TO92	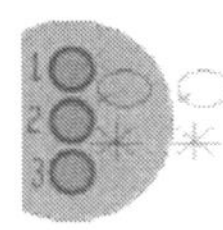

※ 위 Footprint는 부품리드가 PCB를 관통하여 실장되는 TM(Through-Hole Mount)형

⑦ 전체 부품의 PCB Footprint 속성에 모두 기입

Start Page | Multi.opj* | Main* | **Multi.dsn***

New Property... | Apply | Display... | Delete Property | Pivot | Filter by: < Current properties >

		Name	Part Reference	PCB Footprint
1	⊞ multibrator : Main : C	INS680	C1	CAP196
2	⊞ multibrator : Main : C	INS696	C2	CAP196
3	⊞ multibrator : Main : D	INS712	D1	CAP196
4	⊞ multibrator : Main : D	INS728	D2	CAP196
5	⊞ multibrator : Main : Q	INS744	Q1	TO92
6	⊞ multibrator : Main : Q	INS762	Q2	TO92
7	⊞ multibrator : Main : R	INS616	R1	RES400
8	⊞ multibrator : Main : R	INS632	R2	RES400
9	⊞ multibrator : Main : R	INS648	R3	RES400
10	⊞ multibrator : Main : R	INS664	R4	RES400

※ 개별 PCB Footprint 설정 방법

- PCB Footprint 속성을 부여할 Part를 더블 클릭 후 PCB Footprint 속성에 설정

※ 일괄 PCB Footprint 설정 방법

- Project Manager 창에서 multivirator를 오른쪽 마우스 클릭(또는 Multi.dsn)
- Edit Object Properties 클릭 후 PCB Footprint 속성 설정

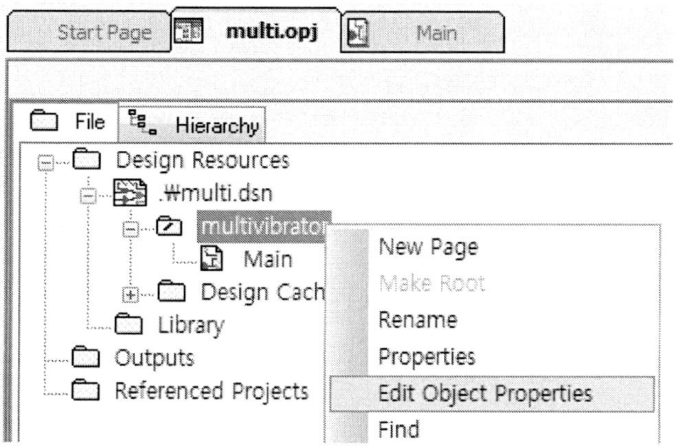

PCB Footprint 보기 기능

Schematic part에 Footprint 속성이 부여되면 Footprint의 3D 보기가 가능하다. 부품을 선택 후 오른쪽 마우스 버튼을 클릭하며 Show Footprint를 클릭한다.

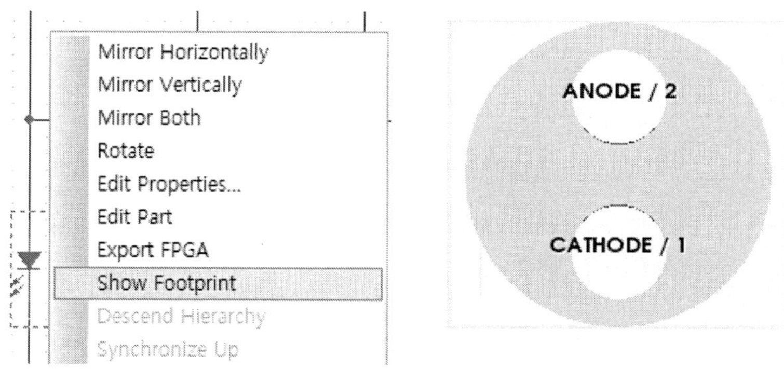

자주 활용되는 Footprint 명칭 및 이미지

<table>
<tr><th>Schematic
Part</th><th>PCB Footprint
(Package symbol)</th><th>Schematic
Part</th><th>PCB Footprint
(Package symbol)</th></tr>
<tr>
<td>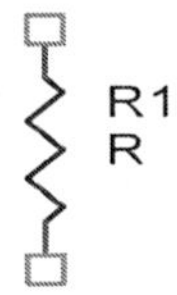</td>
<td>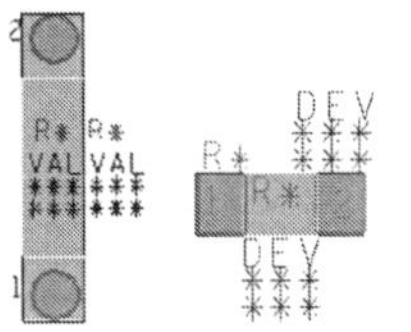
res400 smdres</td>
<td>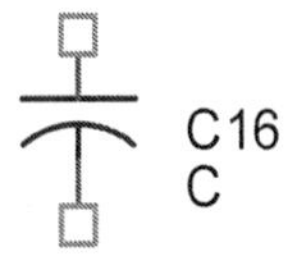</td>
<td>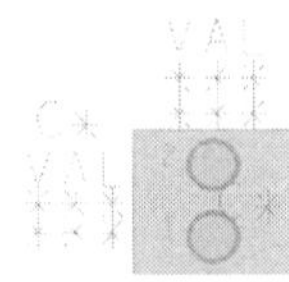
cap196</td>
</tr>
<tr>
<td>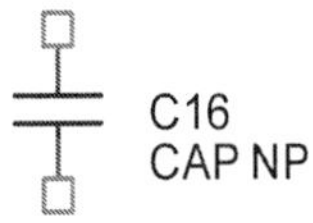</td>
<td>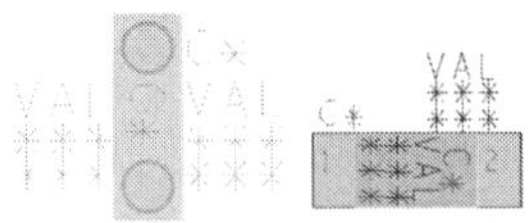
capck06 smdcap</td>
<td>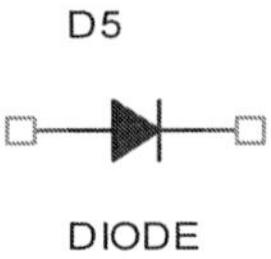</td>
<td>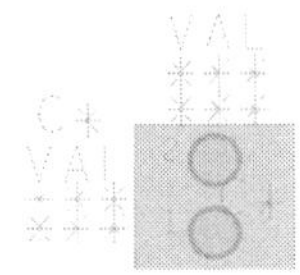
cap196</td>
</tr>
<tr>
<td>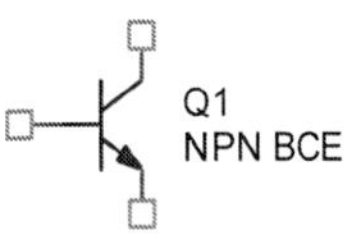</td>
<td>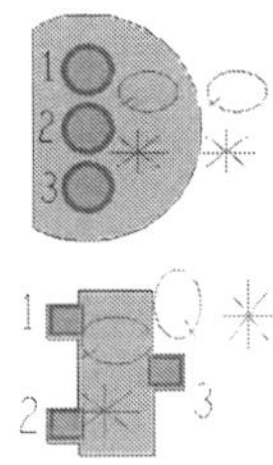
to92 sot23</td>
<td>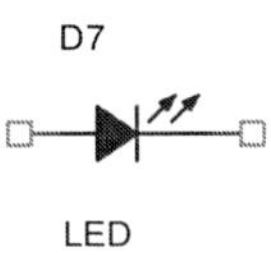</td>
<td>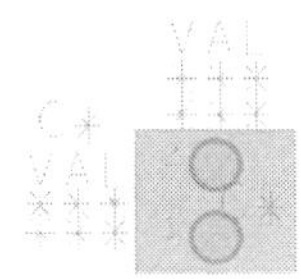
cap196</td>
</tr>
<tr>
<td>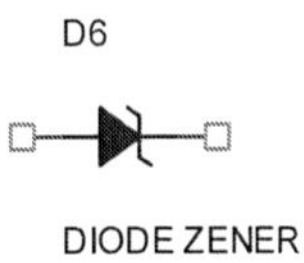</td>
<td>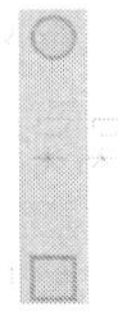
dio400</td>
<td>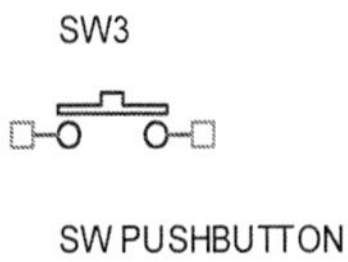</td>
<td>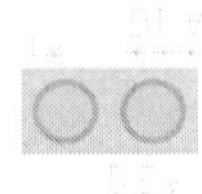
jumper2</td>
</tr>
<tr>
<td>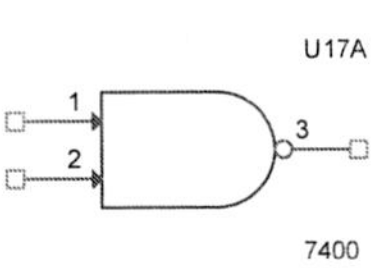</td>
<td>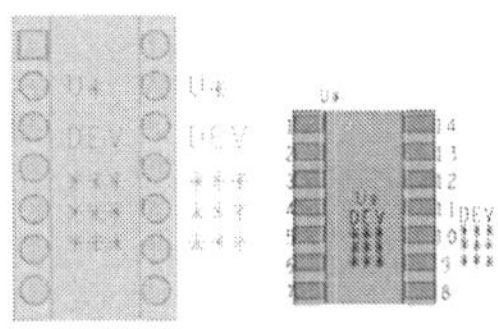
DIP14_3 SOIC14</td>
<td>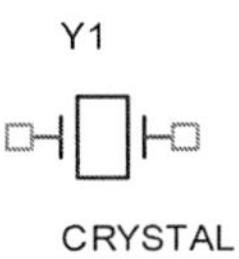</td>
<td>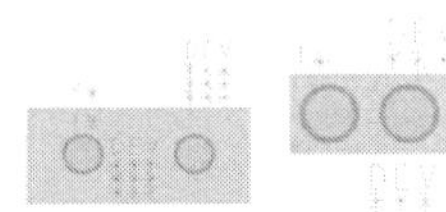
CRYS11MHZ jumper2</td>
</tr>
<tr>
<td>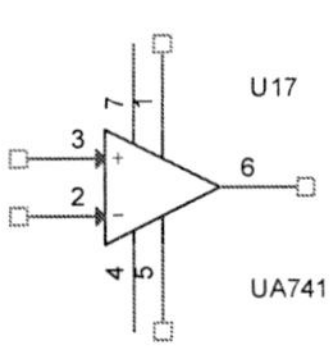</td>
<td>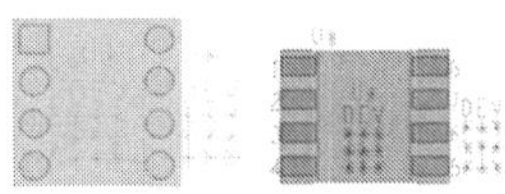
dip8_3 SOIC8.</td>
<td>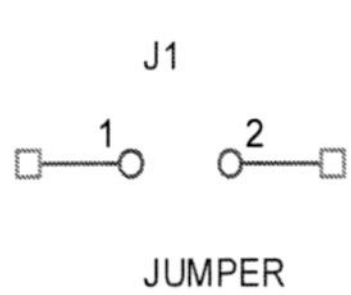</td>
<td>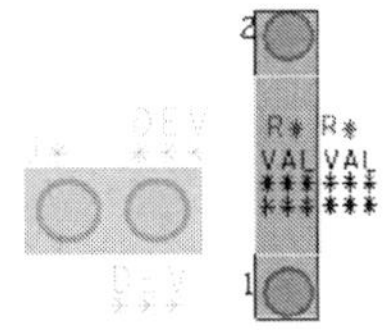
jumper2 res400</td>
</tr>
</table>

Schematic Part	PCB Footprint (Package symbol)	Schematic Part	PCB Footprint (Package symbol)
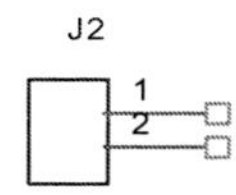 CON2	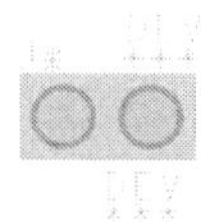 jumper2	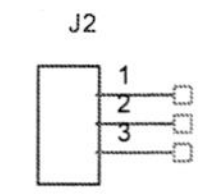 CON3	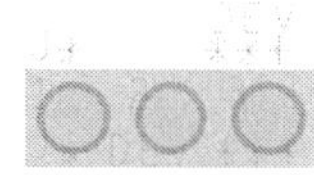 jumper3
R30 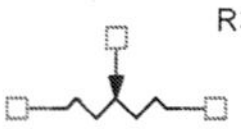 RESISTOR VAR	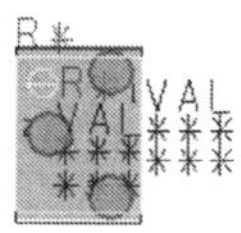 resadj	TP2 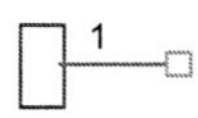 TEST POINT	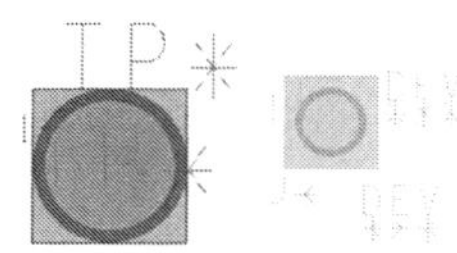 TP jumper1
R31  RESISTOR VAR 2	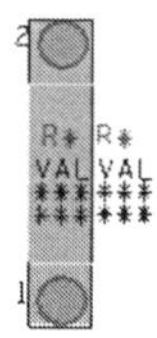 res400	TP3 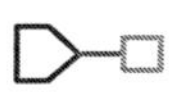 T POINT F	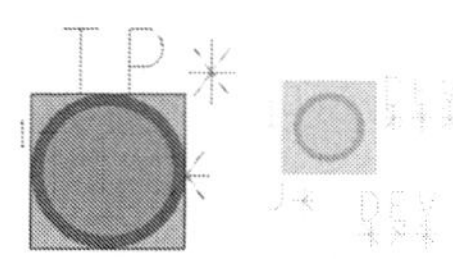 TP jumper1

2.2.8 부품번호 정렬(Annotate)

Project Manager 창에서 multi.dsn 파일 선택한다. 활성화 되어지는 아이콘을 이용하여 진행할 수 있다.

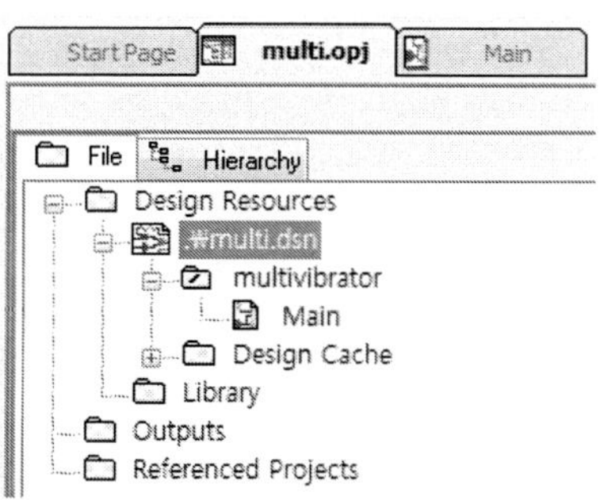

Annotate

부품번호 정렬(Annotate)

• 부품번호 정렬

① 메뉴 Tools – Annotate를 클릭한다.

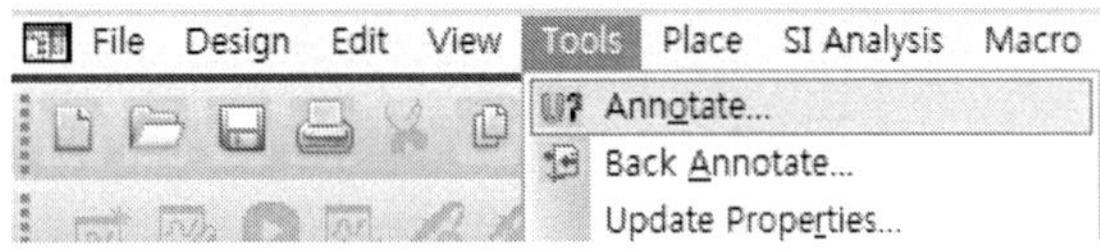

② Annotate 창이 나타나면 Reset part reference to "?"를 선택하고 확인 버튼을 클릭한다.

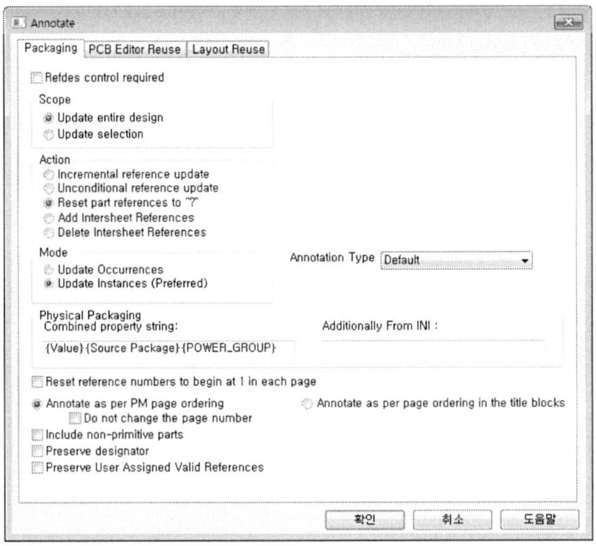

* Annotate 창의 기능은 다음과 같다.

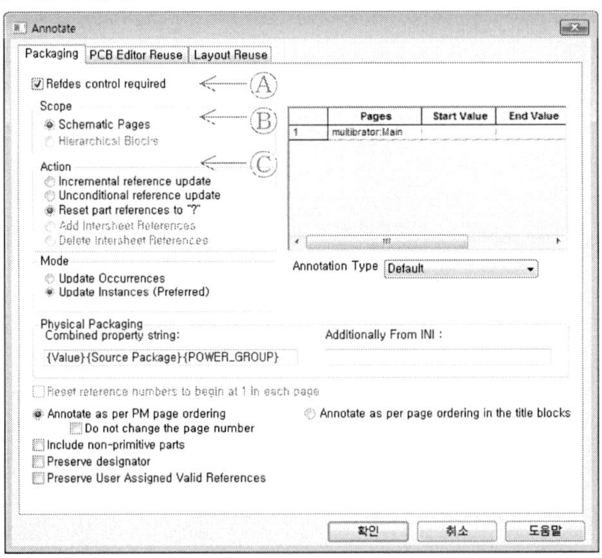

Ⓐ Refdes control requires: 각 페이지별로 Reference를 다르게 설정할 수 있다.

Ⓑ Scope "전체 도면 또는 선택한 도면만 적용

Ⓒ Action

Incremental reference update
: ?로 된 reference만을 업데이트 시키며 기존의 번호 다음번호로 증가한다.

Unconditional reference update
: 현재 있는 모든 reference를 무시하고 1부터 증가시킨다.

Reset part reference to "?"
: 모든 reference를 ?로 변경한다.

Add Intersheet References
: Off-page Connect나 Port 사용 시 포트 연결 정보를 표시(평면도면, 계층도면)

Delete Intersheet References
: 포트 연결 정보 삭제

③ 다음과 같이 창이 나타나면 확인 버튼을 클릭한다.

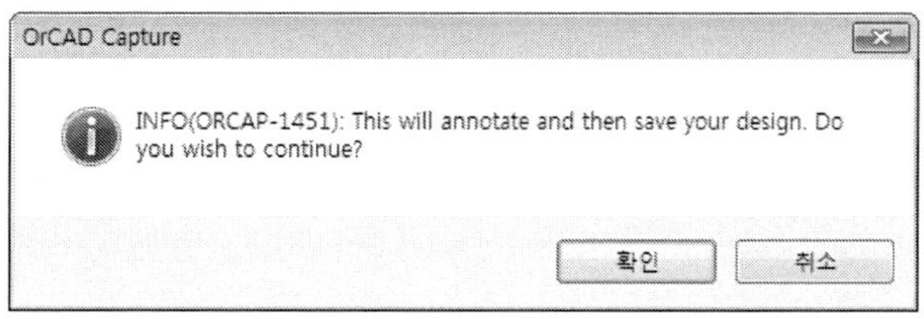

④ 모든 부품 값의 참조 값이 "?" 형식으로 변경된다.

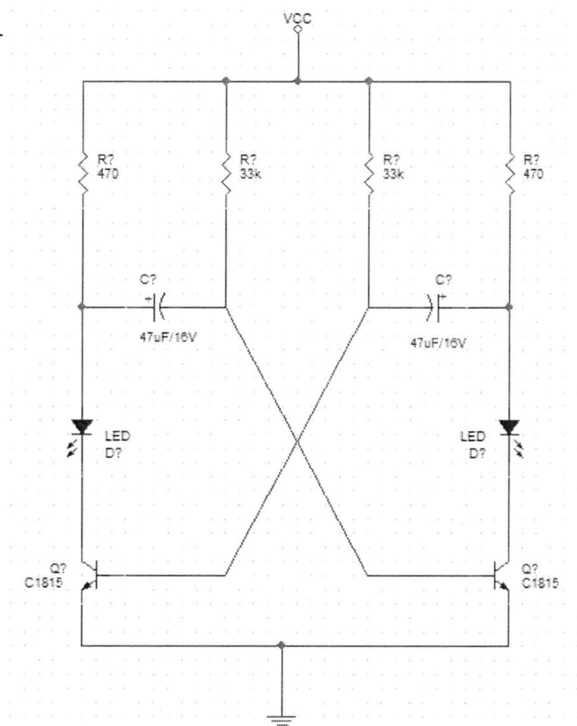

⑤ Project Manager 창에서 다시 메뉴 Tools — Annotate를 클릭하면 Annotate 창이 나타나면 Action란에서 Incremental reference update를 선택하고 확인 버튼을 클릭한다.

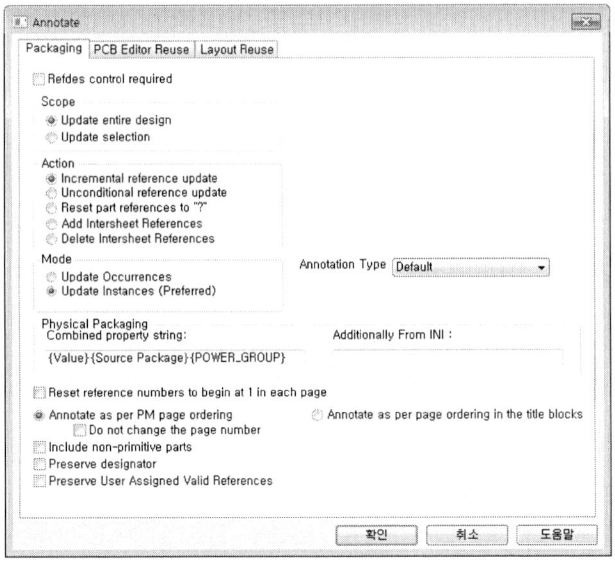

⑥ 다음의 창이 나타나면 확인 버튼을 클릭한다.

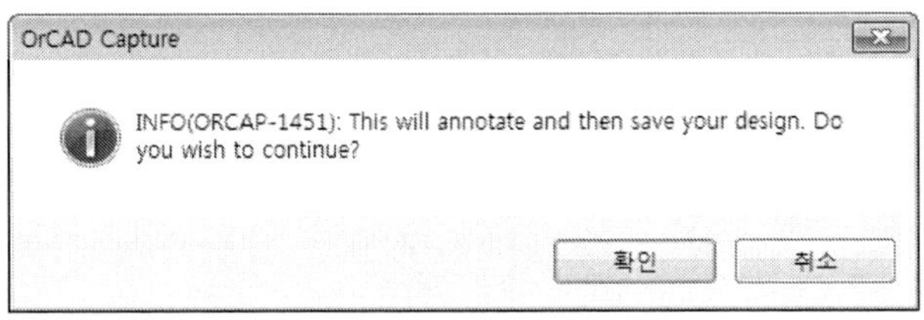

⑦ 부품의 참조 값이 변경된 회로도면은 다음과 같다.

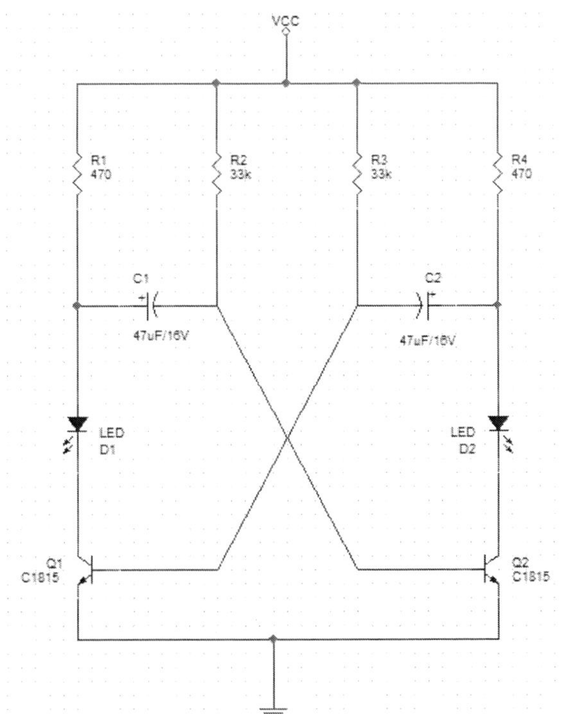

2.2.9 DRC(Design Rule Check) 검사

설계한 회로도면을 설정한 규칙에 따라 검사하는 기능이다.
Project Manager 창에서 메뉴 Tools — Design Rules Check를 클릭한다.

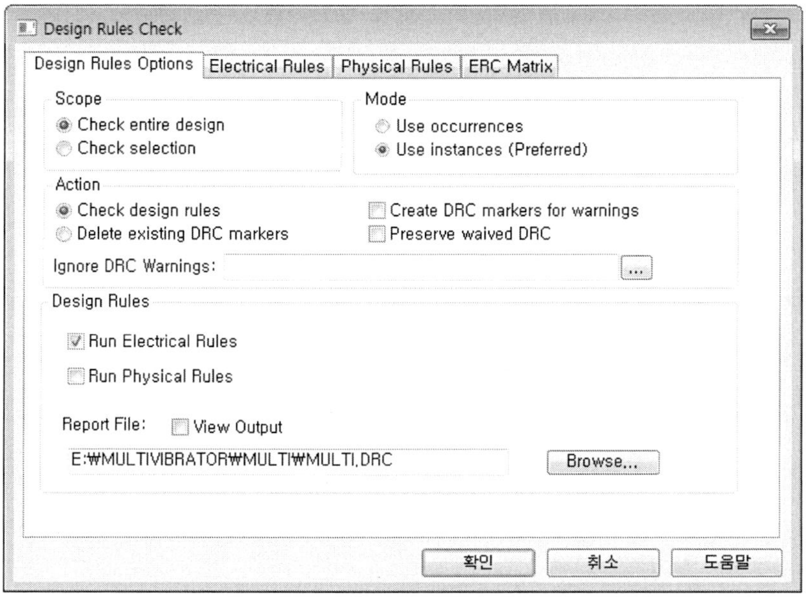

- Design Rules Options 탭 — Action

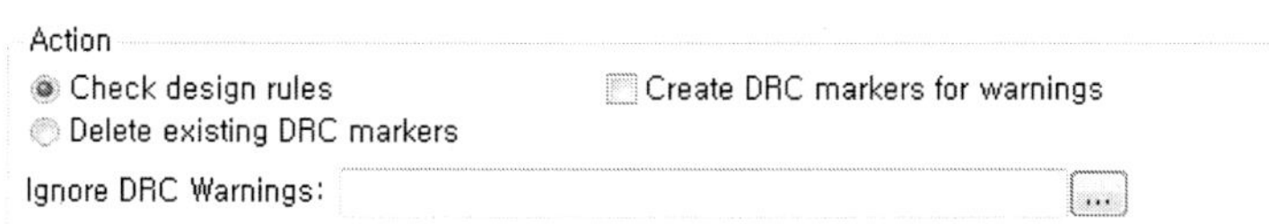

Create DRC markers for warnings: DRC 에러 발생 시 에러 부위에 마크 표시
Delete existing DRC markers: DRC 에러 마크를 제거

- Electrical Rules 탭 — Electrical Rules

Check single node nets: 어디에도 연결되지 않는 wire를 검사
Check no driving source and Pin type conflicts: ERC Matrix 설정에 따른 검사
Check Duplicate net names: 넷 이름의 중복에 대한 검사
Check off-page connector connections:
 off-page connector 사용 시 다른 페이지와 연결이 되었는지 검사
Check hierarchical port connections: 계층구조 도면과 연결을 검사
Check unconnected bus nets: 버스와 넷의 연결되지 않은 net을 검사
Check unconnected pins: 배선이 연결되지 못한 핀에 대한 검사
Check SDT compatibility: SDT 포맷으로 변환할 때의 변환오류를 검사

- ERC Matrix 설정

1. DRC를 클릭하여 ERC Matrix탭을 선택한다.
2. 세로 Power 항목에서 가로 Bidirectional 항목을 찾아 W를 클릭한다.
3. Warning – Error – none의 순서로 설정이 반복된다.

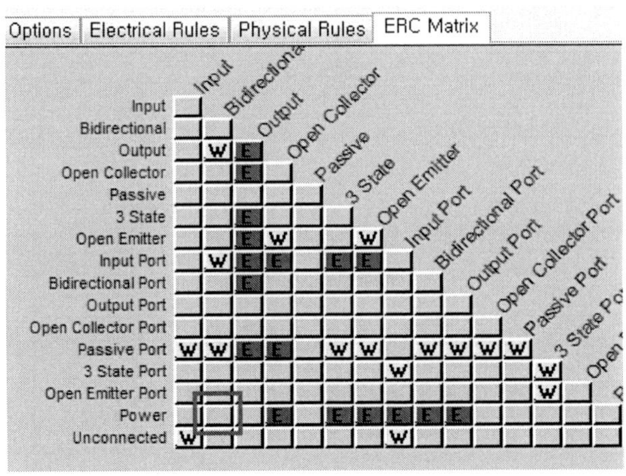

DRC 검사

① 위 Design Rules Options/Auction, Electrical Rules/Electrical Rules 설정을 체크 후 확인을 선택한다.
② 에러 발생시 Report를 확인한 후 처리한다.

③ 예를 들면 다음과 같이 “Warning”이 나타나면 수정한 다시 DRC 검사를 수행한다.

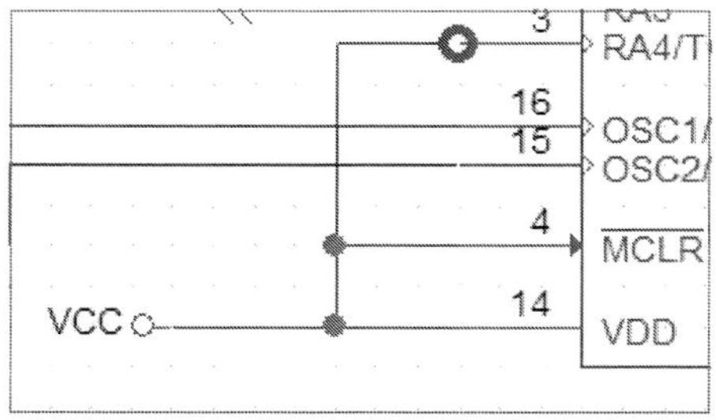

Checking Electrical Rules
WARNING(ORCAP-1829): Possible pin type conflict U1,RA4/TOCKI

※ Log창을 열려면 메뉴 Windows – Session Log를 클릭한다.

2.2.10 Create Netlist

네트리스트는 회로의 연결 정보를 나타내는 것이다.

Create Netlist

① Project Manager 창에서 Multi.dsn을 선택한다.

② 메뉴 Tools – Create Netlist 또는 아이콘( )을 클릭한다.

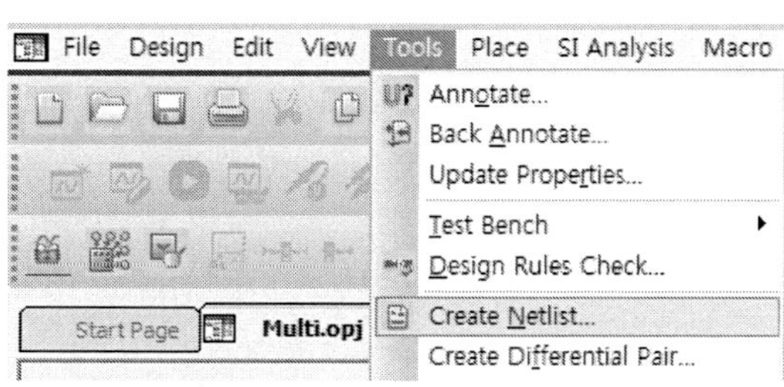

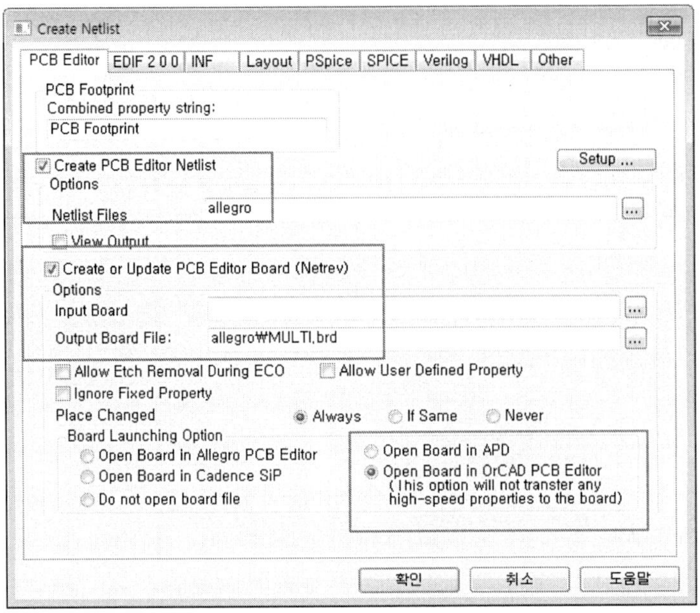

③ Option항목에서 Netlist의 저장 폴더를 선택할 수 있다.

④ 기본적으로 작업폴더 내에 allegro 폴더를 생성하여 저장한다.

✓ Create or Update PCB Editor Board(Netrev)

PCB를 신규 생성하거나 업데이트 할 수 있는 옵션이다.

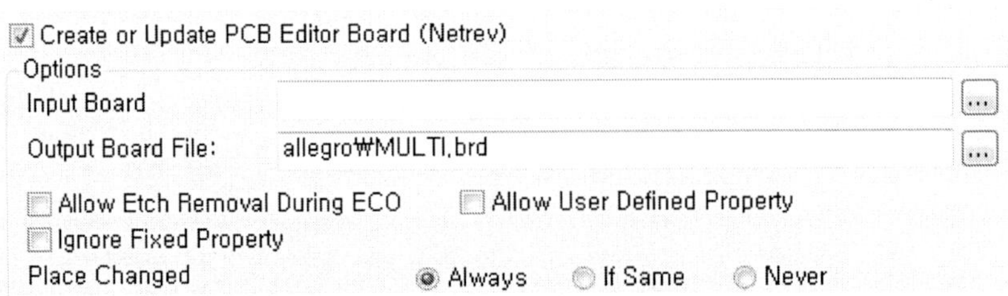

Input Board: 업데이트 시 기존 작업된 보드를 기입한다.

Output Board File: 신규 또는 업데이트 시 새롭게 생성되는 파일명을 기입한다.

Allow Etch Removal During ECO: ECO하는 동안 변경된 배선을 제거 허용

Allow User Defined Property: 사용자가 지정한 설계 속성을 허용한다.

Ignore Fixed Property: 기존 Board에서 고정된 속성 값의 무시를 허용한다.

✓ Board Launching Option

SPB의 Product 중 해당되는 제품군을 선택한다.

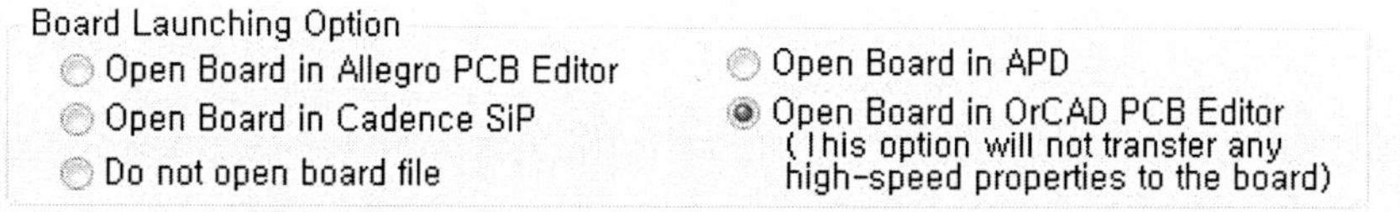

⑤ 확인을 클릭하면 allegro 폴더를 생성하는 창이 나타나면 예(Y)를 클릭한다.

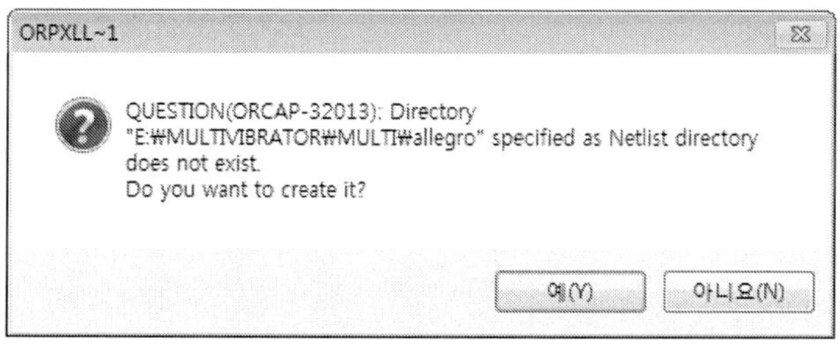

⑥ Netlist가 생성이 되고, PCB Editor가 열리며 Netlist가 전송이 된다.

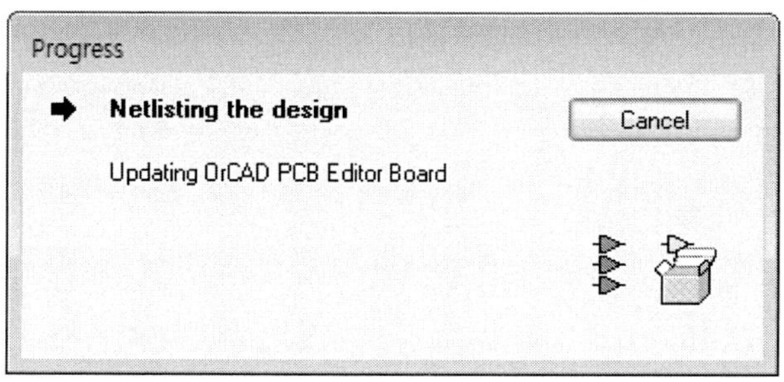

⑦ 회로에 이상이 없으면 진행창이 나타난 후 PCB Editor가 실행된다.

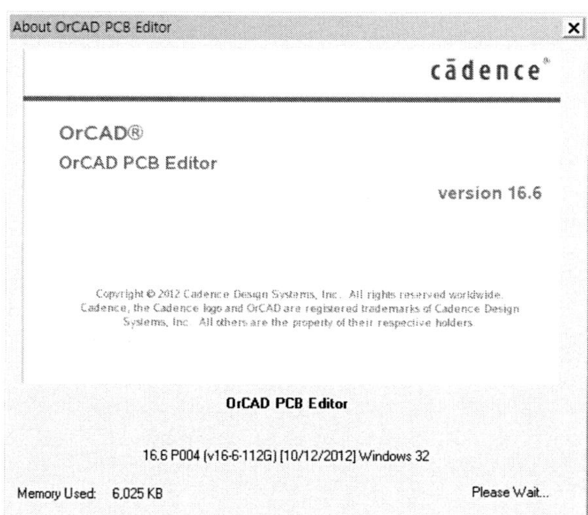

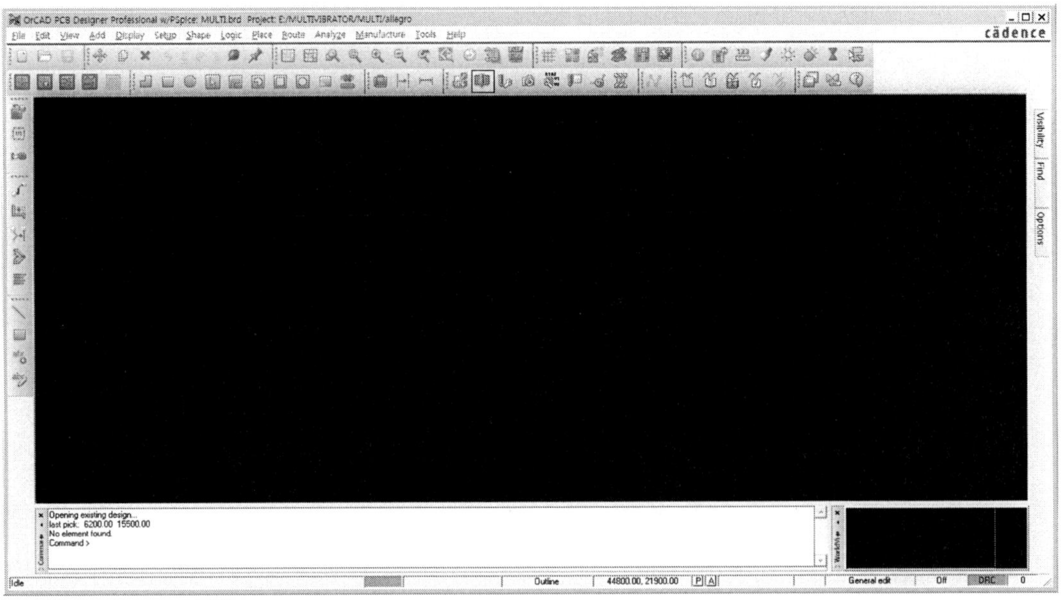

⑧ 메뉴 바의 File - Save를 클릭하여 파일을 저장한다. 파일의 확장자는 .brd이며 다음 PCB 설계 과정에서 계속 이어진다.

2.2.11 BOM(Bill of Materials) 파일 생성하기

BOM 파일은 회로도면 상의 부품 목록을 나타내는 것이다.

① Project Manager 창에서 Tools - Bill of Materials를 클릭한다.

② Bill of Materials 창이 나타나면 OK를 클릭한다.

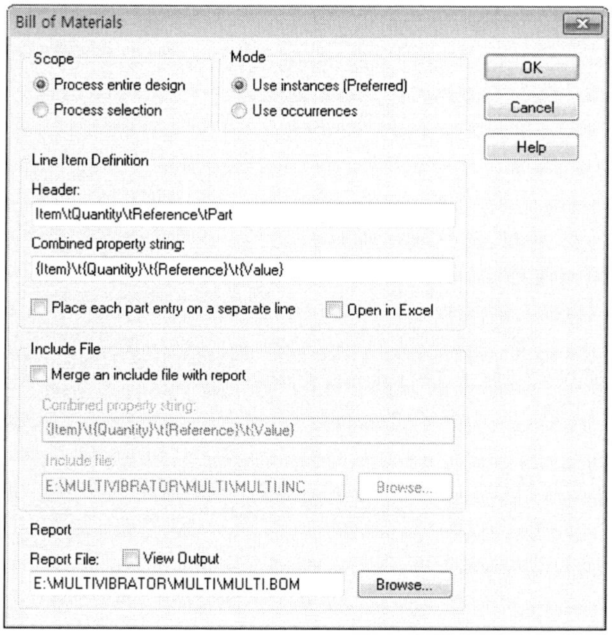

③ Project Manager 창에서 Outputs 목록에 BOM 파일을 확인할 수 있으면 BOM을 더블 클릭하면 내용을 볼 수 있다.

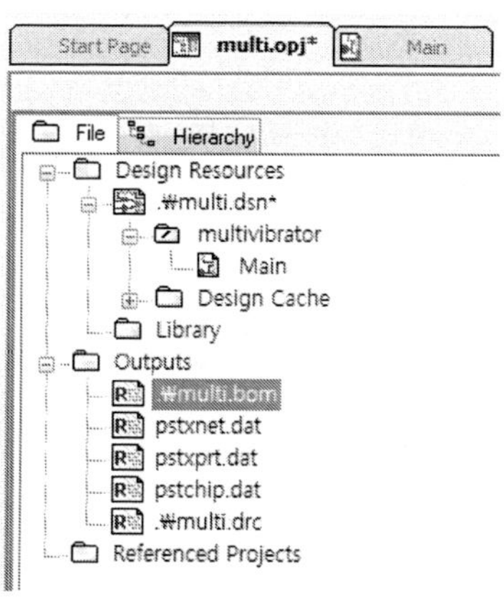

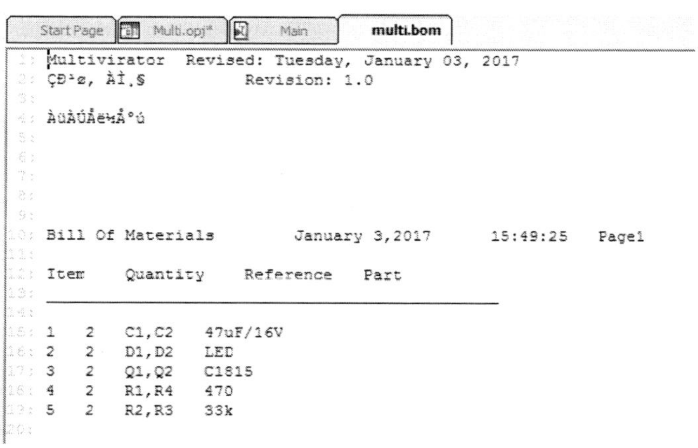

제 3 장 OrCAD Capture Library

3.1 Edit Part

Part를 수정, 편집 할 수 있는 기능이다.

- 배치된 Part를 수정하는 경우
  ① 회로도 작업 중 핀의 배치 등을 변경할 경우 [현재 작업 Design에만 적용] 도면의 Part를 선택 후 오른쪽 마우스 버튼의 Edit Part를 선택한다.

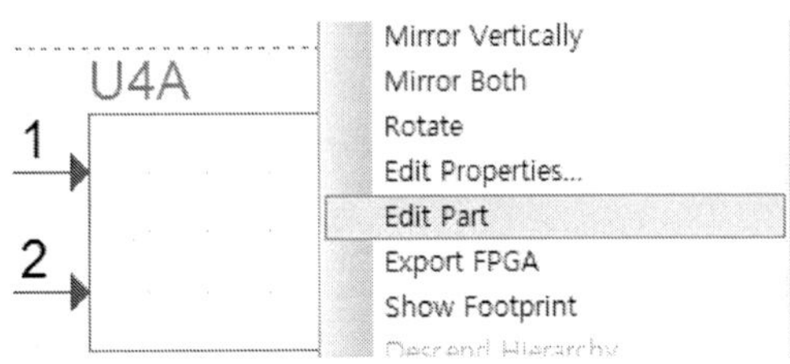

  ② Part Editor 창이 열리면 핀의 위치, 핀 속성, Part의 모양 등을 수정한다.

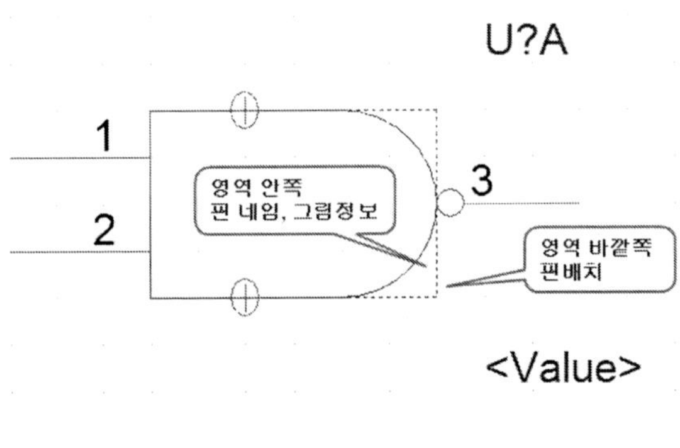

③ 수정이 완료되면 File — Close를 선택한다.

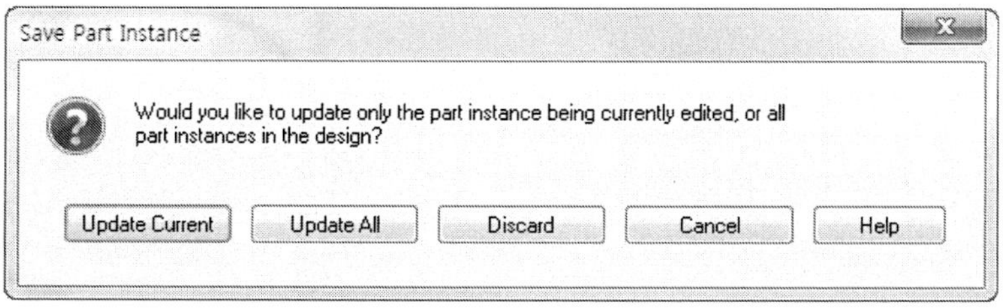

Update Current: 선택한 부품만 수정
Update All: 회로도 내에 같은 이름의 모든 부품을 수정
Discard: 업데이트 하지 않고 창을 빠져나감
Cancel: Close 명령을 취소. Part Editor 창에 머무름.

• 라이브러리의 Part를 수정하는 경우

① 메뉴 File — Open — Library를 클릭한다.

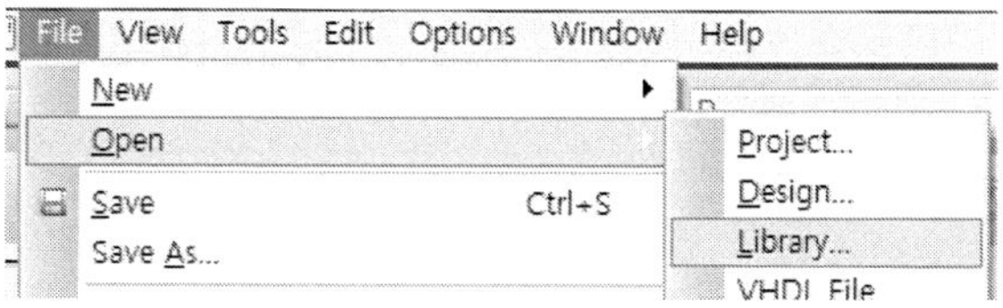

② 수정하고자 하는 Part가 속해있는 라이브러리를 연다.

③ 수정할 Part를 선택한 후 오른쪽 마우스 버튼의 Edit Part를 선택한다. 또는 메뉴 Edit Part를 선택한다.

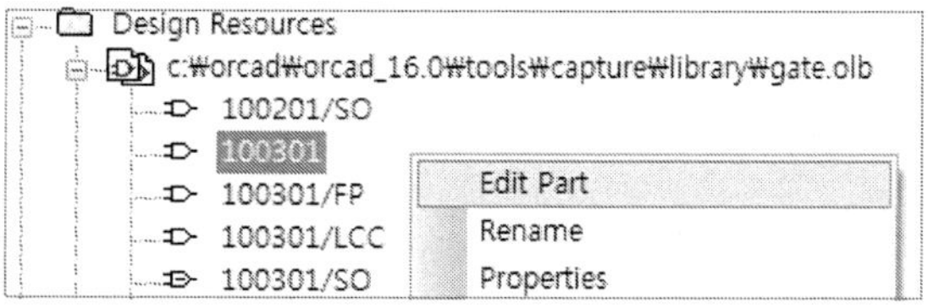

④ Part Editor 창이 열리면 부품을 수정한다.

⑤ 메뉴 File — Save로 저장한다.

3.2 New Part

① 메뉴 File – New – Library를 선택한다. (또는 기존에 사용하던 라이브러리를 연다)
② 프로젝트 매니저 창에서 확장자 olb를 선택한다.

New Part

• New Part 설정 창
  ① 메뉴 Design – New Part를 선택한다.
  (또는 확장자 olb를 선택한 상태에서 오른쪽 마우스 버튼 – New Part를 선택한다.)

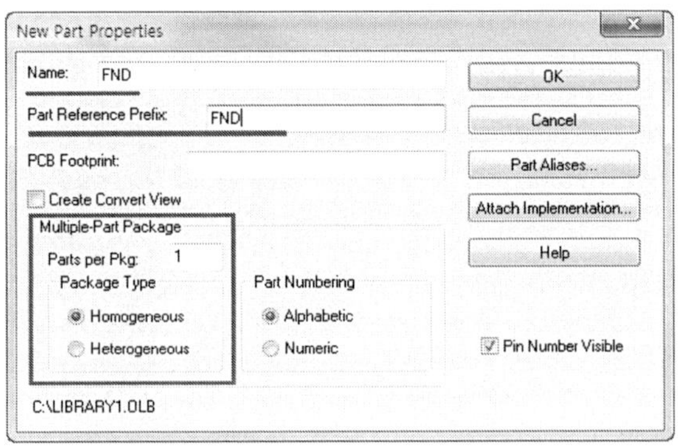

Part Reference Prefix: 부품 참조번호
PCB Footprint: PCB Footprint를 지정

Multiple-Part Package 옵션

Part per Pkg: 하나의 패키지를 몇 개의 Part로 나눌 것인가
예] 저항-1개, 7400-NAND gate 4개
Homogeneous: 여러 개 Part사용 시 모든 Part의 설정이 동일
Heterogeneous: 여러 개의 Part사용 시 설정이 다름.

② Part Editor 창이 열리면 핀을 배치하고 그림정보를 작성한다.

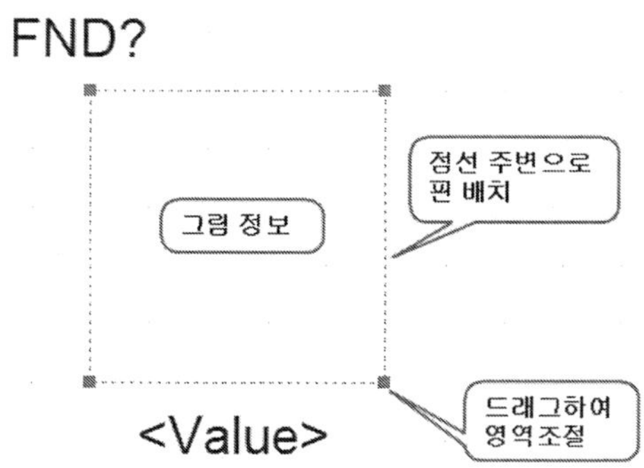

③ 메뉴 Place – Pin을 클릭한다. 또는 툴파레트 아이콘을 클릭한다.

④ Name과 Number에 핀 배치도를 보고 기입한다.

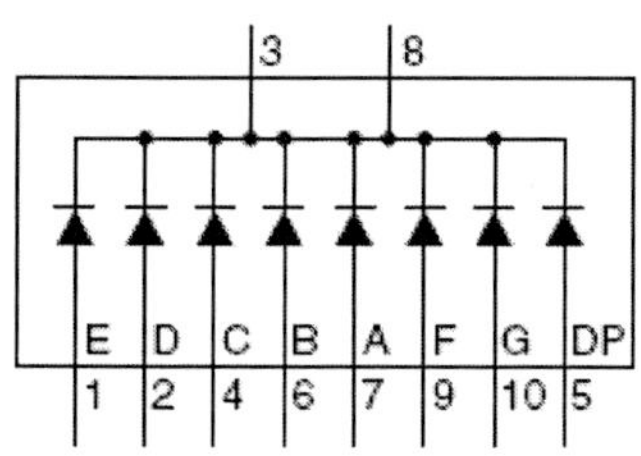

[PIN 배치도]

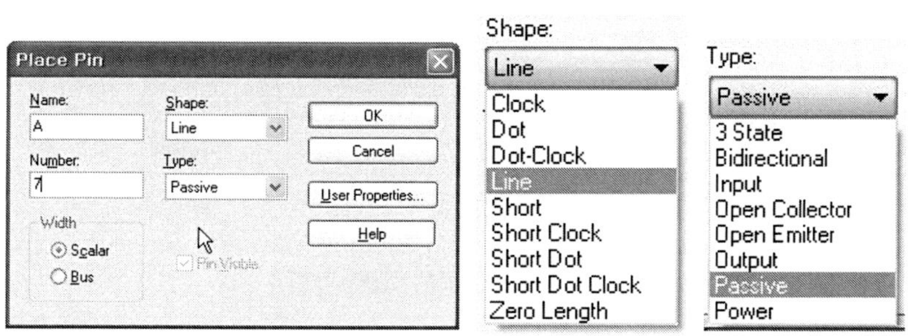

⑤ 전원 핀을 숨긴다.

- Pin Type – Power 선택
- Shape – Zero Length 선택
- Pin Visible 체크 해제

- 핀 배치
  ① 핀 번호를 작성 후 Ok를 선택한 후 마우스로 배치한다.
  ② 다음 배치를 위해 오른쪽 마우스 버튼–Edit Properties를 선택하여 속성을 수정한다.

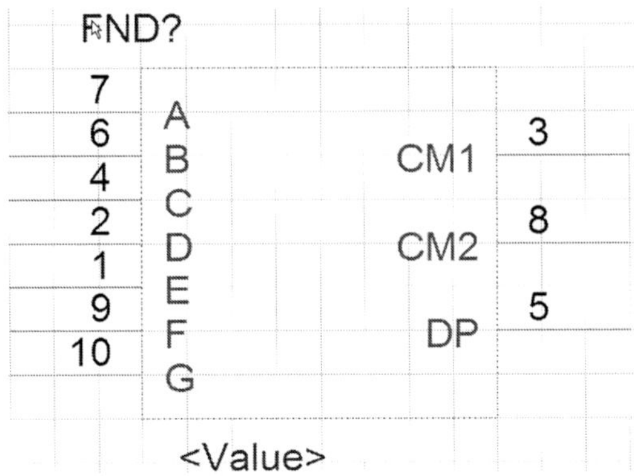

- Part Symbol 그리기
  ① 메뉴 Option – Part Properties를 선택한다. (또는 화면의 빈 공간에 더블클릭)
  ② 항목 Pin Names Visible 선택 후 하단의 True를 False로 변경한다.

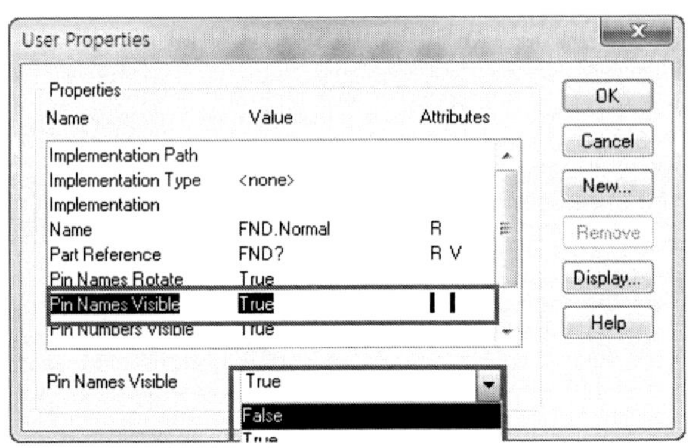

  ③ Part의 그림 정보를 작성한다.
  ④ 메뉴 Place – Line 또는 Rectangle을 클릭한다. 또는 툴파렛트에서 Line 관련 아이콘 을 클릭한다.
  ⑤ 그림 정보를 작성한다.

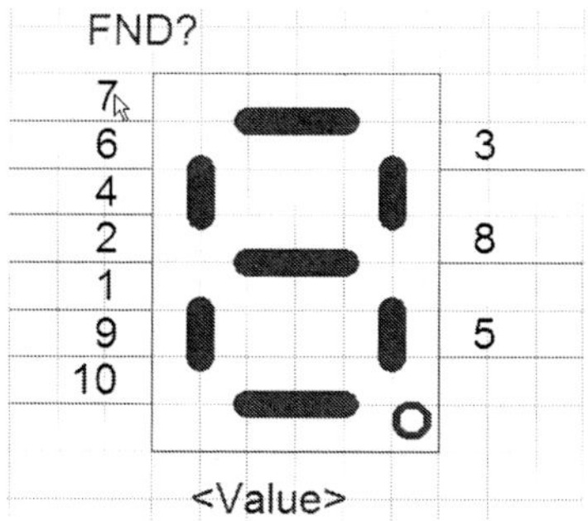

⑥ Line의 종류 및 두께를 변경할 때는 Line을 선택 후 오른쪽 마우스 버튼 – Edit Properties를 선택한다.

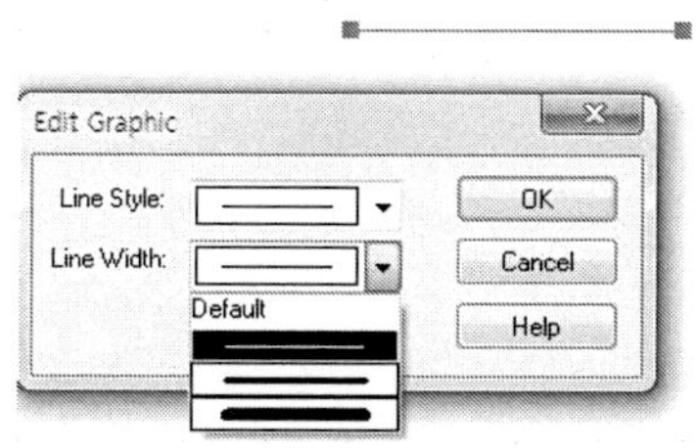

⑦ 완성이 되면 메뉴 File – Save를 선택하여 저장한다.

⑧ Project Manager 창에서 library1.olb를 선택한 후 메뉴 File – Save를 선택하면 새로운 이름으로 변경하여 저장할 수 있다.

- New Part from Spreadsheet

① Project Manager 창에서 library1.olb를 선택한 후 메뉴 Design – New Part from Spreadsheet를 클릭한다. 또는 오른쪽 마우스 버튼 – New Part from Spreadsheet를 클릭한다.

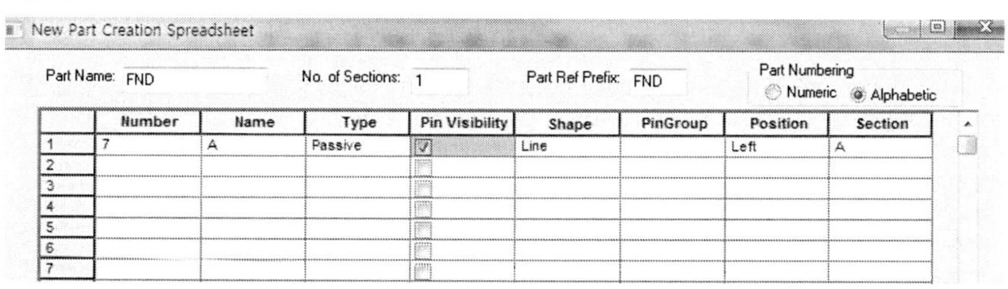

② 해당 항목을 기입 후 하단의 Save를 선택하여 저장한다.

③ 생성된 부품의 모양을 수정하기 위해서는 Project Manager에서 생성된 부품을 선택 후 Edit Part를 이용하여 수정할 수 있다.

3.3 Archive Project

① 작업 물을 Zip파일로 압축하여 저장해 준다.
② 메뉴 File – Archive Project를 클릭한다.
③ OPJ 및 DSN 파일은 기본적으로 포함이 되어 있다.

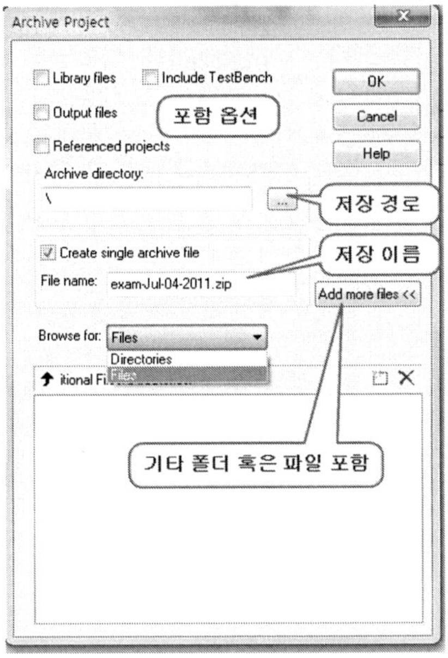

※ 저장 경로는 현재 작업 폴더와 다른 폴더를 지정하여야 한다.

제 4 장 평면/계층 도면 그리기

계층구조 설계(Hierarchical Design)는 한 회로도 내에서 다른 회로도를 대표하는 심볼을 포함하여 회로를 구성하는 것이다. 계층 도면을 그릴 때는 계층 블록(Hierarchical block), 계층 포트(Hierarchical Port), 계층 핀(Hierarchical Pin)을 사용하여 상위 회로도와 하위 회로도를 연결하여 사용한다. 또한 같은 레벨(평면 도면) 사이에는 오프-페이지 커넥터(Off-Page Connector)를 사용하여 연결한다.

다음 회로와 같이 계층 블록을 포함한 회로도를 작성하여 보자.

* Main 도면

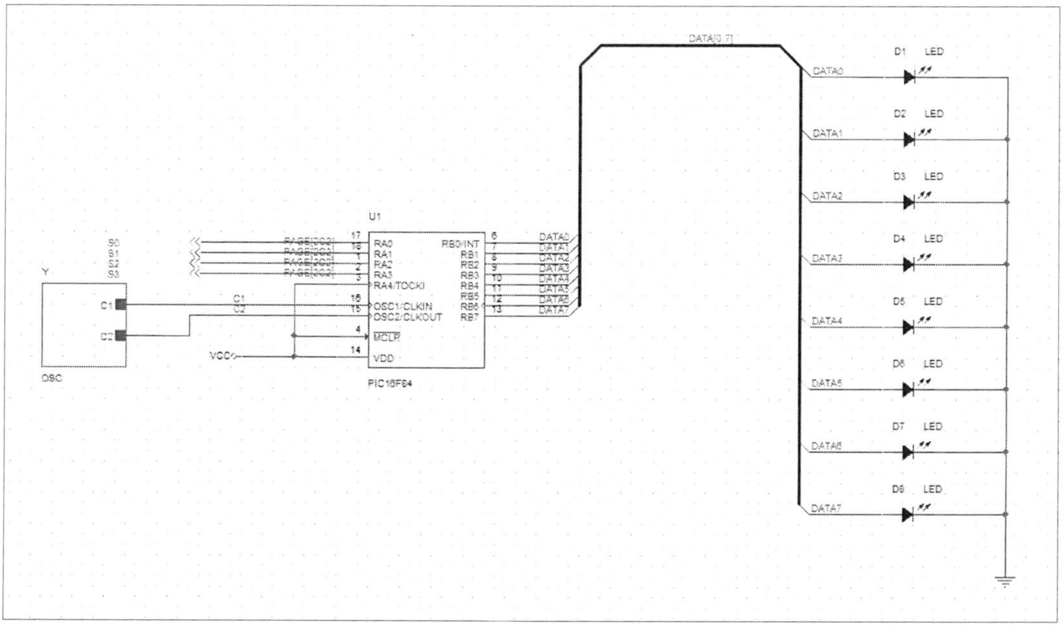

* Switch 도면

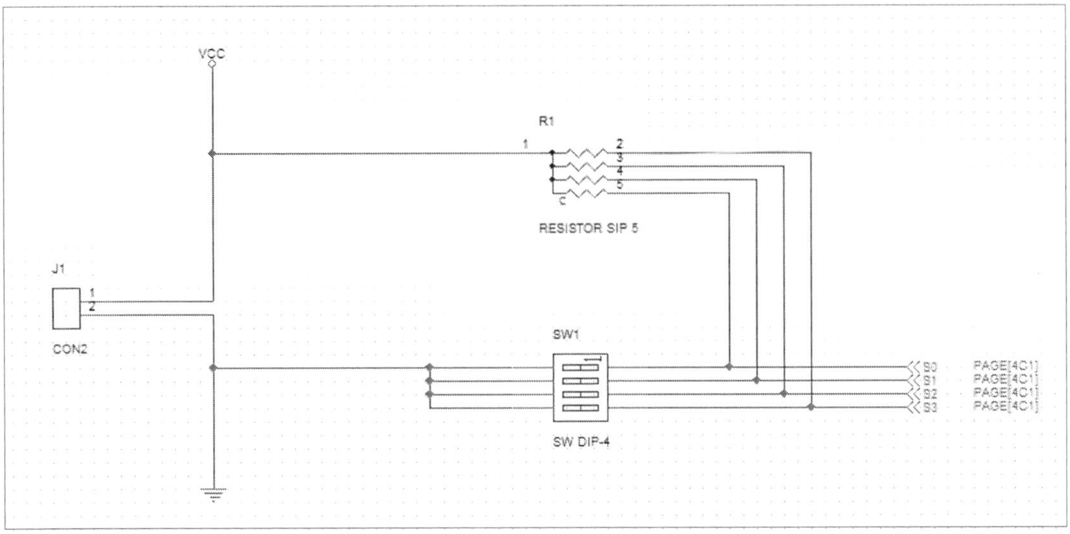

* Y 도면

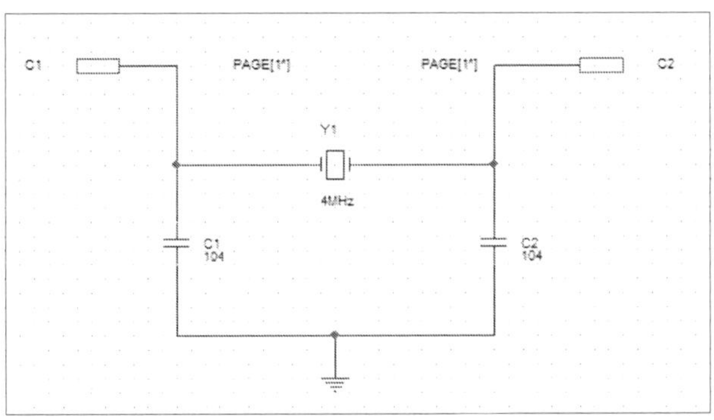

4.1 Capture Work Environment

Start Capture

프로그램 시작하는 방법

: 시작 - 모든 프로그램 - Cadence - Release 16.6 - Capture를 클릭한다.

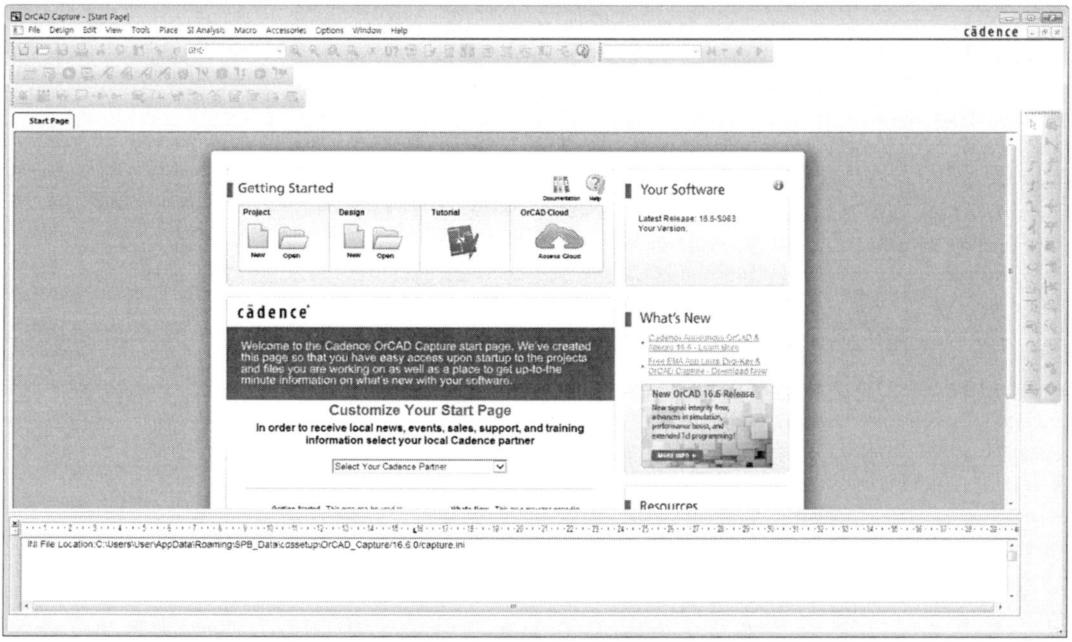

Capture 환경 설정 - Preference, Design, Template, Autobackup

• 새로운 프로젝트 또는 디자인 작업 시 현재의 설정이 기본 설정으로 지정된다.

① 메뉴 Options – Preference를 클릭한다.

- Grid Display 탭을 선택한다. Grid Style: Dots로 설정
- Miscellaneous 탭을 선택한다.

(Schematic Page Editor 항목에서 Fill Style, Line 관계 설정, Junction의 크기에 관련된 설정): Junction Dot Size를 Medium으로 변경한다.

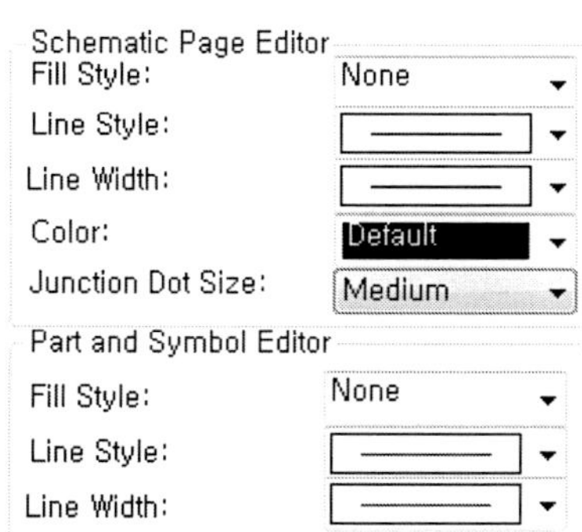

② 메뉴 Options — Design Template를 클릭한다.

- Title Block 탭을 선택: 기재하는 내용이 새 디자인 작성 시 기본 적용 작성: Title — Microcontroller, Revision: 1.0
- Page Size 탭 선택: Units — Millimeters, New Page Size — A4

③ 메뉴 Option - Autobackup을 클릭한다.

- 백업 시간, 백업 파일 수, 백업 디렉토리를 지정한다.
- 백업 디렉토리 "."은 현재 작업 디렉토리에 저장을 의미하며, 설계자는 백업 디렉토리를 만들어서 지정한다.
- 백업 파일의 이름은 확장자 .DBK를 가지며, Capture에서 파일 형식을 All Files로 변경 후 불러올 수 있다. Save As로 복원할 수 있다.

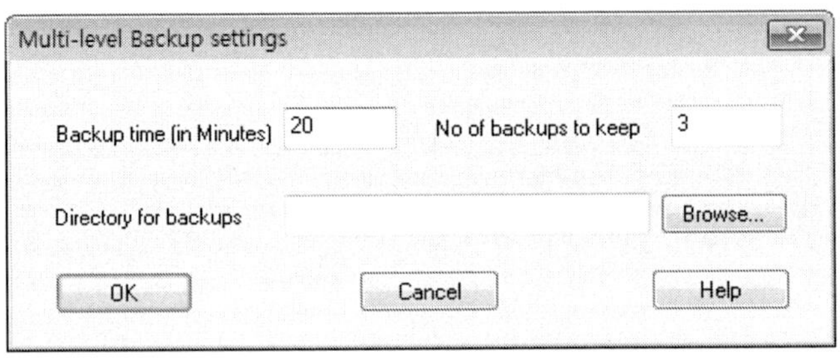

새 프로젝트 시작

메뉴 File — New — Project 시작

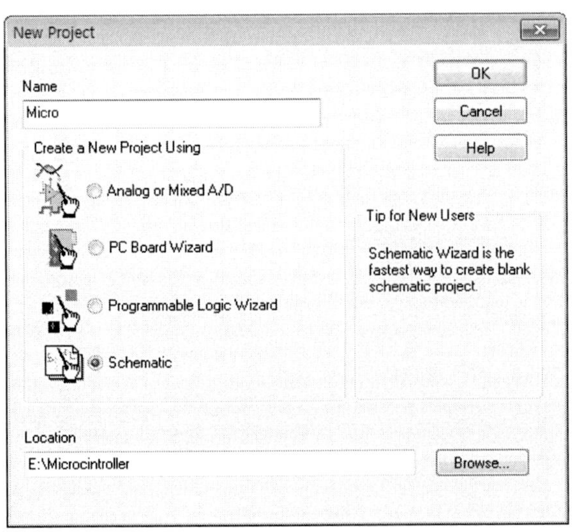

Project 환경 설정

- Rename Schematic: SCHEMATIC1을 선택한 후 오른쪽 마우스 클릭
- Rename 선택, 이름을 Micro로 변경

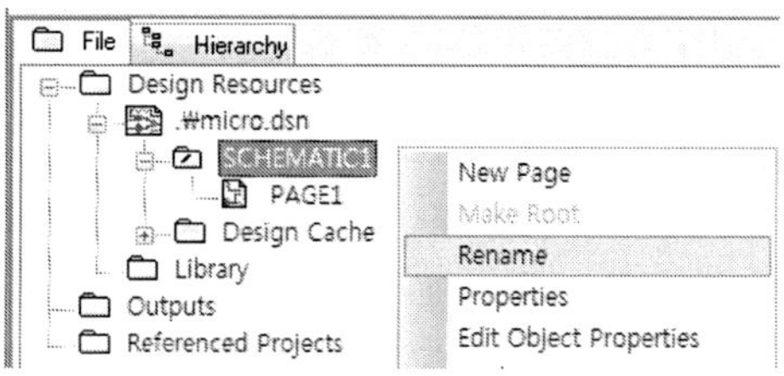

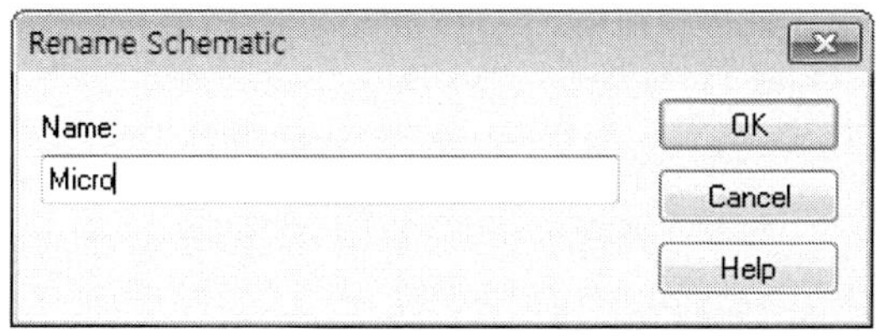

- Rename Page: PAGE1을 선택 후 오른쪽 마우스 클릭 – Rename 선택, 이름을 Main으로 변경

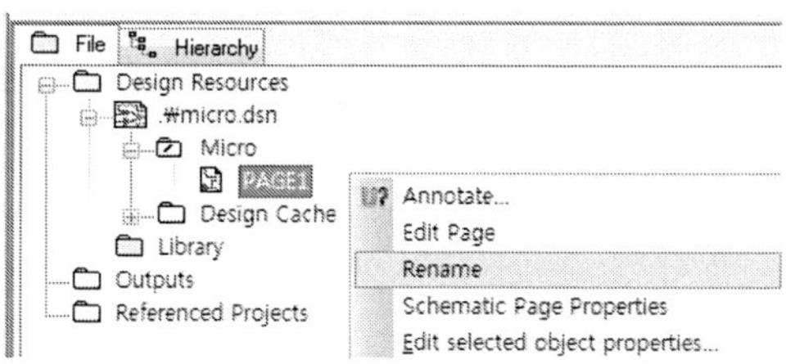

- Add Page: Micro를 선택 후 오른쪽 마우스 클릭 – New Page 선택, New Page의 이름을 Switch로 변경

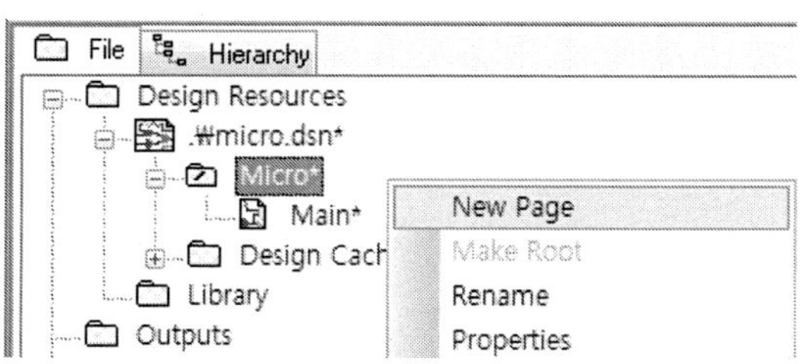

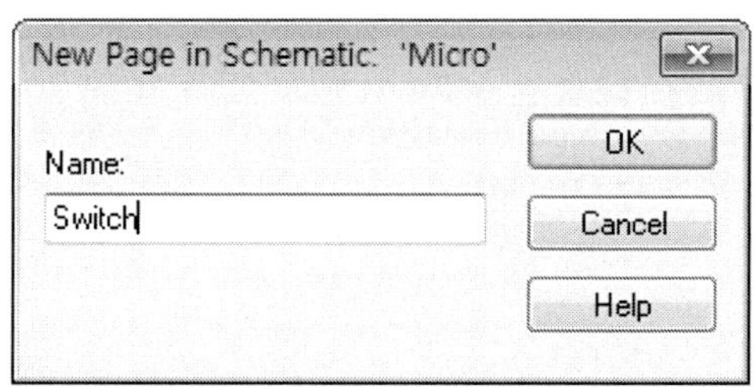

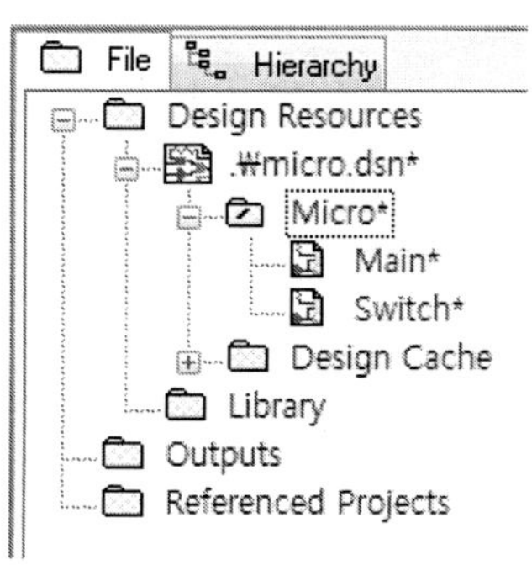

4.2 도면 작성

Part / Symbol

① 메뉴 Place – Part를 클릭한다. (툴 파렛트의 아이콘을 클릭)

② 라이브러리 추가(Libraries 항목의 Add library 버튼을 클릭)

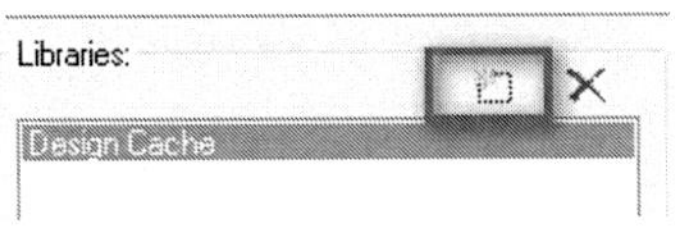

※ 모든 라이브러리를 선택 후 추가한다.

③ Part를 불러와서 배치한다.(Part 검색창에 Part 명을 기입 후 을 선택)

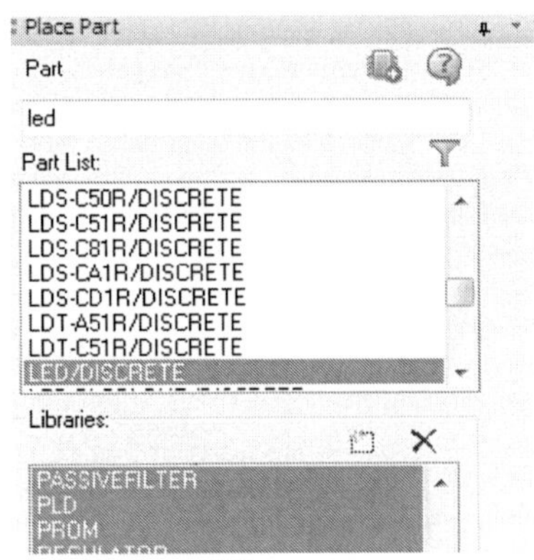

④ 메뉴 Place – Power 또는 Symbol을 클릭한다. (툴 파렛트에서 또는 를 선택)

⑤ GND와 VCC를 찾아 배치한다.

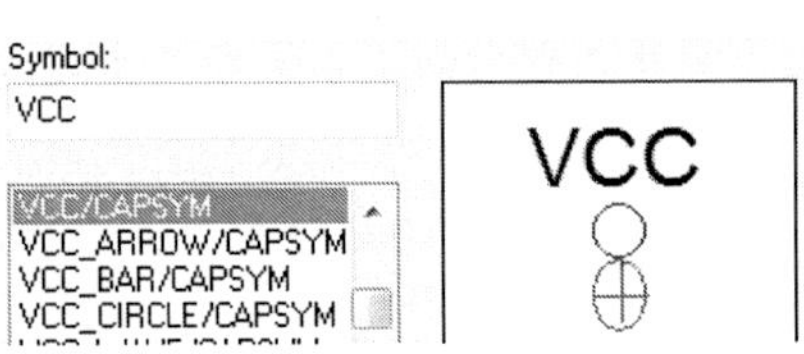

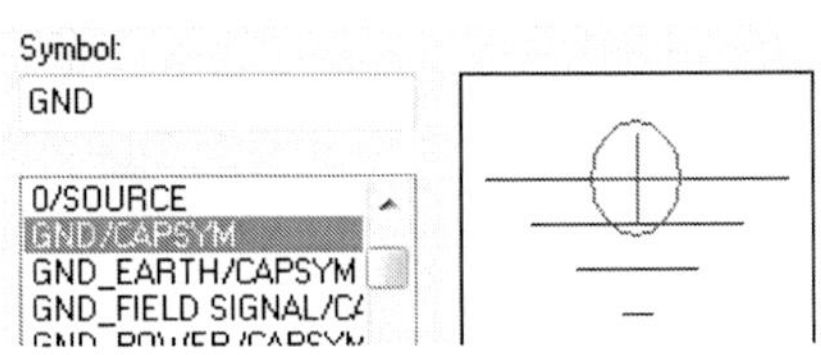

• 부품 배치

① 부품 배치 시 회전은 오른쪽 마우스 버튼의 rotate를 선택한다.

② 부품 배치 시 좌우 또는 상하 반전시에는 오른쪽 마우스 버튼의 Mirror Horizontally 또는 Mirror Vertically를 선택한다.

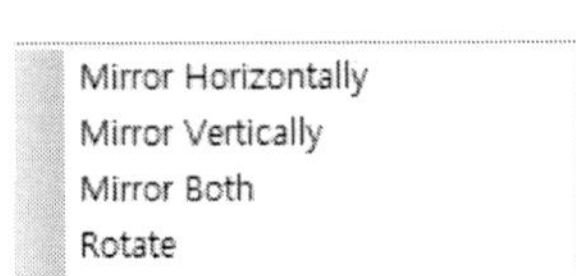

• Main 도면

<table>
<tr><td rowspan="2">Part</td><td>PIC16F84</td><td>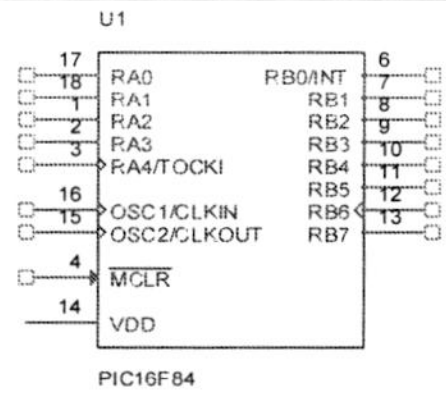</td></tr>
<tr><td>LED</td><td>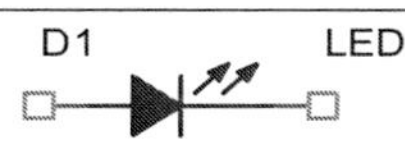</td></tr>
<tr><td rowspan="2">Symbol</td><td>GND</td><td></td></tr>
<tr><td>VCC</td><td></td></tr>
</table>

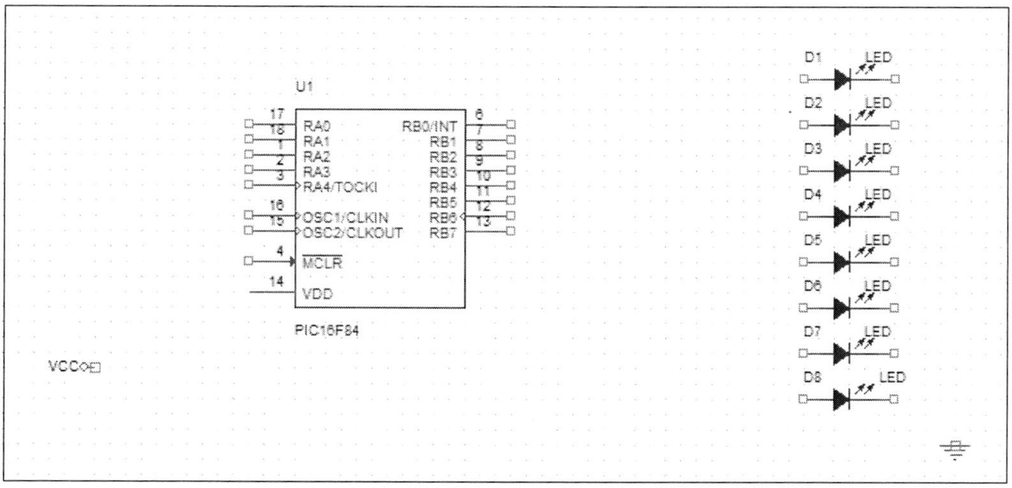

• Switch 도면

<table>
<tr><td rowspan="3">Part</td><td>CON2</td><td>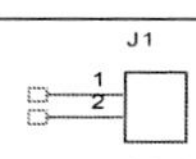</td></tr>
<tr><td>RESISTOR SIP 5</td><td>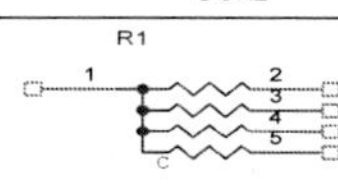</td></tr>
<tr><td>SW DIP-4</td><td>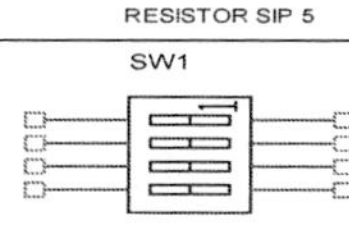</td></tr>
<tr><td rowspan="2">Symbol</td><td>VCC</td><td></td></tr>
<tr><td>GND</td><td></td></tr>
</table>

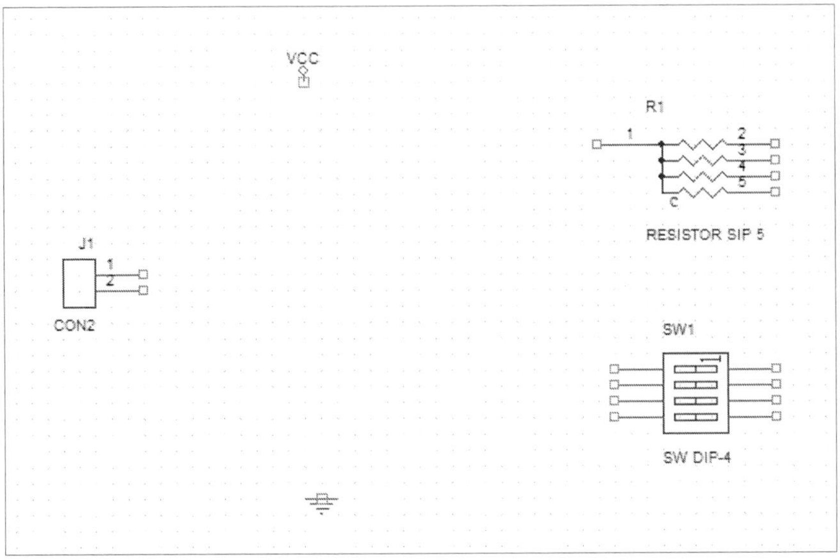

Wire / Bus / Auto

- Wire(배선작업)

① 메뉴 Place — Wire를 클릭한다. (툴 팔레트에서 아이콘 선택)

② 핀의 끝과 끝을 연결하는 방법으로 배선한다.

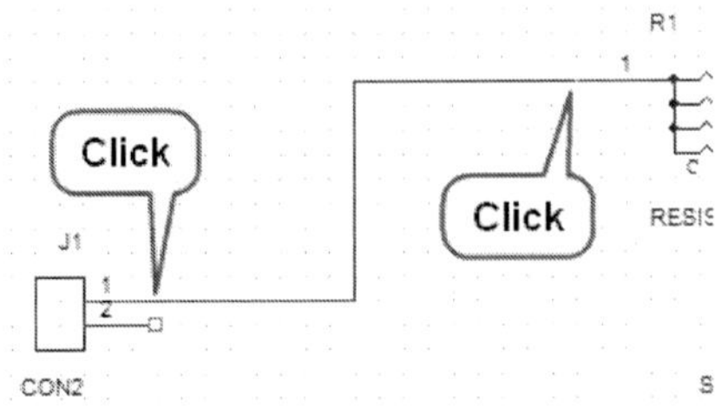

※ 버스 배선을 위한 wire 작성 시

- 핀 끝에서 시작하여 원하는 위치까지 배선(가로로 그려진 직선) 후 클릭한다.
- F4키를 누르면 Wire가 복사된다.

- Auto Connect

① 메뉴 Place — Auto Wire — Two Points 또는 Multiple Points 클릭 (툴 파렛트 아이콘 선택)

② Two Points는 핀과 핀을 선택하면 자동 연결
③ Multiple Points는 연결할 핀들을 모두 선택 후 오른쪽 마우스 버튼의 Connect를 선택

• BUS(버스 배선)
① 버스에 연결될 Wire를 작성한다.
② 메뉴 Place – Net Alias를 클릭한다. [단축키 n]
③ DATA0를 입력한 후 첫 번째 Wire위에 배치한다.
④ 두 번째부터는 차례대로 Wire에 클릭을 하면 Net alias 번호가 증가한다.

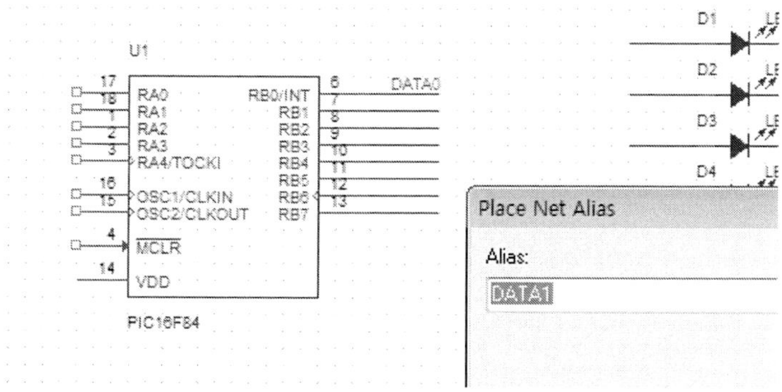

⑤ 메뉴 Place – Bus Entry(툴 파렛트 아이콘 선택)를 클릭하여 Wire의 끝에 Bus Entry를 배치한다.

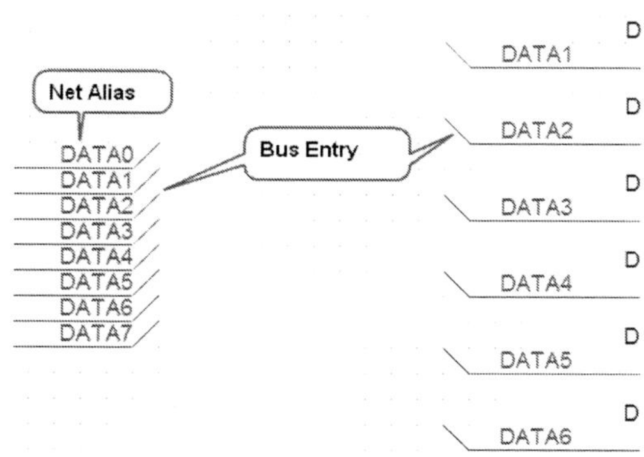

⑥ 메뉴 Place – Bus 클릭한다.
⑦ 버스 엔트리의 끝부분에 닿게끔 배선한다. (Shift 키를 누르고 배선 시 사선배선)
⑧ 메뉴 Place – Net Alias 클릭한다.
⑨ 버스네임 DATA[0:7]을 버스상단에 배치한다.

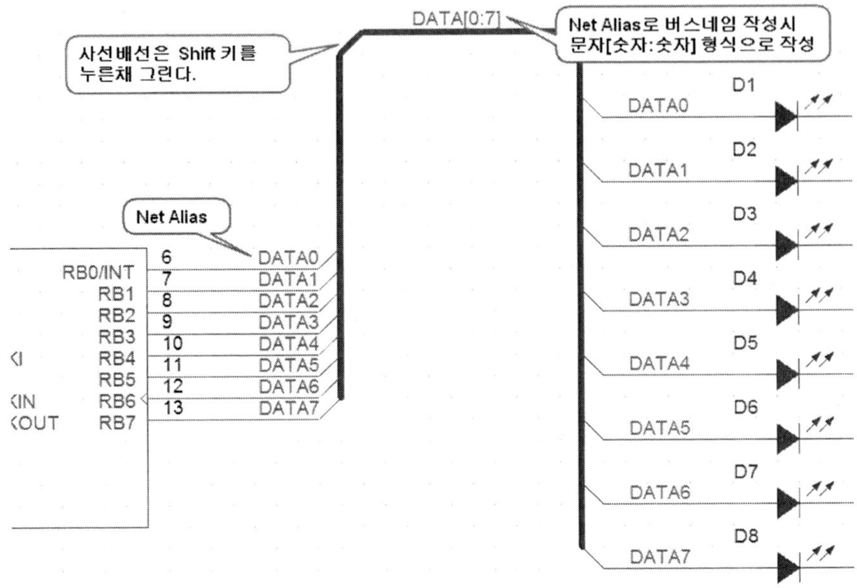

- Auto Connect to BUS

  ① 메뉴 Place — Bus를 선택하여 Bus를 그린다.

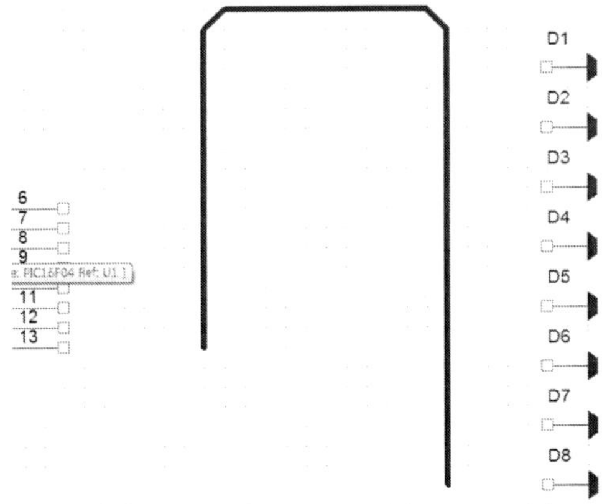

  ② 메뉴 Place — Auto Wire — Connect to Bus를 클릭한다.

  ③ 버스에 연결할 핀들을 선택한 후 오른쪽 마우스 버튼의 Connect to Bus를 선택한다.

  ④ 마우스로 연결할 버스를 클릭한다.

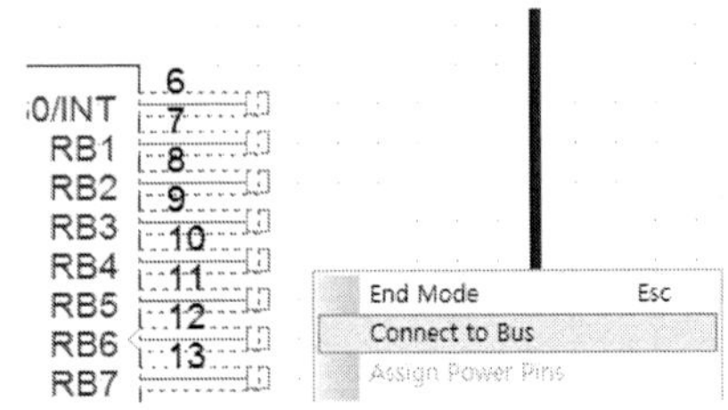

⑤ Enter Net Names 창이 뜨면 DATA[0:7]을 입력한다.

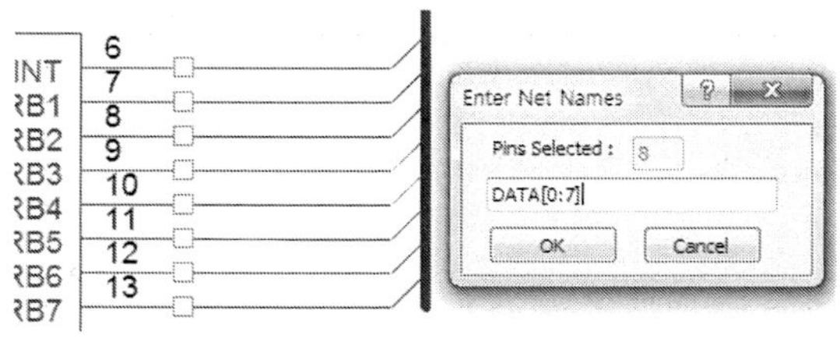

⑥ 버스의 이름을 Net Alias로 작성해준다.

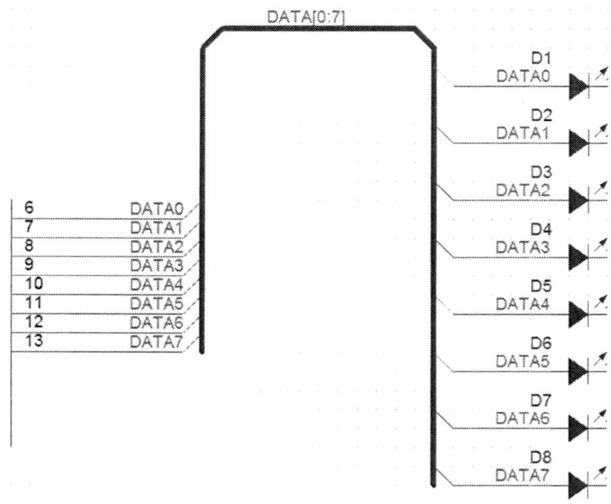

• Main Sheet

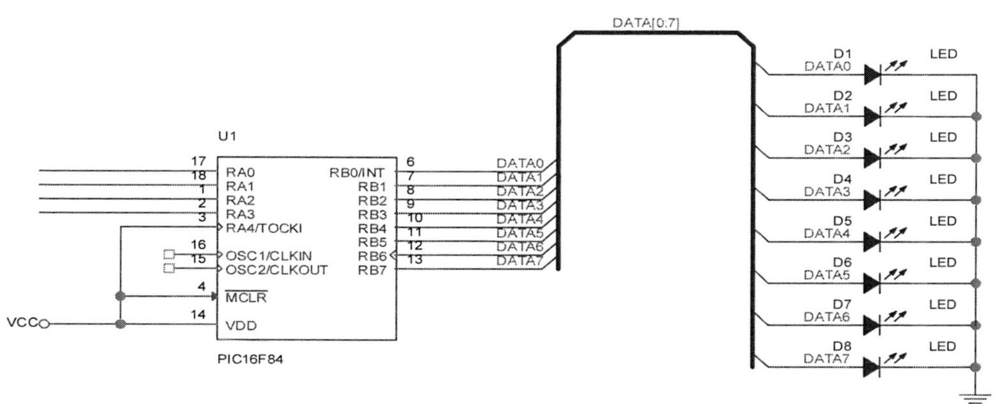

• Switch Sheet

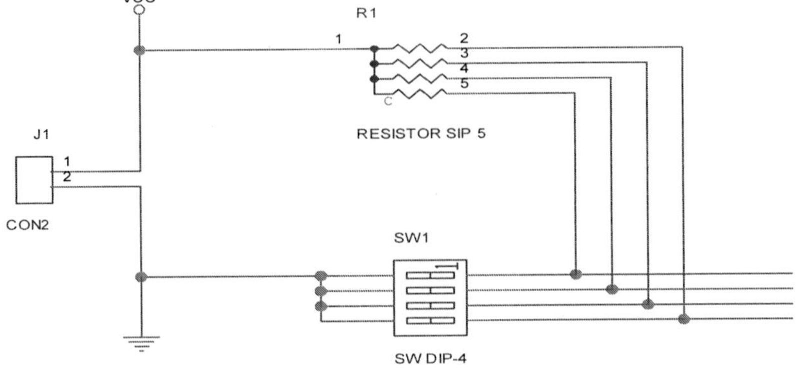

Off-Page Connector, Hierarchical Block

• Off–Page Connector

① 메뉴 Place — Off Page Connector를 클릭한다. (툴 파렛트 아이콘을 선택한다.)

② OFFPAGELEFT-R을 선택한 후 Main 도면에 배치한다.

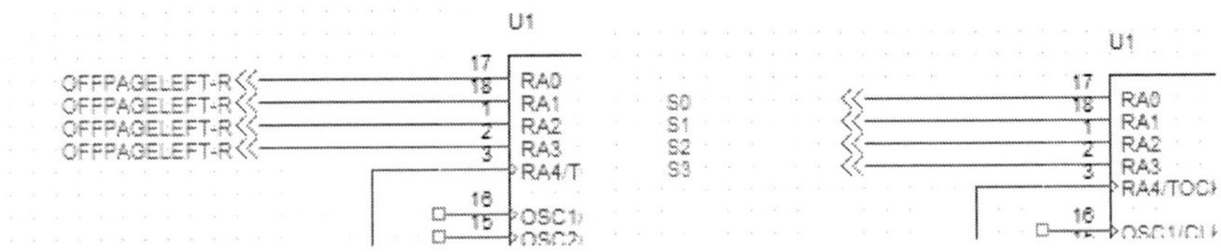

③ 배치된 OFFPAGELEFT-R 문자를 차례로 더블클릭하여 이름 s0, s1, s2, s3로 변경한다.

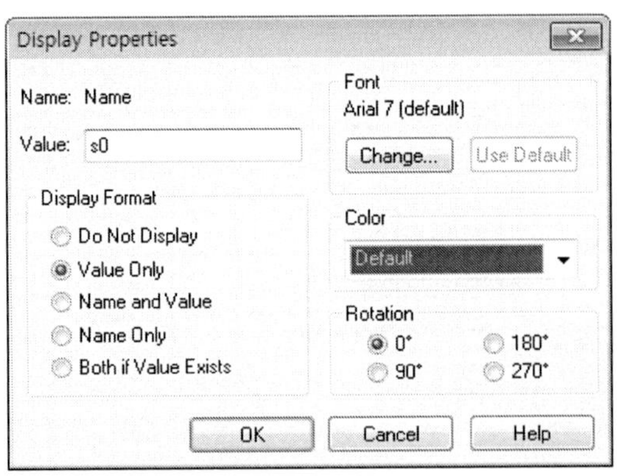

④ OFFPAGELEFT-L을 선택한 후 Switch 도면에 배치하고, 이름을 변경한다.

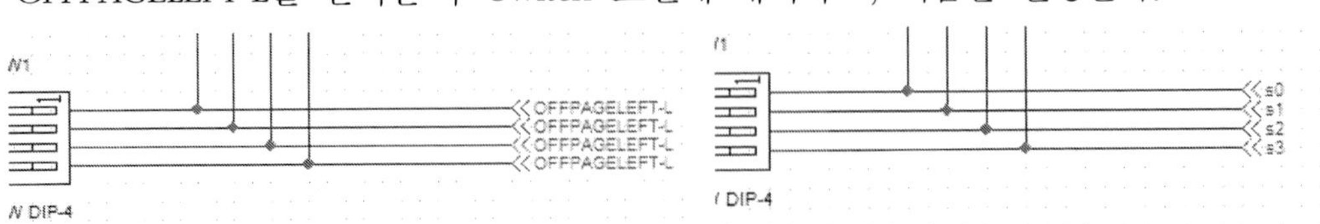

- Hierarchical Block

① Main 도면을 열고, 메뉴 Place – Hierarchical Block을 선택한다. (툴 파렛트 아이콘을 선택한다.)

② Place Hierarchical Block에서 블록의 Reference 및 Implementation 설정을 한다.

- Reference: Y
- Implementation Type: Schematic View
- Implementation Name: OSC

③ OK를 선택한다.

④ Main 도면 위에 적당한 크기의 사각형을 그린다.

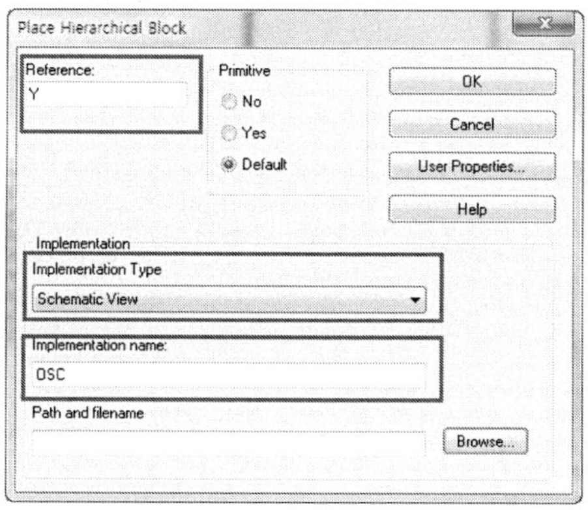

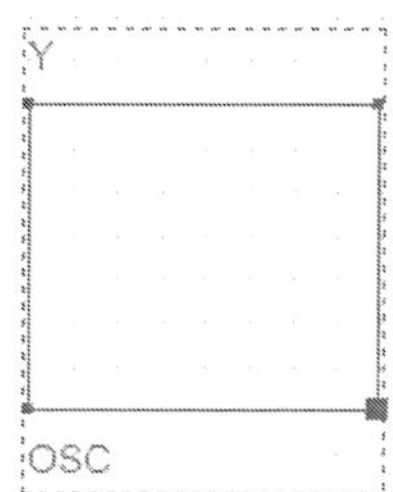

⑤ 사각형이 분홍색으로 선택된 상태에서 메뉴 – Place – Hierarchical Pin을 클릭한다.(툴 파렛트에서 아이콘을 선택한다.)

⑥ Name 란에 C1을 입력한다. Type은 Passive, Width는 Scalar로 설정한다. OK를 선택하여 Block에 배치한다. 두 번째 핀은 C2로 입력한다.

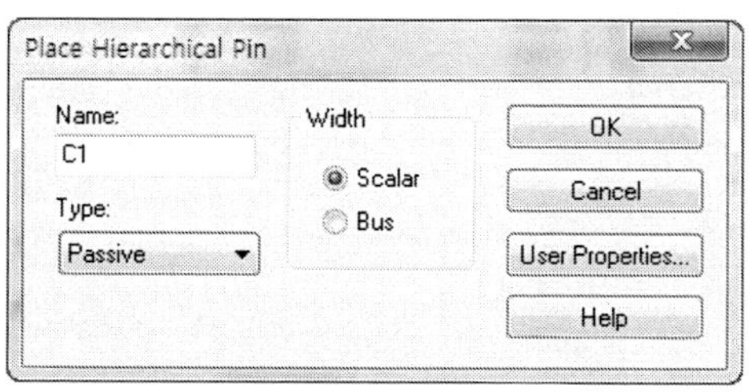

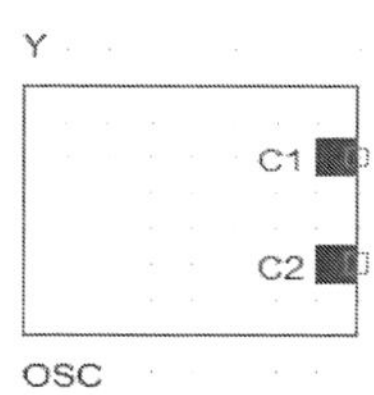

⑦ 배선을 추가한다.

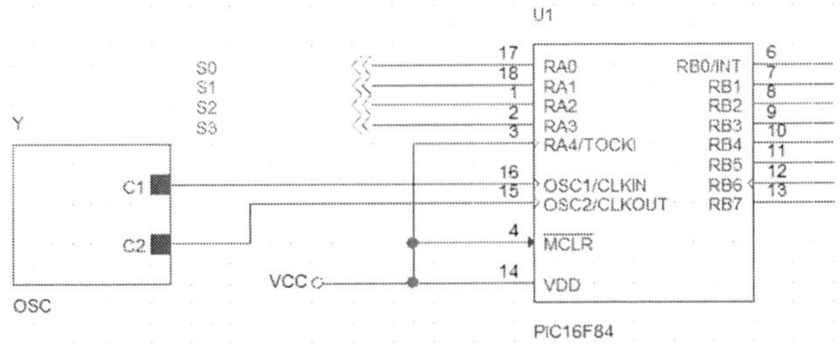

⑧ 메뉴 Place — Net Alias을 클릭하여 로 C1과 C2를 추가한다.

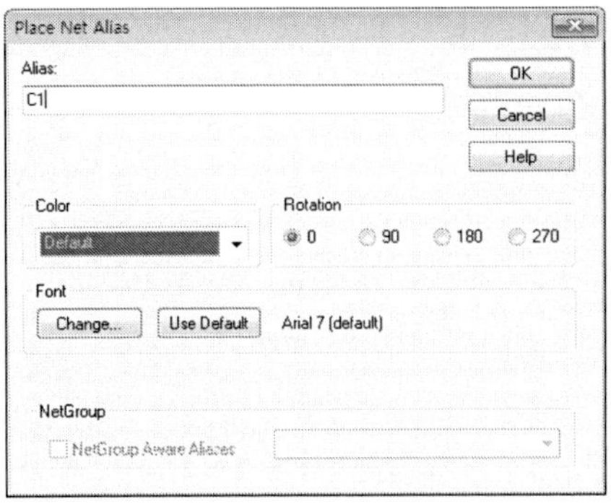

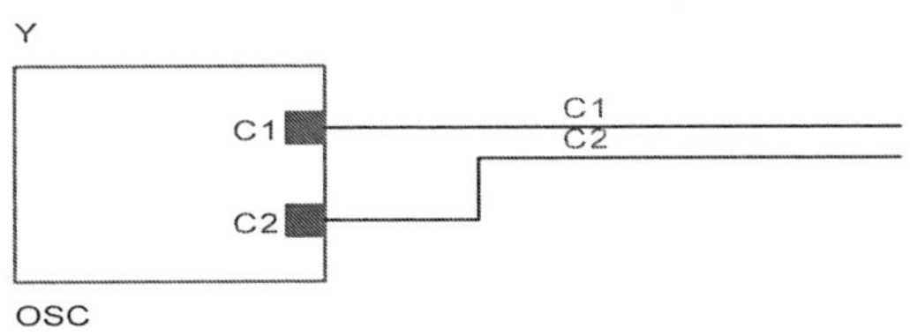

평면도면 추가

평면도면의 추가는 Project Manager 창에서 Schematic 폴더를 선택한 후 오른쪽 마우스 버튼을 클릭하여 New Page를 선택하면 할 수 있다. 또는 메뉴 Design — New Schematic Page를 선택한다.

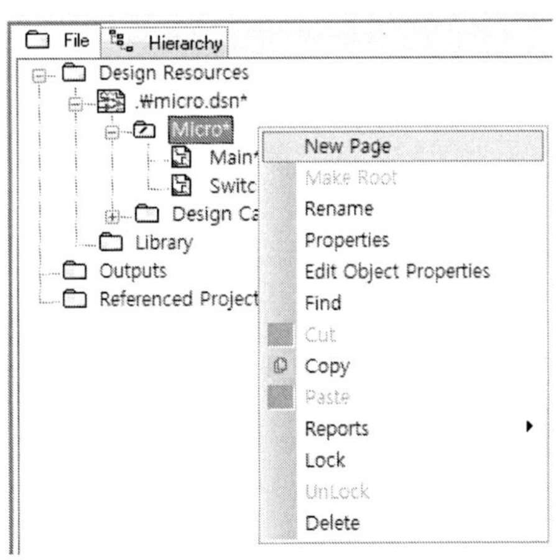

계층도면

① Project Manager 창에서 micro.dsn을 선택

② 메뉴 Design — New Schematic을 클릭한다.

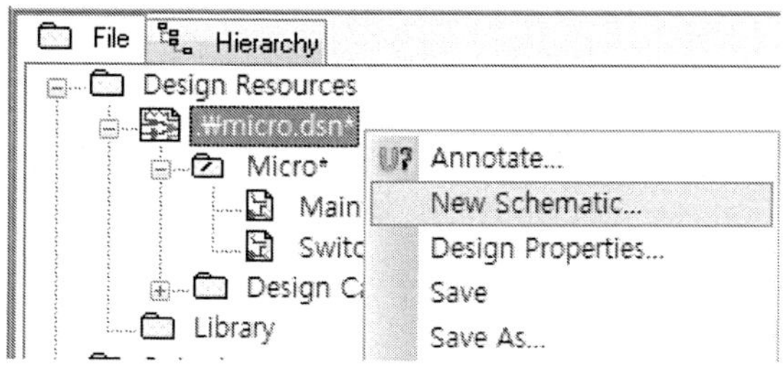

③ New Schematic 창이 뜨면 계층구조 Schematic 이름을 OSC로 지정한 후 OK를 클릭하여 추가한다.

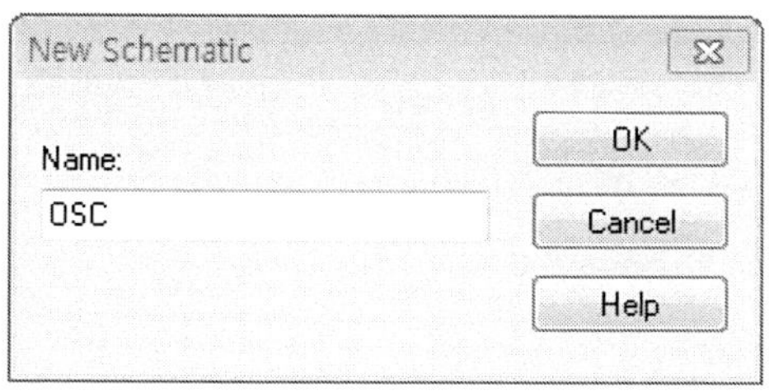

④ OSC를 선택하여 오른쪽 마우스 버튼을 누른 후, New Page에 이름을 지정한 후 페이지를 추가할 수 있다.

⑤ 그러나 지금 설계시는 Hierarchical Block을 이용하여 생성한다. Main 회로도면를 연다.

⑥ Reference Y의 Hierarchical Block을 선택하고 오른쪽 마우스 버튼을 클릭한 후, Descend Hierarchy를 선택한다.

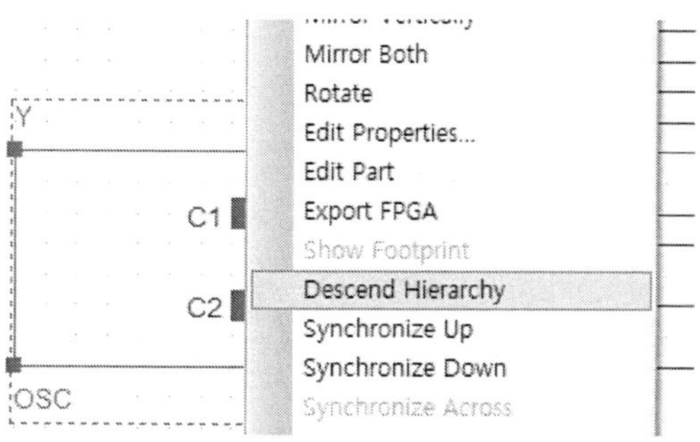

⑦ New Page 창이 뜨면 이름에 “CRYSTAL”을 기재 후 OK를 선택한다.

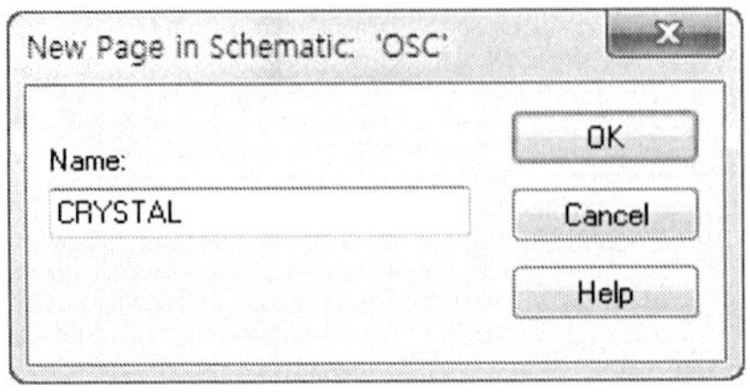

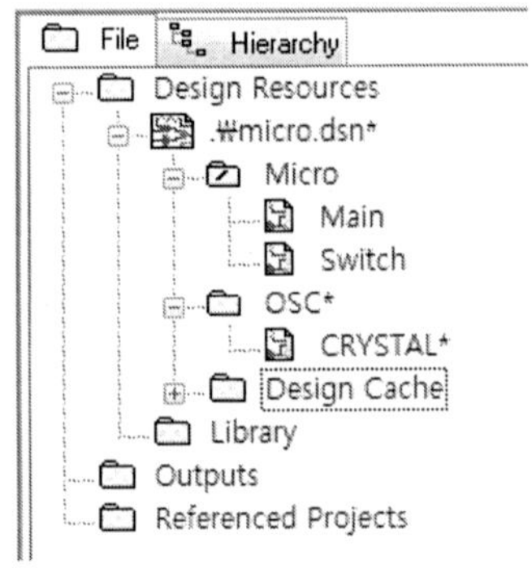

⑧ 새로운 페이지 “Y”가 생성되어 열린다.

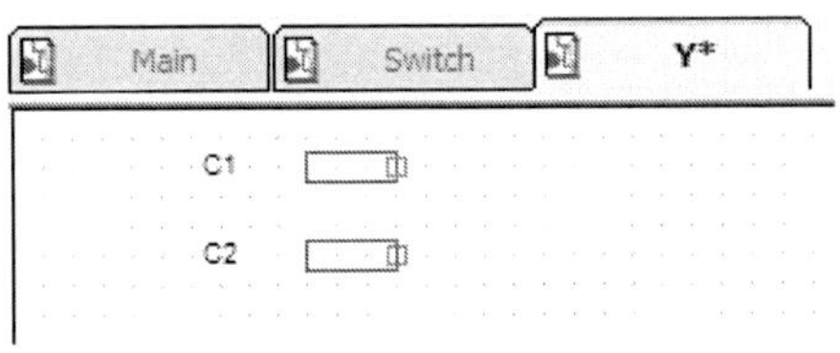

⑨ C1과 C2 Port를 적당한 위치로 이동시킨다.

Part	CRYSTAL	Y1 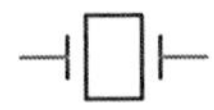 4MHz
	CAP NP	C3 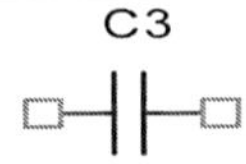 CAP NP
Symbol	GND	

⑩ 회로도를 작성한다.

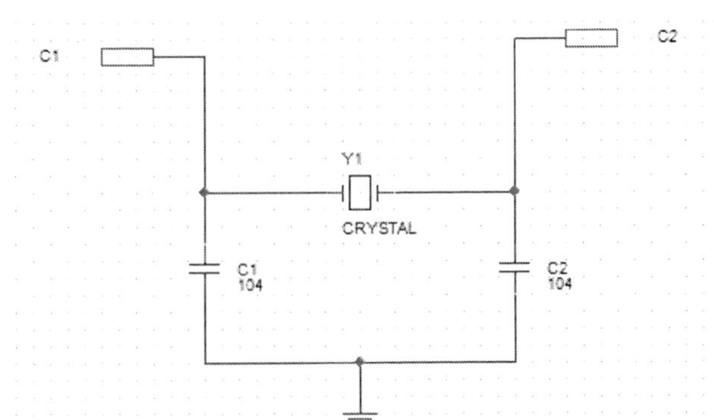

⑪ 오른쪽 마우스 버튼의 메뉴 Ascend Hierarchy를 선택하면 상위도면으로 이동한다.

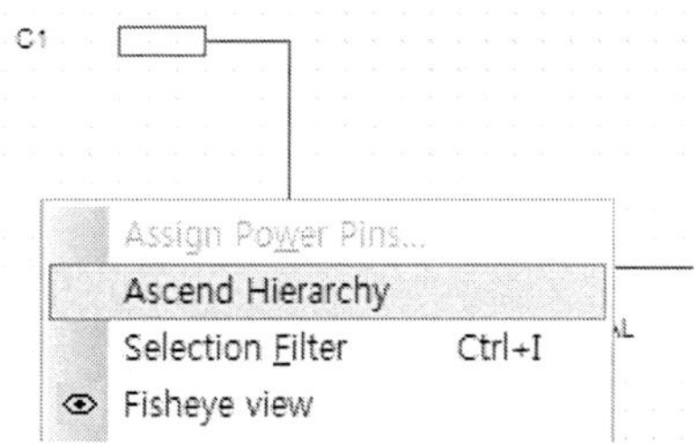

⑫ Main 도면에서 오른쪽 마우스 클릭 후 Descend Hierarchy를 클릭하거나 더블 클릭하면 하위도면으로 이동한다.

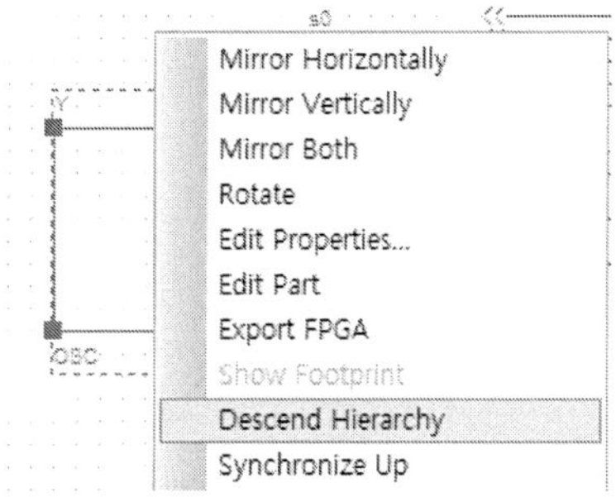

⑬ Project Manager 창에서 계층구조 도면을 확인한다.

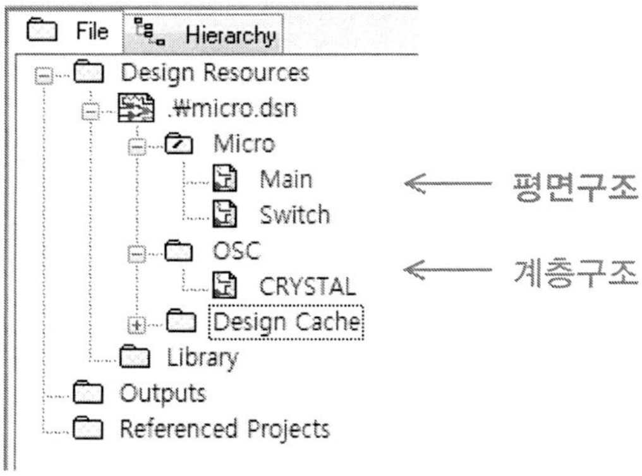

4.3 속성 추가하기

Assign Power Pins

① Project Manager에서 Micro.dsn을 선택한 후 메뉴 Tools – Assign Power Pins를 클릭한다.

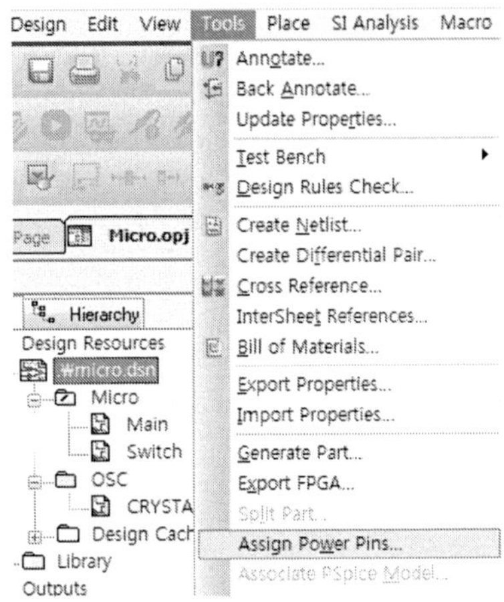

② Power Name을 Power Pin과 매칭 시킨다.

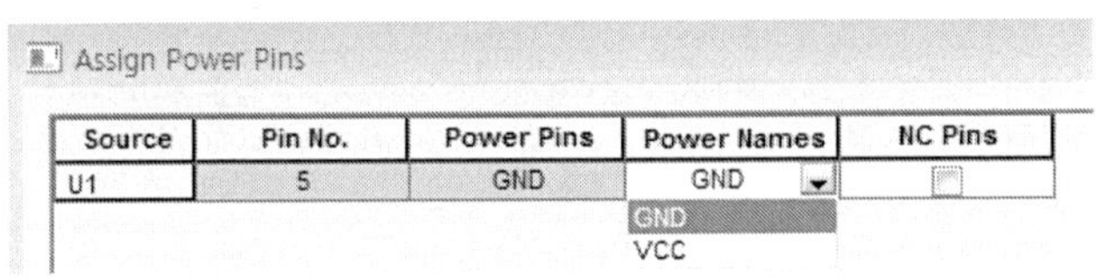

PCB Footprint 부여하기

① Project Manager 창에서 .dsn 파일을 선택한 후, 오른쪽 마우스 버튼을 클릭한다.

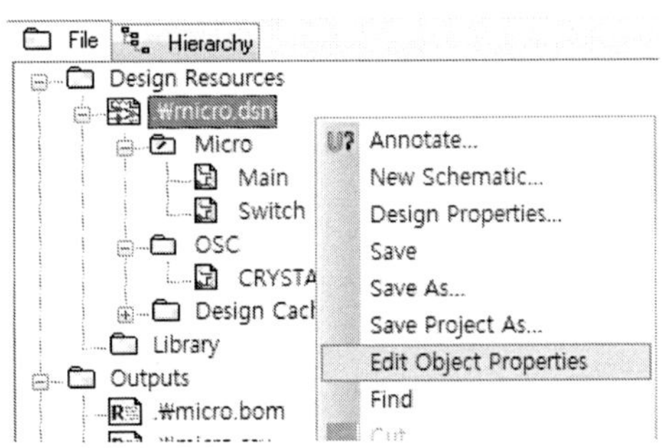

② Edit Object Properties를 선택하고 옆으로 스크롤하면 PCB Footprint 항목이 나타난다.

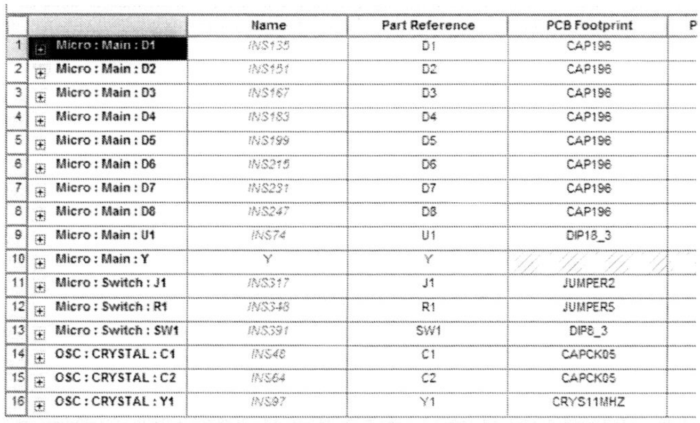

		Name	Part Reference	PCB Footprint	P
1	Micro : Main : D1	INS135	D1	CAP196	
2	Micro : Main : D2	INS151	D2	CAP196	
3	Micro : Main : D3	INS167	D3	CAP196	
4	Micro : Main : D4	INS183	D4	CAP196	
5	Micro : Main : D5	INS199	D5	CAP196	
6	Micro : Main : D6	INS215	D6	CAP196	
7	Micro : Main : D7	INS231	D7	CAP196	
8	Micro : Main : D8	INS247	D8	CAP196	
9	Micro : Main : U1	INS74	U1	DIP18_3	
10	Micro : Main : Y	Y	Y		
11	Micro : Switch : J1	INS317	J1	JUMPER2	
12	Micro : Switch : R1	INS348	R1	JUMPER5	
13	Micro : Switch : SW1	INS391	SW1	DIP8_3	
14	OSC : CRYSTAL : C1	INS48	C1	CAPCK05	
15	OSC : CRYSTAL : C2	INS64	C2	CAPCK05	
16	OSC : CRYSTAL : Y1	INS97	Y1	CRYS11MHZ	

③ PCB Footprint를 다음 표와 같이 입력한다.

Part Reference	PCB Foot Print	Part Reference	PCB Foot Print
D1 ~ D8	CAP196	R1	JUMPER5
U1	DIP18_3	SW1	DIP8_3
J1	JUMPER2	C1, C2	CAPCK05
Y1	CRYS11MHZ		

4.4 후처리

Project Manager 창에서 .dsn 파일 선택시 활성화되어지는 메뉴 아이콘을 이용하여 진행할 수 있다.

부품번호 정렬(Annotate)

- 부품번호 정렬
  ① Project Manager 창에서 .dsn 파일을 선택하고, 메뉴 Tools - Annotate를 클릭한다.
  ② Reset part reference to "?"을 선택하고, 확인을 클릭한다. (또는 Unconditional reference update를 선택한다)
  ③ 계속 진행할 것인지를 묻는 창이 뜨면 확인을 클릭한다.
  ④ 모든 도면의 부품번호가 "?"로 바뀌었는지를 확인한다.
  ⑤ 다시 Project Manager 창에서 .dsn 파일을 선택하고, 메뉴 Tools — Annotate를 클릭한다.
  ⑥ Incremental reference update를 선택하고, 확인을 클릭하면 계속 진행할 것인지를 묻는 창이 뜨면 확인을 클릭하고, 부품번호가 정렬되었는지를 확인한다.

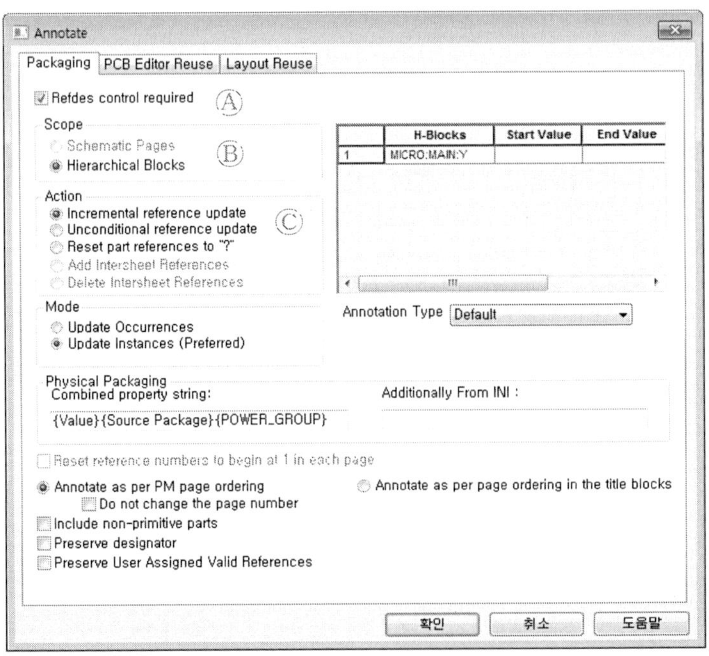

Ⓐ 각 페이지별로 Reference를 다르게 설정할 수 있다.

Ⓑ 전체 도면 또는 선택한 도면만 적용

Ⓒ Action

Incremental reference update
: ?로 된 reference만을 업데이트 시키며 기존의 번호 다음 번호로 증가한다.
Unconditional reference update
: 현재 있는 모든 reference를 무시하고 1부터 증가시킨다.
Reset part reference to "?"
: 모든 reference를 ?로 변경한다.
Add Intersheet References
: Off-page Connect나 Port 사용 시 포트 연결 정보를 표시(평면도면, 계층도면)
Delete Intersheet References
: 포트 연결 정보 삭제

- Off-Page Connector 연결 정보 표시

① Project Manager 창에서 .dsn 파일을 선택한 후, 메뉴 Tools – Annotate를 클릭한다.

② Action란에서 Add Intersheet references를 선택하고 확인을 클릭하면 Intersheet References 창이 뜬다.

③ Format 항목에서 Grid[1A5[Zone][Num]]을 선택한다.

④ Prefix란에 " PAGE["를 입력한다.

⑤ Suffix란에 "] "을 입력한다.

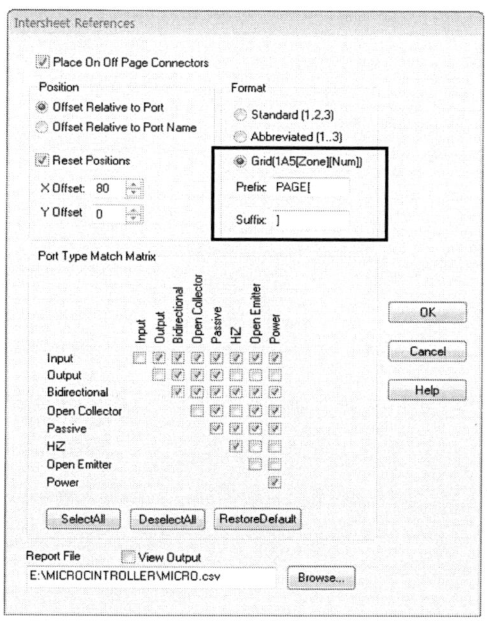

⑥ OK를 클릭한다.

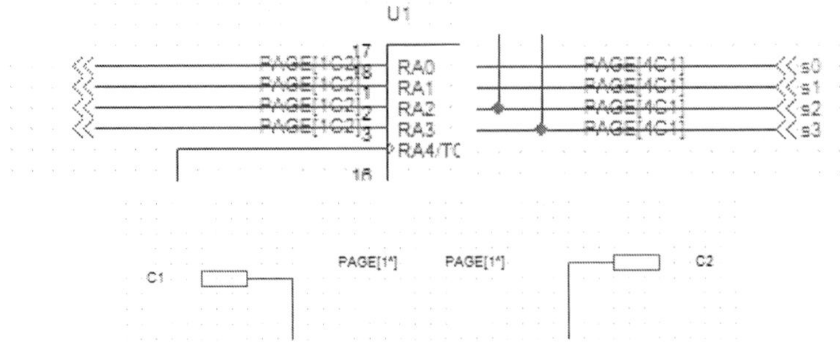

DRC(Design Rule Check)

- DRC 검사

① Project Manager 창에서 .dsn 파일을 선택한 후, 메뉴 Tools – Design Rule Check 를 클릭한다.

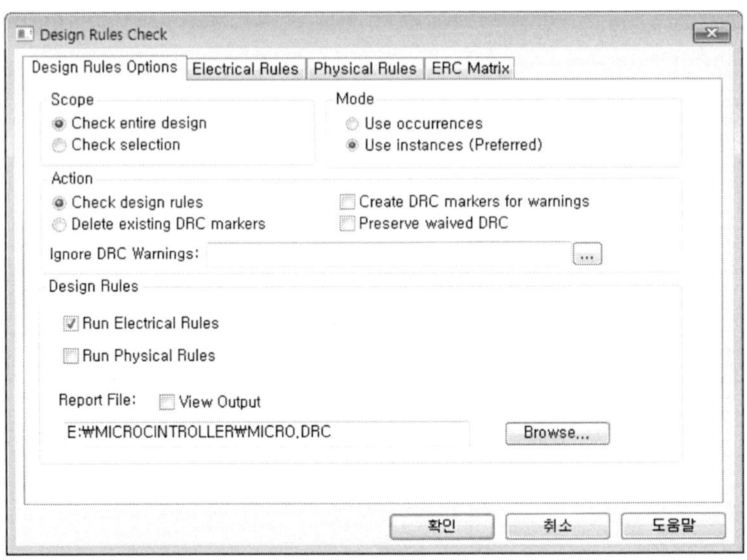

② Design Rules Check 창이 뜨면, Design Rules Options 탭에서 Action, Electrical Rules 탭에서 Electrical Rules 설정을 체크 후 확인을 선택한다.

③ 에러 발생시 Report를 확인한 후 처리한다.

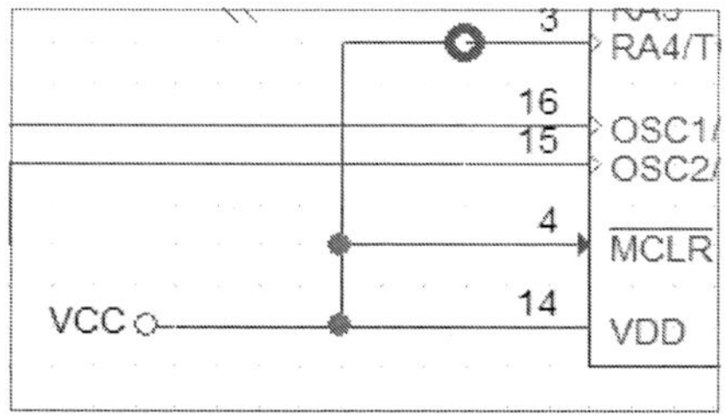

Checking Electrical Rules
WARNING(ORCAP-1829): Possible pin type conflict U1,RA4/TOCKI

- Design Rules Options 탭 – Action

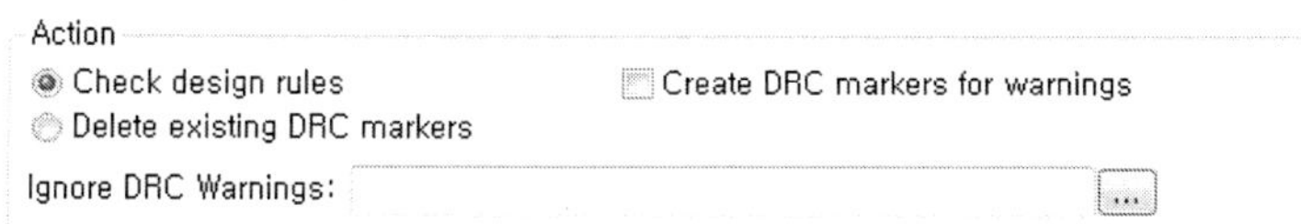

Create DRC markers for warnings: DRC 에러 발생 시 에러 부위에 마크 표시
Delete existing DRC markers: DRC 에러 마크를 제거

- Electrical Rules 탭 – Electrical Rules

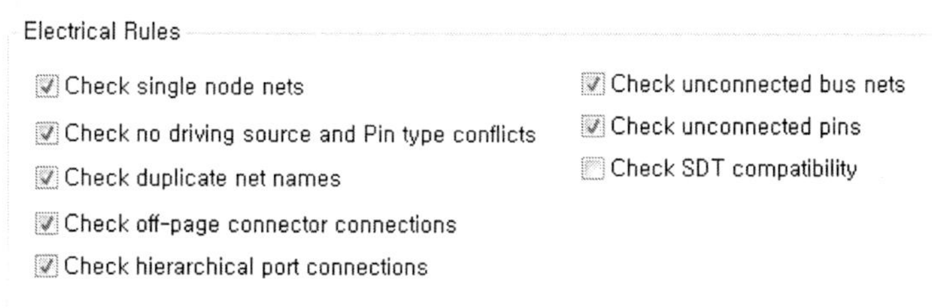

Check single node nets: 어디에도 연결되지 않는 wire를 검사
Check no driving source and Pin type conflicts: ERC Matrix설정에 따른 검사
Check Duplicate net names: 넷 이름의 중복에 대한 검사
Check off–page connector connections:
off-page connector 사용 시 다른 페이지와 연결이 되었는지 검사
Check hierarchical port connections: 계층구조 도면과 연결을 검사
Check unconnected bus nets: 버스와 넷의 연결되지 않은 net을 검사
Check unconnected pins: 배선이 연결되지 못한 핀에 대한 검사
Check SDT compatibility: SDT 포맷으로 변환할 때의 변환오류를 검사

- ERC Matrix 설정
  1. DRC를 클릭하여 ERC Matrix탭을 선택한다.
  2. 세로 Power 항목에서 가로 Bidirectional 항목을 찾아 W를 클릭한다.
  3. Warning – Error – none의 순서로 설정이 반복된다.

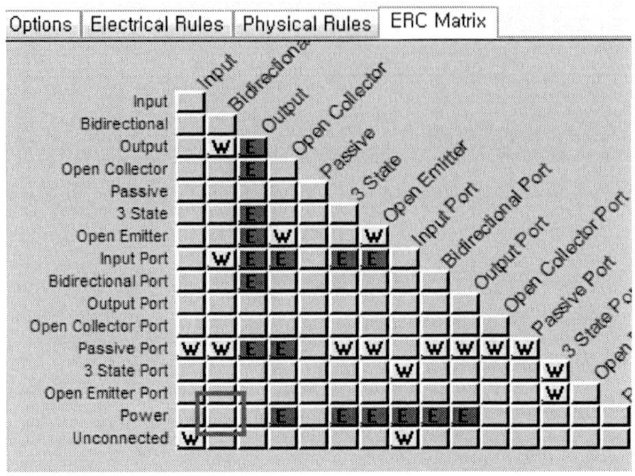

BOM(Bill of Materaial)

① Project Manager 창에서 .dsn 파일을 선택하고, 메뉴 Tools – Bill of Material을 클릭 한다.
② Open in Excel 항목에 체크를 하고 OK를 클릭하면 엑셀에서 데이터가 열린다.

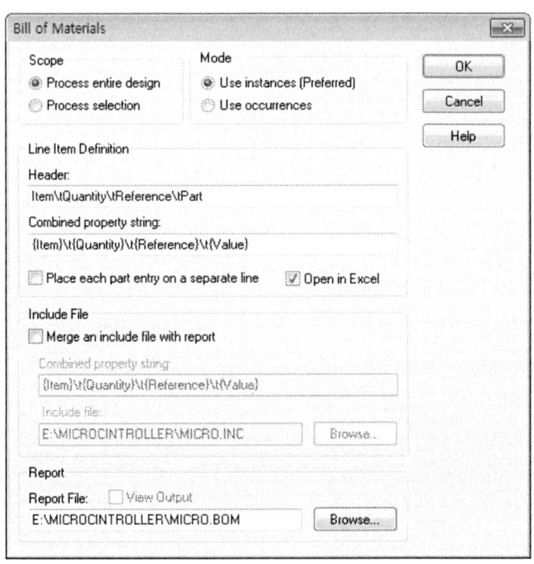

Create Netlist

① Project Manager 창에서 micro.dsn을 선택한다.

② 메뉴 Tools – Create Netlist를 클릭한다. 그림과 같이 선택한 후 확인을 선택하면 Netlist가 생성이 되고, PCB Editor가 열린다.

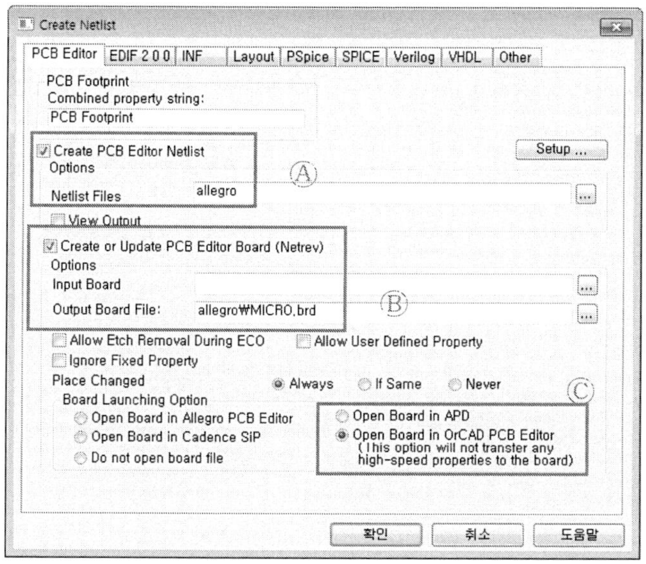

Ⓐ Option 항목에서 Netlist의 저장 폴더를 선택할 수 있다. 기본적으로 작업폴더 내에 allegro 폴더를 생성하여 저장한다.

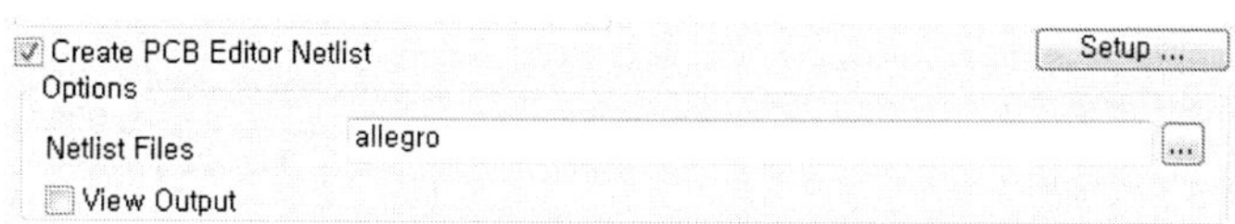

Ⓑ Create or Update PCB Editor Board(Netrev)

PCB를 신규 생성하거나 업데이트 할 수 있는 옵션이다.

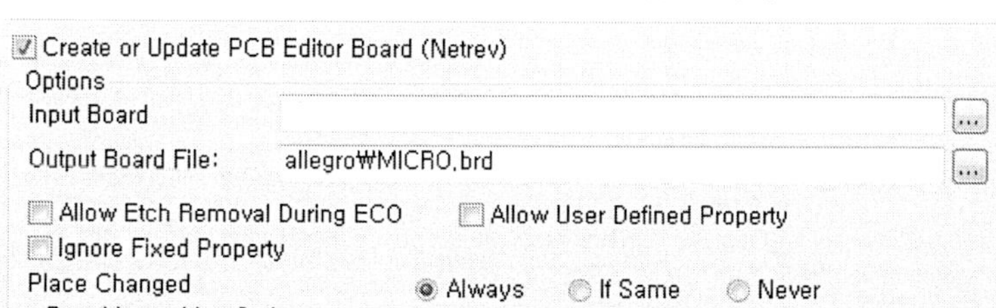

Input Board: 업데이트 시 기존 작업된 보드를 기입한다.
Output Board File: 신규 또는 업데이트 시 새롭게 생성되는 파일명을 기입한다.
Allow Etch Removal During ECO: ECO 하는 동안 변경된 배선을 제거 허용
Allow User Defined Property: 사용자가 지정한 설계 속성을 허용
Ignore Fixed Property: 기존 Board에서 고정된 속성 값의 무시를 허용

Ⓒ Board Launching Option

SPB의 Product중 해당되는 제품군을 선택한다.

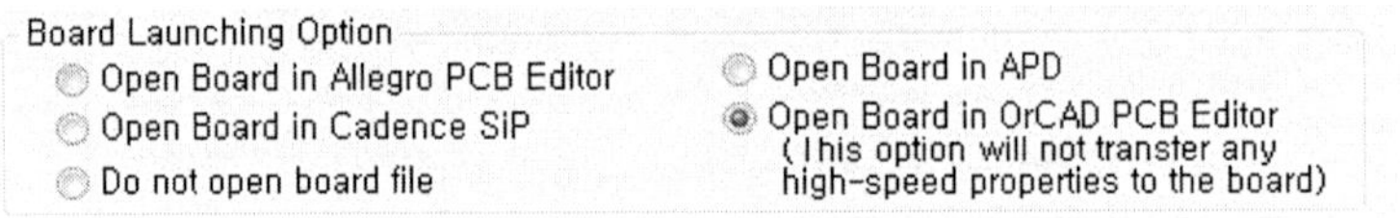

Part II PCB Editor

제 1 장 Allegro PCB Editor

1.1 PCB Editor 화면 구성 및 메뉴

• 기본 화면

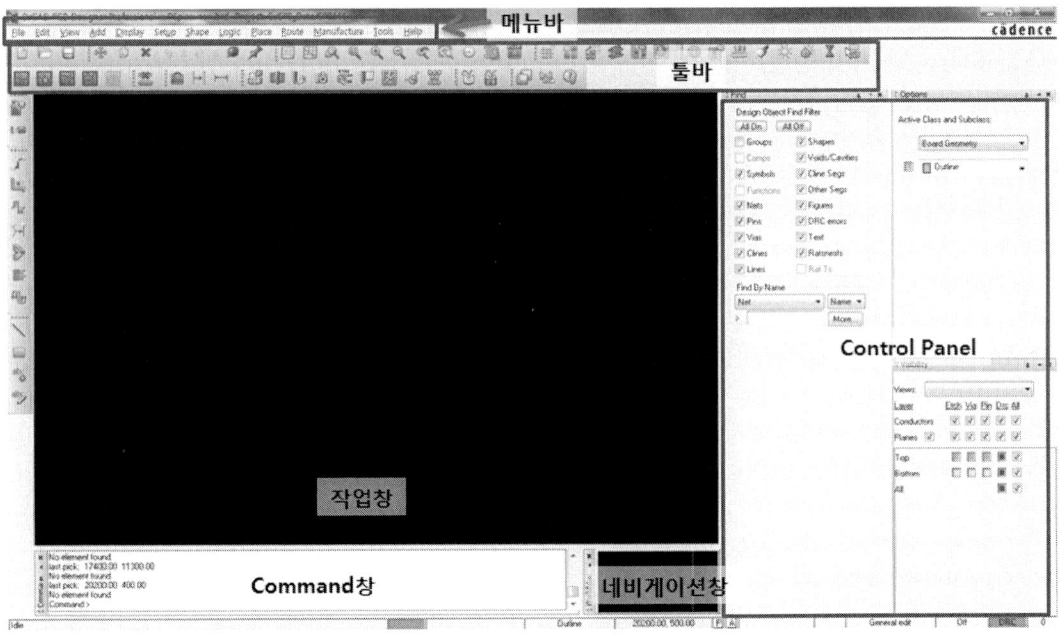

• File Toolbar

(New)	새 작업을 실행
(Open)	기존 작업을 엶
(Save)	현재 작업을 저장

• Edit Toolbar

(Move)	개체를 이동
(Copy)	개체를 원하는 형태로 복사
(Delete)	선택된 개체를 지움
(Undo)	현재 작업을 취소
(Redo)	Undo된 작업을 다시 실행
(Fix)	개체에 고정속성을 설정
(Unfix)	개체의 고정속성을 해제

• View Toolbar

(Unrats All)	모든 Ratsnest를 숨김
(Rats All)	모든 Ratsnest를 보여줌
(Zoom Points)	클릭하고 확대할 영역을 지정
(Zoom Fit)	보드 전체 크기를 작업창에 보여줌
(Zoom In)	화면을 확대
(Zoom Out)	화면을 축소
(Zoom Previous)	이전 크기로 설정
(Zoom Selection)	선택된 부품을 화면의 가운데로 이동
(Redraw)	화면을 갱신함
(3D_viewer)	작성한 도면을 3D로 나타냄
(FlipDesign)	현재 화면 시점을 Bottom 면으로 변화

• AppMode Toolbar

(GeneralEdit)	일반 편집모드(Place, Route, Copy, Move 등)로 실행
(PlacementEdit)	배치 모드(Place, Move 등)로 실행
(EtchEdit)	Etch 편집모드(Slide, Delay tune, Smooth Cline 등)로 실행
(Signalintegrity)	SI 편집 모드(Slide, Move 등)로 실행

• Setup Toolbar

(Grid Toggle)	Grid를 On/Off
(Color192)	Color 설정
(Shadow Toggle)	Shadow 모드를 On/Off
(Xsection)	적층(Stackup)구조를 편집
(Cmrg)	Constraints Manager를 설정
(Prmed)	PCB 설계 환경을 설정

• Dimension Toolbar

(Create Detail)	디자인에서 선택한 영역을 설정비율에 따라 생성
(Linefont)	Line의 속성(Dot, Solid, Phantom 등)을 설정
(Dimension Edit)	Dimension을 생성 및 수정

• Display Toolbar

(Show Element)	구성요소의 속성을 확인
(Cns Show)	선택된 개체의 Constraints 속성을 확인
(Show Measure)	지정한 지점의 길이 측정
(Assign Color)	선택된 개체에 색을 설정
(Highlight)	선택된 개체를 하이라이트
(Dehighlight)	하이라이트 속성을 제거
(Waive DRC)	DRC Marker를 제거
(Datatips Toggle)	Datatip을 On/Off

• Shape Toolbar

(Shape Add)	다각형 Shape 작성
(Shape Add Rect)	사각형 Shape 작성
(Shape Add Circle)	원 Shape 작성
(Shape Select)	Shape 선택

(Shape Void Element)	임의의 모양으로 Shape 외곽에서 Etch 제거
(Shape Void Polygon)	기존 Shape를 다각형 모양으로 제거
(Shape Void Rectangle)	기존 Shape를 사각형 모양으로 제거
(Shape Void Circle)	기존 Shape를 원 모양으로 제거
(Shape Edit Boundary)	Shape의 외곽선을 수정(크기 조정)
(Island_Delete)	불필요한 Shape(Copper)를 제거

- Manufacture Toolbar

(ODB_Out)	Allegro Board 파일을 ODB 파일로 Export
(Ncdrill Legend)	Drill 파일의 범례(차트)를 생성
(Ncdrill Param)	Drill 파일을 생성을 위한 파라미터를 설정
(Artwork)	Artwork(Gerber) 파일을 생성
(Silkscreen Param)	Silkscreen 속성을 설정
(Ncdrill Customization)	Drill의 종류에 따라 Symbol 설정
(Testprep Automatic)	Test point를 자동으로 생성
(Testprep Manual)	Test point를 수동으로 생성
(Thieving)	Thieving을 생성

- Analysis Toolbar

(Signal library)	SI 해석에 사용할 Model을 설정
(Signal Model)	배치된 부품에 SI Model을 설정

- Misc Toolbar

(Reports)	다양한 Reports를 생성
(DRC Update)	DRC를 업데이트
(Help)	도움말

- Place Toolbar

(Place Manual)	PCB 설계에 사용할 부품을 수동 선택해서 배치
(Swap Pins)	두 핀에 배선된 선을 교체

- Route Toolbar

(Add Connect)	핀 간을 배선
(Slide)	기존 라우팅 된 Etch를 슬라이드
(Delay Tune)	배선의 길이를 맞출 때 사용
(Custom Smooth)	곡선이나 꺾인 Etch를 직선으로 수정
(Vertex)	기존 Etch에 꼭짓점을 추가해 수정
(Create Fanout)	SMD용 소자의 핀에 대해 Fanout을 생성
(Auto_Route)	자동으로 배선

- Add Toolbar

(Add Line)	Non-Etch 라인을 추가
(Add Rect)	Non-Etch 사각형을 그림
(Add Text)	텍스트를 입력
(Text Edit)	입력되어진 텍스트를 수정

- Command Window

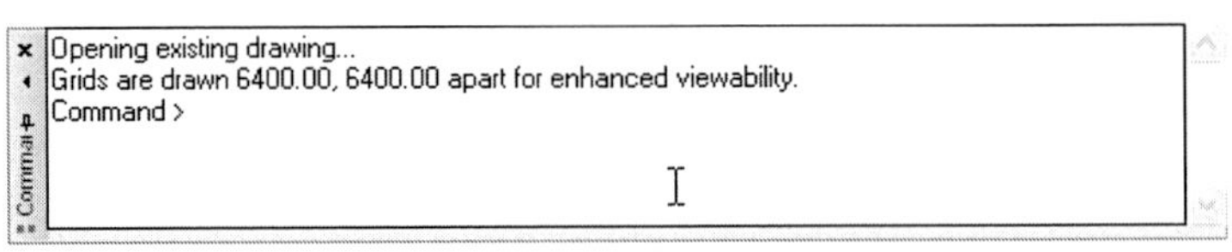

명령어의 실행과 상태를 표시하며 직접 명령어를 작성할 수 있음

1.2 Allegro PCB Editor 기본 설계 Flow

단계	항목	내용
1	Netlist 읽어 들이기 (*.dat 파일 3개)	Netlist 생성시 PCB Editor 프로그램이 자동으로 실행된다. ✓ 메뉴바 Place 〉 Manually...에 부품 리스트가 나타나고, 체크박스를 하나씩 체크하면 볼 수 있음 ✓ 또는, PCB 설계 파일인 *.brd 파일을 생성한 후에 메뉴바 File 〉 Import..〉 Logic..에서 가져옴 ✓ Footprint 매칭이 되지 않으면, 부품 나타나지 않음(부품 명칭, 경로 등 확인해야 함)
2	환경설정 (설계창 Size, 단위, 층수 등)	메뉴바 Setup 〉 Design Parameters...click, 창이 나타나면 Design 탭메뉴 선택 ✓ 설계 단위 및 화면 Size / 소수점 자리 선택, 화면 좌측 하단에 고정되어 있는 x 0 0 지점을 left X, lower Y 항목에 – 좌표값을 입력하여, Origin ⊕을 화면 중앙쪽으로 이동 ✓ Shape 탭메뉴로 이동하여 Gerber format을 Gerber-RS274X로 선택 ✓ 메뉴바 Setup 〉 Cross-section... click, PCB 설계 층수를 설정 (Default 2층) ✓ 메뉴바 Setup 〉 Grids... click, Non-etch(비전기적) 그리드와 etch(전기적) 그리드 설정
3	Board Outline 그리기	메뉴바 Setup 〉 Outlines 〉 Board outline...click ✓ 반드시 Board outline창을 띄워 놓고, 그려야 됨. Board Edge Clearance는 Keep-in 생성간격 ✓ 메뉴바 Add 〉 Line 등으로 그려도 무방. 단, Class/Subclass는 Board Geometry/Outline 설정
4	Constraints 설정 (배선 두께, 간격)	메뉴바 Setup 〉 Constraints 〉 Constraints Manager click, 전체 또는 Net별 지정 ✓ Physical worksheet에서 배선의 두께(line width, min) 설정, via 셀에서 사용할 via 지정 ✓ Spacing worksheet에서 배선간의 간격 등 최소 간격 지정

5 배치/배선, Color 설정, 기구홀추가

메뉴바 Place 〉 Manually...click, 체크박스 체크, 각 부품 배치

✓ 배치시 move 중인 경우 마우스 오른쪽 버튼의 rotate 회전, 고정된 부품의 회전은 Edit 〉 Spin 메뉴 사용

✓ 메뉴바 Display 〉 Color visibility...click, 원하는 항목만 체크, 화면에 표시

✓ Move/Delete/copy 등 대부분의 명령은 ①명령선택 ②적용할 객체 선택 ③Click ④Done

✓ 메뉴바 Place 〉 Manually...창에서 Mechanical symbol 선택하여 MTG125 등 기구홀 추가

✓ 메뉴바 Route 〉 Connect click, 오른쪽 화면 Option 탭에서 배선할 레이어 선택 후 배선

✓ 배선 삭제시 화면 오른쪽 Find 탭에서 cline 또는 cline seg, via 등 선택하여 삭제 가능

6 설계검사(Status), 보드명 추가

메뉴바 Display 〉 Status...click, unplaced 부품 및 unrouted 배선 확인

✓ Color 박스 선택하여 Report 출력해서 확인/보완. 전기적 연결의 확인이 제일 중요. 그린색상

✓ 메뉴바 Add 〉 Text click, 오른쪽 화면 Option 탭에서 Board Geometry/ Silkscreen_Top 지정 후 원하는 위치에 click 하여 타이핑 입력 후 Done

7 Drill 차트 및 Gerber File 생성

메뉴바 Manufacture 〉 NC 〉 Drill legend...click, OK 선택하면 마우스에 붙어 나오면 배치

✓ Gerber film은 메뉴바 Manufacture 〉 Artwork...click, Artwork Control form창에서 필요한 film 들을 color창을 활용하여 추가/생성한 후 Creat Artwork 선택하여 *.art 파일을 생성

✓ 메뉴바 Manufacture 〉 NC 〉 NC-Drill...click, *.drl 파일(드릴 좌표값)을 생성한다.

✓ 확장자 *.art 파일과 *.drl 파일이 PCB 제작에 필요한 Gerber file이 된다.

제2장 환경설정 및 PCB 설계

이 장에서는 Part Ⅰ의 제2장에서 작성한 회로도면을 이용하여 PCB 설계를 하고자 한다.

2.1 환경 설정

환경설정

① PCB 설계를 위한 환경설정을 하기 위해서는 메뉴 Setup – Design Parameters를 선택

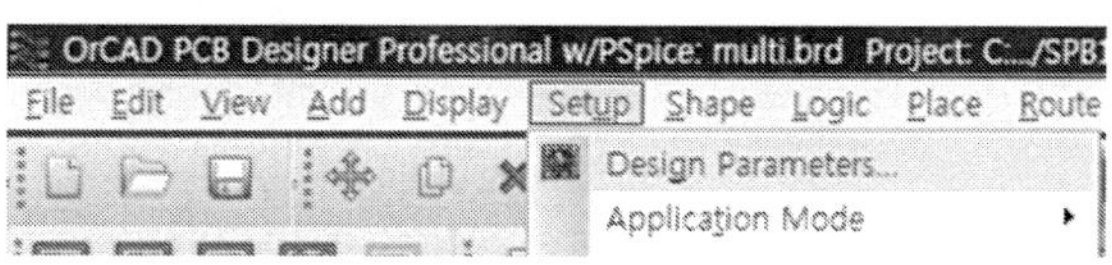

② Design 탭을 선택하여 다음과 같이 기입

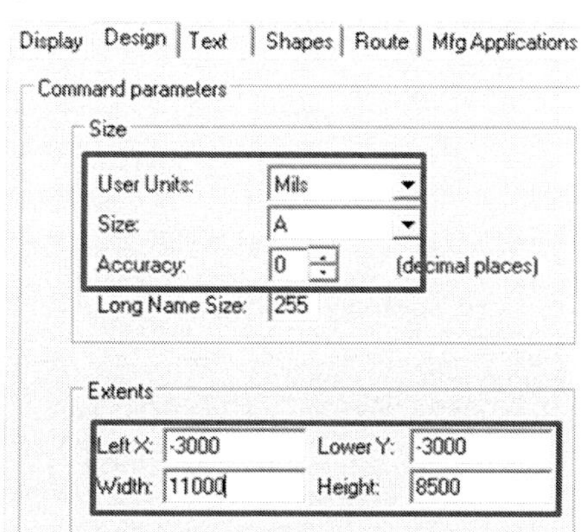

User Units	Mils
Size	A
Accuracy	0
Left X	-3000
Lower Y	-3000

③ Shapes 탭에서 Edit global dynamic shape parameters버튼 클릭

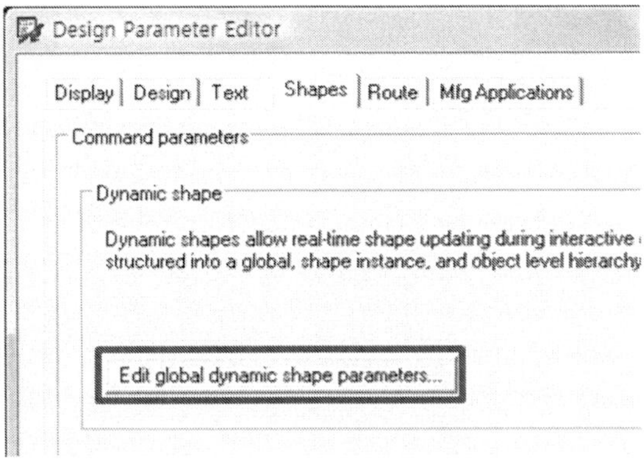

④ Global Dynamic Shape Parameters창이 나타나면 void controls탭을 선택

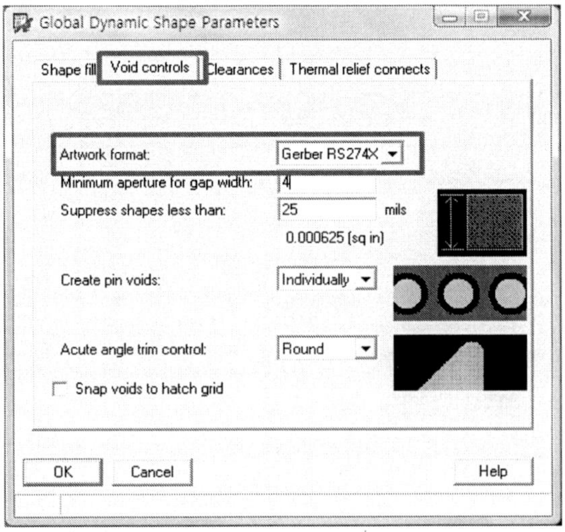

⑤ Artwork format을 Gerber RS274X로 변경한 후 OK 버튼을 선택하고, Design Parameter Editor 창에서도 OK를 클릭한다.

Layer 설정

PCB 설계 층수를 확인하기 위해서 메뉴 Setup – Cross-Section을 선택한 후 기본 설정 값인 2층 Layer를 확인하고 OK를 클릭한다.

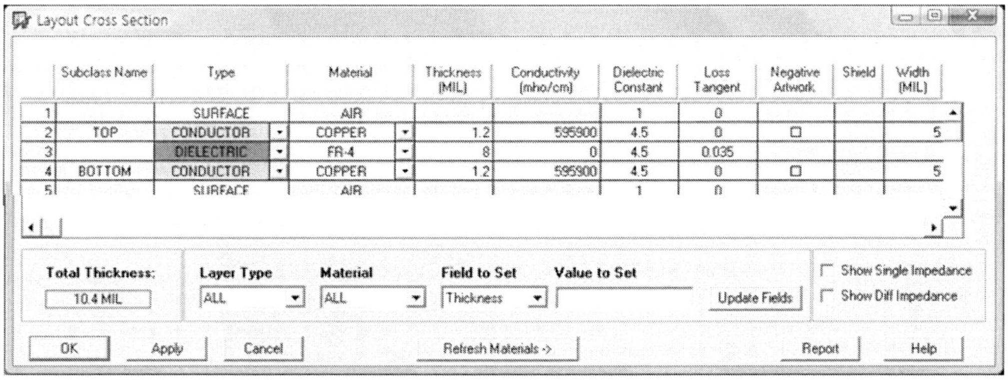

Grid 설정

① Grid 설정을 위해서는 메뉴 Setup – Grids를 선택한 후 Define Grid 창에서 Grids On 체크박스를 체크한다.

② Non-Etch의 Spacing x, y를 25으로 변경한 후 OK 버튼을 선택

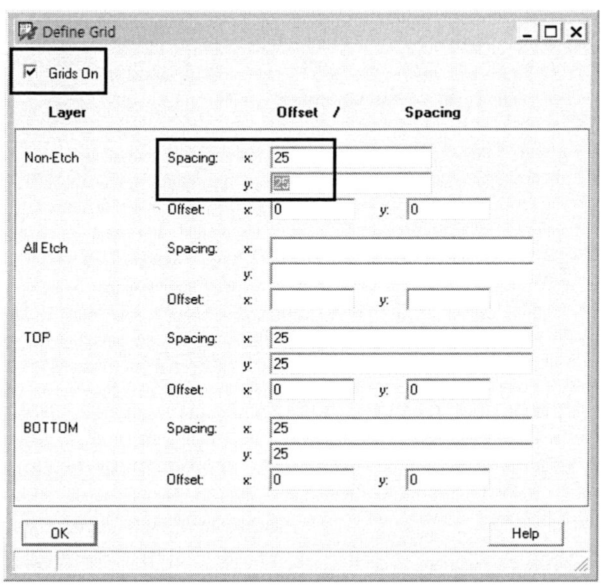

기본 화면의 구성

기본 화면 구성은 메뉴 바, 툴 바, Control Panel, 작업 창, Command 창으로 이루어진다.

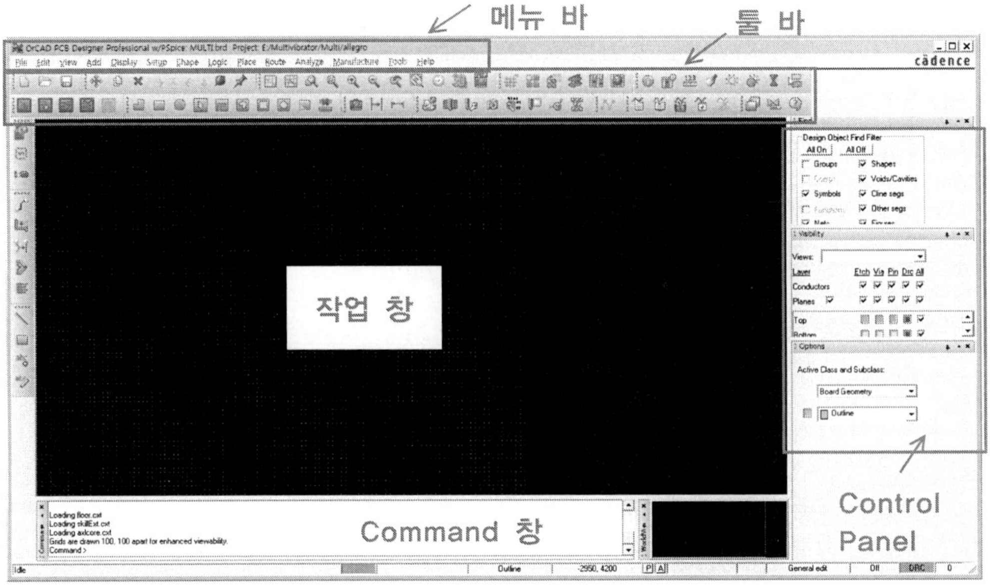

• Command Window

이 창은 명령어의 실행과 상태를 표시하며 직접 명령어를 작성할 수 있다.

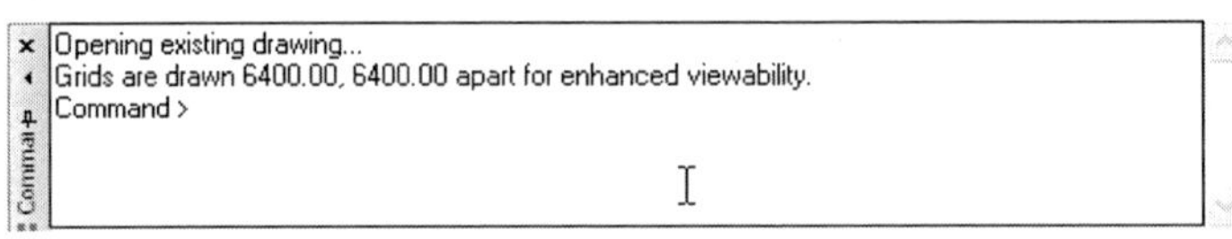

• Control Panel Windows

이 창은 Visibility, Find, Options으로 구성되어 있으며, Visibility는 현재 작업 화면의 컬러 설정, Find는 선택 대상물의 선정, Options는 명령에 대한 속성을 지정한다.

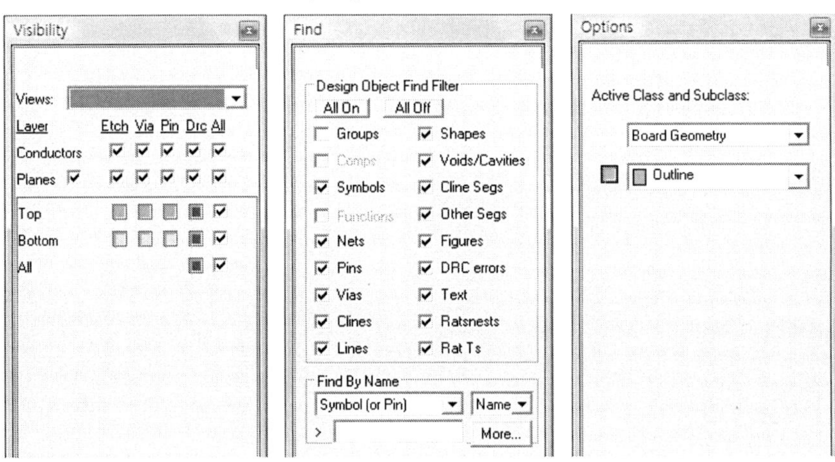

Script 사용법, Visibility and Color192 설정

기본 값을 사용할 때는 그대로 둔다.

① 메뉴 File – Script를 클릭한다.

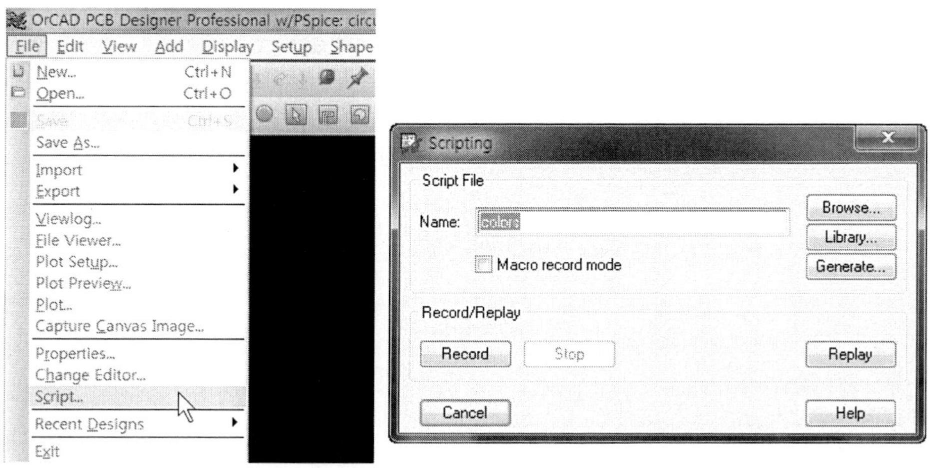

② Name에 저장할 이름을 작성한다.

③ Record 버튼을 선택한 후 컬러 설정을 시작한다.

④ 메뉴 Display – Color/visibility 또는 아이콘을 선택한다.

⑤ 상단의 Global Visibility Off Global Visibility: On Off 버튼을 선택한다.

⑥ Class – Stack-Up을 선택한 후 Conductor폴더를 선택한다. Subclass 항목 중 Top와 Bottom을 선택한다.

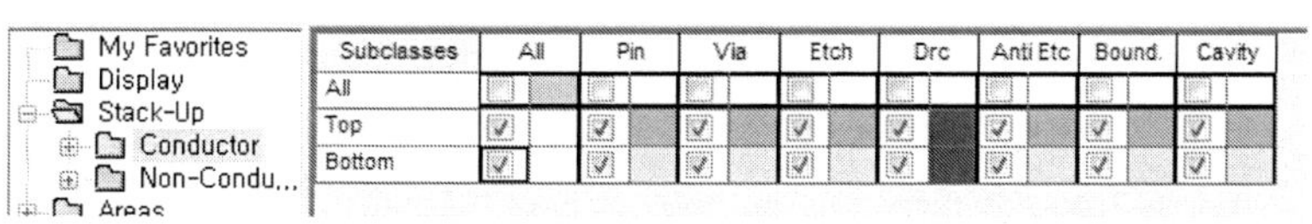

⑦ Class – Board Geometry를 선택한 후 Subclass 항목 중 Outline을 선택한다.

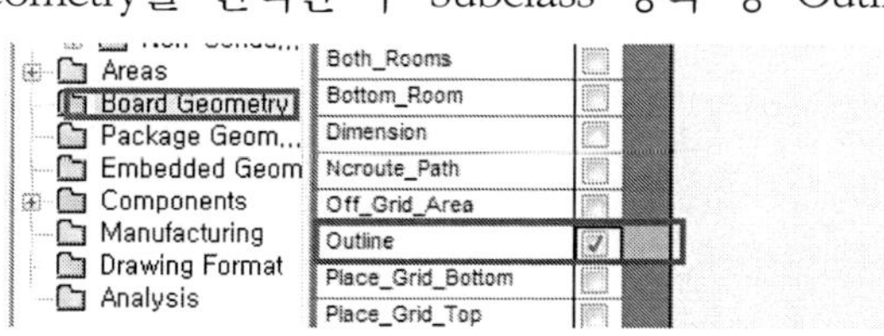

⑧ Class – Package Geometry를 선택한 후 Subclass – Silkscreen_Top을 선택한다.

⑨ 하단의 Color 팔레트에서 색상을 선택한 후 Silkscreen_Top의 우측 컬러 창을 선택하여 색상을 변경한다.

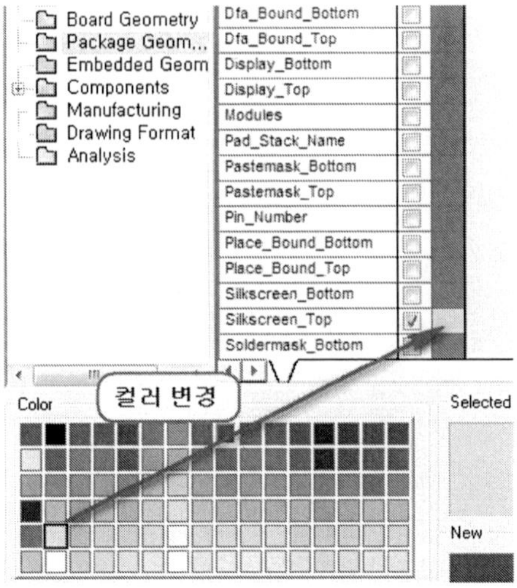

⑩ Class — Components를 선택한 후 Subclass — RefDes의 Silkscreen_Top을 선택한다.

⑪ OK를 선택하여 컬러 설정을 종료한다.

⑫ 메뉴 File — Script를 선택한다.

⑬ Stop을 선택한다.

⑭ Working Directory에 Colors.scr 파일이 생성되어 있다.

- Color.scr 스크립트 파일의 재연

① Color 설정 창을 열어 모든 Global Visibility Off를 선택한다.

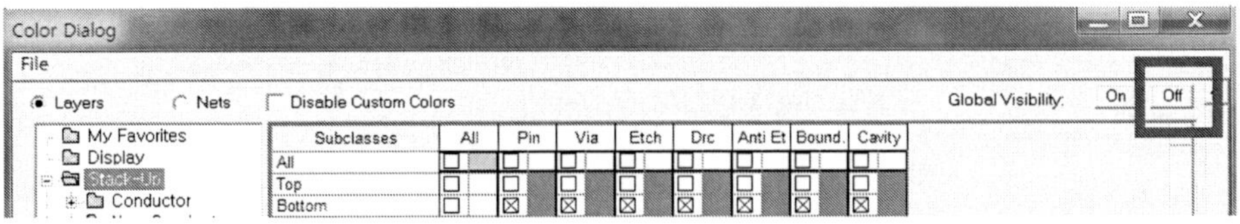

② 메뉴 File — Script를 선택한다.

③ Browse 버튼을 선택하여 colors.scr파일을 선택한다.

④ 하단의 Replay를 선택한다. (또는 Command 창에 replay colors를 입력한다)

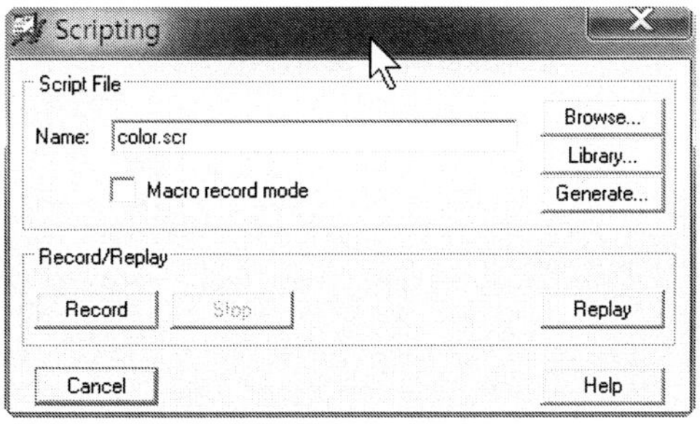

User Preferences의 환경설정

메뉴 Setup — User Preferences...를 클릭

• 커서의 모형 지정

Categories에서 Display — Cursor를 선택한다.(커서의 모형 지정)

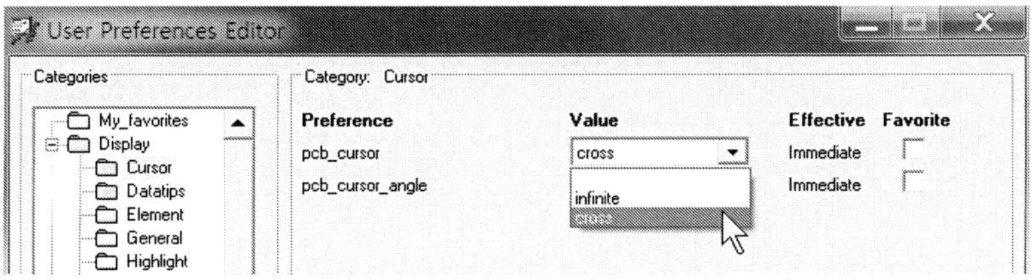

• 자동 저장의 설정

File_management 〉 Autosave 〉 전체.(자동 저장의 설정)

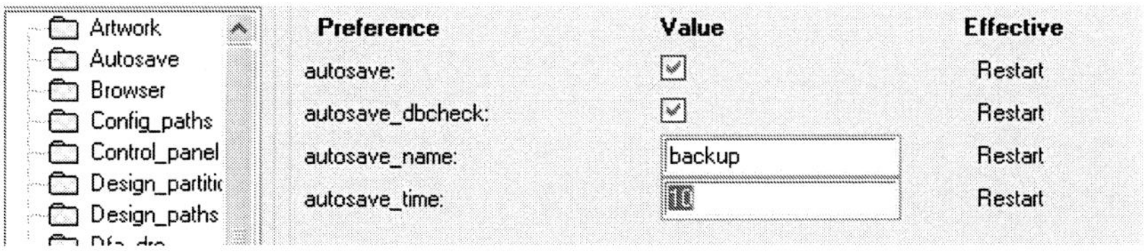

2.2 보드 외곽선 생성

이 장의 PCB 설계에서는 보드의 크기를 1500mil × 1500mil로 설정하고 보드 외곽으로부터 100mil 이격을 두고 카퍼를 설정한다.

OutLine

① 보드의 Outline을 생성하기 위해서는 메뉴 Setup – Outlines – Board Outline을 선택
② Board Outline창의 Board Edge Clearance를 100 Mils로 변경
③ Board Outline 창이 활성화 되어 있는 상태에서 Command창에 소문자 x, 한 칸 띄우고 숫자 0, 한 칸 띄우고 숫자 0을 입력한 후 Enter키를 누름
④ 0, 0 지점에 사각형이 시작되는 것을 확인한 후, 다시 Command창에 소문자 x, 한 칸 띄우고 숫자 1500, 한 칸 띄우고 숫자 1500을 입력한 후 enter키를 누름

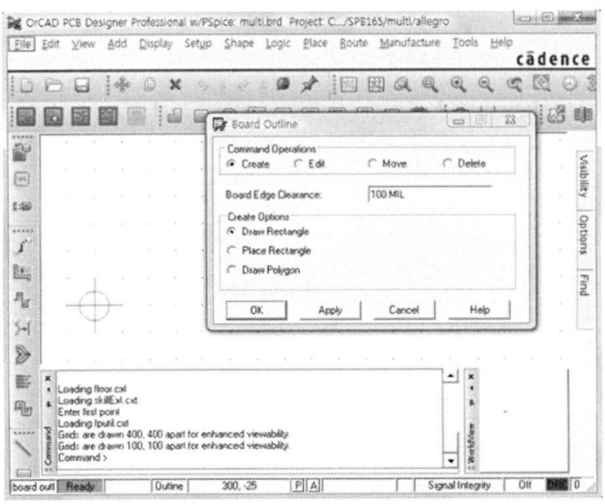

Command〉 x 0 0 Enter↵
Command〉 x 1500 1500 Enter↵

⑤ Board Outline 창의 Close 버튼을 클릭한다.
⑥ 생성된 보드 Outline

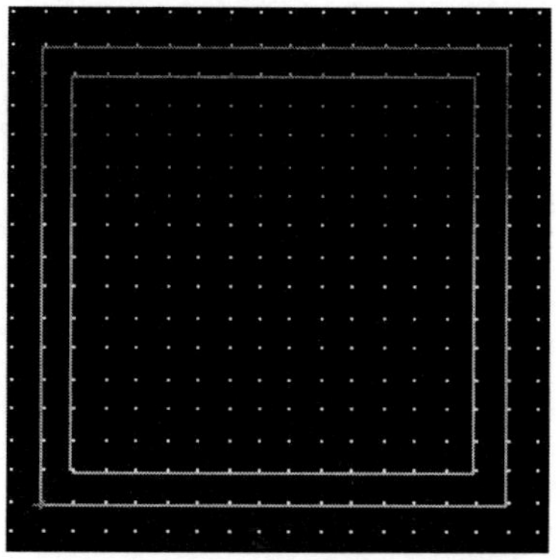

※ 외곽선은 연한 회색 라인, Route Keep in 라인(배선 제한 영역)은 주황색 라인, Package Keep in 라인은(부품 배치 제한 영역) 보락색 영역으로 Board Outline창의 Board Edge Clearance로 조절 가능

2.3 설계규칙 설정

PCB Editor에서는 Constraint manger를 이용하여 배선의 두께와 배선, Pin 그리고 Shape 등의 간격 등을 설정할 수 있다.

다른 명령어가 활성화 되어있는 상태에서는 Constraint manager창이 나타나지 않는다. 따라서 이전에 작업 중이던 작업을 완료 후 Constraint manager를 실행시킨다.

Net Width 설정

PCB 설계에서는 VCC, GND는 30mils, 일반선은 10mils로 설계한다.

① 메뉴 Setup – Constraints – Constraint manager( )를 선택한다.

② Worksheet selector 창의 Physical 항목에 Physical Constraint Set – All Layers를 선택한다.

③ 오른쪽 창에서 DEFAULT(Objects)의 Line Width – Min(mil)의 기입란에 10을 기입한다.

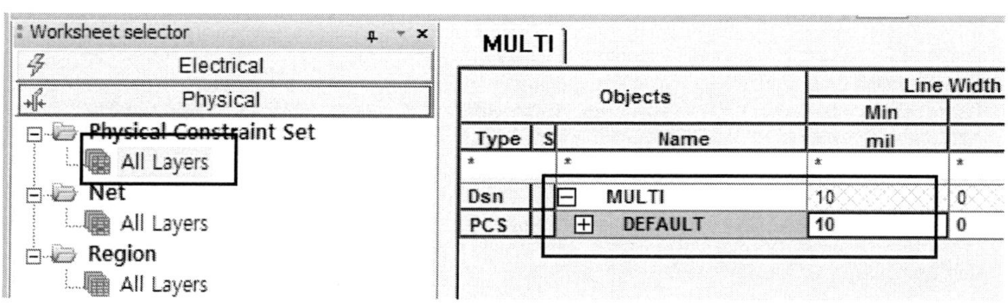

④ Worksheet selector 창의 Physical 항목에 Physical Net — All Layers를 선택한다.

⑤ 오른쪽 창에서 설계 규칙에 따라 두께가 정의된 Net(VCC, GND)의 Objects항목에서 찾아서 Line Width — Min(mil)의 기입란에 30을 기입한다.

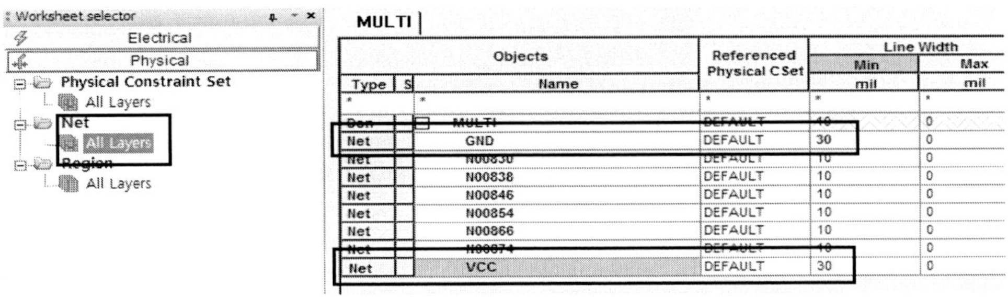

⑥ Constraint manager를 닫으면 설정이 저장된다.

Spacing 설정

모든 네트와 카퍼의 이격거리는 30mil로 설정하고, 다른 모든 조건은 Default 값(Clearance: 10mil)로 설정한다.

- Net Spacing 설정

① 메뉴 Setup — Constraints — Constraint manager( )를 선택한다.

② Worksheet selector 창의 Spacing 항목에 Spacing Constraint Set — All Layers — Line을 선택한다.

③ 오른쪽 창에서 DEFAULT(Objects)의 Line to — line 기입란을 클릭을 한 뒤 Shift키를 누른 상태에서 Line to — Hole 기입란을 클릭한다.

④ 전체 선택이 된 상태에서 10을 기입한 뒤 Enter↵를 클릭한다.

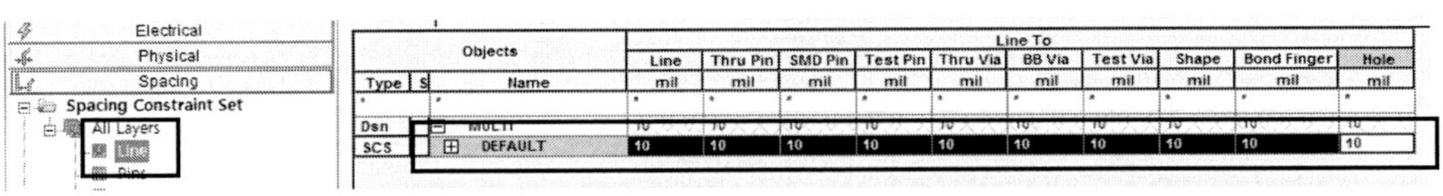

⑤ Worksheet selector 창의 Spacing 항목에 Spacing Constraint Set — All Layers — Pins을 선택한다.

⑥ 오른쪽 창에서 DEFAULT(Objects)의 Thru Pin to – line 기입란을 클릭을 한 뒤 [Shift]키를 누른 상태에서 Thru Pin to – Bond Finger 기입란을 클릭한다.

⑦ 전체 선택이 된 상태에서 10을 기입한 뒤 [Enter↵]를 클릭한다.

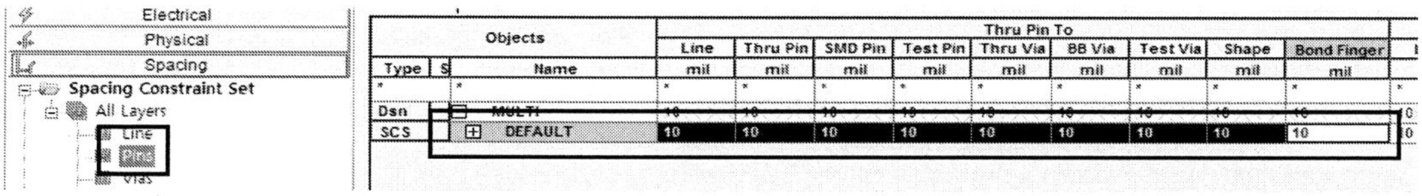

⑧ Worksheet selector 창의 Spacing 항목에 Spacing Constraint Set – All Layers – shape을 선택한다.

⑨ 오른쪽 창에서 DEFAULT(Objects)의 Shape to – Line 기입란을 클릭 후 [Shift]키를 누른 상태에서 Shape to – Hole 기입란을 클릭한다.

⑩ 전체 선택이 된 상태에서 30을 기입한 뒤 [Enter↵]를 클릭한다.

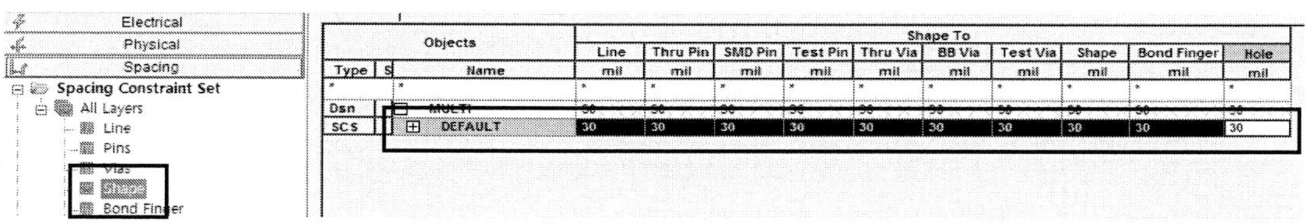

⑪ Constraint manager를 닫으면 설정이 저장된다.

- Same Net Spacing 설정

Net Spacing과 동일한 방법으로 설정한다.

① 메뉴 Setup – Constraints – Constraint manager( )를 선택한다.

② Worksheet selector 창의 Same Net Spacing 항목에 Same Net Spacing Constraint Set – All Layers – Line을 선택한다.

③ 오른쪽 창에서 DEFAULT(Objects)의 Line to – line 기입란을 클릭을 한 뒤 [Shift]키를 누른 상태에서 Line to – Hole 기입란을 클릭한다.

④ 전체 선택이 된 상태에서 10을 기입한 뒤 [Enter↵]를 클릭한다.

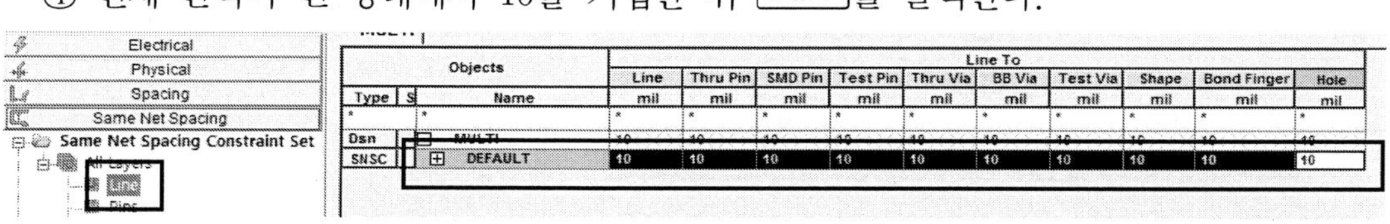

⑤ Worksheet selector 창의 Same Net Spacing 항목에 Same Net Spacing Constraint Set – All Layers – Pins을 선택한다.

⑥ 오른쪽 창에서 DEFAULT(Objects)의 Thru Pin to — line 기입란을 클릭한 뒤 Shift 키를 누른 상태에서 Thru Pin to — Bond Finger 기입란을 클릭한다.

⑦ 전체 선택이 된 상태에서 10을 기입한 뒤 Enter↵를 클릭한다.

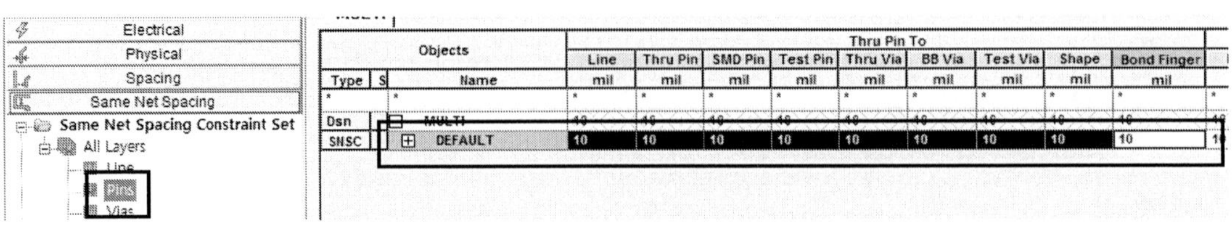

⑧ Worksheet selector 창의 Same Net Spacing 항목에 Same Net Spacing Constraint Set — All Layers — Shape를 선택한다.

⑨ 오른쪽 창에서 DEFAULT(Objects)의 Shape to — Line 기입란을 클릭 후 Shift 키를 누른 상태에서 Shape to — Hole 기입란을 클릭한다.

⑩ 전체 선택이 된 상태에서 30을 기입한 뒤 Enter↵를 클릭한다.

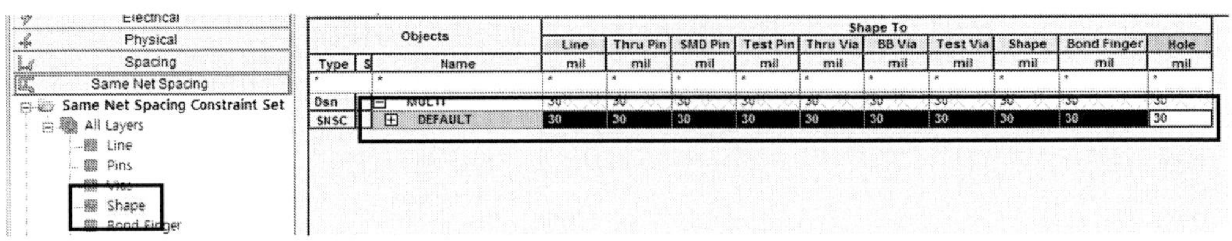

⑪ Constraint manager를 닫으면 설정이 저장된다.

Properties 설정

PCB Editor 설계 시 VCC와 GND의 ratnest선이 보이지 않을 경우 Constraint manager의 Properties 항목에 Net – General Properties에서 No Rat이란 항목에 On을 Clear하면 ratnest선이 보이게 된다.

카퍼의 속성이 GND이기 때문에 GND Net의 경우 별도의 배선을 하지 않아도 된다. 따라서 No Rat이란 속성을 On 시킴으로써 GND의 ratnest선을 보이지 않게 할 수 있다.

① 메뉴 Setup – Constraints – Constraint manager( )를 선택한다.

② Worksheet selector 창의 Properties 항목에 Net – General Properties를 선택한다.

③ 오른쪽 창의 GND(Objects)의 No Rat에 On을 선택한다.

④ 만약 GND 외에 다른 Objects가 No rat에 On이 되어있으면(Clear)로 변경한다.

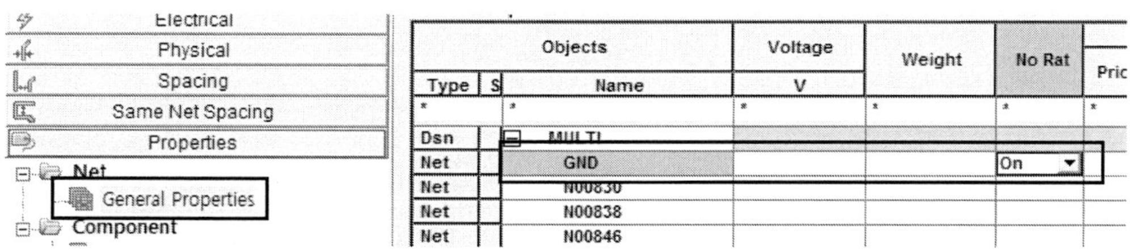

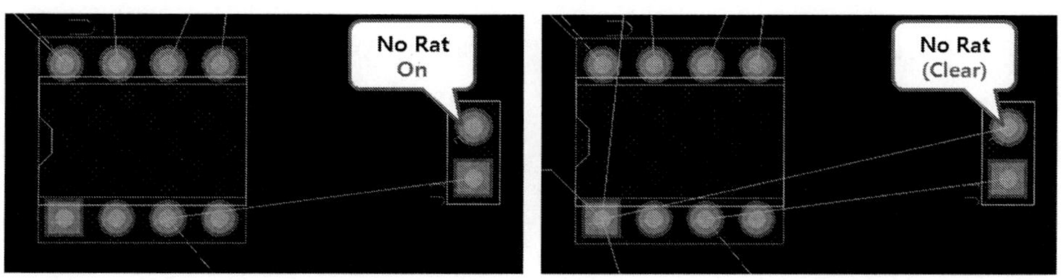

⑤ Constraint manager를 닫으면 설정이 저장된다.

2.4 부품의 배치/배선

부품배치

① 메뉴 Place – Manually( )를 선택

② Placement 창에서 부품 선택 후 Board Outline 영역 안에 클릭

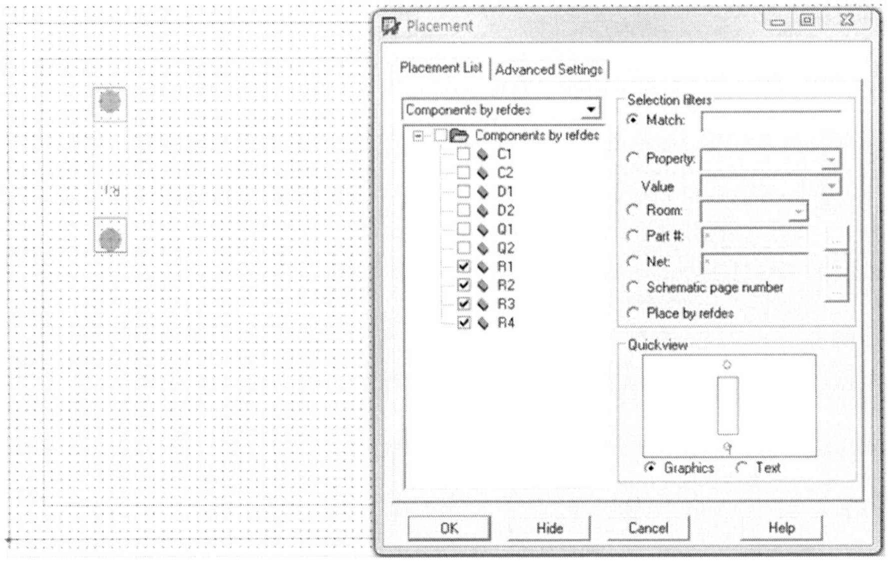

부품 이동, 회전, 삭제

※ 부품 이동(Edit – move,)을 클릭 후 부품을 선택하여 이동

※ 부품 회전(rotate)은 이동 명령어가 실행되어 있는 상태에서 오른쪽 마우스 버튼 – rotate를 선택 후 마우스 회전

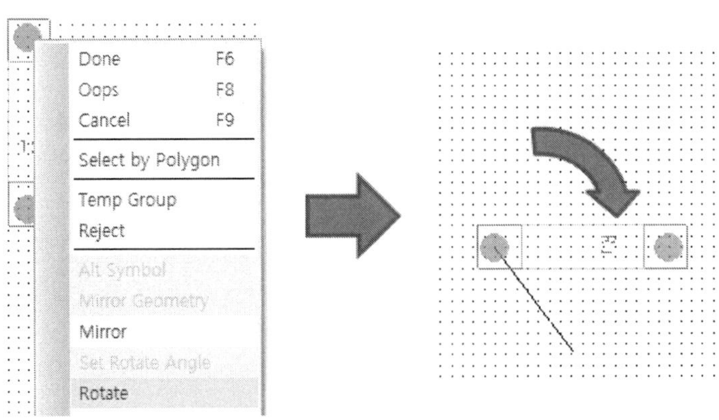

① 부품 배치 완료

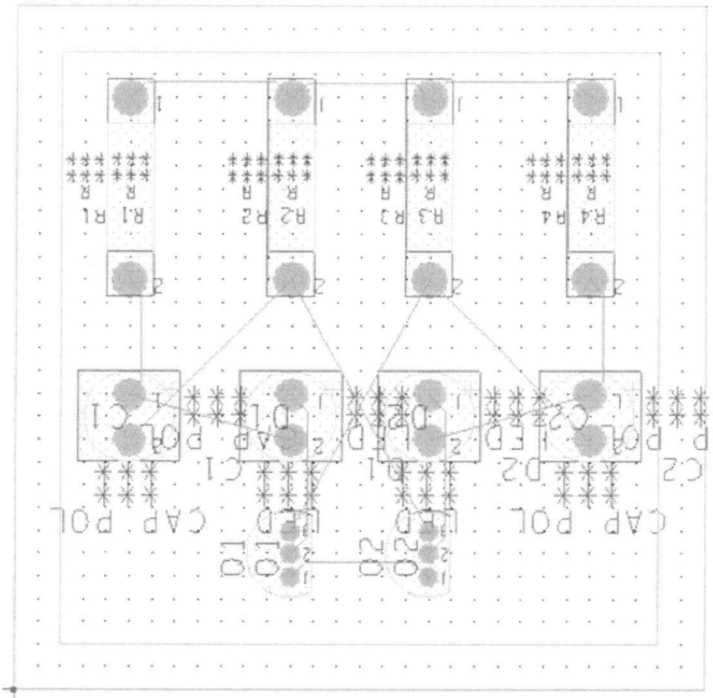

※ 삭제

Symbol의 배치나 배선이 잘못된 경우 삭제하고 다시 배치, 배선 할 수 있다.

① 메뉴 Edit – Delete( )을 선택한다.

② Control Panel의 Find 탭에서 삭제를 원하는 대상물을 선택한다.

※ Delete 명령을 수행 후 부품을 삭제하고자 하는 대상물을 Find 탭에서 설정한다.

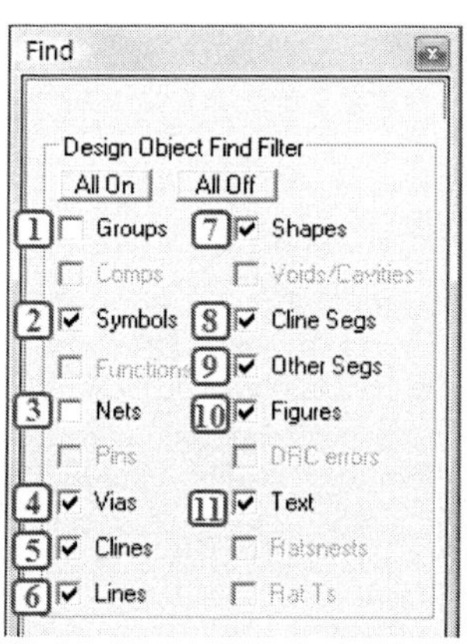

① Groups: 특정 그룹 선택
② Symbol: Package Symbol 등 부품 선택
③ Nets: 같은 이름의 Net을 선택
④ Vias: Via를 선택
⑤ Clines: 전기적 속성이 있는 배선을 선택
⑥ Lines: 전기적 속성이 없는 line을 선택
⑦ Shapes: Shape, Keepin, 사각형 등 폐영역을 선택
⑧ Cline Segs: 배선의 한 선분을 선택
⑨ Other Segs: Draw 선분의 한 구역
⑩ Figures: 드릴 Symbol 등을 선택
⑪ Text: 글자, 숫자를 선택

③ 삭제를 원하는 대상물을 선택한 뒤 오른쪽 마우스 버튼 – Done(F6)을 클릭한다.

※ Footprint를 잘못 배치하였을 경우 해당 부품(Find에서 Symbol만 선택)을 삭제하고 Place manual( )을 이용하여 다시 배치시킬 수 있다.

배선

배선은 양면 모두에서 진행, 최대한 짧게 배선한다. TOP면이 수평방향이면 BOTTOM면은 수직방향으로 한다. 정의된 네트의 폭에 따라 설계하며 배선 경로는 최대한 짧게 하되 100% 배선한다. 자동배선을 사용할 수 없으며 보드 납땜면(BOTTOM)에 GND 속성의 카퍼 처리한다. 보드에 균형적으로 부품을 배치하고 난 다음의 단계가 배선 과정이며 PCB 설계에서 중요한 과정이다.

배선각도, 개별 Net 굵기 등은 Control Panel의 Option 탭에서 설정할 수 있다.

① 메뉴 Route – Connect( )를 선택

② 배선할 때 배선 각도, 배선 두께 등의 설정은 Control Panel의 Options 탭에서 설정할 수 있다.

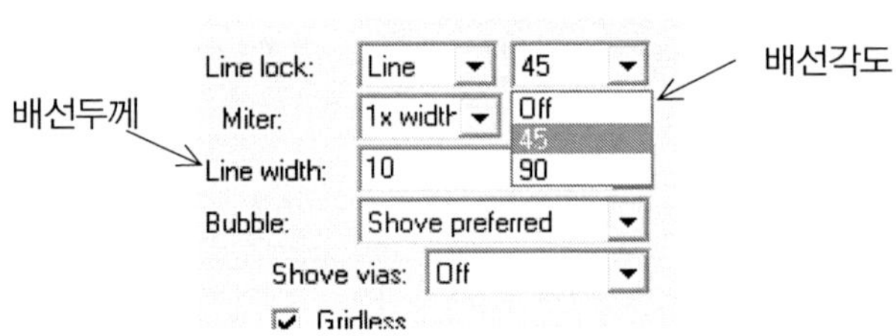

③ Rats 선을 따라 배선

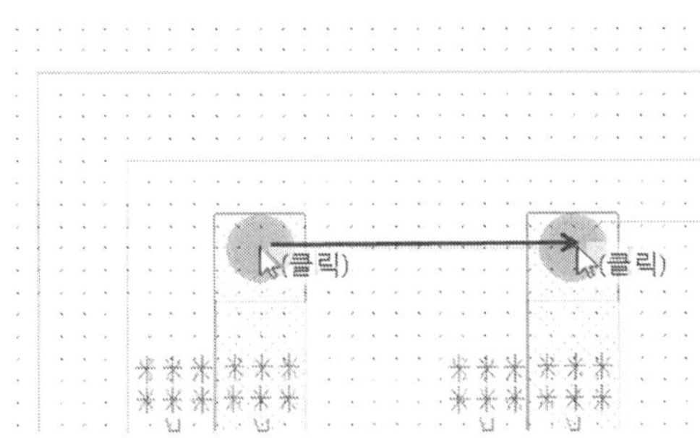

④ 배선 중에 배선하고자 하는 부품에서 오른쪽 마우스 버튼을 클릭하여 Swap Layers(Top면과 Bottom면을 교환)를 선택하면 배선작업 면을 변경할 수 있다. 현재 Top면은 파란색이며, Bottom면은 노란색이다.

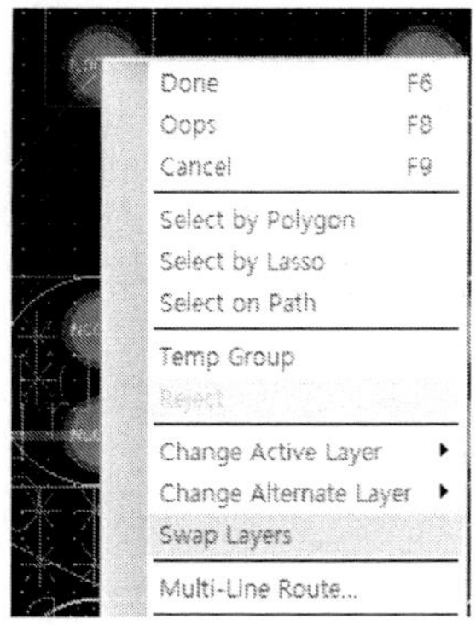

⑤ 배선 중 더블 클릭하면 Via 생성하여 Top면과 Bottom면을 교환할 수 있다.

⑥ 완성된 배선 작업

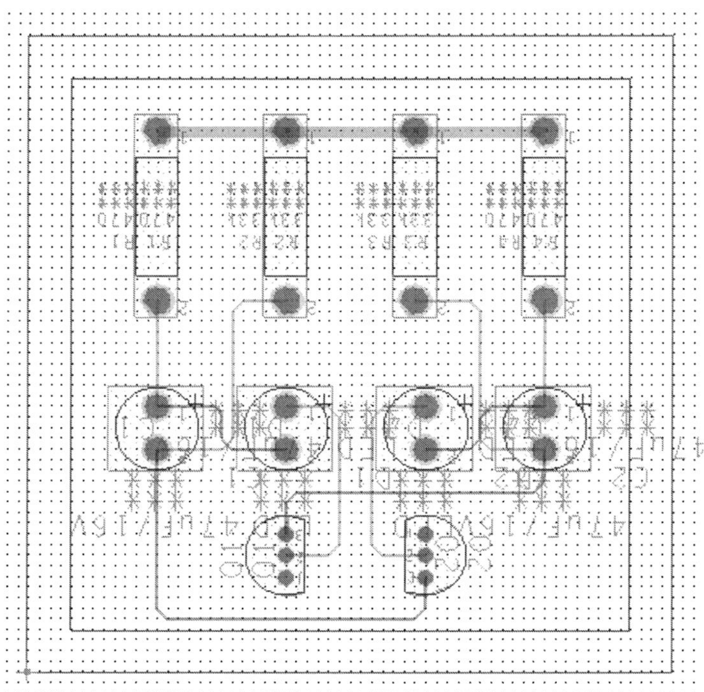

2.5 Copper Pour(동판 배치)

카퍼 설정은 메뉴 Shape – Rectangular( )을 이용하며, 카퍼를 적용한 Layer와 카퍼에 적용할 Net 속성을 Control Panel의 Options탭에서 설정할 수 있다.

Top/Bottom 설정

① 메뉴 Shape – Rectangular( )을 선택한다.

② Control Panel의 Options에서 Active Class and Subclass에 카퍼를 설정할 Layer를 설정한다.

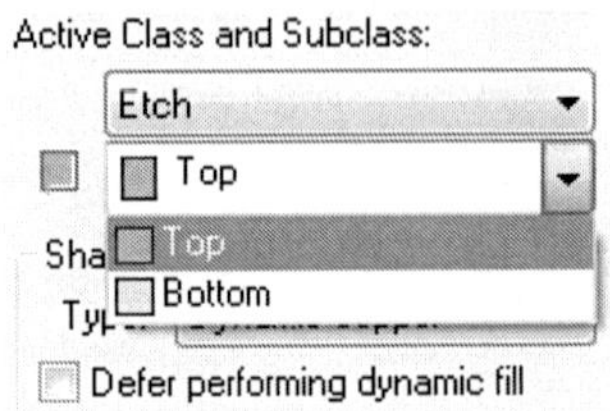

카퍼(Copper Pour) 설정

① 메뉴 Shape – Rectangular( )을 선택한다.

② Control Panel의 Options탭에서 Active Class and Subclass는 Etch/Top(또는 Bottom)을 선택한다.

③ Assign net name의 [...]아이콘을 선택하여 GND를 선택한다.

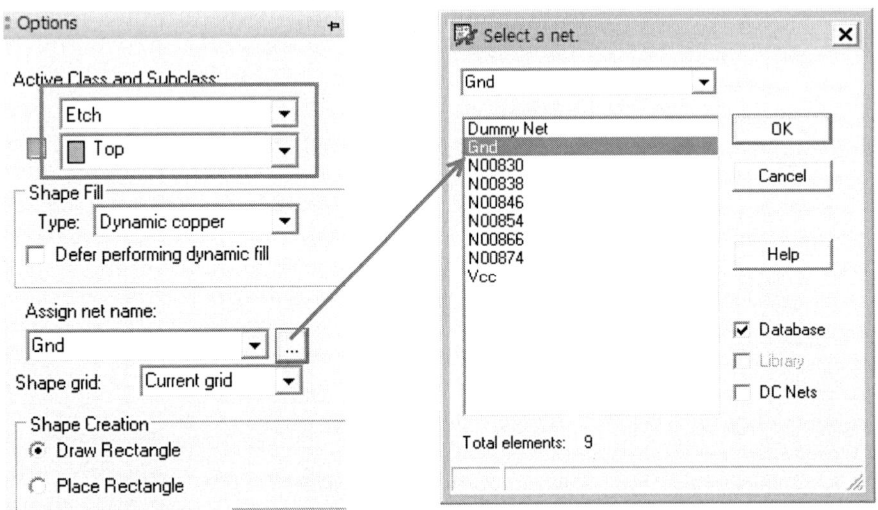

④ 원하는 크기를 마우스로 클릭하여 지정한다.

⑤ 또한 Bottom 면도 동일한 방법으로 GND 동판을 배치하며, 카퍼 설정이 완료되었으면, 오른쪽 마우스 버튼 – Done(F6)을 선택한다.

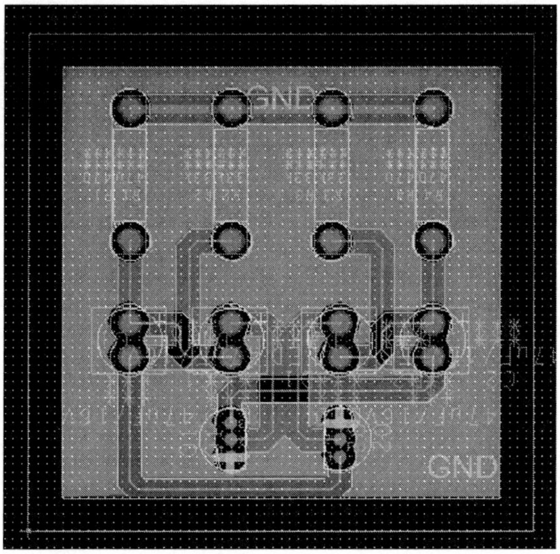

2.6 배치 및 배선검사

PCB 설계 시 모든 부품이 배치되었는지 또는 배선이 모두 되었는지를 확인할 수 있으며, 설계 규칙(배선의 두께, 간격 등)에 위배되는 사항이 있는지를 나타낸다.

배치 및 배선 검사

① 메뉴 Display – Status를 선택한다.

② Unplaced symbol 및 Unrouted nets 항목 등이 0%인지를 확인한다.
컬러박스 색상: 초록(완료), 노랑(일부 완료), 빨강(미완료)

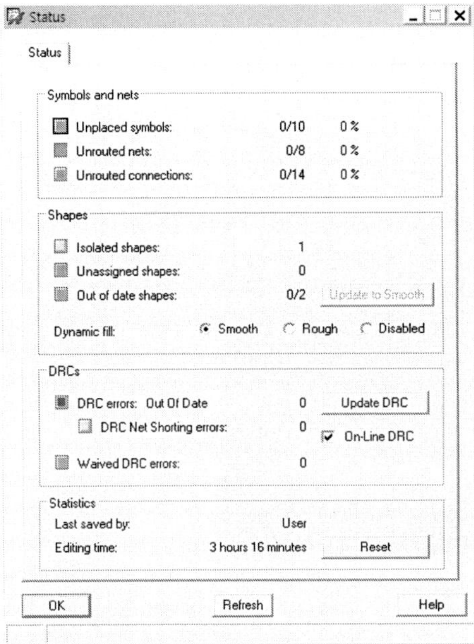

Symbols and nets(부품과 배선을 검사) :
- Unplaced symbols(부품 배치 검사)
- Unrouted nets(Net을 검사)
- Unrouted connections(패턴을 검사)

Shapes(Copper Pour를 검사) :
- Isolated shapes(독립된 Shape 검사)
- Unassigned shapes
  (연결되지 않은 shape에 대한 검사)
- Out of date shapes
  (Shape와 Net수를 비교 검사)

DRCs(설계 규칙에 대한 검사) :
- DRC errors: Out Of Date
  (설계 규칙을 위반에 대한 검사)
- DRC Net Shorting Errors
  (Net의 합선에 대한 검사)
- Waived DRC errors
  (DRC 에러 무시 설정 수)

③ 컬러박스가 노랑/빨강인 경우 컬러박스를 클릭, 수정/보완한다.

Isolated Shape 제거

Status 창에서 Isolated shape가 존재할 경우 Delete Islands를 선택하여 제거한다.

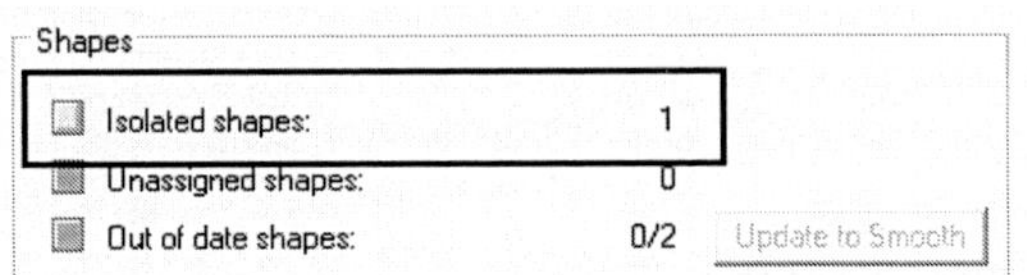

① DRC 검사에서 Isolated shape가 존재할 경우 메뉴 shape — Delete Islands( ) 선택한다.

② Control Panel의 Options 탭에서 Process layer에 Bottom을 선택한 후 Delete all on layer 버튼을 클릭한다.

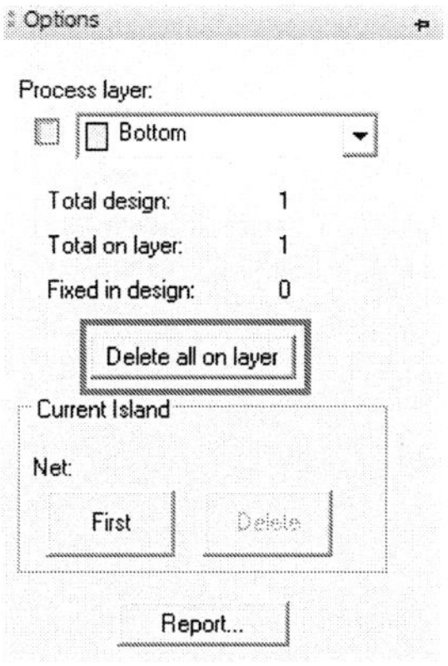

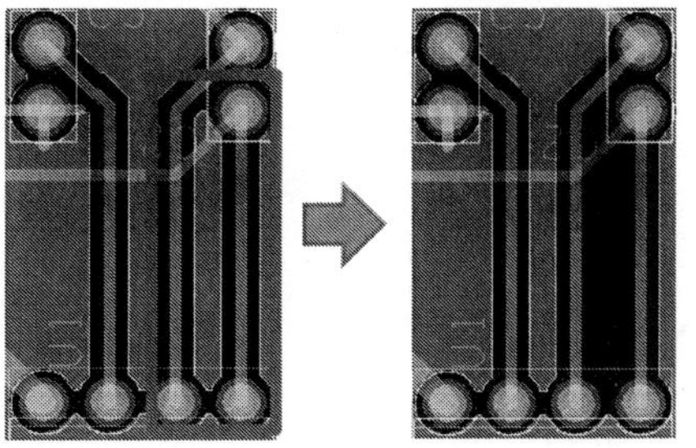

③ Isolated shape를 제거하였으면, 오른쪽 마우스 버튼 – Done(F6)를 선택한다.

④ DRC 검사를 재실행(메뉴 Display – Status)하여 Status창에 모든 항목이 초록색 사각형 ( )이 되었는지 확인한다.

2.7 Reference 정리 및 Text 작성

Reference 정리

Reference 정리 시 설계된 보드의 요소들에 대한 디스플레이 설정 후 Reference 정리 작업을 한다.

• 디스플레이 설정

① 메뉴 Display – Color/Visibility( )를 선택한다.

② Global Visibility에 off 버튼을 클릭한다.

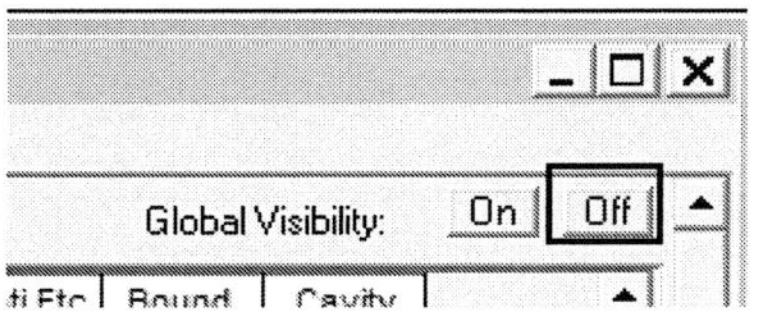

③ 카테고리 Stack-Up에 Top 또는 Bottom – Pin을 선택한다.

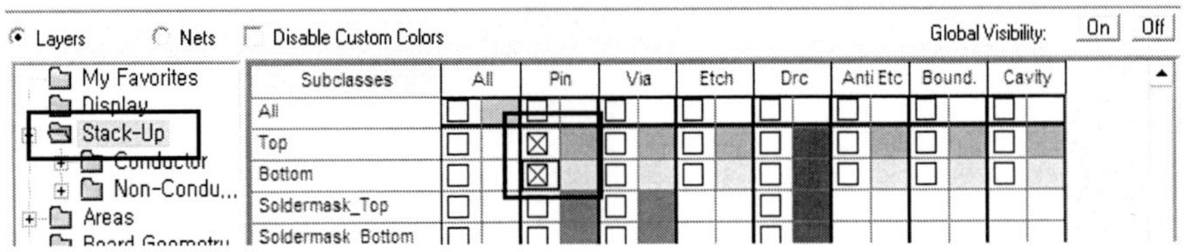

④ 카테고리 Board Geometry에 Dimension, Outline, Silkscreen_Top 을 선택한다.

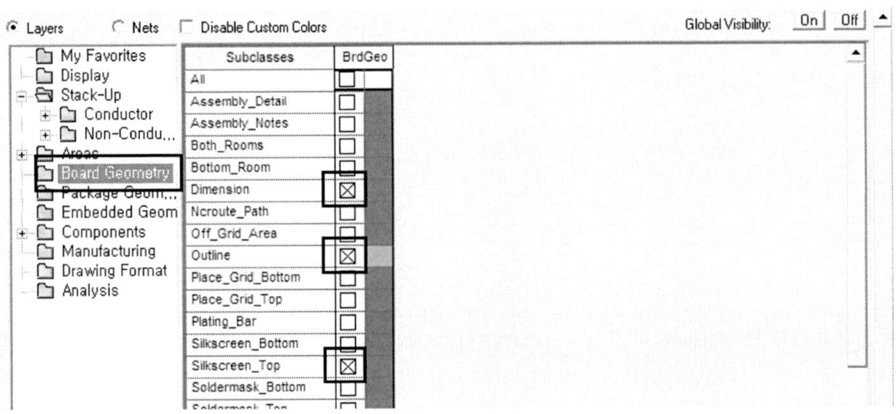

⑤ 카테고리 Package Geometry – Silkscreen_Top을 선택한다.

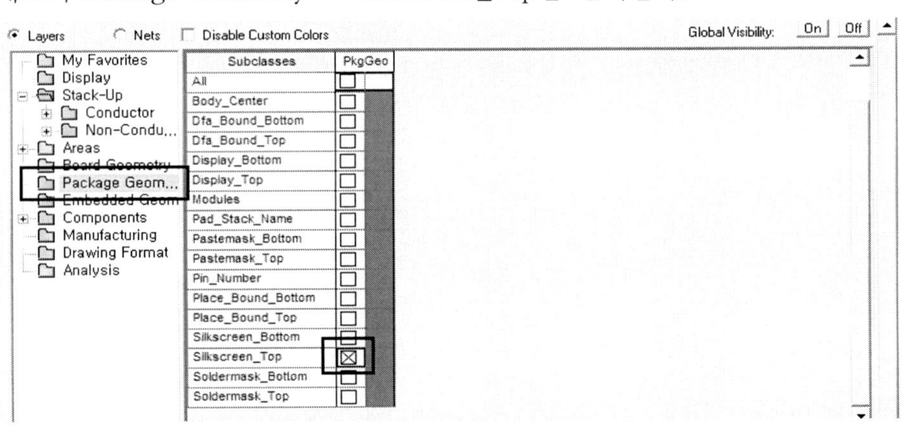

⑥ 카테고리 Components에 Silkscreen_Top – RefDes를 선택한다.

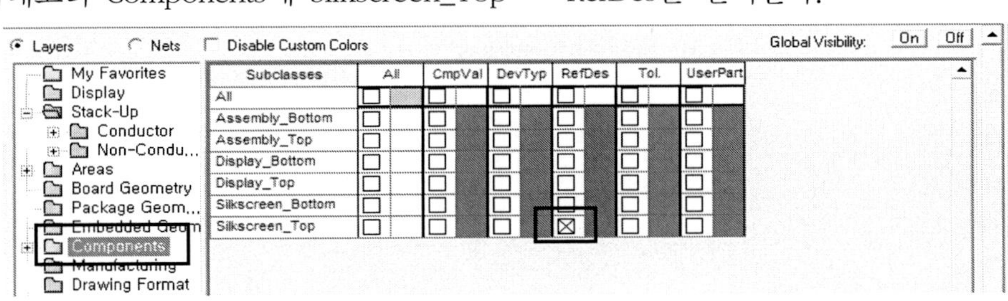

⑦ OK 버튼을 클릭하면 다음 그림과 같이 참조 번호와 부품의 Symbol의 위치가 나타난다.

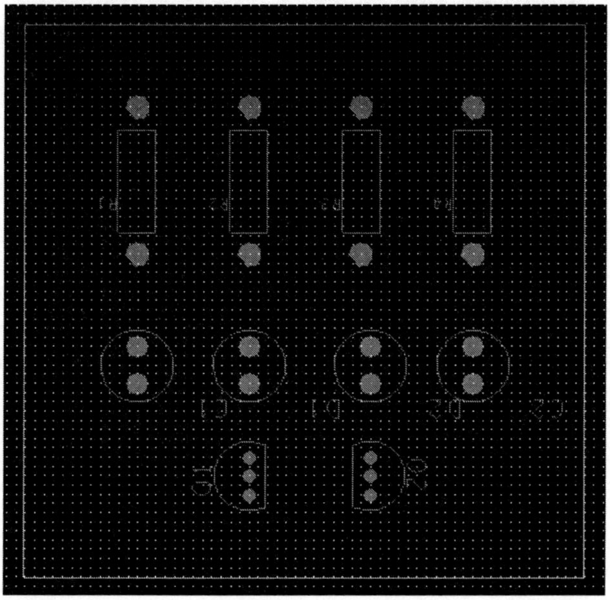

• Reference 크기 정리

부품 번호는 보기 좋게 동일한 글자의 크기와 방향으로 정렬을 한다.

① 메뉴 Edit – Change을 선택한다.

② 오른쪽 Options Panel 창에서 Text block을 체크한다.

③ Text block에 3을 선택한다.

④ Text Just는 Center를 선택한다.

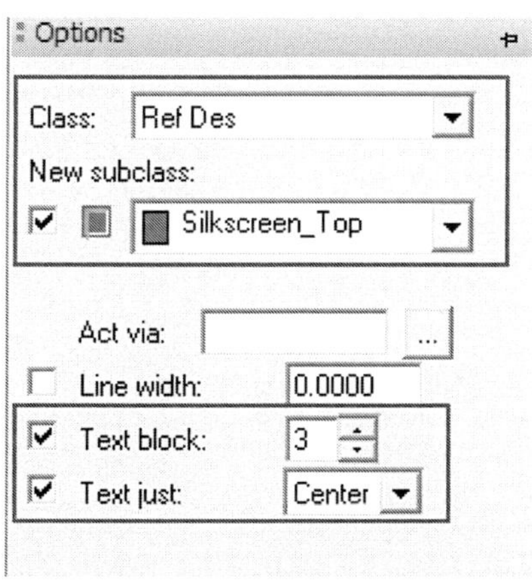

⑤ 마우스로 보드 전체를 드래그하면, 참조번호(Part Reference)의 크기가 동일하게 변경된다. (참조번호만 선택한다.)

⑥ 크기가 변경 되었으면, 오른쪽 마우스 버튼 – Done(F6)을 선택한다.

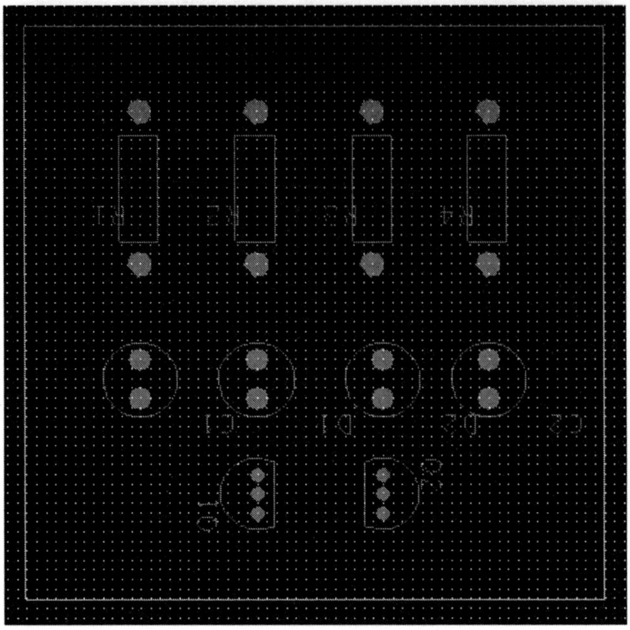

• Reference 정렬

① 메뉴 Edit – Move( ) 선택한다.

② 우측 Find Panel 창에서 All off 후 Text만 선택한다.

※ 다른 요소들이 선택되지 않도록 하기 위해서 Find창에 Text만 설정한다.

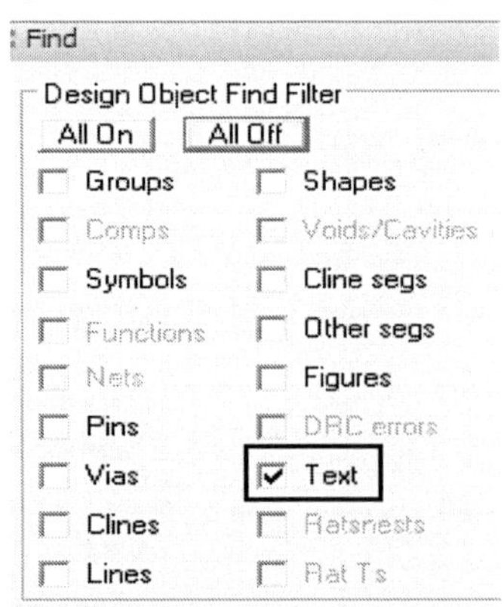

③ 정렬하고자 하는 문자를 클릭 후, 오른쪽 마우스 버튼의 Rotate 기능을 이용하여 문자의 위치 및 방향을 정렬한다.

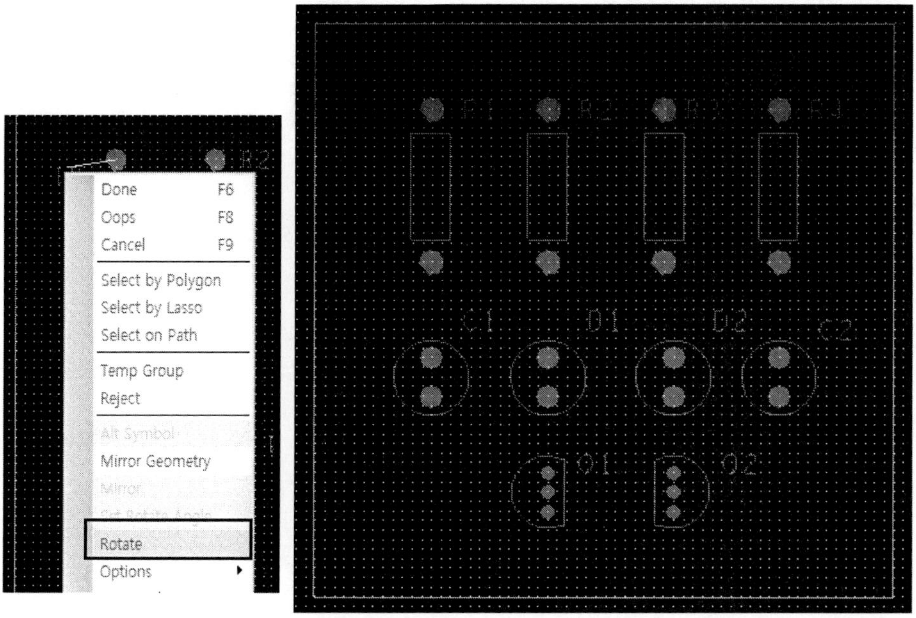

④ 문자 정렬이 완료되었으면, 오른쪽 마우스 버튼 – Done(F6)을 선택한다.

Text 작성 - 학번 이름 입력

메뉴의 Add – Text를 선택한 후 Option창의 Active Class를 Board Geometry, Subclass를 Silkscreen – Top으로 설정하고 Text Block을 4로 변경한 후 설계도면의 빈 공간에 마우스를 클릭하여 학번 및 이름을 입력한다.

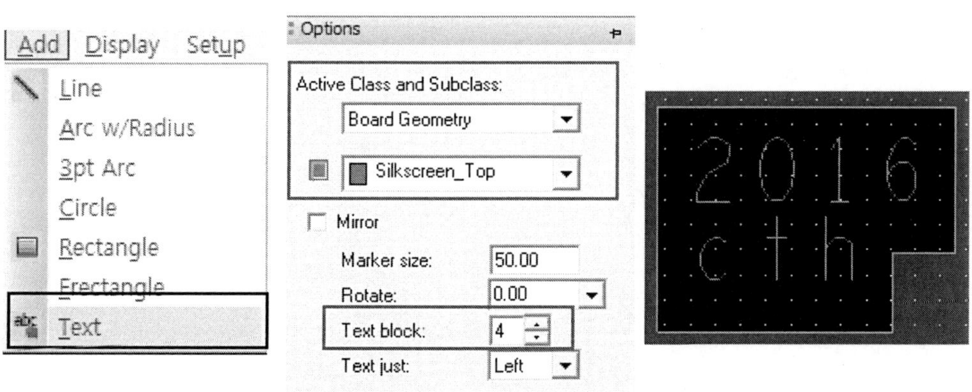

2.8 Gerber File 생성

Drill

• Drill Symbol 생성

① 메뉴 Manufacture — NC — Drill Customization( )을 선택한다.

② Drill Customization 창이 열리면 Auto generate Symbols을 클릭한다.

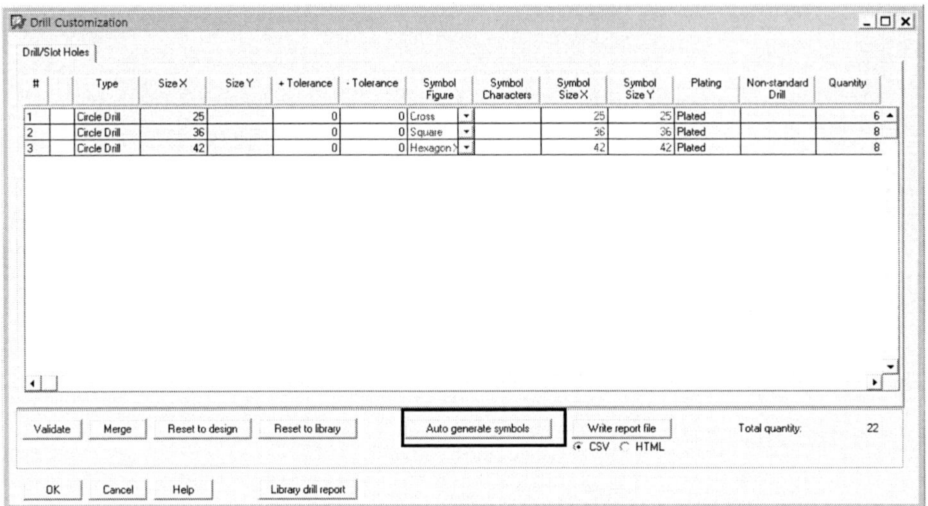

③ 자동으로 Drill에 대한 Symbol 생성된다.

• Drill Chart

① 드릴 차트를 생성하기 위해서는 메뉴 Manufacture — NC — Drill Legend를 선택한다.

② Drill Legend창이 나타나면 OK버튼을 선택

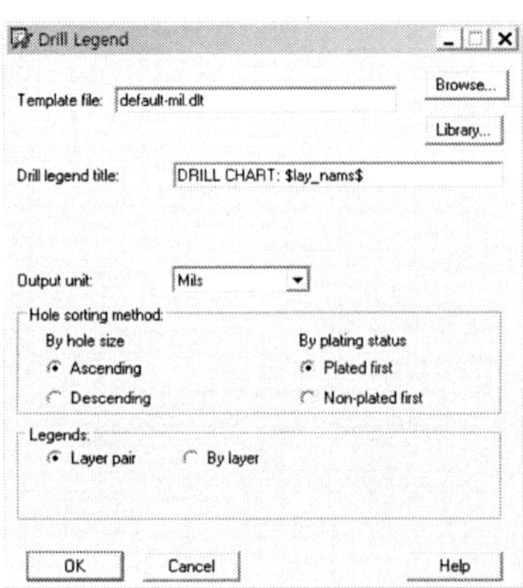

③ 드릴 차트가 마우스에 따라 이동하며 보드 아웃라인 아래쪽 혹은 위쪽에 클릭하여 배치

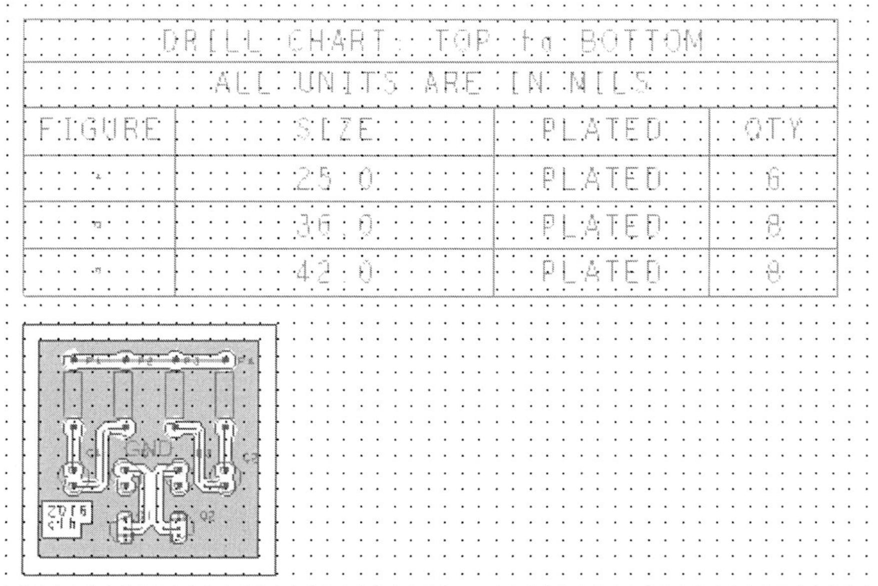

Artwork Film

① 메뉴 Manufacture – Artwork를 선택
② Artwork Control Form창이 나타나면 General Parameters 탭을 선택
③ Device type항목에서 Gerber RS274X를 체크
④ Format 항목의 Integer places를 5로 변경

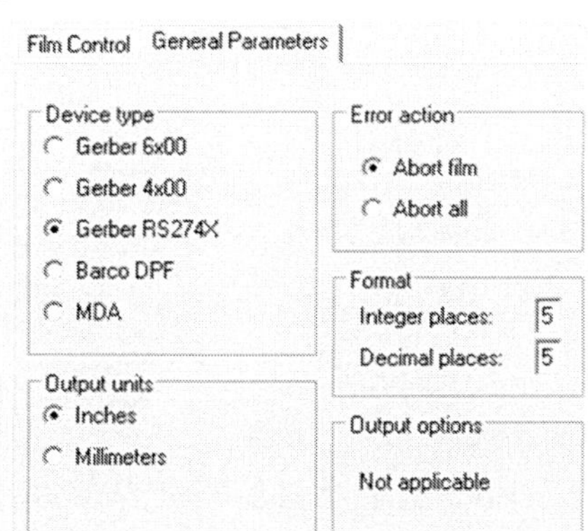

⑤ Film Control 탭을 선택

⑥ Artwork Control Form 창을 켜둔 상태에서 메뉴 Display – Color/Visibility를 선택

⑦ Color Dialog 창이 나타나면 우측 상단에 Global Visibility OFF 버튼을 클릭

⑧ Color Dialog 창에서 왼쪽의 Stack-Up 폴더를 선택한 후 오른쪽 Subclasses 항목 중에 Soldermask_Top의 Pin, Via 항목을 체크

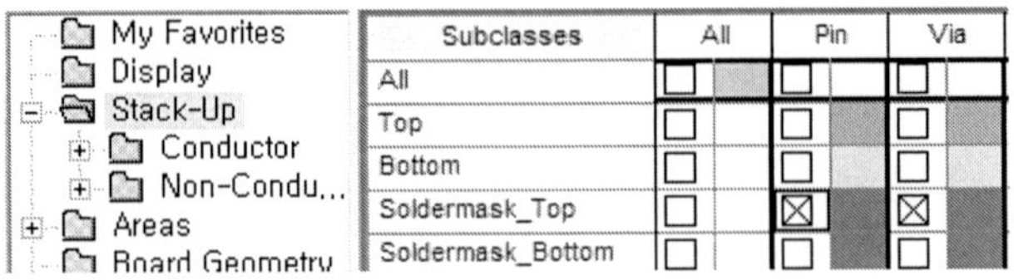

⑨ Apply 버튼 클릭 후 OK를 선택하여 Color Dialog창을 닫음

⑩ Artwork Contol Form창의 TOP을 선택 후 오른쪽 마우스 버튼 – Add

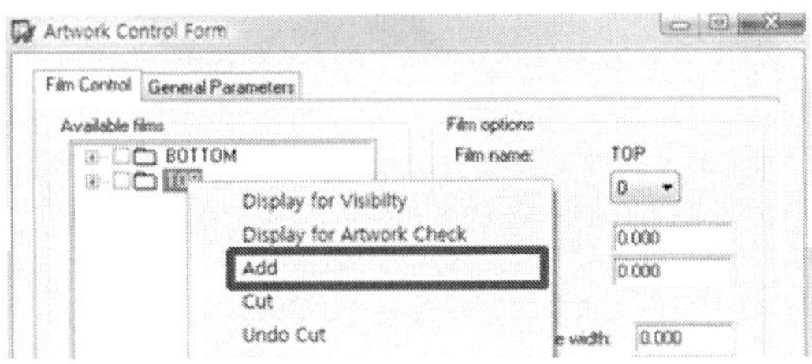

⑪ Soldermask_Top이라고 기입 후 OK선택

⑫ 다시 메뉴 Display – Color/Visibility...를 선택하여 Color Dialog 창의 Global visibility Off 버튼을 선택

⑬ Color Dialog창에서 왼쪽의 Stack-Up 폴더를 선택한 후, 오른쪽 Subclasses 항목 중 Soldermask_Bottom의 Pin, Via 항목을 체크

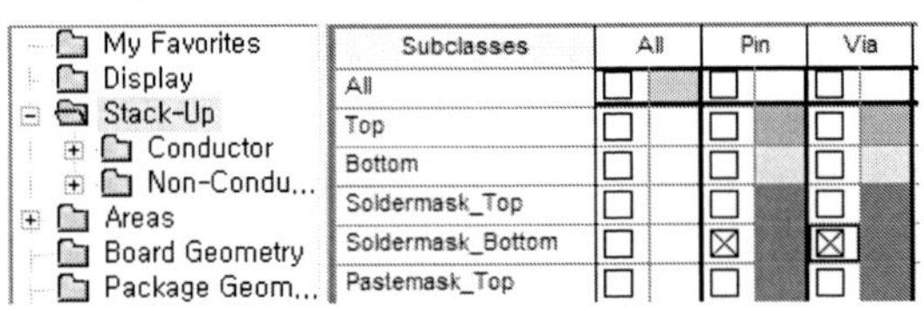

⑭ Apply 버튼을 선택한 다음 OK 버튼을 선택

⑮ Artwork Control Form 창의 Soldermask_Top을 선택 후 마우스 팝업 메뉴의 Add를 선택하여, Soldermask_Bottom 이라고 입력한 후 OK

⑯ 다시 메뉴 Display — Color/Visibility...를 선택하여 Color Dialog 창의 Global visibility Off 버튼을 선택

⑰ Color Dialog 창에서 왼쪽의 Package Geometry 폴더를 선택한 후, 오른쪽 Subclasses 항목 중 Silkscreen_Top을 체크

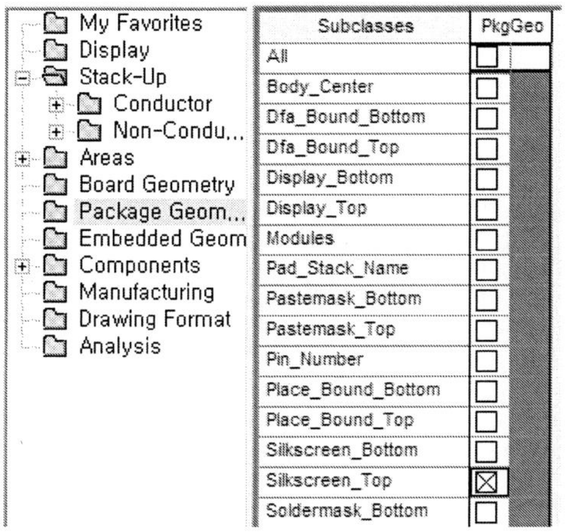

⑱ Color Dialog 창에서 왼쪽의 Components 폴더를 선택한 후, 오른쪽 Subclasses 항목 중 Silkscreen_Top의 RefDes 항목을 체크한 후 Apply, OK 버튼을 선택

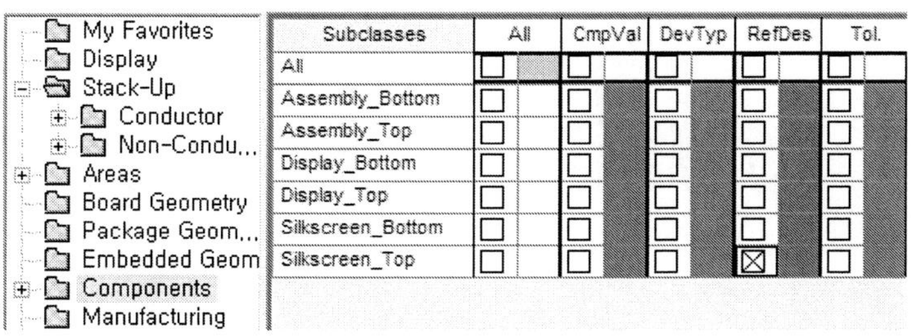

⑲ Artwork Control Form창의 Soldermask_Bottom을 선택 후 마우스 팝업 메뉴의 Add를 선택하여, Silkscreen_Top이라고 입력한 후 OK

⑳ Silkscreen_Top을 선택 후 Undefined line width에 10을 기입

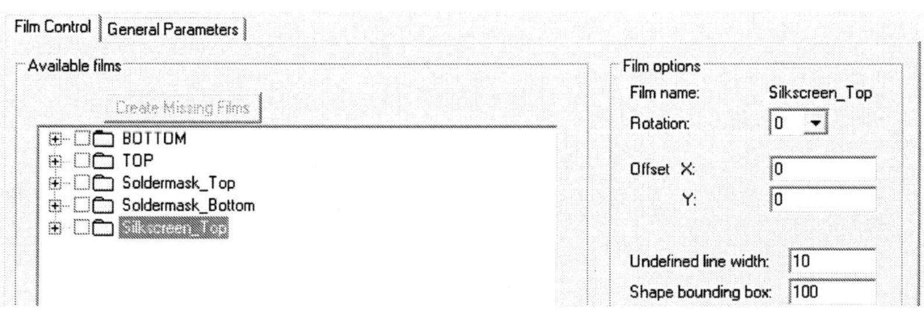

㉑ 다시 메뉴 Display — Color/Visibility...를 선택하여 Color Dialog 창의 Global visibility Off 버튼을 선택

㉒ Color Dialog창에서 왼쪽의 Board Geometry 폴더를 선택한 후, 오른쪽 Subclasses 항목 중 Outline을 체크

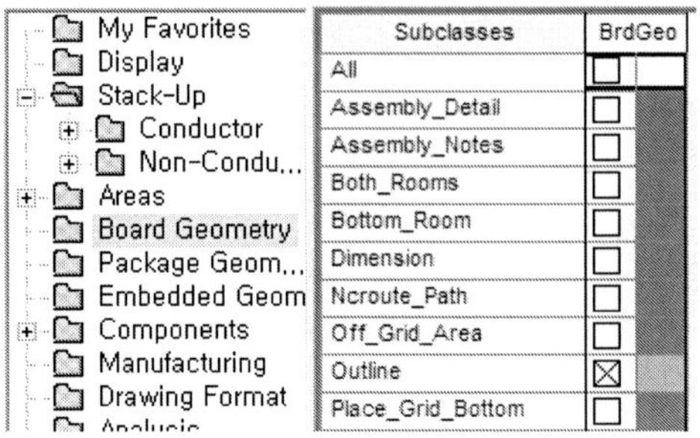

㉓ Color Dialog창에서 왼쪽의 Manufacturing 폴더를 선택한 후, 오른쪽 Subclasses 항목 중 Nclegend-1-2를 체크한 후 Apply, OK 버튼을 선택

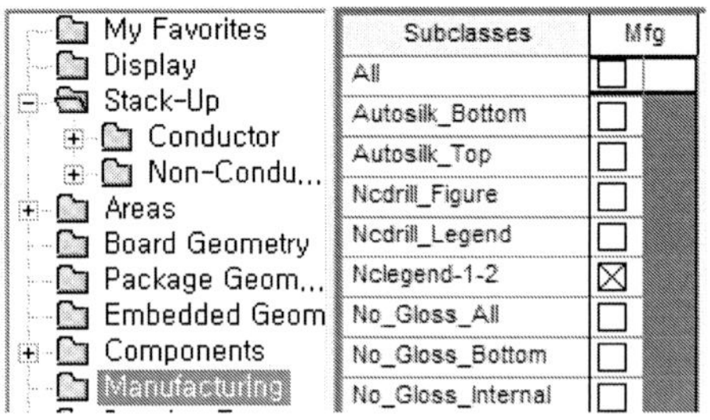

㉔ Artwork Control Form 창의 Silkscreen_Top을 선택 후 마우스 팝업 메뉴의 Add를 선택하여, Drill_drawing이라고 입력한 후 OK

㉕ Drill_drawing을 선택 후 Undefined line width에 10을 기입

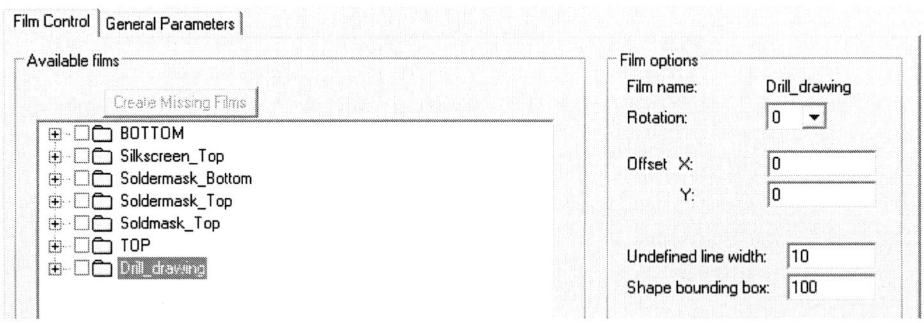

㉖ Select all 버튼을 선택한 후 Create Artwork 버튼을 선택

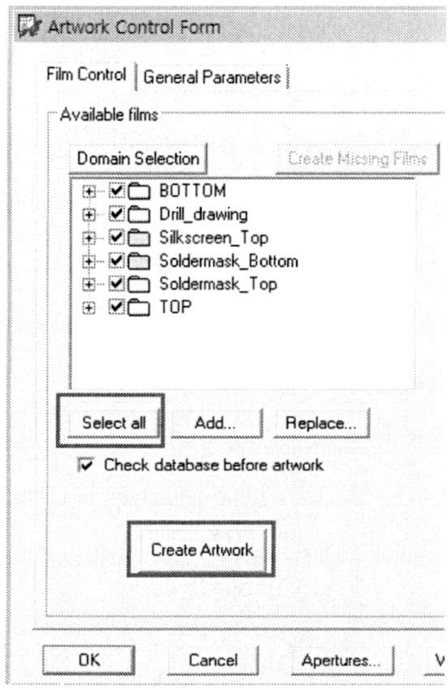

㉗ Gerber File이 생성

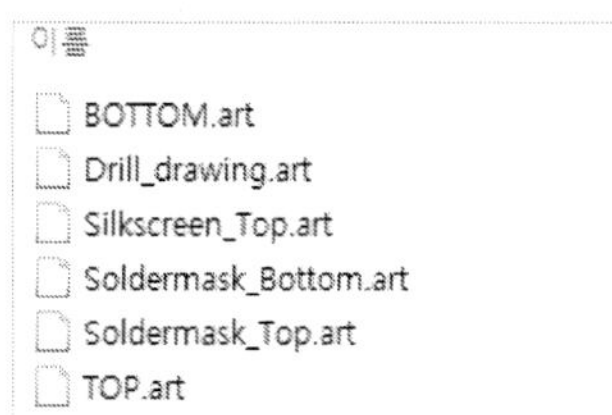

- NC Drill파일

  ① NC-Drill 파일 생성을 위해서 메뉴 Manufacture – NC – NC Drill...를 선택

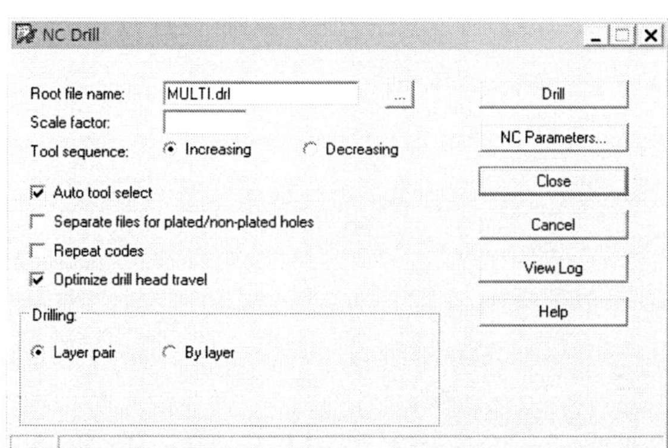

  ② NC Drill창에서 NC Parameters...버튼을 선택하여, Excellon format 항목의 format을 5로 수정한 후 Close 버튼을 선택

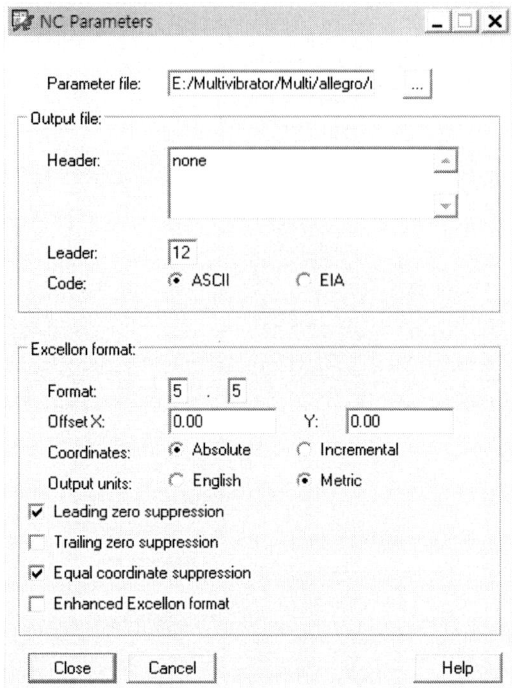

③ NC Drill창의 Drill 버튼을 선택하여 NC Drill 파일을 생성한 후 Close를 선택

④ 타이틀 바의 저장 경로에 *.art 파일과 *.drl 파일의 Gerber file이 생성 완료

2.9 Gerber File 프린트 출력

① 메뉴 Setup — Subclass를 선택한다.

② Define Subclass 창이 나타난다.

③ DRAWING FORMAT의 사각형 버튼을 클릭한다.

④ New Subclass의 빈칸에 GERBER를 입력한다.

⑤ Enter키를 누르면 새로운 Subclass가 추가된다.

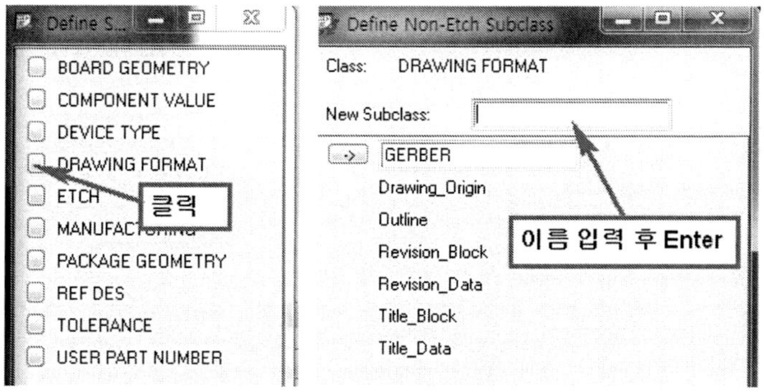

⑥ Close 버튼을 클릭하여 New Subclass창을 닫는다.

⑦ OK를 클릭하여 Define Subclass창을 닫는다.

⑧ Color192 아이콘을 클릭한다.

⑨ Global visibility: Off 버튼을 클릭한다.

⑩ Drawing Format 폴더 – GERBER 항목에 체크한다.

⑪ OK를 클릭한다.

⑫ 메뉴 File – Import – Artwork를 선택한다.

⑬ File Name: Browser를 선택하여 TOP.art를 선택한다.

⑭ Class: Drawing format으로 변경한다.

⑮ Subclass: GERBER로 변경한다.

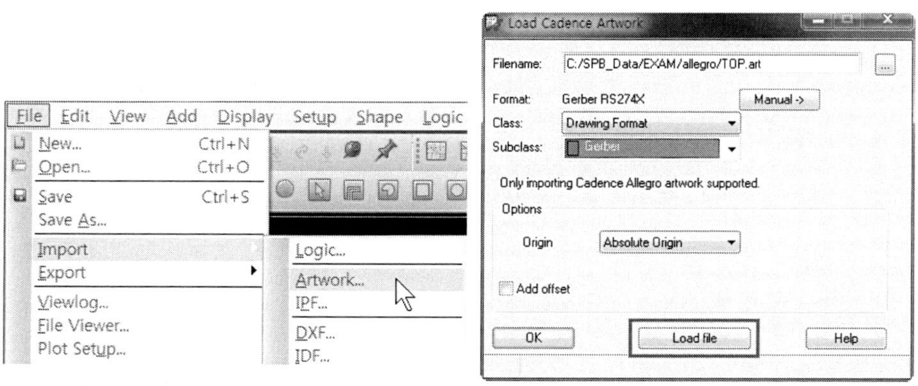

⑯ Load File을 클릭한다.

⑰ 마우스 포인터에 사각형이 나타나면 전체화면(Shift + F12)으로 설정하여 화면에 배치한다.

⑱ 배치가 완료되면 Load Cadence Artwork 폼이 나타난다.

⑲ 거버 배치가 끝나면 Ok를 선택한다.

Plot(Print) Setup

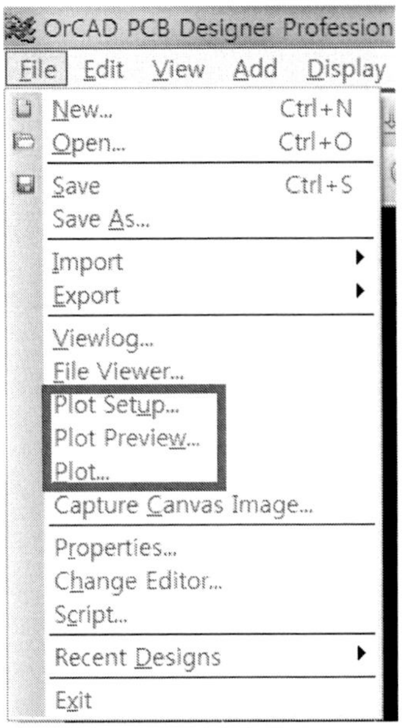

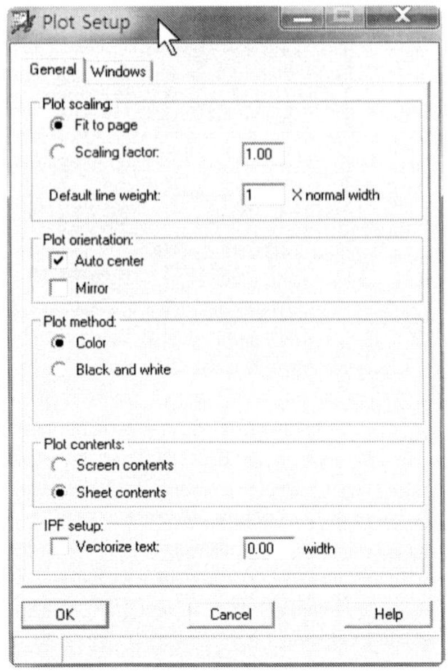

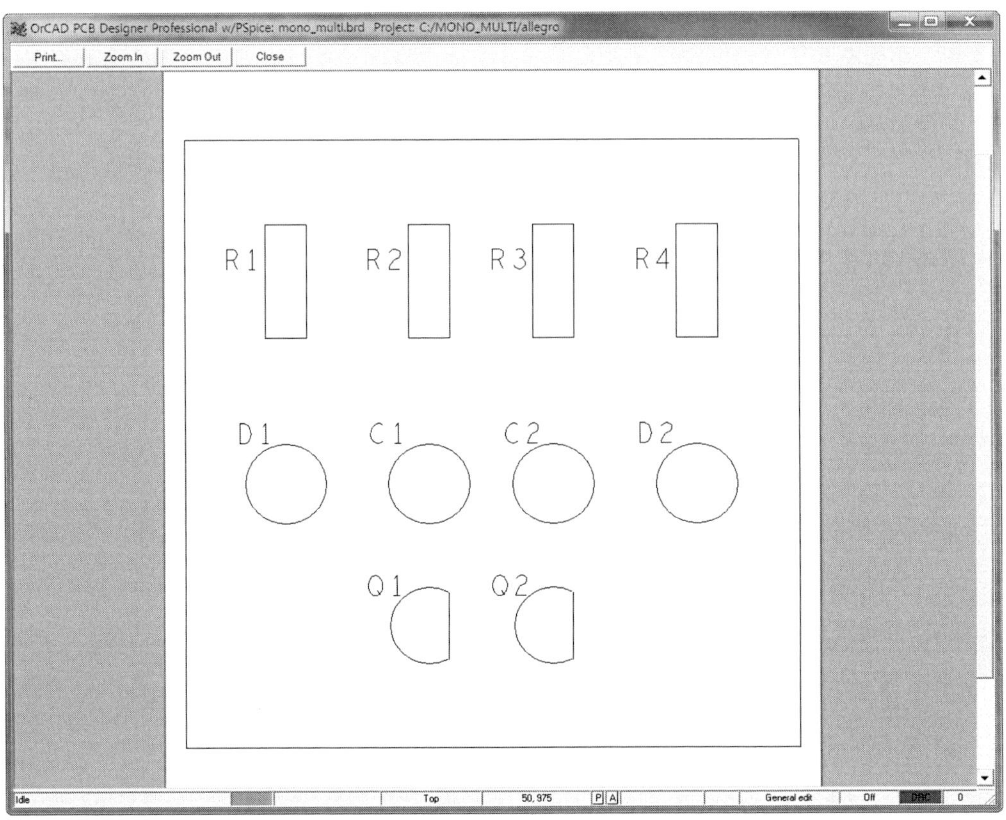

제 3 장 Symbol Library 제작 및 Board 제작

3.1 Symbol Library의 의미

3.1.1 Symbol Library의 종류

PCB Editor에는 부품을 위한 Package Symbol, 보드 등 기구적인 모양을 위한 Mechanical Symbol, 도면용 Format Symbol 외에 Shape Symbol, Flash Symbol 등 여러 가지가 사용된다. 그중에서도 PCB Editor(Allegro PCB)에서 실제 형상을 표현한 흔히 Footprint라고도 불리는 Package Symbol 라이브러리(파일확장자 *.psm)가 꼭 필요하다. Package Symbol은 부품이 놓이게 될 위치, 크기 및 모양 등을 정의해 둔 것이라 할 수 있다.

PCB 설계를 위해서는 PCB Editor에서 지원하는 라이브러리를 사용하되, 제공되지 않는 것은 사용자가 직접 만들어 사용하여야 한다. PCB Editor에서 제공하는 Package Symbol은 자료 등을 이용하여 참고하길 바란다.

심벌을 생성하는 순서는 아래와 같이 이루어진다.

① 핀 생성(확장자 *.pad)

② 핀 배치 및 외형치수, 기타 정보(확장자, *.dra)

③ 저장을 하면 이 두 가지가 합해진 심벌이 자동 생성된다. (확장자, *.psm)

PCB Editor에서 사용되는 라이브러리들은 다음과 분류된다.

File type	Extension	File type	Extension
Padstacks	*.pad	Format symbols	*.dra, *.osm
Custom pad shapes	*.dra, *.ssm	Flash symbols	*.dra, *.fsm
Package symbols	*.dra, *psm	Devices	*.txt
Mechanical symbols	*.dra, *.bsm		

*.dra(drawing file)은 그래픽 파일로서 오직 편집의 목적으로 사용되며, 각종 라이브러리를 새로이 생성할 때마다 *dra 파일을 저장하면서 동시에 symbol file도 함께 생성되어 저장해야 한다.

각각의 symbol pin은 padstack의 조합으로 이루어져 있으며, padstack은 각 레이어로 구성된다.

3.1.2 Package Symbol Library 설계흐름

Package Symbol Library는 PCB Editor를 이용하여 작성하거나 수정하여 사용할 수 있다.

✓ Package Symbol Design Flow

① Pad 생성(*.pad) Pad Designer

② New Package Symbol

③ 설계환경 설정(화면 Size, unit, origin grid…)

④ Origin 설정(Center, 1번 pin)

⑤ Outline 그리기(Silk Screen, Assembly, Place_bound_top)

⑥ Pad 불러오기(Pin 수)

⑦ Reference Designator 추가(Silk Screen, Assembly)

⑧ Save(*.dra, *.psm)

Package Symbol 라이브러리는 Padstack, 부품의 outline이나 Boundary를 정의하여 설계하게 된다.

3.1.3 PCB Editor Library

PCB Editor가 기본적으로 제공하는 Library는 아래 경로와 같다.

C:₩Cadence₩SPB_16.6₩share₩pcb₩pcb_lib₩symbols

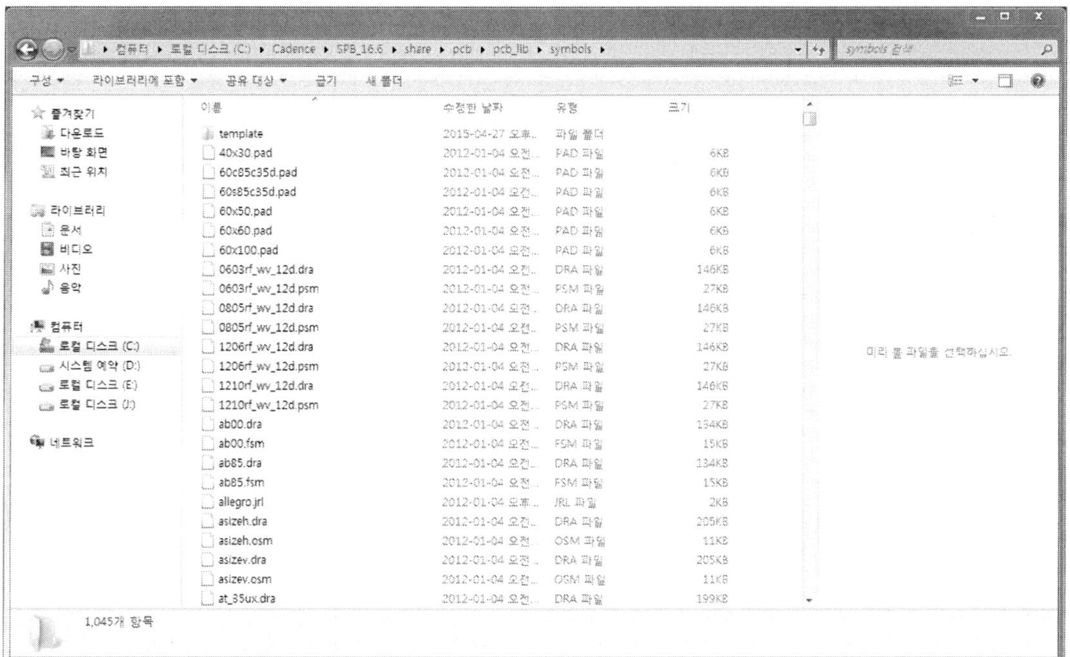

3.2 Padstack의 정의

① Padstack은 각 Layer에 Pad size와 Shape 및 Drill size와 Drill 표시 기호와 같은 정보를 포함하고 있다.

② PCB Editor에서 Symbol에 있는 각각의 Pin들은 관련된 Padstack 이름을 가지고 있어야 하며, Symbol 생성 시 Package Symbol에 Pin을 추가하게 된다.

③ 각각의 Pin 추가시 PCB Editor 상에서 Library Padstack을 찾아 정의된 Padstack을 symbol에 추가하여 화면에 표시한다.

④ 이러한 이유로 Package symbol에 제작 전에 Library Padstack을 먼저 생성해야 한다. 또는

기본적으로 제공되는 Padstack을 이용하여 Symbol 제작이 가능하다.

패드스택은 PCB설계에서 파트의 핀에 대응되는 패드의 크기와 모양을 나타내는 파일로 일종의 라이브러리 개념이다. 이유는 패드스택을 구성하는 항목이 여러 가지이기 때문이다.

3.2.1 Padstack Designer의 Parameter

먼저 만들고자 하는 Package Symbol의 제조회사에 대한 Datasheet를 조사하고 Design에 필요한 사항을 점검한다.

새로운 Padstack을 생성하는 데 필요한 Pad에 대한 모든 준비가 끝나면, Padstack 생성에 필요한 data를 이용하여 Padstack을 만들고 저장하기 위해 Pad Designer를 사용한다.

Units

- Mils, Inch, Millimeter, Centimeter, Micron 등을 설정할 수 있으며, 기본 값은 Mils로 되어있다.
- Decimal places은 소수점 이하의 자리수를 설정한다.

Multiple drill

주어진 Padstack에 대해 한 개 이상의 drill hole을 정의하며, 모든 drill hole은 모든 Layer의 정해진 Pad의 size에 맞추어 drill hole을 뚫는다.

Drill/Slot hole

- Hole type에서 Circle, Oval, Rectangle Type을 선택할 수 있다.
- Plating에서 Plated 또는 Nonplated로 선택할 수 있다.
- Offset X/Y는 Padstack의 center로부터 Drill hole의 offset 위치를 지정한다.

Drill/Slot symbol

- Figure는 Circle, Square와 같은 geometric shape를 이용하여 각각의 hole size를 기록한다.
- Character 부분은 A~Z 또는 0~9와 같은 선택적인 문자를 지정할 수 있다.
- Width/Height는 Figure의 넓이 및 높이를 지정할 수 있다.

① Top layer은 Begin layer로 정의하고, Bottom layer는 End layer로 정의한다. Default Internal layer는 Board의 모든 Internal layer에 사용될 Pad를 정의한다.

② Through hole Padstack의 경우 Begin, End layer 및 Default Internal layer의 Regular Pad, Thermal Relief, Anti Pad를 정의해 주어야 한다.

③ Surface-mount pad의 경우는 오직 Begin layer(Top layer)에서만 Regular Pad를 정의해 주면 된다.

④ 또한 PCB 상의 Padstack을 위해 Soldermask Pad의 Size도 입력해 주어야 한다.

⑤ Through hole Padstack은 Soldermask top, bottom 모두 필요하며, Single 또는 Surface-mount padstack은 Soldermask top만이 필요하다.

3.2.2 Through-Hole Pin 생성

Through hole Pin에 대한 Padstack을 생성하기 위해 Pad Designer를 실행한다. Through hole Type이 Pad65cir35d라는 이름의 Padstack을 생성해보자.

Pad65cir35d는 65mil의 Circular 형상의 Pad와 35mil의 Plated hole을 가지는 Pad를 의미한다.

Pad Designer에서 단위는 Mils, Decimal places부분은 0으로 설정한다. 만약 더 정확하게 치수를 입력하기 원한다면 소수점 아래의 자리 수를 입력한다.

Hole type은 Circle Drill, Plated, Drill diameter에는 35를 입력한다.

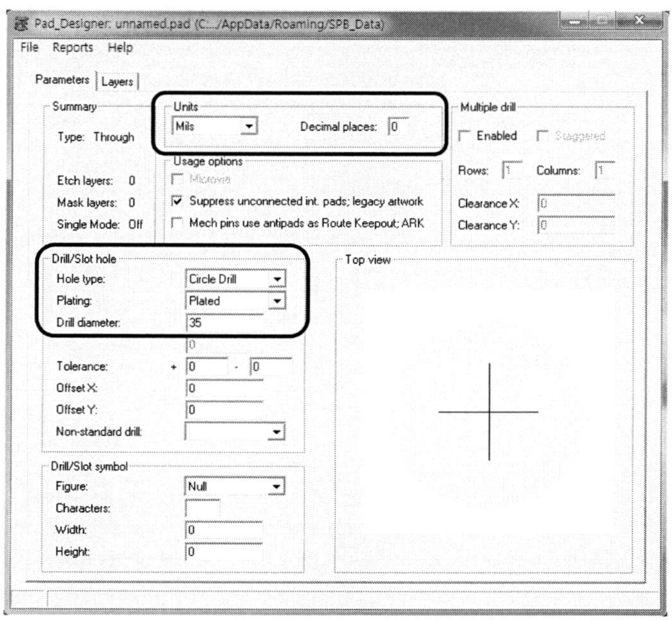

위와 같이 입력 후, Layer tap을 선택한다.

Padstack layer에서 각각의 Layer Pad를 설정하도록 한다.

먼저 Begin Layer의 Regular pad, Thermal Relief, Anti pad를 아래와 같이 입력하도록 한다.

Regular Pad	Thermal Pad	Anti Pad
Geometry: Circle	Geometry: Circle	Geometry: Circle
Width: 65	Width: 93	Width: 93
Height: 65	Height: 93	Height: 93

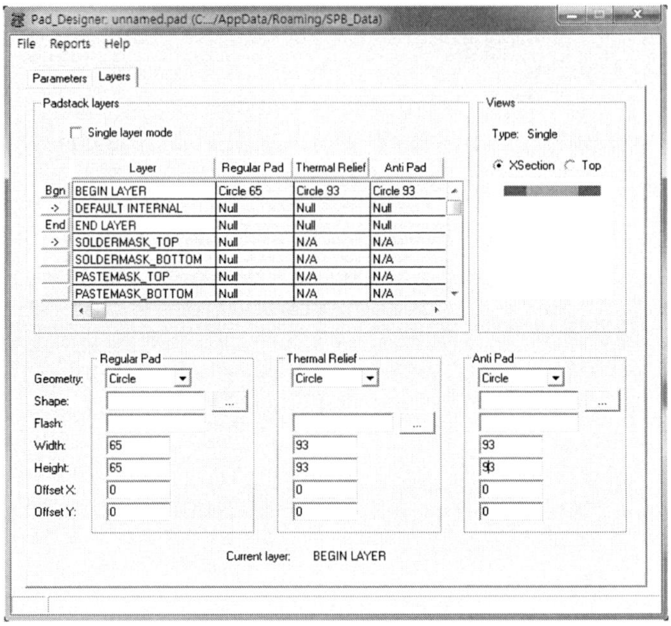

Begin layer에 대한 입력이 끝난 후 Default Internal 및 End layer를 입력하도록 한다. 먼저 Default Internal을 아래와 같이 입력한다.

Regular Pad	Thermal Pad	Anti Pad
Geometry: Circle	Geometry: Circle	Geometry: Circle
Width: 55	Width: 75	Width: 75
Height: 55	Height: 75	Height: 75

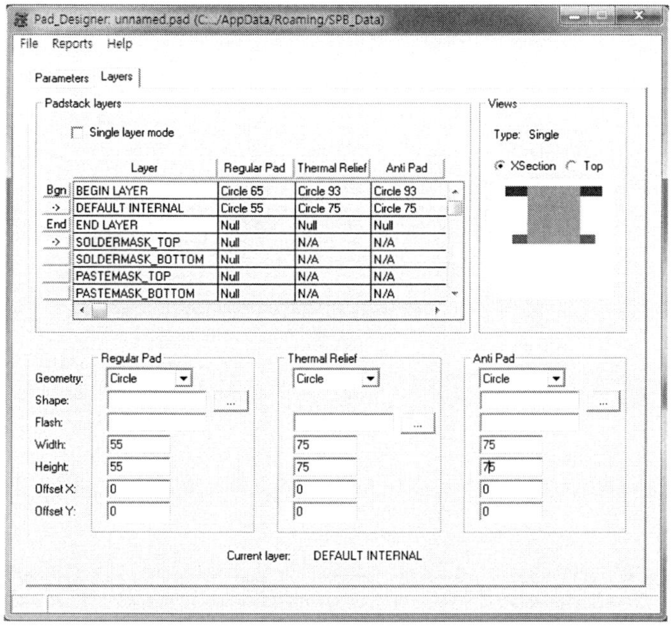

다음은 End layer를 입력한다. 이 부분은 Begin layer와 같은 값이 입력이 되기 때문에 Right mouse button의 메뉴를 이용하여 입력한다.

Bgn 부분에서 Right mouse button을 클릭하여 Copy를 선택하고 End 부분에서 Right mouse button을 클릭하여 Paste를 선택하여 Copy한다.

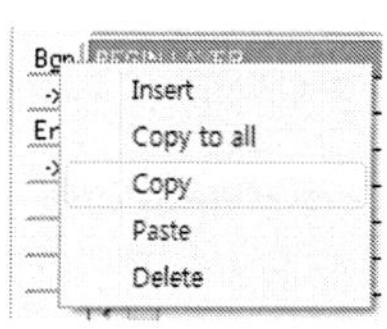

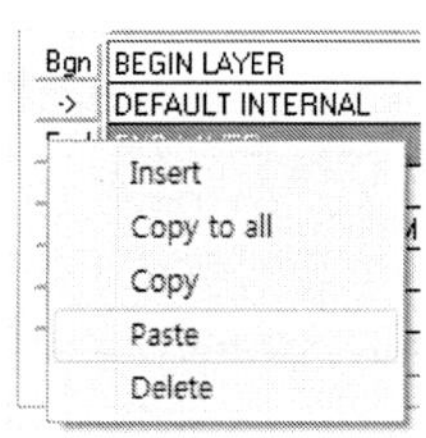

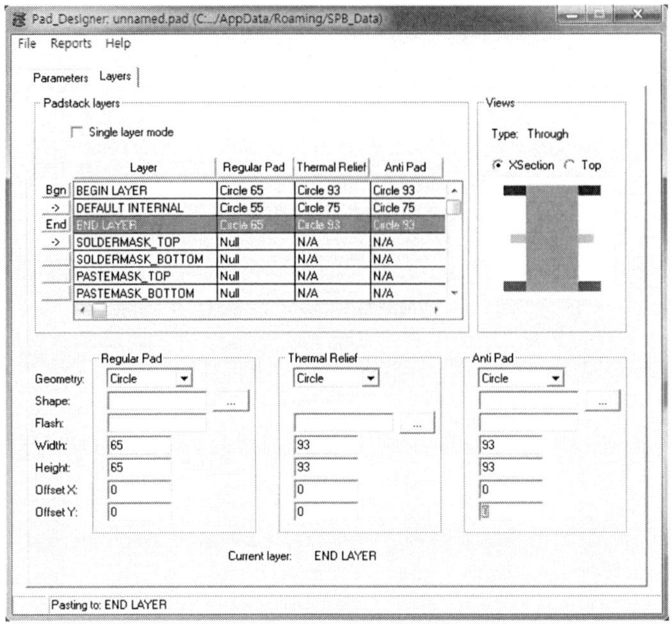

마지막으로 Soldermask_Top, Bottom은 Regular Pad 부분만 입력하도록 한다.

Regular Pad
Geometry: Circle
Width: 80
Height: 80

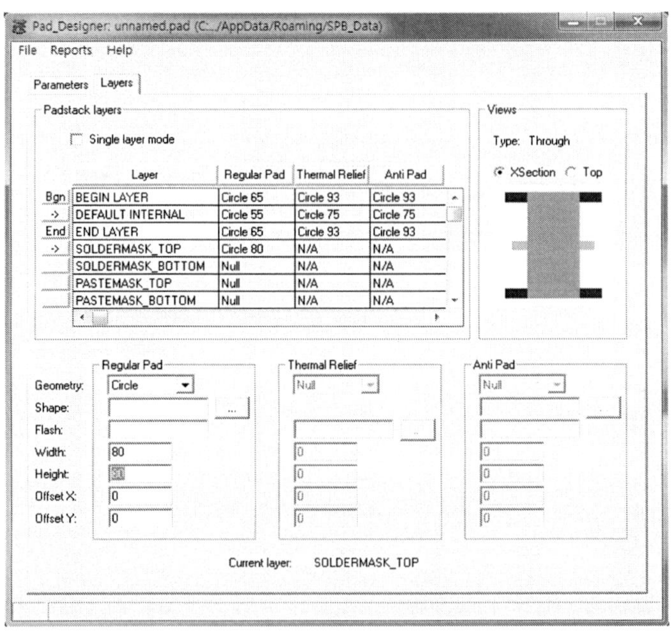

위와 같이 각 Layer에 입력이 완료되면 Parameters Tab의 Summary 부분이 다음과 같이 설정된다.

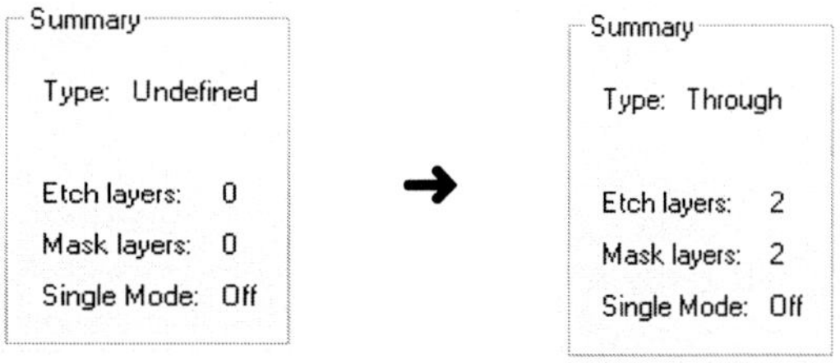

메뉴 File — Save as를 선택하여 Pad65cir35d란 이름으로 저장할 경로를 선택하여 저장하도록 한다. 기본적으로 제공되는 Library에 저장하여도 되며, 지정된 폴더에 저장하여도 무방하다.

3.2.3 Surface-mounted Device Padstack 생성

SMD Padstack을 생성하기 위해 Pad Designer을 실행한다. SMD Type인 smd70rec20이라는 이름으로 Padstack을 생성해보자.

smd70rec20 Pad는 70mil by 20mil의 직사각형 Pad로서 Drill hole은 없다.

Parameter Tap에서 단위를 Mils로 선택한 후 Layer Tap을 선택한다.

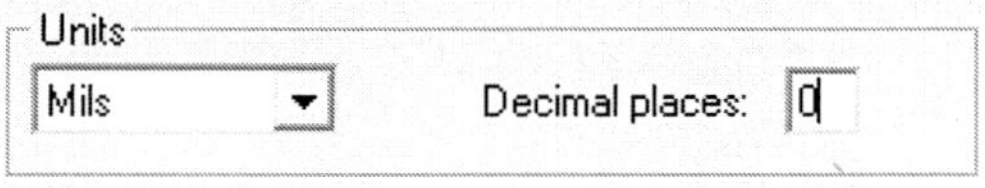

Layer Tap의 Padstack layers 부분의 Single layer mode Check box를 선택하여 SMD Pad를 설정하도록 한다.

SMD Padstack의 경우 표면실장으로 End Layer(bottom layer)가 없으므로 Begin layer만 아래와 같이 입력한다.

Regular Pad
Geometry: Rectangle
Width: 70
Height: 20

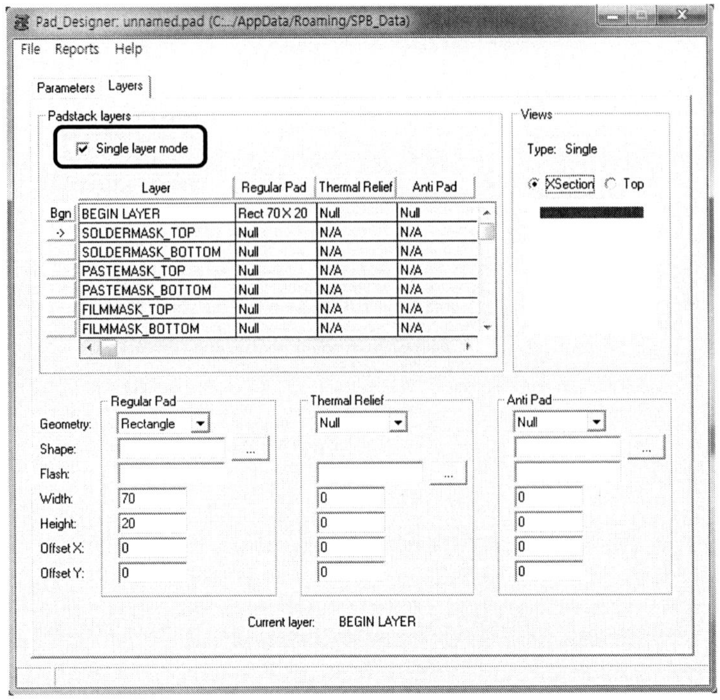

다음은 Soldermask_Top Layer를 선택하여 아래와 같이 입력한다.

Regular Pad
Geometry: Rectangle
Width: 75
Height: 25

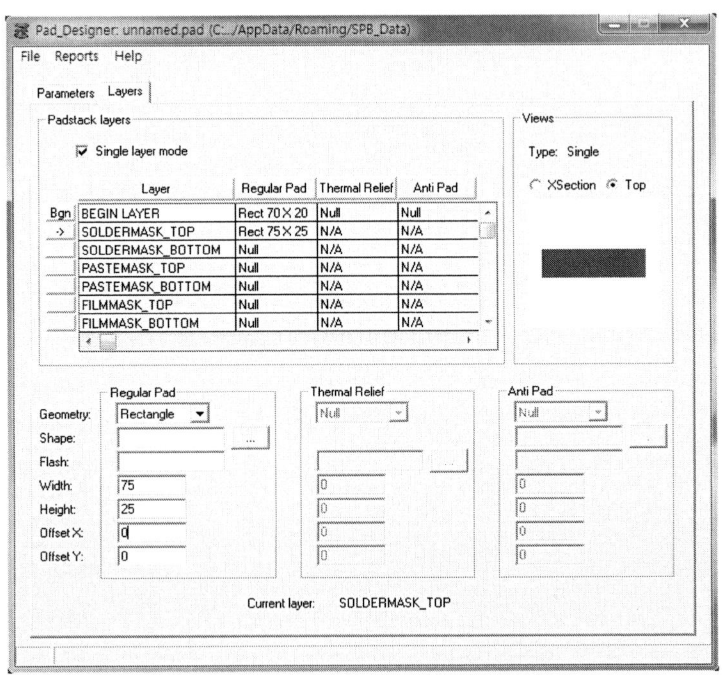

위와 같이 각 Layer에 입력이 완료되면 Parameters Tab의 Summary 부분이 아래처럼 설정된다.

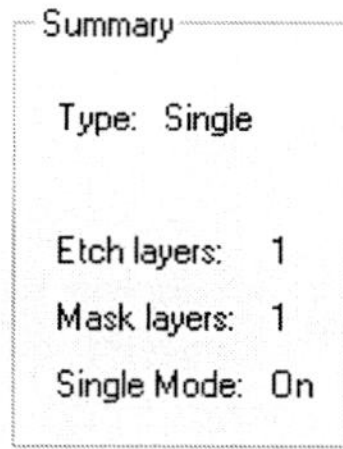

메뉴 File — Save as를 선택하여 smd70rec20이란 이름으로 저장할 경로를 선택하여 저장하도록 한다. 기본적으로 제공되는 Library에 저장하여도 되며, 지정된 폴더에 저장하여도 된다.

3.3 HC49(Crystal) 만들기

Package Symbol Wizard를 이용하여 HC49 Footprint를 만들어 보자. 아래와 같이 해당 부품의 Datasheet에서 필요한 정보를 아래와 같이 수집하였다.

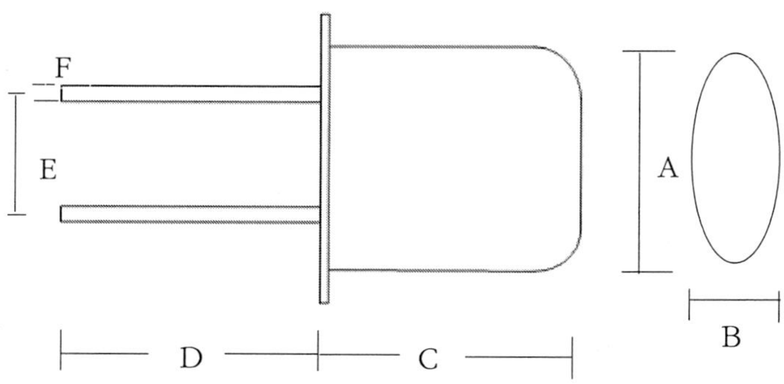

A	B	C	D	E	F
11.20	4.65	13.46	12.70	4.90	0.43

기본적으로 datasheet의 치수들은 mm 및 inch로 되어있으므로 mils 단위로 환산하여 사용하도록 한다. 아래 표는 대략적으로 환산한 값이다. (1mils = 0.0254mm)

A	B	C	D	E	F
441	183	530	500	193	17

Package Symbol Wizard로 HC49를 생성하기 위해 PCB Editor를 실행한다. 메뉴 File – New를 선택하여 아래 그림과 같이 Name을 HC49로 입력하고, Type은 Package Symbol(Wizard)를 선택한 뒤 경로는 PCB Editor에서 제공하는 기본경로에 저장하기로 한다. 저장 경로는 달라질 수 있다.

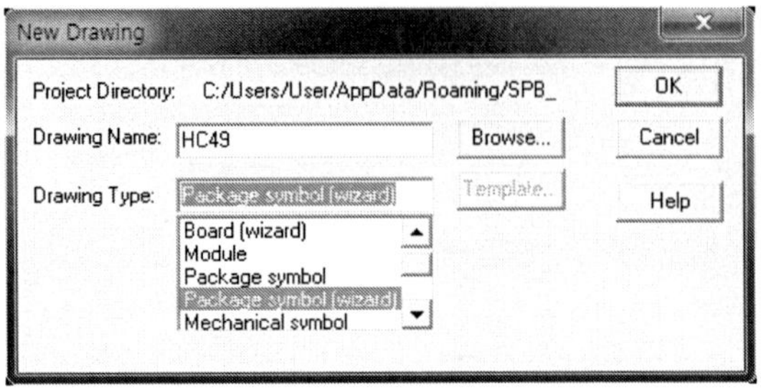

OK를 클릭하면 Package Symbol Wizard가 시작된다. Package Type은 TH DISCRETE를 선택한 다음 Next를 클릭한다.

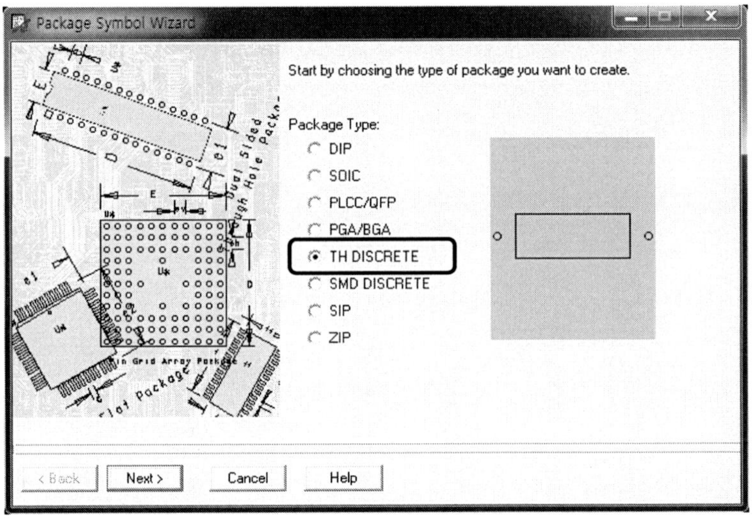

Template 창이 열리면 기본적으로 제공되는 Template를 선택한 후 Default Cadence supplied template의 환경을 Load할 수 있게 Load Template를 클릭한다.

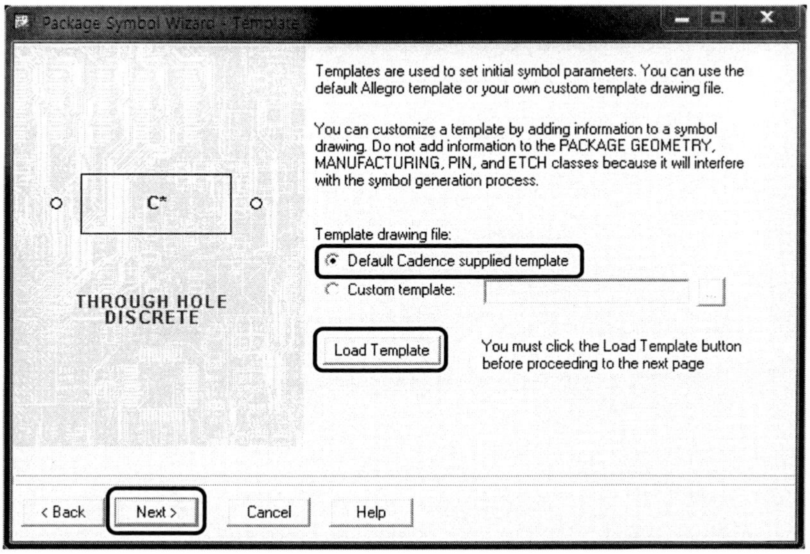

Next를 클릭하게 되면 Drawing parameters 및 Reference designator label 등을 지정하는 창이 display된다. Cadence default template는 Mils의 Unit와 0의 Accuracy 값을 가진다. Reference Designator prefix는 Y* 또는 X*를 입력한다.

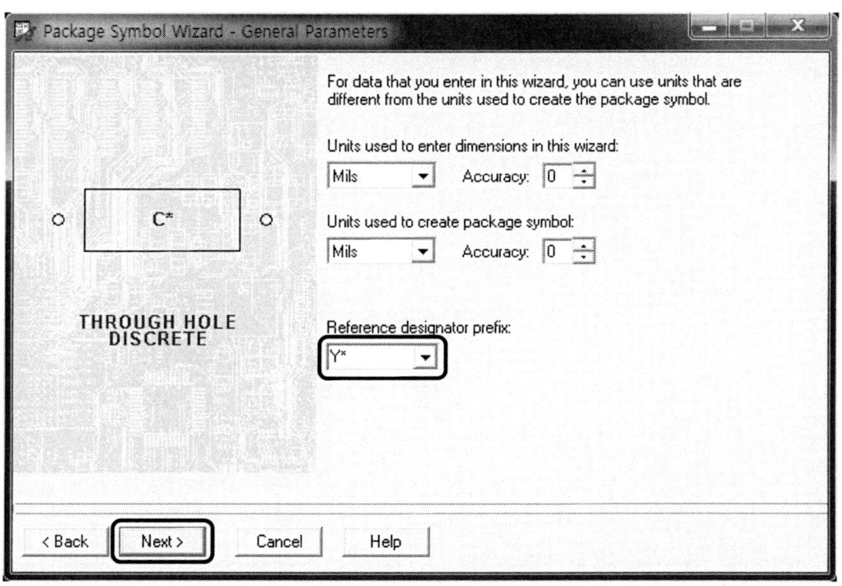

Next를 클릭하면 TH Discrete Parameters 창이 Display이 된다.

위에서 수집한 Dimension을 확인하여 설정 창에 [e1] 193 [E] 441 [D] 183을 입력한다.

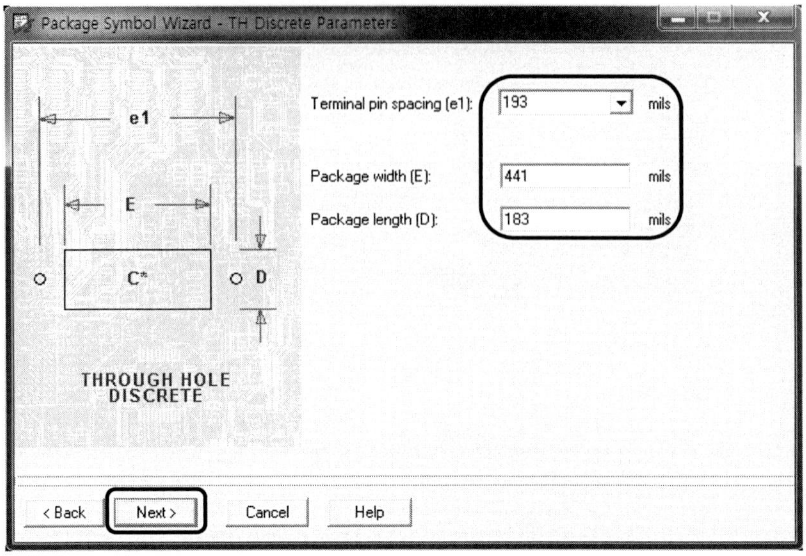

모든 치수를 입력 후 Next를 클릭하여 Padstack을 지정하는 창을 Display한다. 이 창은 Pin으로 사용하기 위한 Padstack을 설정하며, Default padstack과 1번 Pin으로 사용할 Padstack을 설정할 수 있다.

(....)을 클릭하여 Pad45cir22d을 선택하여 불러온다.

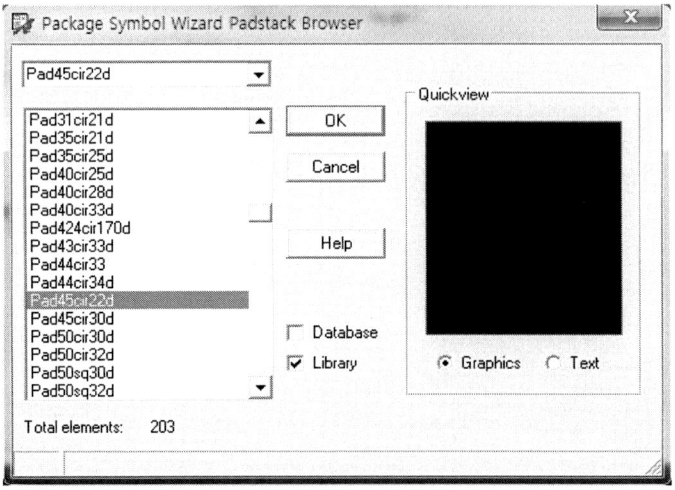

OK를 클릭하면 Default padstack 및 1번 pin의 Padstack이 동시에 지정된다.

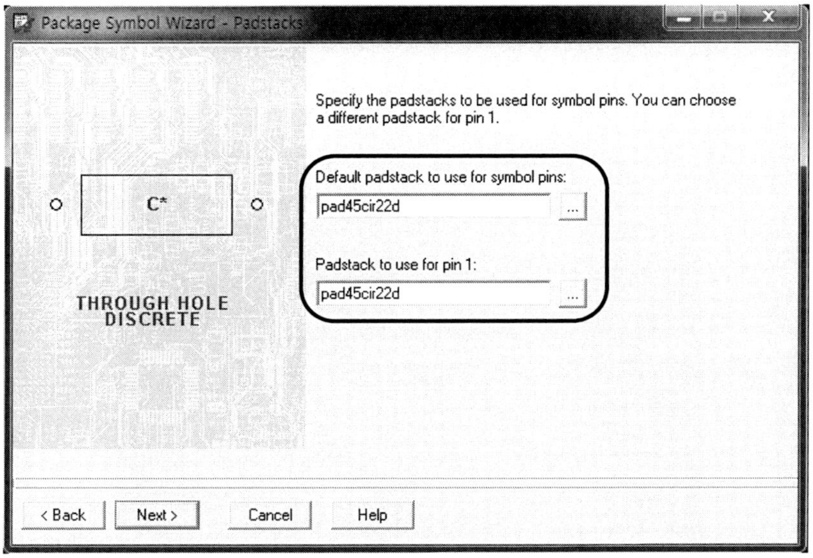

만약 IC처럼 1번 pin을 다르게 지정해야 하는 경우엔 Padstack to use for pin 1의 Padstack을 다시 불러와 설정할 수 있다.

HC49의 경우 1번 Pin을 따로 지정할 필요가 없으므로 동일한 Padstack을 사용한다. Next를 클릭하면 Symbol Compilation 창이 Display되며, 이 창은 Symbol의 Origin(0, 0)의 위치 및 .psm file 컴파일할 것인지 설정한다.

여기서는 Symbol Origin을 Center에 주고 Symbol을 수정할 수 있도록 완성되지 않은 상태로 선택하여 Next를 클릭한다.

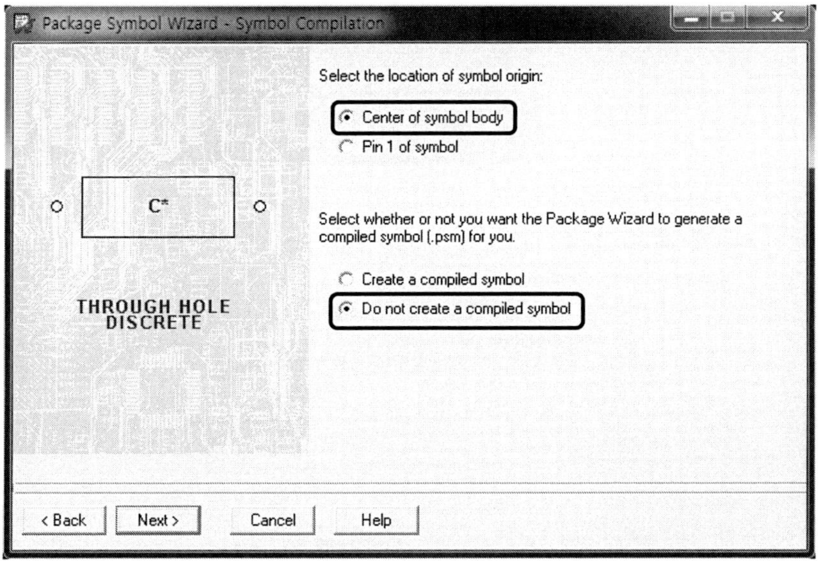

만약 여기까지 Symbol을 완성할 경우엔 Create a compiled symbol을 클릭하여 wizard를 끝내도록 한다. (*.psm, *.dra file 모두 생성된다.)

Next를 클릭하면 *.dra file만을 생성되어질 것이다. Finish를 클릭하여 Symbol을 수정하도록 하겠다. 화면에 자동 생성된 Symbol이 아래와 같이 Display된다.

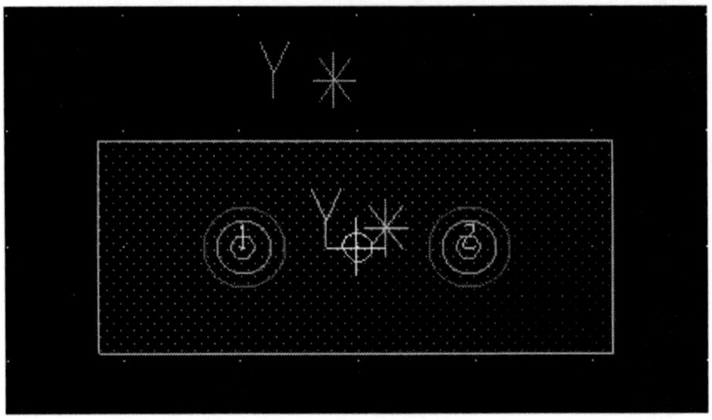

만약 Silkscreen의 외형을 둥글게 작성할 경우 메뉴 Dimension-fillet을 선택한다. Control Panel의 Option에서 Radius 값을 80으로 설정한 후 모서리 부분을 Drag하거나 마우스로 클릭하여 Fillet을 실행한다.

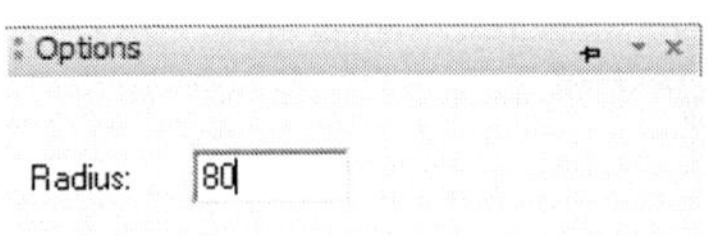

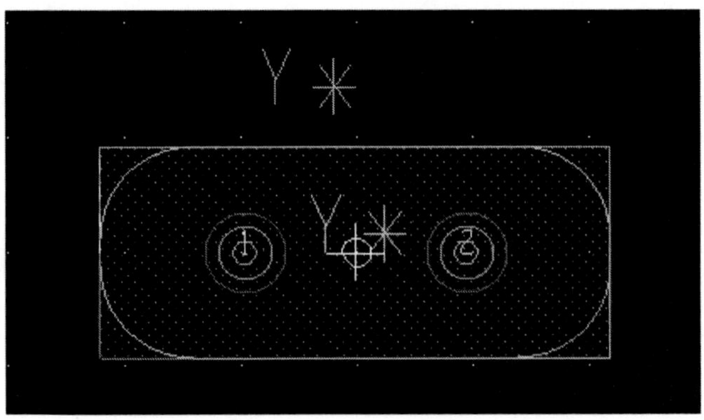

모든 수정 완료 후 메뉴 File – Save를 선택하여 Symbol을 저장하면 Command 창에 HC49.dra와 hc49.psm이 생성되었다는 메시지를 확인할 수 있다.

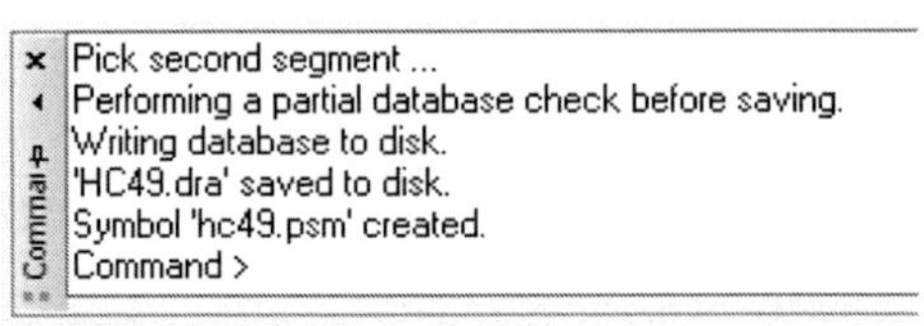

3.4 Board Design

Board Outline과 Mechanical symbol을 제작하는 과정에 대하여 알아보고, 이런 과정을 통하여 만들어진 Template를 이용한 새로운 보드설계 과정에 대하여 학습한다.

- ✓ Board Outline 작성방법
- ✓ Board Mechanical symbol의 작성방법
- ✓ 새로운 Board 설계 방법
- ✓ Board Linear Dimensions 추가 방법

✠ Board Mechanical Symbol 작성

다음과 같이 실습 예제를 통해 Board Mechanical symbol을 제작한 후, 다른 Project 작업 시 사용하여 Design 시간을 단축할 수 있어 설계를 용이하게 해준다.

3.4.1 New Board Mechanical Symbol

① 메뉴 File – New를 선택하여 아래와 같이 New Drawing 창을 실행한다.

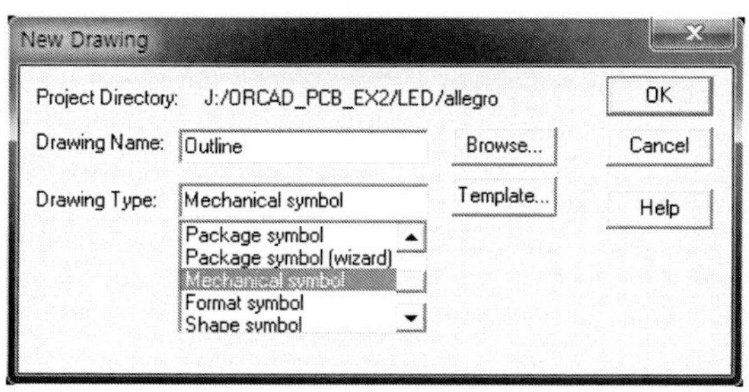

위 그림과 같이 Drawing Type을 Mechanical symbol로 설정한 후, Drawing Name은 Outline을 입력한다.
Project Directory(저장 경로)는 Browse 버튼을 선택하여 기본 Library 경로를 설정한 후 OK 버튼을 클릭한다.

② 메뉴 Setup – Design Parameters를 선택하여 다음 그림과 같이 Design Tab에서 설계 단위, 설계창 Size, Origin 등을 설정한다.

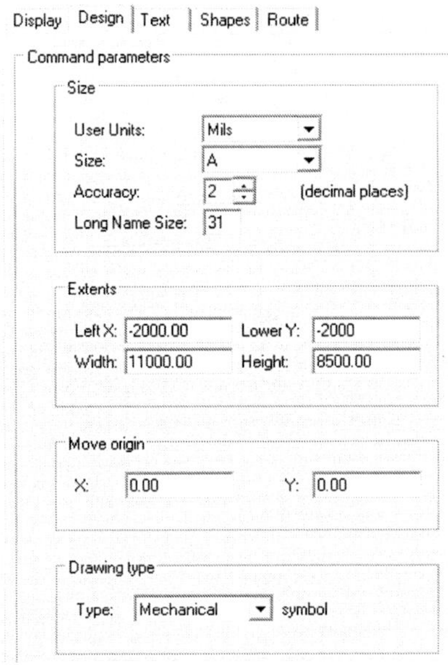

Units: **Mils**
Size: **A**
Accuracy: **2**
Extents Left X: **−2000** / Lower Y: **− 2000**

③ 기본 환경 설정 후, Board Outline 작성을 위해 메뉴 Add-Line을 선택하거나 Toolbar의 (Add Line)아이콘을 클릭한다.

설계 창 오른쪽 Control panel의 Option에서 Active Class와 Subcalss를 다음 그림과 같이 Board Geometry/Outline으로 설정한다.

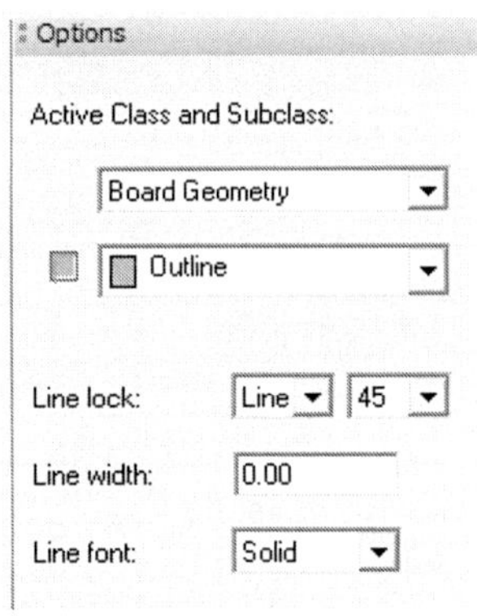

④ Option 설정 후, Command 창에 아래 좌표를 차례대로 입력하여 Outline을 작성한다.

x 300, 0 Enter↵ (절대좌표로 먼저 시작한다.)
ix 1700 Enter↵ (현재위치에서 x방향 오른쪽으로 1700mil 만큼 그려준다.)
iy 2000 Enter↵ (현재위치에서 y방향 위쪽으로 2000mil 만큼 그려준다.)
ix −1700 Enter↵ (현재위치에서 x방향으로 왼쪽으로 1700mil 만큼 그려준다.)

iy −300 [Enter↵] (현재위치에서 y방향 아래쪽으로 300mil 만큼 그려준다.)

ix −300 [Enter↵]

iy −1400 [Enter↵]

ix 300 [Enter↵]

iy -300 [Enter↵]

위 그림과 같이 좌표를 입력 후, 마우스 오른쪽 버튼 팝업 메뉴에서 Done(F6)를 선택하여 Outline 작성을 완료한다.

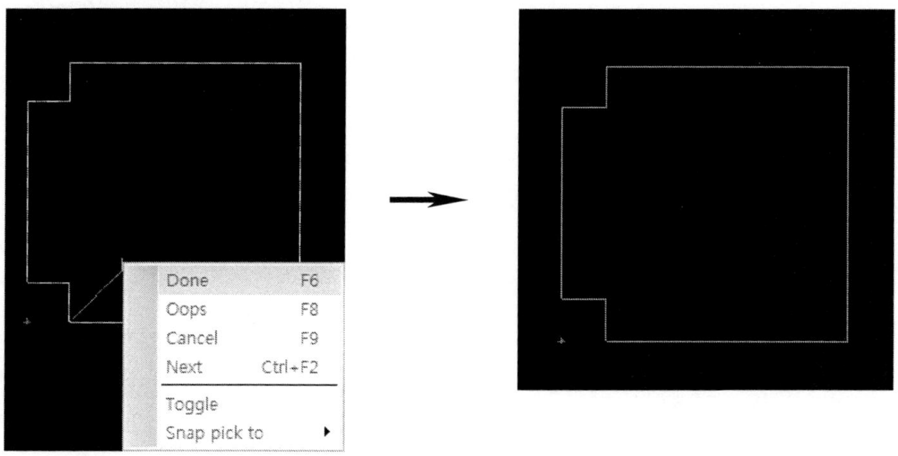

⑤ 기구 홀 배치하기

메뉴 Layout − Pins을 선택하거나 Toolbar의 (Add Pin)아이콘을 클릭한다. 설계 창 오른쪽 Control Panel의 Option에서 Padstack(...)을 클릭하여 기구 홀 hole120(약 3㎜)을 불러온다.

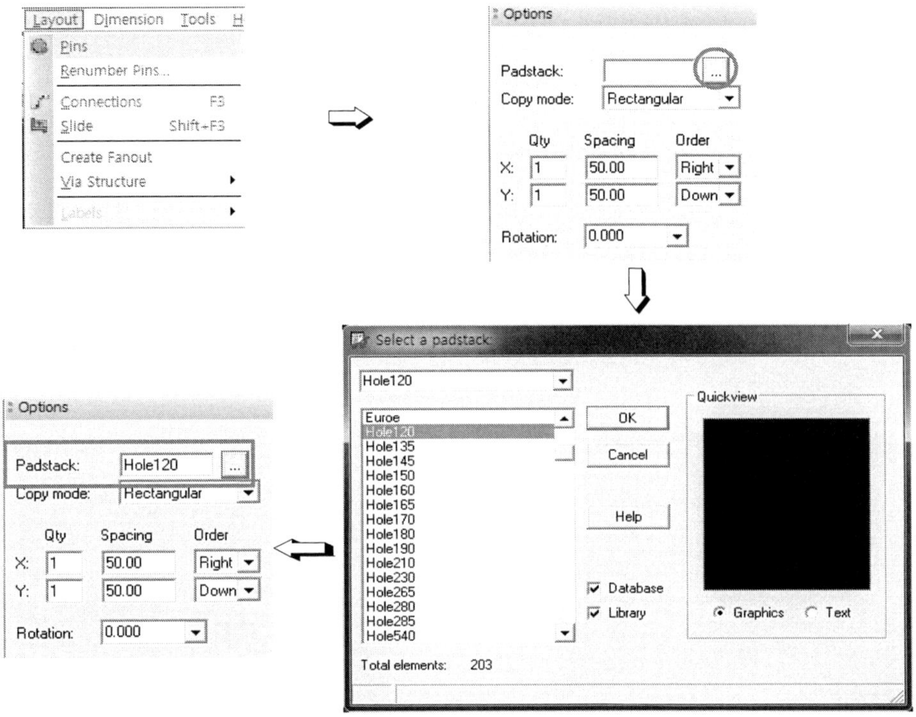

앞의 그림과 같이 Options에서 Hole120 Padstack을 불러오면 마우스 커서에 기구 홀이 붙어있는 것을 볼 수 있으며, 원하는 위치에 직접 배치하거나 또는 Command 창에 좌표를 입력하여 기구 홀을 배치할 수 있다.

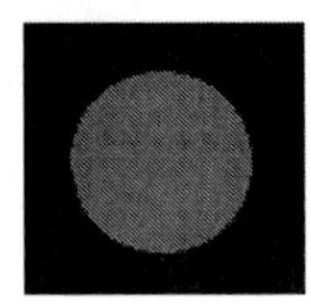

지금 실습예제에서는 Command 창에 좌료를 넣어 Hole120을 배치하도록 한다.

다음 좌표를 차례대로 Command 창에 입력한다.

좌표 x 200, 500 Enter↵ / x 1800, 200 Enter↵ / x 1800, 1800 Enter↵ / x 200, 1500 Enter↵ 입력한 뒤 마우스 오른쪽 버튼 팝업 메뉴의 Done(F6)를 클릭하여 기구홀 배치를 완료한다.

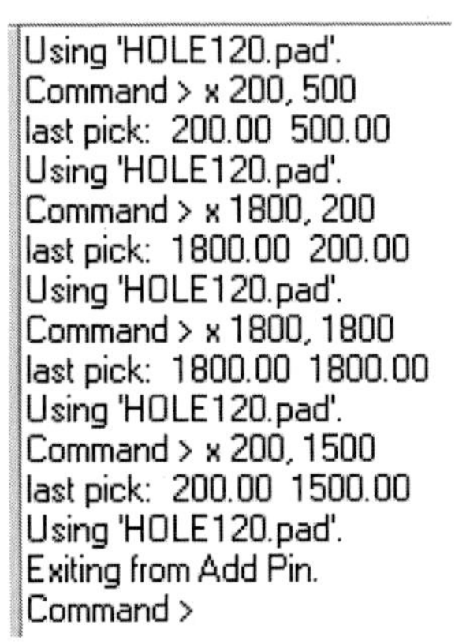

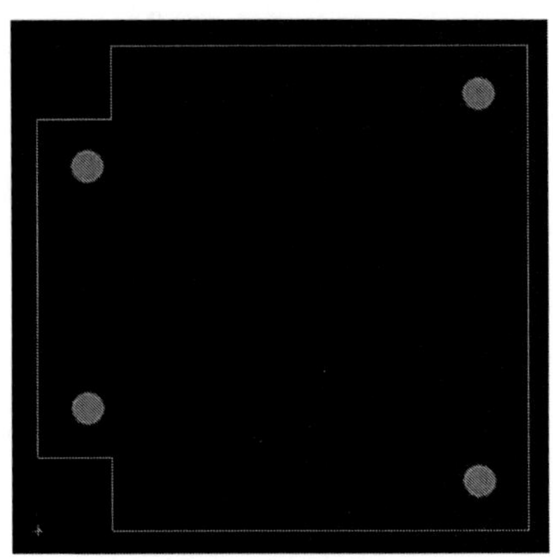

⑥ Package Keepin / Route Keepin Area 설정하기

Package와 Route Keepin 영역을 정의하여 부품 배치와 Signal routing 작업에 이용할 수 있는 Board의 제한영역 내에서 작업을 가능하게 한다. 여기서 Package Keepin Area는 Placement 시 배치가 허용되어지는 영역을 말하며 All Placement layer에 대해서만 정의되어진다.

부품 허용 영역 작성 전 메뉴 Setup-Grid를 선택하여 Grids on을 설정한다.

(Non-etch: x 100 / y 100)

Grid 설정 후 메뉴 Setup – Areas – Package Keepin을 선택한다.

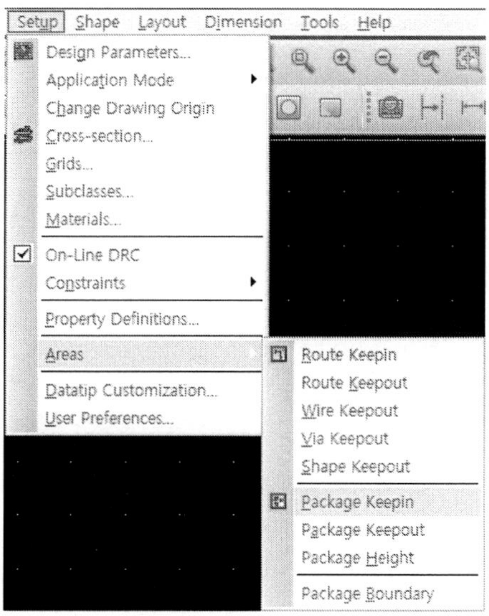

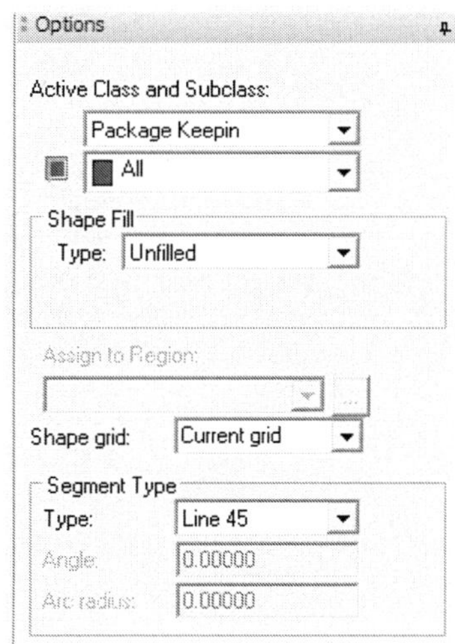

Control Panel의 Options은 자동으로 Active Class and Subclass 부분이 Package Keepin/All로 설정된다.

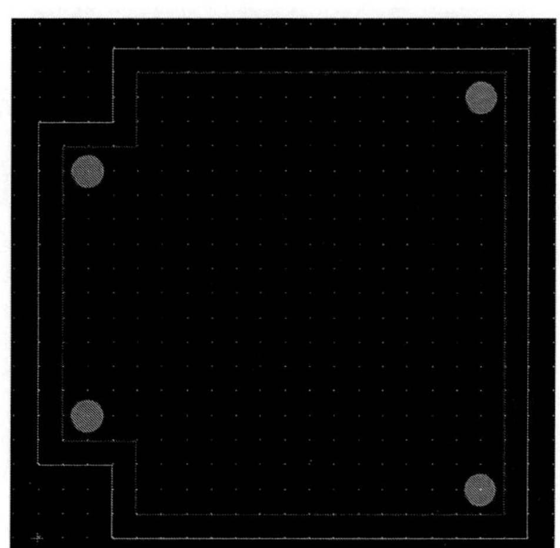

오른쪽 그림과 같이 설정된 Grid를 따라 Outline에서 50mil 안쪽으로 그려준다.

Board Outline은 직접 그려야 하지만 Package Keepin과 Route Keepin 영역의 경우 위의 그림처럼 직접 그려도 무방하며, 또는 Edit 메뉴의 Z-Copy Shape 기능을 이용하여 작성할 수 있다. Z-Copy Shape 기능은 Grid 값을 변경하지 않아도 원하는 Size 및 Outline과 같은 모양으로 영역을 지정할 수 있어 편리하다.

메뉴 Edit-Z-Copy Shape를 선택한 후, Options

의 Copy to Class/Subclass에서 PACKAGE KEEPIN을 선택하고 Size는 Contract, Offset을 50으로 기입하고, Board Outline을 클릭하면 된다.

이와 같은 방법으로 Route Keepin 영역은 Z-Copy Shape 기능을 이용하여 작성하도록 한다. Route Keepin 영역은 Routing 시 배선 및 동박이 허용되는 영역을 말하며, 이 영역은 All etch layer에 대해서만 정의된다.

메뉴 Edit — Z-Copy Shape를 선택한 다음 Control Panel의 Option Tab에서 다음 그림과 같이 설정한다.

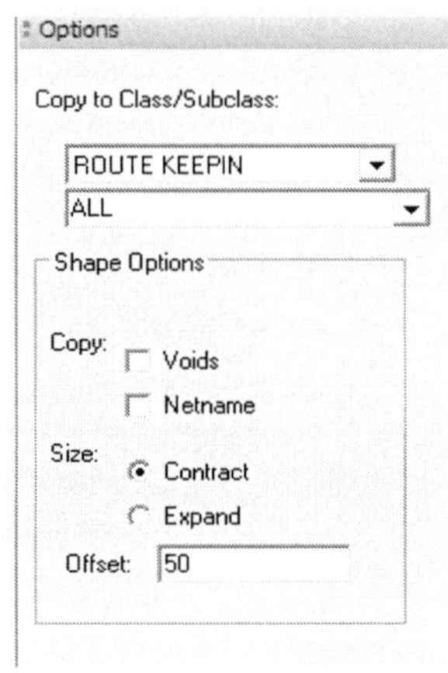

Copy to Class/Subclass: ROUTE KEEPIN / ALL을 설정한 후 Size에서 Contract(축소)를 선택한 다음 Offset 값을 50으로 입력한다.

다음 그림과 같이 Options 설정 후 기준이 될 line(Outline)을 클릭하여 Board Outline 안쪽으로 50mil 축소 복사되어진 Board Keepin 영역을 확인할 수 있다.

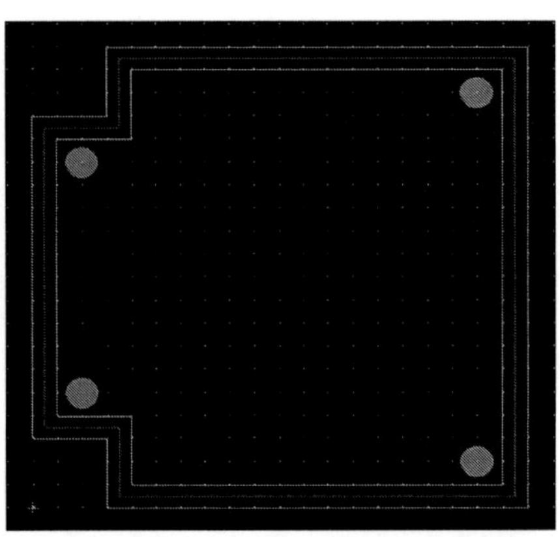

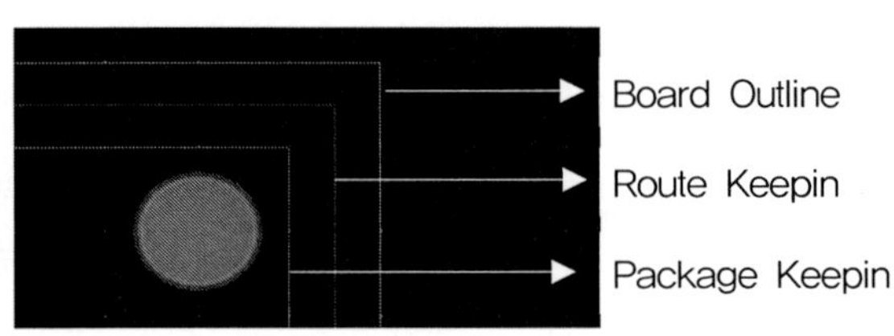

⑦ 다음은 기구 홀 Hole120 부분에 Route Keepin 영역을 설정하도록 한다.
기구 홀의 경우 흔히 볼트로 고정되는 경우가 많기 때문에 배선 시 기구 홀 주의를 가깝게 지나가지도 한다. 볼트를 조립하는 과정에서 패턴에 닿아 오작동을 방지하기 위해 기구 홀 부분에 배선하지 않도록 배선 금지 영역을 설정한다.
Grid 설정은 Non etch 부분을 x: 100/ Y: 100으로 설정한다.
메뉴 Setup – Area – Route Keepout을 선택하고 Control Panel의 Options 부분에서 Active Class and Subclass 부분의 Route Keepout/All로 자동 설정되었는지 확인한다.

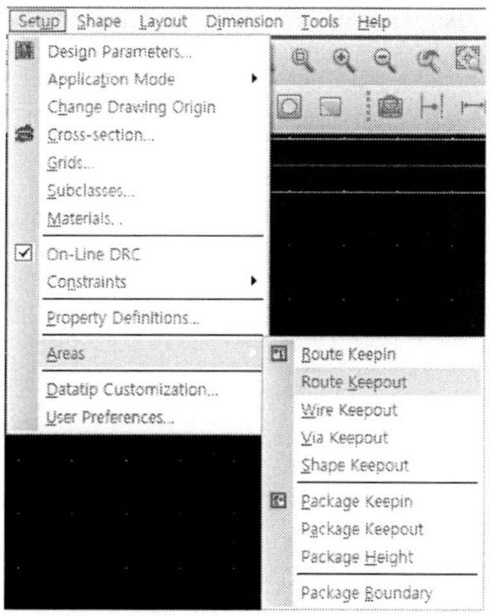

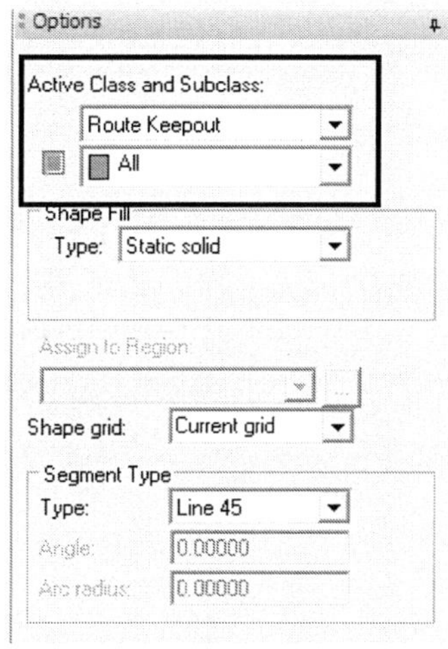

아래 그림과 같이 Hole120 주위를 설정된 Grid 값에 따라 Rectangle(사각형)을 그려준다.

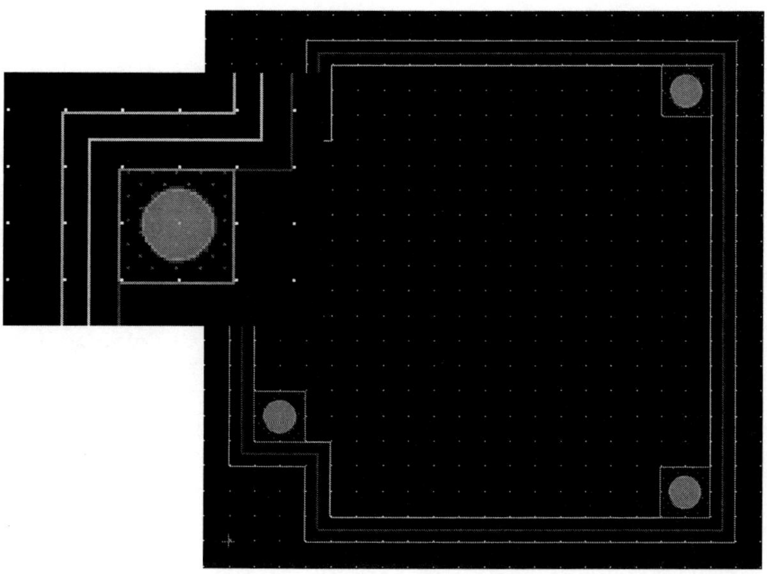

나머지 네모서리의 기구 홀 부분도 배선 금지 영역을 작성 후 Done(F6)키를 클릭하여 완료한다.

⑧ Dimensions 작성 전 Board Outline의 모서리 부분의 모따기 작업을 한다.
메뉴 Dimension — Chamfer를 선택한 후, Control Panel의 Option에서 Trim Segments 및 Chamfer angle을 설정한다.

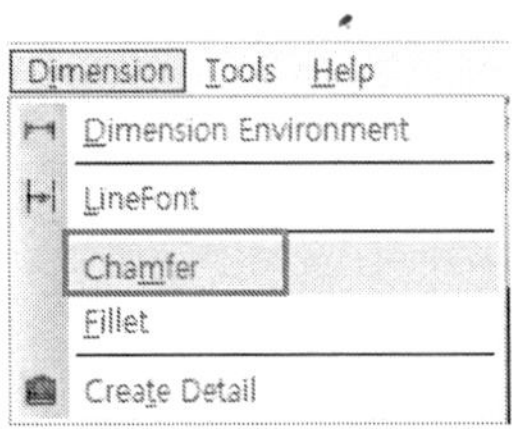

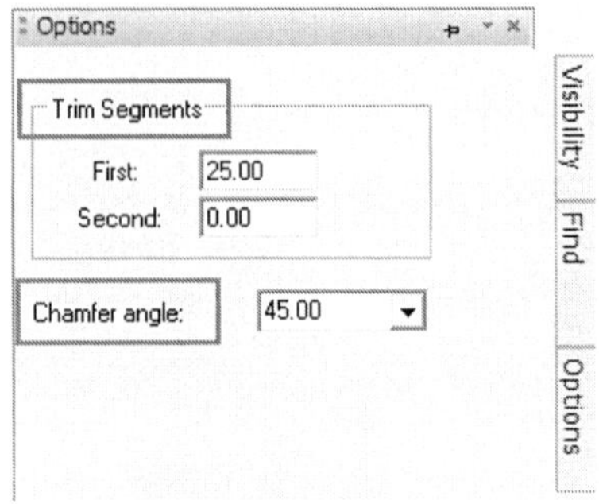

- Trim Segment
  - First: Vertex의 위치를 이동시키기 위한 첫 번째 Segment 길이 값
  - Second: Vertex의 위치를 이동시키기 위한 두 번째 Segment 길이 값

- Chamfer angle
  - 첫 번째 또는 두 번째 Segment 길이 따라 Angle 값을 지정한다.

첫 번째 방법으로 각각의 Segment의 교차 지점으로부터 Chamfer endpoint의 거리를 설정한 후 각각의 Segment를 선택한다. 만약 이 방법을 사용한다면, Chamfer angle의 각도를 0으로 설정되어야 한다.

Outline 모서리를 마우스로 Drag 하거나 각각의 Segments를 클릭하면 설정된 값에 따라 깎여지게 된다.

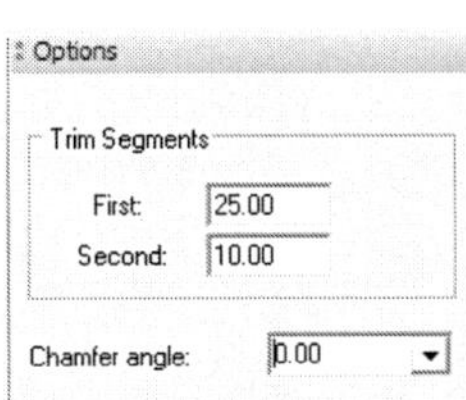

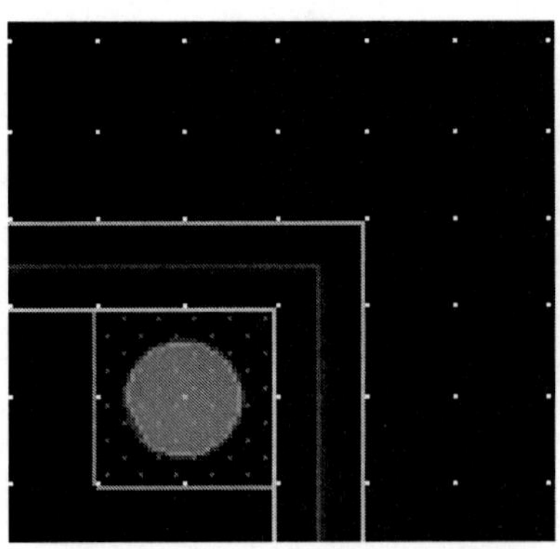

두 번째 방법은 특정한 Chamfer의 거리를 설정한다.
만약 이 방법을 사용한다면 Segments 중 하나의 거리만 설정하고 또 다른 Segment는 0으로 입력한 후, Chamfer angle의 각도를 설정한다.
두 번째 방법으로 실행한 결과는 다음과 같다.

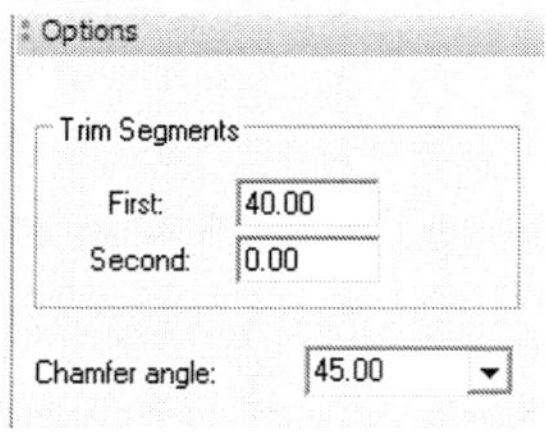

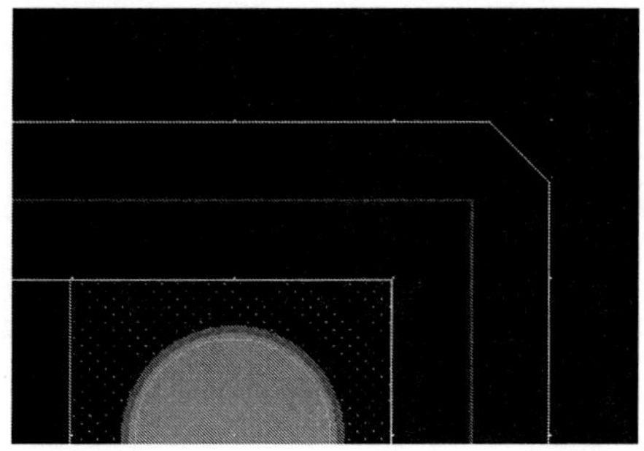

만약 둥근 모양의 Corner로 할 경우 같은 메뉴 Dimension — Fillet을 선택하여 Control Panel Option에서 'Radius' 값을 설정하여 같은 방법으로 작성할 수 있다.
위와 같이 Board Outline 모서리 작업을 완료한 후 Dimension 작성하도록 한다. 설계 디자인의 Dimension을 위하여 사용가능한 여러 가지 Option 항목들이 있다. Main Menu의 Dimension Option에는 관련된 모든 Dimension 명령을 포함하고 있으며, Parameters Option은 사용자가 필요로 하는 Dimension의 세부적인 설정을 할 수 있다. 모든 Dimension들은 Board Geometry class에 Dimension Subclass로 설정된다.
메뉴 Dimension-Dimension Environment 선택 후 마우스 우클릭하여 Parameters를 선택한다.

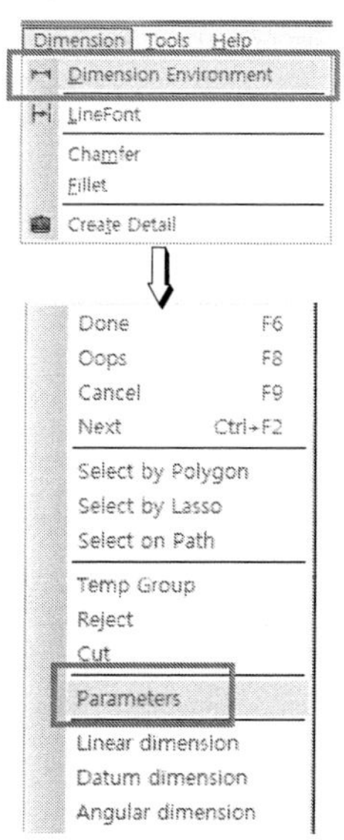

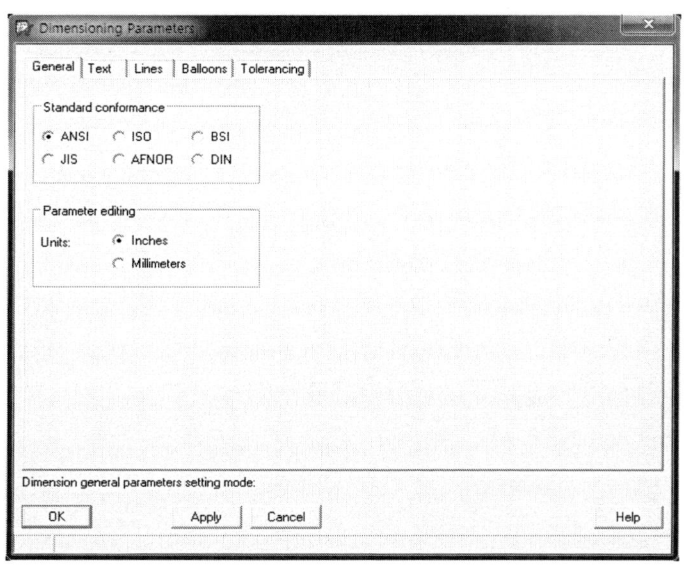

Text tab에서 기본적인 치수 기입의 Text Block을 설정하고 Dimension의 Units를 설정한다. 만약 하나의 치수를 함께 표시할 경우 Use dual dimensions을 클릭한 후 다른 Unit을 설정하여 두 종류의 치수를 기입할 수 있다.

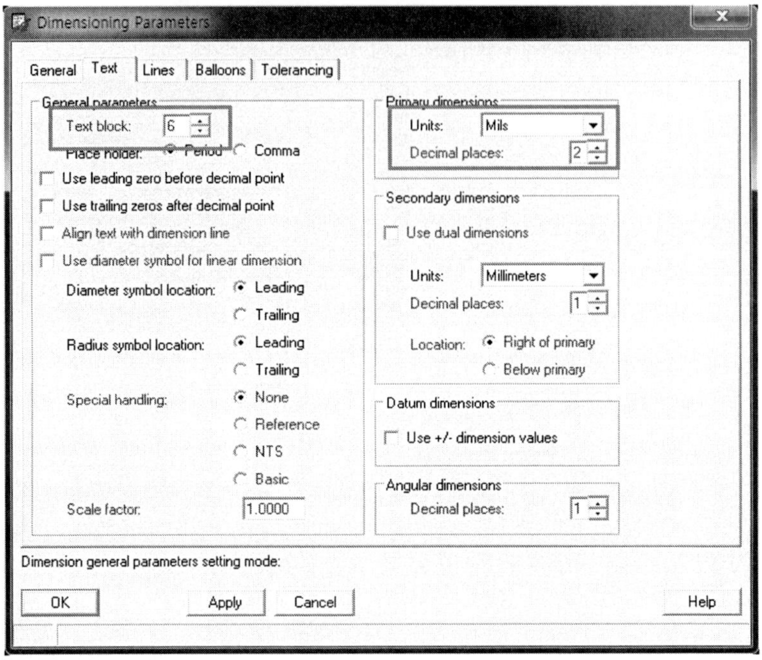

Parameter 설정 후 메뉴 마우스 우클릭하여 Linear Dimension을 선택한다.

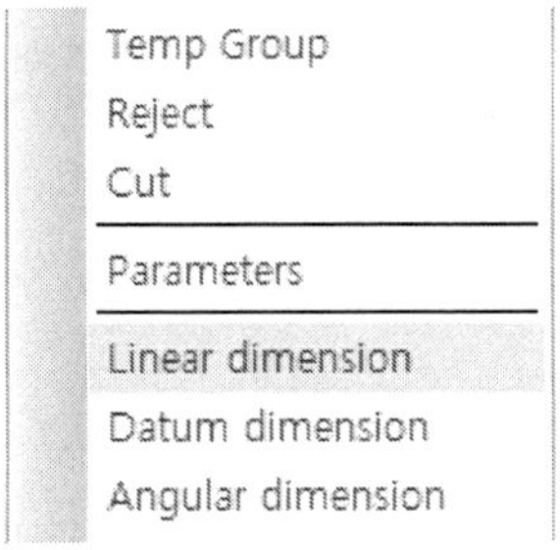

Chamfer를 하지 않은 Line의 경우 Segment를 클릭하면 바로 치수가 나타나며, Chamfer가 있는 경우는 Segments를 클릭하여 치수를 기입한다.

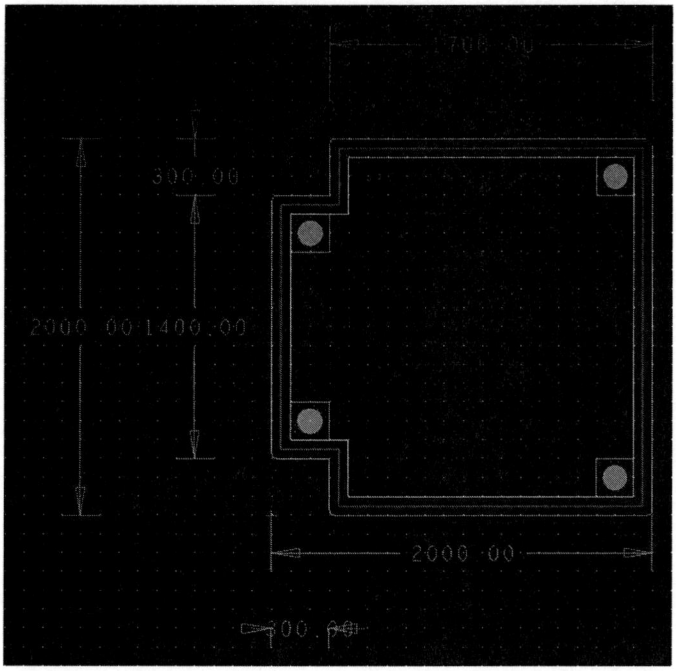

위와 같은 방법으로 다음 그림과 같이 치수 기입을 완료한다.
위와 같이 측정이 끝난 후 Chamfer Dimension에 대한 치수 기입을 한다.
마우스 우클릭하여 Chamfer Leader를 선택한다.

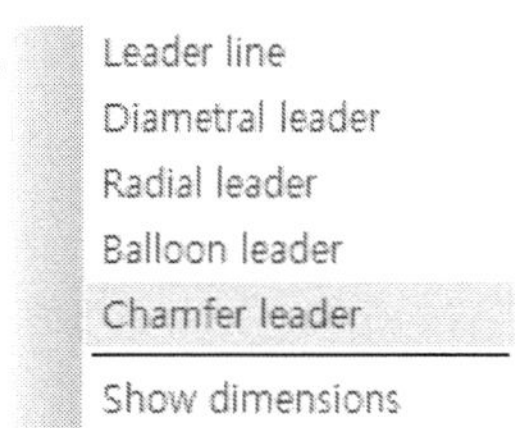

위 그림과 같은 방법으로 Chamfer를 클릭한 후 Dimension Text가 Cursor에 접속되어 붙게 된다. Text를 적당한 위치에 작성한 뒤 마우스 오른쪽 버튼의 Done(F6)을 선택한다.

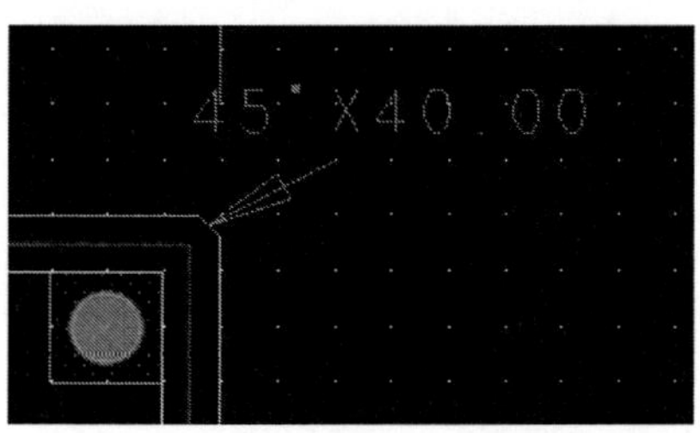

모든 Dimension 작성 후 메뉴 File – Save를 선택하여 Board Mechanical symbol 생성을 완료한다. 이렇게 만들어진 Mechanical symbol은 Board 설계 시 유용하게 사용할 수 있어 설계시간을 단축시킬 있는 장점이 있다.

제 4 장 비안정 멀티 바이브레이터

본 장에서는 2장에서 학습한 내용을 기반으로 Tr의 Footprint 생성, PCB 단면 제작, 에칭 실습을 하기 위해서 비안정 멀티 바이브레이터의 PCB 설계해보자.

4.1 회로설계 및 PCB 설계

4.1.1 회로설계(Schematic)

① 실습에서 사용할 실습 도면은 다음과 같으며, 추가된 부품은 Battery(DISCRETE), VCC, GND이다.

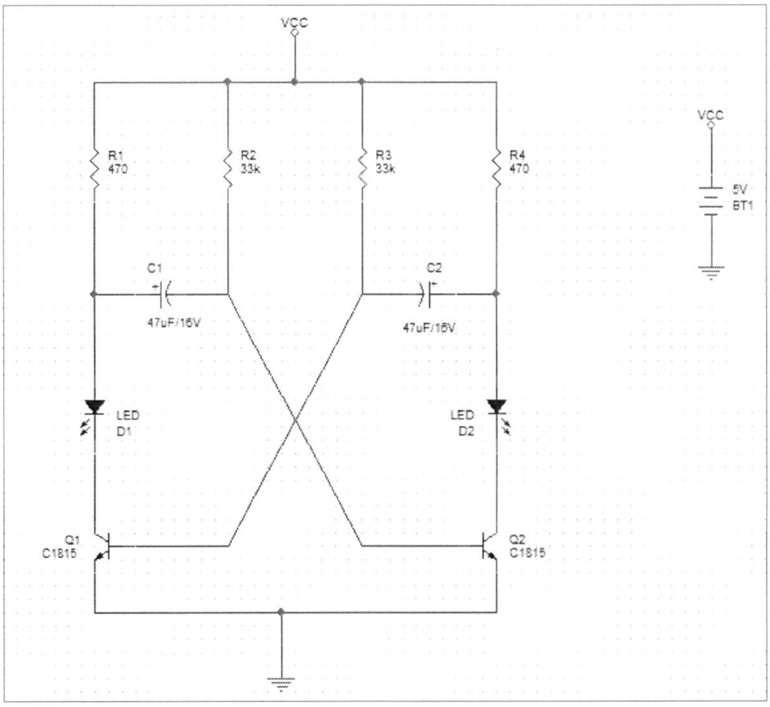

② 회로설계는 다음의 사항에 준하여 설계한다.
- Page Size는 A4(297×210 ㎜)로 균형있게 작성한다.
- Title: 회로도면 기재(글자 크기 14) (예) Astable Multivibrator
- Document: 이름 학번, 작업일자(글자크기 12) (예) 홍길동 201733000 1.1.17
- Rev: 1.0 (글자 크기 12)

③ 사용하지 않는 부품 및 핀들은 설계규칙 검사 시 에러를 유발하지 않도록 처리한다.

④ 설계가 완료되면 설계도면과 네트리스트 파일을 생성한다.

⑤ 에러 체크를 한 후 에러가 있는 경우 틀린 회로를 수정하여 정상 동작이 되도록 한다.

• Part 리스트

Part	Symbol	Part	Symbol
R (DISCRETE)	R1  R	CAP POL (DISCRETE)	C1 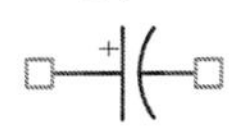 CAP POL
LED (DISCRETE)	D1 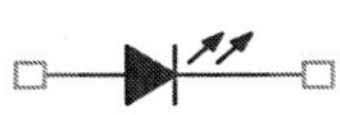 LED	NPN ECB (TRANSISTOR)	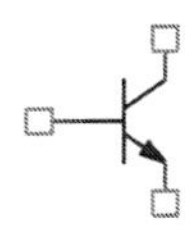 Q1 NPN ECB
Battery (DISCRETE)	BT2 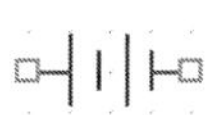 BATTERY		

• PCB Footprint 리스트

부품 참조 번호	Part Symbol	부품명	PCB Footprint명	Footprint Symbol
R1~ R4	R1  R	R	RES400	
C1 C2	C1 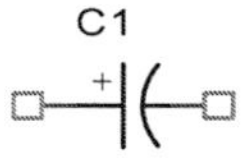 CAP POL	CAP POL	CAP196	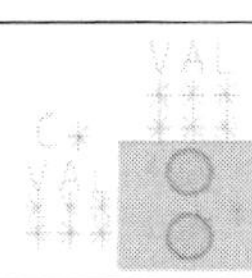

부품 참조 번호	Part Symbol	부품명	PCB Footprint명	Footprint Symbol
D1 D2	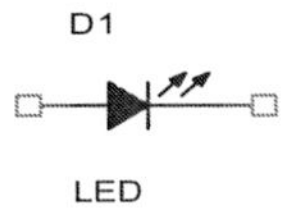	LED	CAP196	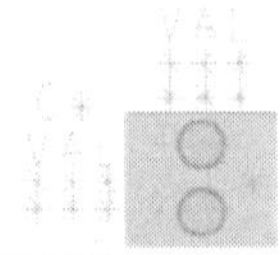
Q1 Q2	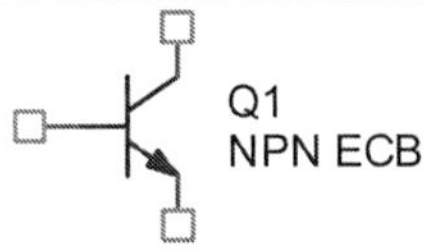	NPN ECB	MyTO92 (생성)	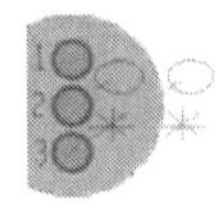
BT1		BATTERY	jumper2	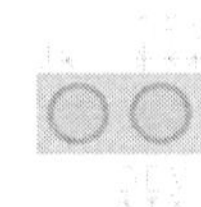

4.1.2 PCB 설계

① 설계환경: 단면 PCB
② 보드 사이즈: 2500 × 2500 mil로 보드 outline을 생성한다.
③ Board Edge Clearance: 50mil
④ 네트의 폭 설정: 전원선, 일반선 30mil
⑤ Spacing 설정
⑥ 배선(Routing)
- 배선은 Bottom 면에서 진행한다..
- 배선 경로는 최대한 짧게 하되 100% 배선하며, 직각 배선은 하지 않도록 한다.
- 자동 배선(Auto routing)은 사용할 수 없으며, 비아(via)는 생성하지 않는다.

⑦ 실크데이터
- 실크 데이터의 부품 번호는 한 방향으로 보기 좋게 정렬하고, 불필요한 데이터는 삭제한다.
- 보드에 학번 이름을 기재한다.

⑧ 카퍼(Copper Pour)의 설정은 하지 말고, GND 선을 배선한다.
⑨ DRC(Design Rule Check)에 위배되지 않도록 한다.
⑩ 거버 데이터 파일을 빠짐없이 생성한다.

4.2 Transistor의 Footprint 생성

4.2.1 Transistor의 부품 치수

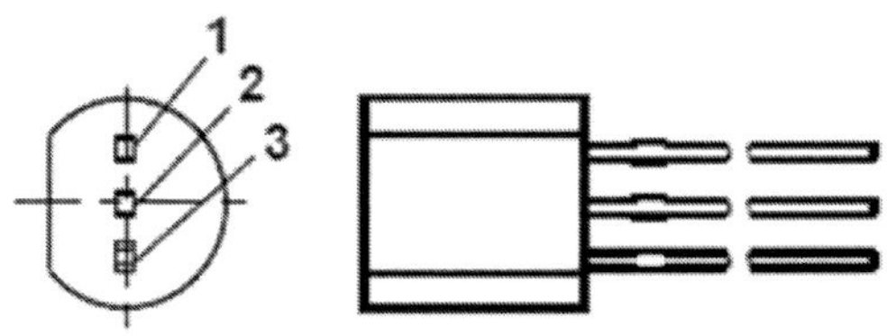

Type : TO92

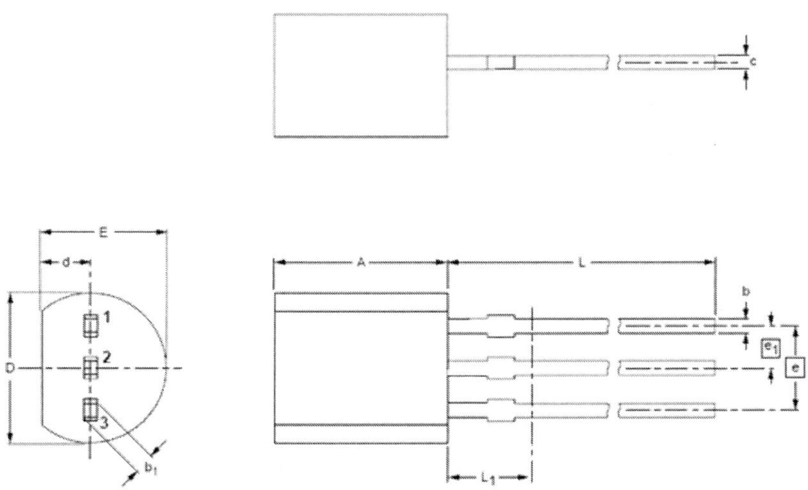

DIMENSIONS (mm are the original dimensions)

UNIT	A	b	b_1	c	D	d	E	e	e_1	L	$L_1^{(1)}$
mm	5.2 5.0	0.48 0.40	0.66 0.56	0.45 0.40	4.8 4.4	1.7 1.4	4.2 3.6	2.54	1.27	14.5 12.7	2.5

4.2.2 PadStack 설정

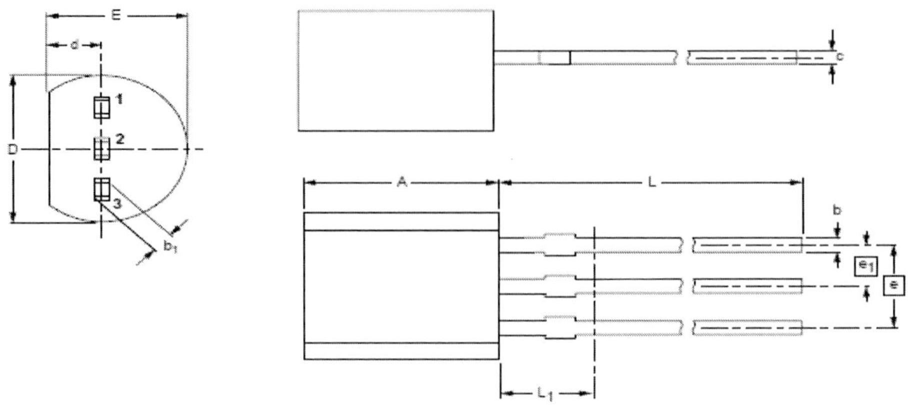

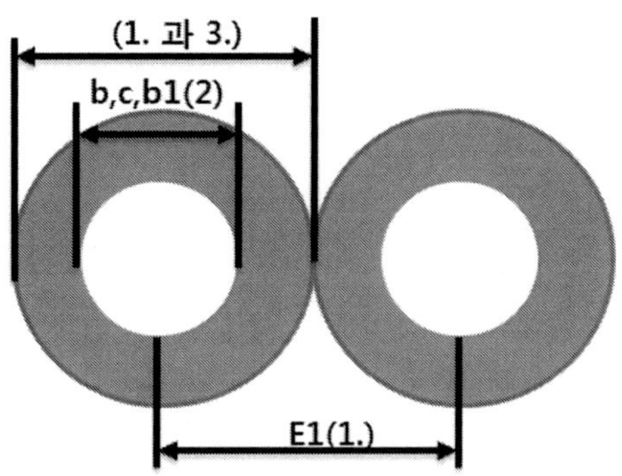

DIMENSIONS (mm are the original dimensions)

UNIT	A	b	b_1	c	D	d	E	e	e_1	L	L_1(1)
mm	5.2 5.0	0.48 0.40	0.66 0.56	0.45 0.40	4.8 4.4	1.7 1.4	4.2 3.6	2.54	1.27	14.5 12.7	2.5

① Transistor의 핀 간격(e1)이 1.27㎜이므로 핀의 크기는 1.27㎜을 넘으면 안된다.

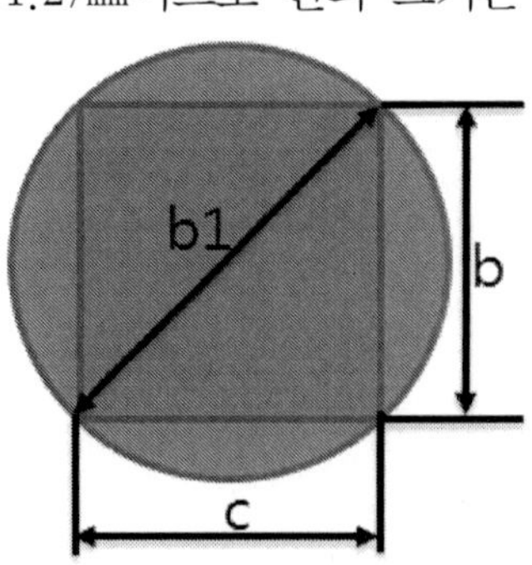

② Pin의 크기는 b와 c, b1 값을 바탕으로 설정(핀이 홀에 삽입을 위해서 b1의 max 값이 0.66㎜보다 커야 함): 0.7112㎜로 지정

③ PAD의 크기는 홀의 크기에서 0.5 ~ 1.27㎜ 크게 설정
따라서 사용되어야 할 PAD는 PAD40Cir28d이다. 그러나 크기가 작아 제작될 PAD는 Pad65cir35d이다.

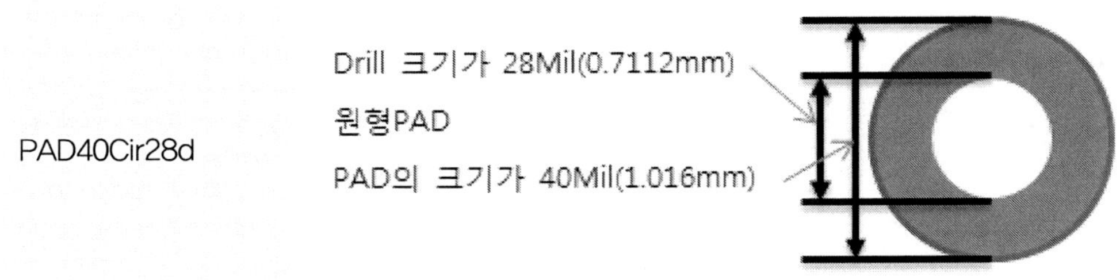

4.2.3 Footprint 생성

① PCB Editor에서 메뉴 File – New를 클릭

② Drawing Type에서 Package symbol을 선택

③ New Drawing 창에서 Browse 아이콘을 클릭하여 저장 경로와 Footprint 이름을 설정

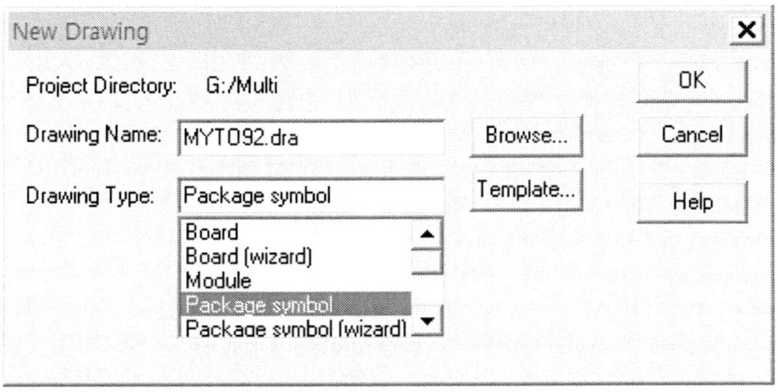

- 환경설정

① PCB EDitor에서 메뉴 Setup - Design Parameters를 클릭

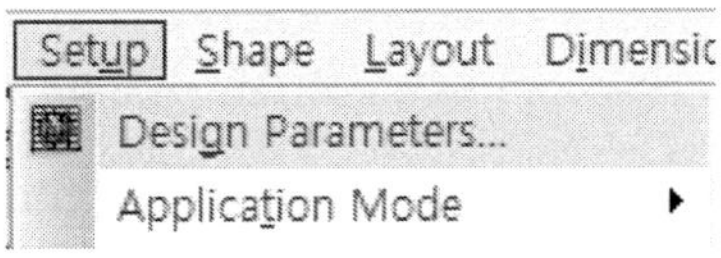

② Design Parameter Editor 창에서 Design 탭을 선택

③ 아래와 같이 설정 후 OK 버튼을 클릭

User Units: Millimeter, Size: A4, Left X: −80, Lower Y: −80

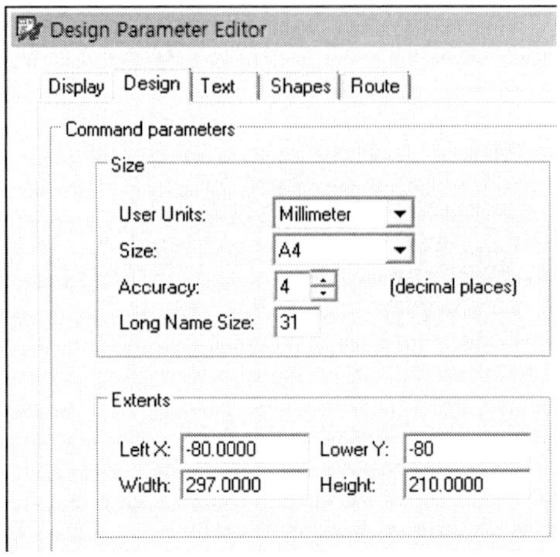

④ Design Parameter 창을 닫음

⑤ 메뉴 Setup — User Preferences를 선택

⑥ Categories에서 Paths — Library를 선택

⑦ padpath의 Value 부분을 선택

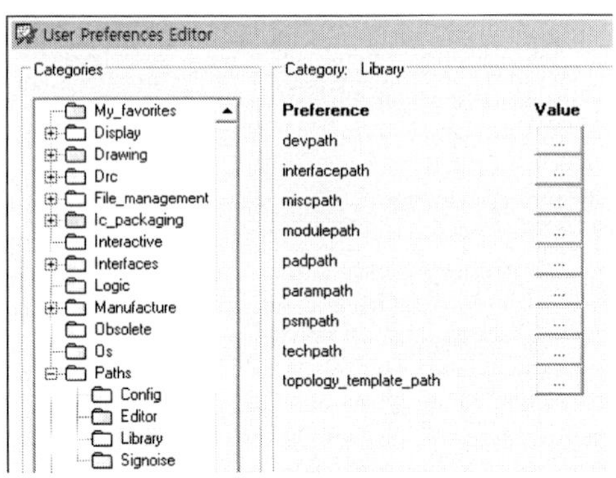

⑧ New를 눌러 G:₩Multi₩을 추가(Footprint가 저장되어 있은 경로를 지정한다.)

⑨ psmpath에도 동일하게 설정

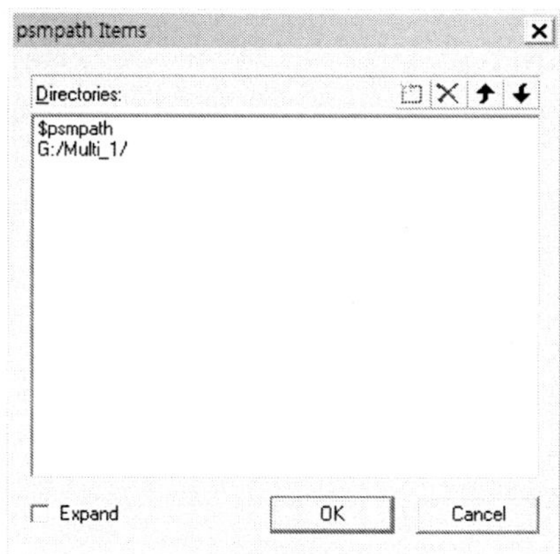

- 실크 데이터 정보그리기

① PCB Editor에서 메뉴 Add - 3pt Arc를 클릭

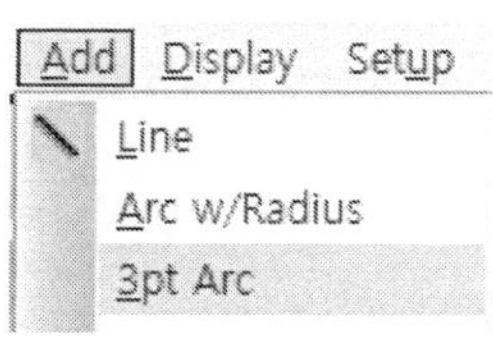

② PCB Editor의 오른쪽에 있는 Options 탭에서 아래와 같이 설정

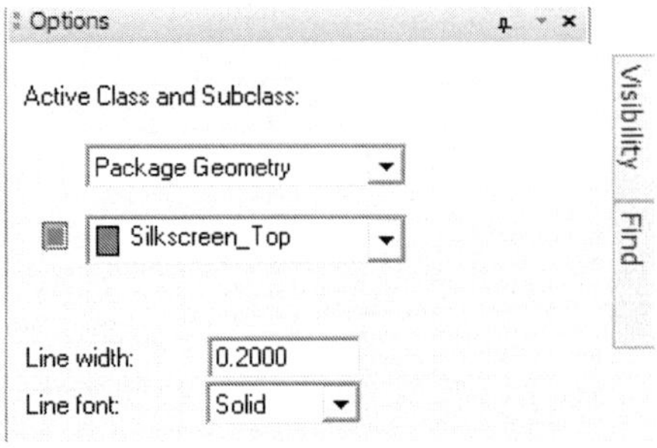

Active Class: Package Geometry,
Subclass: Silkscreen_Top,
Line width: 0.2

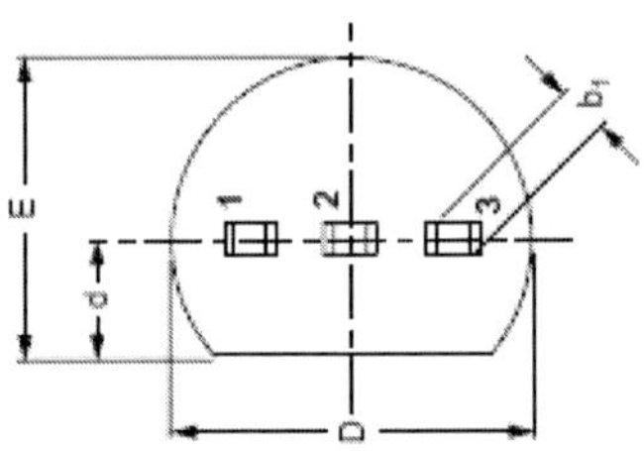

$$\left(\frac{D}{2}\right)^2 = x^2 + d^2$$

$$x = \sqrt{\left(\frac{D}{2}\right)^2 - d^2}$$

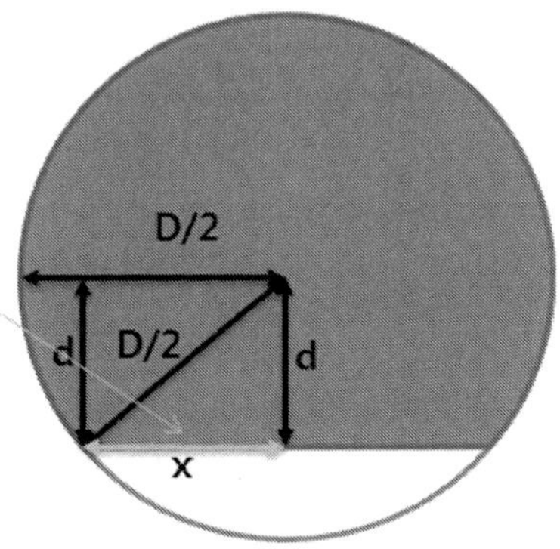

③ 현의 길이(2x)는 3.4mm(x는 1.7mm)

④ 아래와 같이 Command 창에 입력 – 실제 크기는 매우 작아 2배로 키운다.

x -3.4 -3.4 Enter↵
x 3.4 -3.4 Enter↵
x 0 4.1 Enter↵

⑤ 다 그린 후 마우스 오른쪽 버튼 Done 선택

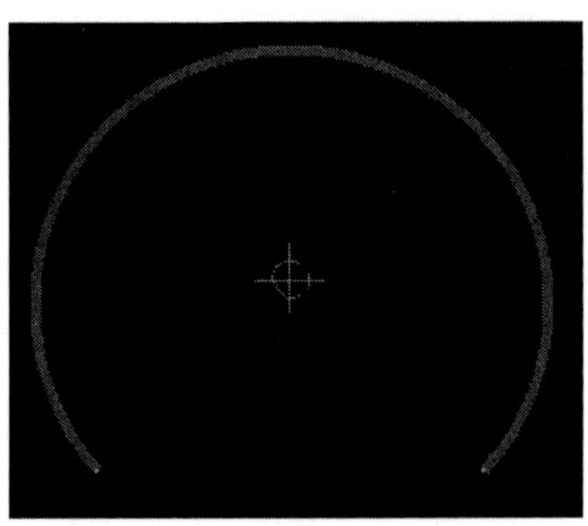

⑥ PCB Editor에서 메뉴 Add – Line 선택

⑦ 아래와 같이 Command 창에 입력

x -3.4 -3.4 [Enter↵]
x 3.4 -3.4 [Enter↵]

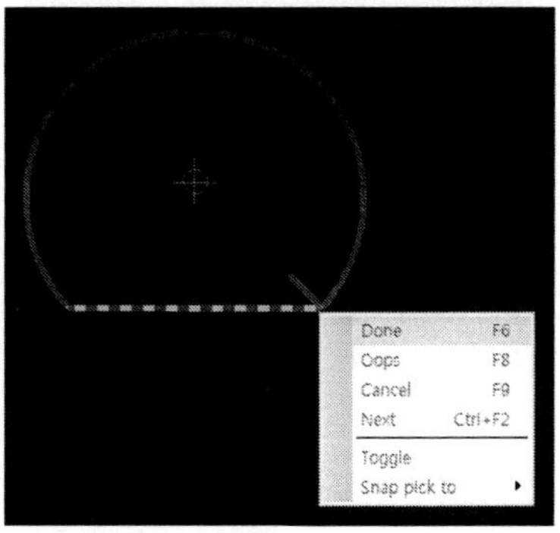

⑧ 다 그린 후 마우스 오른쪽 버튼 Done 선택

⑨ PCB Editor에서 메뉴 Add – 3pt Arc를 클릭

⑩ PCB Editor의 오른쪽에 있는 Options 탭에서 아래와 같이 설정

Active Class: Package Geometry,
Subclass: Assembly_Top,
Line width: 0.2

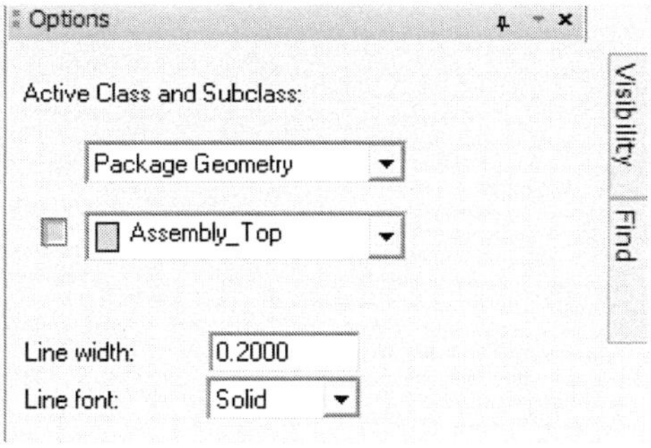

⑪ 아래와 같이 Command 창에 입력

x -3.4 -3.4 [Enter↵]
x 3.4 -3.4 [Enter↵]
x 0 4.1 [Enter↵]

⑫ 다 그린 후 마우스 오른쪽 버튼 Done 선택

⑬ PCB Editor에서 메뉴 Add – Line 선택

⑭ 아래와 같이 Command 창에 입력하고, 다 그린 후 마우스 오른쪽 버튼 Done 선택

x -3.4 -3.4 [Enter↵]
x 3.4 -3.4 [Enter↵]

⑮ PCB Editor에서 Shape – Compose Shape를 선택

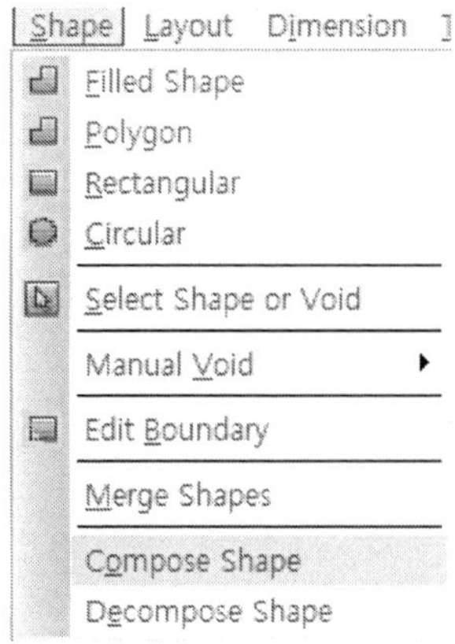

⑯ PCB Editor의 오른쪽에 있는 Options 탭에서 아래와 같이 설정

Active Class: Package Geometry
Subclass: Place_Bound_Top

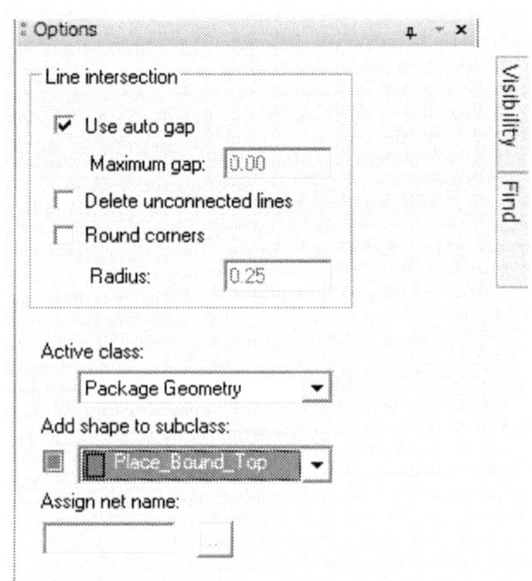

⑰ PCB Editor 설계 창에 있는 Line을 클릭

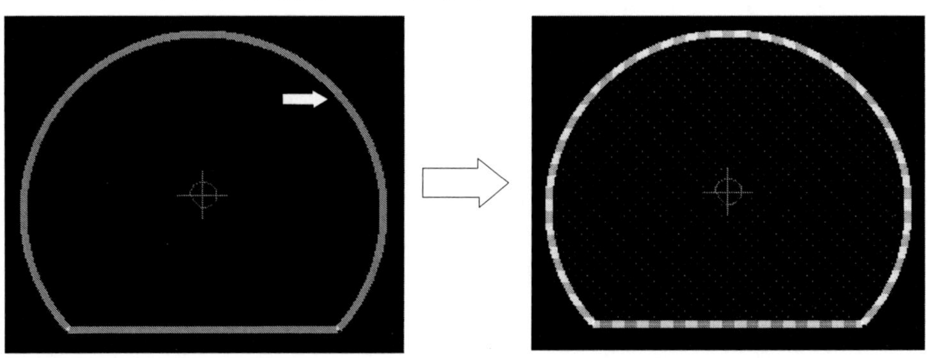

- 핀 설정하기

① PCB Editor에서 메뉴 Layout – pins을 선택

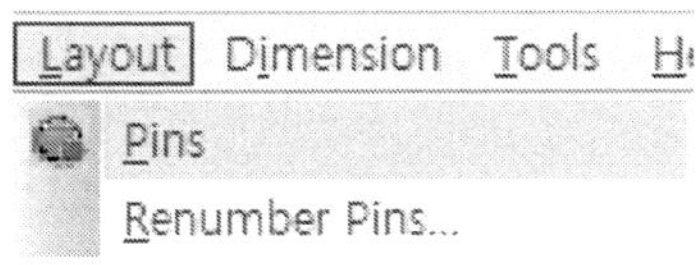

② PCB Editor의 오른쪽에 있는 Options 탭에서 아래와 같이 설정

Padstack: Pad65cir35d　　X의 Qty(개수): 3
X의 Spacing(핀 간격): 2.54　　X의 Order(핀의 방향): Right
Pin #(초기 핀 번호): 1　　Inc(핀 번호 증가): 1

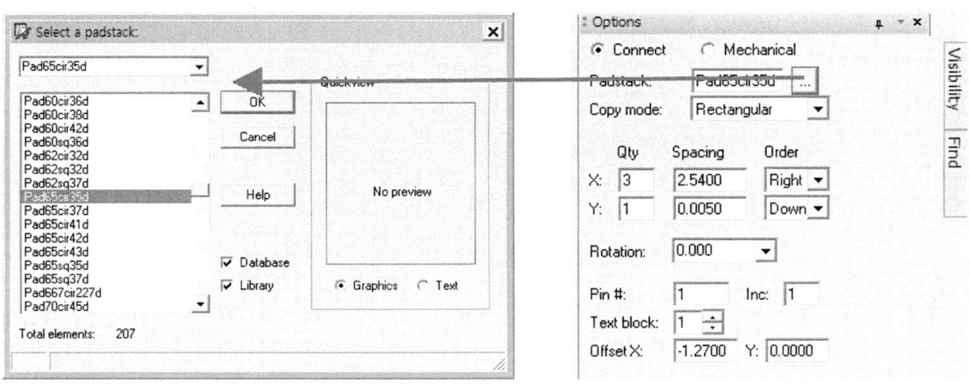

③ 아래와 같이 Command 창에 입력

x -2.54 0 [Enter↵]

④ PCB Editor에서 메뉴 Layout – Labels – RefDes를 선택

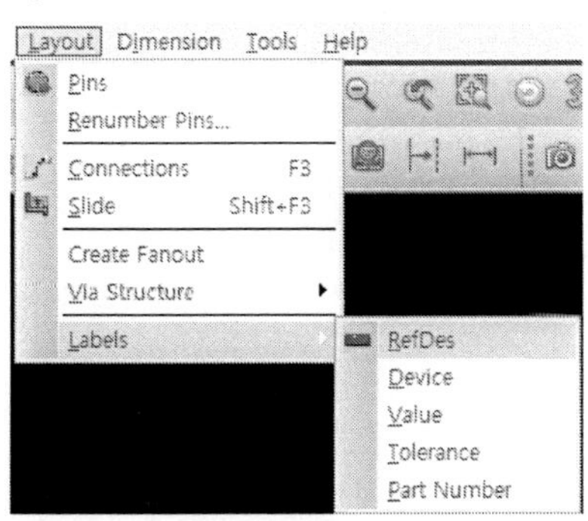

⑤ PCB Editor의 오른쪽에 있는 Options 탭에서 다음과 같이 설정

Active Class: RefDes
Subclass: Silkscreen_Top
Text block(글자 크기 블록): 3
Text just(글자 정렬 방법): Center

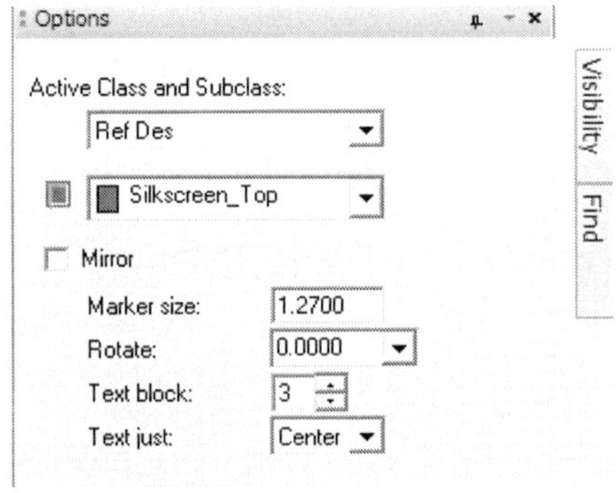

⑥ 작성한 부품 위에 클릭 후 Q*라고 기입

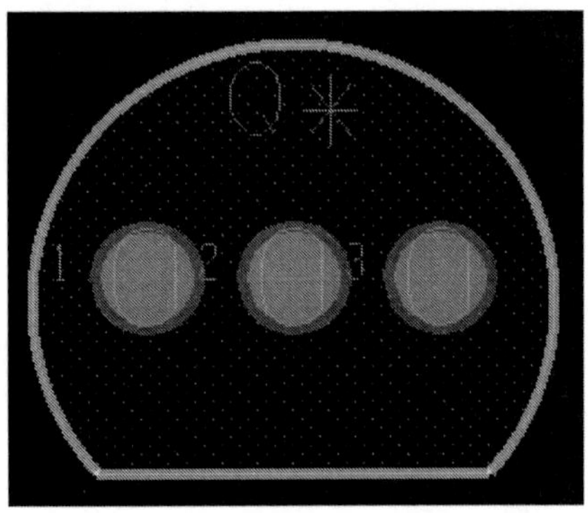

⑦ PCB Editor에서 메뉴 Layout — Labels — RefDes를 선택

⑧ PCB Editor의 오른쪽에 있는 Options 탭에서 아래와 같이 설정

Active Class: RefDes
Subclass: Assembly_Top
Text block(글자 크기 블록): 3
Text just(글자 정렬 방법): Center

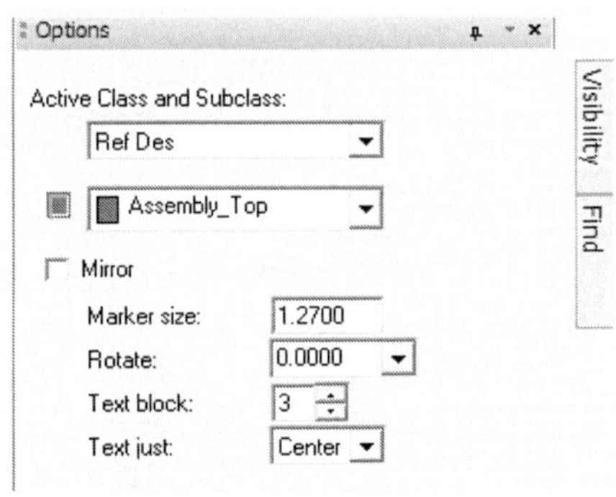

⑨ 작성한 부품 위에 클릭 후 Q*라고 기입

⑩ PCB Editor에서 메뉴 File — Save를 클릭

⑪ Command 창의 메시지가 제대로 생성이 되었는지 확인한다.

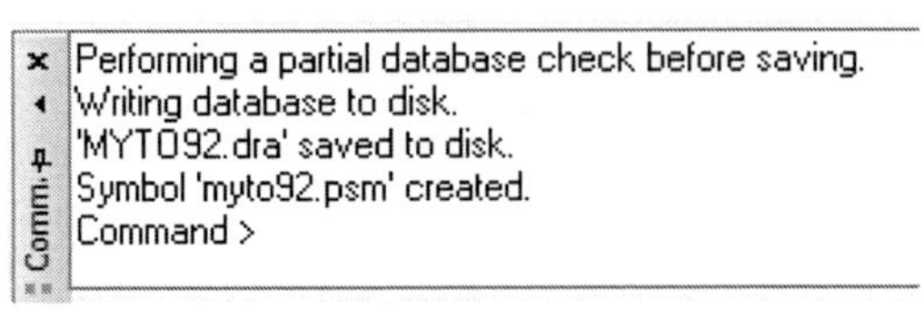

- Pad의 soldermask 부분이 겹쳤을 때 수정 방법(현재는 불필요함)

① PCB Editor에서 메뉴 Tools – Padstack – Modify Design Padstack을 선택

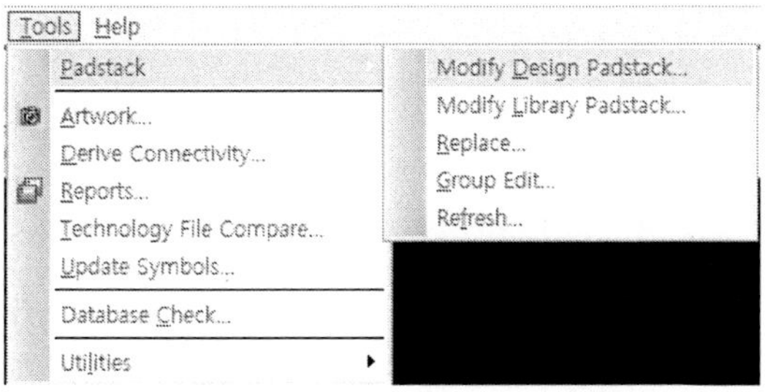

② PCB Editor의 오른쪽에 있는 Options 탭에서 PAD65CIR35D 선택 후 Edit 버튼을 클릭

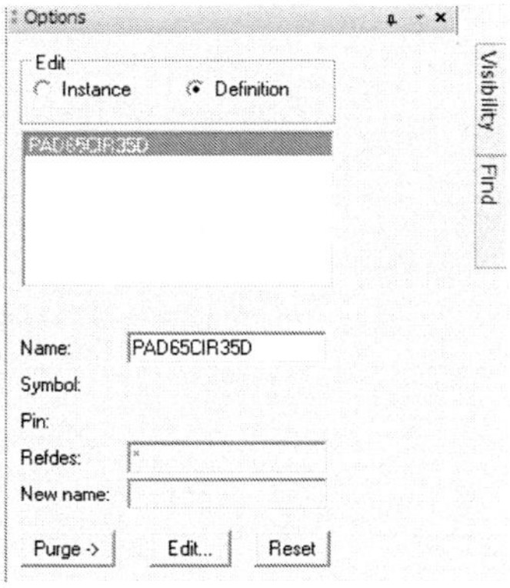

③ Padstack Designer 창이 나타나면 Layers 탭을 클릭

④ SOLDERMASK_TOP과 SOLDERMASK_BOTTOM의 Regular Pad 사이즈를 2.0320으로 수정

⑤ 수정이 끝이 났으면 Padstack Designer 창의 메뉴 File – Update to Design and Exit를 선택

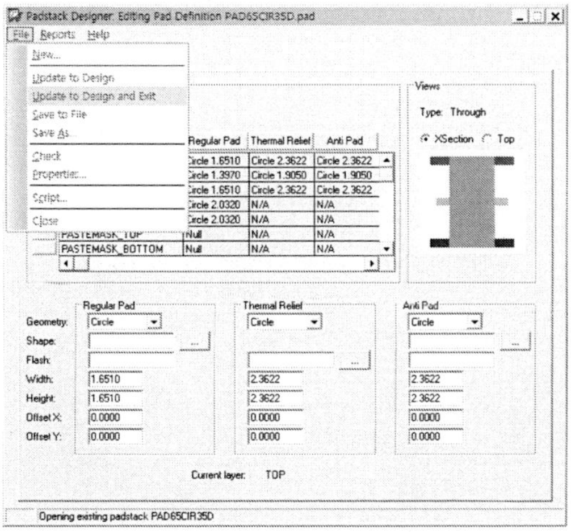

제 5 장 실습 - LED Counter

✠ 회로도

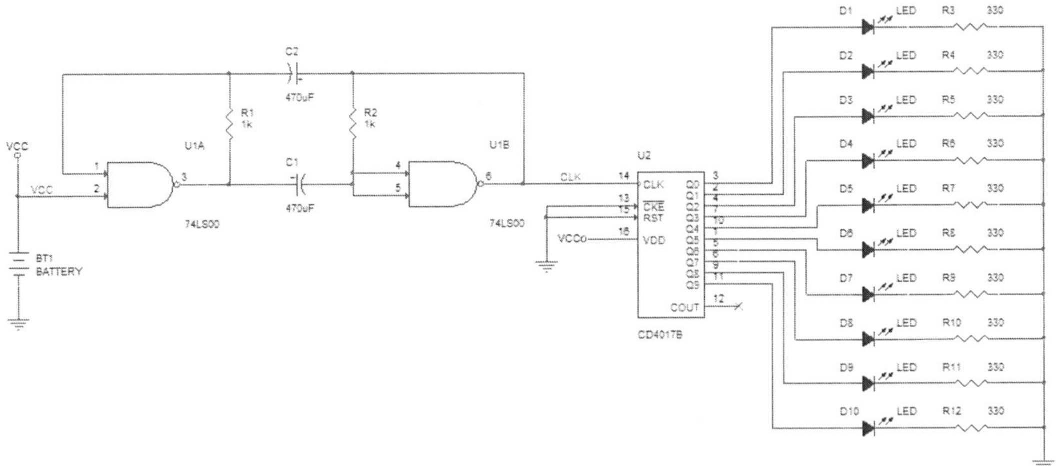

✠ PCB 설계도

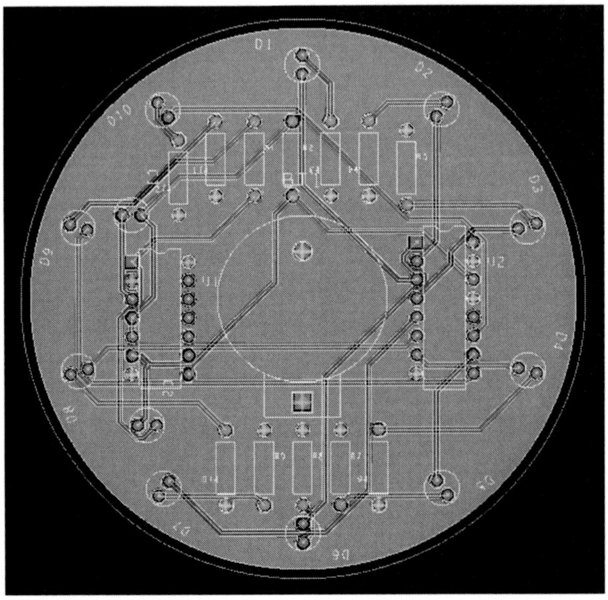

5.1 New Project 생성

New Project 생성

① 메뉴 File — New — Project를 선택

② New Project 창의 Name 필드에 LED 기입

③ Create a New Project Using에 Schematic 선택

④ Location 필드에 C:₩SPB_DATA₩LED 기입

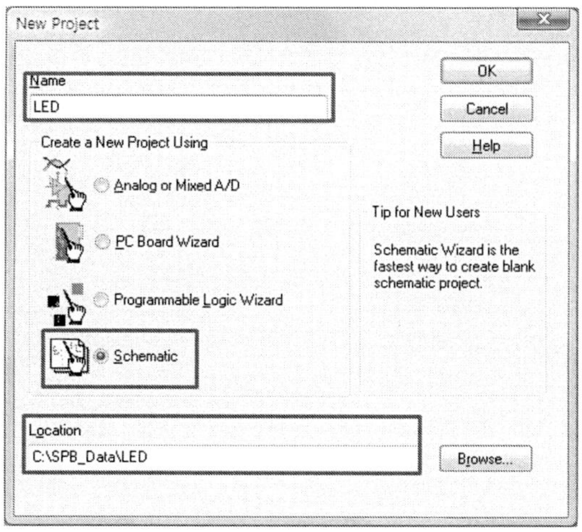

Capture Project Manager

- Schematic Name 변경

① Project Manager 창에서 SCHEMATIC1을 선택 후 오른쪽 마우스 버튼 — Rename 선택

② Rename Schematic 창에서 Name 필드에 LED_COUNTER로 기입

- Schematic Name 변경

① Project Manager 창에서 PAGE1을 선택 후 오른쪽 마우스 버튼 — Rename 선택

② Rename Page 창에서 Name 필드에 Main으로 기입

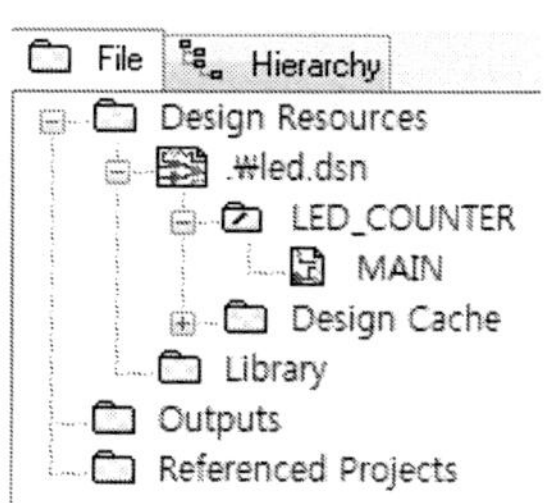

5.2 부품 배치/배선

부품배치

① Project Manager 창에서 LED_COUNTER — Main을 클릭

② 메뉴 Place — Part( )를 선택

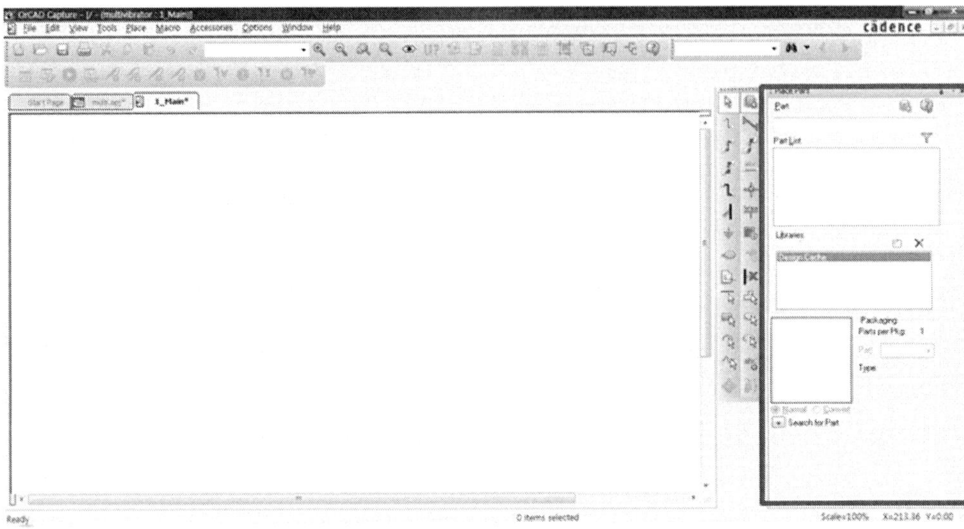

③ Place Part창의 Libraries 항목의 Add Library 아이콘을 선택한 후, 모든 Library를 선택 (Amplifier.olb ~ Transistor.olb)

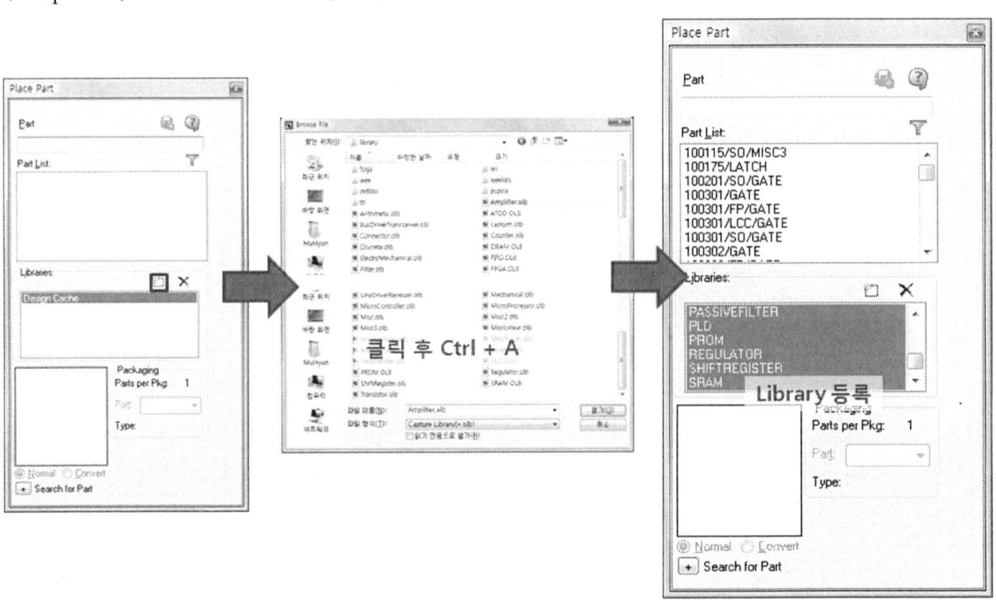

④ 부품은 다음과 같이 배치

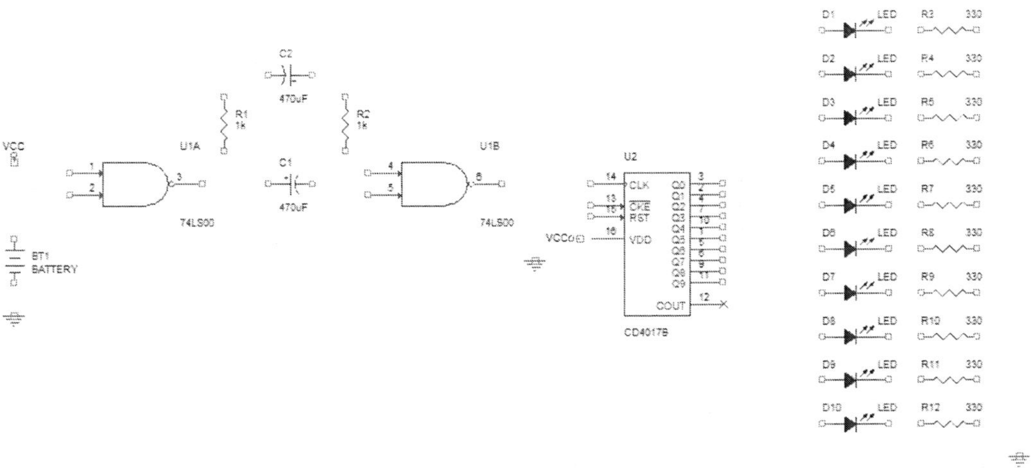

Part	Symbol	Part	Symbol
R (DISCRETE)	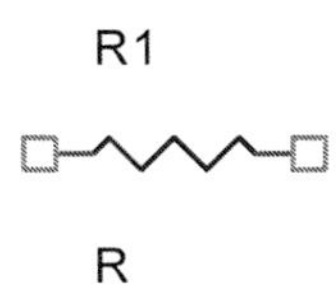	CAP POL (DISCRETE)	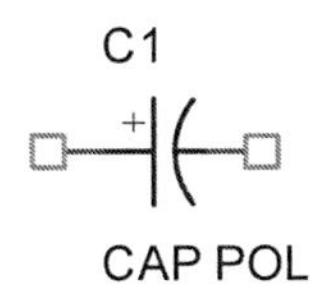
LED (DISCRETE)	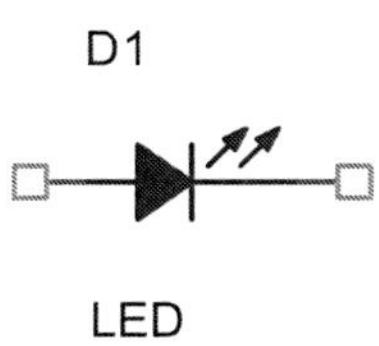	BATTERY (DISCRETE)	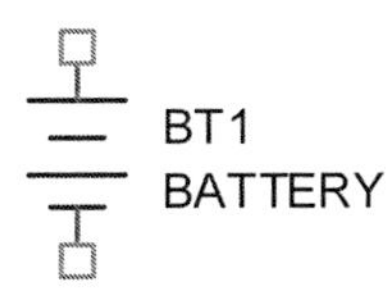
74LS00 (GATE)	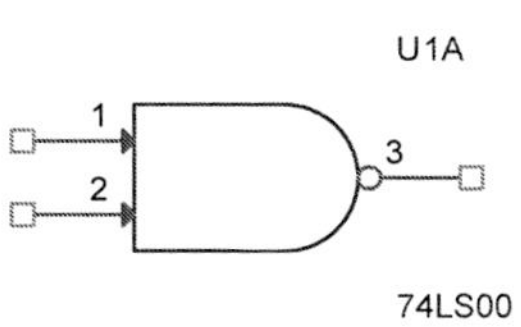	CD4017B (GATE)	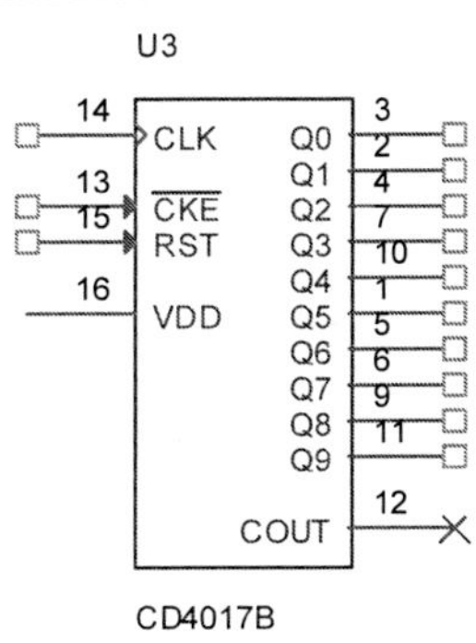
VCC (CAPSYM)		GND (CAPSYM)	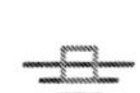

배선

① 그림과 같이 배선한다.

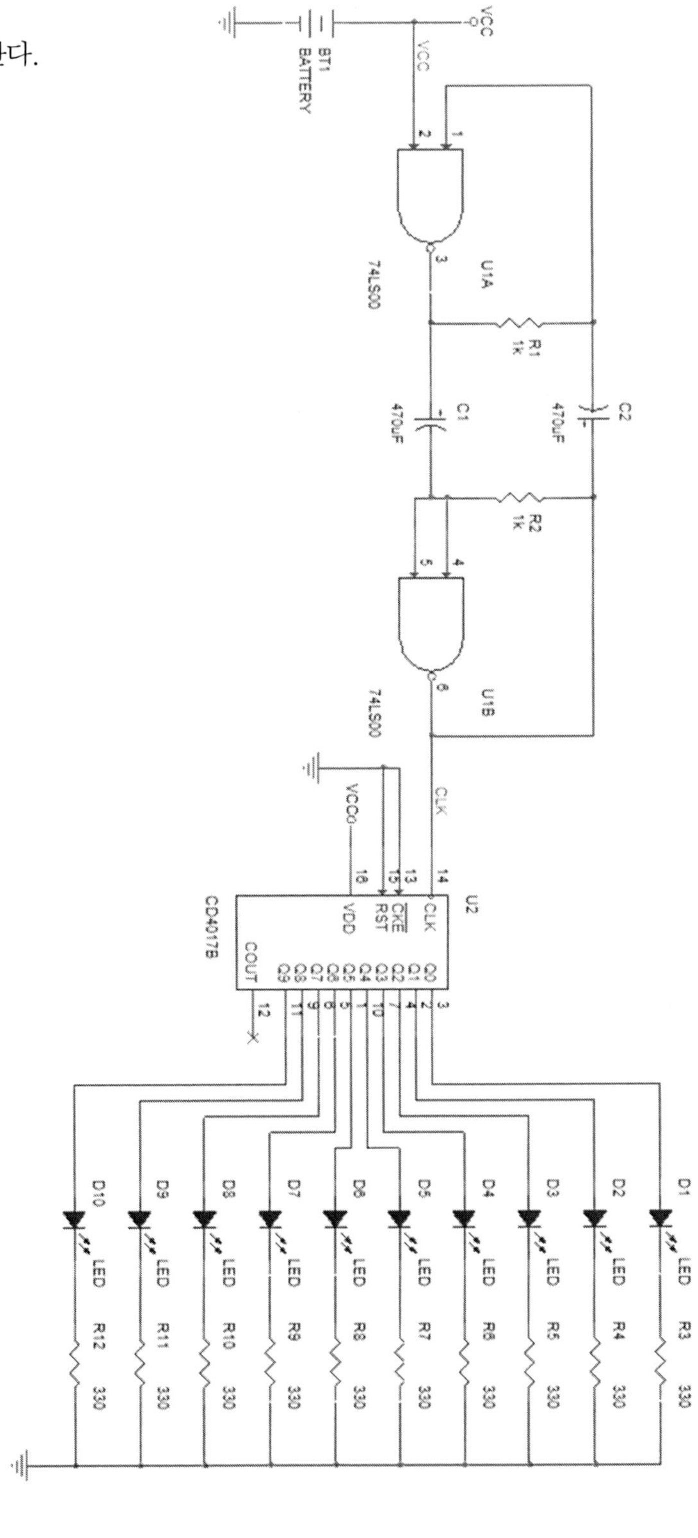

5.3 Footprint 생성

Battery Holder

BH800S

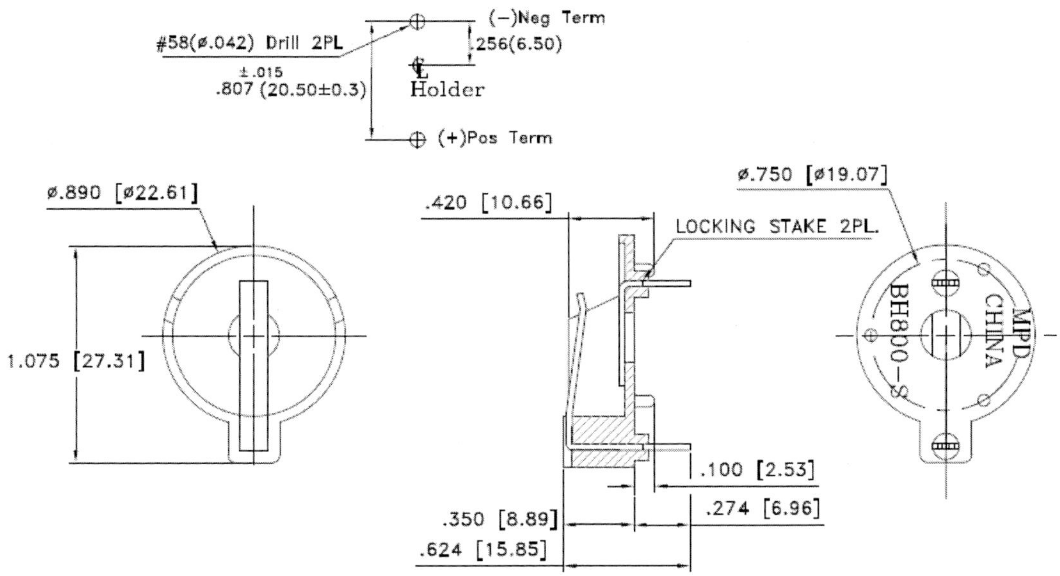

Padstack 생성

① 시작아이콘 – 모든프로그램 – Cadence – Release 16.6 – PCB Editor Utilities – Pad Designer를 실행

② Units(PadStack 생성 시 사용할 단위)를 Mils 선택

③ Decimal places(사용할 수치의 소수점 이하 자릿수)를 0으로 선택

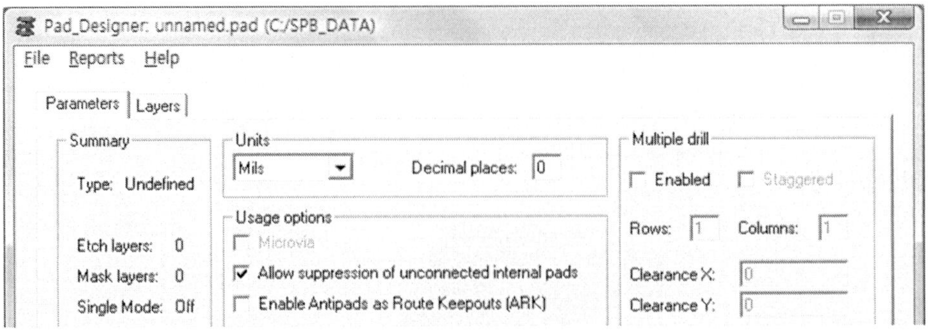

④ Hole type를 Circle Drill로 선택
⑤ Plating(드릴홀의 도금 여부)을 Plated로 선택
⑥ Drill diameter(드릴홀 크기)를 58로 기입

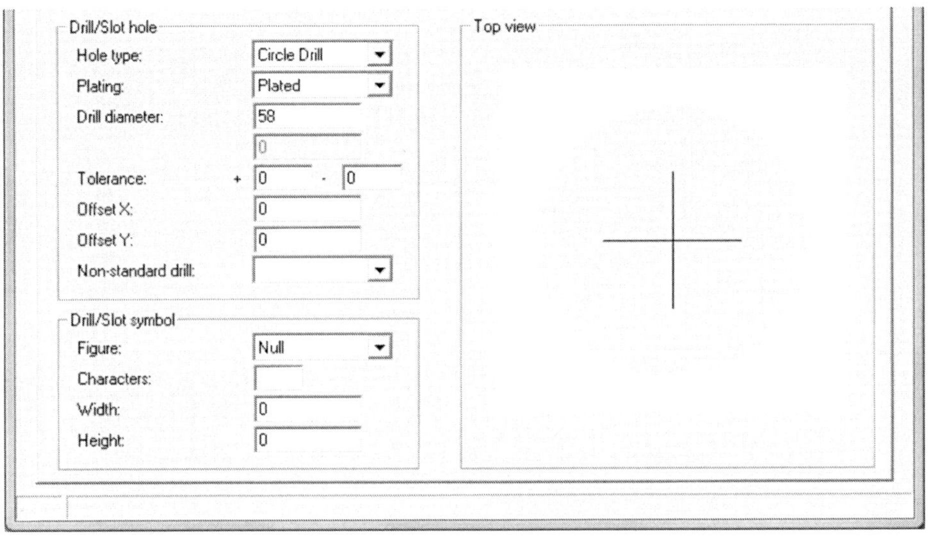

⑦ Layers탭으로 이동
⑧ Regular Pad에 Geometry는 Circle, Width/Height는 88으로 설정
⑨ Thermal Relief와 Anti Pad의 Geometry는 Circle, Width/Height는 103으로 설정

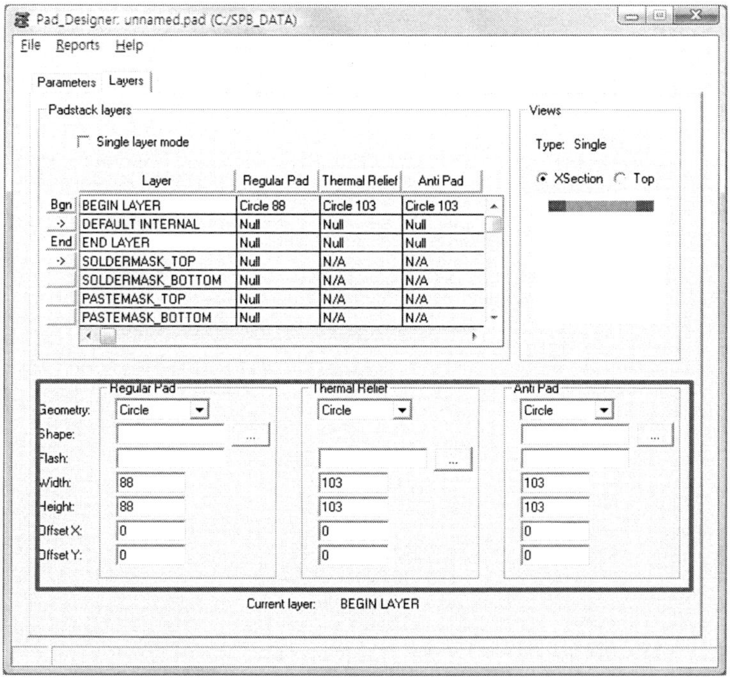

⑩ Bgn항목을 선택 후 오른쪽 마우스 버튼 ― Copy to all 선택

⑪ Regular layers 선택

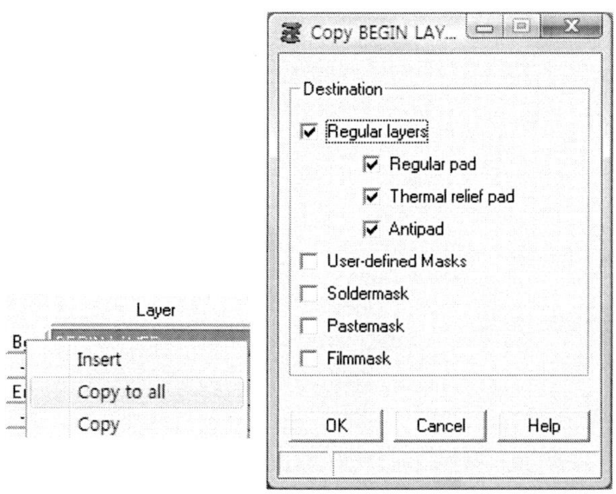

⑫ SOLDERMASK_TOP과 SOLDERMASK_BOTTOM의 Regular Pad에 Geometry는 Circle, Width/Height는 98으로 설정

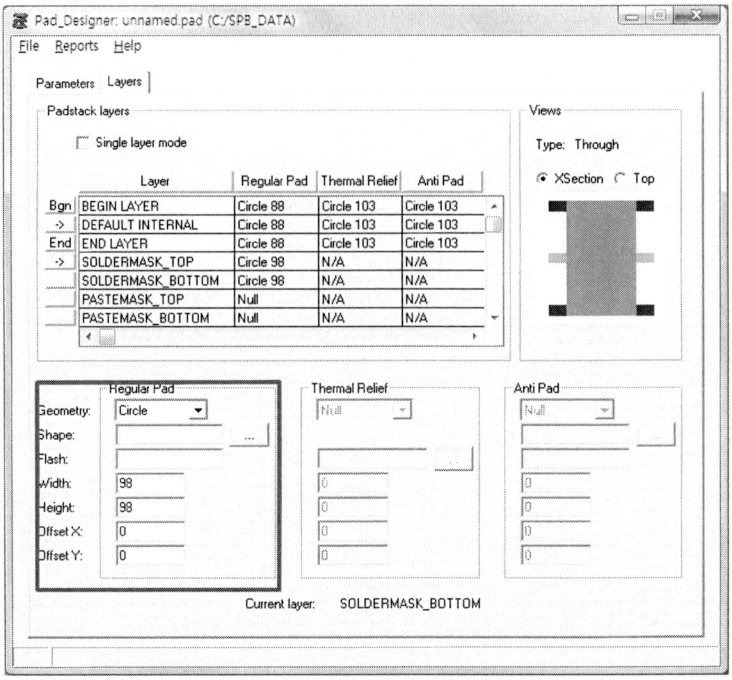

⑬ 메뉴 File — Save As를 선택하여 C:₩SPB_DATA₩PAD에 PAD88CIR58D.pad로 저장

⑭ Regular Pad의 Geometry를 Circle에서 Square로 수정

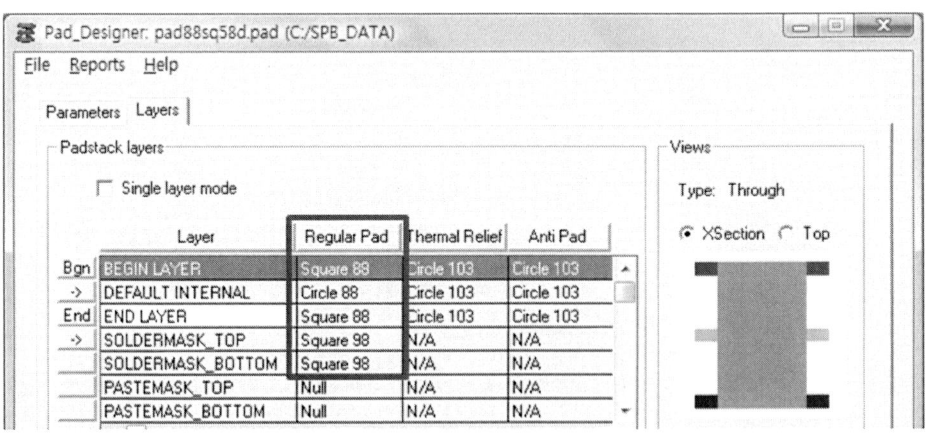

⑮ 메뉴 File — Save As를 선택하여 PAD88SQ58D.pad로 저장

Package Symbol 제작

• 환경 설정

① 시작아이콘 — 모든프로그램 — Cadence — Release 16.6 — OrCAD PCB Editor를 실행

② 메뉴 File — New 선택

③ Drawing Type을 Package symbol로 선택

④ Drawing Name에 있는 Browse 버튼을 클릭 후 C:₩SPB_DATA₩PAD폴더에 BH800S라고 기입

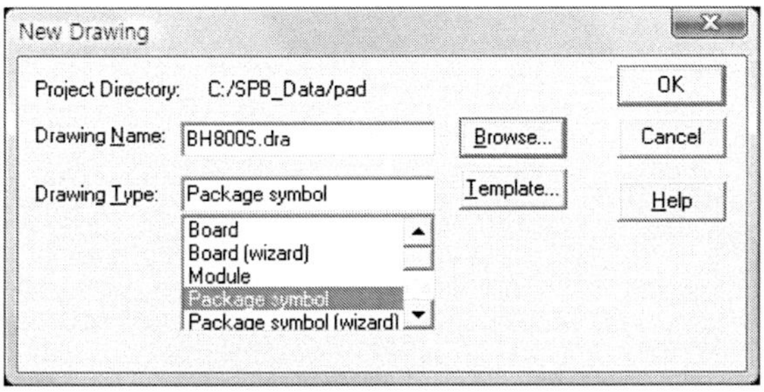

⑤ 메뉴 Setup에서 Desgin Parameter를 선택

⑥ Design 탭 선택

⑦ User Units는 Mils, Size는 A, Accuracy는 0, Extents의 Left X는 -3000, Lower Y도 -3000으로 기입

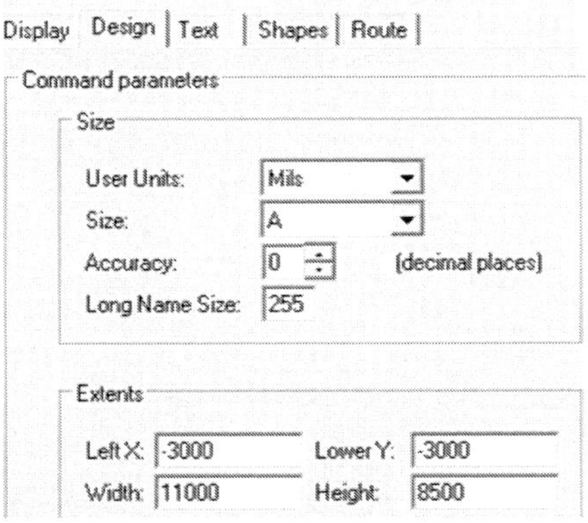

⑧ Design Parameter 창을 닫음

⑨ 메뉴 Setup — User Preferences를 선택

⑩ Categories에서 Path — Library를 선택

⑪ Padpath의 Value 부분을 선택

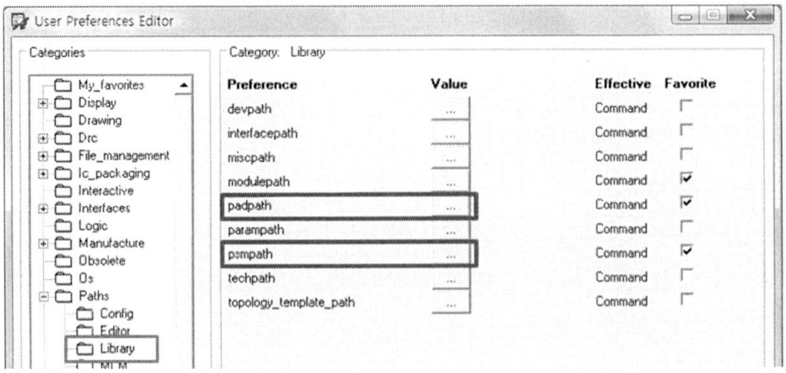

⑫ New를 눌러 C:₩SPB_DATA₩PAD를 추가

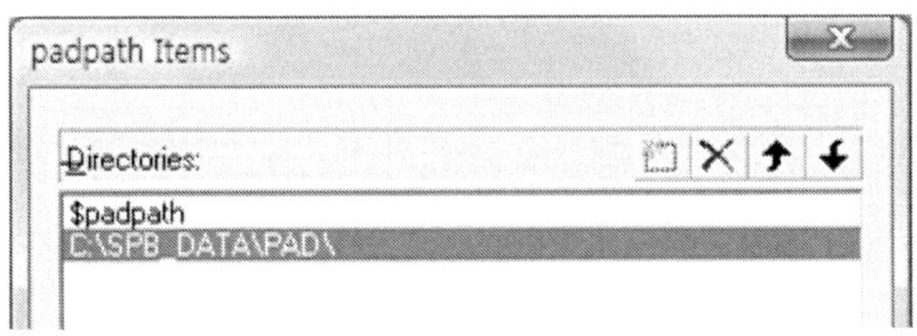

⑬ Psmpath에도 동일하게 설정

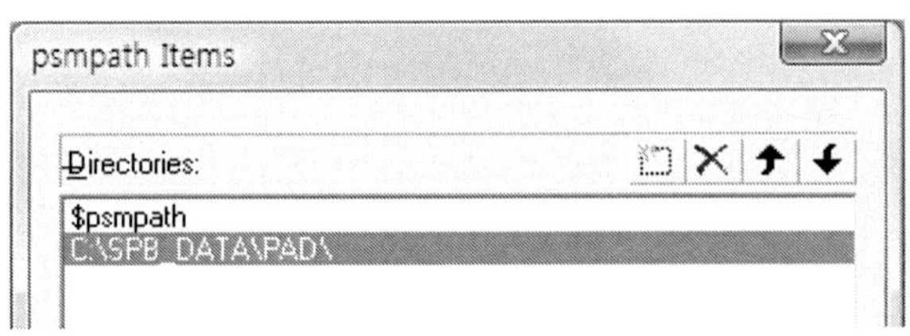

• PIN 배치

① 메뉴 Layout – Pins를 선택

② 오른쪽 Options 팝업창에서 Padstack에 제작한 PAD88SQ58D를 선택

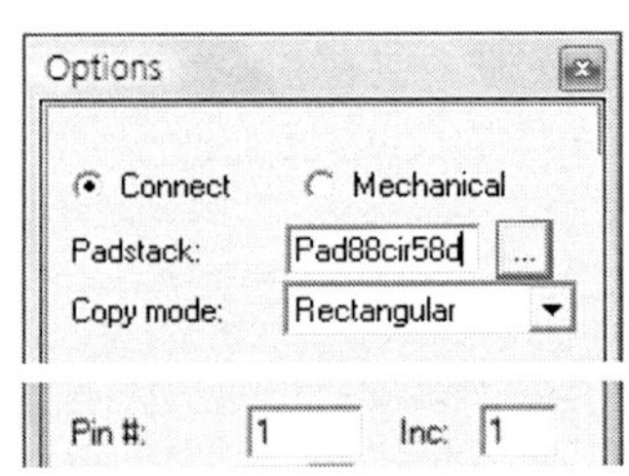

③ Command 창에서 x 0 -551 Enter↵를 입력

④ 1번 핀 배치 후 오른쪽 마우스 버튼 – Next 선택

⑤ 오른쪽 Options 팝업창에서 Padstack에 제작한 PAD88CIR58D를 선택

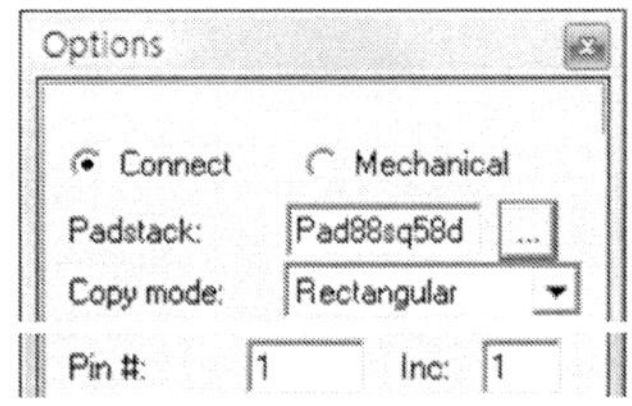

⑥ Command 창에서 x 0 256[Enter↵]를 입력

• Package Symbol의 Assembly 라인과 Silkscreen 라인 설정

① 메뉴 Add – Circle를 선택

② 오른쪽 Options 팝업창에서 Active Class and Subclass 항목에 Package Geometry/ Assembly_Top을 선택

③ Line width를 10으로 설정

④ Command 창에서 x 0 0[Enter↵], x 445[Enter↵]를 차례대로 입력

⑤ 오른쪽 마우스 버튼 – DONE 선택

⑥ 메뉴 Add – Line을 선택

⑦ 오른쪽 Options 팝업창에서 Active Class and Subclass 항목에 Package Geometry/ Assembly_Top을 선택

⑧ Line width를 10으로 설정

⑨ Command 창에서 x −200 −400[Enter↵], iy −230[Enter↵], ix 400[Enter↵], iy 230[Enter↵] 를 차례대로 입력

⑩ 오른쪽 마우스 버튼 – DONE 선택

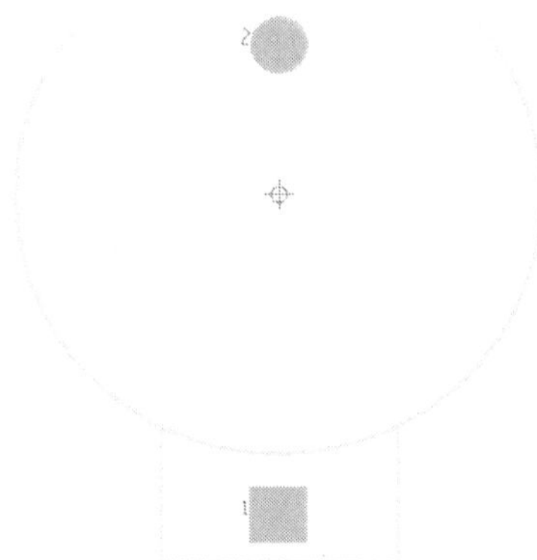

⑪ Active Class and Subclass 항목에 Package Geometry/ Silkscreen_Top으로 위의 ① ~ ⑩번을 반복

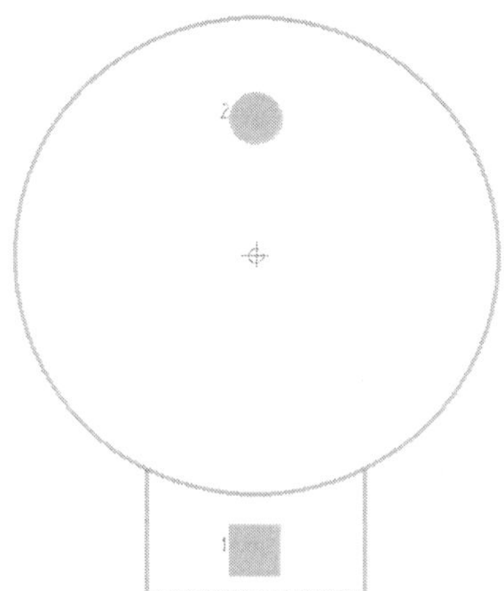

• Package Symbol의 Place Bound 설정

① 메뉴 Shape – Circular를 선택

② 오른쪽 Options 팝업창에서 Active Class and Subclass 항목에 Package Geometry/ Place_Bound_Top을 선택

③ Command 창에서 x 0 0 Enter↵, x 445 Enter↵를 차례대로 입력

④ 오른쪽 마우스 버튼 – DONE 선택

⑤ 메뉴 Shape – Rectangular을 선택

⑥ 오른쪽 Options 팝업창에서 Active Class and Subclass 항목에 Package Geometry/ Place_Bound_Top을 선택

⑦ Command 창에서 x −200 −400 Enter↵, x 200 −630 Enter↵를 차례대로 입력

⑧ 오른쪽 마우스 버튼 — DONE 선택

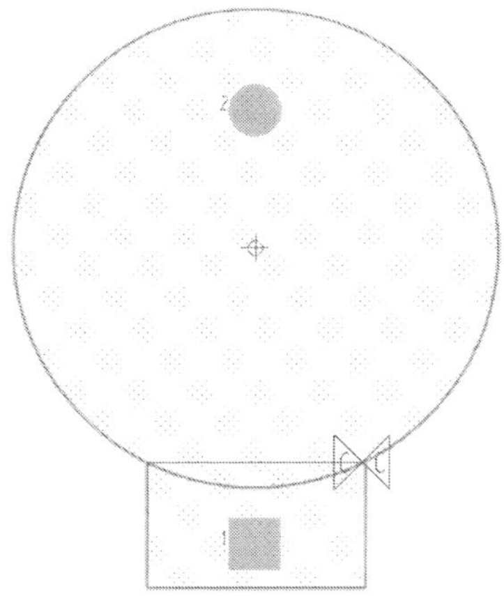

⑨ Package Geometry/ Place_Bound_Top 영역이 겹쳐져서 DRC 에러가 발생

⑩ 메뉴 Shape — Merge Shapes를 선택하여 원형 Shape와 사각형 Shape를 선택

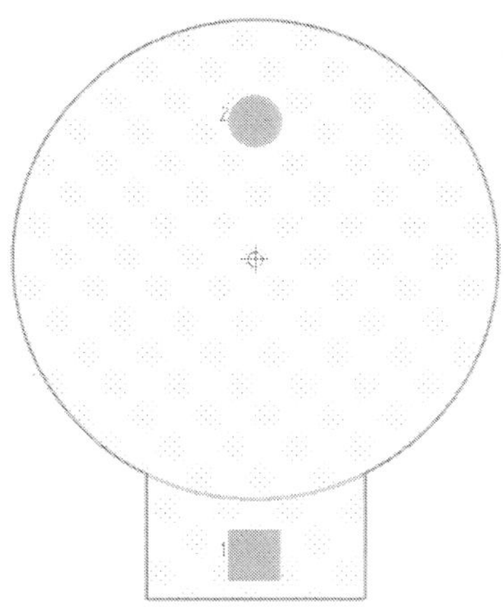

- Package Symbol의 참조번호 설정

① 메뉴 Layout — Labels — RefDes를 선택

② 오른쪽 Options 팝업창에서 Active Class and Subclass 항목에 Ref Des/ Assembly_Top을 선택

③ Text Block 5 입력

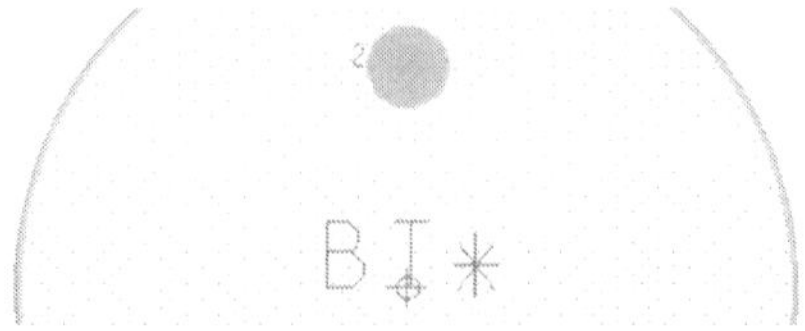

④ Package Symbol 내부에 클릭 후 BT*를 입력

⑤ 오른쪽 마우스 버튼 — Next 선택

⑥ 오른쪽 Options 팝업창에서 Active Class and Subclass 항목에 Ref Des/ Silkscreen_Top 을 선택

⑦ Package Symbol 위쪽에 클릭 후 BT*를 입력

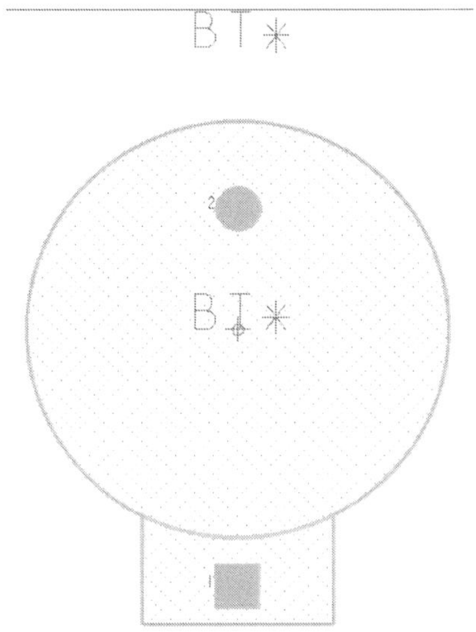

• Package Symbol 저장

① 메뉴 File — Save를 선택

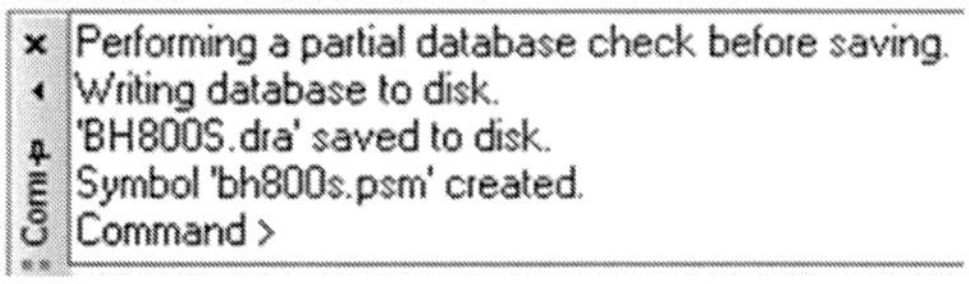

② BH800S.dra와 BH800S.PSM이 저장됨

5.4 PCB Footprint 부여

PCB Footprint 속성 부여

① PCB 설계를 하기 위해서는 Schematic 부품의 속성 중 PCB Footprint 항목에 기입해야 함
② Capture의 프로젝트 메니저 창에서 led.dsn을 선택 후 오른쪽 마우스 버튼 — Edit Object Properties를 선택
③ PCB Footprint 항목에 다음과 같이 기입

부품참조번호	부품명	PCB Footprint명	Footprint Symbol
BT1	BATTERY	BH800S	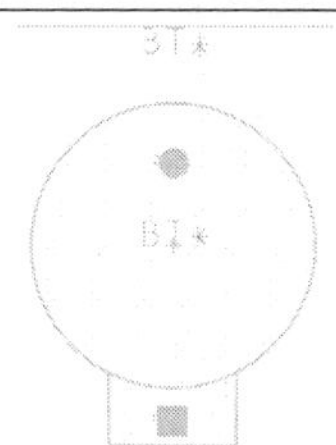
C1~C2	CAP POL	CAP196	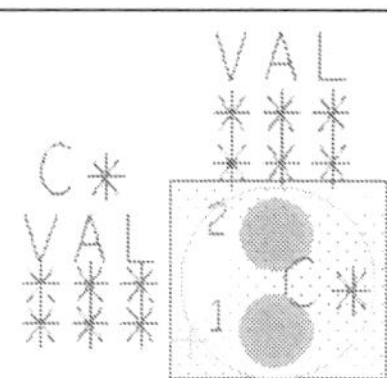
D1~D10	LED	CAP196	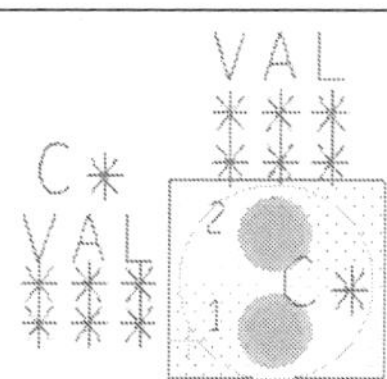
R1~R12	R	RES400	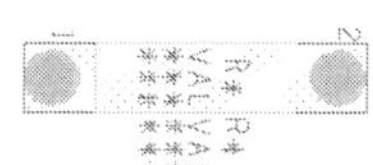
U1	74LS00	DIP14_3	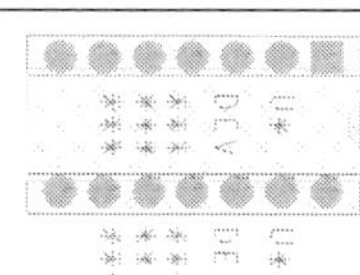
U2	CD4017B	DIP16_3	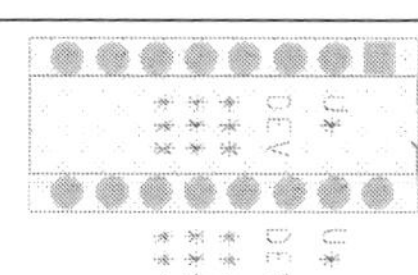

④ 전체 부품의 PCB Footprint 속성에 모두 기입

		Part Reference	PCB Footprint
1	⊞ LED_COUNTER : MAIN : BT1	BT1	BH800S
2	⊞ LED_COUNTER : MAIN : C1	C1	CAP196
3	⊞ LED_COUNTER : MAIN : C2	C2	CAP196
4	⊞ LED_COUNTER : MAIN : D1	D1	CAP196
5	⊞ LED_COUNTER : MAIN : D2	D2	CAP196
6	⊞ LED_COUNTER : MAIN : D3	D3	CAP196
7	⊞ LED_COUNTER : MAIN : D4	D4	CAP196
8	⊞ LED_COUNTER : MAIN : D5	D5	CAP196
9	⊞ LED_COUNTER : MAIN : D6	D6	CAP196
10	⊞ LED_COUNTER : MAIN : D7	D7	CAP196
11	⊞ LED_COUNTER : MAIN : D8	D8	CAP196
12	⊞ LED_COUNTER : MAIN : D9	D9	CAP196
13	⊞ LED_COUNTER : MAIN : D10	D10	CAP196
14	⊞ LED_COUNTER : MAIN : R1	R1	RES400
15	⊞ LED_COUNTER : MAIN : R2	R2	RES400
16	⊞ LED_COUNTER : MAIN : R3	R3	RES400
17	⊞ LED_COUNTER : MAIN : R4	R4	RES400
18	⊞ LED_COUNTER : MAIN : R5	R5	RES400
19	⊞ LED_COUNTER : MAIN : R6	R6	RES400
20	⊞ LED_COUNTER : MAIN : R7	R7	RES400
21	⊞ LED_COUNTER : MAIN : R8	R8	RES400
22	⊞ LED_COUNTER : MAIN : R9	R9	RES400
23	⊞ LED_COUNTER : MAIN : R10	R10	RES400
24	⊞ LED_COUNTER : MAIN : R11	R11	RES400
25	⊞ LED_COUNTER : MAIN : R12	R12	RES400
26	⊞ LED_COUNTER : MAIN : U1	U1A	DIP14_3
27	⊞ LED_COUNTER : MAIN : U1	U1B	DIP14_3
28	⊞ LED_COUNTER : MAIN : U2	U2	DIP16_3

5.5 Design Rules Check / Netlist 생성

Design Rules Check

① Project Manager창을 활성화 시킨 다음 메뉴 Tools — Design Rule Check 선택

② 검사결과를 보기 위해서 Design Rule Check 창에서 Design Rules 항목의 View Output 체크박스에 체크한 후 확인 버튼을 클릭

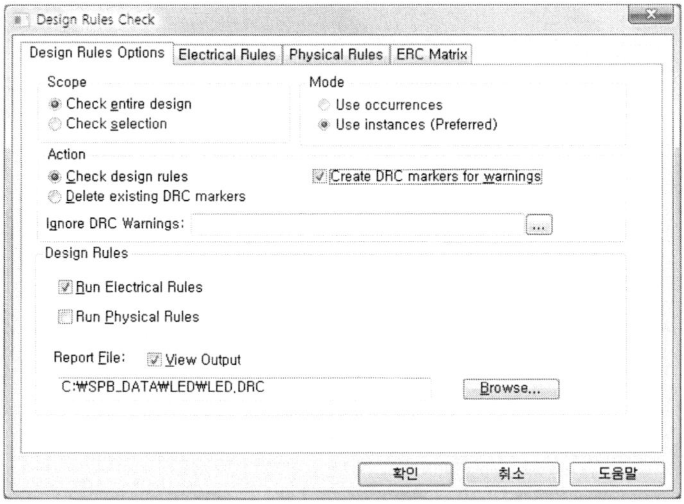

③ DRC 검사가 에러없이 진행될 경우 다음과 같이 출력

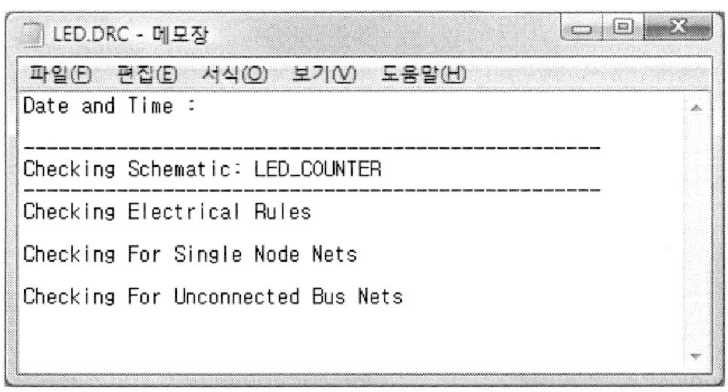

Netlist 생성

① Project Manager창을 활성화 시킨 다음 메뉴 Tools – Create Netlist 선택

② Create Netlist창의 Create or Update PCB Editor Board(Netrev)체크

③ Open Board in OrCAD PCB Editor를 체크
(Allegro PCB Editor가 설치된 컴퓨터는 Open Board in Allegro PCB Editor체크)

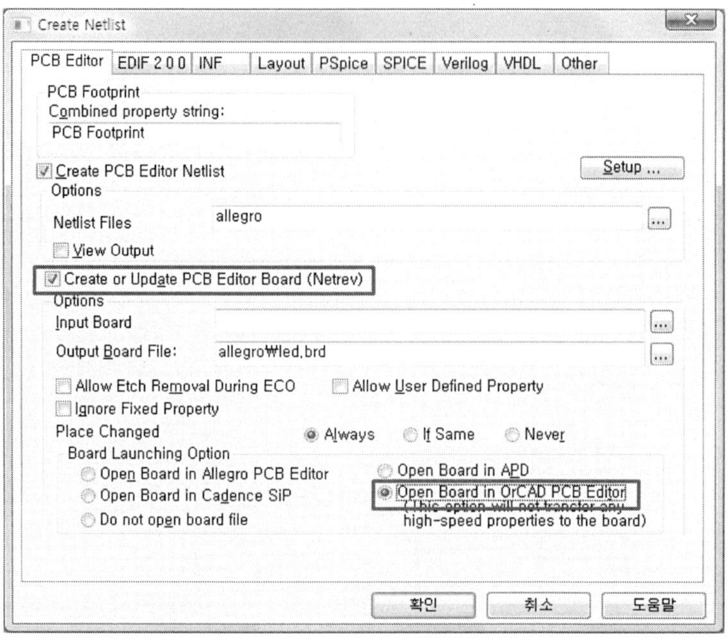

④ Netlist 파일이 PCB Editor Board 파일로 전송되며, PCB Editor프로그램이 활성화됨

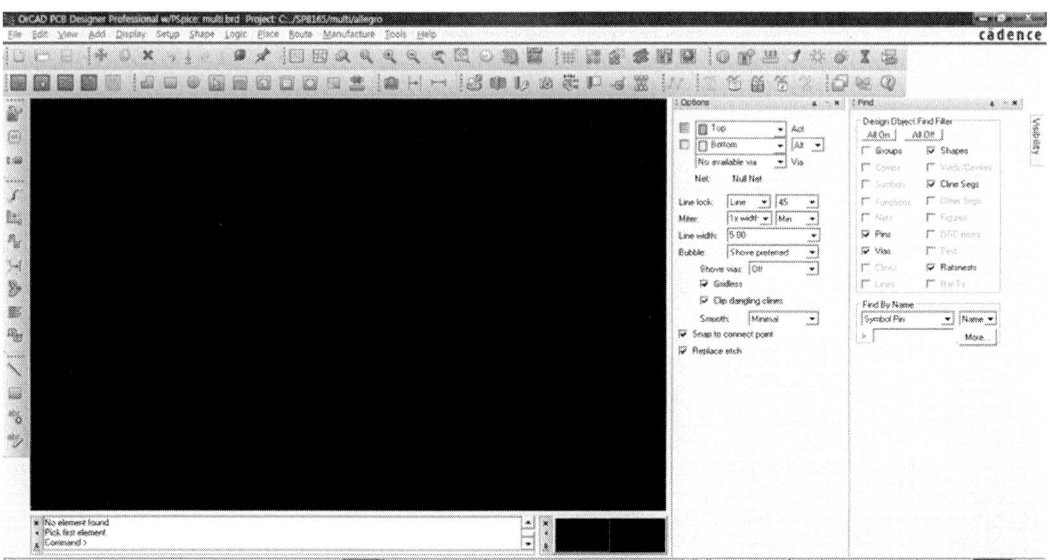

5.6 PCB Editor 환경설정

환경설정

① PCB 설계를 위한 환경설정을 하기 위해서는 메뉴 Setup – Design Parameters를 선택
② Design 탭을 선택하여 다음과 같이 기입
③ User Units는 Mils, Size는 A, Accuracy는 0, Extents의 Left X는 −3000, Lower Y는 −3000을 기입

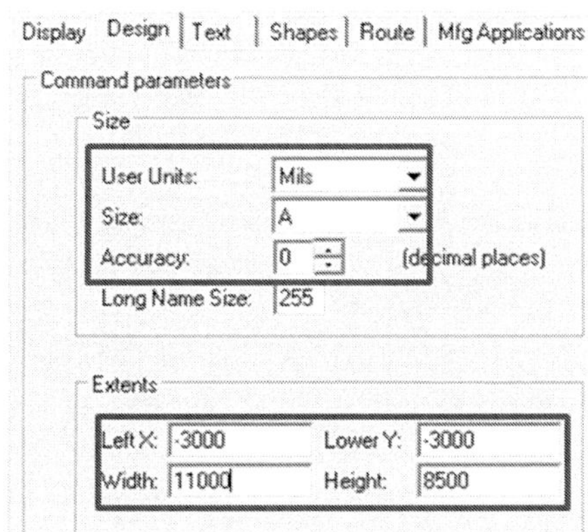

④ Shapes 탭에서 Edit global dynamic shape parameters버튼 클릭

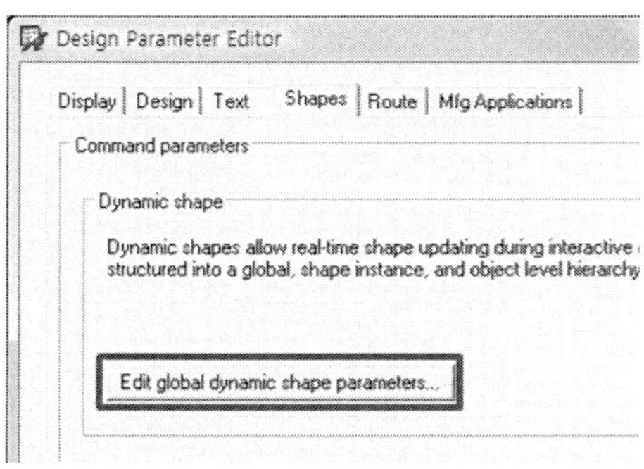

⑤ Global Dynamic Shape Parameters창이 나타나면 void controls탭을 선택

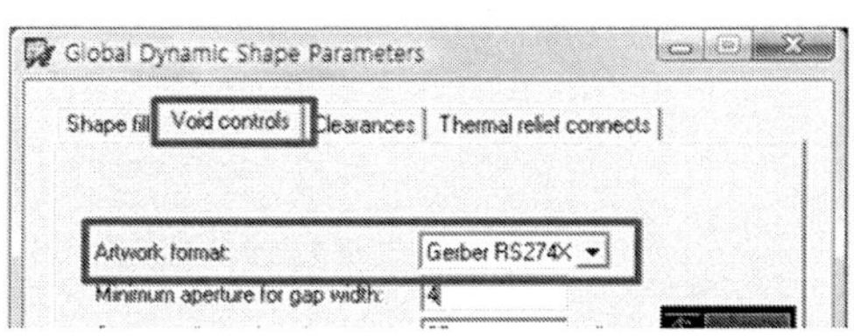

⑥ Artwork format을 Gerber RS274X로 변경한 후 OK 버튼을 선택

Layer 설정

① PCB 설계 층수를 확인하기 위해서 메뉴 Setup — Cross-Section을 선택한 후 기본 설정 값인 2층 Layer를 확인

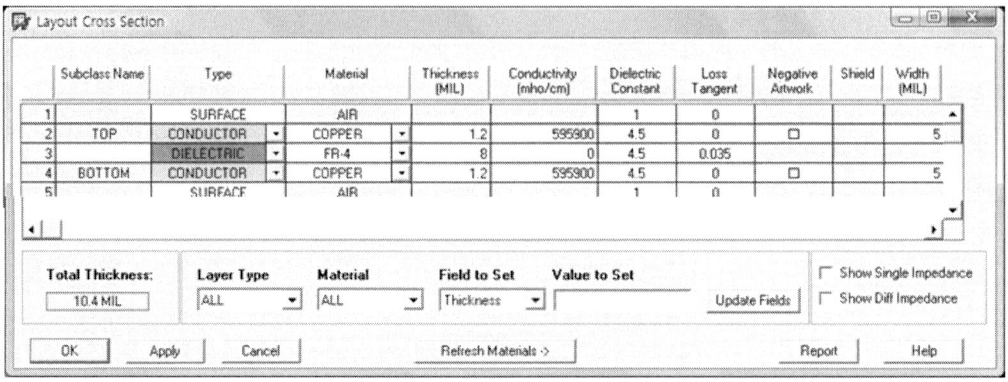

Grid 설정

① Grid 설정을 위해서는 메뉴 Setup — Grids를 선택한 후 Grids On 체크박스에 체크

② Non-Etch의 Spacing x, y를 25으로 변경한 후 OK 버튼을 선택

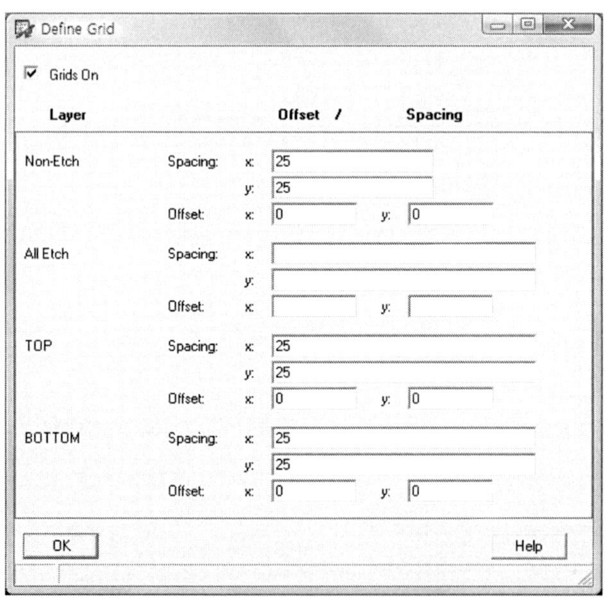

5.7 Board Outline 생성

OutLine

① 메뉴 Add — Circle을 선택

② 오른쪽 Options 팝업창에서 Active Class and Subclass 항목에 Board Geometry / Outline을 선택

③ Command 창에서 x 1500 1500[Enter↵], x 3000[Enter↵]를 차례대로 입력

④ 오른쪽 마우스 버튼 — DONE을 선택

⑤ 메뉴 Edit — Z-copy를 선택

⑥ 오른쪽 Options 팝업창에서 Copy to Class/Subclass항목에 PACKAGE KEEPIN/ALL을 선택

⑦ Offset 70으로 설정

⑧ 화면에 그려진 외곽선을 클릭

⑨ 오른쪽 Options 팝업창에서 Copy to Class/Subclass항목에 ROUTE KEEPIN/ALL을 선택

⑩ Offset 50으로 설정

⑪ 화면에 그려진 외곽선을 클릭

5.8 부품 배치 / 배선

부품배치

① 메뉴 Place — Manually를 선택

② Advanced Settings 탭에서 List construction의 Library를 체크

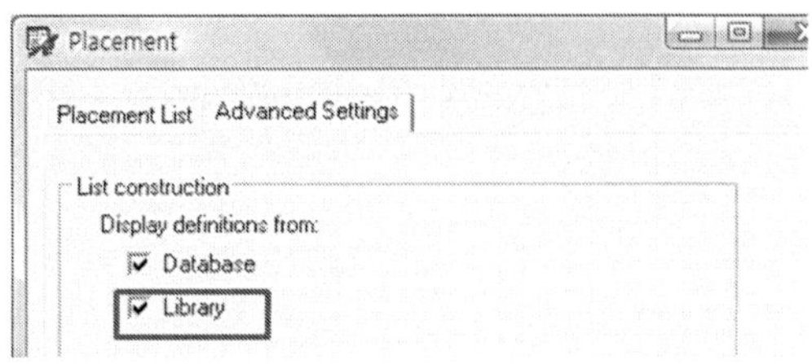

③ Placement List 탭을 선택

④ Package Symbols의 CAP196을 선택

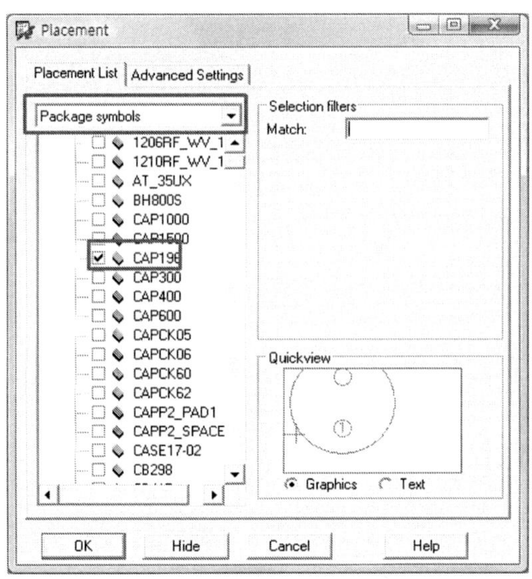

⑤ Command 창에서 x 1500 2700 Enter↵ 를 입력

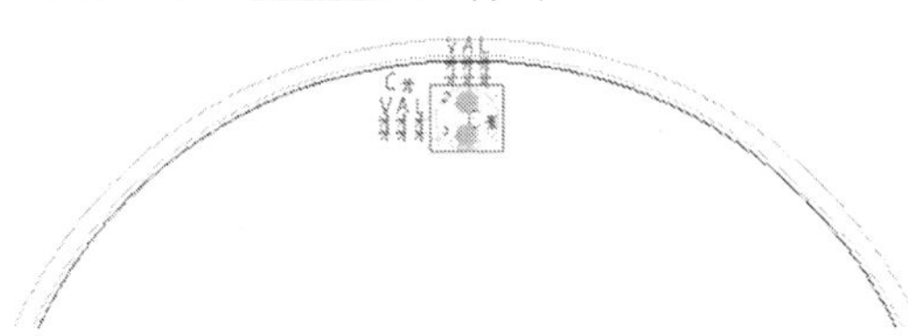

⑥ 메뉴 Edit — Copy 선택

⑦ 오른쪽 Options 팝업창에서 Copy mode는 Polar, Direction은 CW(시계방향), Copies는 9, Angle은 36을 기입

⑧ 배치된 CAP196 Symbol을 선택

⑨ ⑤ Command 창에서 x 1500 1500 Enter↵ 를 입력(회전 기준점)

⑩ 오른쪽 마우스 버튼 — DONE 선택

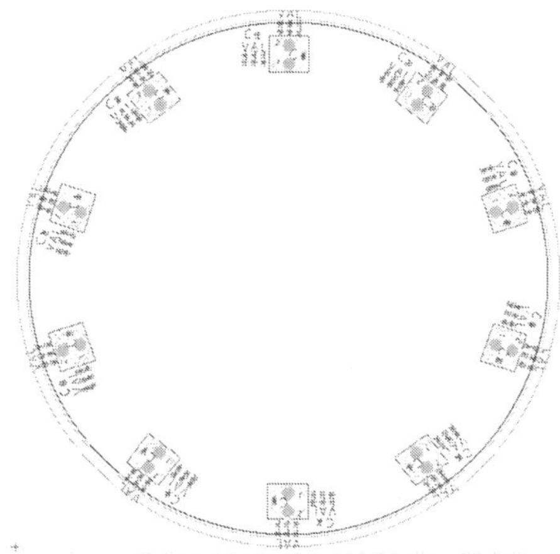

⑪ 메뉴 Logic — Assign RefDes을 선택

⑫ 오른쪽 Options 팝업창에서 Refdes에 ...(Browser)를 선택

⑬ D1선택 후 CAP196을 시계방향으로 선택

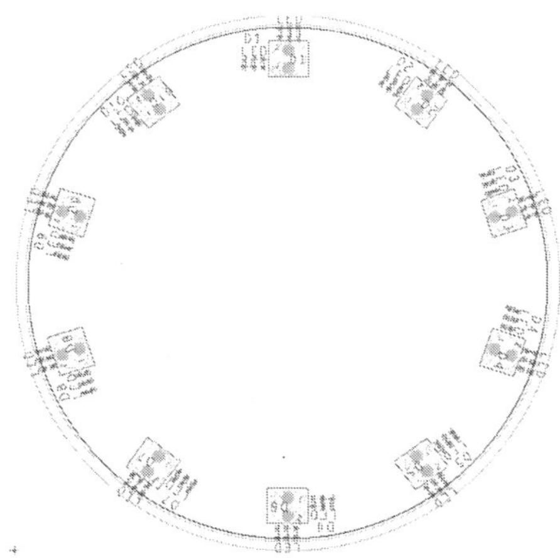

⑭ 메뉴 Place — Manually를 선택

⑮ Placement List탭에서 Components by refdes선택

⑯ 부품이 큰 BT1, U1, U2를 먼저 배치

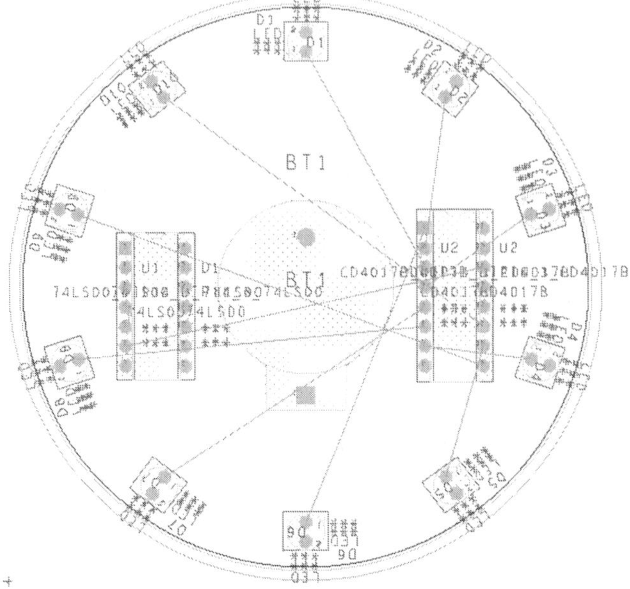

⑰ 다음으로 저항과 커패시터를 배치

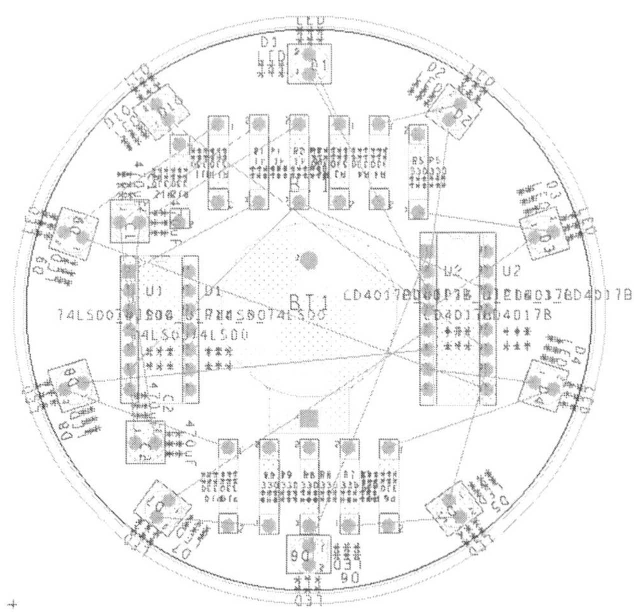

배선 설정

① 메뉴 Setup — Constraints — Constraint Manager를 선택

② Worksheet selector 창에서 Physical항목에서 Physical Constraint Set — All Layers를 선택

③ DEFAULT의 Line Width에 10을 기입

Type	Objects	Line Width	
		Min	Max
		mil	mil
*	*	*	*
Dsn	⊟ led	10	0
PCS	⊞ DEFAULT	10	0

④ DEFAULT항목에서 오른쪽 버튼을 클릭 Create — Physical CSet을 선택

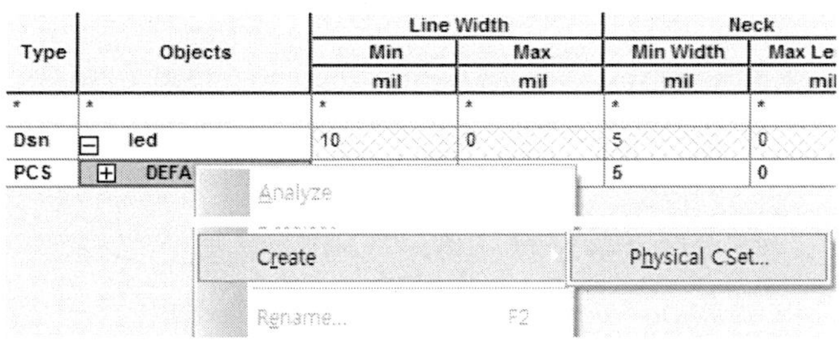

⑤ Create Physical Cset 창에서 Physical CSet에 POWER을 기입

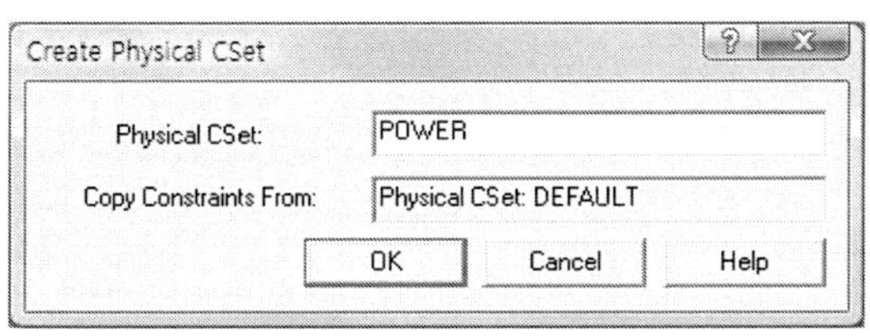

⑥ POWER에 Line Width에 20을 기입

Type	Objects	Line Width	
		Min	Max
		mil	mil
*	*	*	*
Dsn	⊟ led	10	0
PCS	⊞ DEFAULT	10	0
PCS	⊞ POWER	20	0

⑦ Worksheet selector 창에서 Physical항목에서 Net — All Layers를 선택

⑧ VCC와 GND의 Referenced Physical C Set에 POWER로 설정

⑨ Worksheet selector 창에서 Spacing항목에서 Spacing Constraint Set – All Layers – All를 선택

⑩ Line to Line의 값을 클릭 후 Hole to Hole의 값에 Shift키를 누른채 클릭하여 전체 선택

⑪ 10을 입력 후 엔터

Line To								
Line	Thru Pin	SMD Pin	Test Pin	Thru Via	BB Via	Test Via	Shape	Bond Finger
mil	mil	mil	mil	mil	mil	mil	mil	mil
*	*	*	*	*	*	*	*	*
10	10	10	10	10	10	10	10	10
10	10	10	10	10	10	10	10	10

Thru Pin To								
Line	Thru Pin	SMD Pin	Test Pin	Thru Via	BB Via	Test Via	Shape	Bond Finger
mil	mil	mil	mil	mil	mil	mil	mil	mil
*	*	*	*	*	*	*	*	*
10	10	10	10	10	10	10	10	10
10	10	10	10	10	10	10	10	10

SMD Pin To								
Line	Thru Pin	SMD Pin	Test Pin	Thru Via	BB Via	Test Via	Shape	Bond Finger
mil	mil	mil	mil	mil	mil	mil	mil	mil
*	*	*	*	*	*	*	*	*
10	10	10	10	10	10	10	10	10
10	10	10	10	10	10	10	10	10

Test Pin To								
Line	Thru Pin	SMD Pin	Test Pin	Thru Via	BB Via	Test Via	Shape	Bond Finger
mil	mil	mil	mil	mil	mil	mil	mil	mil
*	*	*	*	*	*	*	*	*
10	10	10	10	10	10	10	10	10
10	10	10	10	10	10	10	10	10

Thru Via To								
Line	Thru Pin	SMD Pin	Test Pin	Thru Via	BB Via	Test Via	Shape	Bond Finger
mil	mil	mil	mil	mil	mil	mil	mil	mil
*	*	*	*	*	*	*	*	*
10	10	10	10	10	10	10	10	10
10	10	10	10	10	10	10	10	10

BB Via To								
Line	Thru Pin	SMD Pin	Test Pin	Thru Via	BB Via	Test Via	Shape	Bond Finger
mil	mil	mil	mil	mil	mil	mil	mil	mil
*	*	*	*	*	*	*	*	*
10	10	10	10	10	10	10	10	10
10	10	10	10	10	10	10	10	10

Test Via To								
Line	Thru Pin	SMD Pin	Test Pin	Thru Via	BB Via	Test Via	Shape	Bond Finger
mil	mil	mil	mil	mil	mil	mil	mil	mil
*	*	*	*	*	*	*	*	*
10	10	10	10	10	10	10	10	10
10	10	10	10	10	10	10	10	10

Shape To								
Line	Thru Pin	SMD Pin	Test Pin	Thru Via	BB Via	Test Via	Shape	Bond Finger
mil	mil	mil	mil	mil	mil	mil	mil	mil
*	*	*	*	*	*	*	*	*
10	10	10	10	10	10	10	10	10
10	10	10	10	10	10	10	10	10

Bond Finger To								
Line	Thru Pin	SMD Pin	Test Pin	Thru Via	BB Via	Test Via	Shape	Bond Finger
mil	mil	mil	mil	mil	mil	mil	mil	mil
*	*	*	*	*	*	*	*	*
10	10	10	10	10	10	10	10	10
10	10	10	10	10	10	10	10	10

Hole To				
Line	Pin	Via	Shape	Hole
mil	mil	mil	mil	mil
*	*	*	*	*
10	10	10	10	10
10	10	10	10	10

⑫ Constraint Manager를 닫음

배선

① 메뉴 Route — Connect를 선택

② Rats 선을 따라 배선

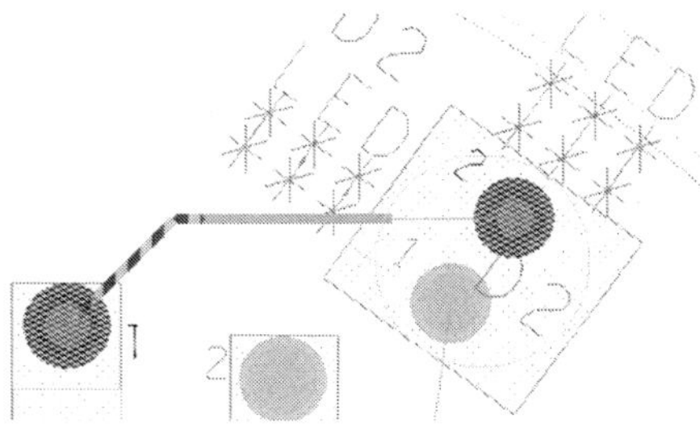

③ 배선 중에 오른쪽 마우스 버튼 — Swap Layers 선택하면 배선작업 면을 변경

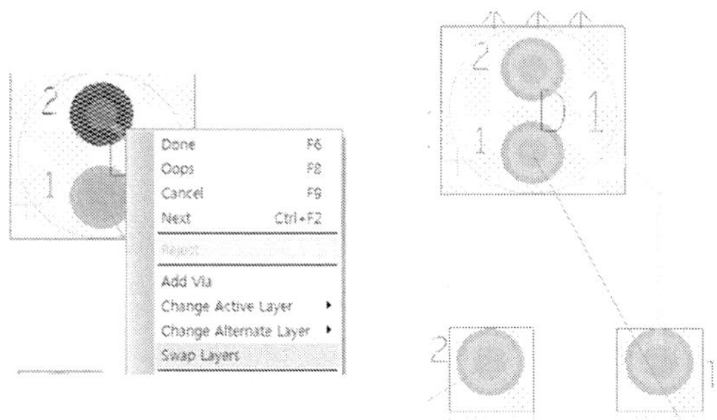

④ 배선 중 더블 클릭하면 Via 생성

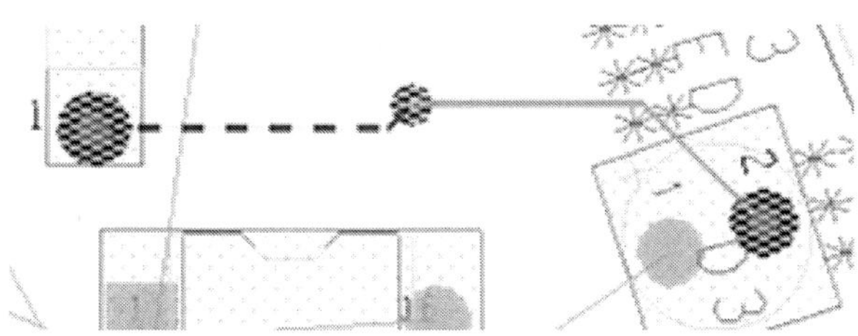

⑤ 완성된 배선 작업

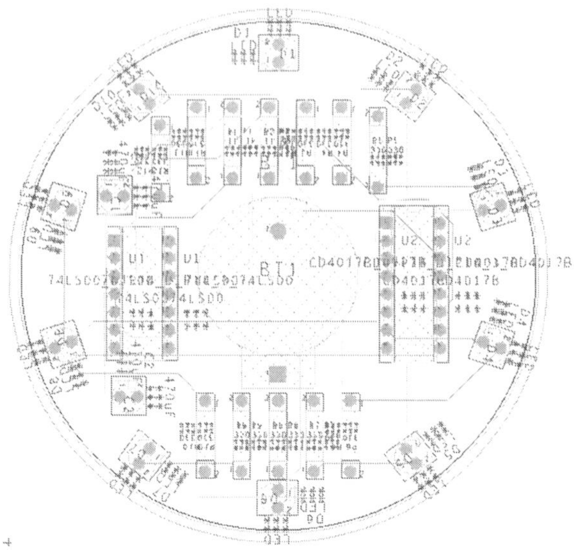

배치 및 배선 검사

① 메뉴 Display — Status를 선택
② Unplaced symbol 항목이 0%인지를 확인
③ Unrouted Connections에 앞에 아이콘 클릭
④ GND와 VCC를 제외한 나머지 Net이 배선이 되었는지 확인

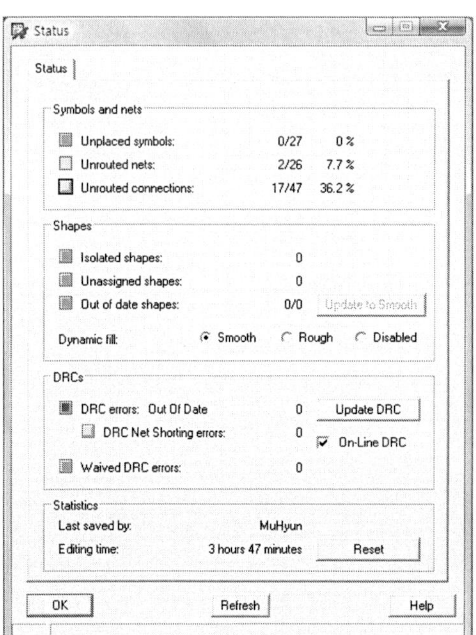

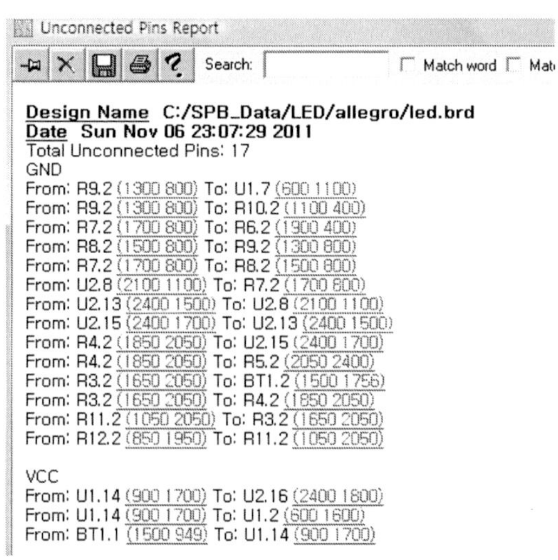
Unconnected Pins Report

Search: Match word Mat

Design Name C:/SPB_Data/LED/allegro/led.brd
Date Sun Nov 06 23:07:29 2011
Total Unconnected Pins: 17
GND
From: R9.2 (1300 800) To: U1.7 (600 1100)
From: R9.2 (1300 800) To: R10.2 (1100 400)
From: R7.2 (1700 800) To: R6.2 (1900 400)
From: R8.2 (1500 800) To: R9.2 (1300 800)
From: R7.2 (1700 800) To: R8.2 (1500 800)
From: U2.8 (2100 1100) To: R7.2 (1700 800)
From: U2.13 (2400 1500) To: U2.8 (2100 1100)
From: U2.15 (2400 1700) To: U2.13 (2400 1500)
From: R4.2 (1850 2050) To: U2.15 (2400 1700)
From: R4.2 (1850 2050) To: R5.2 (2050 2400)
From: R3.2 (1650 2050) To: BT1.2 (1500 1756)
From: R3.2 (1650 2050) To: R4.2 (1850 2050)
From: R11.2 (1050 2050) To: R3.2 (1650 2050)
From: R12.2 (850 1950) To: R11.2 (1050 2050)

VCC
From: U1.14 (900 1700) To: U2.16 (2400 1800)
From: U1.14 (900 1700) To: U1.2 (600 1600)
From: BT1.1 (1500 949) To: U1.14 (900 1700)

Copper

① 메뉴 Shape — Rectangular을 선택

② 오른쪽 Options 팝업창에서 Active Class and Subclass에 Etch/Bottom 선택

③ Assign net name의 ...(Browse)선택

④ GND 선택

⑤ Command 창에서 x 0 0 Enter↵, x 3000 3000 Enter↵를 차례대로 입력

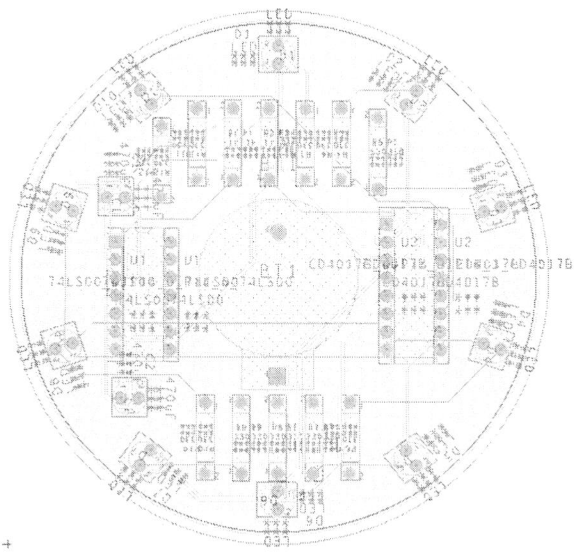

⑥ 오른쪽 마우스 버튼 — Next 선택

⑦ 오른쪽 Options 팝업창에서 Active Class and Subclass에 Etch/Bottom 선택

⑧ Assign net name의 ...(Browse) 선택

⑨ VCC 선택

⑩ Command 창에서 x 0 0 Enter↵, x 3000 3000 Enter↵를 차례대로 입력

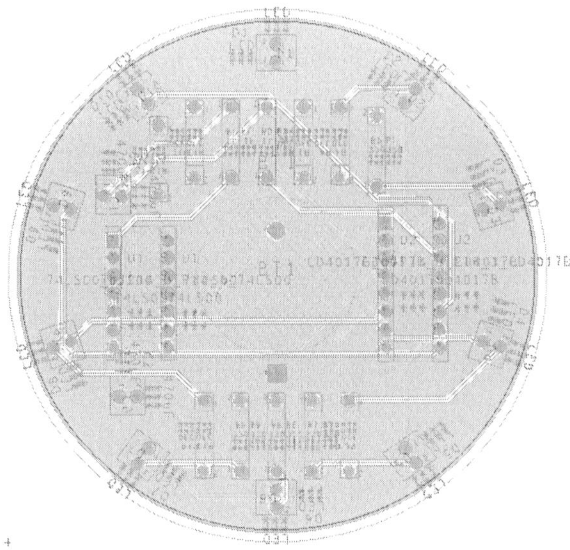

Copper 검사

① 메뉴 Display — Status를 선택

② Unplaced Net 및 Unassigned shapes가 0인지 확인

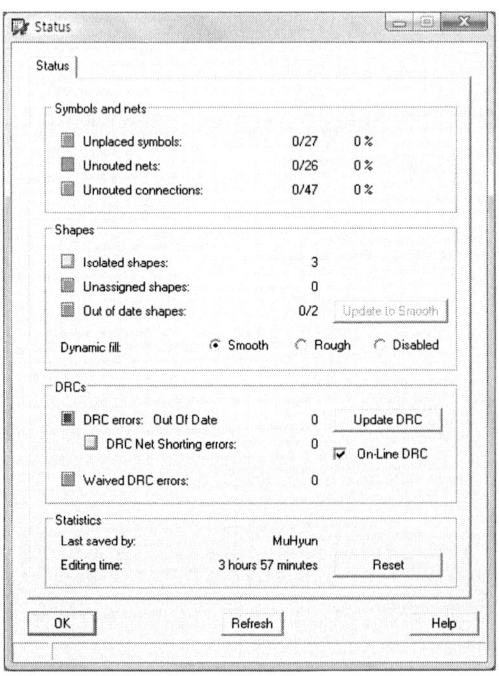

③ Isolated shapes가 1개 이상일 경우 메뉴 Shaper — Delete Islands 선택

④ 오른쪽 Options 팝업창에서 Process layer에서 TOP면과 BOTTOM면을 선택하여 Delete all on layer를 선택하여 Isolated Shape를 제거

⑤ Isolated Shape를 제거 후 DRC error가 있는지 확인

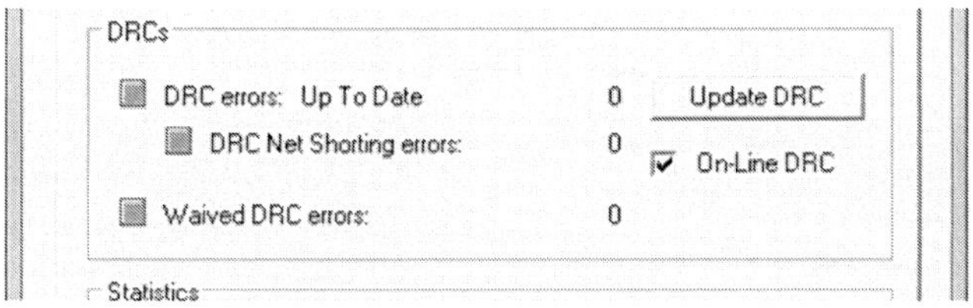

5.9 Gerber File 생성

Drill Symbol 생성

① 메뉴 Manufacture — NC — Drill Customization 선택

② Auto generate symbols 버튼 클릭

③ OK 선택

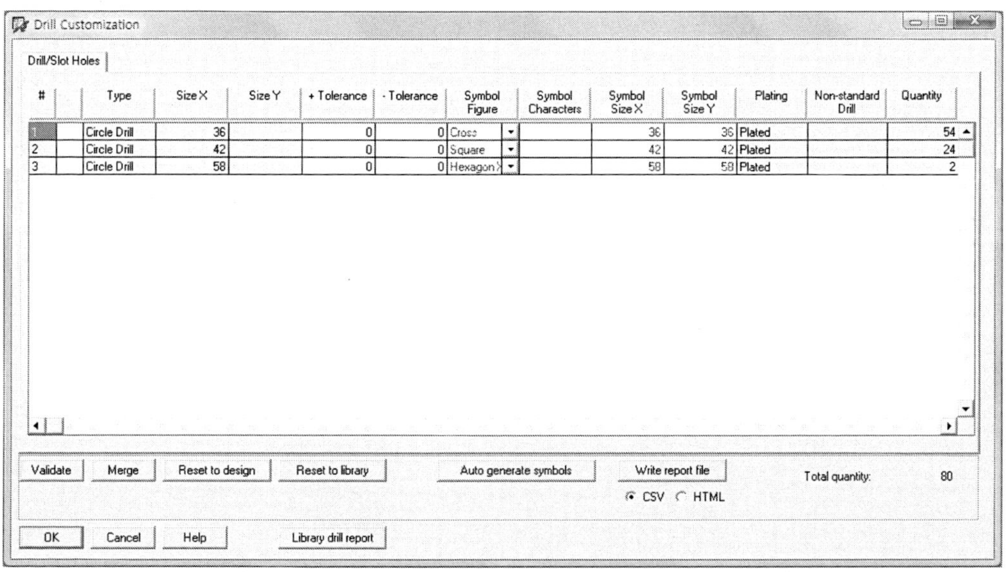

Drill Chart

① 드릴 차트를 생성하기 위해서는 메뉴 Manufacture – NC – Drill Legend를 선택

② Drill Legend 창이 나타나면 OK버튼을 선택

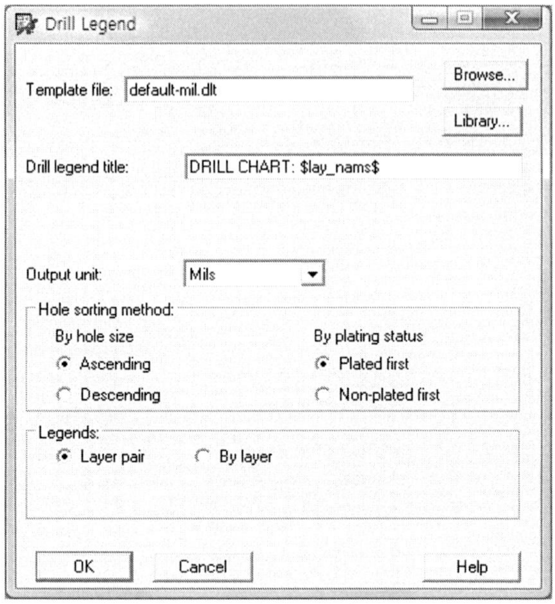

③ Command 창에서 x 0 0 Enter↵ 입력

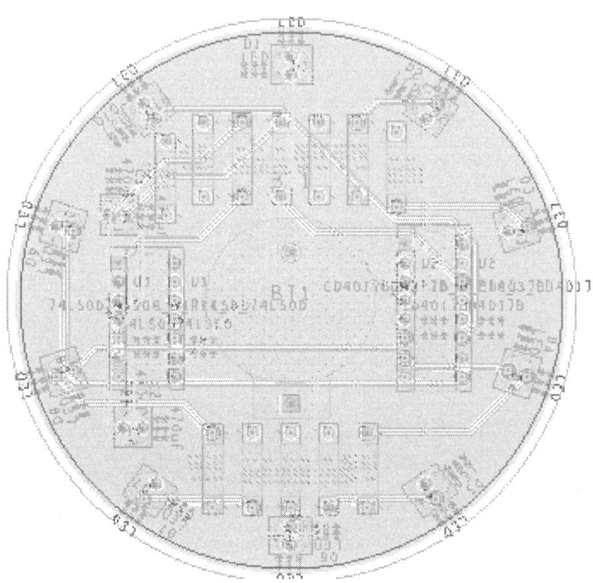

DRILL CHART: TOP to BOTTOM			
ALL UNITS ARE IN MILS			
FIGURE	SIZE	PLATED	QTY
·	36.0	PLATED	54
□	42.0	PLATED	24
○	58.0	PLATED	2

Artwork Film파일

① 메뉴 Manufacture – Artwork를 선택

② Artwork Control Form 창이 나타나면 General Parameters 탭을 선택

③ Device type 항목에서 Gerber RS274X를 체크

④ Format 항목의 Decimal places를 5로 변경

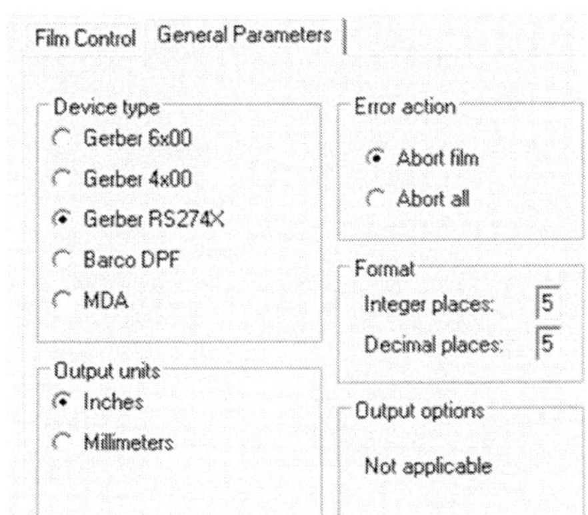

⑤ Film Control 탭을 선택

⑥ Artwork Control Form 창을 켜둔 상태에서 메뉴 Display – Color/Visibility 선택

⑦ Color Dialog 창이 나타나면 우측 상단의 Global Visibility OFF 버튼을 클릭

⑧ Color Dialog 창에서 왼쪽의 Stack-Up 폴더를 선택한 후 오른쪽 Subclasses 항목 중에 Soldermask_Top의 Pin, Via 항목을 체크

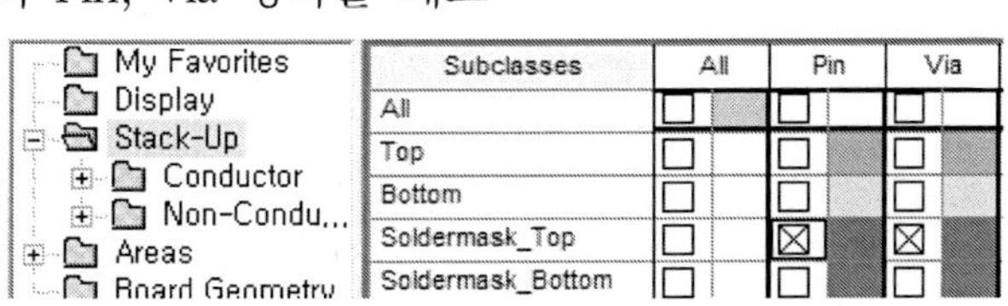

⑨ Apply 버튼 클릭 후 OK를 선택하여 Color Dialog창을 닫음

⑩ Artwork Contol Form창의 TOP을 선택 후 오른쪽 마우스 버튼 — Add

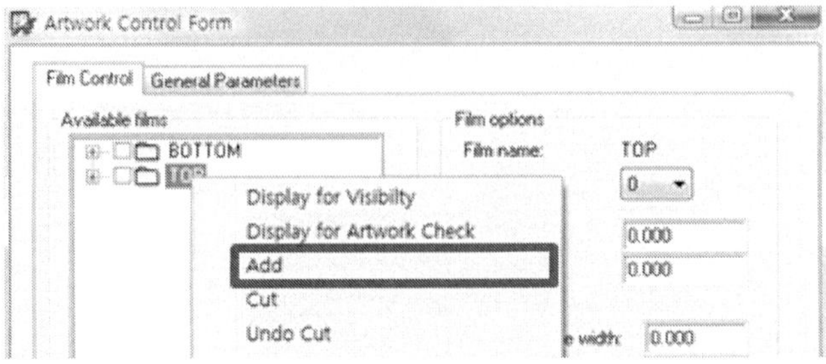

⑪ Soldermask_Top이라고 기입 후 OK선택

⑫ 다시 메뉴 Display — Color/Visibility...를 선택하여 Color Dialog 창의 Global visibility Off 버튼을 선택

⑬ Color Dialog창에서 왼쪽의 Stack-Up 폴더를 선택한 후, 오른쪽 Subclasses 항목 중 Soldermask_Bottom의 Pin, Via 항목을 체크

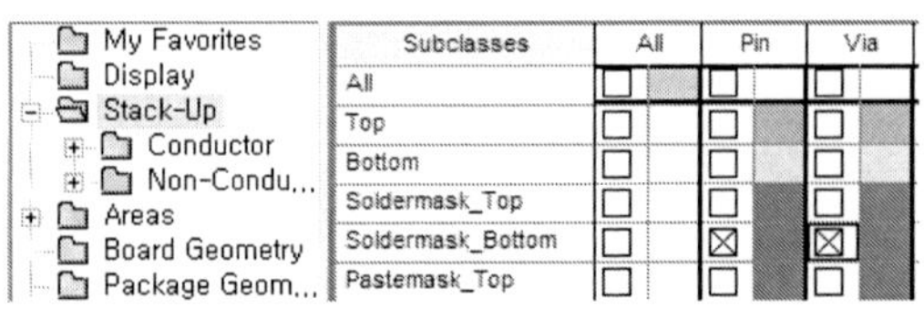

⑭ Apply 버튼을 선택한 다음 OK 버튼을 선택

⑮ Artwork Control Form창의 Soldermask_top을 선택 후 마우스 팝업 메뉴의 Add를 선택하여, Soldermask_Bottom이라고 입력한 후 OK

⑯ 다시 메뉴 Display — Color/Visibility...를 선택하여 Color Dialog 창의 Global visibility Off 버튼을 선택

⑰ Color Dialog 창에서 왼쪽의 Package Geometry 폴더를 선택한 후, 오른쪽 Subclasses 항목 중 Silkscreen_Top을 체크

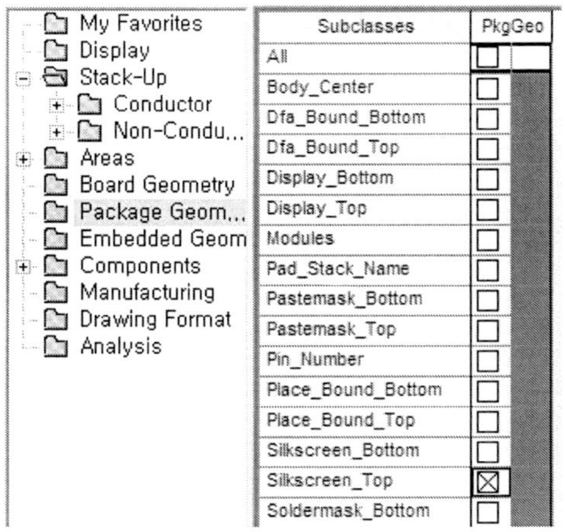

⑱ Color Dialog 창에서 왼쪽의 Components 폴더를 선택한 후, 오른쪽 Subclasses 항목 중 Silkscreen_Top의 RefDes 항목을 체크한 후 Apply, OK 버튼을 선택

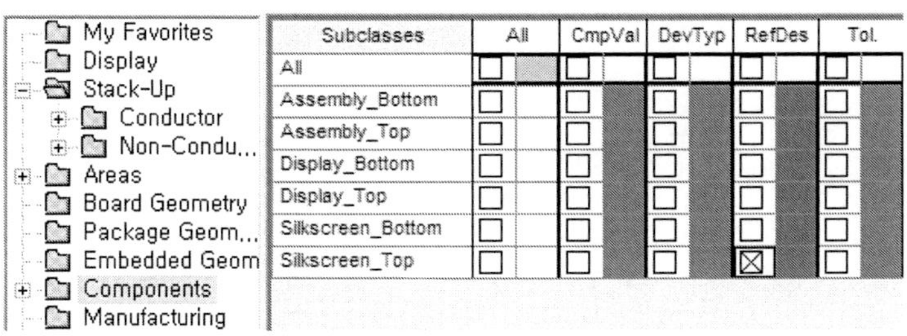

⑲ Artwork Control Form 창의 Soldermask_Bottom을 선택 후 마우스 팝업 메뉴의 Add를 선택하여, Silkscreen_top이라고 입력한 후 OK

⑳ Silkscreen_top을 선택 후 Undefined line width에 10을 기입

㉑ 다시 메뉴 Display — Color/Visibility...를 선택하여 Color Dialog 창의 Global visibility Off 버튼을 선택

㉒ Color Dialog 창에서 왼쪽의 Board Geometry 폴더를 선택한 후, 오른쪽 Subclasses 항목 중 Outline을 체크

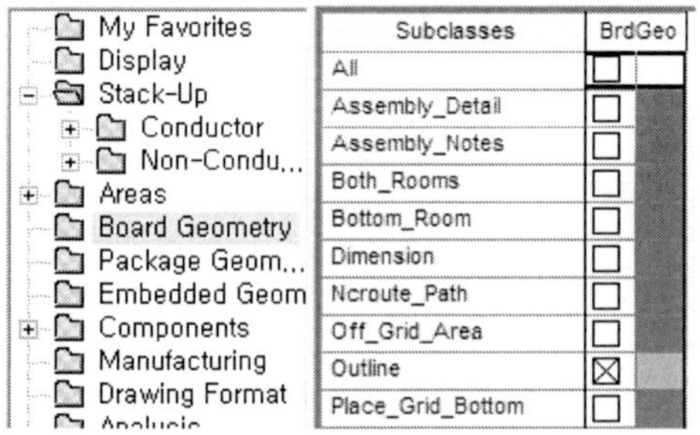

㉓ Color Dialog 창에서 왼쪽의 Manufacturing 폴더를 선택한 후, 아래 Subclasses 항목 중 Nclegend-1-2를 체크한 후 Apply, OK 버튼을 선택

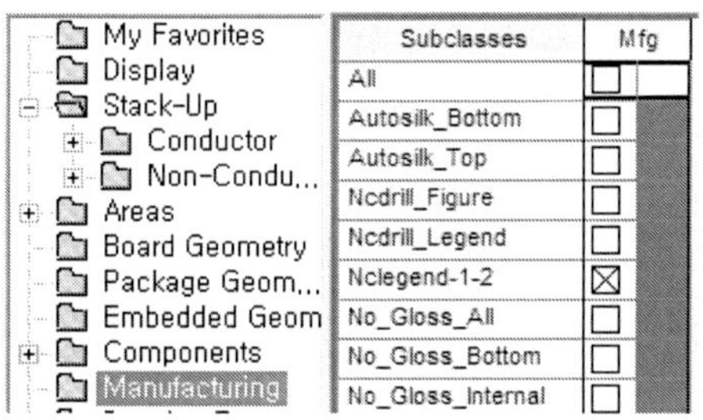

㉔ Artwork Control Form창의 Silkscreen_top을 선택 후 마우스 팝업 메뉴의 Add를 선택하여, Drill_drawing이라고 입력한 후 OK

㉕ Drill_drawing을 선택 후 Undefined line width에 10을 기입

㉖ Select all 버튼을 선택한 후 Create Artwork 버튼을 선택

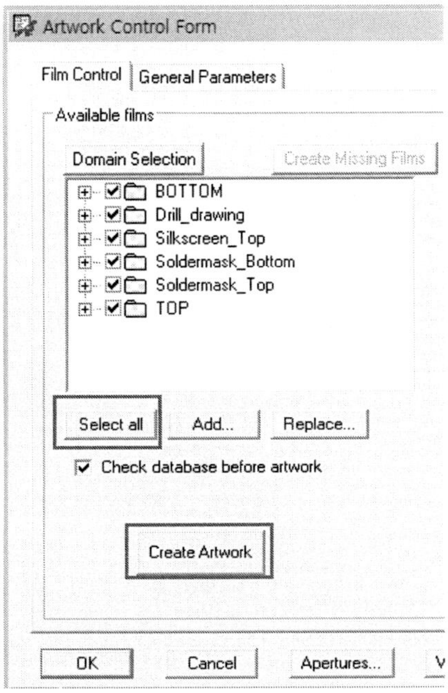

NC Drill파일

① NC-Drill 파일 생성을 위해서 메뉴 Manufacture — NC — NC Drill...를 선택

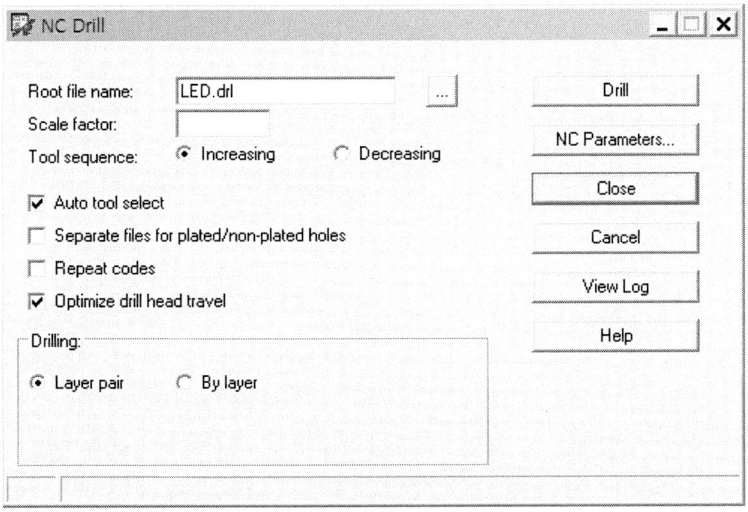

② NC Drill창에서 NC Parameters...버튼을 선택하여, Excellon format 항목의 format을 5로 수정한 후 Close 버튼을 선택

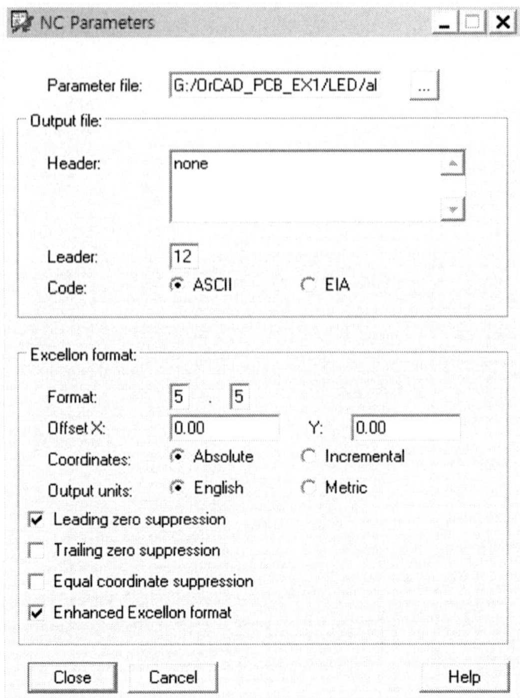

③ NC Drill창의 Drill 버튼을 선택하여 NC Drill 파일을 생성한 후 Close를 선택

④ 타이틀바의 저장 경로에 *.art 파일과 *.drl 파일의 Gerber file이 생성 완료

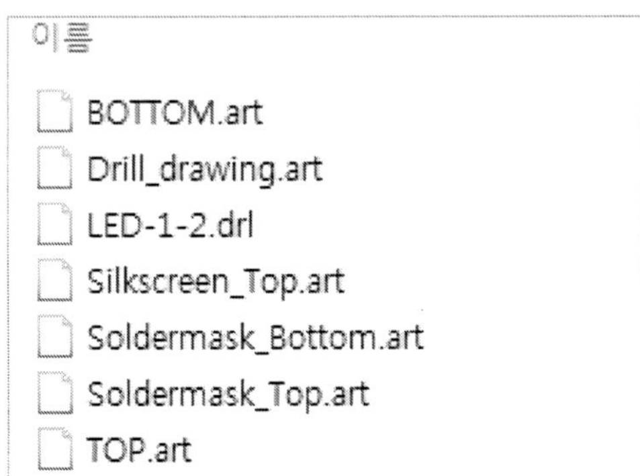

Part Ⅲ PCB 설계 실습

제 1 장 Direction Control

1.1 회로설계(Schematic) 조건

1.1.1 주어진 회로의 동작원리를 분석해 보고 Orcad를 사용하여 회로(Schematic)를 설계한다.

1.1.2 기본으로 제공되는 라이브러리를 사용을 원칙으로 하되, 필요할 경우 본인이 라이브러리를 생성한다.

1.1.3 회로설계(Schematic)는 다음의 요구사항에 준하여 설계한다.

① Page size는 A4(mm 297×210)로 균형 있게 작성한다.

② 타이틀 블록(Title block)의 작성

- Title: 회로도명 기재(글자 크기 14)

  (예) DIRECTION CONTROL

- Document: 이름(영문이니셜), 학번, 작업일자(글자 크기 12)

  (예) KSH. 1433000. 15. 8. 20

- Rev: 1.0(글자 크기 12)

③ 사용하지 않는 부품 및 핀들은 설계규칙 검사 시 에러를 유발하지 않도록 처리한다.

④ 네트의 이름이 정의된 경우에는 네트 이름을 기입한다.

부품의 지정 핀	네트의 이름	부품의 지정 핀	네트의 이름
J1의 1번 핀	RST	U1의 4번 핀	RST
U1의 3번 핀	OUT1	U2C의 10번 핀	OUT1
U3B의 4번 핀	OUT1	U3A의 3번 핀	OUT2
R6의 왼쪽 핀	OUT2	U3D의 11번 핀	OUT3
R9의 왼쪽 핀	OUT3		

⑤ 지정하지 않은 설계조건은 일반적인 설계규칙(KS규격 등)을 적용하여 설계하며, 설계규칙 검사항목은 기본 값을 사용한다.

⑥ 설계가 완료되면 설계도면과 네트리스트 파일을 생성한다.

⑦ 에러 체크를 한 후 에러가 있는 경우 틀린 회로를 수정하여 정상 동작이 되도록 한다.

Part 리스트

Part Reference	Part Name	Part Symbol
C1, C4	CAP NP (DISCRETE.OLB)	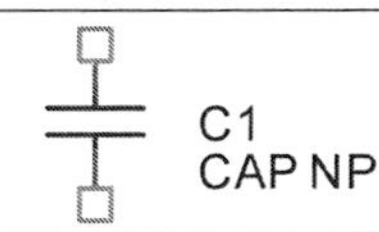
C2, C3	CAP POL (DISCRETE.OLB)	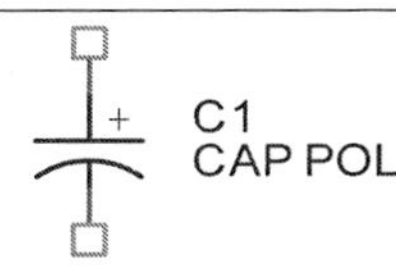
D1, D2	LED (DISCRETE.OLB)	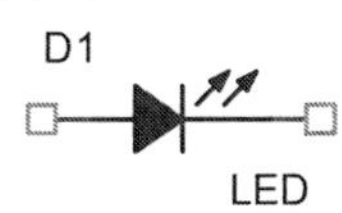
D3	DIODE (DISCRETE.OLB)	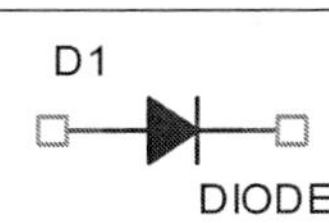
J1, J2	CON2 (CONNECTOR.OLB)	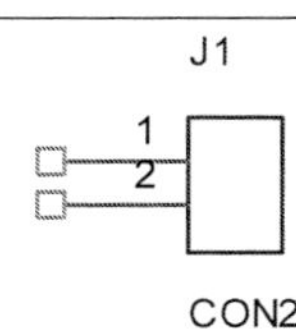
Q1, Q2	NPN ECB (TRANSISTOR.OLB)	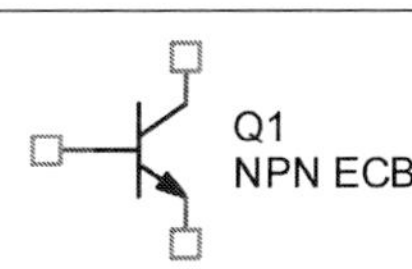
R1, R2, R3, R4, R5, R6, R7, R8, R9, R10	R (DISCRETE.OLB)	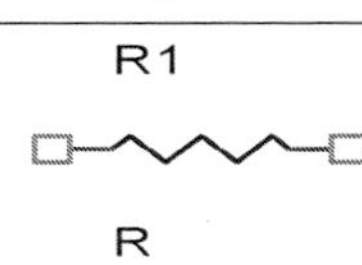
U1	NE555 (MISCLINEAR.OLB)	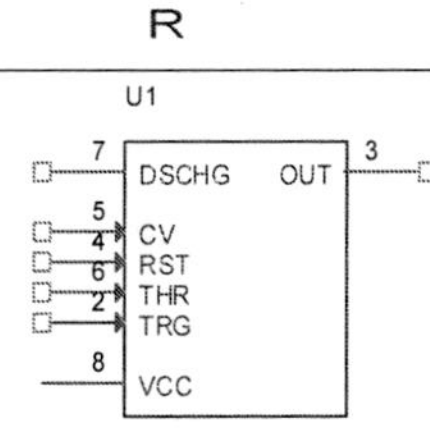

Part Reference	Part Name	Part Symbol
U2A, U2B, U2C	74LS00 (GATE.OLB)	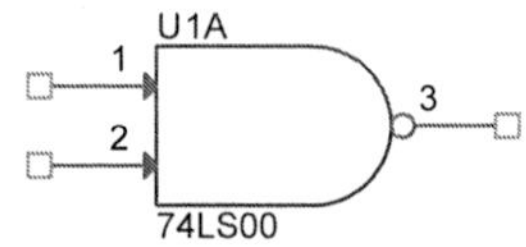
U3A, U3B, U3C, U3D	74LS86 (GATE.OLB)	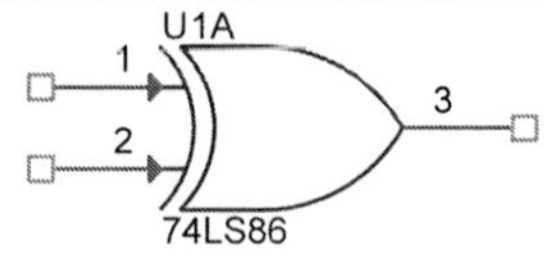
U4	74LS123 (MISC.OLB)	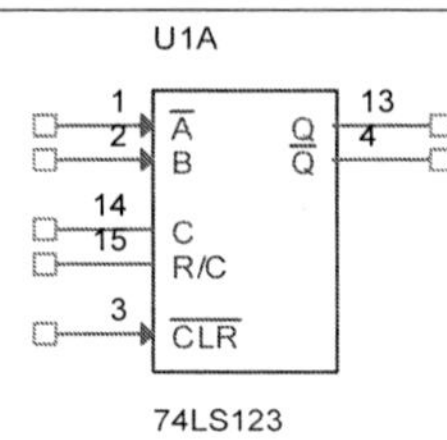

PCB Footprint 리스트

Part Reference	Part Name	PCB Footprint Name	Footprint Symbol
C1, C4	CAP NP (DISCRETE.OLB)	CAPCK05	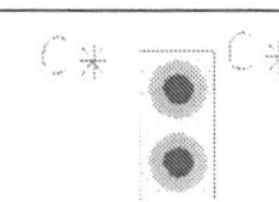
C2, C3	CAP POL (DISCRETE.OLB)	CAP196	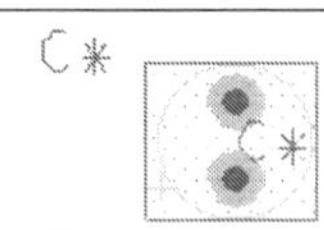
D1, D2	LED (DISCRETE.OLB)	LED (생성)	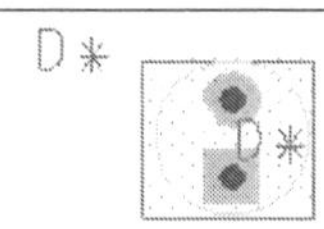
D3	DIODE (DISCRETE.OLB)	DO41	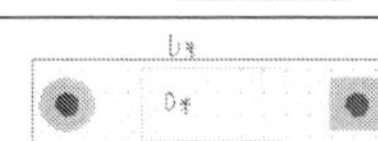
J1, J2	CON2 (CONNECTOR.OLB)	CON2 (생성)	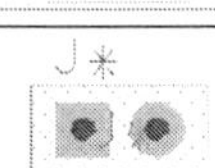
Q1, Q2	NPN ECB (TRANSISTOR.OLB)	TO92	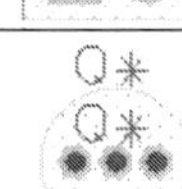
R1, R2, R3, R4, R5, R6, R7, R8, R9, R10	R (DISCRETE.OLB)	RES400	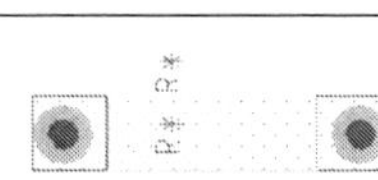
U1	NE555 (MISCLINEAR.OLB)	DIP8_3	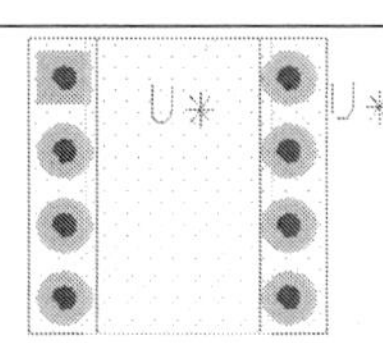

Part Reference	Part Name	PCB Footprint Name	Footprint Symbol
U2A, U2B, U2C	74LS00 (GATE.OLB)	DIP14_3	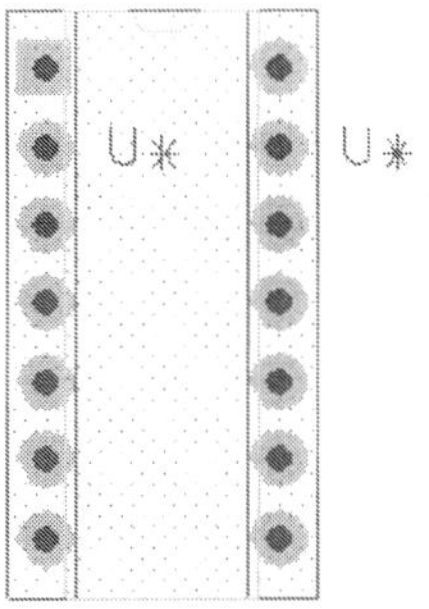
U3A, U3B, U3C, U3D	74LS86 (GATE.OLB)		
U4	74LS123 (MISC.OLB)	DIP16_3	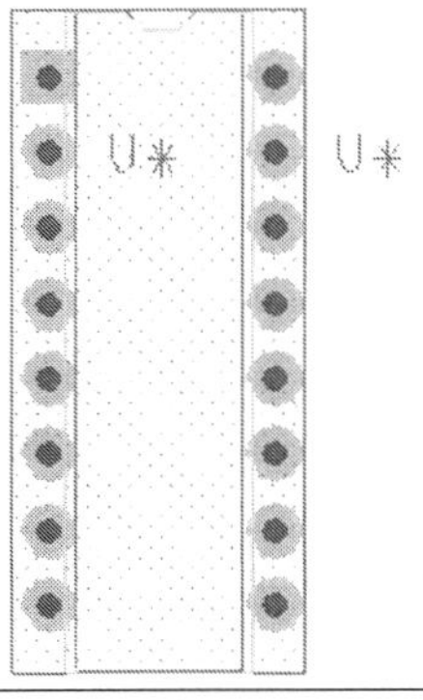

1.2 PCB 설계(Layout) 조건

1.2.1 설계 환경: 양면 PCB(2-Layout)

1.2.2 보드 사이즈: 100mm[가로] × 70mm[세로]로 보드 outline을 생성하시오.

1.2.3 부품 배치: 주요 부품은 다음 그림과 같이 배치하고, 그 외는 임의로 배치하시오.

- 부품은 TOP Lay에만 실장하고, 부품의 실장 시 IC와 LED등 극성이 있는 부품은 가급적 동일 방향으로 배열하도록 하며, 이격 거리를 고려하여 배치하도록 하시오.
- 특별히 지정하지 않는 사항은 일반적인 PCB 설계규칙에 준하여 설계하시오.

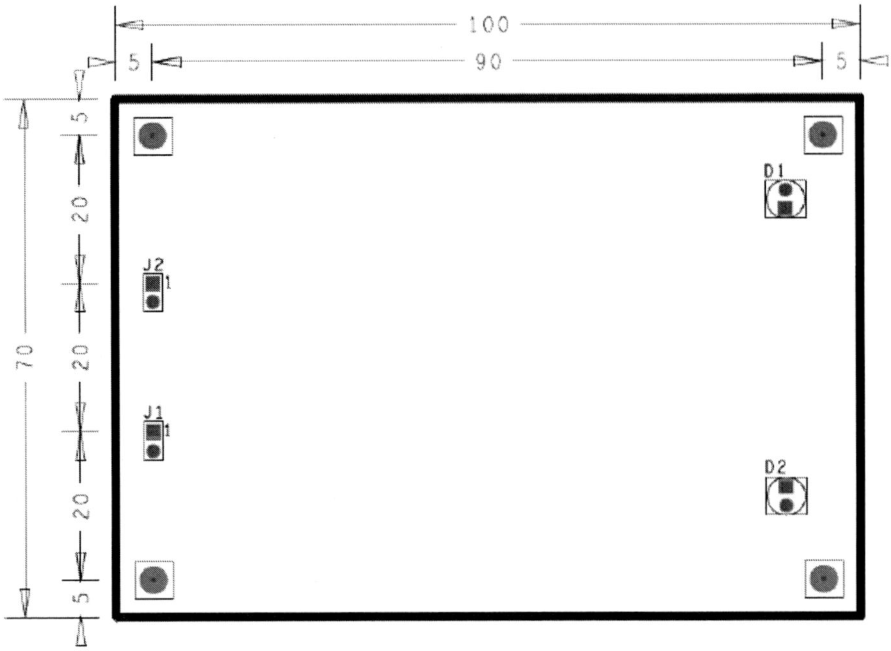

- 기구홀: (5, 5), (95, 5), (95, 65), (5, 65)
- J1: (5, 25), J2: (5, 45)
- D1: (90, 55), D2: (90, 17.5)

1.2.4 네트(NET)의 폭(두께) 설정

- 정의된 네트의 폭에 따라 설계하시오.

VCC, GND	0.5mm
일반선	0.25mm

1.2.5 배선(Routing)

- 배선은 양면 모두에서 진행하되, TOP Layer(부품면)의 배선방향이 수평이면, BOTTOM Layer(배선면)의 배선방향은 수직 [또는 TOP Layer(부품면)의 배선 방향이 수직이면, BOTTOM Layer(배선면)의 배선방향은 수평]으로 배선을 하시오.
- 배선 경로는 최대한 짧게 하되 100% 배선하며, 직각배선은 하지 않도록 한다.
- 자동배선(Auto routing)은 사용할 수 없으며, 비아(via)는 생성하지 않는다.

1.2.6 기구 홀(Mounting Hole)의 삽입

- 보드 외곽의 네 모서리에 직경 3∅의 기구 홀을 삽입하되 각각의 모서리로부터 5mm 떨어진 지점에 배치하고, 비전기적(non-electrical) 속성으로 정의하고, 기구 홀의 부품 참조 값은 삭제한다.

1.2.7 실크데이터(Silk Data)

- 실크데이터의 부품 번호는 한 방향으로 보기 좋게 정렬하고, 불필요한 데이터는 삭제하시오.
- 다음의 내용을 보드 하단 중앙에 위치하시오.

보드에 위치할 실크내용	속성
이름(영문이니셜) 학번	line width: 0.5mm , height: 4mm

1.2.8 카퍼(copper Pour)의 설정

- 보드 부품면(TOP Layer)에 GND 속성의 카퍼 처리를 하되, 보드 외곽으로부터 3mm 이격을 두고 실시하며, 모든 네트와 카퍼와의 이격거리는(Clearance) 0.5mm, 단열판과 GND 네트 사이 연결선의 두께는 0.5mm로 설정하시오.

1.2.9 DRC(Design Rule Check)

- 모든 조건은 default 값(Clearance: 0.254mm)에 위배되지 않아야 한다.

1.2.10 거버 데이터의 생성

- 양면 PCB 제조에 필요한 데이터 파일(거버 데이터 등)을 빠짐없이 생성

1.3 회로 설계

Sub Note

- 모든 경로 및 파일명의 이름을 영문, 숫자, Under Bar(_), hyphen(-)으로 작성
- 한글이나 그 외 특수문자(!, &, *) 금지
- 단축키를 사용하여 빠르게 작업
- 부품을 정확하게 이용
- 핀과 핀을 직접 연결 하지 않음(수정 시 불리)
- 주어진 회로도와 똑같이 작업
- 보이지 않는 전원 핀의 속성을 수정
- 문제와 동일한 설계 요구조건을 따름
- 접점의 누락, 네트의 누락 등
- DRC 결과를 반드시 확인 후 에러를 완벽히 수정한 후 PCB Editor 진행

1.3.1 Project 만들기

회로도 작성을 시작하기 위해 OrCAD Capture를 실행한다.
(시작 — 모든 프로그램 — Cadence — Release 16.6 — OrCAD Capture)

New Project 생성

새로운 프로젝트를 시작하기 위해 메뉴 File — New — Project(Ctrl + N,)를 선택한다.

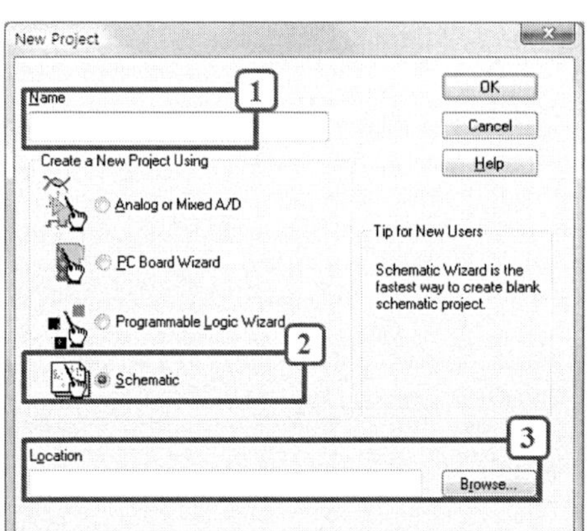

① Name: 파일 이름을 입력
② Create a New Project Using: 프로젝트의 종류를 선택
③ Location: 파일이 저장될 폴더의 경로

• 파일명 설정

설계에 사용하는 설계도면의 이름을 지정하는 창으로 프로젝트 명 또는 자신의 비번호를 파일명으로 입력한다.

※ 영문, 숫자, Under Bar(_), hyphen(-)으로 작성한다.

한글이나 그 외 특수문자(!, @, &, *, …) 그리고 빈칸은 사용을 금지한다.

• Project Type 선택

회로 도면을 설계하기 위하여 Schematic(

)을 선택한다.

	아날로그 또는 아날로그/디지털 복합 회로의 설계를 위한 PSpice 프로젝트
	인쇄회로기판(PCB)을 설계하기 위한 프로젝트
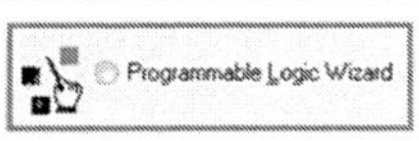	CPLD 또는 FPGA 설계의 디지털 시뮬레이션을 위한 프로젝트
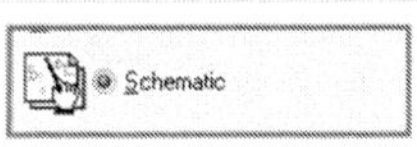	회로도 설계를 위한 범용 프로젝트

• 저장경로 설정

설계 파일을 저장할 경로를 지정하는 창으로써, 프로젝트명을 저장경로명으로 입력한다.

※ 영문, 숫자, Under Bar(_), hyphen(-)으로 작성한다.

① New Project 창의 Location 항목에 있는 Browse를 선택한다.

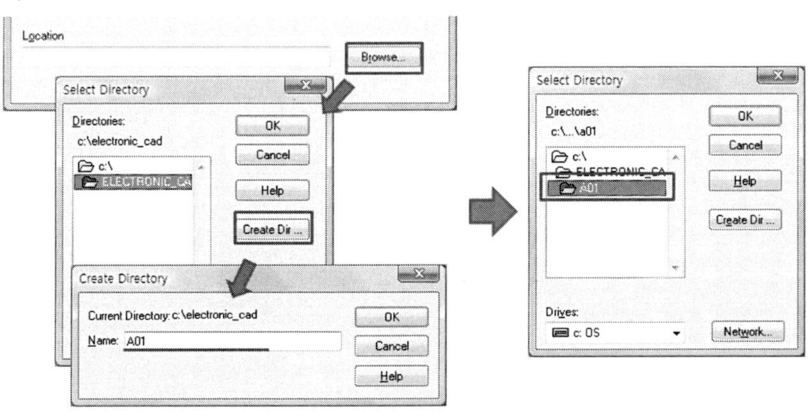

② Select Directory 창에서 Create Dir를 선택하여 저장경로를 기입한 후 OK를 누른다.
③ 생성된 폴더를 더블클릭한 뒤 OK 버튼을 클릭한다.

1.3.2 환경설정

OrCAD Capture에서는 여러 가지 설계 환경을 제공하며, Option 메뉴를 이용하여 설정할 수 있다.

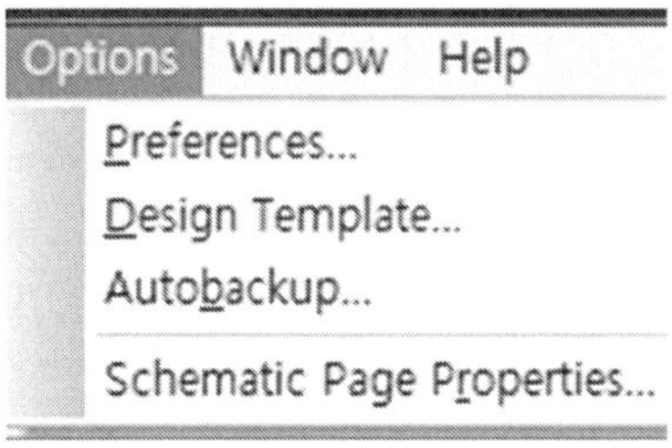

Preferences: OrCAD Capture의 작업환경을 설정
Design Template: 설계의 기본 환경을 설정
Autobackup: 자동 저장을 설정
Schematic Page Properties(Page창에서 활성화): 개별 도면에 대한 설정

Preferences 설정

▸ 사용자가 OrCAD Capture의 작업 환경을 설정할 수 있으며, 색상설정, Grid 설정, 팬(Pan)과 줌(Zoom)설정, Part 선택 설정, 기타 옵션 등이 있다.

Tip Grid 설정

Grid 설정은 메뉴 Option – Preferences에서 Grid Display 탭을 선택하면 된다. 이 탭에서는 회로도 및 부품 편집기 창에서의 Grid에 대한 설정을 할 수 있다.
Snap 기능은 Pointer snap to grid 체크 해제 시 글자의 이동이나 Title Block 등 세밀하게 이동할 경우 사용하며, 이동 기능을 이용 후 다시 Pointer snap to grid 체크를 한다.

※ Snap to Grid 기능이 꺼진 상태에서는 Part를 배치 또는 이동할 경우 배선 작업이 어려울 수 있음으로 Part 이동 시에는 Pointer snap to grid 항목이 체크된 상태로 이동한다.

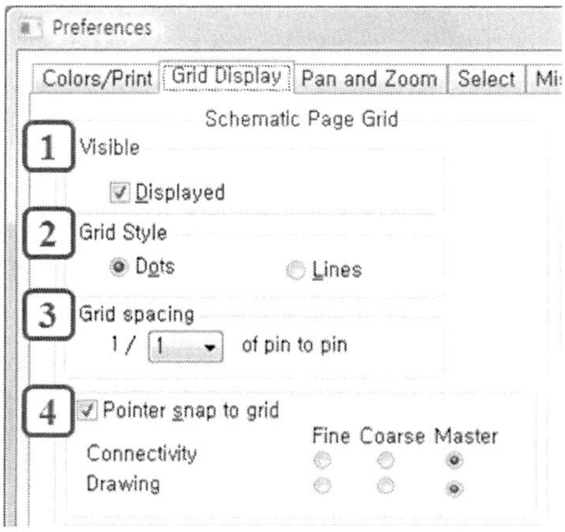

① Visible: Grid의 표시여부를 선택
② Grid Style: Grid의 형태를 선택(점, 선)
③ Location: Pin과 Pin간의 Grid의 간격을 설정
④ Pointer snap to grid:
Grid의 Snap 여부를 선택

Tip Miscellaneous 설정

회로도 편집기에서 Junction의 크기와 자동 저장, 참조 번호 설정, PCB Editor와의 Cross Probe 등을 설정할 수 있는 기타 설정은 메뉴 Option – Preferences에서 Miscellaneous 탭을 선택하여 설정할 수 있다.

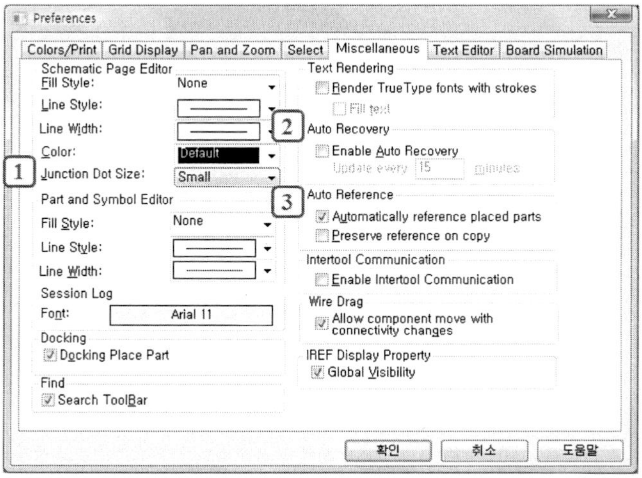

① Junction Dot Size: 화면에 출력되는 Junction의 크기를 수정할 수 있으며, 회로도 출력 시 Junction의 크기를 조절 할 수 있다.

Size	Symbol	Size	Symbol
Small(Default)		Large	
Medium		Very Large	

② Auto Recovery: Enable Auto Recovery에 체크를 하게 되면 프로그램이 비정상적으로 종료시 마지막으로 저장된 회로를 복원한다. 저장 간격 시간이 빠르게 설정할 경우 작업도 잦은 저장으로 작업이 어려울 수 있음으로 저장 시간을 빠르게 설정하지 않는다.

③ Auto Reference: 부품을 배치 시 참조 번호에 대한 설정을 할 수 있다.

- Automatically reference placed parts: 부품 배치 시 참조 번호를 자동 증가 여부를 설정하는 옵션으로 체크 해제 시 참조 번호가 ?로 나타난다. (예: R?, U?)
- Preserve reference on copy: 부품의 참조 번호는 ?로 나타나며, 부품 복사 시 동일한 참조번호로 부품을 복사할 수 있다

Autobackup 설정

✓ 회로도 설계 시 데이터 분실을 막기 위하여 백업 파일(.DBK)을 생성한다.

✓ 이전 백업 파일 복구 시 백업 파일(.DBK)확장자를 도면파일(.DSN) 확장자로 변경 후 Capture에서 메뉴 File – Open – Design을 통하여 파일을 복구 할 수 있다.

✓ 메뉴 Option – Autobackup을 선택하여 백업에 대한 설정을 할 수 있다.

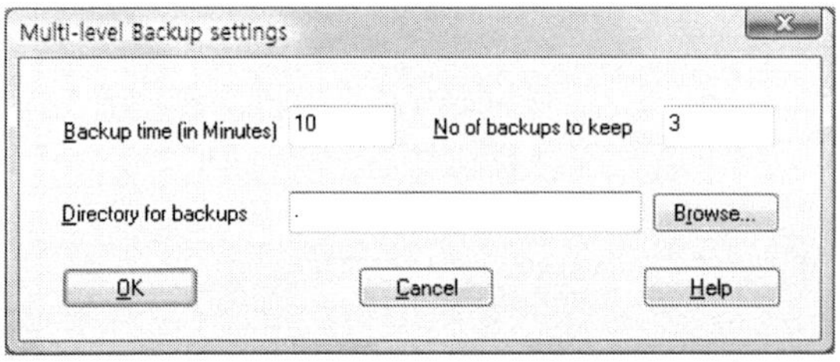

① Backup time(in Minutes): 저장 시간 간격을 설정한다. (기본: 10분으로 설정)

② No of Backups to keep: 백업 파일 수를 설정한다. (기본: 3으로 설정)

③ Directory for backups: 저장 경로를 설정한다. (기본: 프로젝트 작업 경로로 설정)

Schematic Page Properties 설정

Page size는 A4(Millimeter; 297 × 210)로 설정

✓ 이 메뉴는 현재 작업 중인 Page에만 적용되는 환경 설정으로 Page가 활성화된 상태에서 메뉴 Option – Schematic Page Properties를 선택하여 설정할 수 있다.

① 메뉴 Options – Schematic Page Properties를 선택한다.

② Page Size 탭에서 Millimeters(Units)와 A4(Page Size)를 선택한 뒤 확인을 누른다.

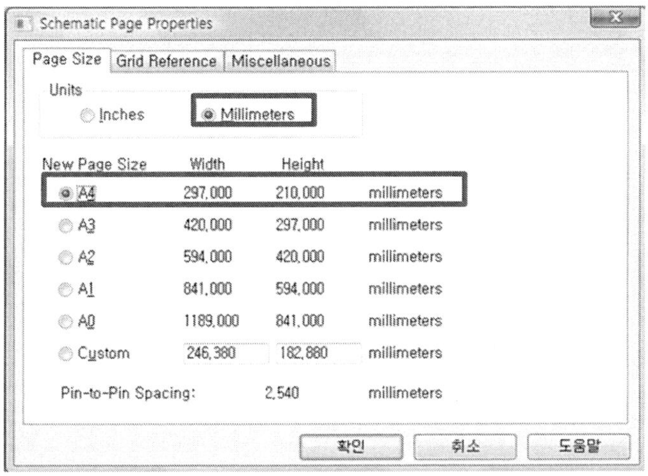

③ 페이지 환경 설정이 끝난 뒤 우측 하단에 있는 Title Block의 Size 부분이 A4로 설정되어 있는지 확인한다.

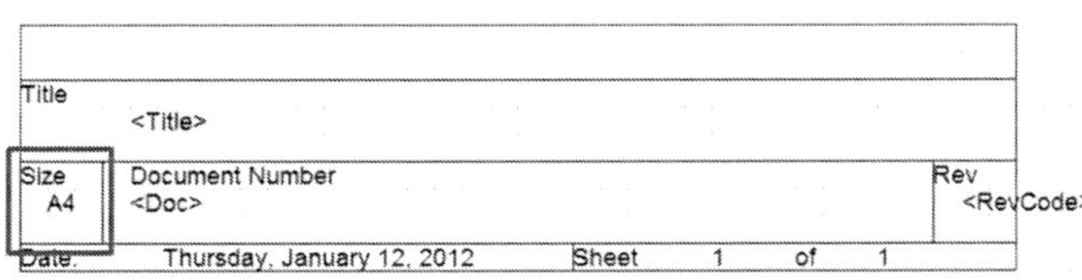

1.3.3 Title block 작성

Title 작성

Title에 작품명 기재(크기 14)

예) DIRECTION CONTROL

① 우측 하단에 Title Block의 〈Title〉을 선택 후 오른쪽 마우스 버튼 – Edit Properties를 선택한다.

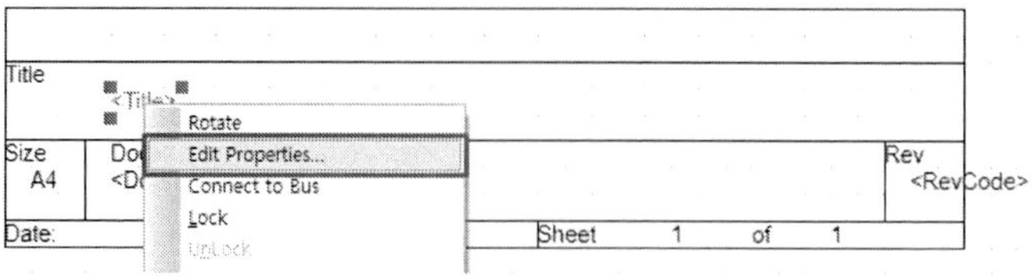

② Value에 DIRECTION CONTROL을 기입한다.

③ Font에 Change를 누른 후 글꼴에서 14를 선택 후 확인을 선택한다.

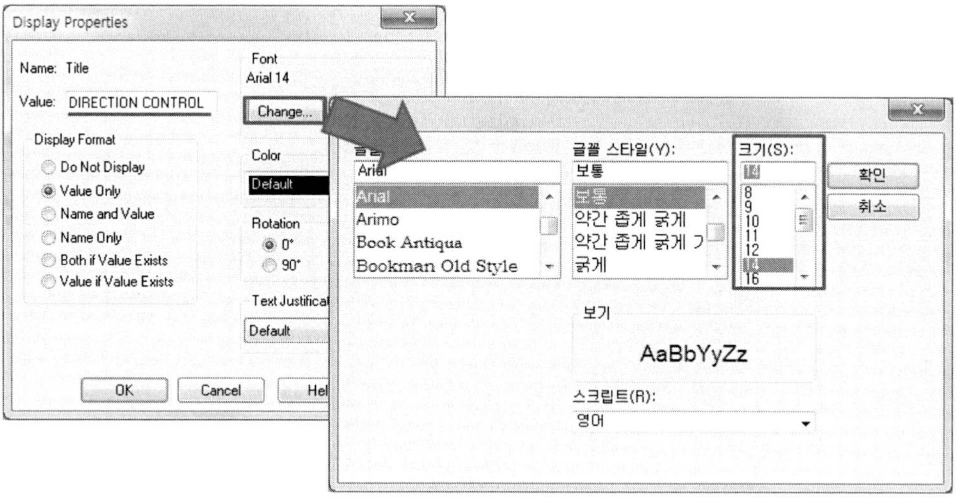

Document 작성

Document에 본인 영문이니셜, 학번,시행일자(크기 12)

예) KSH. 1433000. 15.08.20

① 우측 하단에 Title Block의 〈Doc〉을 선택 후 오른쪽 마우스 버튼 – Edit Properties를 선택한다.

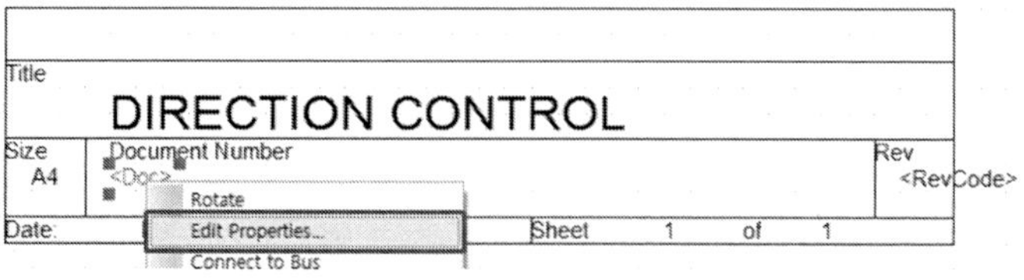

② Value에 KSH. 1433000. 15.08.20을 기입한다.

③ Font에 Change를 클릭한 후 글꼴에서 12를 선택 후 확인을 선택 한다.

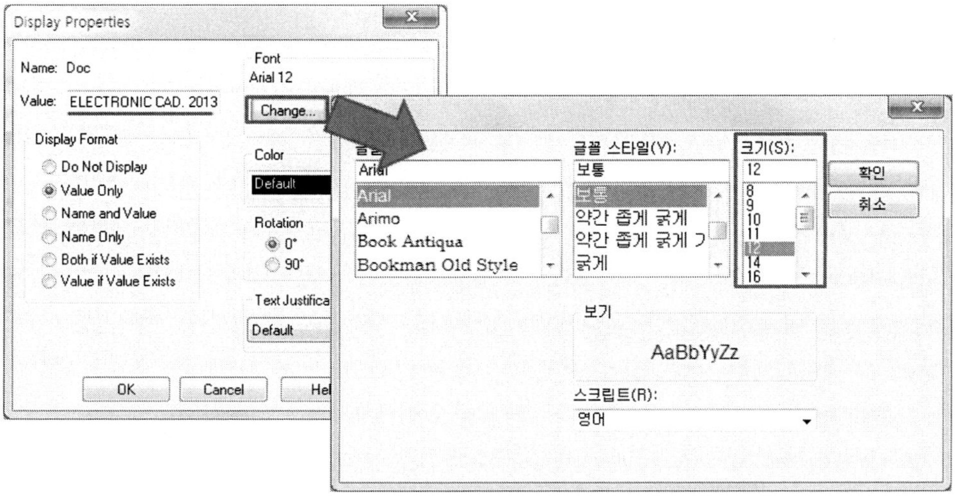

Rev 작성

① 우측 하단에 Title Block의 〈RevCode〉을 선택 후 오른쪽 마우스 버튼 – Edit Properties를 선택한다.

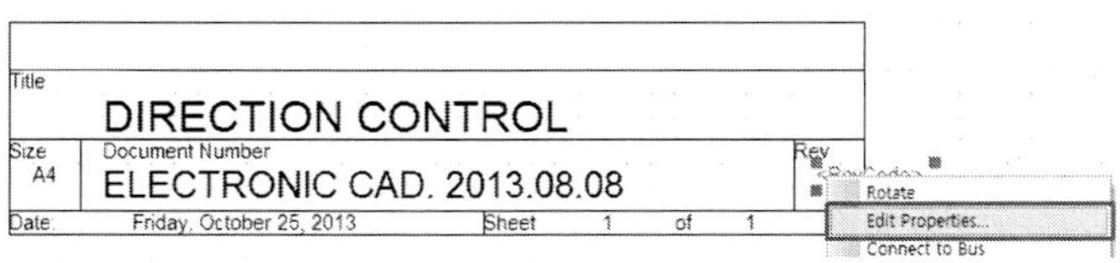

② Value에 1.0을 기입한다.

③ Font에 Change를 클릭한 후 글꼴에서 12를 선택 후 확인을 선택한다.

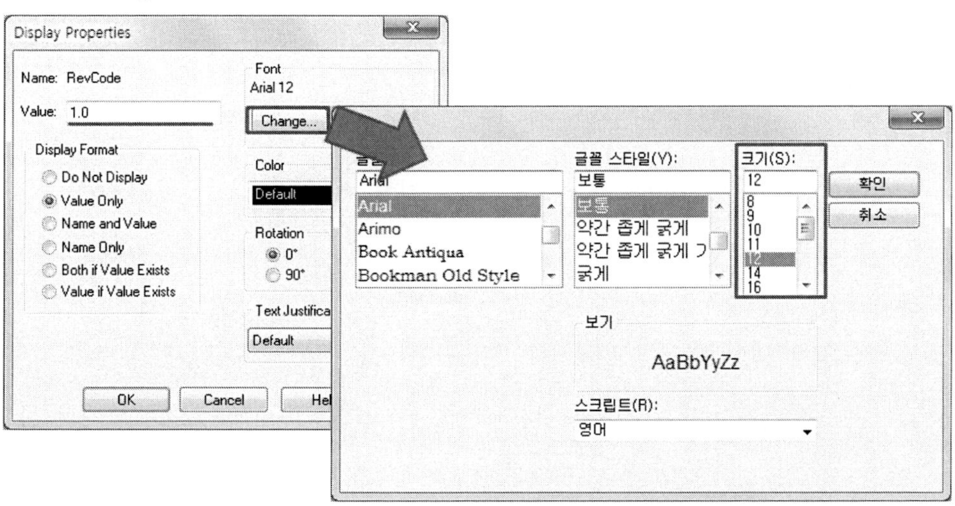

작성된 Title Block

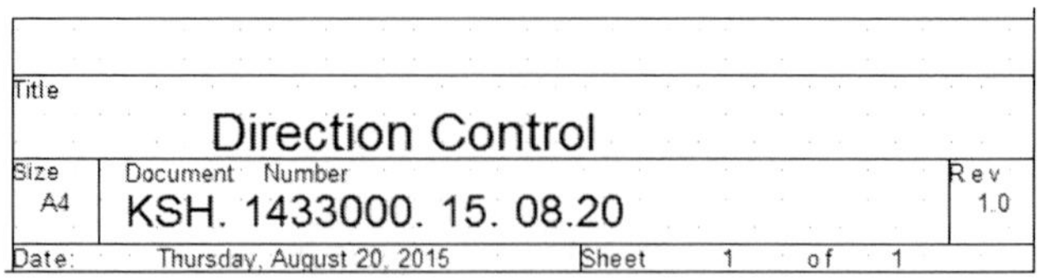

Tip Title Block 삭제 시

▸ Title Block이 삭제되었을 시에는 Title Block 메뉴를 이용하여 다시 배치시킬 수 있다.

① 메뉴 Place — Title Block을 선택한다.

② Symbol에서 TitleBlock0(기본적으로 배치된 Title Block0을 선택한다.

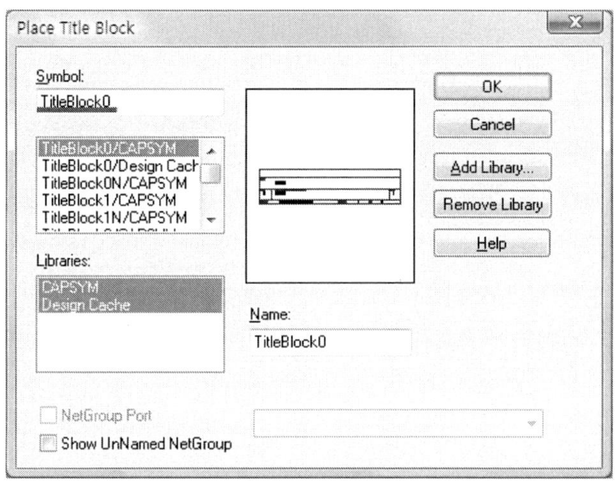

③ 툴바에서 Snap To Grid( ) 아이콘을 클릭 후 Title Block을 화면의 우측하단 모서리에 배치시킨다.

Tip Title Block 및 글자의 위치 수정

① 아이콘을 누르면 해당 요소를 미세 이동이 가능하며, 아이콘은 아이콘으로 변경된다.

② Title Block의 배치가 끝났으면 다시 Snap To Grid( ) 아이콘을 누른다.

③ 아이콘 상태에서는 Part 등 배치가 Grid를 무시하여 배치되기 때문에 배선 시 Pin과 Wire가 연결되지 않는 경우가 발생할 수 있으므로 다시 활성화 시킨다.

1.3.4 부품 배치

Library 추가

① 메뉴 Place – Part(P, )를 선택한다.

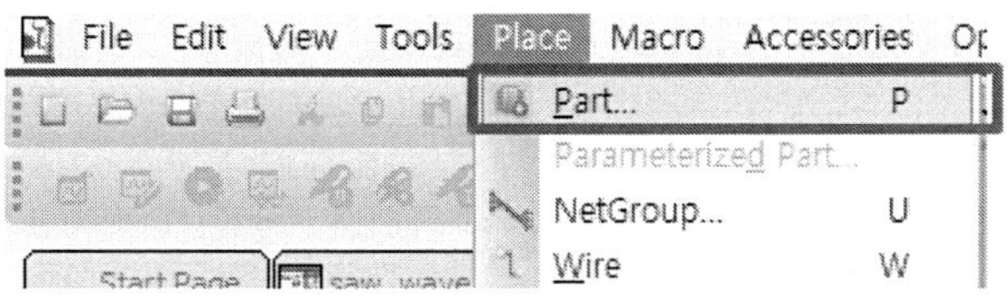

② Place Part창의 Libraries 항목의 Add Library 아이콘()을 클릭한다.

③ Library를 모두 선택한다.
(Amplifier.olb 클릭 후 Shift 키를 누른 상태에서 Transistor.olb을 클릭 또는 Ctrl+A을 누른다.)

• 부품 배치

① 메뉴 Place — Part(P,)를 선택한다.

② Place part창이 나타나면 Libraries 항목에 모든 라이브러리를 선택(전체 드래그 또는 한 Library를 클릭 후 Ctrl+A)한다.

③ Part 대화 상자에 Part명을 기입한 뒤 Part List에서 원하는 Part를 선택한 후에 Enter↵(또는 ; Place Part 아이콘)를 누른다.

④ Part가 선택되면 마우스 커서에 따라다니며 원하는 위치에 클릭함으로써 Part를 작업도면 내에 배치시킬 수 있다.

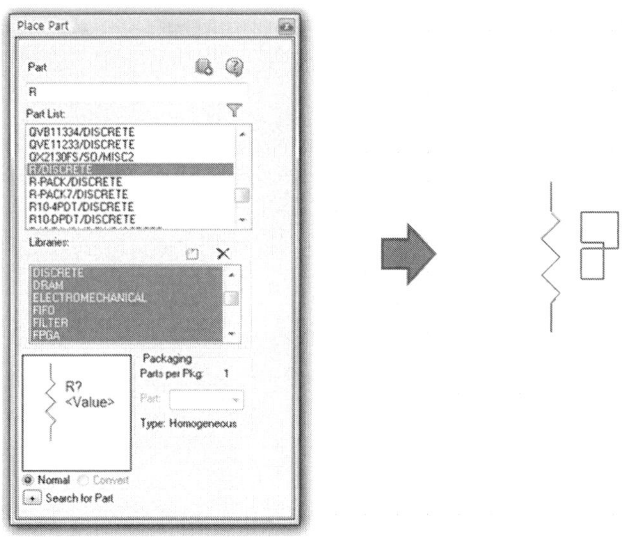

⑤ 같은 부품을 계속 입력하거나 할 때에는 원하는 위치로 다시 이동 후 클릭한다.

⑥ 부품 배치가 완료되면 Esc(오른쪽 마우스 버튼 — End Mode)키를 눌러 부품 배치를 종료한다.

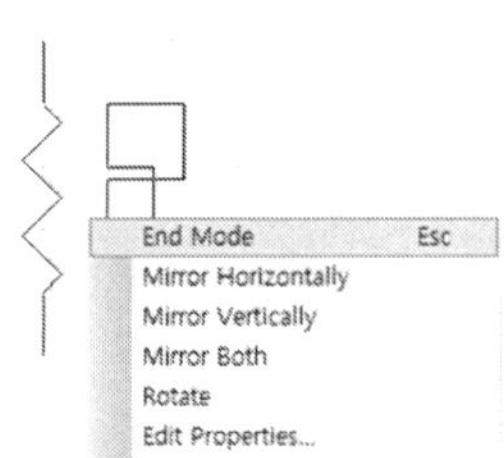

부품 심벌 / 핀 수정

도면에 나와 있는 부품과 제공되는 부품이 다를 경우 부품 편집기를 이용하여 부품을 수정할 수 있다.

- 74LS123

  ※ 아래 그림과 같이 부품을 수정

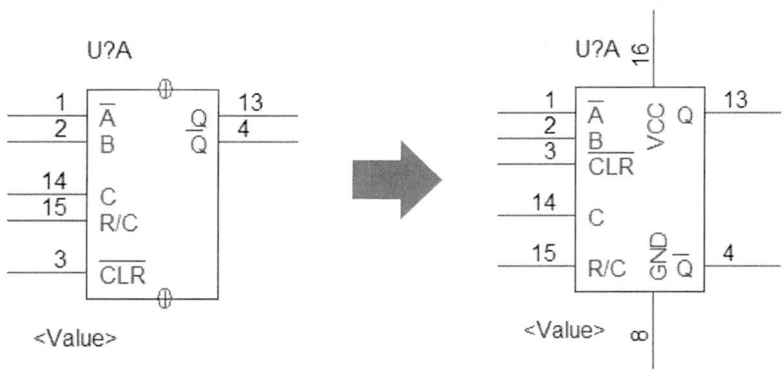

① Place Part창에서 74LS123을 검색 후 회로 도면에 배치한다.

② 74LS123을 선택 후 오른쪽 마우스 버튼 – Edit Part 선택하여 부품 편집기를 연다.

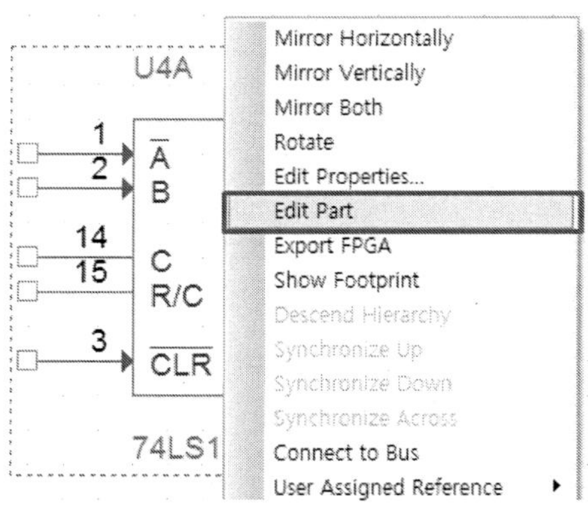

③ 부품 편집기 창에서 74LS123의 위쪽 빨간색 동그라미를 더블클릭한다.
(숨겨진 핀이며 16번 VCC핀)

④ Pin Properties 창에서 Shape를 Zero Length에서 Line으로 수정한다.

⑤ Pin Visible 앞에 체크 박스에 체크한다.

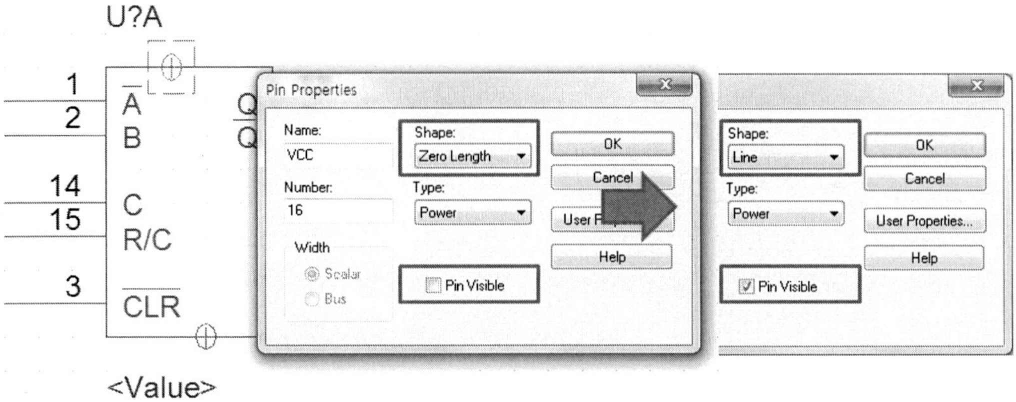

⑥ 부품 편집기 창에서 74LS123의 아래쪽 빨간색 동그라미를 더블클릭한다.
(숨겨진 핀이며 8번 GND핀)

⑦ Pin Properties 창에서 Shape를 Zero Length에서 Line으로 수정한다.

⑧ Pin Visible 앞에 체크 박스에 체크한다.

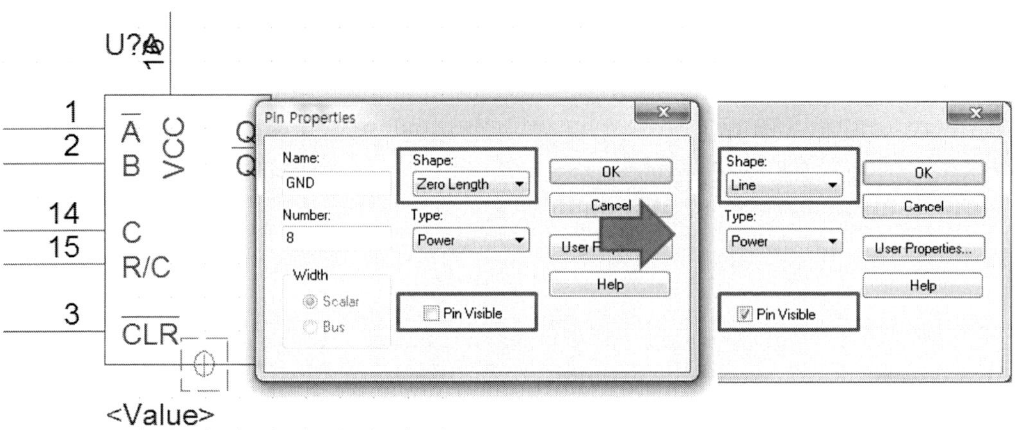

⑨ VCC 핀의 위치를 변경하기 위해서는 핀(빨간색 선)을 드래그하여 이동하고, 오른쪽 부품과 같이 수정한다.

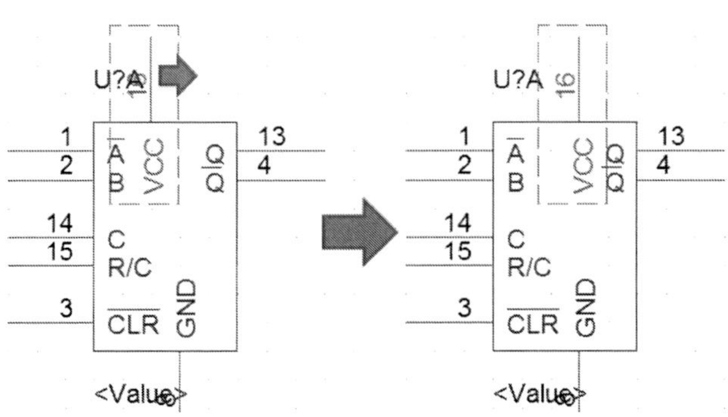

⑩ 메뉴 File – Close 선택 후 Update All 버튼을 선택 후 저장한다.

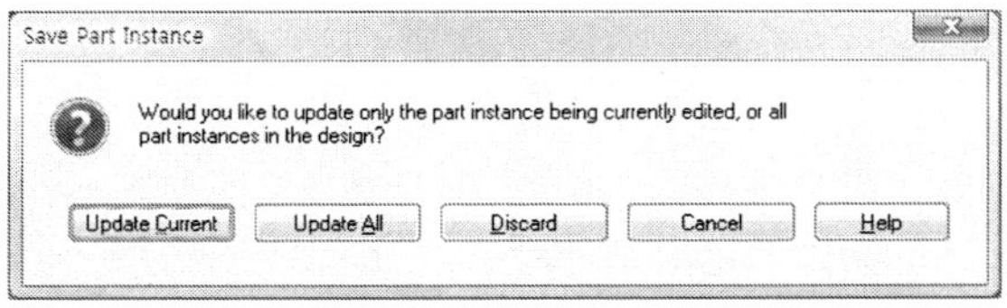

버튼	설명
Update Current	현재 선택한 Part만 수정
Update All	회로도내에 있는 같은 Part를 모두 수정
Discard	현재 작업한 내용을 취소하고 도면으로 복귀
Cancel	Part Editor 창의 종료를 취소

※ 동일한 부품의 있을 경우 수정된 부품을 복사하여 회로도에 이용한다.

- NE555

※ 아래 그림과 같이 부품을 수정

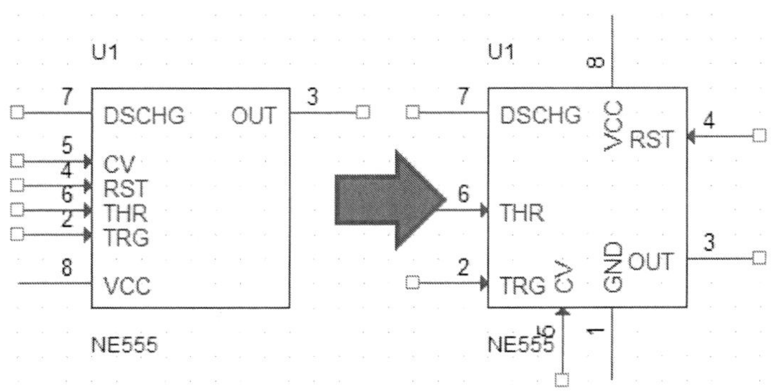

① Place Part 창에서 NE555를 검색 후 회로 도면에 배치한다.

② NE555를 선택 후 오른쪽 마우스 버튼 – Edit Part 선택하여 부품 편집기를 연다.

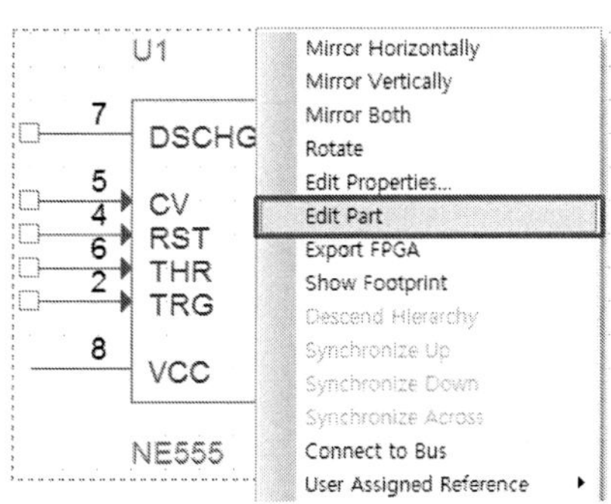

③ 부품 편집기 창에서 NE555의 아래쪽 빨간색 동그라미를 더블클릭한다. (숨겨진 핀이며 1번 GND핀)

④ Pin Properties 창에서 Shape를 Zero Length에서 Line으로 수정한다.

⑤ Pin Visible 앞에 체크 박스에 체크한다.

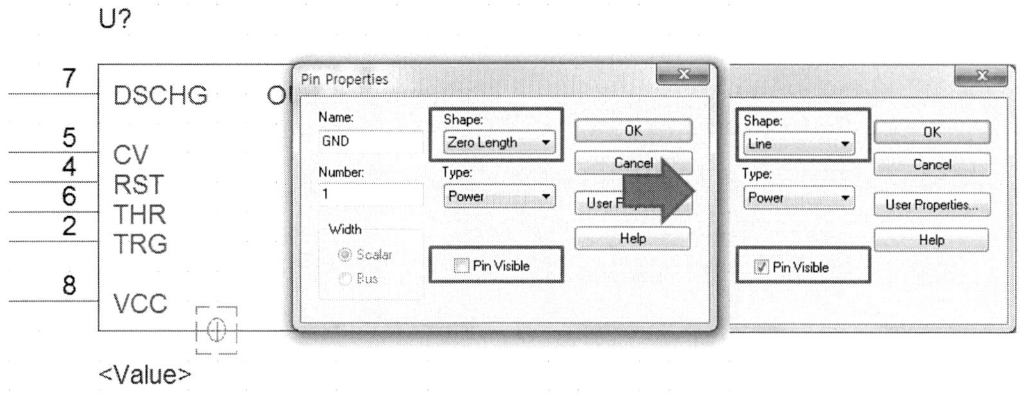

⑥ 3핀의 위치를 변경하기 위해서는 핀(빨간색 선)을 드래그 하여 이동한다.

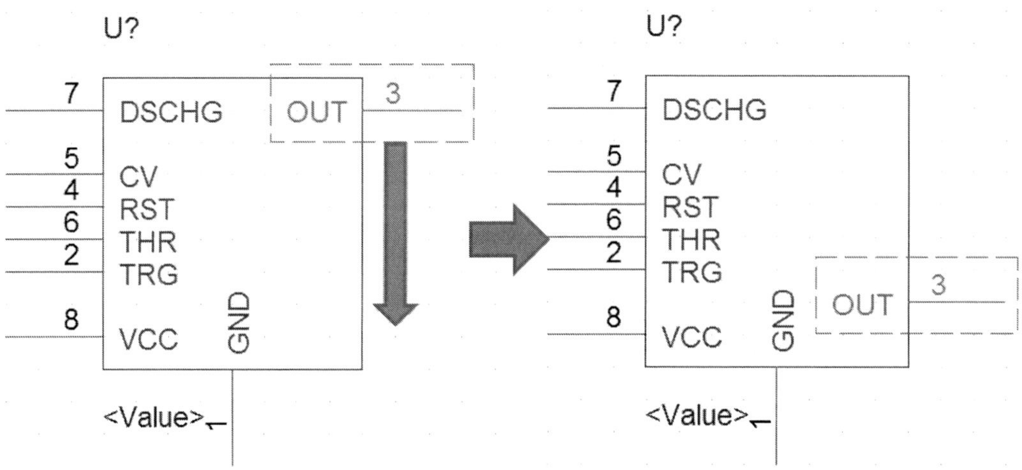

⑦ 나머지 핀도 위와 같은 방법으로 아래와 같이 수정한다.

※ 부품의 왼쪽은 L, 오른쪽은 R, 아래쪽은 B, 위쪽은 T

※ Symbol의 왼쪽과 오른쪽은 제일 윗줄이 0, 아래로 1칸 이동하면 1씩 증가

※ Symbol의 위쪽과 아래쪽은 제일 왼쪽 줄이 0, 오른쪽으로 1칸 이동하면 1씩 증가

※ 처음 7번 DSCHG핀의 위치는 L1, 3번 OUT핀의 위치는 R1

핀 번호	핀 이름	이동 전	이동 후
1	GND	B4	B5
2	TRG	L6	L8
3	OUT	R1	R7
4	RST	L4	R2
5	CV	L3	B3
6	THR	L5	L5
7	DSCHG	L1	L1
8	VCC	L8	T5

⑧ 메뉴 File – Close 선택 후 Update Current 버튼을 선택 후 저장한다.

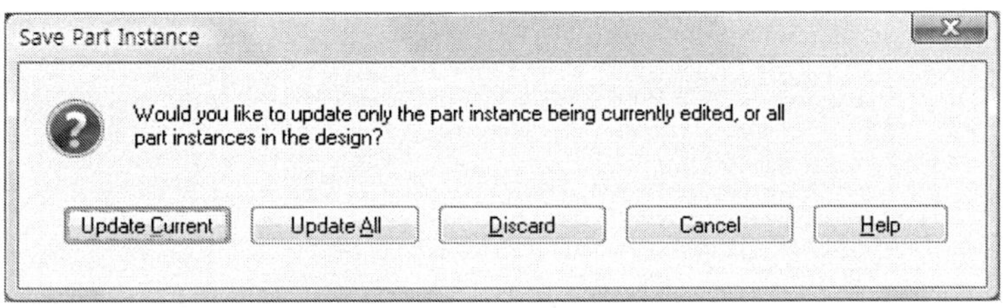

Symbol 배치

• Power / GND

부품 배치가 완료된 상태에서 전원 및 그라운드 Symbol을 배치한다.

① 전원 Symbol을 배치시키기 위해서는 메뉴 Place – Power(F,)를 선택한다.

② Place Power 창이 나타나면 Symbol 창에서 원하는 전원 Symbol(VCC)을 선택한다.

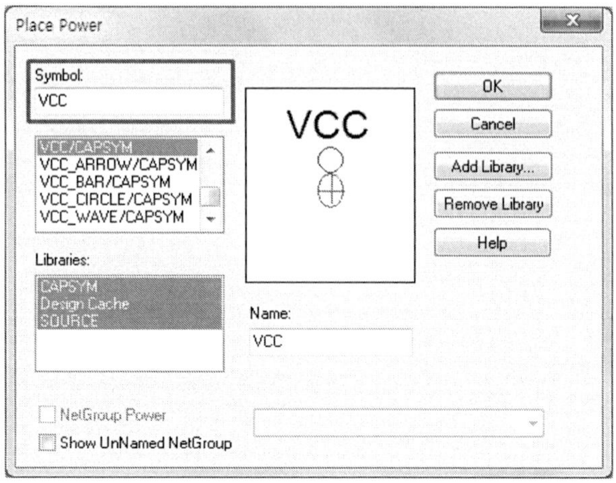

③ VCC 전원 Symbol을 정해진 위치에 배치시킨다.

④ 전원 Symbol 배치가 끝나면 그라운드 배치를 한다. 메뉴 Place – Ground(G,)를 선택한다.

⑤ Place Ground창이 나타나면 Symbol창에서 그라운드(GND)Symbol을 선택한다.

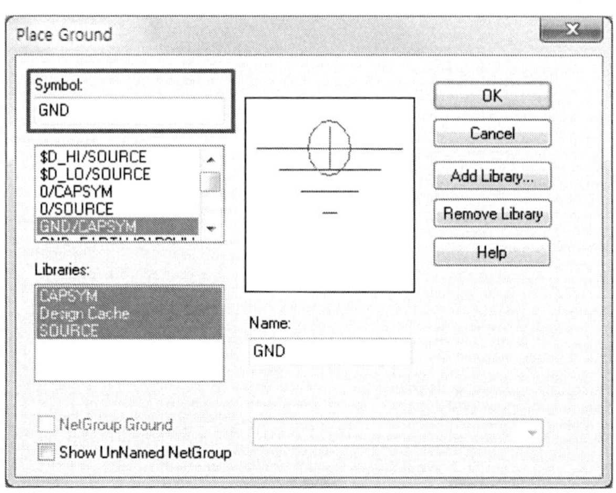

⑥ 그라운드 Symbol을 정해진 위치에 배치시킨다.

Tip 전압 Symbol과 그라운드 Symbol의 종류

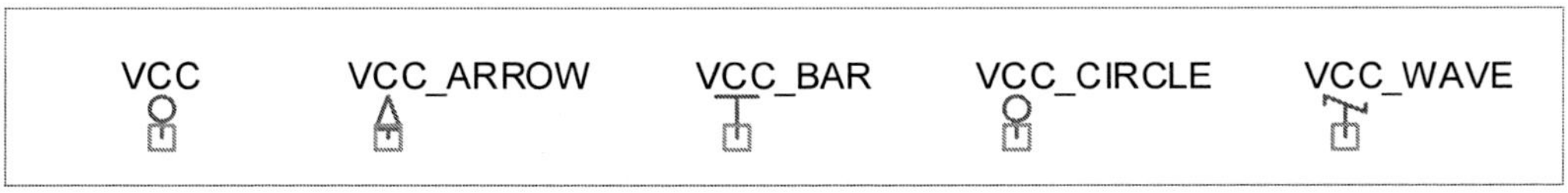

〈전원 Symbol의 종류〉

〈그라운드 Symbol의 종류〉

Tip GND 배치 시 주의 사항

✓ 그라운드 Symbol 중 GND와 GND_POWER의 경우 Symbol 모양이 동일하지만 GND Symbol의 Name 속성과 GND_POWER Symbol의 Name 속성이 같지 않기 때문에 서로 다른 Net으로 PCB 작업 시 서로 다른 배선이 된다.
그래서 그라운드 Symbol을 이용 시 GND와 GND_POWER를 주의하여야 한다.

Ground Symbol Name	VCC	VCC_POWER
Ground Symbol		
Properties	**Name** GND	**Name** GND_POWE

부품 / Symbol 배치도면

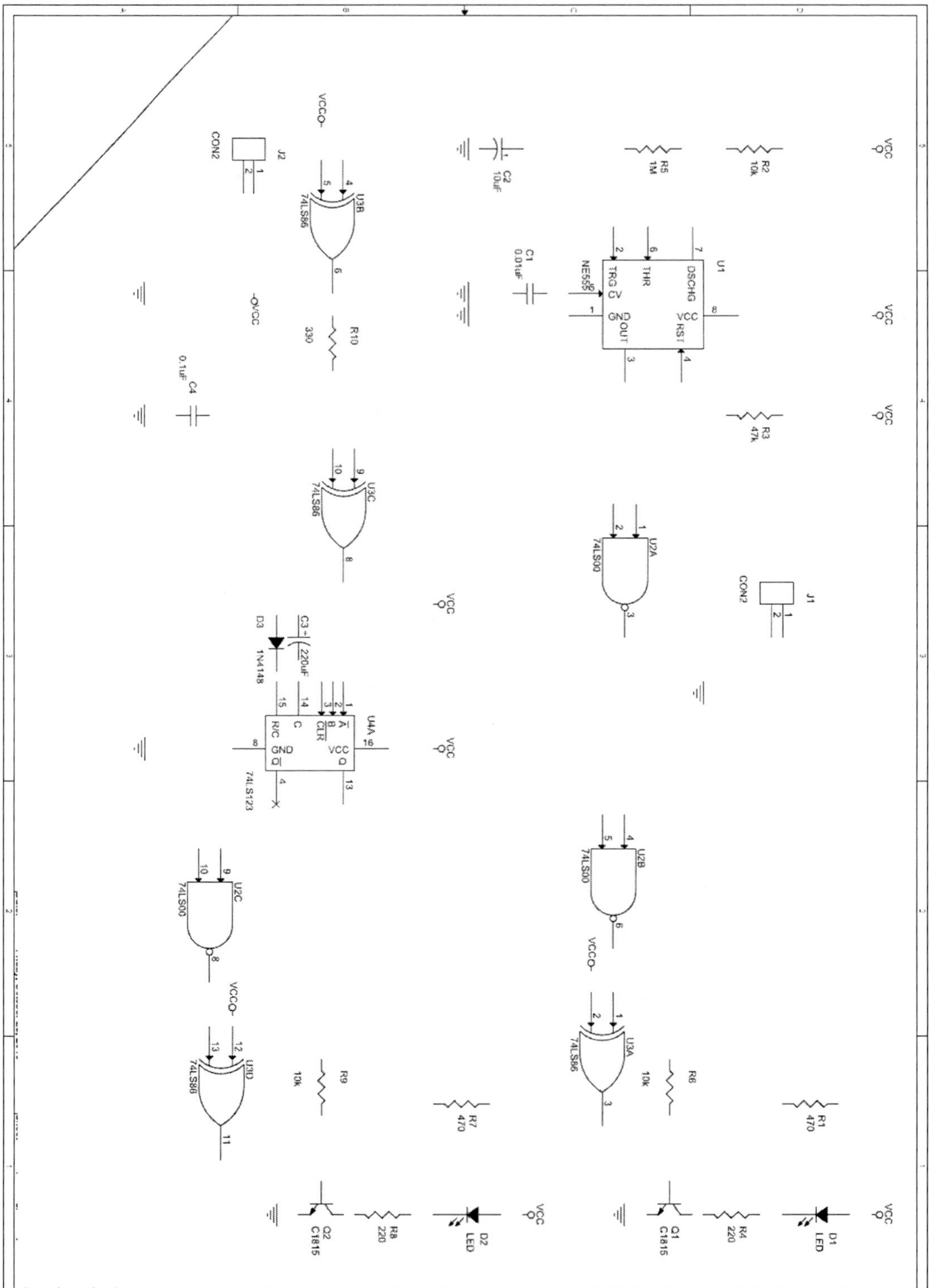

Part 리스트

Part Reference	Part Name	Part Symbol
C1, C4	CAP NP (DISCRETE.OLB)	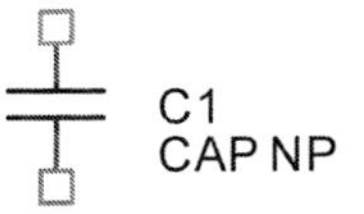
C2, C3	CAP POL (DISCRETE.OLB)	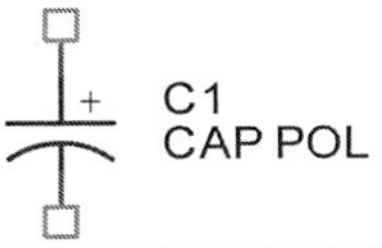
D1, D2	LED (DISCRETE.OLB)	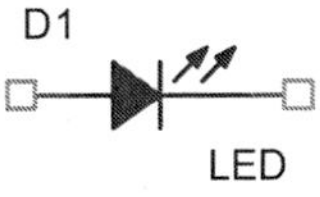
D3	DIODE (DISCRETE.OLB)	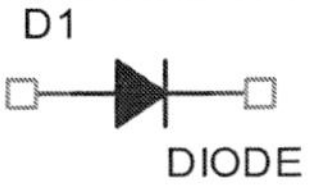
J1, J2	CON2 (CONNECTOR.OLB)	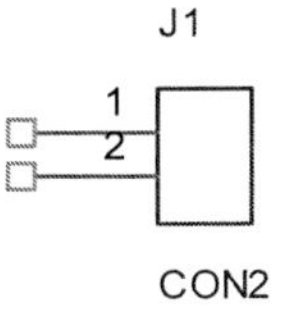
Q1, Q2	NPN ECB (TRANSISTOR.OLB)	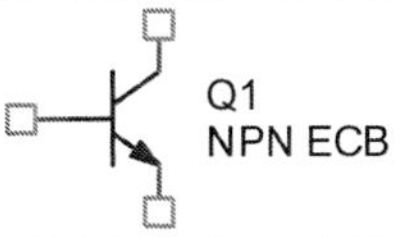
R1, R2, R3, R4, R5, R6, R7, R8, R9, R10	R (DISCRETE.OLB)	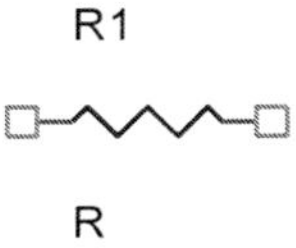
U1	NE555 (MISCLINEAR.OLB)	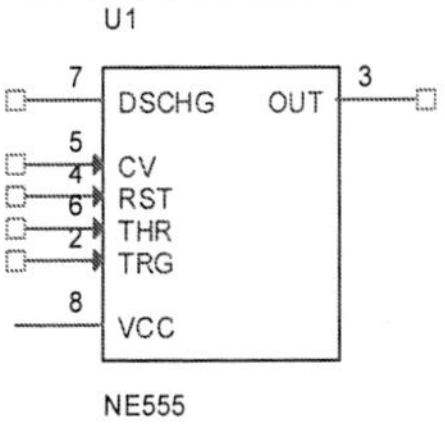
U2A, U2B, U2C	74LS00 (GATE.OLB)	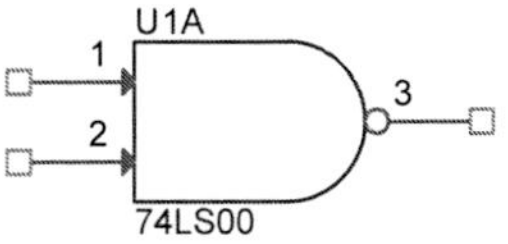
U3A, U3B, U3C, U3D	74LS86 (GATE.OLB)	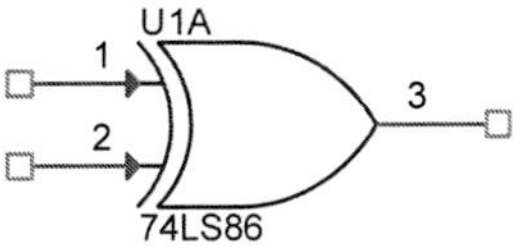

Part Reference	Part Name	Part Symbol
U4	74LS123 (MISC.OLB)	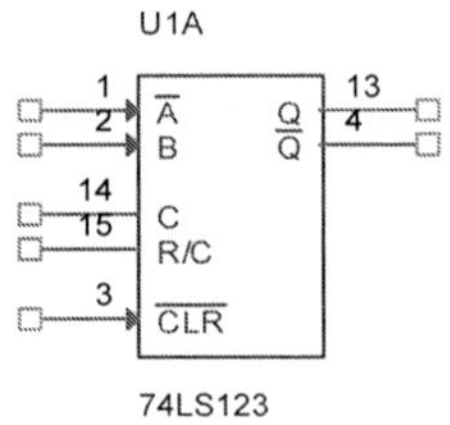

Symbol 리스트

Symbol Name	Source Symbol
VCC (CAPSYM.OLB)	
GND (CAPSYM.OLB)	

1.3.5 배선 작업

배선

✓ 핀과 핀을 전기적으로 연결하여 주는 것이 Wire(배선)이다. 핀에 배선 연결 시 핀의 사각형 박스에 연결하여 사용하며, 각 배선에는 자동으로 Net 이름이 부여된다.

- 두 핀 사이 배선하기

① 메뉴 Place – Wire(W,)를 클릭한다.

② 핀 끝의 사각형을 클릭한 뒤 다른 핀 끝의 사각형을 클릭한다.

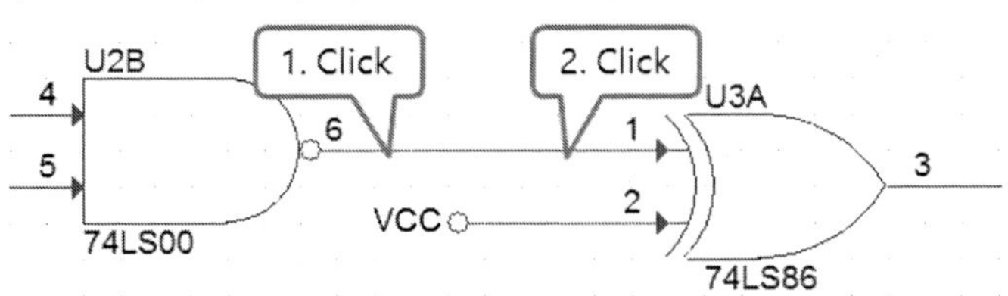

- 두 선을 배선하기(Junction)

① 메뉴 Place – Wire(W,)를 클릭한다.

② 배선을 하고자 하는 Wire를 클릭한 뒤 다른 핀 끝의 사각형 또는 다른 Wire를 클릭한다.

※ 배선 중 빈 화면을 클릭하면 90도 꺾어서 배선 가능

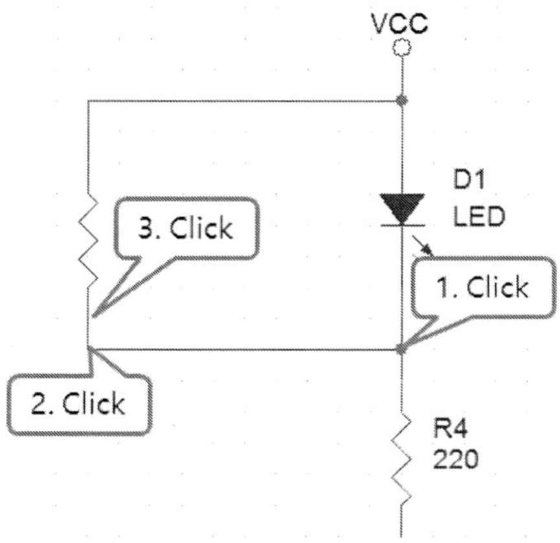

- 배선 중 중단하기

① 메뉴 Place – Wire(W,)를 클릭한다.

② 배선을 하고자 하는 핀 또는 Wire를 클릭한다.

③ 배선을 중단하고자 하는 곳을 클릭 후 오른쪽 마우스 버튼 – End Wire(Esc)를 선택한다.

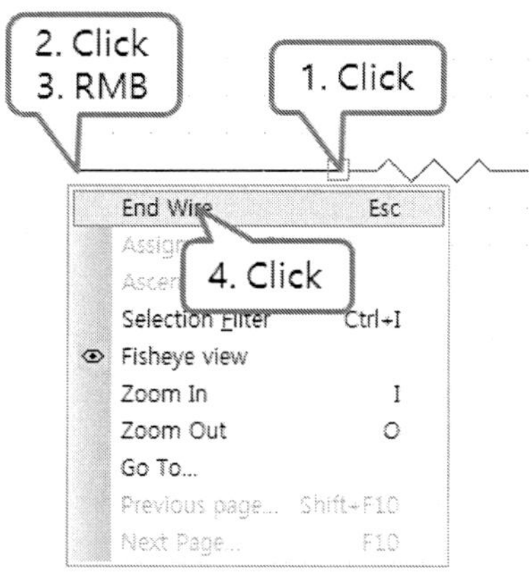

Tip 배선 시 주의 사항

※ 빠르고 정확하게 작업하기 위해 단축키를 사용

W(Place Wire): 배선하기

(Place Wire 명령이 실행되고 있는 상태에서) Shift를 누른 후 클릭: 사선 그리기

※ 배선 시 부품의 위치 수정 또는 이동을 위해 핀과 핀의 직접적인 연결은 피함

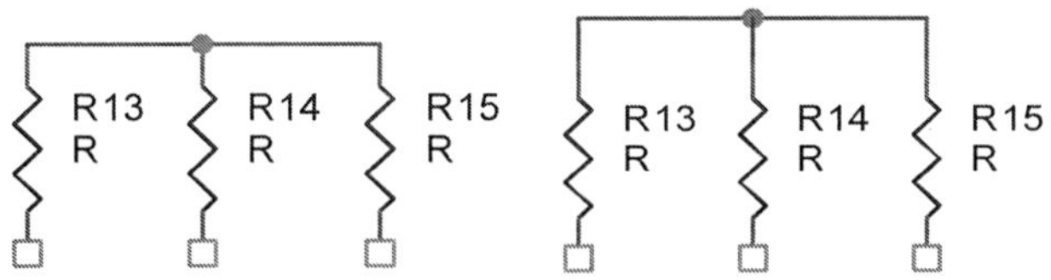

(수정 시 불편) (수정 시 편리)

Net Alias

✓ 특정 Wire에 임의의 Net 이름을 부여할 때 쓰인다. Net Alias가 같은 네트들은 배선으로 연결되지 않더라도 속성으로 서로 연결되어 있다.

① 메뉴 Place – Net Alias(N, abc)를 선택한다.

② Alias 항목에 Net 명(RST)을 기입한다.

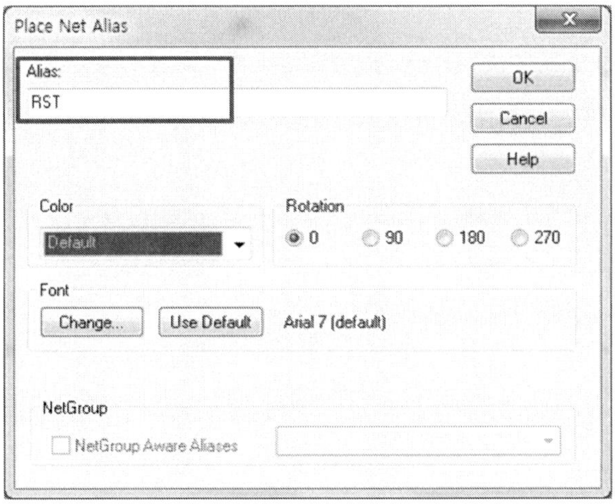

③ Net 이름 배치를 지정된 위치에 배치한다. (J1의 1번 핀, U1의 4번 핀)

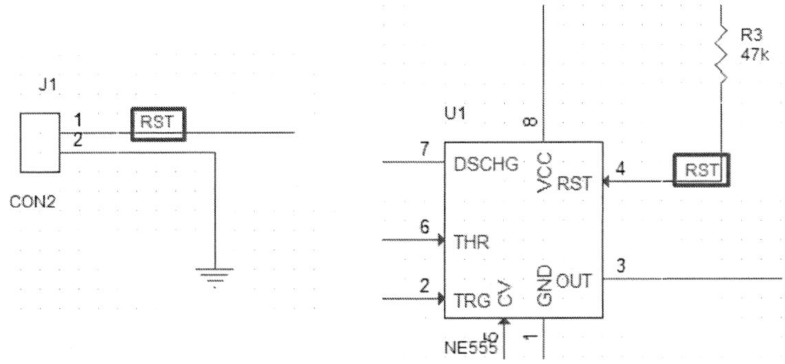

※ Net Alias 배치 시 해당 Wire 바로 위를 클릭하여야 한다. 빈공간인 경우 배치가 되지 않으며, 배치 시 다른 Wire에 Net Alias가 배치되지 않도록 주의한다.

④ 메뉴 Place – Net Alias(N, abc)를 선택한다.

⑤ Alias항목에 Net명(OUT1)을 기입한다.

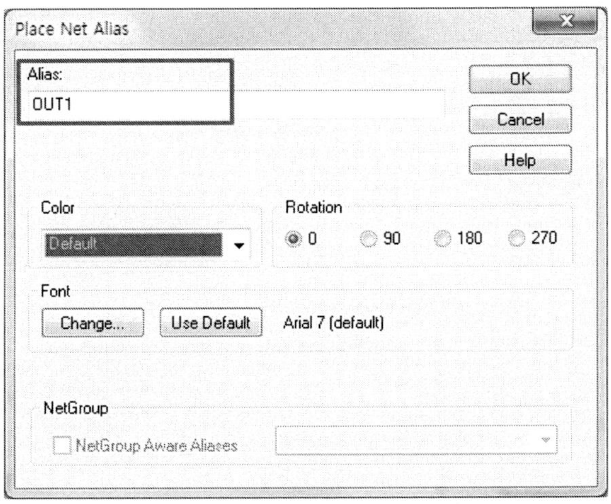

⑥ Net 이름 배치를 지정된 위치에 배치한다. (U1의 3번 핀)

⑦ 4 ~ 5번을 반복하여 U2C의 10번 핀, U3B의 4번 핀에 Net 이름 배치를 지정된 위치에 배치한다.

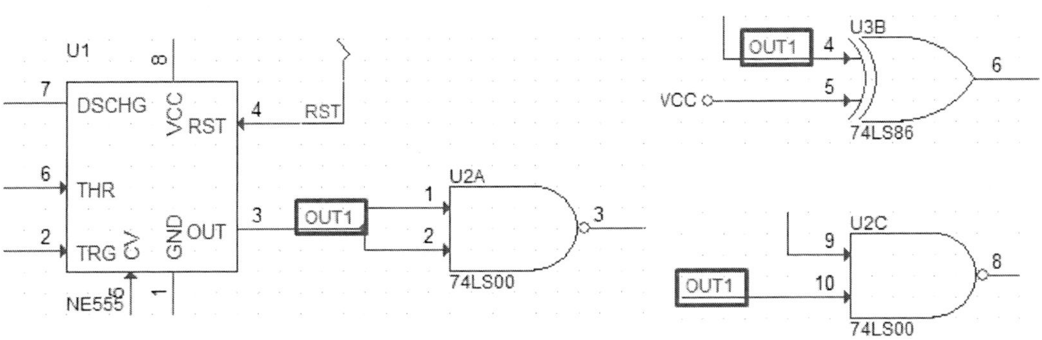

⑧ 메뉴 Place – Net Alias(N, abc)를 선택한다.

⑨ Alias항목에 Net명(OUT2)을 기입한다.

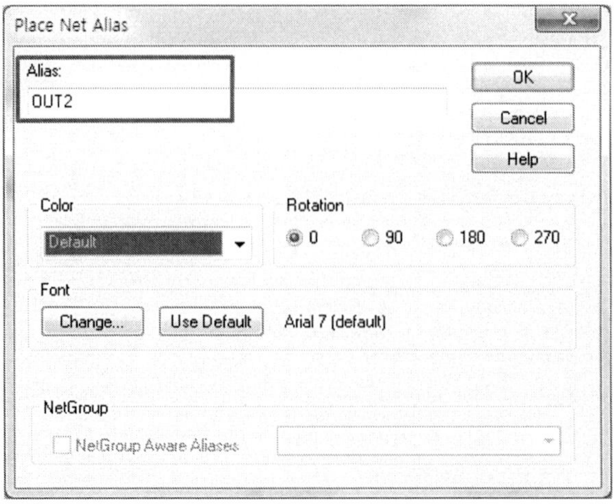

⑩ Net 이름 배치를 지정된 위치에 배치한다. (U3A의 3번 핀)

⑪ 8 ~ 10번을 반복하여 R6의 왼쪽 핀에 Net 이름 배치를 지정된 위치에 배치한다.

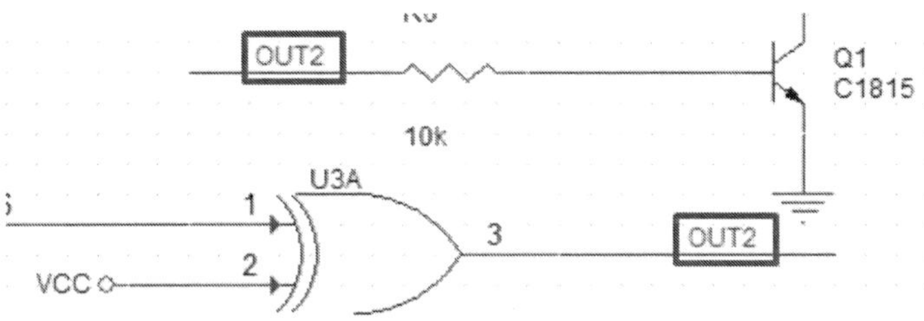

⑫ 메뉴 Place — Net Alias(N, abc)를 선택한다.

⑬ Alias항목에 Net명(OUT3)을 기입한다.

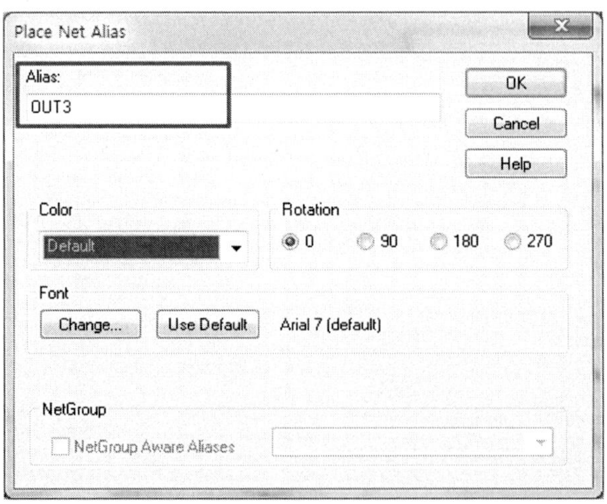

⑭ Net 이름 배치를 지정된 위치에 배치한다. (U3D의 11번 핀)

⑮ 12 ~ 14번을 반복하여 R9의 왼쪽 핀에 Net 이름 배치를 지정된 위치에 배치한다.

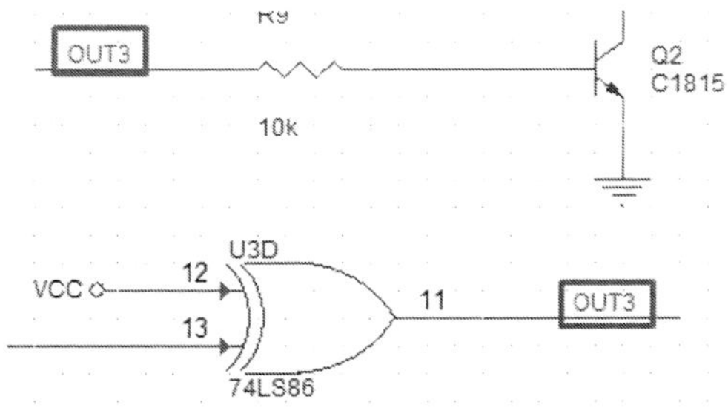

No Connect 처리하기

✓ 사용하지 않는 핀의 경우 No Connect(☒, ▮✖)를 이용하여 표시한다.

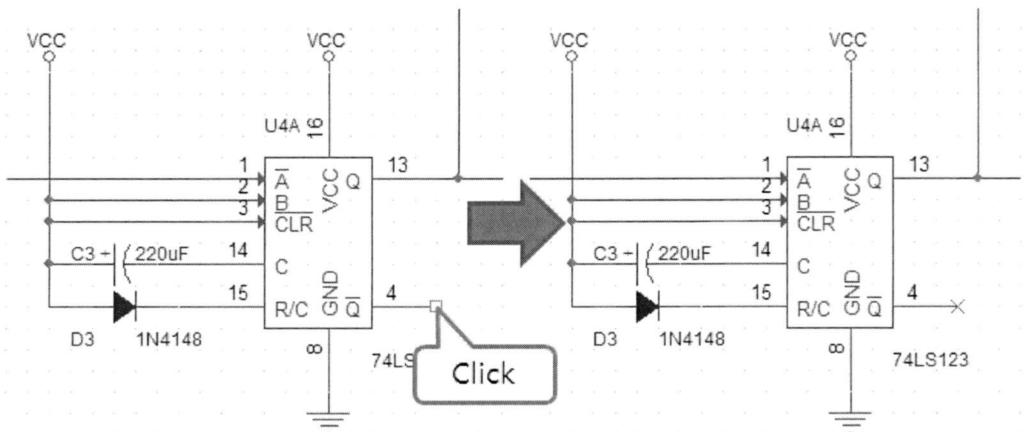

배선작업이 된 회로도

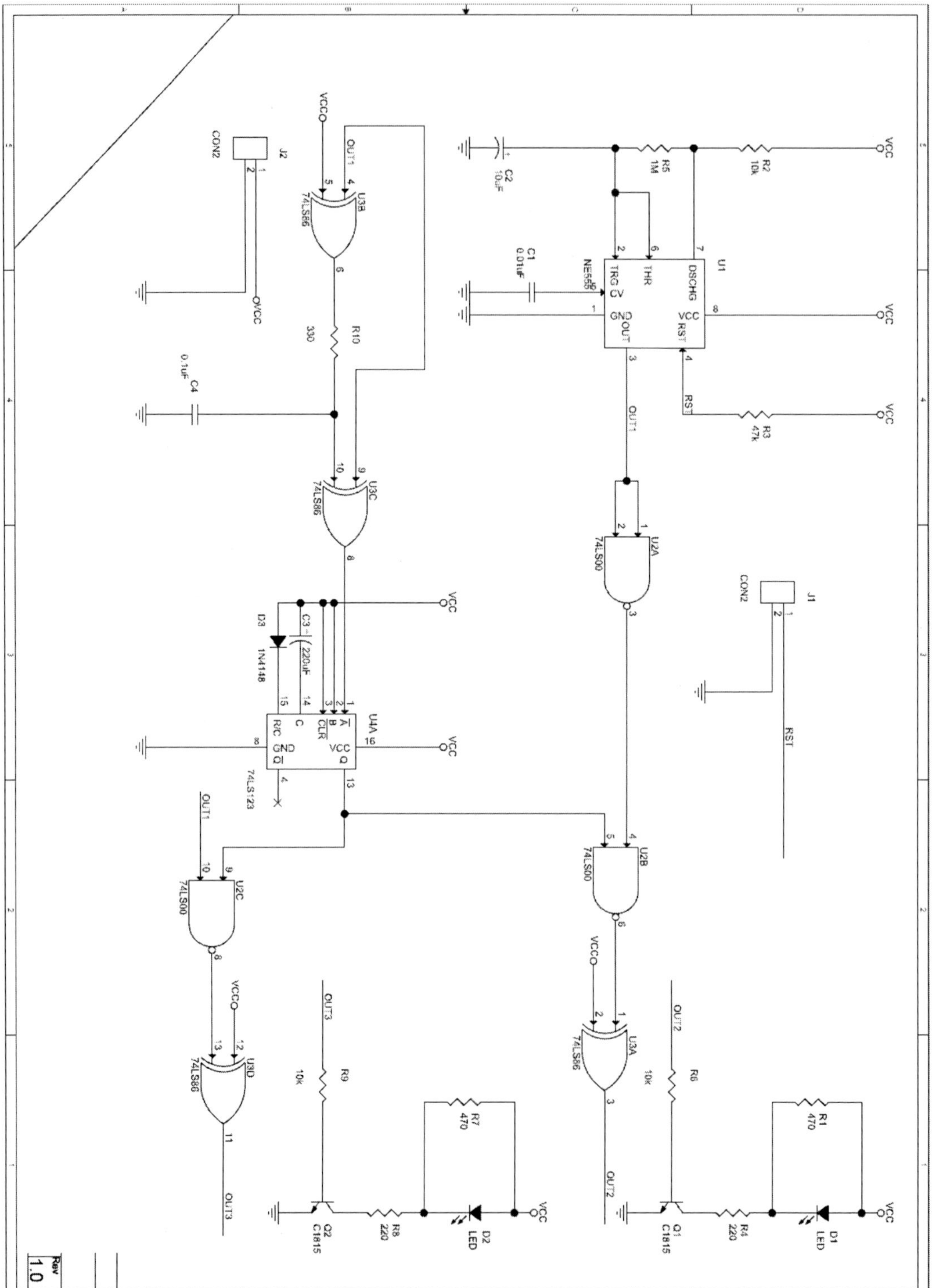
U1
NE555
DSCHG
THR
TRG
CV
GND
OUT
VCC
RST
R2
10k
R5
1M
R3
47k
C2
10uF
C1
0.01uF
U2A
74LS00
U2B
74LS00
U2C
74LS00
U3A
74LS86
U3B
74LS86
U3C
74LS86
U3D
74LS86
U4A
74LS123
R10
330
C4
0.1uF
C3
220uF
D3
1N4148
J1
CON2
J2
CON2
R1
470
R7
470
R4
220
R8
220
R6
10k
R9
10k
Q1
C1815
Q2
C1815
D1
LED
D2
LED
OUT1
OUT2
OUT3
RST
VCC
Rev
1.0

1.3.6 Footprint 작업

PCB Footprint 확인

• Library로 부품 찾기

① PCB Editor 실행 후 메뉴 Place — Manually( )를 선택한다.

② Advanced Settings 탭을 선택 한 뒤 List construction 상자의 Library에 체크한다.

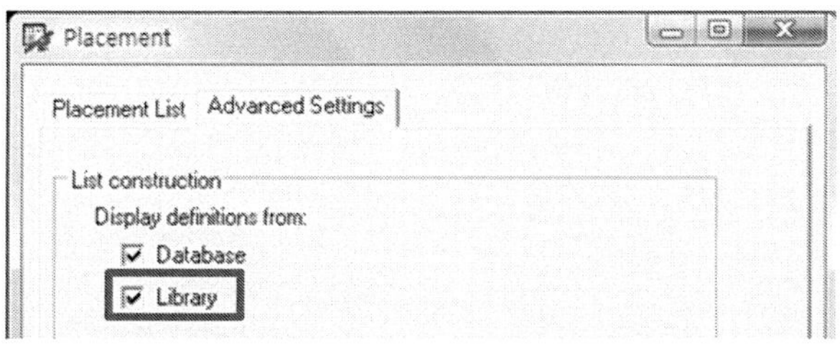

③ Placement List 탭을 선택한 후 list box에서 Package symbols를 선택한다.

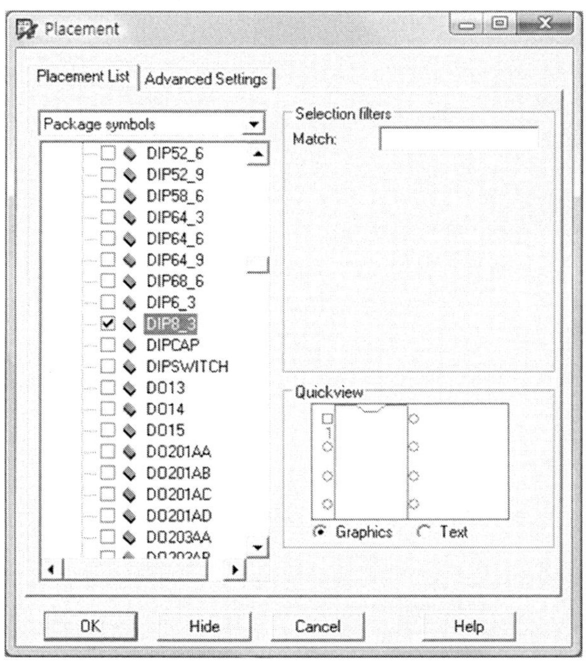

④ 부품을 PCB Editor 화면에 배치하여 Footprint를 확인한다.

Tip 부품 치수 검사

✓ PCB Editor의 Measure 메뉴를 이용하여 PCB Footprint의 치수를 확인할 수 있다.

① PCB Editor의 메뉴 Display — Measure(123)를 선택한다.

② 치수를 측정하고 하는 두 곳을 클릭한다.

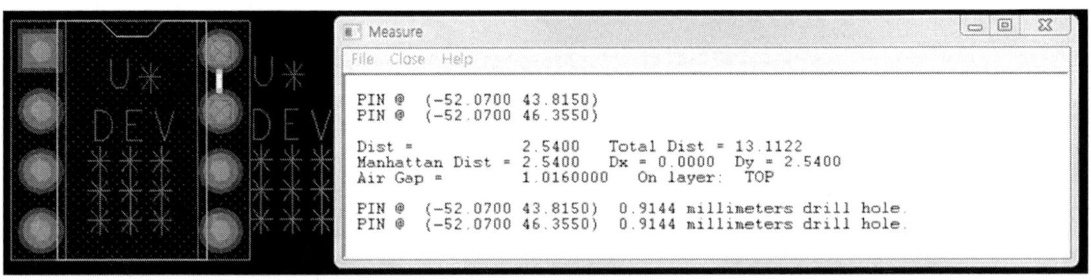

• Footprint View로 확인

✓ Capture에서 부품의 속성에 PCB Footprint에 PCB Package Symbol을 입력한 뒤 3D Footprint View로 Footprint를 확인할 수 있다.

① Part의 Property Editor 창에서 PCB Footprint 항목에 PCB Package Symbol을 입력한다. 부품을 선택 후 오른쪽 마우스 버튼 — Edit Properties를 선택 후 PCB Footprint에 해당하는 Package Symbol을 기입한다.

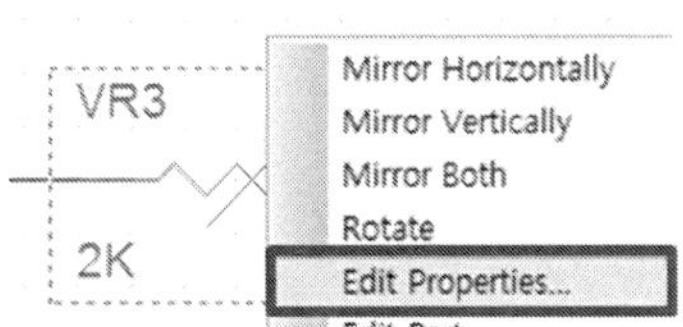

Part Reference	PCB Footprint
VR3	RESADJ

② Footprint를 확인하기 위해서는 부품을 선택 후 Show Footprint를 선택한다.

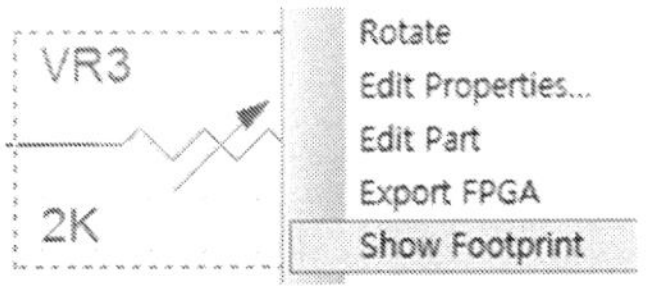

③ Footprint Viewer 창을 통하여 Footprint의 모양을 3D로 확인 가능하며, Pad Size 및 Package Symbol Size를 확인할 수 있다.

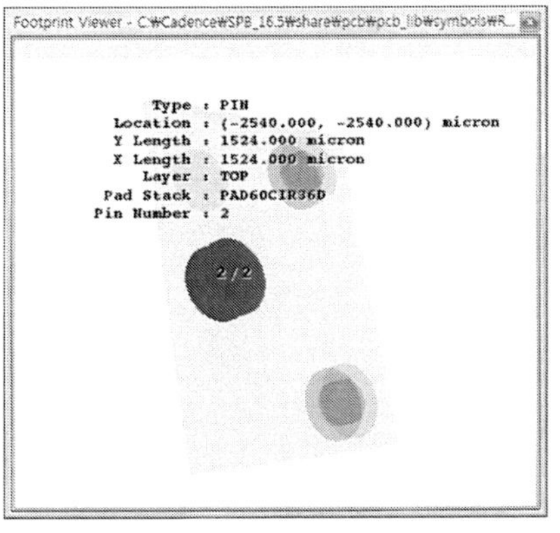

PCB Footprint 생성

✓ 커넥터의 경우 1번 핀이 사각형인 Pad를 가진 커넥터를 PCB Editor의 Package Symbol Wizard를 이용하여 생성한다.

• J1, J2 커넥터(CON2)

① 윈도우 시작 메뉴 – Cadence – Release 16.6 – OrCAD PCB Editor를 실행한다.

② OrCAD PCB Editor에서 메뉴 File – New( )를 선택한다.

③ New Drawing 창이 나타나면 Browse 버튼을 클릭하여 저장 경로(본인이 설정한 경로)로 이동하여 커넥터 명(CON2.dra)을 파일 이름에 입력 후 열기 버튼을 클릭한다.

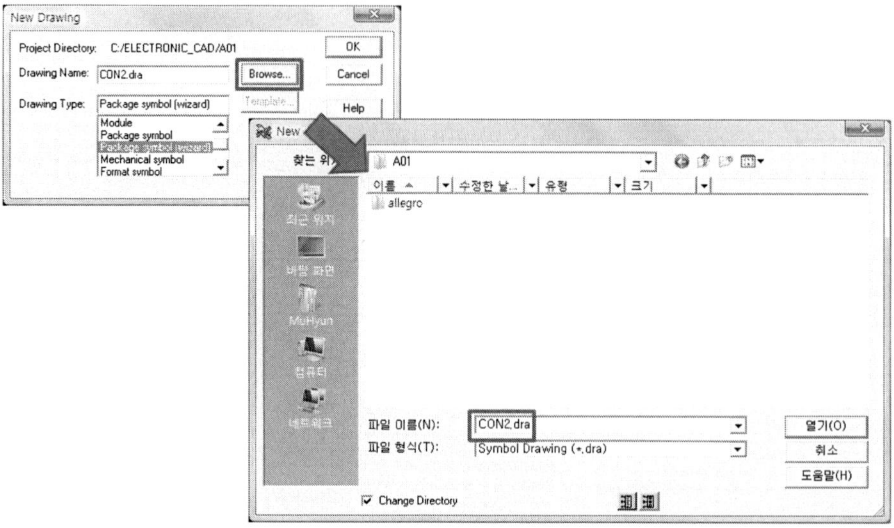

④ 커넥터 심벌을 만들기 위하여 Drawing Type에 Package symbol(Wizard)을 선택하고 OK 버튼을 클릭한다.

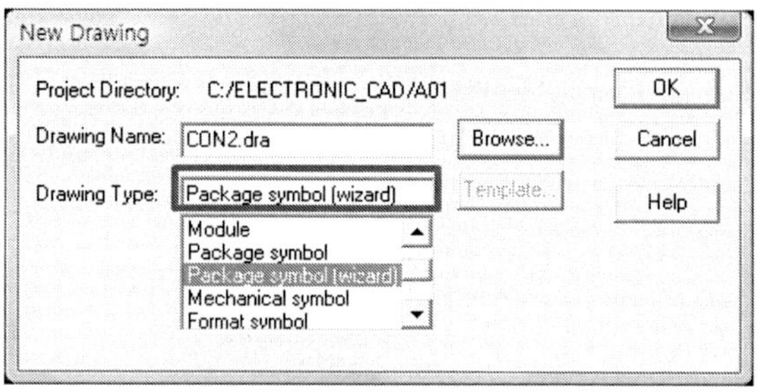

⑤ 아래와 같이 PCB Footprint를 생성할 수 있는 부품 생성 마법사 창이 나타난다. Step1에서는 부품의 심벌 형태를 선택하는 단계로써 Package Type에 SIP(일자형 핀 배열 부품)을 체크한 뒤 Next 버튼을 클릭한다.

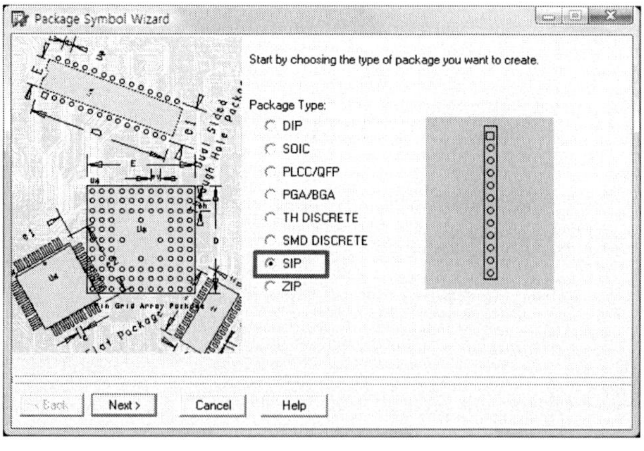

⑥ Step2는 Template 설정 단계로 Load Template 버튼을 클릭하여 기본 Template을 적용시킨 후 Next버튼을 클릭한다.

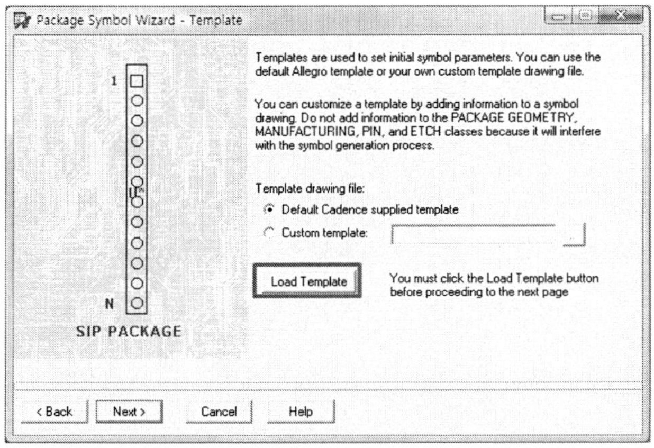

⑦ Step3에서는 부품 생성 시 사용할 단위와 정밀도를 선택하며, 커넥터의 참조번호를 설정할 수 있으며 다음과 같이 설정한 후 Next 버튼을 클릭한다.

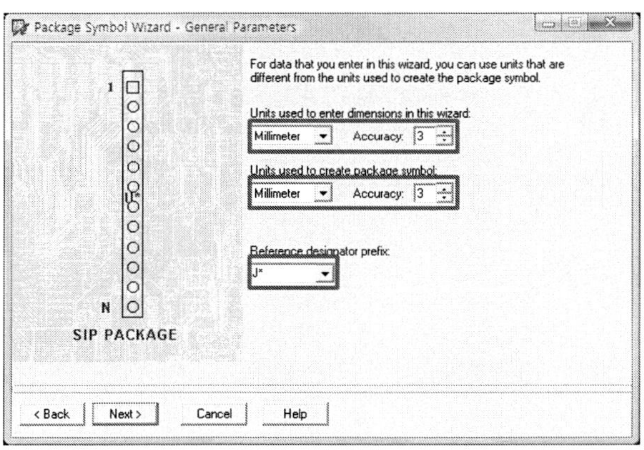

· Units used to enter dimensions in this wizard: **Millimeter**, Accuracy: **3**

· Units used to create package symbol: **Millimeter**, Accuracy: **3**

· Reference designator prefix: **J***

⑧ Step4에서는 핀의 수와 간격, 부품의 크기를 설정하는 단계로써 부품 만들기 마법사의 그림을 참고하여 아래와 같이 설정한 뒤 Next버튼을 클릭한다.

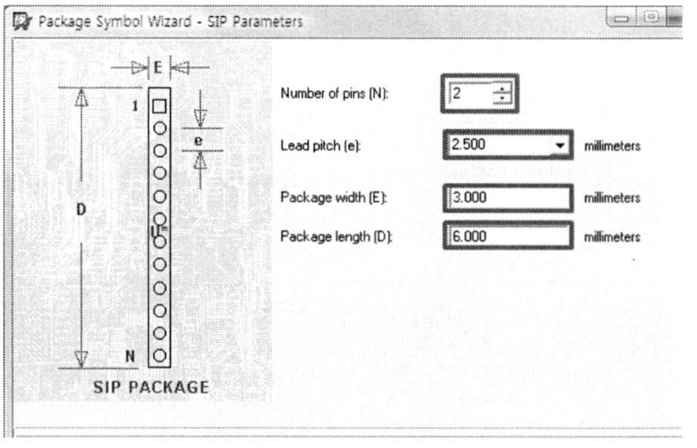

Number of pins(핀의 수): 2
Lead pitch(핀 간의 간격): 2.5
Package width(부품의 넓이): 3.0
Package length(부품의 길이): 6.0

⑨ Step5에서는 부품의 Pad를 설정하는 단계로 Default padstack to use for symbol pins(기본적으로 사용할 Pad의 형태)에 ... 아이콘을 클릭하여 Pad60cir36d를 선택한 다음 OK 버튼을 클릭한다.

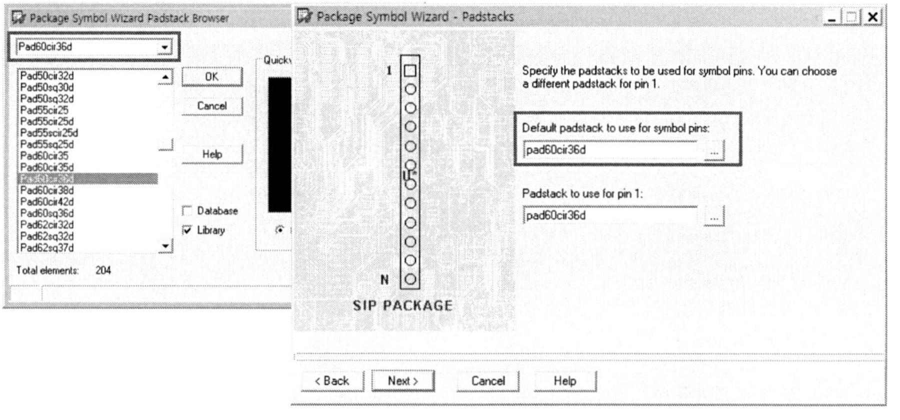

⑩ Padstack to use for Pin 1(1번 핀에 사용할 Pad의 형태)에 ... 아이콘을 클릭하여 Pad60sq36d를 선택한 다음 OK 버튼을 클릭하고, Next를 눌러 다음 단계로 넘어간다.

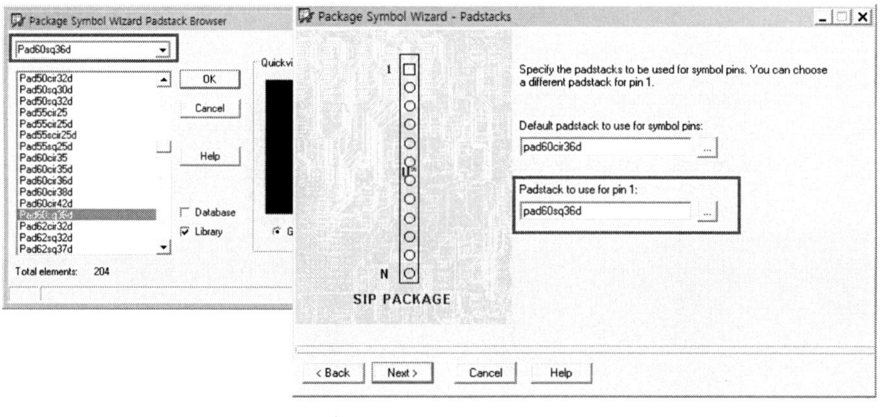

⑪ Step6에서는 부품의 기준점을 선택하는 단계로써 Select the location of symbol origin(기준점을 정할 위치)에 Pin 1 of symbol을 체크하고, Crete a compiled symbol(마법사 종료 후 부품을 자동생성)을 체크 한 뒤 Next를 클릭한다.

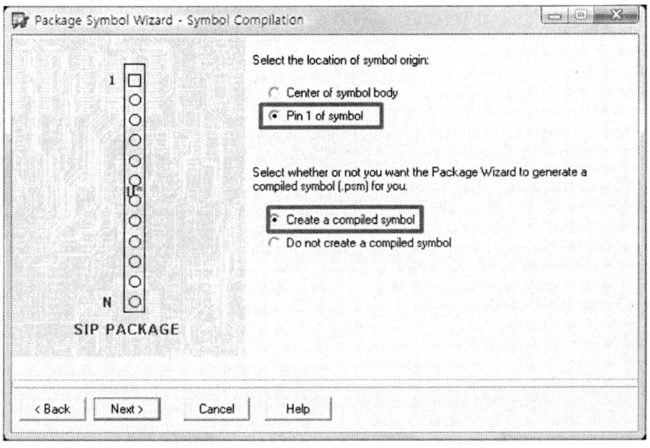

⑫ Step7은 마지막 단계로 마법사 종료 후 생성된 파일(CON2.dra, CON2.psm)을 확인한 후 Finish 버튼을 클릭한다.

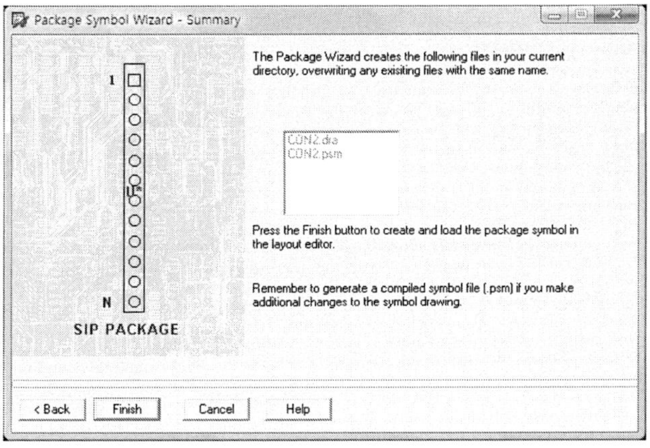

⑬ 부품 만들기 마법사가 완료된 후에는 부품 편집 창이 나타난다.

⑭ 부품을 확인하고 메뉴 File – Save( )를 눌러 저장 후 Command 창에 제대로 저장되었는지 확인한다.

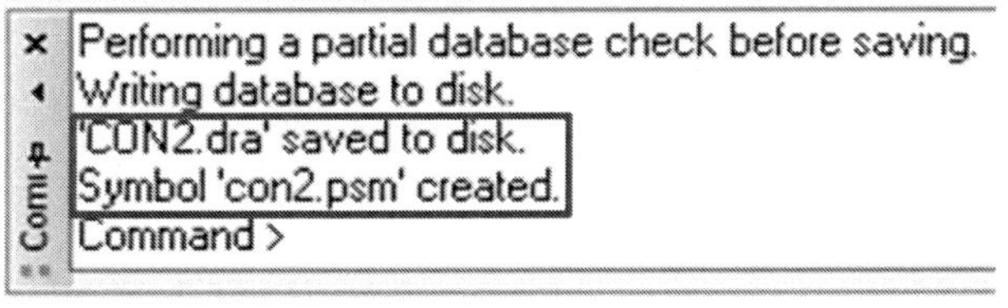

- D1, D2 LED(LED)

① OrCAD PCB Editor에서 메뉴 File – Open( )를 선택한다.

② 파일형식을 Symbol Drawing(*.dra)으로 수정하고, 아이콘을 클릭한다.

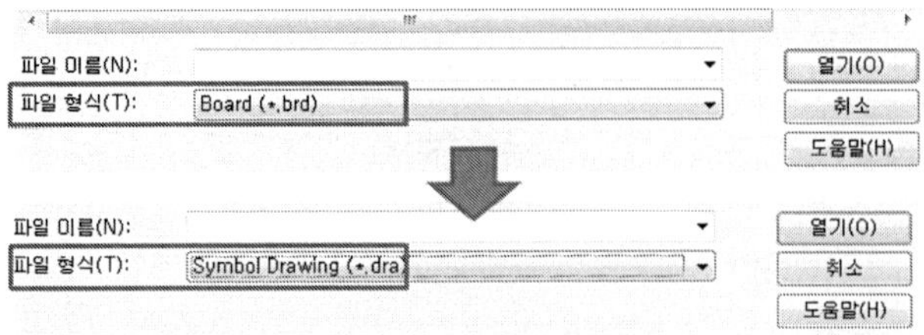

③ C:₩Cadence₩SPB_16.6₩share₩pcb₩pcb_lib₩symbols 폴더에 있는 CAP196을 선택 후 열기를 클릭한다.

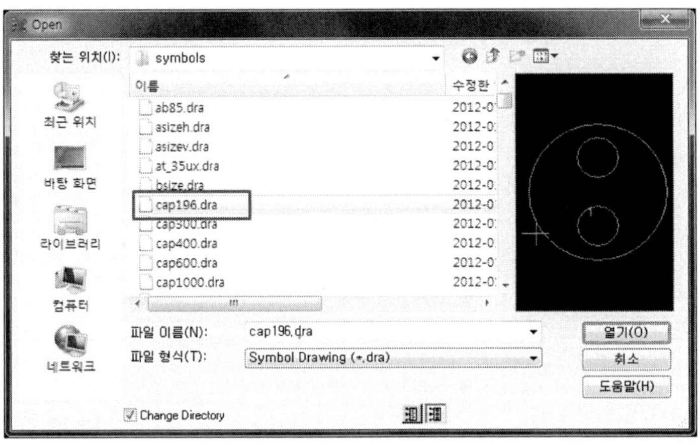

④ 메뉴 Tools – Padstack – Replace를 클릭한다.

⑤ Padstack names항목에 있는 Old의 아이콘을 클릭하여 Pad60cir36d를 선택 후 OK를 클릭한다.

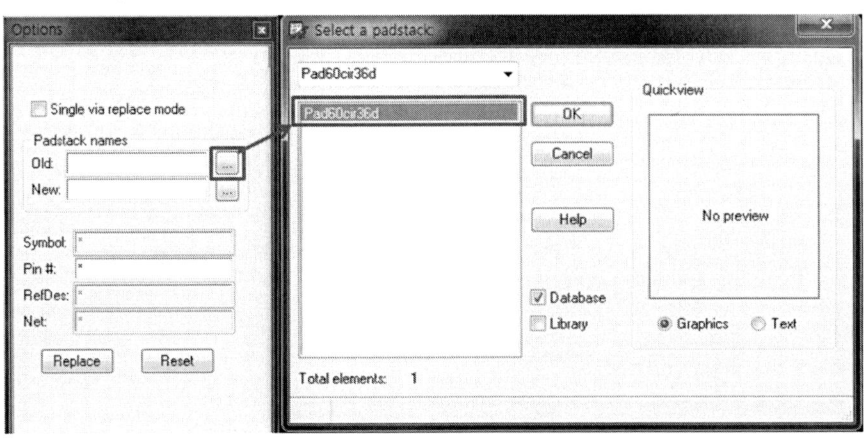

⑥ Padstack names항목에 있는 New의 ... 아이콘을 클릭하여 PAD60SQ36D를 선택 후 OK를 클릭한다.

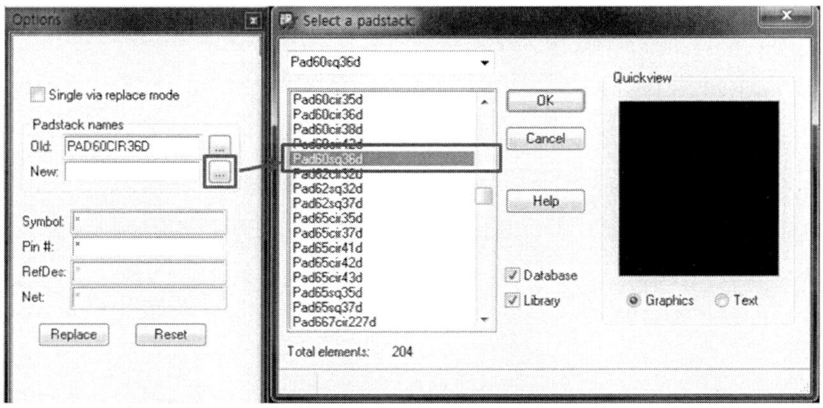

⑦ PIN #에 1을 기입한 뒤 Replace 버튼을 클릭한다.

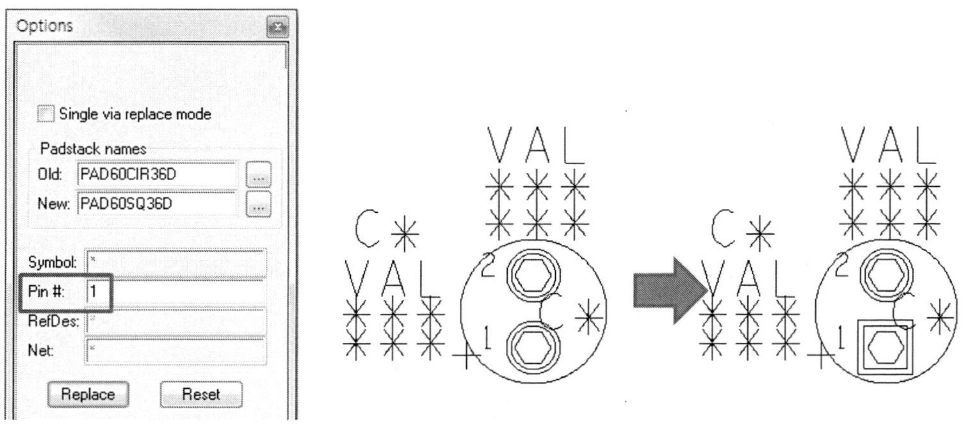

⑧ 메뉴 Edit – Delete(✖ , Ctrl+D)를 선택한 다음 필요 없는 그림(+)을 삭제한다.

※ 삭제 할 부분을 두 번 클릭한다. (첫 번째 클릭: 선택, 두 번째 클릭: 실행)

※ 잘못 삭제했을 경우 오른쪽 마우스 버튼 – Oops(F8)를 클릭하여 이전으로 돌릴 수 있으며, 오른쪽 마우스 버튼 – Cancel(F10)의 경우 Delete 명령어 실행 후 모든 작업을 취소한다.

⑨ 작업이 완료되었으며, 오른쪽 마우스 버튼 — Done(F6)을 눌러 작업을 종료한다.

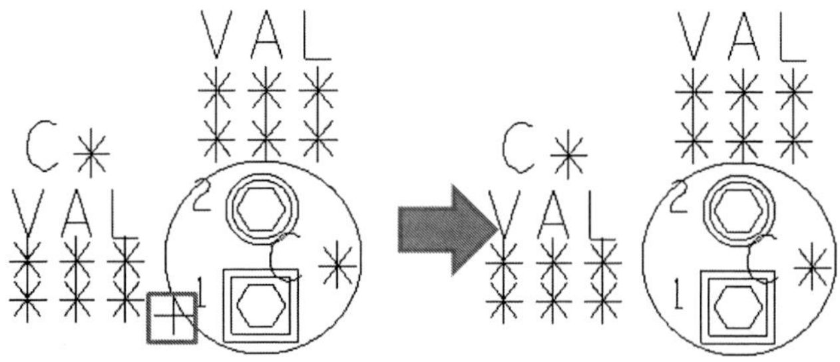

⑩ 메뉴 Edit — Text( )를 선택한 다음 참조 번호를 변경(C* → D*)한다.

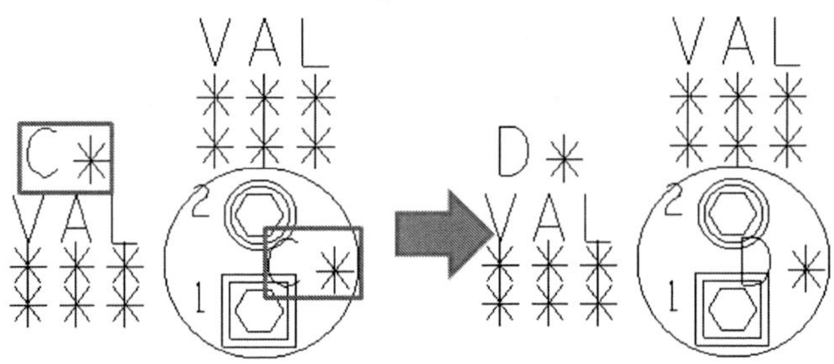

⑪ 메뉴 File — Save As...를 선택한 다음 저장 경로(본인이 설정한 경로)로 이동하여 파일 이름에 LED.dra를 입력 후 저장 버튼을 클릭한다.

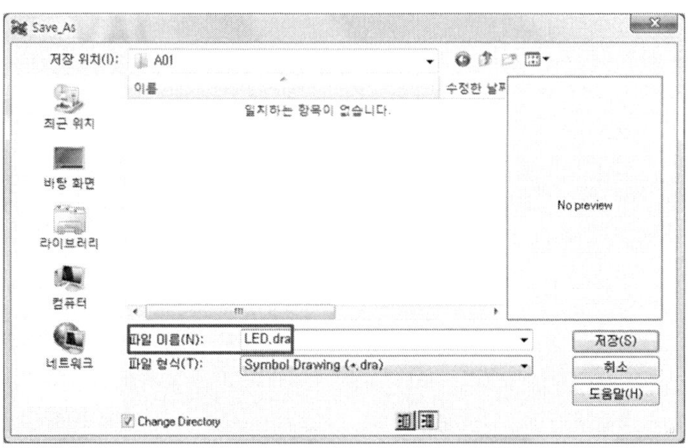

⑫ 저장 후 Command 창에 제대로 저장이 되었는지 확인한다.

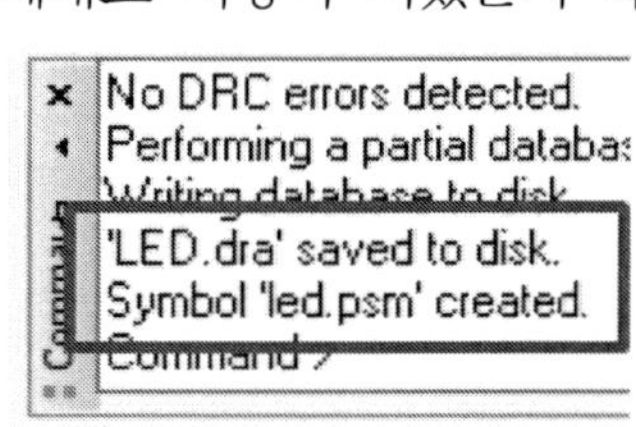

Tip Footprint 경로 설정하기

✓ 작성한 부품을 이용하기 위해서는 생성된 Footprint가 있는 경로를 OrCAD PCB Editor에서 설정을 하여야 한다.

① OrCAD PCB Editor에서 메뉴 Setup – User Preferences를 선택한다.

② User Preferences Editor 창에서 Categories에 Paths – Library를 선택한다.

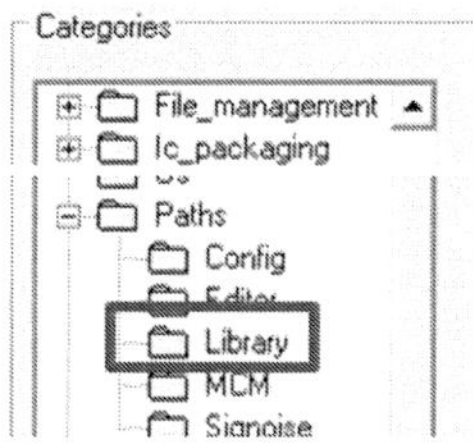

③ PSMPATH에 있는 아이콘을 클릭하여 PAD와 부품 심벌이 저장된 경로를 설정한다.

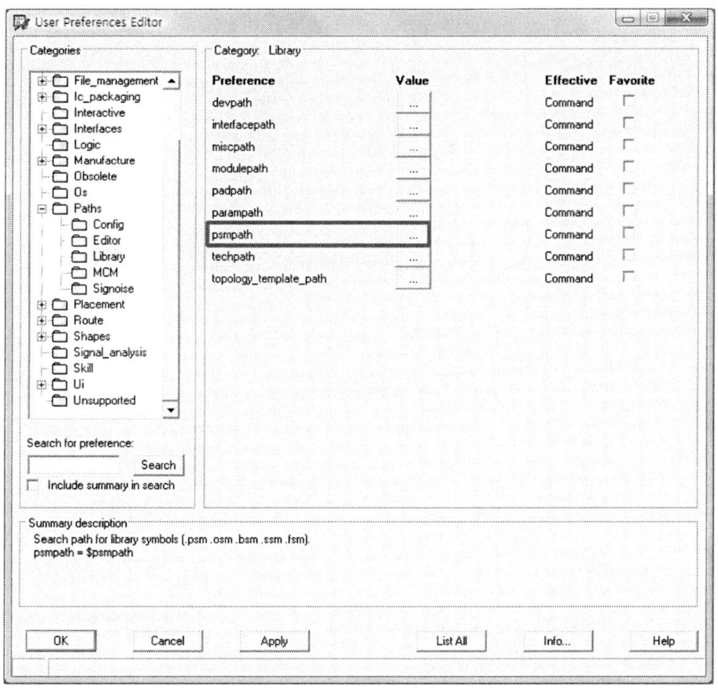

④ 다음으로 PSMPATH Item 창이 나타나면 NEW아이콘( )을 클릭한다.

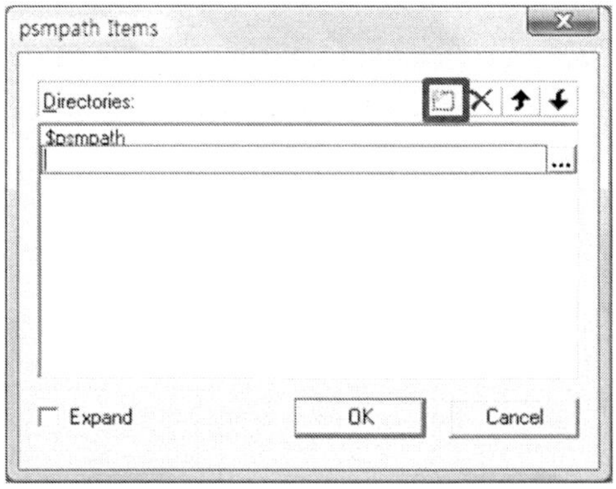

⑤ 아이콘을 클릭하면 Select Directory 창을 나타나며, 여기서 작성한 부품 심벌이 있는 경로를 선택한 다음 OK를 클릭한다.

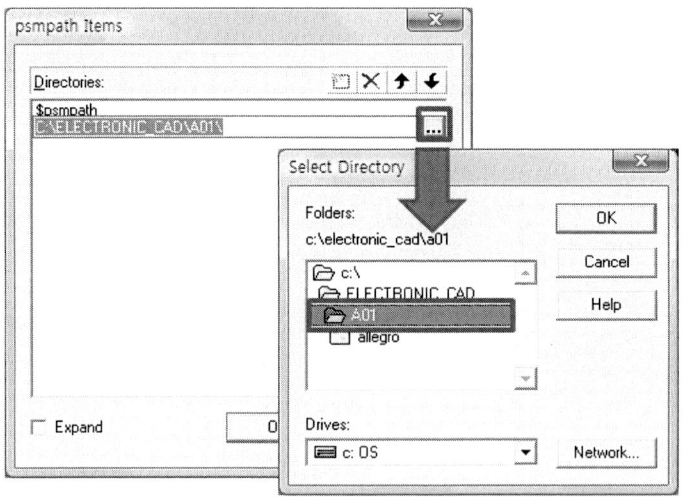

⑥ 설정이 끝이 났으면, User Preferences Editor 창을 닫고 메뉴 Place — Manually( )를 선택한다.

⑦ Advanced Settings탭을 선택한 뒤 List construction 상자의 Library에 체크한다.

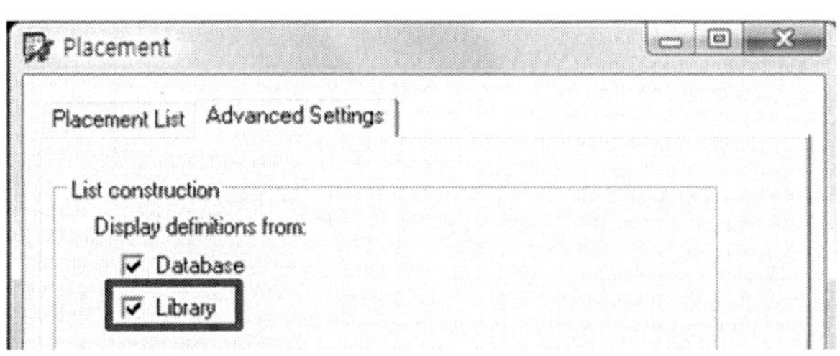

⑧ Placement List 탭을 선택한 후 list box에서 Package symbols를 선택하여 생성한 Footprint가 있는지 확인한다.

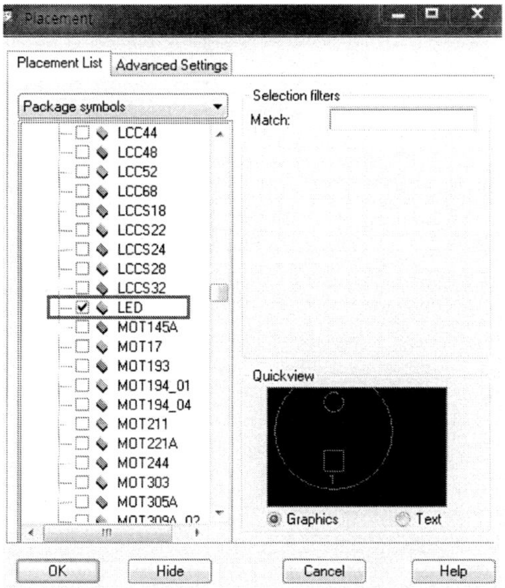

PCB Footprint 설정

- Part 속성 창에서 일괄 Footprint 설정

✓ 동일한 Footprint를 사용 시 효과적이다.

① Project Manager창의 A01.DSN을 클릭 후 오른쪽 마우스 버튼 – Edit Object Properties를 선택한다.

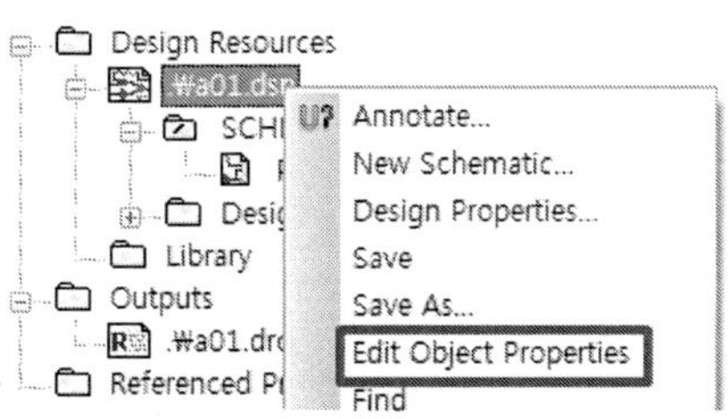

② 동일한 Footprint를 갖는 부품의 PCB Footprint 속성란(R1 ~ R10)을 선택한다.

※ 동일한 Footprint를 가지는 PCB Footprint 기입란을 드래그 또는 Ctrl키를 이용하여 선택한다.

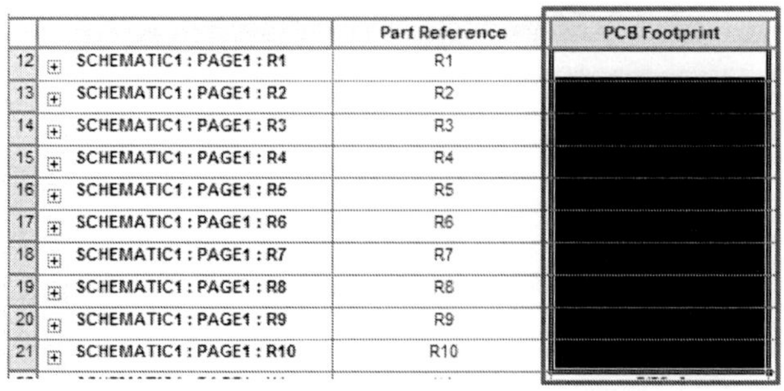

③ 오른쪽 마우스 버튼 – Edit 선택한 다음 Edit Property Values 창에 Footprint 명을 입력(RES400) 후 OK 선택한다.

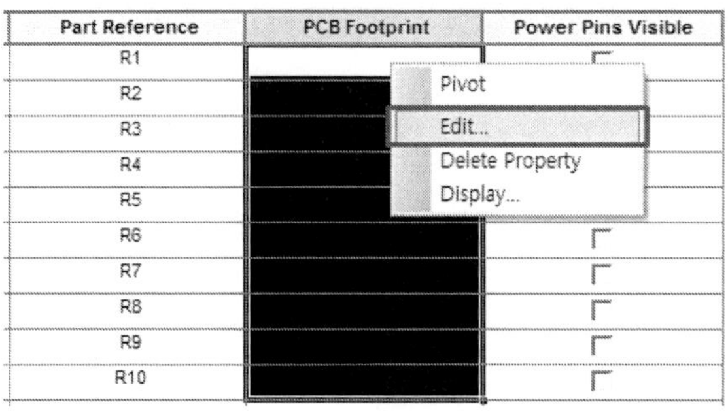

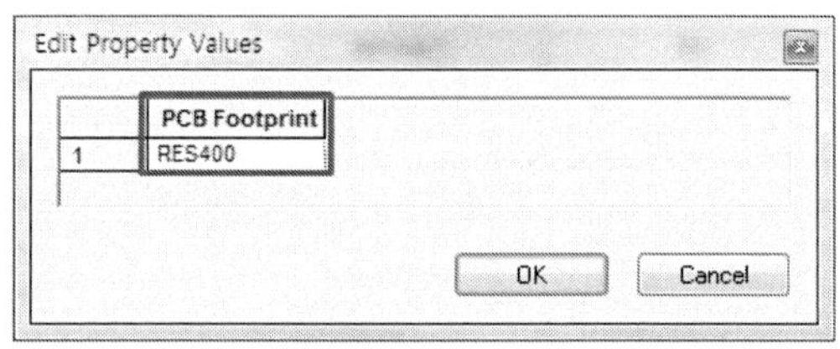

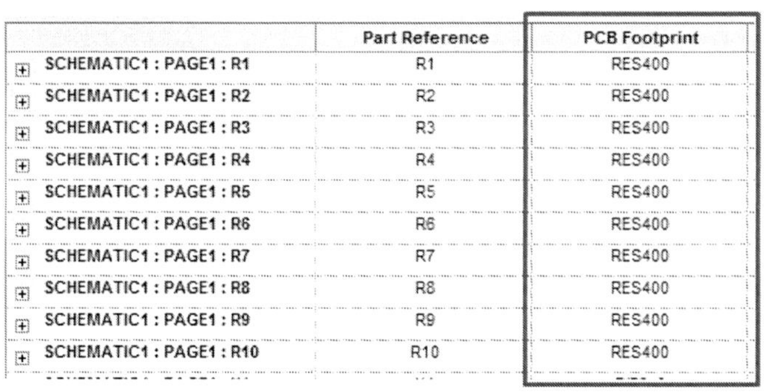

• Part 속성 창에서 드래그기능으로 Footprint 일괄 설정

✓ 동일한 Footprint가 연속적으로 있을 경우 효과적이다.

① Project Manager창의 A01.DSN을 클릭 후 오른쪽 마우스 버튼 – Edit Object Properties를 선택한다.

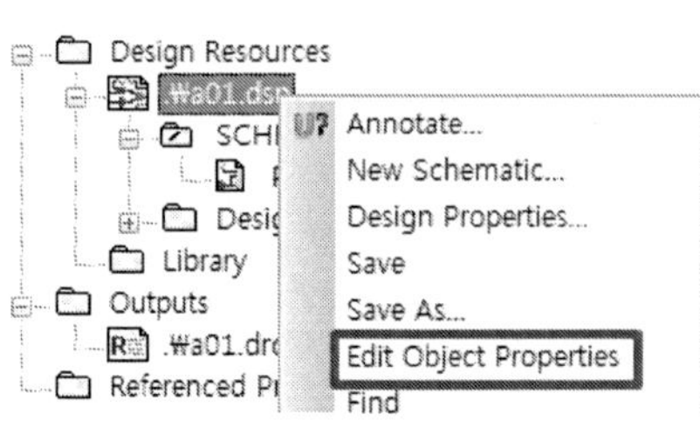

② 연속적으로 Footprint 속성을 기입할 부품(U2A)의 PCB Footprint 기입란을 선택한다.

③ PCB Footprint 기입란에 Footprint명(DIP14_3)을 기입한다.

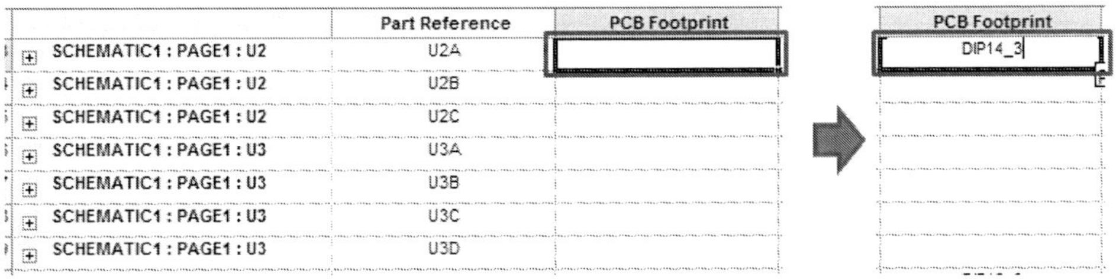

④ Footprint 명을 기입한 PCB Footprint 기입란의 오른쪽 모서리를 클릭한 다음 동일한 Footprint를 갖는 부품의 PCB Footprint 속성란(U2A ~ U3D)까지 잡고 드래그 한다.

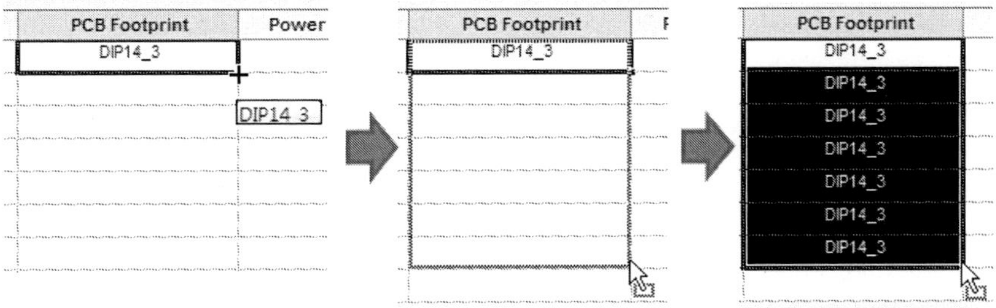

PCB Footprint 리스트

Part Reference	Part Name	PCB Footprint Name	Footprint Symbol
C1, C4	CAP NP (DISCRETE.OLB)	CAPCK05	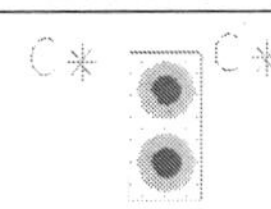
C2, C3	CAP POL (DISCRETE.OLB)	CAP196	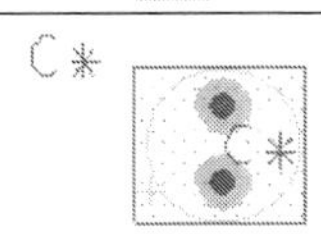
D1, D2	LED (DISCRETE.OLB)	LED	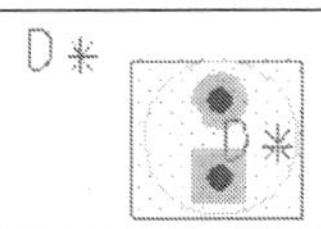
D3	DIODE (DISCRETE.OLB)	DO41	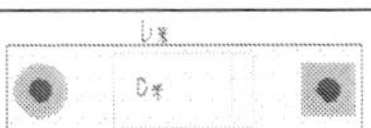
J1, J2	CON2 (CONNECTOR.OLB)	CON2	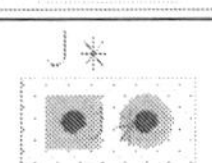
Q1, Q2	NPN ECB (TRANSISTOR.OLB)	TO92	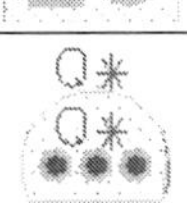

Part Reference	Part Name	PCB Footprint Name	Footprint Symbol
R1, R2, R3, R4, R5, R6, R7, R8, R9, R10	R (DISCRETE.OLB)	RES400	
U1	NE555 (MISCLINEAR.OLB)	DIP8_3	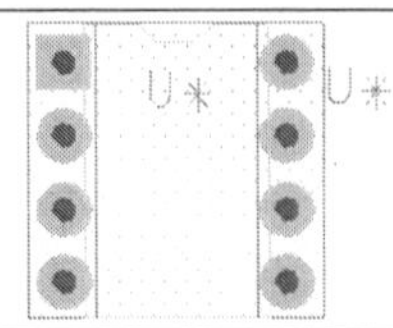
U2A, U2B, U2C	74LS00 (GATE.OLB)	DIP14_3	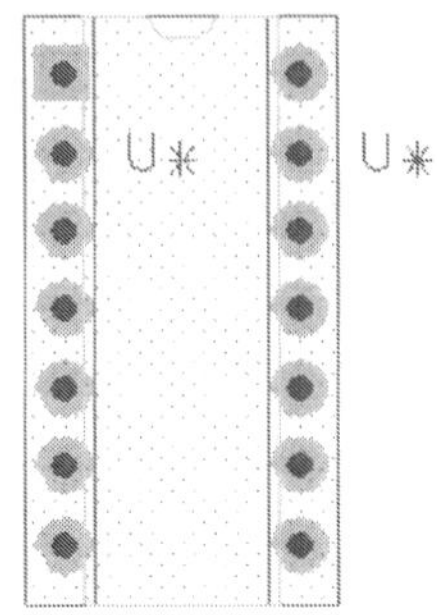
U3A, U3B, U3C, U3D	74LS86 (GATE.OLB)		
U4	74LS123 (MISC.OLB)	DIP16_3	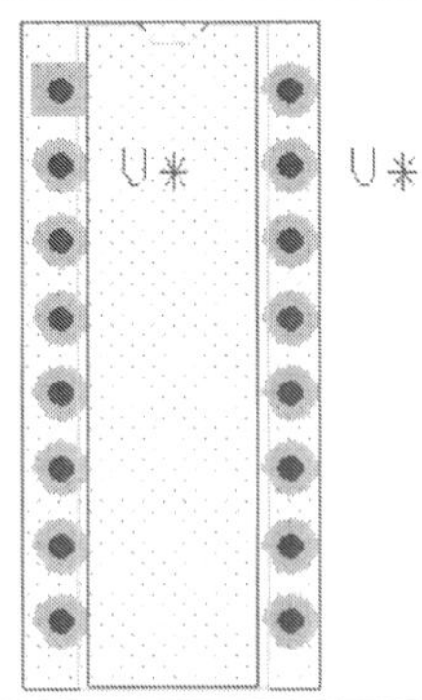

1.3.7 Design Rule Check

※ 기본적으로 체크되어 있는 설정으로 검사를 실행한다. 검사 시 ERROR와 WARNING이 발생 시 수정하고 다시 DRC 검사 실행

DRC 설정

- Design Rules Options 설정

① Project Manager 창에서 A01.DSN을 선택한 후 메뉴 Tools – Design Rules Check( )를 선택한다.

② Create DRC markers for warning과 View Output을 체크한다.

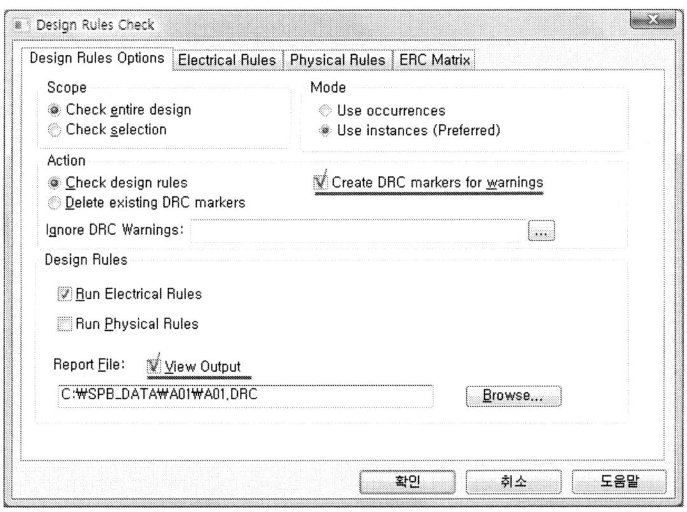

Create DRC markers for warnings
: 회로도에서 에러가 발생한 위치에 초록색 원 마커가 생성
View Output: 결과가 화면으로 출력

③ 도면에 에러가 없을 시 다음과 같이 결과창이 나타난다.

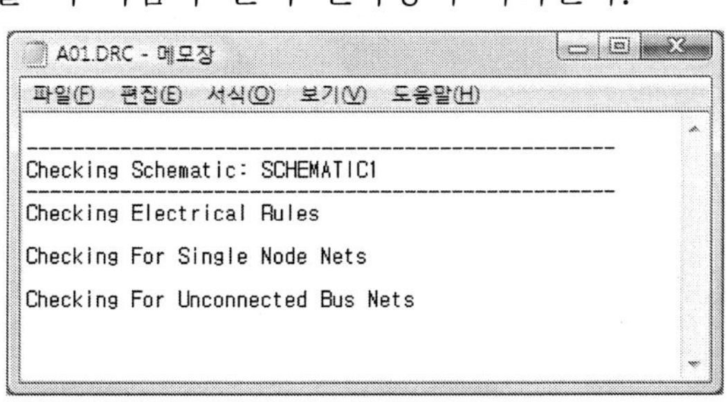

Tip Create DRC markers for warnings

✓ warning과 Error가 발생하면 회로도에 다음과 같이 초록색 원 마커가 생성된다.

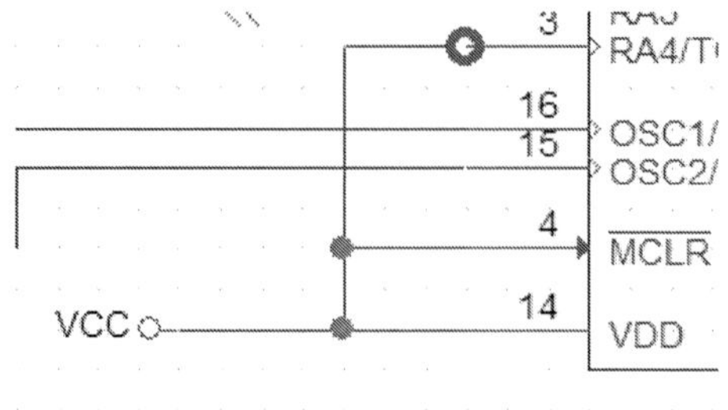

Tip ERC Matrix설정

✓ DRC 검사 중 발생한 에러 중 Output Connected to Power같이 나타날 경우 ERC Matrix에서 설정한다.

① 메뉴 Tools — Design Rules Check( )을 선택한 뒤 ERC Matrix 탭을 선택한다.

② 세로 Power 항목에서 가로 Output 항목을 찾아 E를 클릭한다.

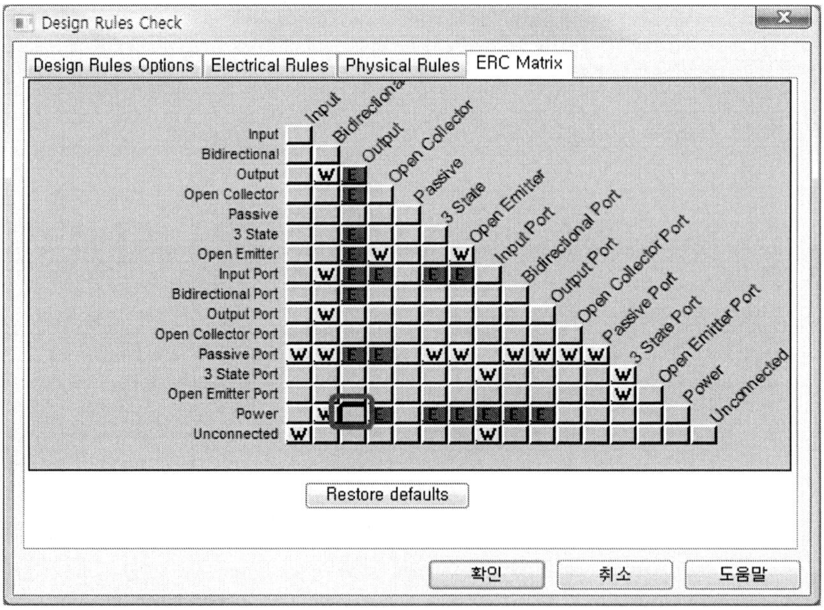

③ Warning(W) — Error(E) — none( )의 순서로 설정이 반복된다.

1.3.8 Create Netlist

Netlist 생성 설정

- 설정방법

① Project Manager에서 파일명.DSN, SCHEMATIC1, PAGE1 중에 하나를 선택 후 메뉴 Tools – Create Netlist( )를 클릭한다.

② Create Netlist창에서 Create or Update PCB Editor Board(Netrev)를 체크한다.

③ Open Board in OrCAD PCB Editor를 체크한다.

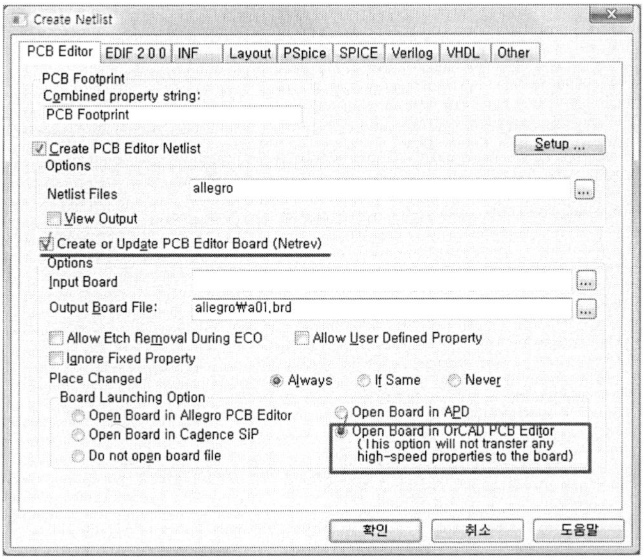

④ 확인 버튼을 누르면 Netlist 생성 및 OrCAD PCB Editor로 정보가 전송한다.

⑤ Capture의 Project Manager에서 Outputs 폴더 내에 Netlist 파일이 생성되어진다.

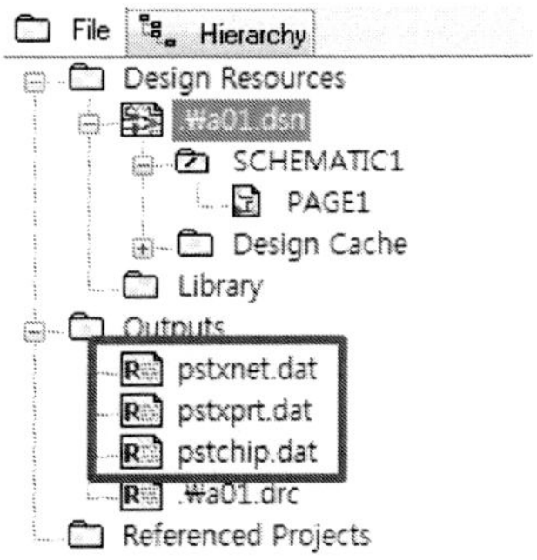

Tip Netlist 생성 시 주의 사항

✓ "A" has extra pin "8"이란 에러가 발생하는 부품은 더블 클릭하여 속성 창에 New버튼을 클릭한 뒤 Name에 NC(No Connect), Value에 8이라고 기입하면 8번 핀은 사용하지 않는 핀으로 처리함.

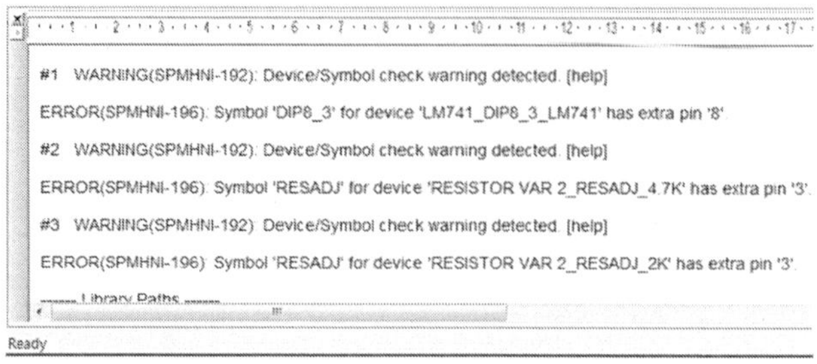

#1 WARNING(SPMHNI-192): Device/Symbol check warning detected. [help]
ERROR(SPMHNI-196): Symbol 'DIP8_3' for device 'LM741_DIP8_3_LM741' has extra pin '8'
#2 WARNING(SPMHNI-192): Device/Symbol check warning detected. [help]
ERROR(SPMHNI-196): Symbol 'RESADJ' for device 'RESISTOR VAR 2_RESADJ_4.7K' has extra pin '3'.
#3 WARNING(SPMHNI-192): Device/Symbol check warning detected. [help]
ERROR(SPMHNI-196): Symbol 'RESADJ' for device 'RESISTOR VAR 2_RESADJ_2K' has extra pin '3'.
------ Library Paths ------
Ready

✓ "A" is missing pin "8"이란 메시지 발생 시 Footprint를 수정 함

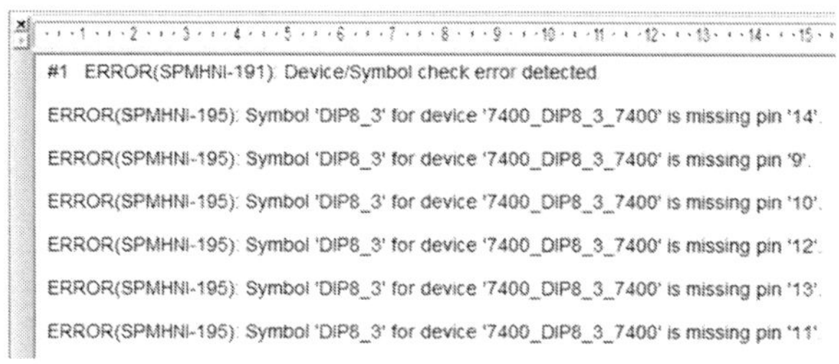

#1 ERROR(SPMHNI-191): Device/Symbol check error detected.
ERROR(SPMHNI-195): Symbol 'DIP8_3' for device '7400_DIP8_3_7400' is missing pin '14'.
ERROR(SPMHNI-195): Symbol 'DIP8_3' for device '7400_DIP8_3_7400' is missing pin '9'.
ERROR(SPMHNI-195): Symbol 'DIP8_3' for device '7400_DIP8_3_7400' is missing pin '10'.
ERROR(SPMHNI-195): Symbol 'DIP8_3' for device '7400_DIP8_3_7400' is missing pin '12'.
ERROR(SPMHNI-195): Symbol 'DIP8_3' for device '7400_DIP8_3_7400' is missing pin '13'.
ERROR(SPMHNI-195): Symbol 'DIP8_3' for device '7400_DIP8_3_7400' is missing pin '11'.

Symbol 검사

① PCB Editor 실행 후 메뉴 Place — Manually( )를 선택한다.
② Components by refdes 항목의 Components by refdes의 폴더 아이콘 앞에 체크를 한다.
③ 위에서부터 하나씩 체크를 해제하면서 Quickview창에 Symbol이 나타나는지 확인한다.

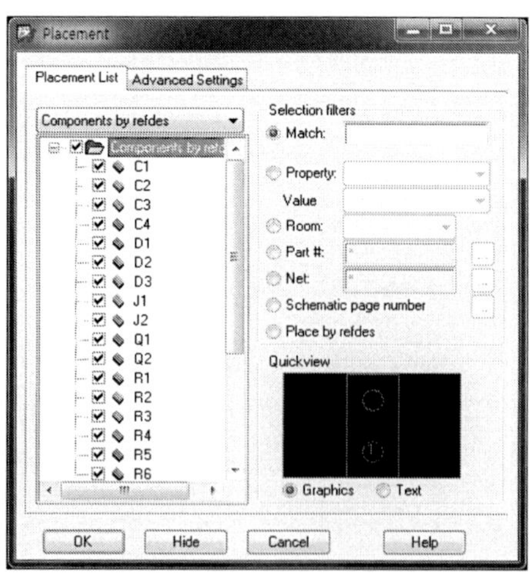

1.4 PCB 설계

Sub Note

- Footprint 정보가 Pin 수 불일치, 오타 등으로 에러가 발생하지 않도록 확인
- 제공된 부품도를 참고하여 정확한 부품을 사용
- 부품 배치/배선 전 각 요구사항을 확인 후 우선 먼저 설정
- 사용단위, 외곽선, 기판 층수, 중요부품의 위치, 부품의 수, 배선 폭
- 주요 부품의 위치를 정확하게 배치
- 카퍼 작성 시 단열판의 누락, 간격 및 독립된 카퍼를 확인
- DRC 검사를 반드시 확인 후 에러 수정
- 완성 후 거버 데이터 생성 확인
- 외곽선이 각 레이어에 배치되었는지 확인
- TOP, BOTTOM, Soldermask_TOP, Soldermask_BOTTOM, Silkscreen_TOP, DRILL_DRAW

1.4.1 PCB 설계 환경설정

✓ PCB 설계에 환경설정은 Design Parameters와 Constraint managers로 설정한다.

✓ Design Parameters는 PCB 설계에 Display 설정, 단위 및 도면 크기 설정, Shape의 film 타입, Text의 설정, Route 방법 설정 등을 설정한다.

✓ Constraint managers는 PCB 설계에 패턴의 두께, 간격 등 설계 규칙을 설정할 수 있다.

Design 탭

✓ 문제에 사용한 단위가 Millimeter로 설계되어 있기 때문에 Design 탭에서 이를 설정한다.

✓ PCB 설계에서 사용할 단위와 도면의 크기, 작업 영역의 크기, 기준점의 위치, 배선각도 설정(자유배선, 45°, 90°), 배선의 모양(Line, Arc), Symbol의 초기 배치 상태를 설정할 수 있다.

① 메뉴 Setup – Design Parameters( )를 선택한다.

② Design 탭의 Size 항목은 사용자가 PCB 설계에 사용할 기본 단위나 도면 크기 등을 설정할 수 있다.

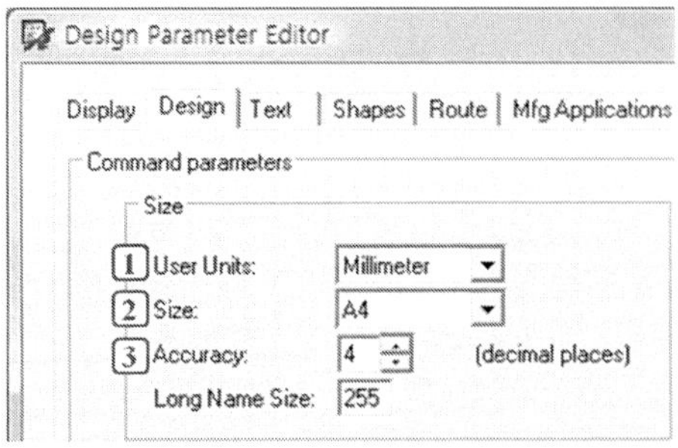

① User Unit(PCB 설계에 사용할 단위): **Millimeter**
② Size(도면의 크기): **A4**
③ Accuracy(사용할 단위의 정밀도): **4**

③ Design 탭의 Extents 항목은 작업 영역의 크기를 설정할 수 있다.

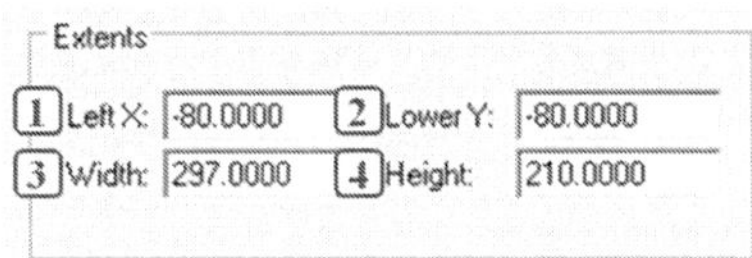

① Extents Left X(X축의 왼쪽 작업영역): **–80**
② Extents Lower Y(Y축의 아래 작업영역): **–80**
③ Width(PCB 도면의 넓이):
297(도면 Size 설정 시 자동 설정)
④ Height(PCB 도면의 높이):
210(도면 Size 설정 시 자동 설정)

④ Apply 버튼을 클릭하여 환경 설정을 적용시킨다.

Text 탭

✓ PCB 설계에서 사용할 글자의 크기(Block) 설정과 정렬방법을 설정할 수 있다.

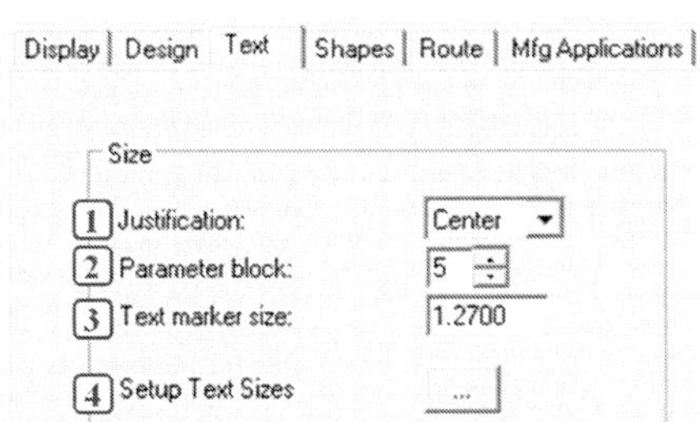

① Justification(Text 정렬방법): **Center**
② Parameter block(기본 Text block): **5**
③ Text marker size(마커사이즈): **1.27**
④ Setup Text Sizes(Text block 설정)

Shapes 탭

✓ PCB 설계에서 사용할 Shape의 속성을 설정할 수 있다. Shape의 속성이나 Artwork의 속성, Thermal relief(단열판) 설정을 할 수 있다.

- Gerber 설정

✓ Dynamic shape에서 설정된 Gerber방식대로 Etch 환경작업이 실시간적으로 적용된다.

① Design Parameters( )의 Shapes 탭을 선택한다.

② Dynamic shape항목에 Edit global dynamic shape parameters버튼을 선택한다.

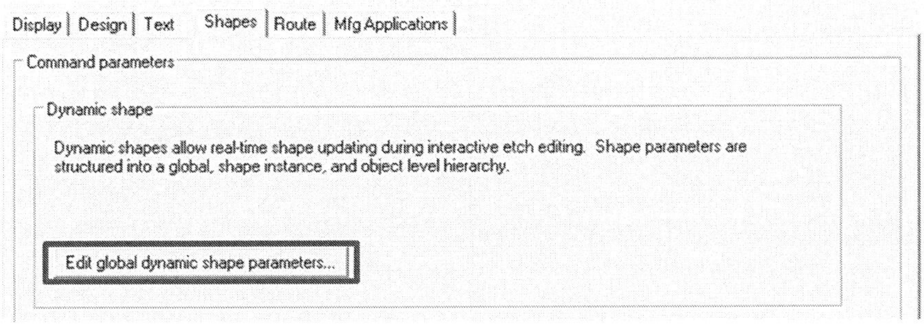

③ Global Dynamic Shape Parameters 창의 Void controls 탭에서 Artwork format을 Gerber RS274X로 선택한다.

※ Gerber RS274X는 각 거버 파일 내에서 그 파일에서 쓰이고 있는 어퍼처(D-코드)를 정의해주고 있는 형식이다.

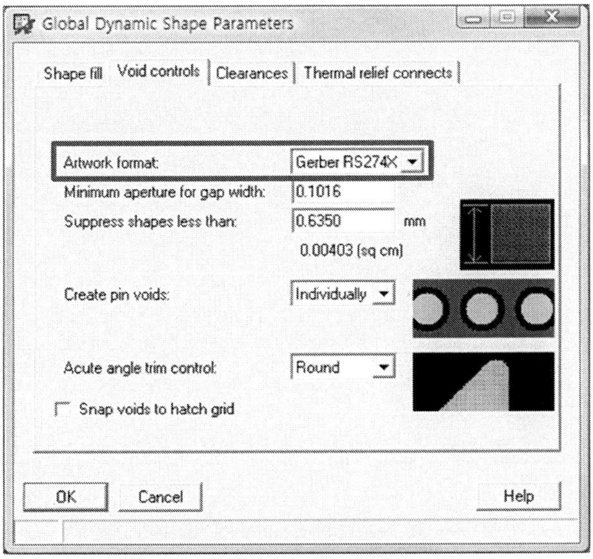

- Thermal Pad 설정

① Global Dynamic Shape Parameters 창의 Thermal relief connects 탭을 선택하여 단열판을 설정한다.

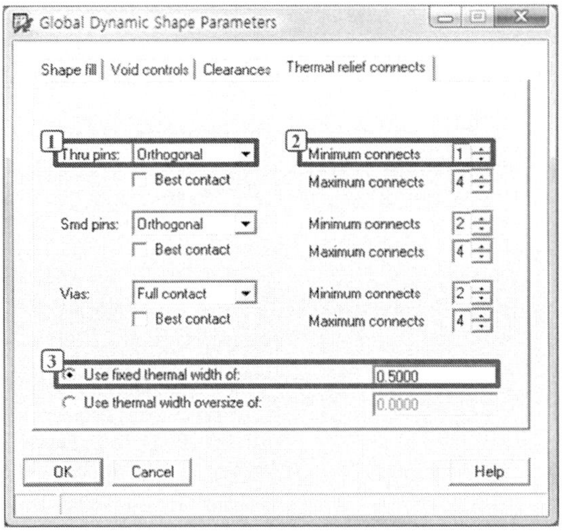

① Thru pins(스루홀의 단열판 연결 타입): **Orthogonal**

② Minimum connects(단열판의 최소 연결선의 수): **1**

③ Use fixed width oversize of(단열판과 네트 사이의 연결선의 두께 설정): **0.5**

단열판의 타입	단열판 모양	단열판의 타입	단열판 모양
Orthogonal	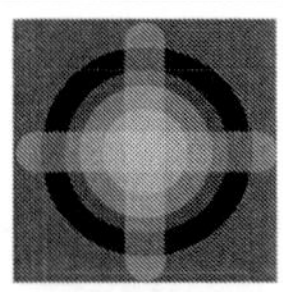	Diagonal	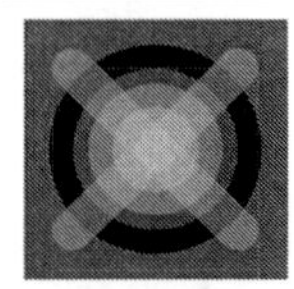
Full contact	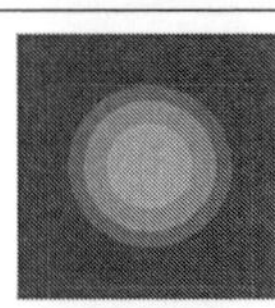	8 way connect	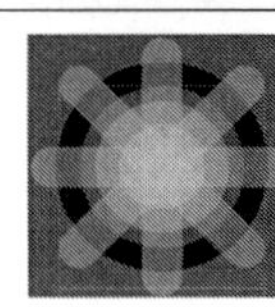
None	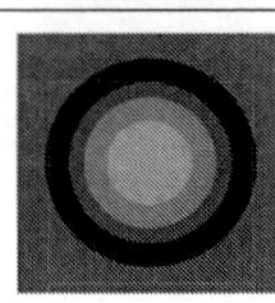		

〈Thermal relief connect type〉

※ 아래 그림과 같이 배선 또는 핀의 위치에 따라 단열판이 생성되지 않을 수 있기 때문에 Minimum connects를 1로 설정한다.

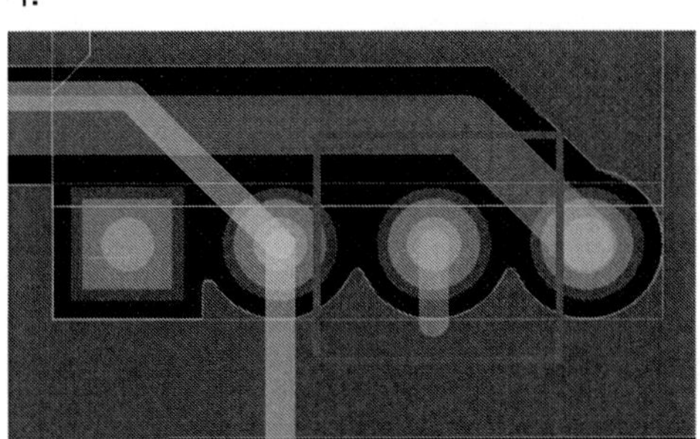

Control Panel

✓ PCB Editor의 화면 우측에 팝업 형태로 Options, Visibility, Find항목이 있다.

✓ PCB 설계 중 명령에 대한 설정을 하거나, PCB 설계 작업 영역을 선택, 명령을 수행할 대상물 선택, Display 설정 등을 할 수 있다.

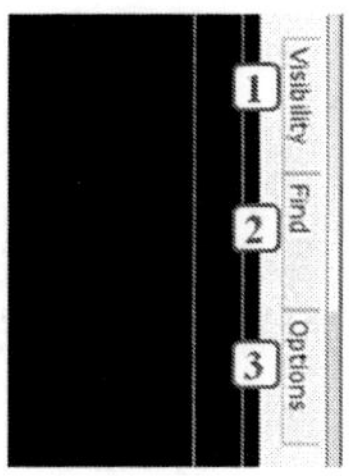

① Visibility : 현재작업화면의 컬러 설정
② Find : 마우스로 선택 시 대상물 선택 또는 찾기
③ Options : 명령에 대한 속성을 지정

✓ Control Panel의 상단 Fix 아이콘을 선택하여 Find 탭을 이용하여 화면에 고정시킬 수 있으며, Fix된 Control Panel은 Fix 아이콘이 Unfix 아이콘으로 변경된다.

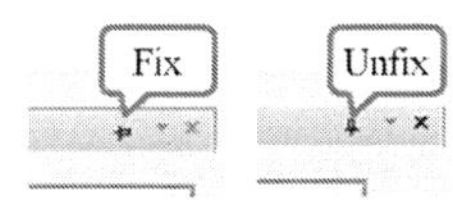

- Option

현재 작업 중인 명령에 대한 속성(파라미터와 값)을 설정 할 수 있으며, 명령이 수행할 작업영역이나 명령에 의해서 활성화된 기능 등을 확인할 수 있다.

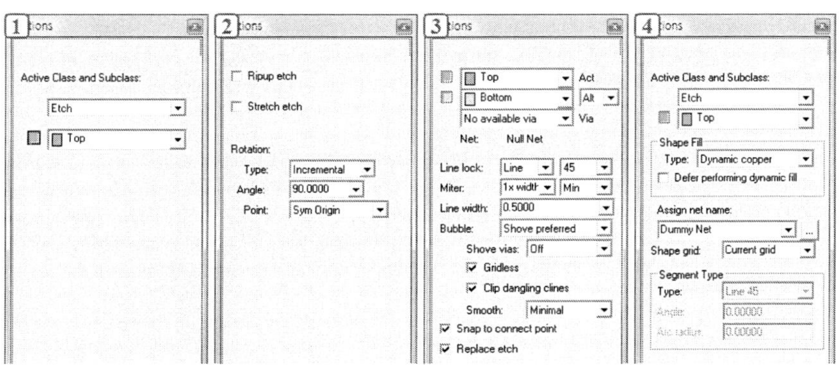

- Visibility

각 레이어의 Etch(배선, 카퍼), Via , Pin , DRC의 화면 표시 설정을 할 수 있다.

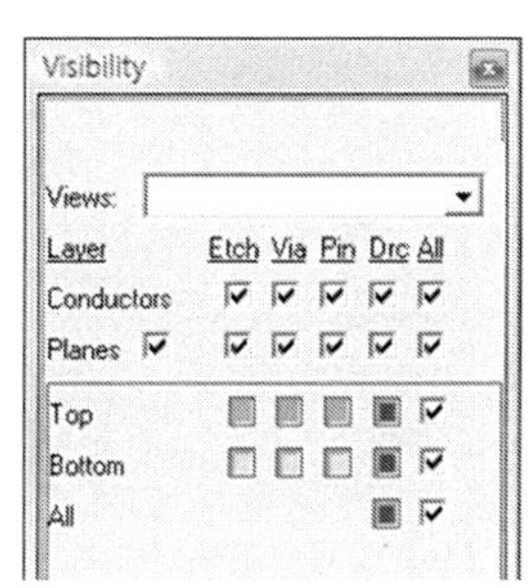

• Find

PCB 설계에서 명령을 수행할 대상물을 선택하여, 다른 대상물이 선택되거나 수정되는 것을 방지할 수 있다.

① PCB Editor 화면의 오른쪽에 있는 Control panel의 Find 탭의 위로 마우스를 가져가면 Fine panel창이 나타난다.

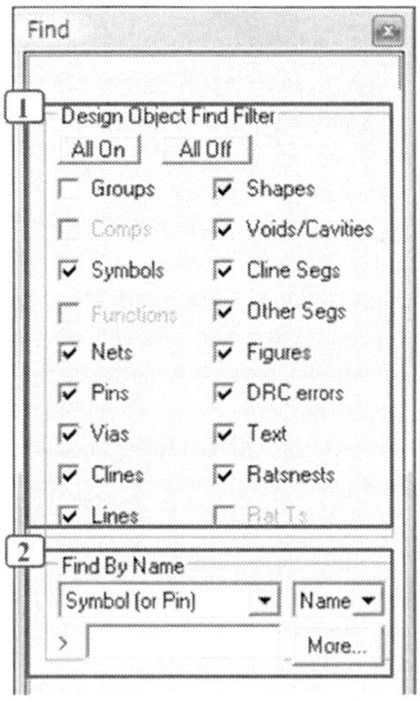

① Design Object Find Filter: 현재 명령에 대하여 특정 대상물만이 선택되도록 설정

② Find By Name: 찾고자 하는 항목과 이름으로 검색

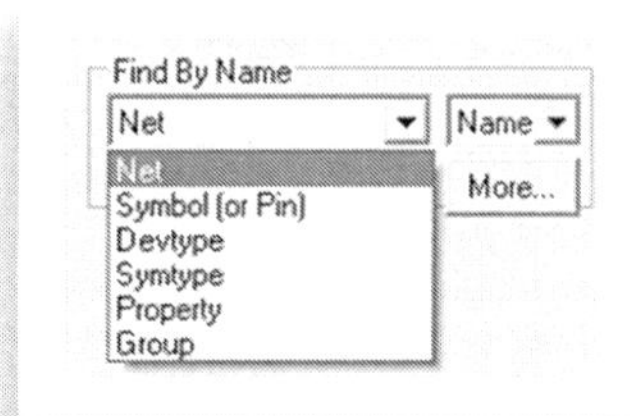

② Find 탭의 Find By Name 항목을 선택한 후 More버튼을 클릭하여 대상물을 선택한 뒤 OK를 누르면 PCB 화면에 하이라이트된다.

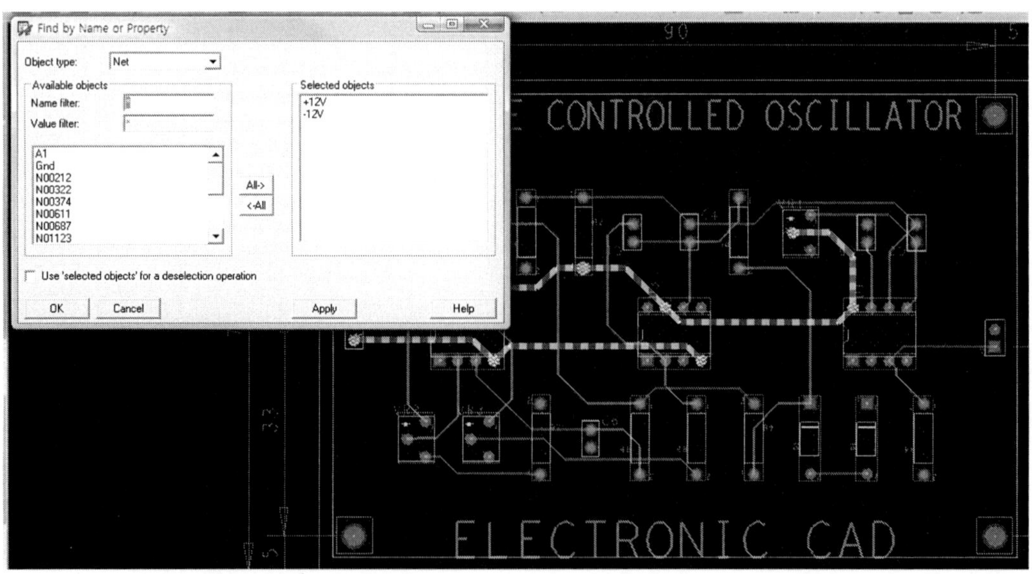

Tip Control Panel을 닫았을 시

✓ Control의 Panel의 아이콘을 선택하게 되면 해당 탭은 Control Panel에서 사라진다.

✓ 메뉴 View – Windows에서 Control Panel을 열고 닫을 수 있다.

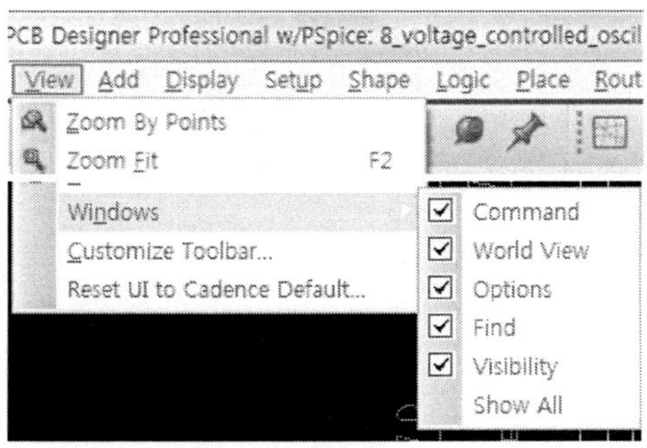

① Command: Command 창을 화면에 표시/제거
② World View: PCB 설계 화면에서 현재 모니터에 디스플레이 되는 위치 및 크기를 표시
③ Options: Control Panel의 Options 탭을 화면에 표시/제거
④ Find: Control Panel의 Find 탭을 화면에 표시/제거
⑤ Visibility: Control Panel의 Visibility를 화면에 표시/제거
⑥ Show All: 모든 창과 탭을 보이게 함

Grid 설정

✓ PCB 설계에서 Grid 설정을 할 수 있다. Non-Etch의 경우 보드 외곽선등 동박 영역 이외의 작성 시 사용되는 Grid이며, All Etch(TOP, BOTTOM)의 경우 전기적 접속을 이루는 동박 영역에서의 작업 Grid, 즉 배선, 카퍼 작업 시 Grid를 설정할 수 있다.

① 메뉴 Setup – Grids선택한다.

② Grids On( )을 누르면 PCB Editor 화면에 Grid가 표시된다.

③ Non-Etch 부분의 Spacing x / y 에 0.5를 입력한다.

※ 외곽선, 주요부품 그리고 기구 홀의 배치가 1mm단위로 배치되어 있다.

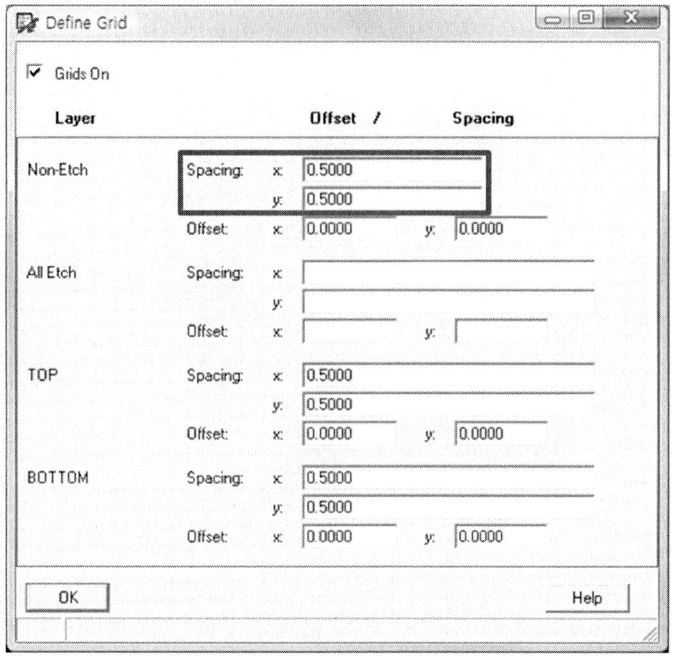

Layer 설정

① 메뉴 Setup — Cross Section( )선택한다.

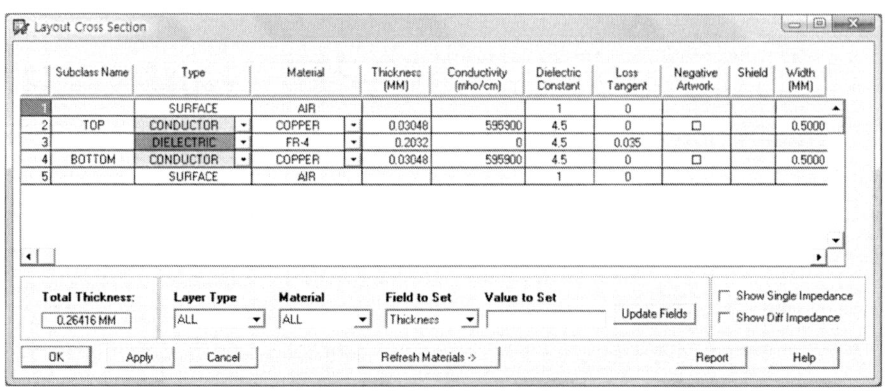

② 양면 Layer를 확인하고 OK를 누른다.

1.4.2 보드외곽선 생성

보드 외곽선 설정 및 배치

보드 사이즈는 가로 100mm × 세로 70mm로 설정, 보드 외곽으로부터 3mm 이격을 두고 카퍼를 설정

Tip Draw Rectangle 방법

① 메뉴 Setup – Outlines – Board Outline 선택한다.

② Board Outline 창에서 Draw Rectangle를 선택한다.

③ Board Edge Clearance의 기입란에 3mm 입력하고,

④ 다음과 같이 Command창에 기입한다.

x 0 0 Enter↵
x 100 70 Enter↵

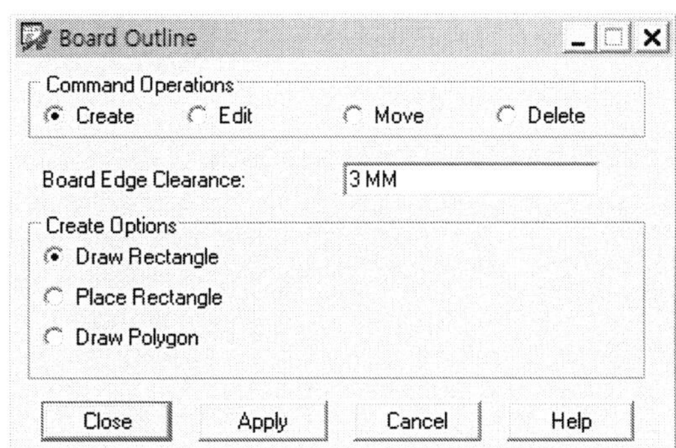

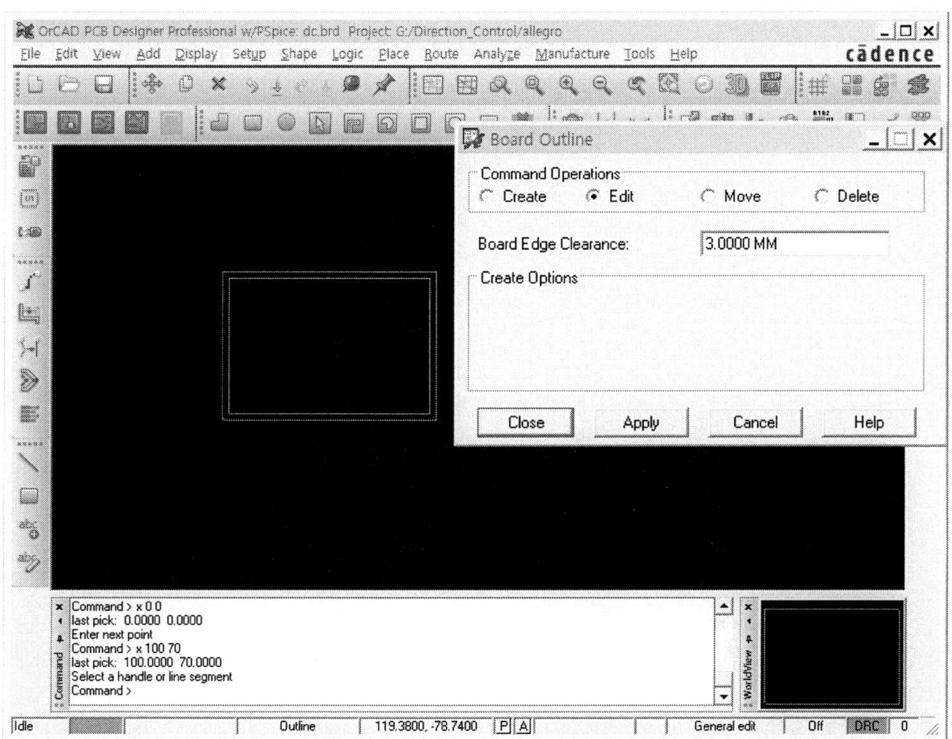

⑤ Board Outline 창에 Close를 누른다.

※ x(x좌표) (y좌표) Enter↵ : 절대 좌표(지정된 좌표에 픽업)

1.4.3 기구 홀 및 주요 부품 배치하기

Tip 기구 홀 제작

✓ 기구 홀을 제작하기 위해서는 PAD Designer로 PAD를 생성 후 PCB Editor로 Mechanical Symbol을 제작하여야 한다.

• PAD 생성

✓ Pad를 생성하기 위해서는 Pad Designer를 실행 한다.
(시작 – 모든 프로그램 – Cadence – Release 16.6 – PCB Editor Utilities – Pad Designer)

① Pad Designer의 Parameters 탭을 다음과 같이 설정한다.

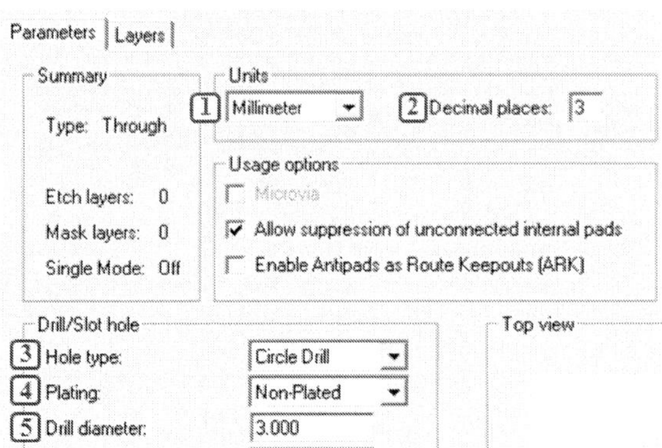

① Units: Millimeter
② Decimal places: 3
③ Hole type: Circle Drill
④ Plating: Non-Plated
⑤ Drill diameter: 3

② Parameter탭의 설정 후, Layers탭을 선택한다.

③ Bgn(BEGIN LAYER)를 선택한 후 하단의 Regular Pad의 대화 상자에 다음과 같이 설정한다.

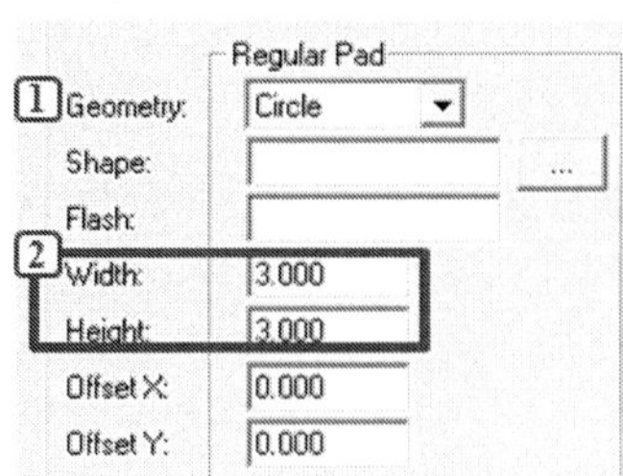

① Geometry: Circle
② Width/Height: 3

④ Bgn을 선택 후 오른쪽 마우스 버튼 – Copy to all 선택한다.

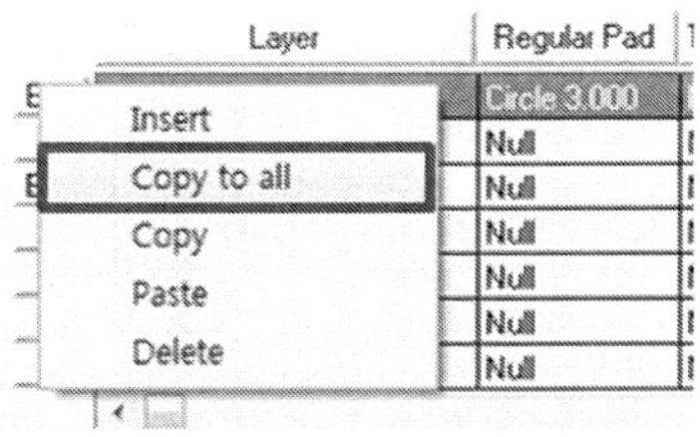

⑤ Copy BEGIN LAYER 창에서 Regular layers, Soldermask를 선택한다.

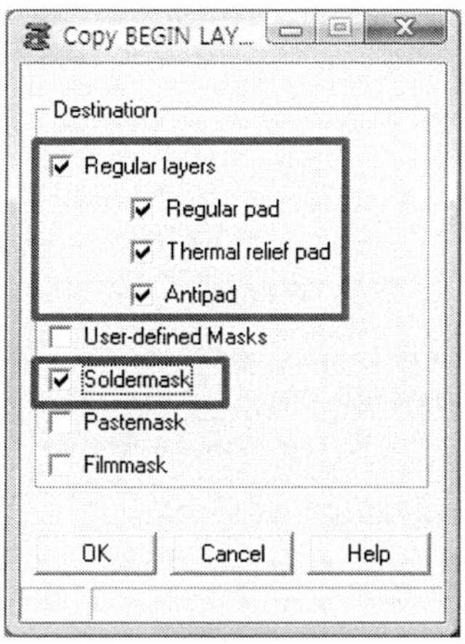

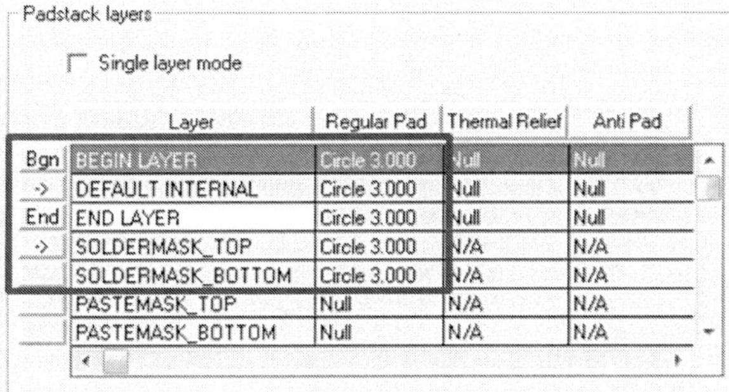

⑥ 설정이 완료 후 메뉴 File – Save As를 선택하여 저장 경로(Brd 파일이 생성된 폴더를 설정)와 파일(PAD3MM.PAD)을 저장한 뒤 종료한다.

※ 프로그램 상단에 적혀 있는 경로(C:₩ELECTRONIC_CAD/A01/allegro)에 저장한다.

• 기구 홀 Symbol 작성

✓ 생성한 PAD를 이용하여 PCB Editor로 Mechanical Symbol을 제작하여야 한다.

✓ 기구 홀 작업 전에 PCB 설계 중이던 Board 파일(.BRD)파일을 저장한다.

① 새로운 PCB Editor프로그램을 시작한다.

(시작 – 모든 프로그램 – Cadence – Release 16.6 – OrCAD PCB Editor)

② Drawing Name에 [...]을 클릭하여 PAD3MM가 저장된 경로를 선택한다.

③ Drawing Name의 대화상자에 Symbol 이름(3MM_HOLE)을 설정한다.

④ Drawing Type에 Mechanical symbol을 설정하고 OK를 누른다.

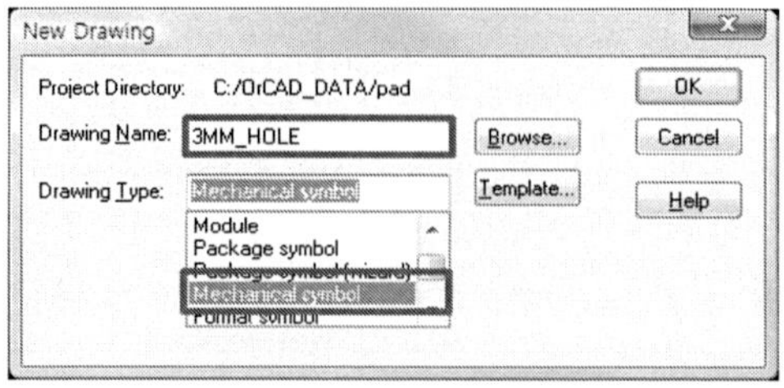

⑤ 메뉴 Setup – Design Parameters( )를 선택한다.

⑥ Design 탭을 선택하여 다음과 같이 설정한다.

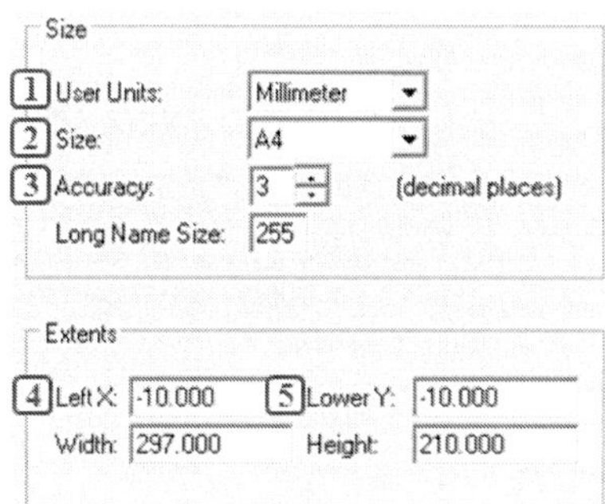

① User Unit: Millimeter
② Size: A4
③ Accuracy: 3
④ Extents Left X: −10
⑤ Extents Lower Y: −10

⑦ 메뉴 Layout – Pins( )을 선택한다.

⑧ Control Panel의 Option탭의 Padstack의 [...]아이콘을 눌러 작성한 PAD(PAD3MM)를 선택한다.

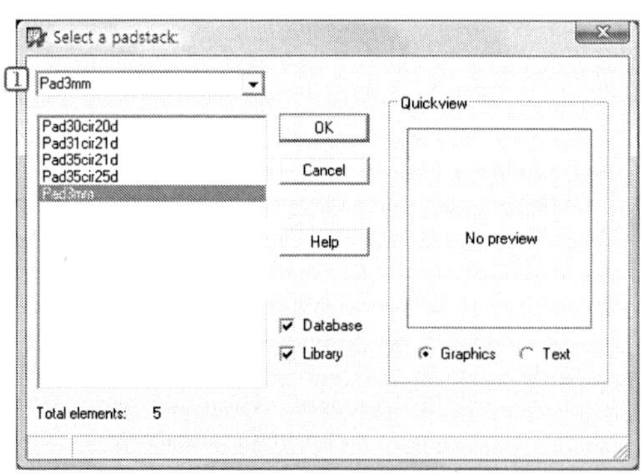

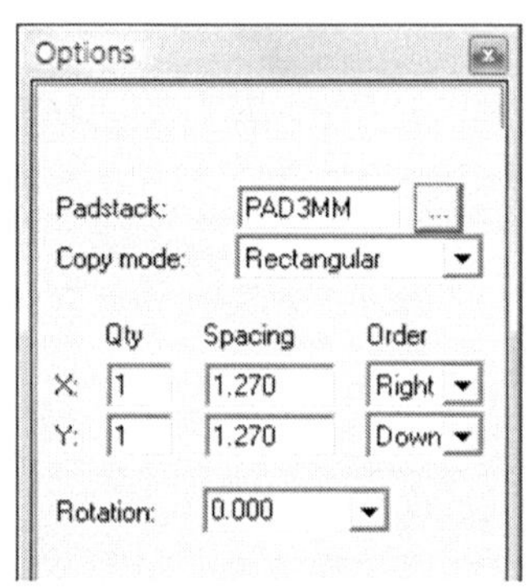

※ 1번 기입란에 필드기능(PAD3*)을 이용하면 작성한 PAD를 쉽게 찾을 수 있다.

⑨ Option탭 설정 후 Command 창에 다음과 같이 입력한다.

x 0 0 Enter↵

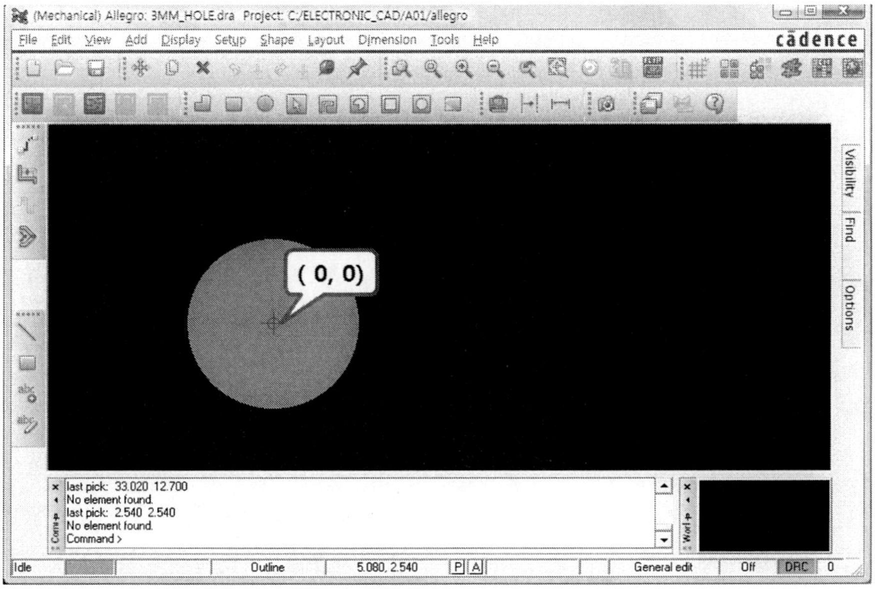

⑩ Pin 배치가 완료되었으면, 오른쪽 마우스 버튼 – Done(F6)을 선택한다.

⑪ 메뉴 File – Save( )를 선택한다.

※ Command창 하단에 Symbol Drawing파일(3MM_HOLE.DRA), Mechanical Symbol 파일(3MM_HOLE.BSM)이 저장된 것을 확인할 수 있다.

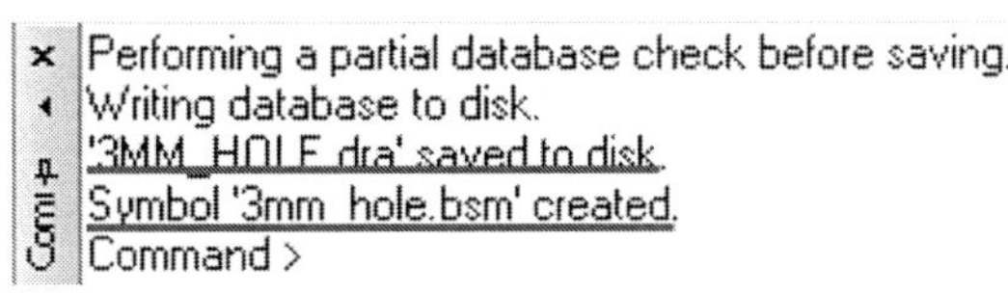

⑫ 기구 홀이 생성이 완료 되었으면, PCB 설계 중이던 Board 파일(A01.BRD)을 연다.

⑬ 메뉴 Place – Manually( )를 선택한다.

⑭ Advanced Settings 탭을 선택 한 뒤 List construction 항목의 Library에 체크한다.

⑮ Symbols and Module Definitions에서 AutoNext에 Disable을 선택한다.

⑯ Placement List 탭을 선택 list box에서 Mechanical symbols를 선택한다.

⑰ 제작한 기구 홀(3MM_HOLE)에 체크한 뒤 Hide버튼을 누른다.

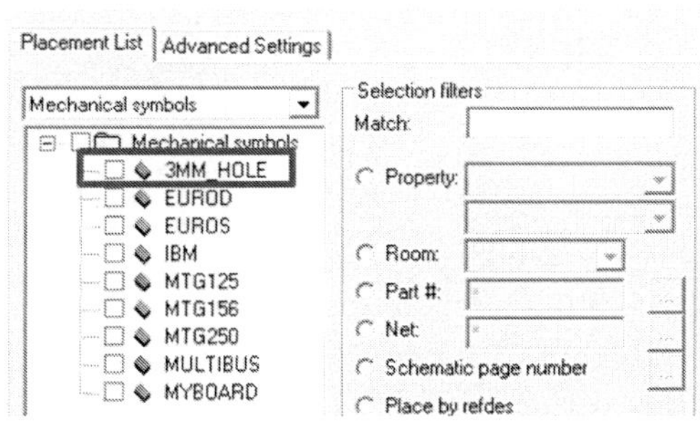

⑱ PCB 설계 중인 보드에 배치시킨다.

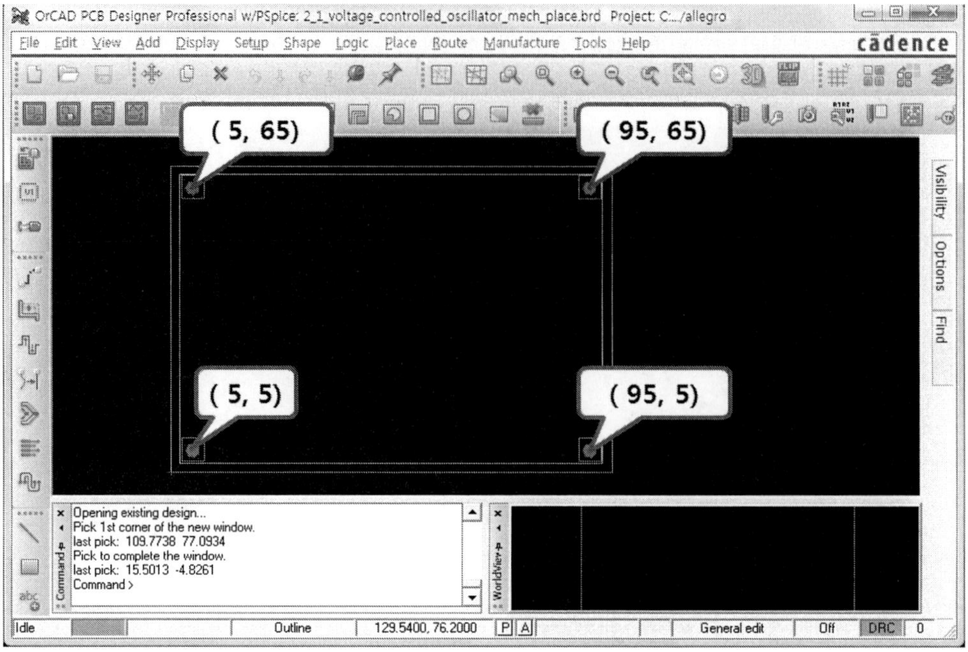

주요 부품

- 회전

① 좌측 하단에 Place manual( ) 또는 move( ) 명령 수행 중에 부품을 선택 후 오른쪽 마우스 버튼 – Rotate를 선택한다.

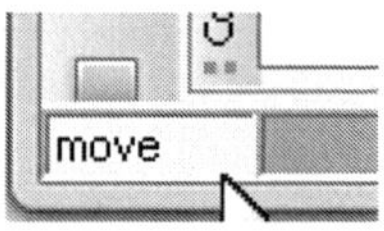

② 부품의 기준점(회전 시 생성되는 선을 기준)을 중심으로 시계방향(또는 반시계방향)으로 회전한다.

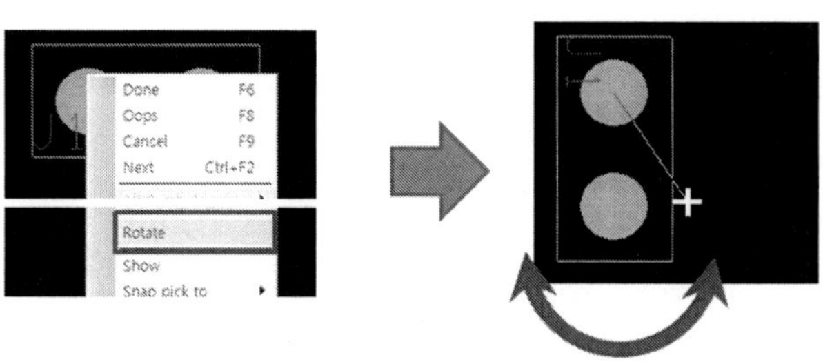

③ 부품이 원하는 방향으로 되었을 시 왼쪽 마우스 버튼을 클릭한 후 이동을 계속한다. 오른쪽 마우스 버튼 – Done(F6)을 선택하여 이동을 완료한다.

- 삭제

✓ Symbol의 배치나 배선이 잘못된 경우 삭제하고 다시 배치, 배선할 수 있다.

① 메뉴 Edit — Delete(✕)을 선택한다.

② Control Panel의 Find 탭에서 삭제를 원하는 대상물을 선택한다.

※ Delete 명령을 수행 후 부품을 삭제하고자 하는 대상물을 Find 탭에서 설정한다.

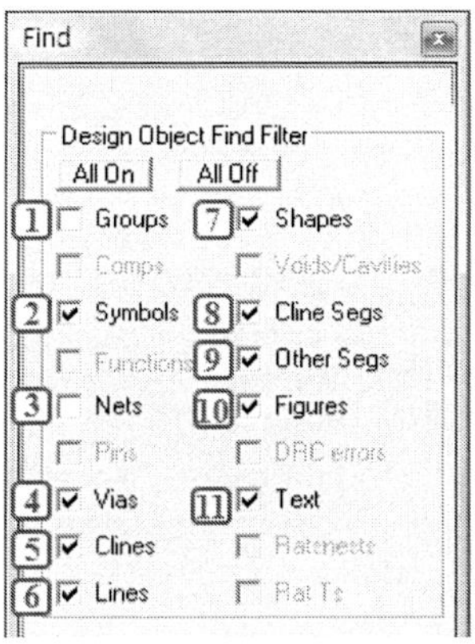

① Groups: 특정 그룹 선택
② Symbol: Package Symbol등 부품 선택
③ Nets: 같은 이름의 Net이 선택
④ Vias: Via를 선택
⑤ Clines: 전기적 속성이 있는 배선을 선택
⑥ Lines: 전기적 속성이 없는 line을 선택
⑦ Shapes: Shape, Keepin, 사각형등 폐영역을 선택
⑧ Cline Segs: 배선의 한 선분을 선택
⑨ Other Segs: Draw 선분의 한 구역
⑩ Figures: 드릴 Symbol 등을 선택
⑪ Text: 글자, 숫자를 선택

③ 삭제를 원하는 대상물을 선택한 뒤 오른쪽 마우스 버튼 — Done(F6)을 클릭한다.

※ Footprint를 잘못 배치하였을 경우 해당 부품(Find에서 Symbol만 선택)을 삭제하고 Place–Manually( ) 을 이용하여 다시 배치시킬 수 있다.

- 주요 부품 배치(J1, J2)

✓ 1.2절에 있는 주요 부품이 배치되어 있는 그림을 참고하여 배치한다.

① 메뉴 Place — Manually( )를 선택한다.

② List box에서 Components by refdes를 선택한다.

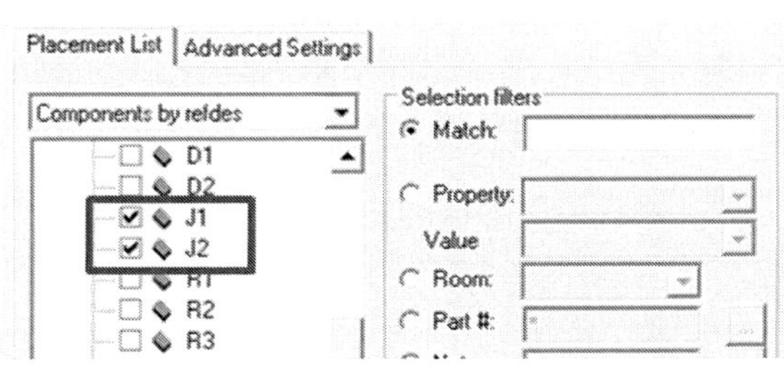

③ J1, J2 선택한 뒤 Hide를 선택한다.

④ 오른쪽 마우스 버튼 – Rotate 선택한다.

⑤ J1(CON2)의 1번 핀을 위로 가도록 회전한 뒤 클릭한다.

⑥ Command 창에 다음과 같이 입력한다.

x 5 25 [Enter↵]

⑦ J2(CON2)의 1번 핀을 위로 가도록 회전한 뒤 클릭한다.

⑧ Command 창에 다음과 같이 입력한다.

x 5 45 [Enter↵]

⑨ 오른쪽 마우스 버튼 – Done([F6])을 선택한다.

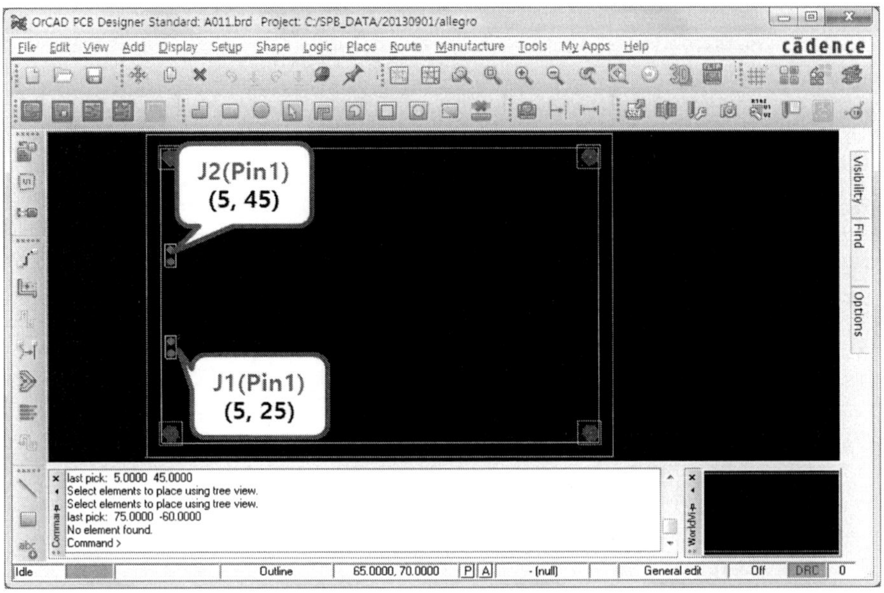

- 주요 부품 배치(D1, D2)

✓ 1.2절에 있는 주요 부품이 배치되어 있는 그림을 참고하여 배치한다.

① 메뉴 Place – Manually( )를 선택한다.

② List box에서 Components by refdes를 선택한다.

③ D1, D2 선택한 뒤 Hide를 선택한다.

※ J1과 J2는 배치가 되었기 때문에 Placement창에 나타나지 않음

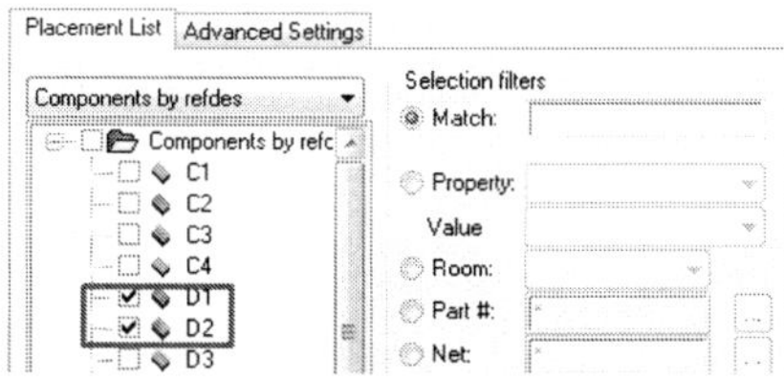

④ 오른쪽 마우스 버튼 – Rotate 선택한다.

⑤ D1(LED)의 1번 핀을 아래로 가도록 회전한 뒤 클릭한다.

⑥ Command 창에 다음과 같이 입력한다.

x 90 55 Enter↵

⑦ D2(LED)의 1번 핀을 위로 가도록 회전한 뒤 클릭한다.

⑧ Command 창에 다음과 같이 입력한다.

x 90 17.5 Enter↵

⑨ 오른쪽 마우스 버튼 – Done(F6)을 선택한다.

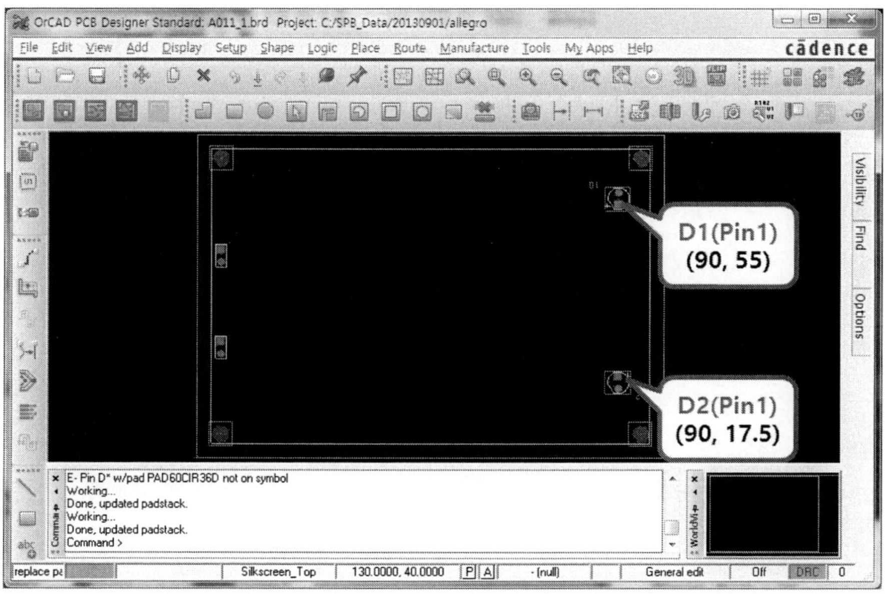

Tip 부품 고정

✓ 주요 부품들이 작업 중에 수정이 되지 않도록 Fix( ) 명령을 수행한다. 만약 Fix된 부품의 수정이 필요한 경우 Unfix( ) 명령을 이용하여 해제시킨다.

① Edit 툴바에서 Fix( )을 선택한다.

② Find 창에서 Symbols를 선택한다.

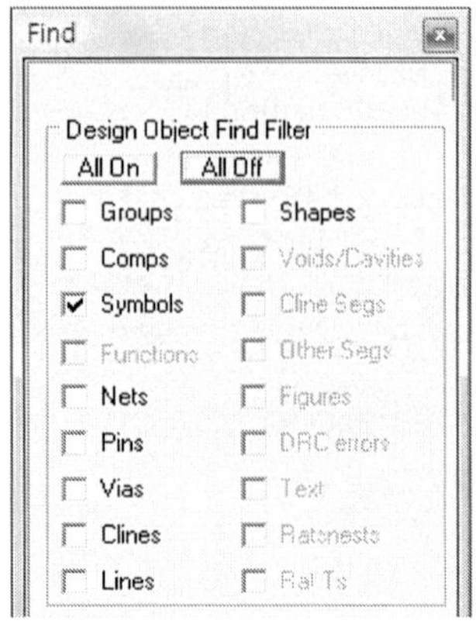

③ 기구 홀과 J1, J2, D1, D2을 클릭한다.

④ 주요부품을 Fix가 완료 되었으면, 오른쪽 마우스 버튼 — Done(F6)을 선택한다.

1.4.4 설계 규칙 설정

✓ PCB Editor에서는 Constraint Manger를 이용하여 배선의 두께와 배선, Pin 그리고 Shape 등의 간격 등을 설정할 수 있다.

✓ 다른 명령어가 활성화 되어있는 상태에서는 Constraint Manager창이 나타나지 않는다. 따라서 이전에 작업 중이던 작업을 완료 후 Constraint Manager를 실행시킨다.

Net Width 설정

정의 된 네트의 폭에 따라 설계하며, VCC, GND는 0.5mm로 설계로 일반선은 0.25 mm로 설계한다.

• 개별 설정

특정 Net에만 크기를 지정하는 설정 방법이다.

① 메뉴 Setup — Constraints — Constraint Manager( )를 선택한다.

② Worksheet selector 창의 Physical 항목에 Physical Constraint Set — All Layers를 선택한다.

③ 오른쪽 창에서 DEFAULT(Objects)의 Line Width — Min(mm)의 기입란에 0.25를 기입한다.

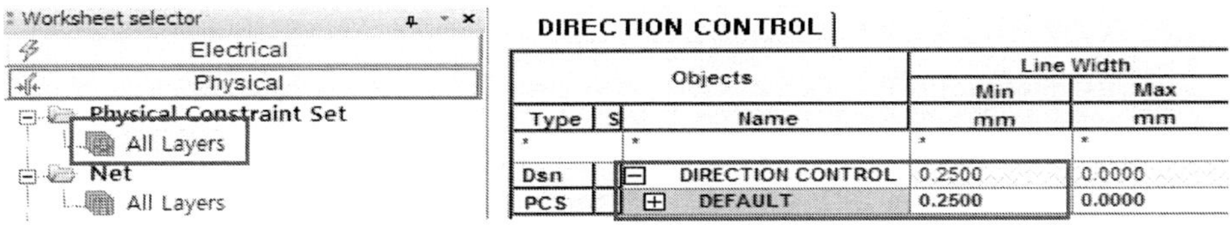

④ Worksheet selector 창의 Physical 항목에 Physical Net – All Layers를 선택한다.

⑤ 오른쪽 창에서 설계 규칙에 따라 두께가 정의된 Net(VCC, GND)의 Objects 항목에서 찾아서 Line Width – Min(mm)의 기입란에 0.5를 기입한다.

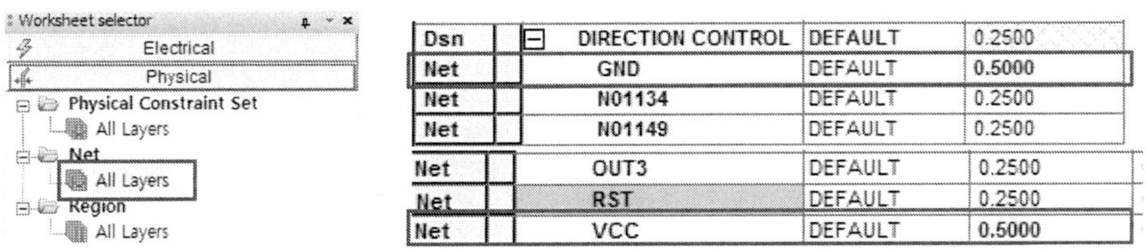

⑥ Constraint manager를 닫으면 설정이 저장된다.

Spacing 설정

✓ 모든 네트와 카퍼의 이격거리는 0.5mm로 설정

✓ 모든 조건은 Default 값(Clearance: 0.254mm)으로 설정

• Net Spacing 설정

① 메뉴 Setup – Constraints – Constraint Manager( )를 선택한다.

② Worksheet selector 창의 Spacing 항목에 Spacing Constraint Set – All Layers – Line을 선택한다.

③ 오른쪽 창에서 DEFAULT(Objects)의 Line to – line 기입란을 클릭을 한 뒤 Shift 키를 누른 상태에서 Line to – Hole 기입란을 클릭한다.

④ 전체 선택이 된 상태에서 0.254를 기입한 뒤 Enter↵를 누른다.

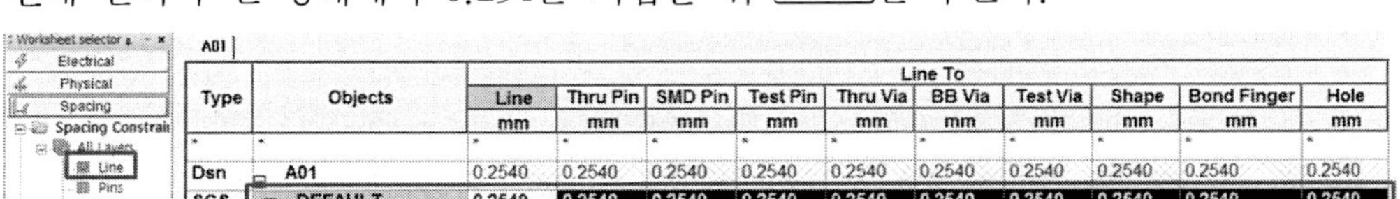

⑤ Worksheet selector 창의 Spacing 항목에 Spacing Constraint Set – All Layers – Pin을 선택한다.

⑥ 오른쪽 창에서 DEFAULT(Objects)의 Thru Pin to — line 기입란을 클릭을 한 뒤 [Shift]키를 누른 상태에서 Thru Pin to — Bond Finger 기입란을 클릭한다.

⑦ 전체 선택이 된 상태에서 0.254를 기입한 뒤 [Enter↵]를 누른다.

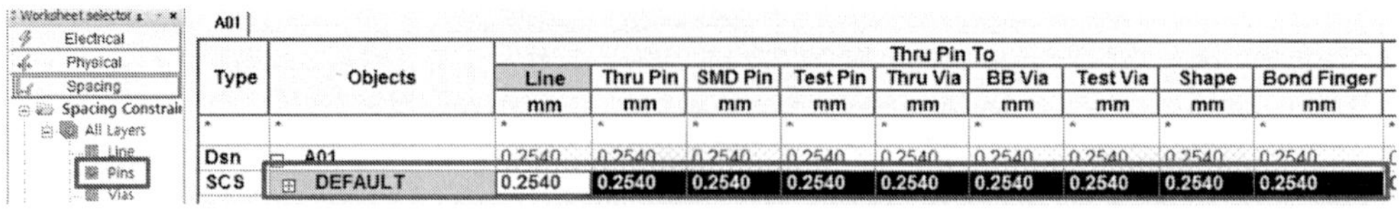

⑧ Worksheet selector 창의 Spacing 항목에 Spacing Constraint Set — All Layers — Shape을 선택한다.

⑨ 오른쪽 창에서 DEFAULT(Objects)의 Shape to — Line 기입란을 클릭 후 [Shift]키를 누른 상태에서 Shape to — Hole 기입란을 클릭한다.

⑩ 전체 선택이 된 상태에서 0.5를 기입한 뒤 [Enter↵]를 누른다.

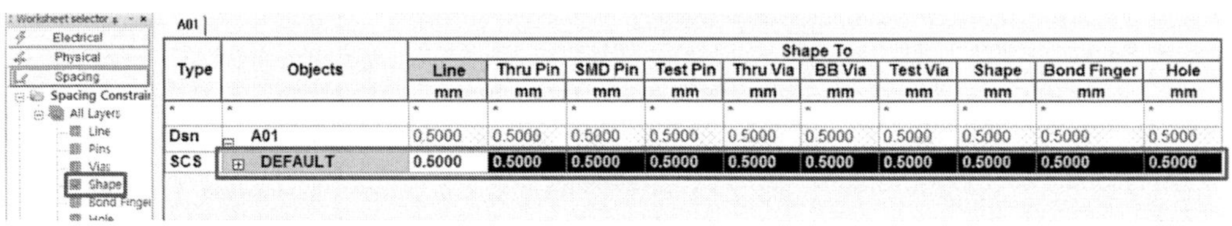

⑪ Constraint manager를 닫으면 설정이 저장된다.

- Same Net Spacing 설정

Net Spacing과 동일한 방법으로 설정한다.

① 메뉴 Setup — Constraints — Constraint Manager( )를 선택한다.

② Worksheet selector 창의 Spacing 항목에 Same Net Spacing Constraint Set — All Layers — Line을 선택한다.

③ 오른쪽 창에서 DEFAULT(Objects)의 Line to — line 기입란을 클릭을 한 뒤 [Shift]키를 누른 상태에서 Line to — Hole 기입란을 클릭한다.

④ 전체 선택이 된 상태에서 0.254를 기입한 뒤 [Enter↵]를 클릭한다.

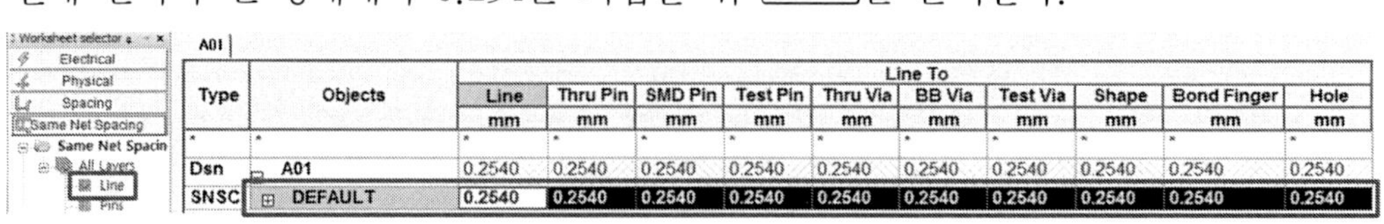

⑤ Worksheet selector 창의 Spacing 항목에 Same Net Spacing Constraint Set — All Layers — Pins를 선택한다.

⑥ 오른쪽 창에서 DEFAULT(Objects)의 Thru Pin to — line 기입란을 클릭을 한 뒤 [Shift]키

를 누른 상태에서 Thru Pin to — Bond Finger 기입란을 클릭한다.

⑦ 전체 선택이 된 상태에서 0.254를 기입한 뒤 [Enter↵]를 누른다.

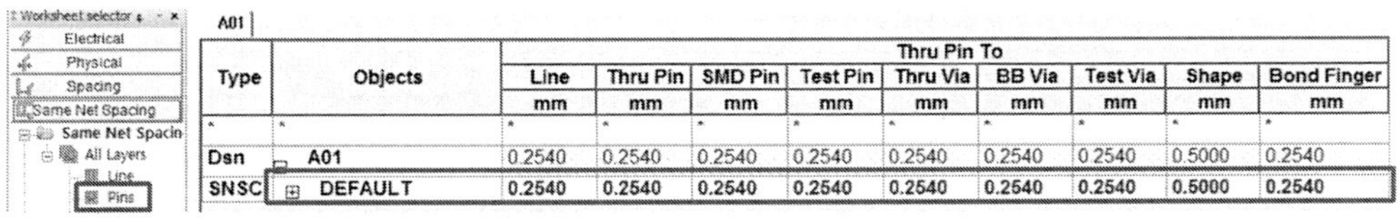

⑧ Worksheet selector 창의 Spacing 항목에 Same Net Spacing Constraint Set — All Layers — shape을 선택한다.

⑨ 오른쪽 창에서 DEFAULT(Objects)의 Shape to — Line 기입란을 클릭 후 [Shift]키를 누른 상태에서 Shape to — Hole 기입란을 클릭한다.

⑩ 전체 선택이 된 상태에서 0.5를 기입한 뒤 [Enter↵]를 누른다.

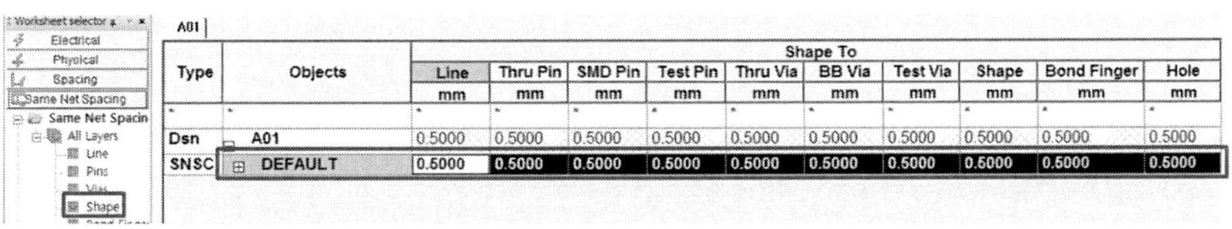

⑪ Constraint manager를 닫으면 설정이 저장된다.

Properties 설정

✓ PCB Editor 설계 시 VCC와 GND의 ratnest선이 보이지 않을 경우 Constraint Manager의 Properties 항목에 Net — General Properties에서 No Rat이란 항목에 On을 Clear하면 ratnest선이 보이게 된다.

✓ 카퍼의 속성이 GND이기 때문에 GND Net의 경우 별도의 배선을 하지 않아도 된다. 따라서 No Rat이란 속성을 On 시킴으로써 GND의 ratnest선을 보이지 않게 할 수 있다.

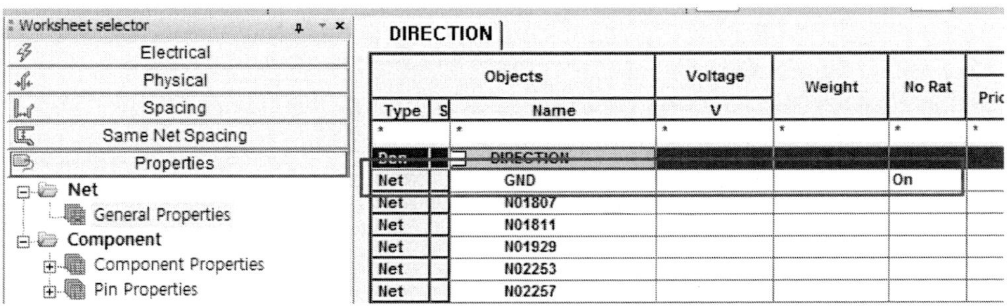

① 메뉴 Setup — Constraints — Constraint manager( )를 선택한다.

② Worksheet selector 창의 Properties 항목에 Net — General Properties를 선택한다.

③ 오른쪽 창의 GND(Objects)의 No Rat에 On을 선택한다.

④ 만약 GND 외에 다른 Objects가 No rat에 On이 되어있으면(Clear)로 변경한다.

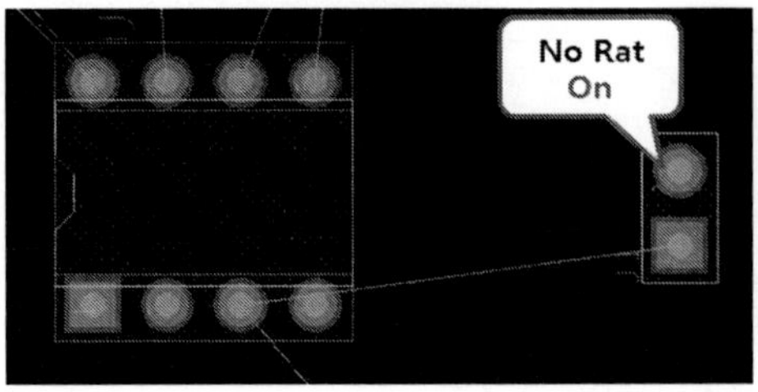

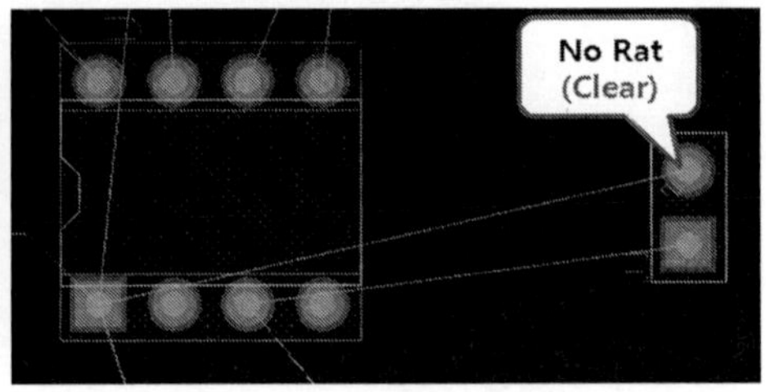

⑤ Constraint manager를 닫으면 설정이 저장된다.

1.4.5 부품(Footprint) 배치

부품 배치 설정

- 부품 배치 Grid 설정

① 메뉴 Setup – Grids선택한다.

② Grids On( )을 누르면 PCB Editor 화면에 Grid가 표시된다.

③ Non-Etch 부분의 Spacing x / y 에 1.27을 입력한다.

④ All Etch 부분의 Spacing x / y 에 1.27을 입력한다.

※ DIP타입의 부품의 경우 2.54mm(100Mils) 간격으로 구성되어 있다. 그래서 배치 및 배선을 용이하게 하기 위해서는 2.54mm, 1.27mm, 0.635mm 간격으로 부품을 배치 한다.

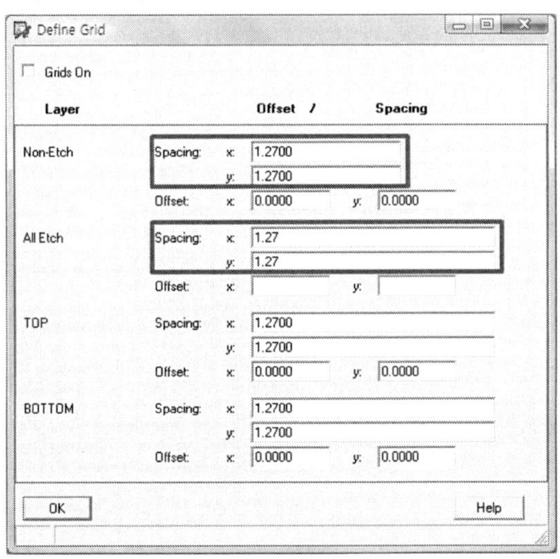

- Color 설정

✓ 부품 배치 작업 시 필요한 요소 외에 다른 속성들이 보이지 않게 처리함으로써 배치 작업 시 가시성을 높여 준다.

① 메뉴 Display – Color/Visibility( )를 선택한다.

② 카테고리의 Components를 선택한 뒤 오른쪽 설정 창에서 All – All을 두 번 클릭하여 체크를 해지를 함으로써 부품의 세부 속성들의 숨길 수 있다.

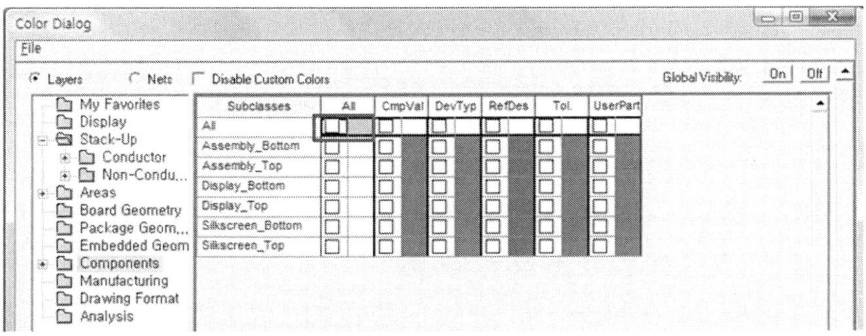

③ 카테고리의 Components에서 Silkscreen_Top – RefDes만 체크한다.

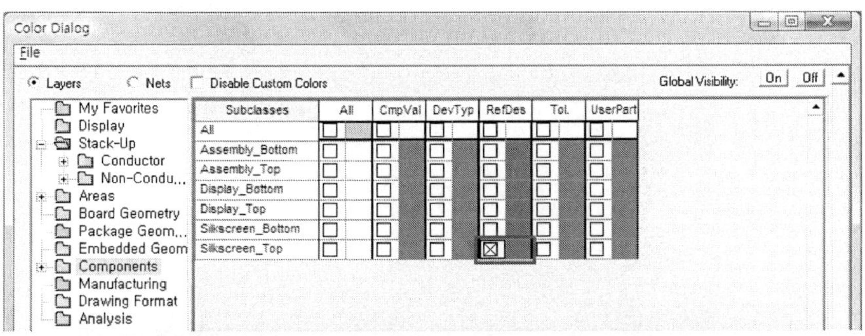

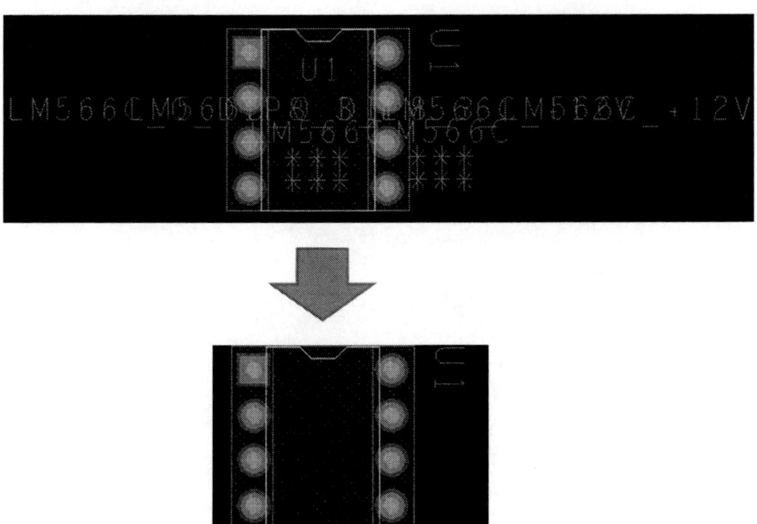

부품(Footprint) 배치

• 수동 배치

✓ 부품의 배치 시 IC부품(참조 번호가 U?인 부품)과 같이 핀이 많고 중요한 부품을 우선적으로 배치한다.

✓ 고정 부품 외에 핀이 많고 우선 배치될 부품들은 보드의 환경을 고려하여 유동적으로 바뀔 수 있다.

✓ 보드의 면적을 고려하여 적절한 위치에 저항 혹은 커패시터 등을 배치한다.

✓ LED, 커패시터, 다이오드의 경우 동일한 방향으로 배치한다.

✓ 부품면(TOP)에만 부품을 실장한다.

① 메뉴 Place – Manually( )를 선택한다.

② List box에서 Components by refdes를 선택한다.

③ 큰 부품(IC부품, 참조번호 U?)을 먼저 체크한 뒤 Hide버튼을 누른다.

④ 보드의 중앙에 부품을 배치시킨다.

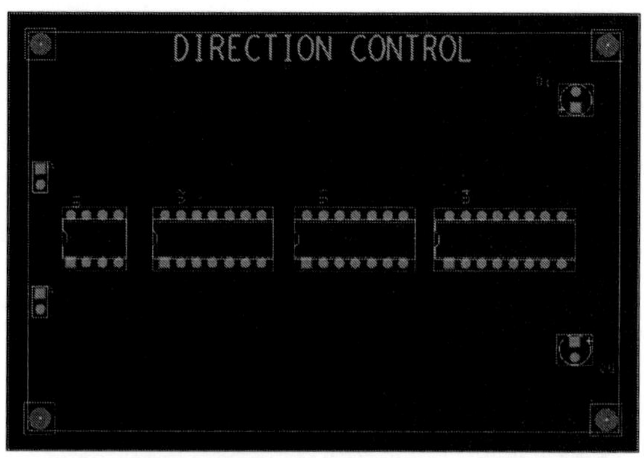

⑤ 다시 메뉴 Place – Manually( )를 선택한 뒤 Components by refdes를 체크하여 부품을 배치시킨다.

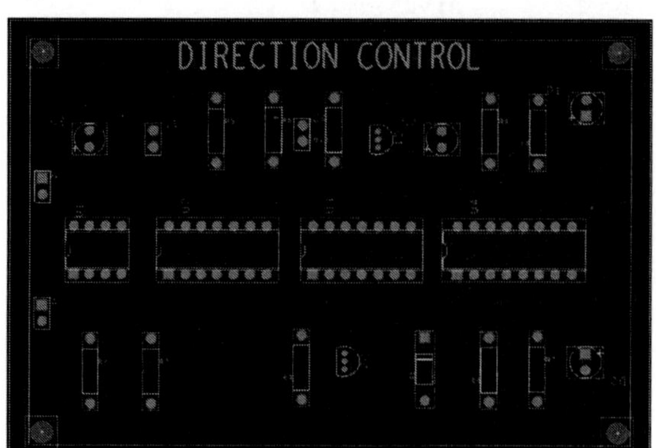

⑥ 부품 배치가 완료되면 오른쪽 마우스 버튼 – Done(F6)을 선택한다.

※ 메뉴 Application Mode – Placement Edit( )를 선택하면 오른쪽 마우스 버튼 팝업 메뉴가 부품배치에 대한 명령으로 변경된다. 부품정렬 시 가로 또는 세로방향으로 다수의 부품을 선택하고 오른쪽 마우스 버튼 – Align components를 선택하면 자동 정렬이 된다.

1.4.6 배선(Route)

① 배선은 양면 모두에서 진행, 최대한 짧게 배선 한다. (TOP면이 수평방향이면 BOTTOM면은 수직방향으로)

② 정의된 네트의 폭에 따라 설계한다.

③ 배선 경로는 최대한 짧게 하되 100% 배선, Via 생성을 금지한다. 직각 배선을 하지 않는다. 자동배선도 사용할 수 없다.

④ 보드 납땜면(BOTTOM)에 GND 속성의 카퍼 처리한다.

✓ 보드에 균형적으로 부품을 배치하고 난 다음의 단계가 배선 과정이며 PCB 설계에서 중요한 과정이다.

배선 설정

✓ 배선각도, 개별 Net굵기 등 Control Panel의 Option 탭에서 설정할 수 있다.

• 배선 Grid 설정

① 메뉴 Setup – Grids선택한다.

② Grids On( )을 누르면 PCB Editor 화면에 Grid가 표시된다.

③ Non-Etch 부분의 Spacing x / y 에 1.27을 입력한다.

④ All Etch 부분의 Spacing x / y 에 1.27을 입력한다.

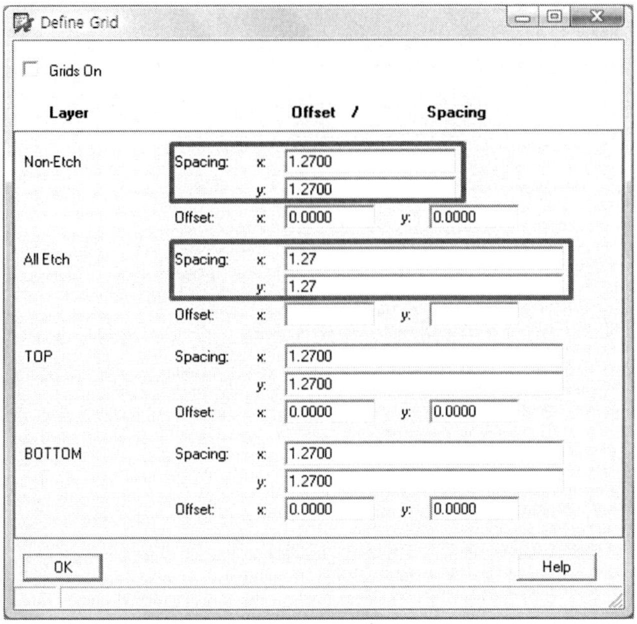

- 45도 각도

  배선 시 직각을 하지 않도록 규정되어 있기 때문에 Option에서 45° 각으로 배선되도록 설정한다.

  ① 메뉴 Route — Connect(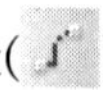)을 선택한다.

  ② Control Panel의 Options탭에서 Line Lock 속성에 45로 설정한다.

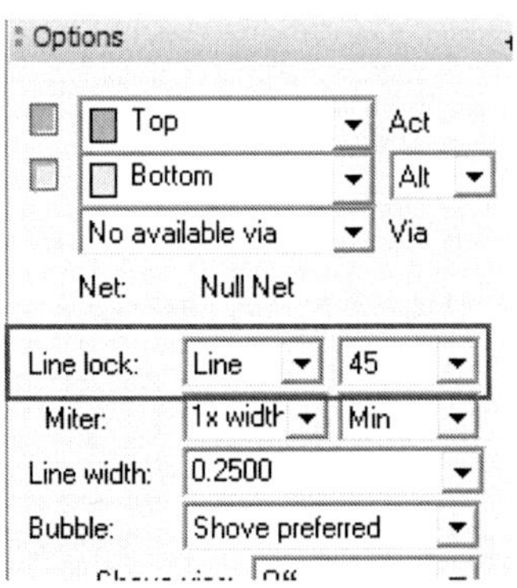

- Line width

  배선 작업 시 배선의 두께를 개별적으로 설정할 수 있다.

  ※ Constraints manager에서 각 배선에 대하여 자동으로 설정되기 때문에 작업도중 Line width를 수정하지 않는다.

  ① 메뉴 Route — Connect()을 선택한다.

② 오른쪽 Options Panel에서 Line width에서 배선의 두께를 설정할 수 있다.

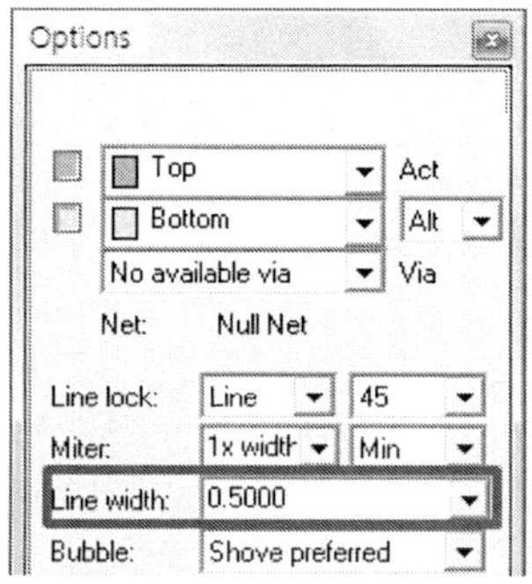

- Bubble 설정

  Add Connect 명령에서는 3가지 모드의 배선 방식을 재공하고 있다.

  ① 메뉴 Route – Connect( )을 선택한다.

  ② 오른쪽 Options Panel에서 Bubble설정한다.

  ※ Shove Mode는 기존의 배선을 밀어내며 배선하며, Hug Mode는 배선이 기존의 배선/배치를 돌아 배선된다. Off Mode는 DRC와 설계 규칙을 무시하고 배선한다.

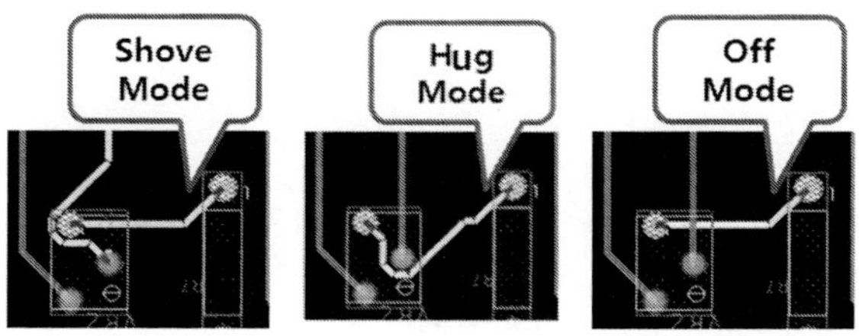

Net Color 설정

각 Net에 색상을 부여함으로써 배선 시 중요한 Net을 쉽게 확인할 수 있다.

① 메뉴 Display – Color/Visibility( )를 선택한다.

② 좌측 상단에 Nets 라디오 버튼을 체크한다.

③ 원하는 색상을 하단 Color 부분에서 선택한다.

④ 색상 변경을 원하는 Net을 선택한다.

※ TOP, BOTTOM과 같은 색상은 피하며, 전원핀 , GND 핀에 각각의 다른 색상를 설정하여 배선 시 참고한다.

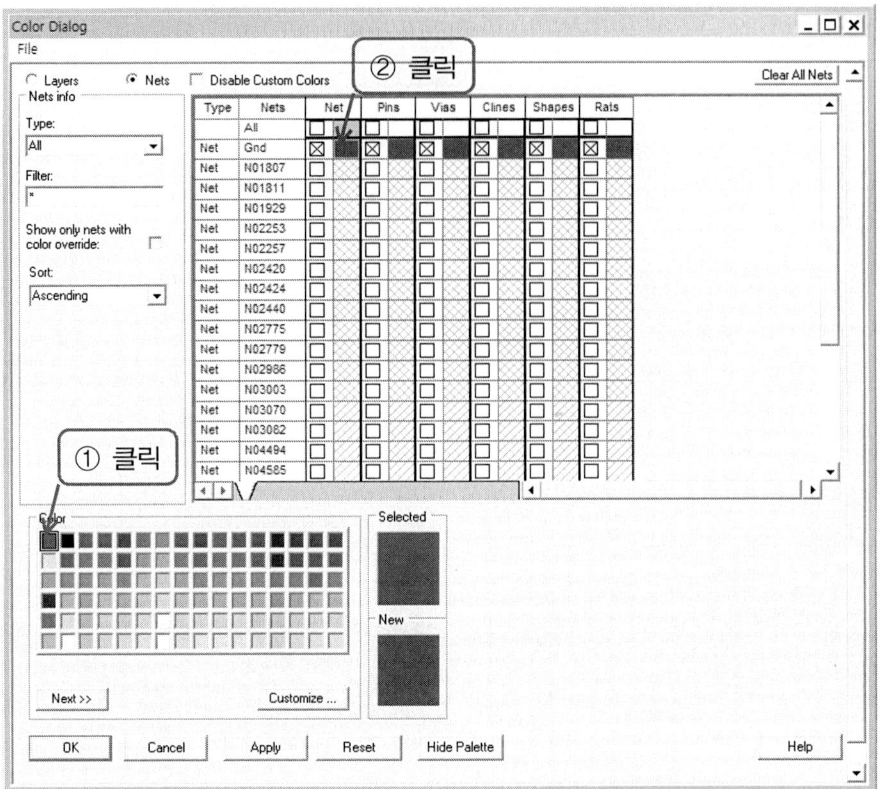

배선하기

✓ TOP면과 BOTTOM면을 구별하여 배선한다.

✓ GND의 경우 카퍼와 연결되므로 따로 배선하지 않아도 된다.

① 메뉴 Route — Connect( )을 선택한다.

② 짧은 선부터 배선한다.

③ Ratnest가 모두 사라질 때 까지 배선한다.

④ 배선 중에 동일한 Net은 하이라이트 되며, 하이라이트 된 Net은 Ratnest가 없는 핀끼리 연결 시 자동으로 Ratnest는 갱신된다.

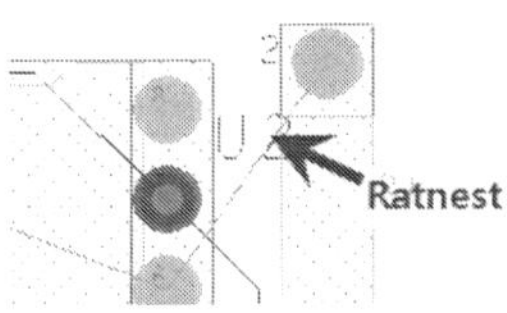

• Top & Bottom 바꾸기

Top, Bottom 배선 시 Via를 생성하지 않도록 주의한다.

① 메뉴 Route — Connect( )을 선택한다.

② PCB 작업 화면에서 오른쪽 마우스 버튼 메뉴 — Swap Layers를 선택한다.

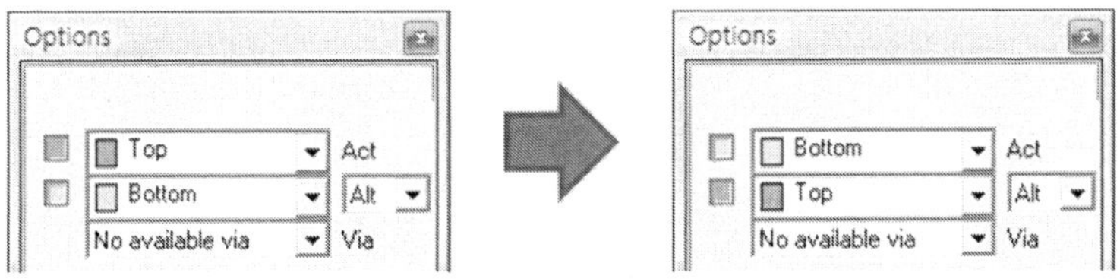

• TOP

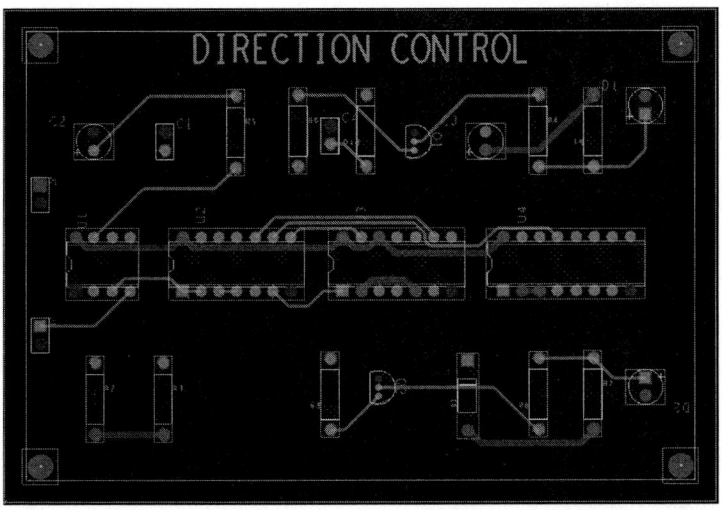

• BOTTOM

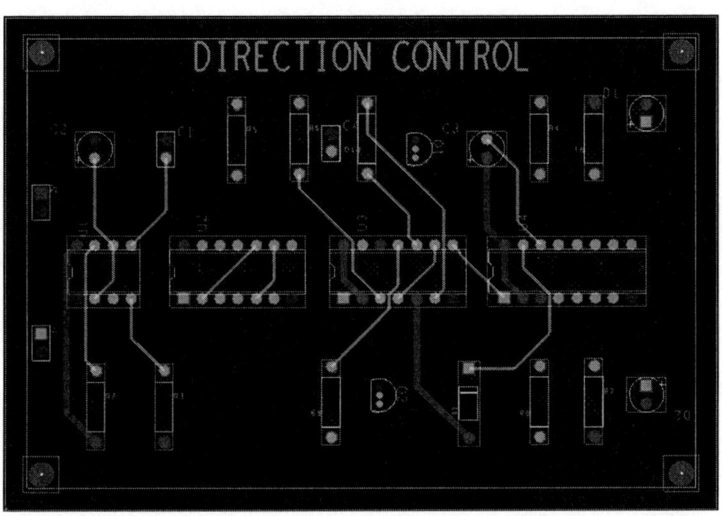

Tip 배선 단축키 설정

✓ 배선 시 다음과 같이 단축키를 이용하여 빠르게 작업을 할 수 있다.

명령	단축키	단축키 생성 명령어
layer 변환	s	funckey s pop swap(컨멘드창에입력)

• 배선 시 주의사항

✓ 배선 시 ratnest 선의 경우 Net의 연결 정보를 나타내며 항상 최단거리로 연결하여 보여주기 때문에 ratnest선을 따라 배선하지 않아도 된다.

✓ 배선 시 Pin 또는 배선된 패턴을 선택 시 같은 이름의 Net인 경우 함께 하이라이트된다.

✓ 배선 시 배선이 원활하지 않을 경우 부품 배치를 수정한다.

배선 검사(DRC 검사)

• 검사하기

PCB 설계 시 모든 부품이 배치되었는지 또는 배선이 모두 되었는지를 확인할 수 있으며, 설계 규칙(배선의 두께, 간격 등)에 위배되는 사항이 있는지를 나타낸다.

① 메뉴 Display — Status를 선택한다.

② Symbols and nets의 Unrouted connections 앞에 사각형 아이콘(■, □, ■)의 상태를 확인한다. ※ ■ : 에러, □ : 경고, ■ : 정상상태

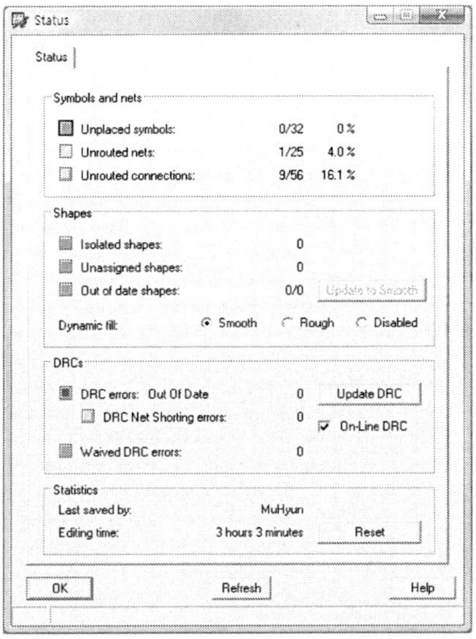

Symbols and nets(부품과 배선을 검사) :
- Unplaced symbols(부품 배치 검사)
- Unrouted nets(Net을 검사)
- Unrouted connections(패턴을 검사)

Shapes(Copper Pour를 검사) :
- Isolated shapes(독립된 Shape 검사)
- Unassigned shapes(연결되지 않은 shape에 대한 검사)
- Out of date shapes(Shape와 Net수를 비교 검사)

DRCs(설계 규칙에 대한 검사) :
- DRC errors: Out Of Date(설계 규칙을 위반에 대한 검사)
- DRC Net Shorting Errors(Net의 합선에 대한 검사)
- Waived DRC errors(DRC 에러 무시 설정 수)

③ 노란색 아이콘일 경우 아이콘을 클릭하여 리포트 창을 확인한다.

④ 리포트 창에 내용이 GND Net만 있을 경우 리포트 창과 Status창을 닫는다.

※ GND 외에 Net이 있으면 설계된 배선을 확인한다.

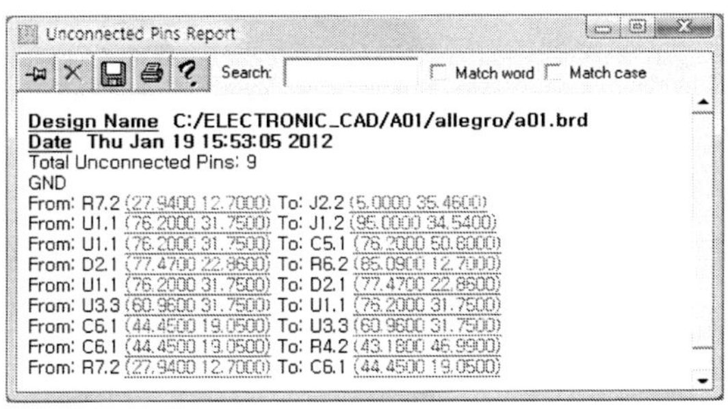

Design Name C:/ELECTRONIC_CAD/A01/allegro/a01.brd
Date Thu Jan 19 15:53:05 2012
Total Unconnected Pins: 9
GND
From: R7.2 (27.9400 12.7000) To: J2.2 (5.0000 35.4600)
From: U1.1 (76.2000 31.7500) To: J1.2 (95.0000 34.5400)
From: U1.1 (76.2000 31.7500) To: C5.1 (76.2000 50.8000)
From: D2.1 (77.4700 22.8600) To: R6.2 (85.0900 12.7000)
From: U1.1 (76.2000 31.7500) To: D2.1 (77.4700 22.8600)
From: U3.3 (60.9600 31.7500) To: U1.1 (76.2000 31.7500)
From: C6.1 (44.4500 19.0500) To: U3.3 (60.9600 31.7500)
From: C6.1 (44.4500 19.0500) To: R4.2 (43.1800 46.9900)
From: R7.2 (27.9400 12.7000) To: C6.1 (44.4500 19.0500)

• 확인 및 수정하기

Unrouted connections에 GND 외의 Net이 있을 경우 수정한다.

① 메뉴 View – Zoom in( )을 클릭하여 화면을 확대 한다.

② Status창에서 Symbols and nets의 Unrouted connections 앞에 사각형 아이콘( )을 클릭한다.

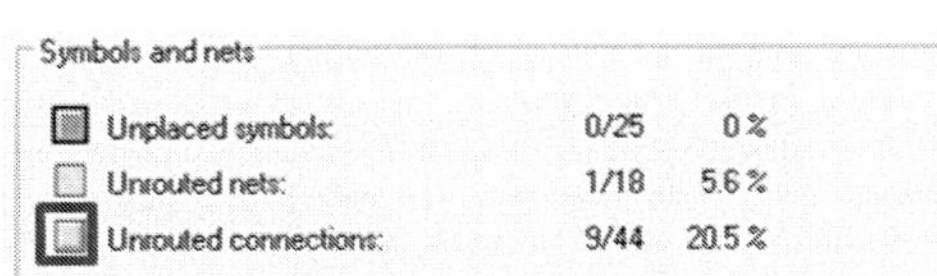

③ 리포트 창에 나와 있는 GND를 제외한 나머지 Net의 좌표를 클릭한다.

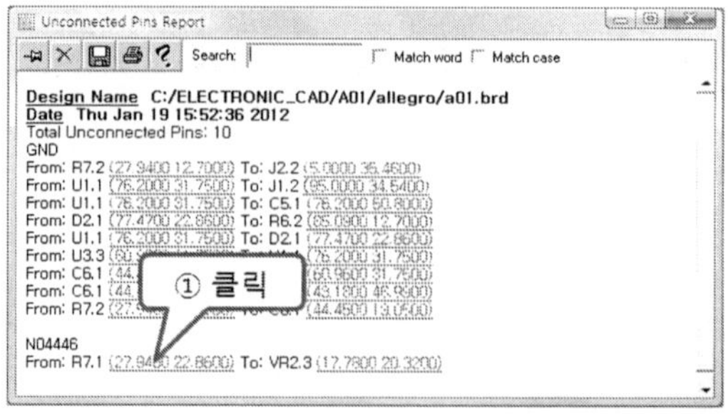

④ 해당 좌표가 화면의 중앙에 오게 되며, 배선이 안 된 곳이 있는지 확인한 후 ratnest 선을 참고 배선한다.

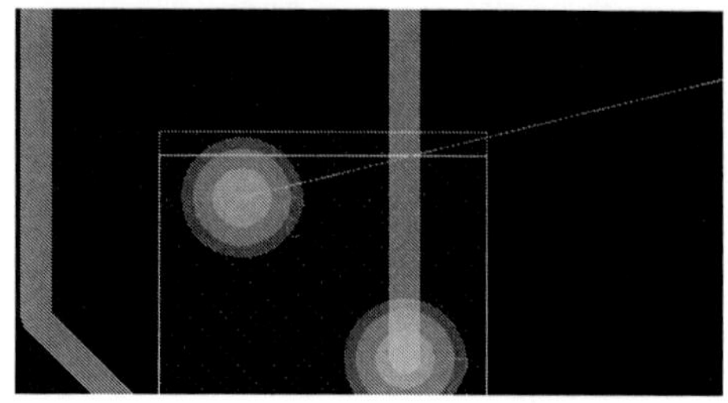

⑤ 다시 한 번 DRC 검사를 하여 GND Net을 제외한 모든 Net들이 배선되었는지 확인한다.

1.4.7 TEXT작성

- 학번 이름 입력

메뉴의 Add – Text를 선택한 후 Option창의 Active Class를 Board Geometry, Subclass를 Silkscreen – Top으로 설정하고 Text Block을 8로 변경한 후 설계도면의 빈 공간에 마우스를 클릭하여 학번 및 이름을 입력한다.

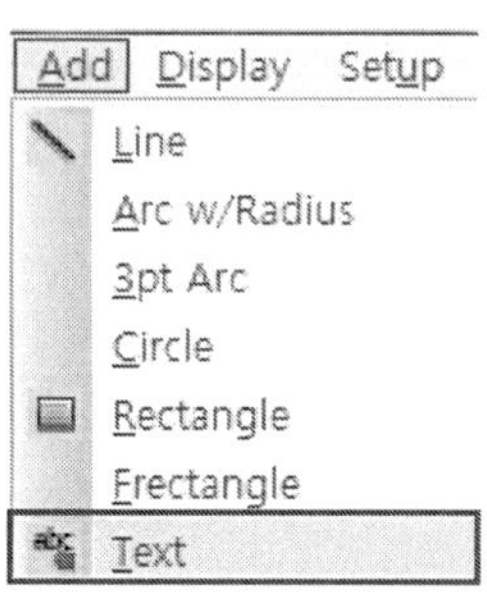

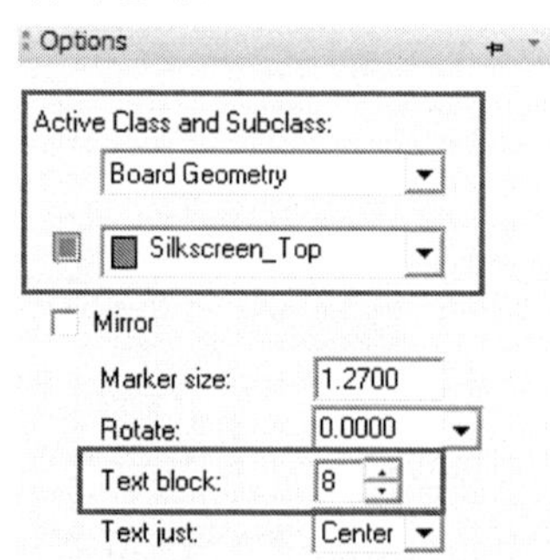

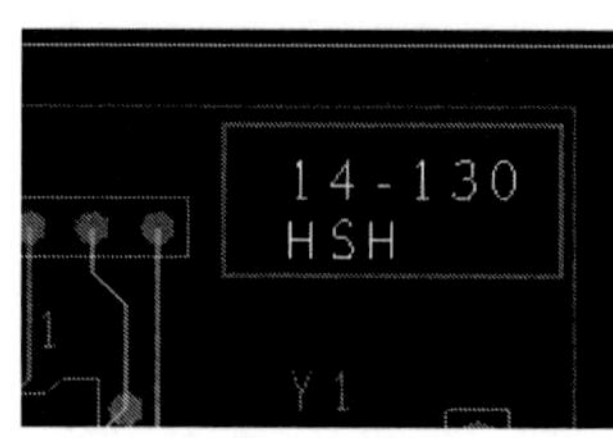

1.4.8 카퍼(Copper Pour)

카퍼(Copper Pour) 설정

① 메뉴 Shape – Rectangular( )을 선택한다.

② Control Panel의 Options탭에서 Active Class and Subclass는 Etch/Top을 선택한다.

③ Assign net name의 ... 아이콘을 선택하여 GND를 선택한다.

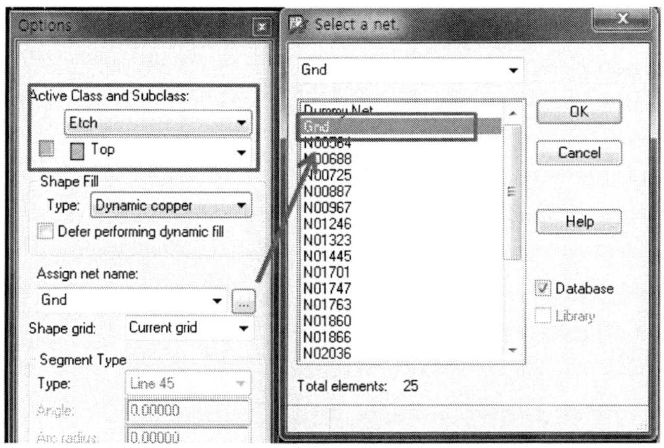

④ Command 창에 다음과 같이 입력한다.

x 3 3 Enter↵

x 97 67 Enter↵

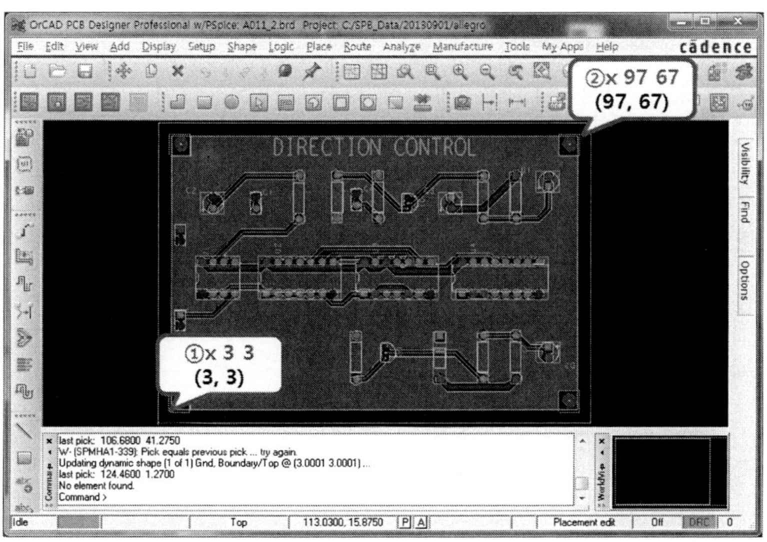

⑤ Top layer에 카퍼 설정이 완료되었으면, 오른쪽 마우스 버튼 – Done(F6)을 선택한다.

카퍼 검사(DRC 검사)

• 검사하기

① 메뉴 Display – Status를 선택한다.

② Shapes항목에 에러가 발생하였는지 확인하고, Symbols and nets와 Shapes 항목이 전부 정상 상태(초록색 ■)일 경우 Update DRC를 클릭하여 설계가 조건에 맞게 되었는지 확인한다.

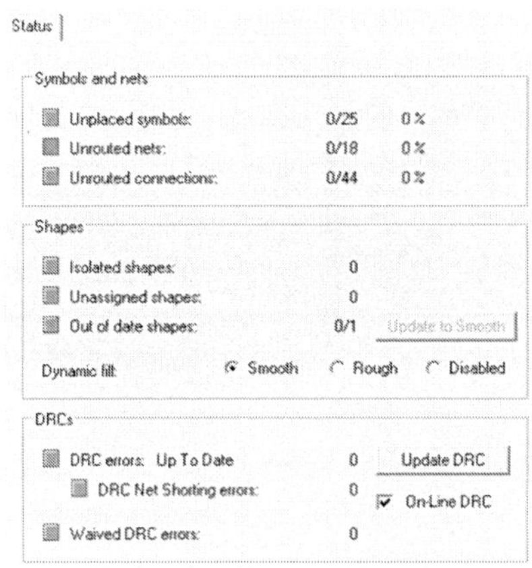

③ 에러와 경고 발생 시 아이콘(빨간색 ■, 노란색 □)을 클릭하여 Net 및 Shape 등 에러/경고가 발생한 곳을 수정 후 다시 검사한다.

Isolated Shape 제거

Status 창에서 Isolated shape가 존재할 경우 Delete Islands를 선택하여 제거한다.

① DRC 검사에서 Isolated shape가 존재할 경우 메뉴 shape – Delete Island( ) 선택한다.

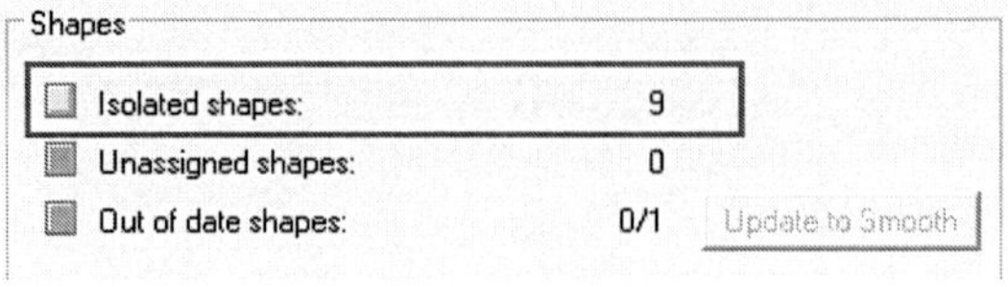

② Control Panel의 Options 탭에서 Process layer에 Top을 선택한 후 Delete all on layer 버튼을 클릭한다.

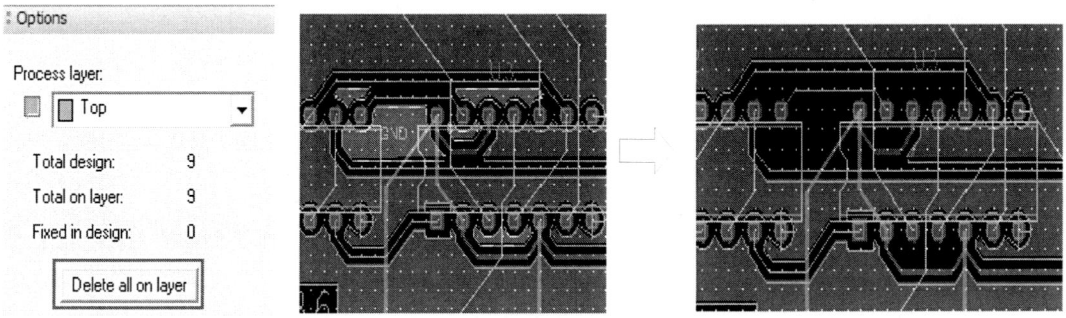

③ Isolated shape를 제거하였으면, 오른쪽 마우스 버튼 – Done(F6)를 선택한다.

④ DRC 검사를 재실행하여 Status 창에 모든 항목이 초록색 사각형( )이 되었는지 확인한다.

1.4.9 Reference 정리

Reference 정리 시 설계된 보드의 요소들에 대한 디스플레이 설정 후 Reference 정리 작업을 한다.

디스플레이 설정

① 메뉴 Display – Color/Visibility( )를 선택한다.

② Global Visibility에 off 버튼을 클릭한다.

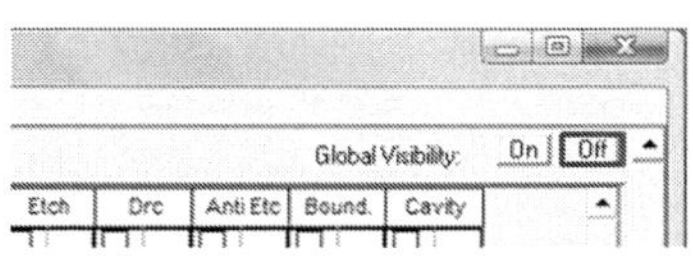

③ 카테고리 Stack-Up에 Top 또는 Bottom – Pin을 선택한다.

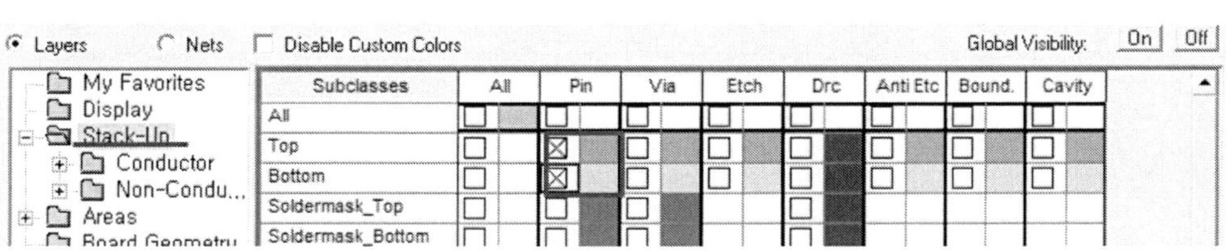

④ 카테고리 Board Geometry에 Dimension, Outline, Silkscreen_Top을 선택한다.

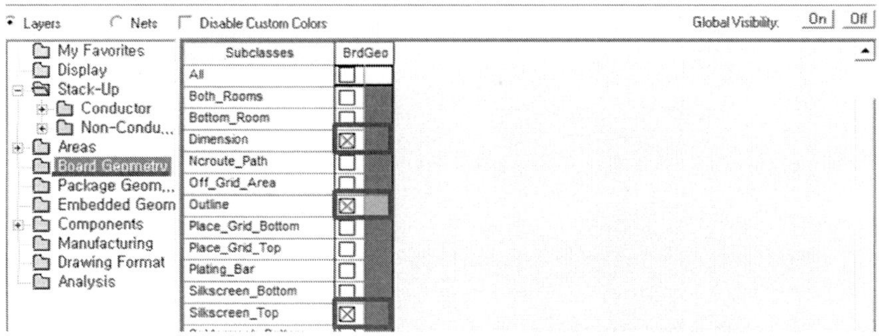

⑤ 카테고리 Package Geometry — Silkscreen_Top을 선택한다.

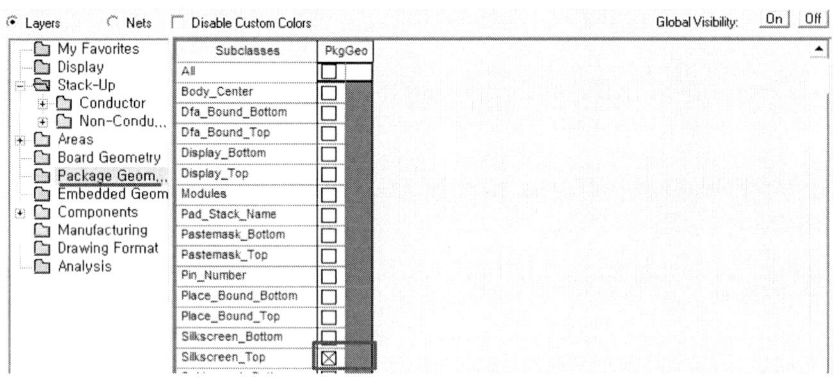

⑥ 카테고리 Components에 Silkscreen_Top — RefDes를 선택한다.

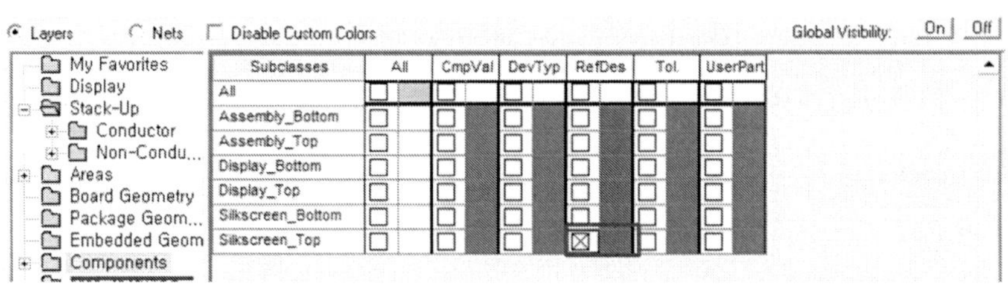

⑦ OK 버튼을 클릭하면 다음 그림과 같이 참조 번호와 부품의 Symbol의 위치가 나타난다.

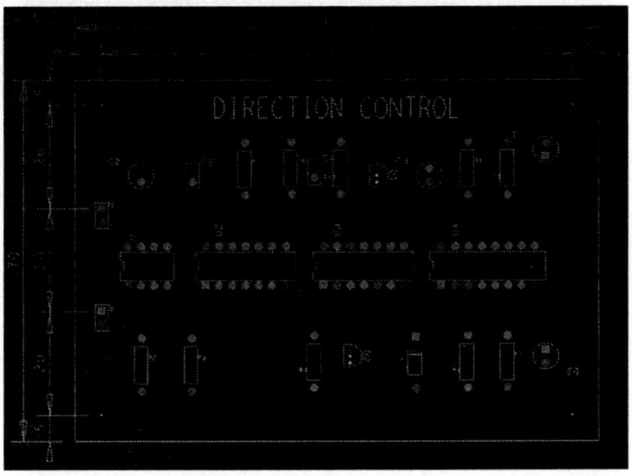

Reference 크기 정리

설계 규칙에 부품 번호는 한 방향으로 보기 좋게 정렬하라고 규정되어 있기 때문에 동일한 글자의 크기와 방향을 정렬하여야 한다.

① 메뉴 Edit – change을 선택한다.
② 오른쪽 Options Panel 창에서 Text block을 체크한다.
③ Text block에 3을 선택한다.
④ Text Just는 Center를 선택한다.

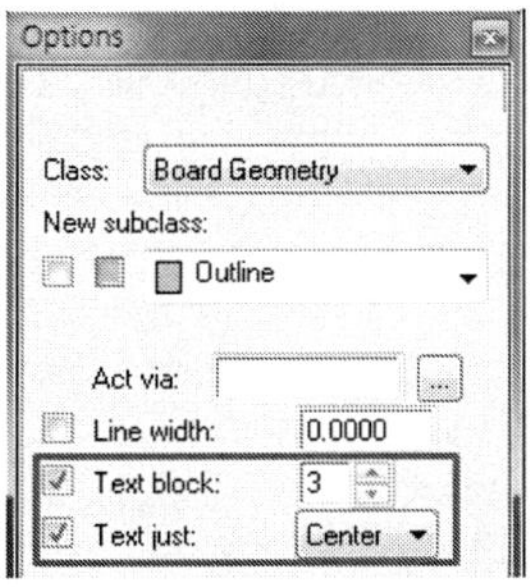

⑤ 마우스로 보드 전체를 드래그하면, 참조번호(Part Reference)의 크기가 동일하게 변경된다. (참조번호만 선택한다.)
⑥ 크기가 변경 되었으면, 오른쪽 마우스 버튼 – Done(F6)을 선택한다.

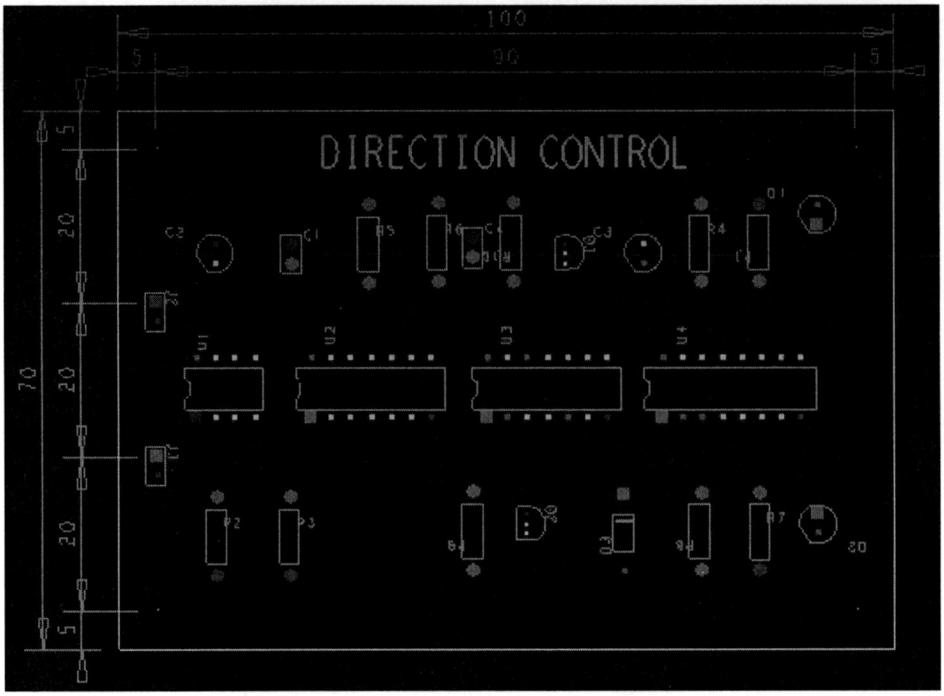

Reference 정렬

① 메뉴 Edit — Move() 선택한다.

② 우측 Find Panel 창에서 All off 후 Text만 선택한다.

※ 다른 요소들이 선택되지 않도록 하기 위해서 Find창에 Text만 설정한다.

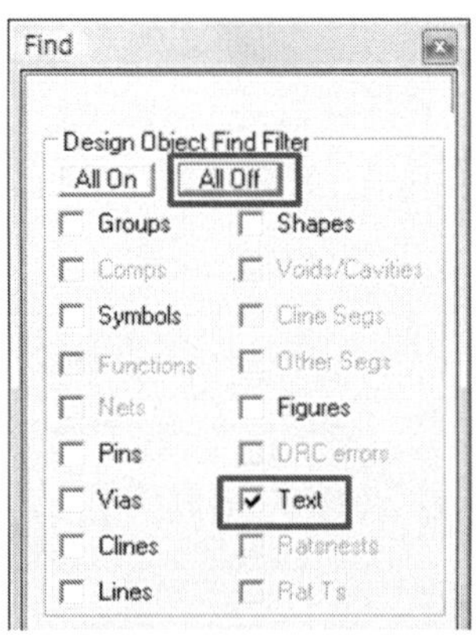

③ 보드 상단의 Text(DIRECTION CONTROL)에 참조번호가 겹쳐지지 않도록 문자의 위치 및 방향을 정렬한다.

④ 문자 정렬이 완료되었으면, 오른쪽 마우스 버튼 – Done(F6)을 선택한다.

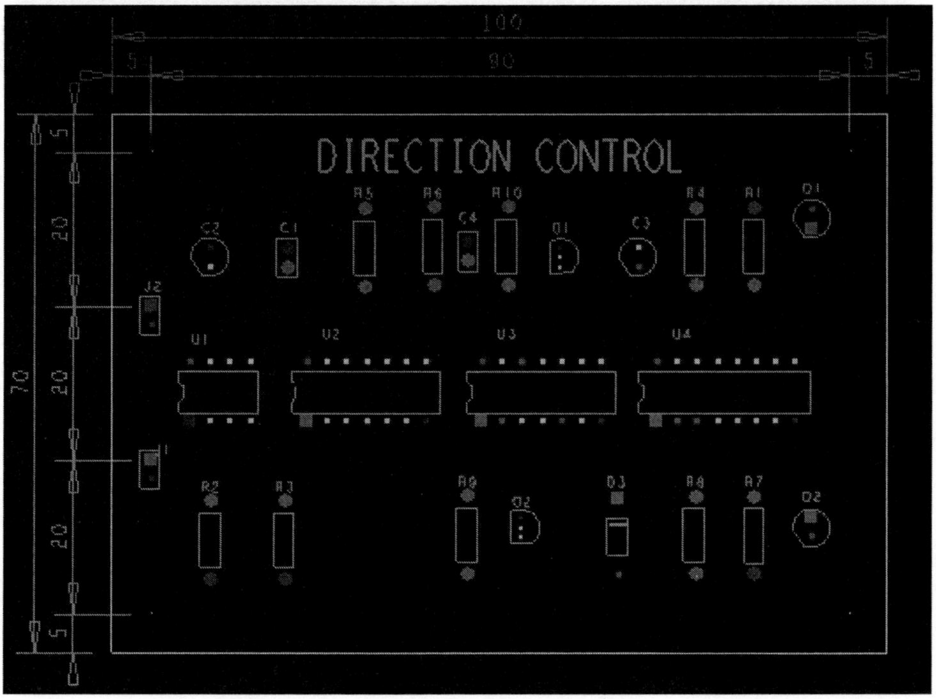

1.4.10 Artwork File 만들기

Drill

- Drill Symbol 생성

① 메뉴 Manufacture – NC – Drill Customization( )을 선택한다.

② Drill Customization 창이 열리면 Auto generate symbol을 클릭한다.

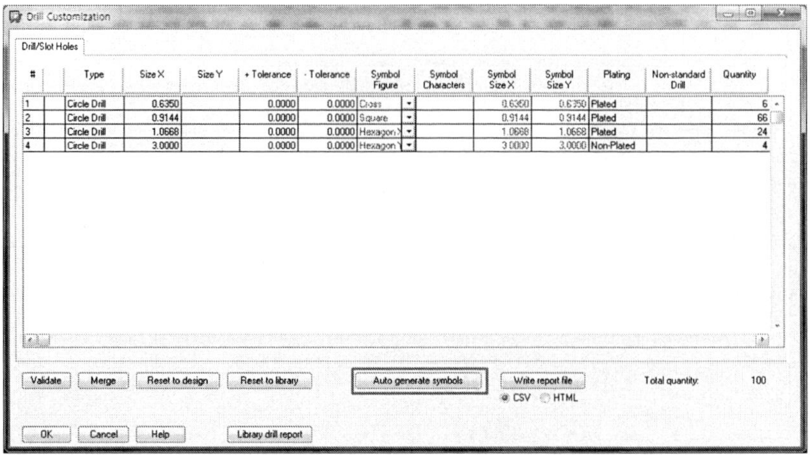

③ 자동으로 Drill에 대한 Symbol이 생성된다.

※ 기구 홀(#3; Size X: 3mm, Plating: Non-Plated)을 확인한다.

- Drill 차트 생성

드릴 차트에 기구 홀의 크기(3Ø)와 비전기적 속성(Non-Plated)을 확인한다.

① 메뉴 Manufacture – NC – Drill Legend( )를 선택한다.

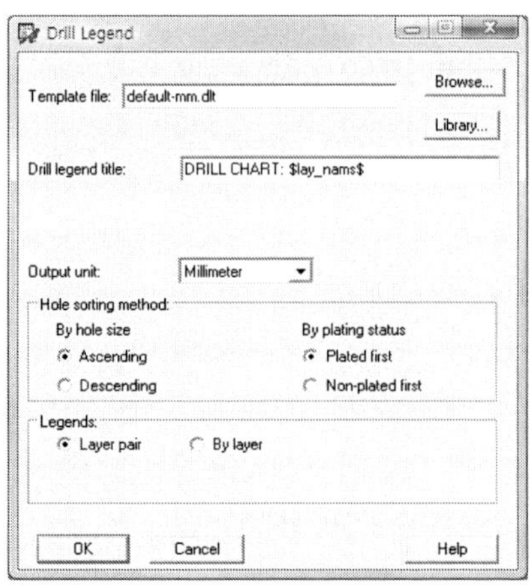

② OK 버튼 클릭 후 원하는 위치에 드릴 차트를 배치한다.

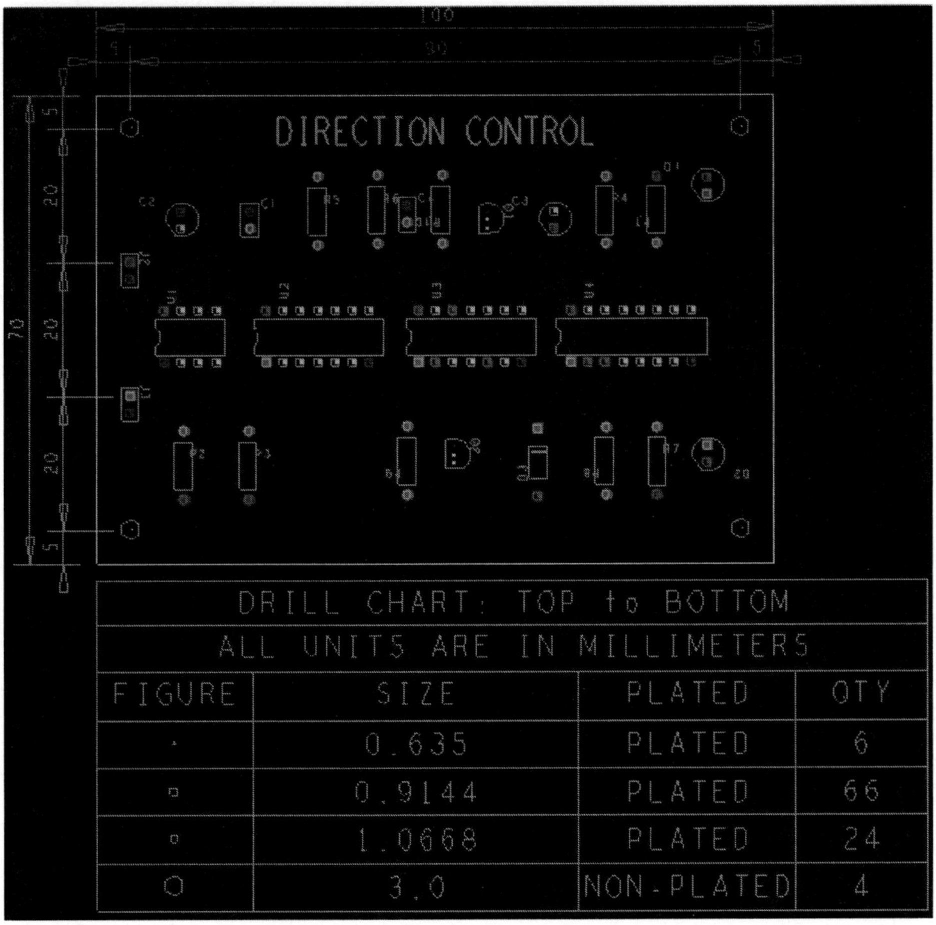

- Artwork 설정
  ① 메뉴 Manufacture – Artwork를 선택
  ② Artwork Control Form 창이 나타나면 General Parameters 탭을 선택
  ③ Device type 항목에서 Gerber RS274X를 체크
  ④ Format 항목의 Integer places를 5로 변경

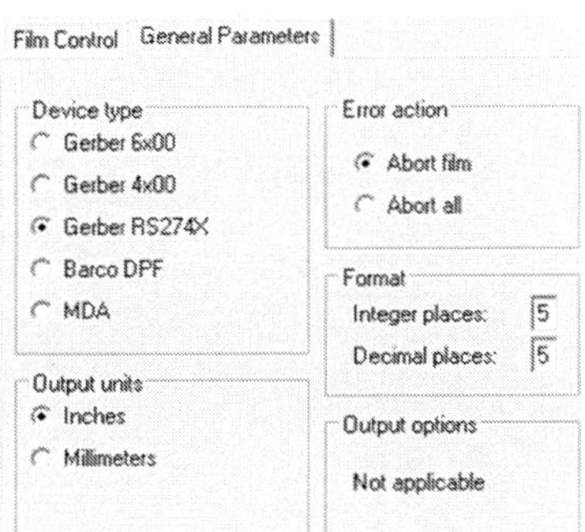

⑤ Film Control 탭을 선택(SOLDER MASK_TOP을 작업)

⑥ Artwork Control Form 창을 켜둔 상태에서 메뉴 Display — Color/Visibility선택

⑦ Color Dialog 창이 나타나면 우측 상단에 Global Visibility OFF 버튼을 클릭

⑧ Color Dialog 창에서 왼쪽의 Stack-Up 폴더를 선택한 후 오른쪽 Subclasses 항목 중에 Soldermask_Top의 Pin, Via 항목을 체크

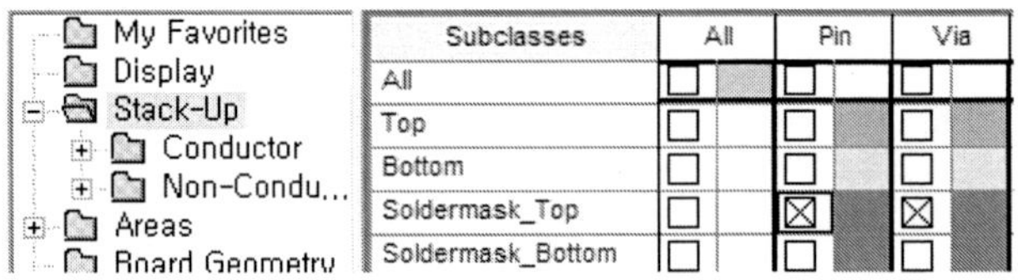

⑨ Apply 버튼 클릭 후 OK를 선택하여 Color Dialog 창을 닫음

⑩ Artwork Contol Form 창의 TOP을 선택 후 오른쪽 마우스 버튼 — Add

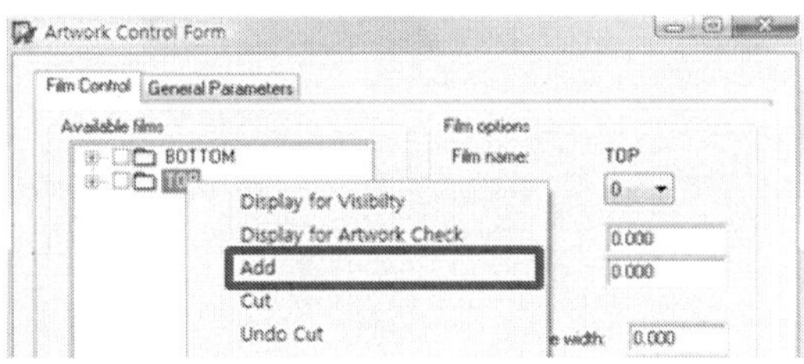

⑪ Soldermask_Top이라고 기입 후 OK선택

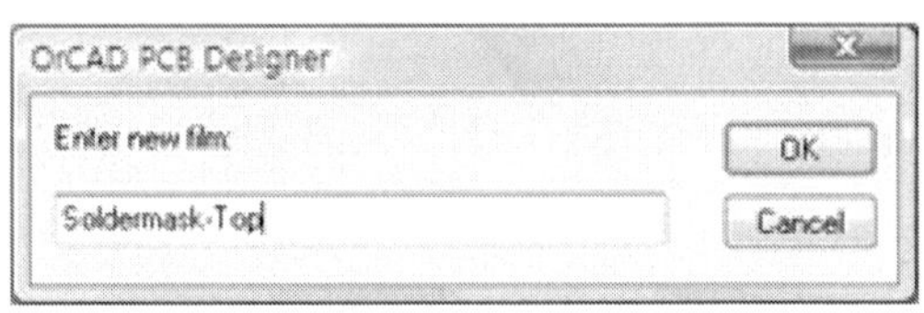

⑫ 다시 메뉴 Display — Color/Visibility...를 선택하여 Color Dialog 창의 Global visibility Off 버튼을 선택

⑬ Color Dialog 창에서 왼쪽의 Stack-Up 폴더를 선택한 후, 오른쪽 Subclasses 항목 중 Soldermask_Bottom의 Pin, Via 항목을 체크

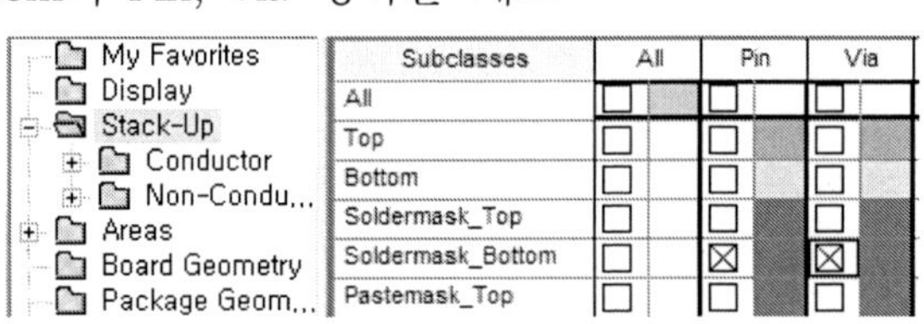

⑭ Apply 버튼을 선택한 다음 OK 버튼을 선택

⑮ Artwork Control Form 창의 Soldermask_Top을 선택 후 마우스 팝업 메뉴의 Add를 선택하여, Soldermask_Bottom이라고 입력한 후 OK

⑯ 다시 메뉴 Display – Color/Visibility...를 선택하여 Color Dialog 창의 Global visibility Off 버튼을 선택

⑰ Color Dialog창에서 왼쪽의 Package Geometry 폴더를 선택한 후, 오른쪽 Subclasses 항목 중 Silkscreen_Top을 체크

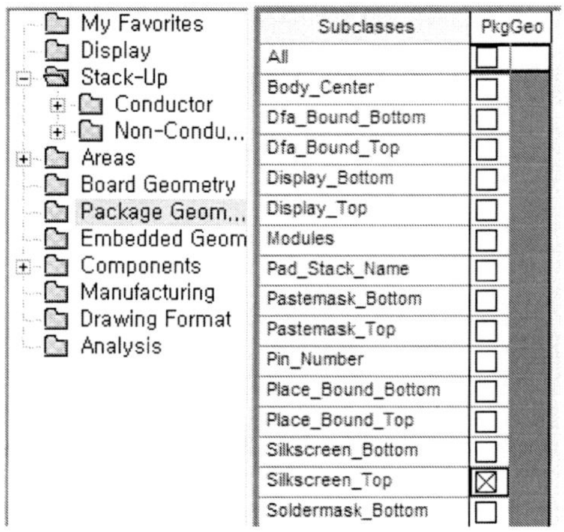

⑱ Color Dialog 창에서 왼쪽의 Components 폴더를 선택한 후, 오른쪽 Subclasses 항목 중 Silkscreen_Top의 RefDes 항목을 체크한 후 Apply, OK 버튼을 선택

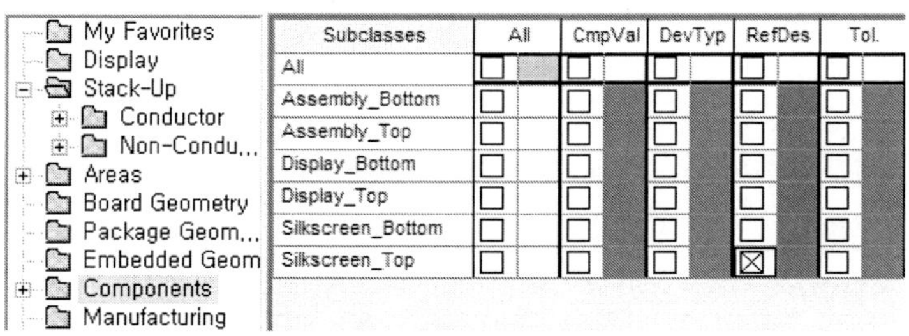

⑲ Artwork Control Form 창의 Soldermask_Bottom을 선택 후에 마우스 팝업 메뉴의 Add를 선택하여, Silkscreen_Top이라고 입력한 후 OK

⑳ Silkscreen_Top을 선택 후에 Undefined line width에 0.2를 기입

㉑ 다시 메뉴 Display — Color/Visibility...를 선택하여 Color Dialog 창의 Global visibility Off 버튼을 선택

㉒ Color Dialog창에서 왼쪽의 Board Geometry 폴더를 선택한 후, 오른쪽 Subclasses 항목 중 Outline을 체크

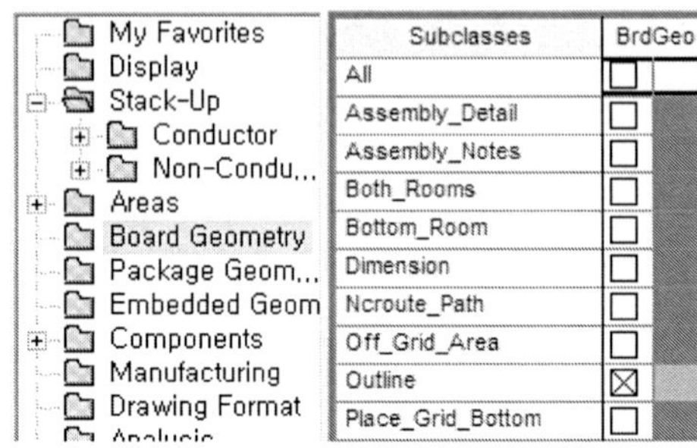

㉓ Color Dialog창에서 왼쪽의 Manufacturing 폴더를 선택한 후, 오른쪽 Subclasses 항목 중 Nclegend-1-2를 체크한 후 Apply, OK 버튼을 선택

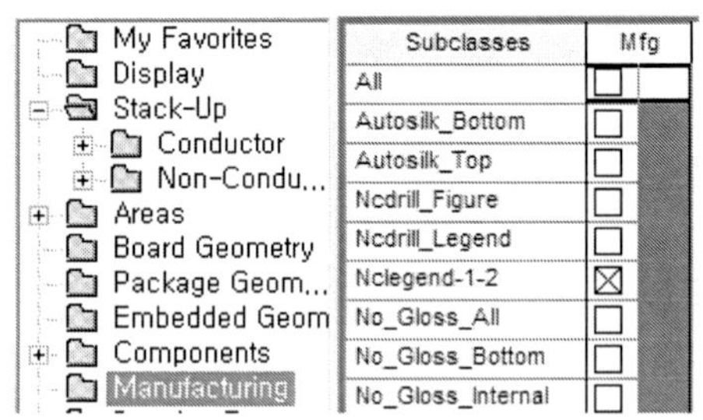

㉔ Artwork Control Form창의 Silkscreen_Top을 선택 후 마우스 팝업 메뉴의 Add를 선택하여, Drill_drawing이라고 입력한 후 OK

㉕ Drill_drawing을 선택 후 Undefined line width에 0.2를 기입

㉖ Select all 버튼을 선택한 후 Create Artwork 버튼을 선택

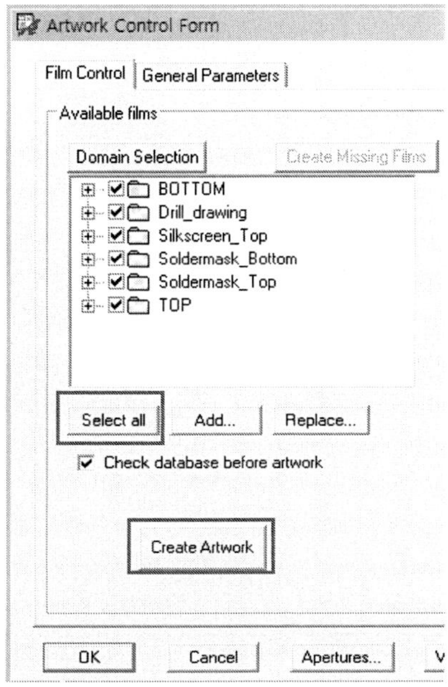

㉗ Gerber File이 생성

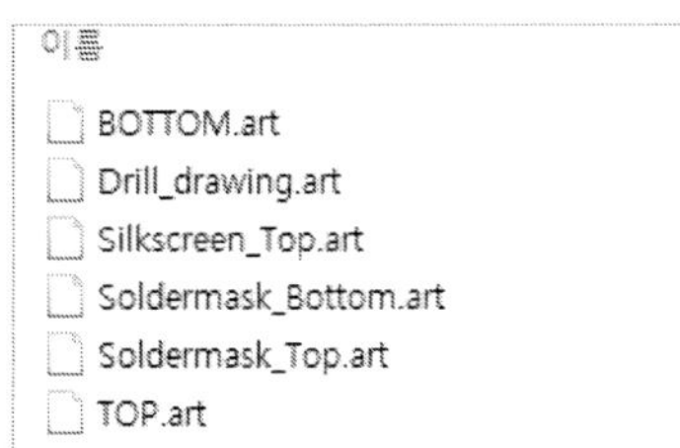

• NC Drill파일

① NC-Drill 파일 생성을 위해서 메뉴 Manufacture – NC – NC Drill...를 선택

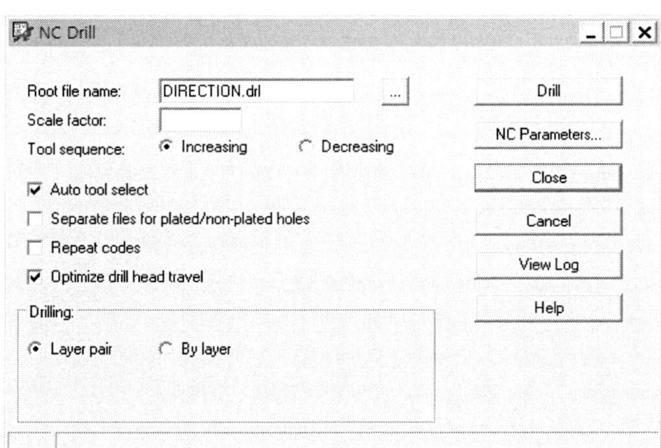

② NC Drill창에서 NC Parameters...버튼을 선택하여, Excellon format 항목의 format을 5로 수정한 후 Close 버튼을 선택

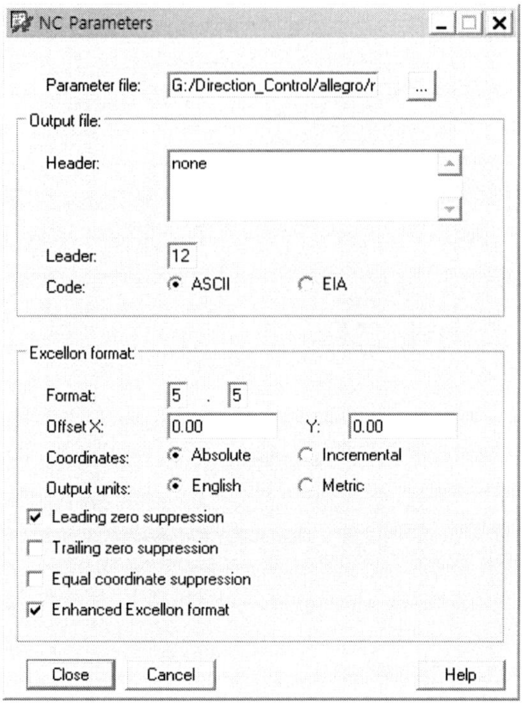

③ NC Drill창의 Drill 버튼을 선택하여 NC Drill 파일을 생성한 후 Close를 선택

④ 타이틀바의 저장 경로에 *.art 파일과 *.drl 파일의 Gerber file이 생성 완료

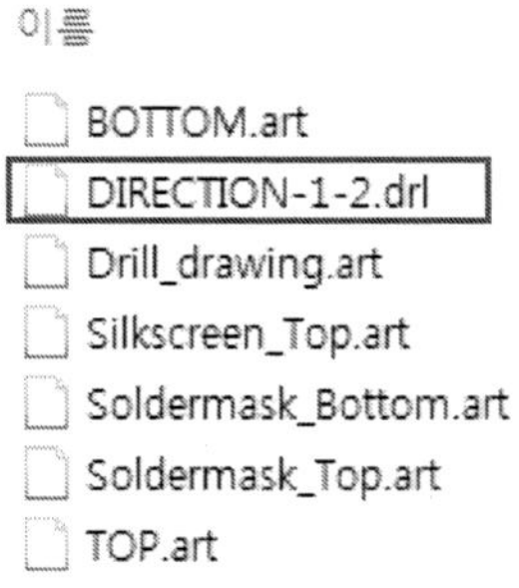

제 2 장 Digital Clock

2.1 회로설계(Schematic) 조건

2.1.1 주어진 회로의 동작원리를 분석해 보고 Orcad를 사용하여 회로(Schematic)를 설계한다.

2.1.2 기본으로 제공되는 라이브러리를 사용을 원칙으로 하되, 필요할 경우 본인이 라이브러리를 생성한다.

2.1.3 회로설계(Schematic)는 다음의 요구사항에 준하여 설계한다.

① Page size는 A4(mm 297×210)로 균형 있게 작성한다.

② 타이틀 블록(Title block)의 작성

- Title: 회로도명 기재(글자 크기 14)(예) DIGITAL CLOCK
- Document: 이름(영문이니셜), 학번, 작업일자(글자 크기 12)
  (예) KSH. 1433000. 15. 8. 20
- Rev: 1.0(글자 크기 12)

③ 사용하지 않는 부품 및 핀들은 설계규칙 검사 시 에러를 유발하지 않도록 한다.

④ 네트의 이름이 정의된 경우에는 네트 이름을 기입한다.

부품의 지정 핀	네트의 이름	부품의 지정 핀	네트의 이름
J1 커넥터의 1번 핀	9V	J1 커넥터의 2번 핀	GND
U3(NE555)의 3번 핀	CLK	U6(7805)의 3번 핀	VCC

⑤ 지정하지 않은 설계조건은 일반적인 설계규칙(KS규격 등)을 적용하여 설계하며, 설계규칙 검사항목은 기본값을 사용한다.

⑥ 설계가 완료되면 설계도면과 네트리스트 파일을 생성한다.

⑦ 에러 체크를 한 후 에러가 있는 경우 틀린 회로를 수정하여 정상 동작이 되도록 한다.

Part 리스트

Part Name	Part Symbol	Part Name	Part Symbol
FND510 (제작)	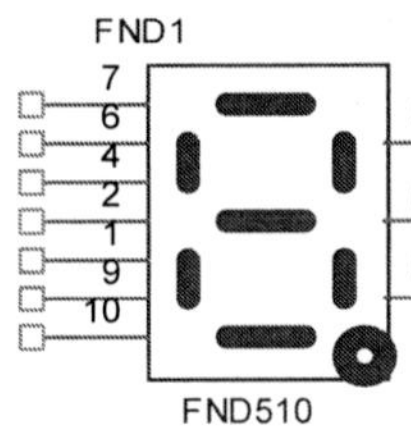	7447	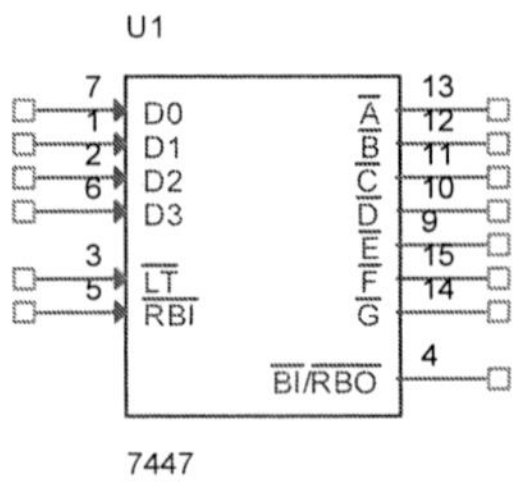
7490	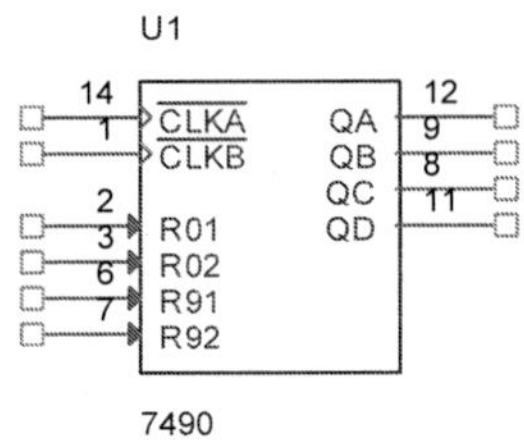	NE555	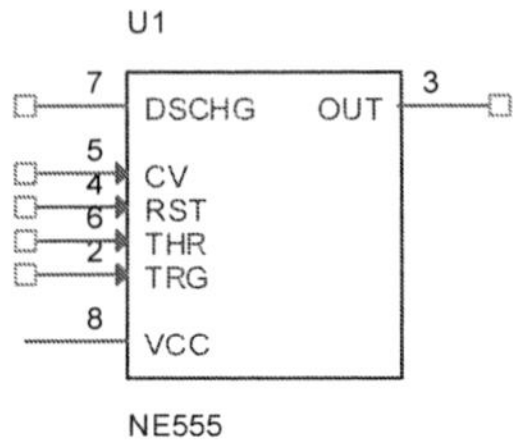
78XX/TO	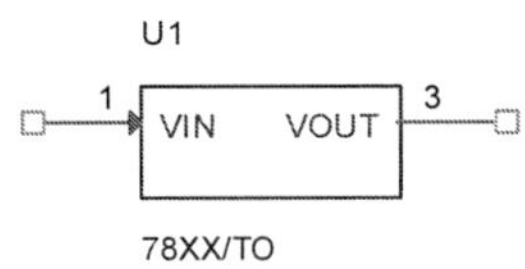	CON2	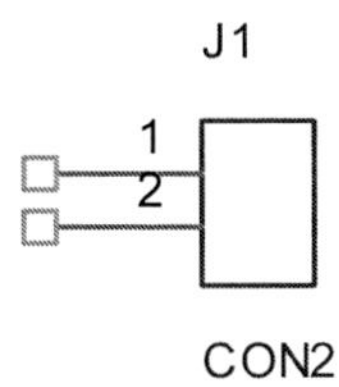
CAP	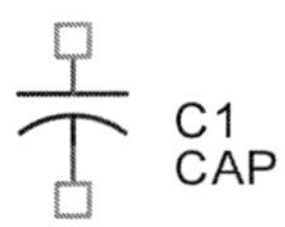	CAP NP	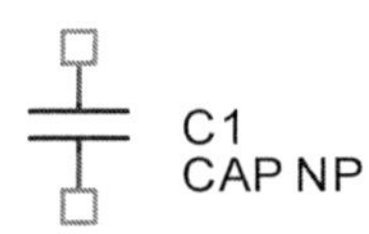
RESISTOR VAR	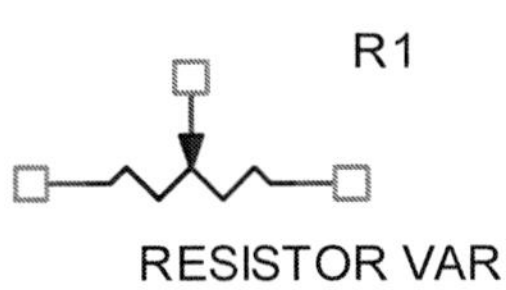	R	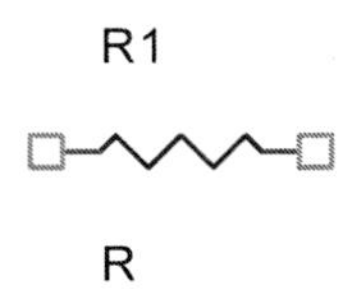
LED	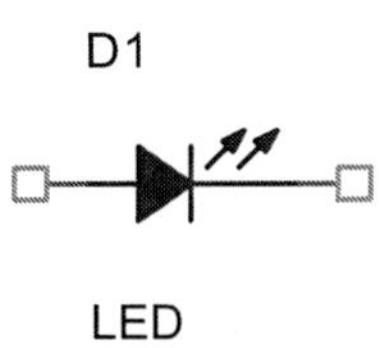		

PCB Footprint 리스트

Part Name	Footprint	Part Name	Footprint
FND510	 (제작)FND510	7447	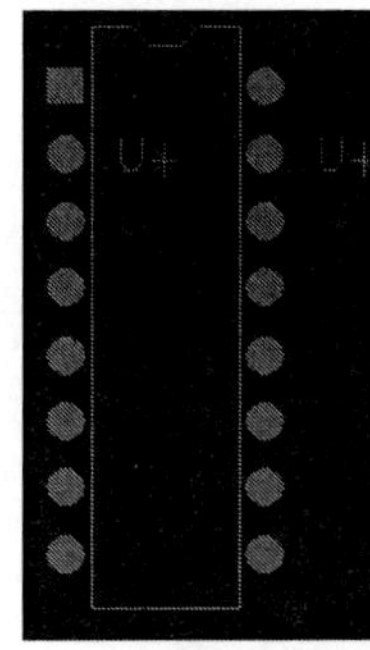 DIP16_3
7490	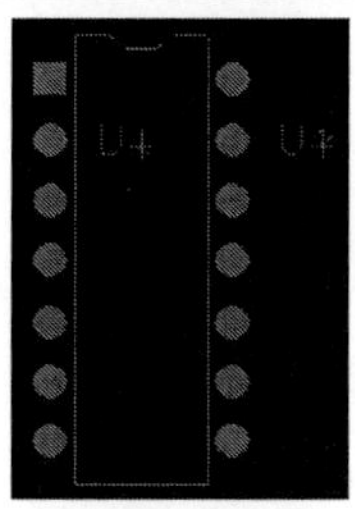 DIP14_3	NE555	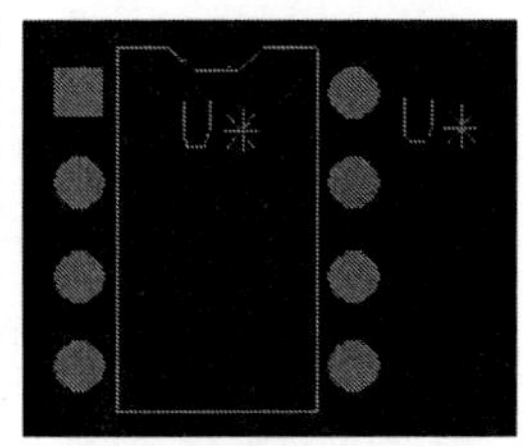 DIP8_3
78XX/TO	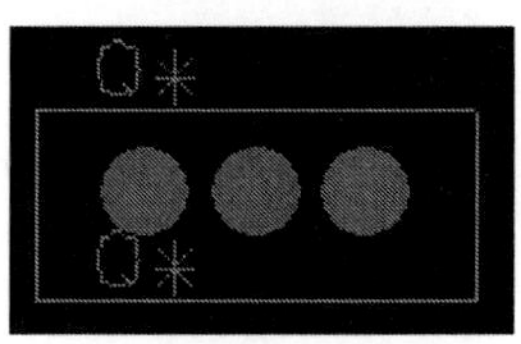 TO220AB	CON2	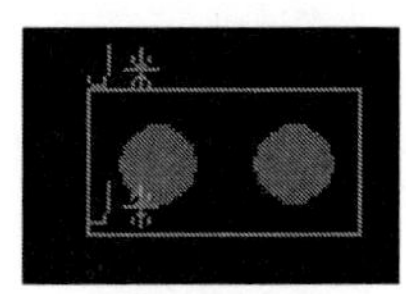 JUMPER2
CAP	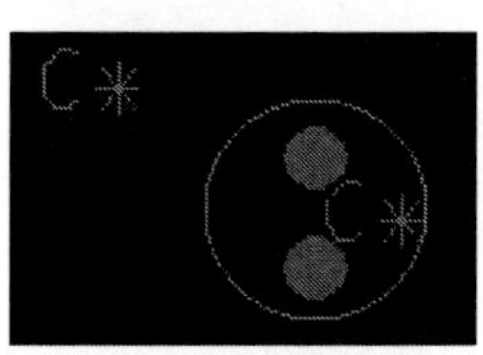 CAP196	CAP NP	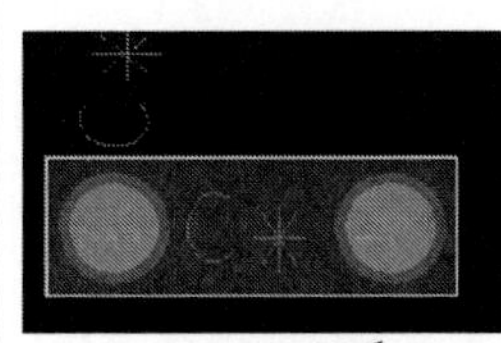 CAPCK06
RESISTOR VAR	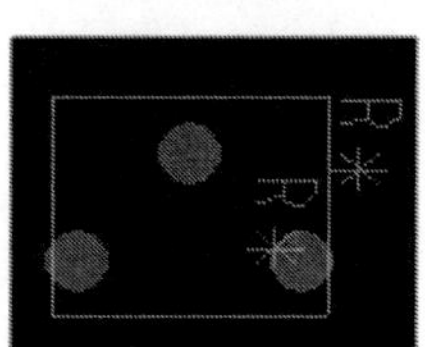 RESADJ	R	 RES400

Part Name	Footprint	Part Name	Footprint
LED	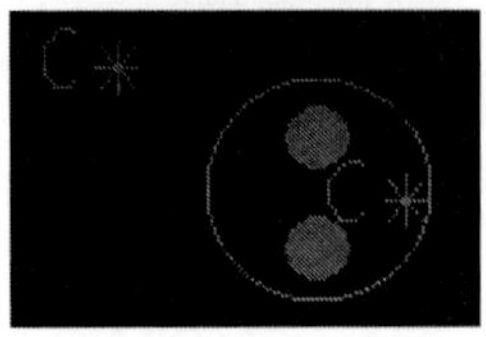 CAP196		

2.2 PCB 설계(Layout) 조건

2.2.1 설계 환경: 양면 PCB(2-Layout)

2.2.2 보드 사이즈: 100mm[가로] × 70mm[세로]로 보드 outline을 생성한다.

2.2.3 부품 배치: 주요 부품은 다음 그림과 같이 배치하고, 그 외는 임의로 배치한다.

- 부품은 TOP Layer에만 실장하고, 부품의 실장 시 IC와 LED등 극성이 있는 부품은 가급적 동일 방향으로 배열하도록 하며, 이격 거리를 고려하여 배치한다.
- 특별히 지정하지 않는 사항은 일반적인 PCB 설계규칙에 준하여 설계한다.

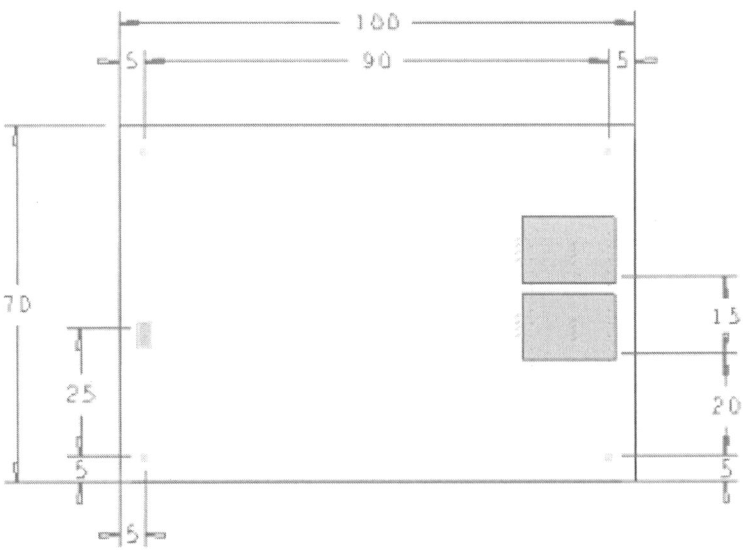

- 기구홀: (5, 5), (95,5), (95, 65), (5, 65)
- J1: (5, 25)
- FND1: (95, 20), FND2: (95, 35)

2.2.4 네트(NET)의 폭(두께) 설정

- 정의된 네트의 폭에 따라 설계한다.

VCC, GND	0.5mm
일반선	0.25mm

2.2.5 배선(Routing)

- 배선은 양면 모두에서 진행하되, TOP Layer(부품면)의 배선방향이 수평이면, BOTTOM Layer(배선면)의 배선방향은 수직[또는 TOP Layer(부품면)의 배선 방향이 수직이면, BOTTOM Layer(배선면)의 배선방향은 수평]으로 배선을 한다.
- 배선 경로는 최대한 짧게 하되 100% 배선하며, 직각배선은 하지 않는다.
- 자동배선(Auto routing)은 사용할 수 없으며, 비아(via)는 생성하지 않는다.

2.2.6 기구 홀(Mounting Hole)의 삽입

- 보드 외곽의 네 모서리에 직경 3∅의 기구 홀을 삽입하되 각각의 모서리로부터 5mm 떨어진 지점에 배치하고, 비전기적(non-electrical) 속성으로 정의하고, 기구 홀의 부품 참조 값은 삭제한다.

2.2.7 실크데이터(Silk Data)

- 실크데이터의 부품 번호는 한 방향으로 보기 좋게 정렬하고, 불필요한 데이터는 삭제한다.
- 다음의 내용을 보드 하단 중앙에 위치하도록 한다.

보드에 위치할 실크내용	속성
이름(영문이니셜) 학번	line width: 0.5mm, height: 4mm

2.2.8 카퍼(copper Pour)의 설정

- 보드 부품면(TOP Layer)에 GND 속성의 카퍼 처리를 하되, 보드 외곽으로부터 5mm 이격을 두고 실시하며, 모든 네트와 카퍼와의 이격거리는(Clearance) 0.5mm, 단열판과 GND 네트 사이 연결선의 두께는 0.5mm로 설정한다.

2.2.9 DRC(Design Rule Check)

- 모든 조건은 default 값(Clearance: 0.254mm)에 위배되지 않아야 한다.

2.2.10 거버 데이터의 생성

- 양면 PCB 제조에 필요한 데이터 파일(거버 데이터 등)을 빠짐없이 생성한다.

DIGITAL CLOCK CIRCUIT

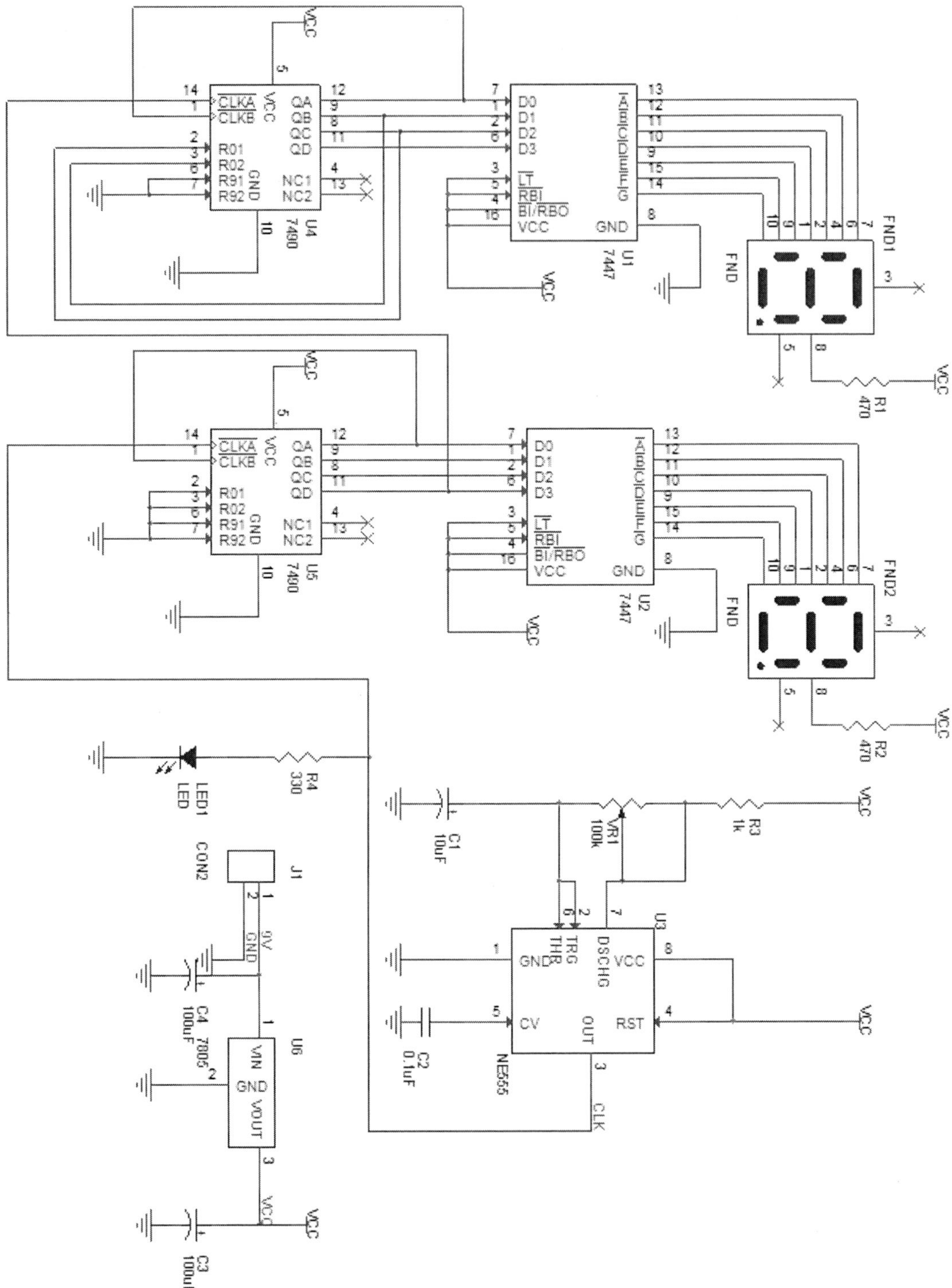

제 3 장 Pulse Modulation

3.1 회로설계(Schematic) 조건

3.1.1 주어진 회로의 동작원리를 분석해 보고 Orcad를 사용하여 회로(Schematic)를 설계한다.

3.1.2 기본으로 제공되는 라이브러리를 사용을 원칙으로 하되, 필요할 경우 본인이 라이브러리를 생성한다.

3.1.3 회로설계(Schematic)는 다음의 요구사항에 준하여 설계하시오.

① Page size는 A4(mm 297×210)로 균형 있게 작성하시오.

② 타이틀 블록(Title block)의 작성

- Title: 회로도명 기재(글자 크기 14)

(예) PULSE MODULATION

- Document: 이름(영문이니셜), 학번, 작업일자(글자 크기 12)

(예) KSH. 1433000. 15. 8. 20

- Rev: 1.0(글자 크기 12)

③ 사용하지 않는 부품 및 핀들은 설계규칙 검사 시 에러를 유발하지 않도록 처리하시오.

④ 네트의 이름이 정의된 경우에는 네트 이름을 기입하도록 하시오.

부품의 지정 핀	네트의 이름	부품의 지정 핀	네트의 이름
J2 커넥터의 1번 핀	SIG_IN	J2 커넥터의 2번 핀	CLOCK
U1(NE555)의 2번핀	CLOCK	J3 커넥터의 1번 핀	OUTPUT

⑤ 지정하지 않은 설계조건은 일반적인 설계규칙(KS규격 등)을 적용하여 설계하며, 설계규칙 검사항목은 기본 값을 사용하시오.

⑥ 설계가 완료되면 설계도면과 네트리스트 파일을 생성하시오.

⑦ 에러 체크를 한 후 에러가 있는 경우 틀린 회로를 수정하여 정상 동작이 되도록 하시오.

Part 리스트

- CAP NP/ CON2/ CON3/ CON4/ PNP ECB/ DIODE/ R/ NE555/ LF356/ LF398/ RESISTOR VAR/
- SYMBOL
  GND_EARTH/ VCC_ARROW/ VCC_BAR/ VCC_CIRCLE
- PORT
  PORTLEFT-L/ PORTLEFT-R

PCB Footprint 리스트

Part Reference	PCB Footprint
C	CAP196
J1	JUMPER4
J2	JUMPER3
J3	JUMPER2
Q1	TO92
R	RES400
U1~U5	DIP8_3
VR	RESADJ
D1	DO14

3.2 PCB 설계(Layout) 조건

3.1.1 설계 환경: 양면 PCB(2-Layout)

3.1.2 보드 사이즈: 100mm[가로] × 70mm[세로]로 보드 outline을 생성하시오.

3.1.3 부품 배치: 주요 부품은 다음 그림과 같이 배치하고, 그 외는 임의로 배치하시오.

- 부품은 TOP Layer에만 실장하고, 부품의 실장 시 IC와 LED등 극성이 있는 부품은 가급적 동일 방향으로 배열하도록 하며, 이격 거리를 고려하여 배치하도록 하시오.
- 특별히 지정하지 않는 사항은 일반적인 PCB 설계규칙에 준하여 설계하시오.

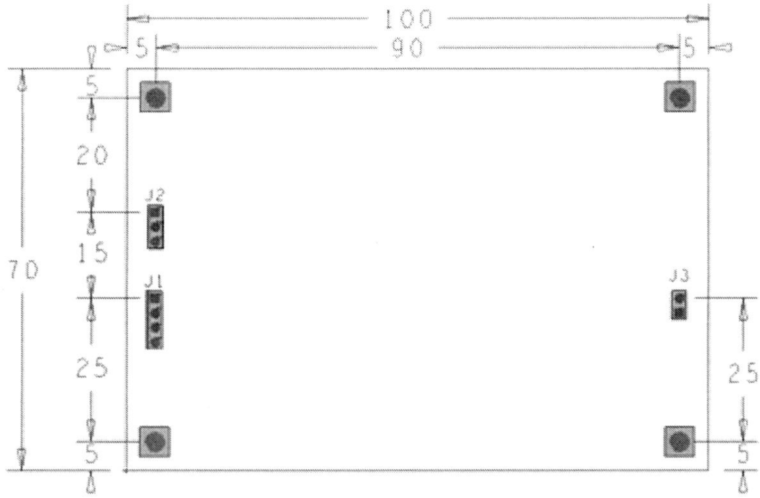

- 기구홀: (5, 5), (95, 5), (95, 65), (5, 65)
- J1: (5, 30), J2: (5, 45), J3: (95, 30)

3.1.4 네트(NET)의 폭(두께) 설정

- 정의된 네트의 폭에 따라 설계하시오.

+15V, −15V, +5V	0.5mm
일반선	0.25mm

3.1.5 배선(Routing)

- 배선은 양면 모두에서 진행하되, TOP Layer(부품면)의 배선방향이 수평이면, BOTTOM Layer(배선면)의 배선방향은 수직 [또는 TOP Layer(부품면)의 배선 방향이 수직이면, BOTTOM Layer(배선면)의 배선방향은 수평]으로 배선을 하시오.
- 배선 경로는 최대한 짧게 하되 100% 배선하며, 직각배선은 하지 않도록 한다.
- 자동배선(Auto routing)은 사용할 수 없으며, 비아(via)는 생성하지 않는다.

3.1.6 기구 홀(Mounting Hole)의 삽입

- 보드 외곽의 네 모서리에 직경 3∅의 기구 홀을 삽입하되 각각의 모서리로부터 5mm 떨어진 지점에 배치하고, 비전기적(non-electrical) 속성으로 정의하고, 기구 홀의 부품 참조 값은 삭제한다.

3.1.7 실크데이터(Silk Data)

- 실크데이터의 부품 번호는 한 방향으로 보기 좋게 정렬하고, 불필요한 데이터는 삭제하시오.
- 다음의 내용을 보드 하단 중앙에 위치하시오.

보드에 위치할 실크내용	속성
이름(영문이니셜) 학번	line width: 0.5mm , height: 4mm

3.1.8 카퍼(copper Pour)의 설정

- 보드 부품면(TOP Layer)에 GND 속성의 카퍼 처리를 하되, 보드 외곽으로부터 3mm 이격을 두고 실시하며, 모든 네트와 카퍼와의 이격거리는(Clearance) 0.5mm, 단열판과 GND 네트 사이 연결선의 두께는 0.5mm로 설정하시오.

3.1.9 DRC(Design Rule Check)

- 모든 조건은 default 값(Clearance: 0.254mm)에 위배되지 않아야 한다.

3.1.10 거버 데이터의 생성

- 양면 PCB 제조에 필요한 데이터 파일(거버 데이터 등)을 빠짐없이 생성

※ LF356

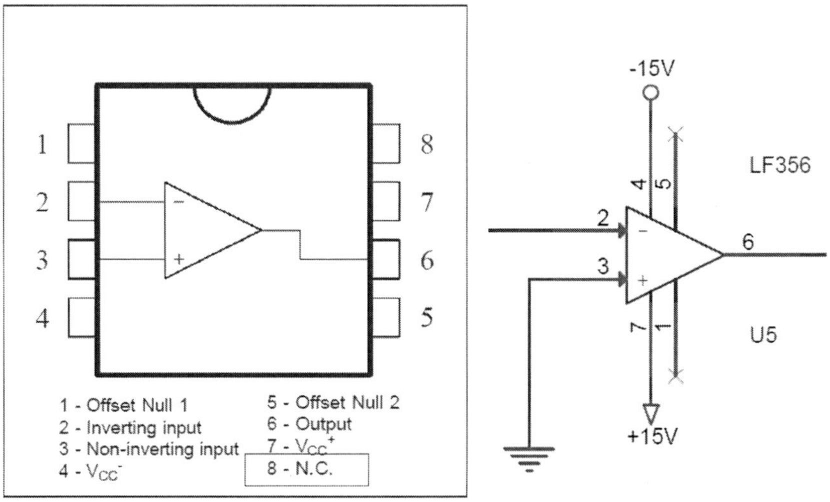

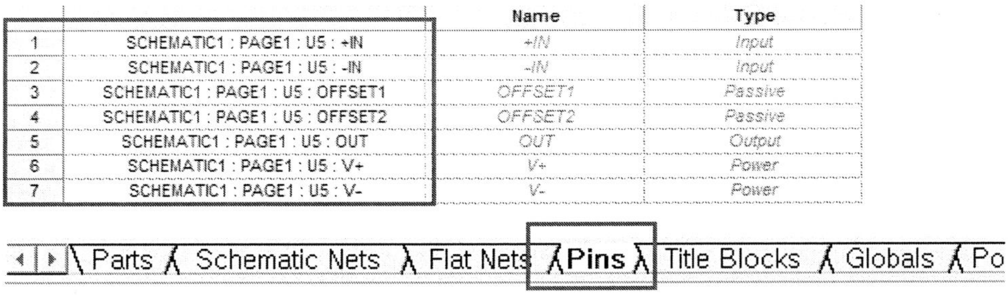

8번 PIN은 사용하지 않는 PIN이지만, PIN 할당이 되어 있지 않기 때문에 CREATE NETLIST를 하게되면 에러가 발생한다.

✓ 에러 해결 방법

① EDIT PART에서 8번(NC)을 추가한다. 그러나 이 방법은 8번 PIN의 배치방법 때문에 아래 ②번을 사용하는 것이 좋다.

② 회로도에서 LF356를 더블 클릭하여 속성 창을 연다. New Property를 선택하여 아래와 같이 NC Column을 만들어 Pin 번호 8을 써 넣는다. (모든 LF356에 적용한다.)

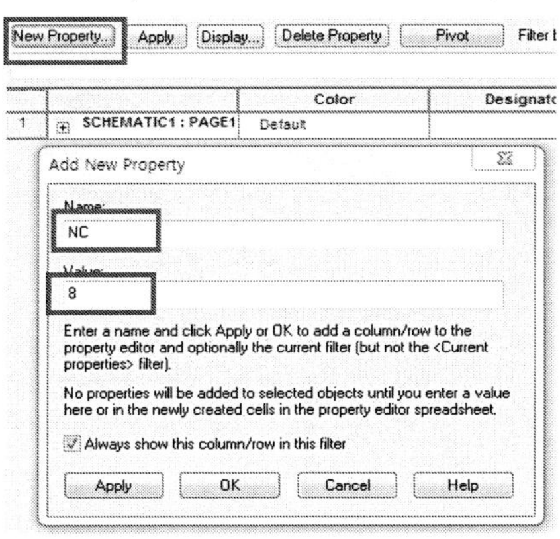

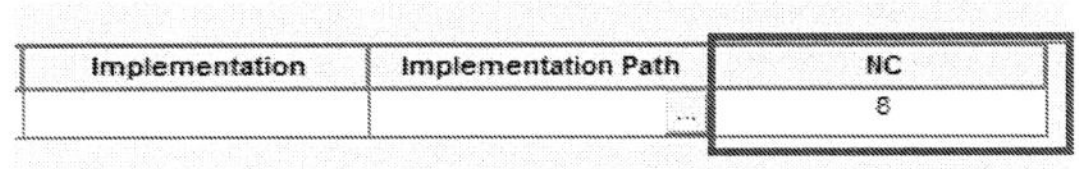

Pulse Modulation

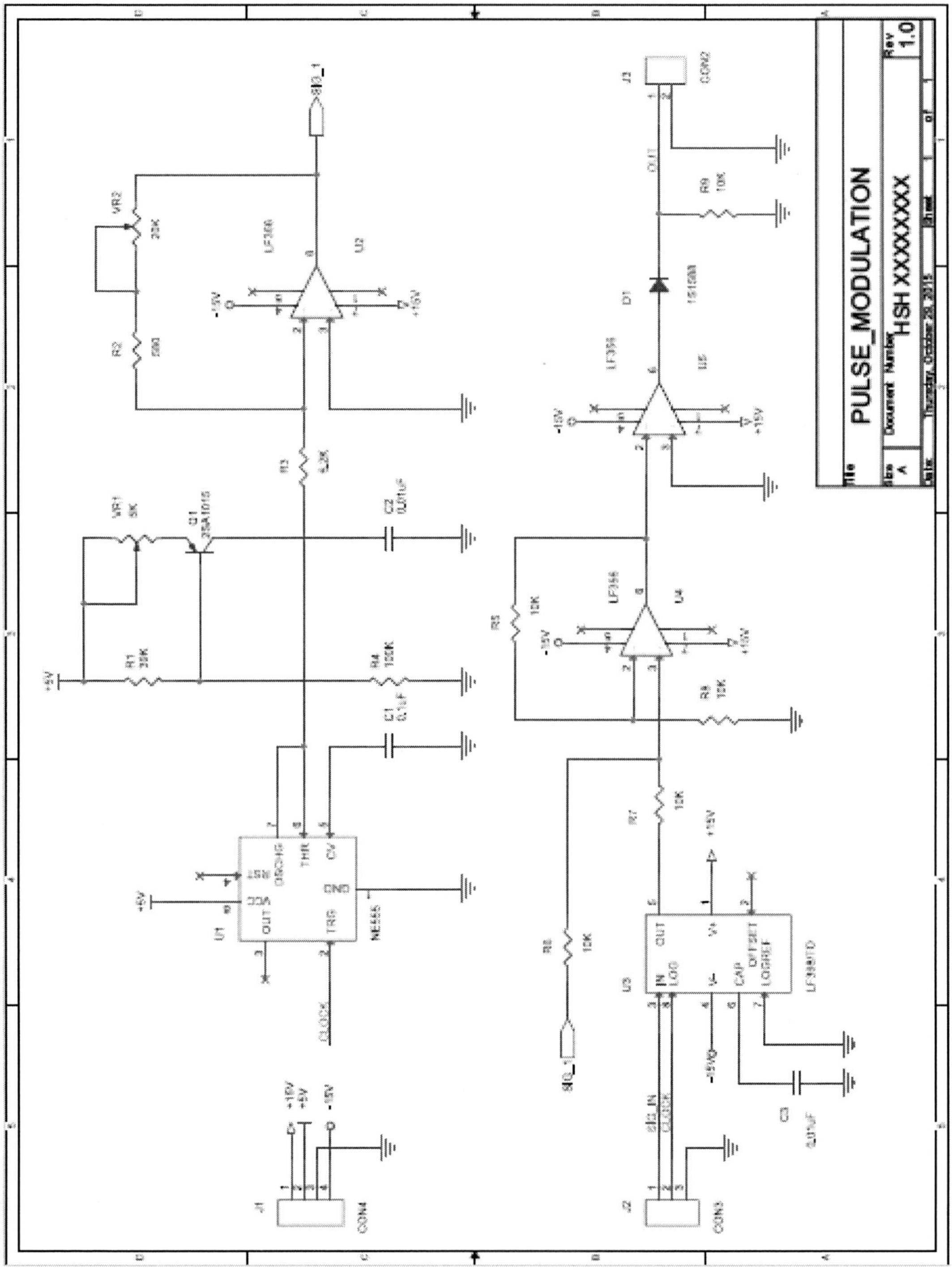

제 4 장 과제실습

4.1 회로설계(Schematic) 조건

4.1.1 주어진 회로의 동작원리를 분석해 보고 Orcad를 사용하여 회로(Schematic)를 설계한다.

4.1.2 기본으로 제공되는 라이브러리를 사용을 원칙으로 하되, 필요할 경우 본인이 라이브러리를 생성한다.

4.1.3 회로설계(Schematic)는 다음의 요구사항에 준하여 설계한다.

① Page size는 A4(mm 297×210)로 균형 있게 작성한다.

② 타이틀 블록(Title block)의 작성한다.

- Title: 회로도명 기재(글자 크기 14)
  (예) EXAM4
- Document: 이름(영문이니셜), 학번, 작업일자(글자 크기 12)
  (예) KSH. 1433000. 15. 8. 20
- Rev: 1.0(글자 크기 12)

③ 사용하지 않는 부품 및 핀들은 설계규칙 검사 시 에러를 유발하지 않도록 처리한다.

④ 네트의 이름이 정의된 경우에는 네트 이름을 기입한다.

⑤ 지정하지 않은 설계조건은 일반적인 설계규칙(KS규격 등)을 적용하여 설계하며, 설 계 규칙 검사항목은 기본 값을 사용한다.

⑥ 설계가 완료되면 설계도면과 네트리스트 파일을 생성한다.

⑦ 에러 체크를 한 후 에러가 있는 경우 틀린 회로를 수정하여 정상 동작이 되도록 한다.

※ U1 74LS93(4,6,7,13 번 PIN NC 처리)

※ U3, U5, U6, U7, U8, U9, U10(8번 PIN NC 처리)

Part 리스트

Part Reference	Part Name
C1~C7	CAP NP
J1	CON7
Q1,Q2	NPN ECB
Q3	PNP ECB
Q4	JFET N DGS
R1~R32	R
U1	74LS93
U2A, U2B, U2C	4030
U3, U5~U10	LF356
U4	4066_0
VR1,VR2	RESISTOR VAR

PCB Footprint 리스트

Part Reference	PCB Footprint Name
C1~C7	CAPCK05
J1	JUMPER7(제작)
Q1~Q4	TO92
R1~R32	RES400
U1	DIP14_3
U2	DIP14_3
U3,U5~U10	DIP8_3
U4	DIP14_3
VR1,VR2	RESADJ

4.2 PCB 설계(Layout) 조건

4.2.1 설계 환경: 양면 PCB(2-Layout)

4.2.2 보드 사이즈: 150mm[가로] × 90mm[세로]로 보드 outline을 생성한다.
Board Edge Clearance: 3mm

4.2.3 부품 배치:

주요 부품은 다음 좌표와 같이 배치하고, 그 외는 임의로 배치한다.

- 부품은 TOP Lay에만 실장하고, 뒷면에 첨부한 부품 배치도를 참조한다.
- 특별히 지정하지 않는 사항은 일반적인 PCB 설계규칙에 준하여 설계한다.
- 기구홀: (5, 5), (145, 5), (145, 85), (5, 85)
- J1: (140, 55)

4.2.4 네트(NET)의 폭(두께) 설정

- 정의된 네트의 폭에 따라 설계하시오.

VCC, VDD, VSS, GND	0.5mm
일반선	0.25mm

4.2.5 배선(Routing)

- 배선은 양면 모두에서 진행하되, TOP Layer(부품면)의 배선방향이 수평이면, BOTTOM Layer(배선면)의 배선방향은 수직 [또는 TOP Layer(부품면)의 배선 방향이 수직이면, BOTTOM Layer(배선면)의 배선방향은 수평]으로 배선한다.
- 배선 경로는 최대한 짧게 하되 100% 배선하며, 직각배선은 하지 않도록 한다.
- 자동배선(Auto routing)은 사용할 수 없으며, 비아(via)는 생성하지 않는다.

4.2.6 기구 홀(Mounting Hole)의 삽입

- 보드 외곽의 네 모서리에 직경 3∅의 기구 홀을 삽입하되 각각의 모서리로부터 5mm 떨어진 지점에 배치하고(앞의 좌표 참고), 비전기적(non-electrical) 속성으로 정의하고, 기구 홀의 부품 참조 값은 삭제한다.

4.2.7 실크데이터(Silk Data)

- 실크데이터의 부품 번호는 한 방향으로 보기 좋게 정렬하고, 불필요한 데이터는 삭제한다.
- 다음의 내용을 보드 하단 중앙에 위치하여라.

보드에 위치할 실크내용	속성
이름(영문이니셜) 학번	line width: 0.5mm , height: 4mm

4.2.8 카퍼(copper Pour)의 설정

- 보드 부품면(TOP Layer)에 GND 속성의 카퍼 처리를 하되, 보드 외곽으로부터 3mm 이격을 두고 실시하며, 모든 네트와 카퍼와의 이격거리는(Clearance) 0.5mm, 단열판과 GND 네트 사이 연결선의 두께는 0.5mm로 설정한다.

4.2.9 DRC(Design Rule Check)

- 모든 조건은 default 값(Clearance: 0.254mm)에 위배되지 않아야 한다.

4.2.10 거버 데이터의 생성

- 양면 PCB 제조에 필요한 데이터 파일(거버 데이터 등)을 빠짐없이 생성한다.

※ JUMPER7 Footprint 제작

① Package Symbol Wizard를 이용한 Footprint 제작
② Package Type: Sip
③ 단위: Mils/Accuracy: 0, Reference: J*
④ Dip Parameter: [N] 7 / [e] 100 / [E] 110 / [D] 700
⑤ 기본 Pin Padstack: Pad65cir35d, 1번 Pin Padstack: Pad65sq35d
⑥ 원점 1번 Pin

회로도

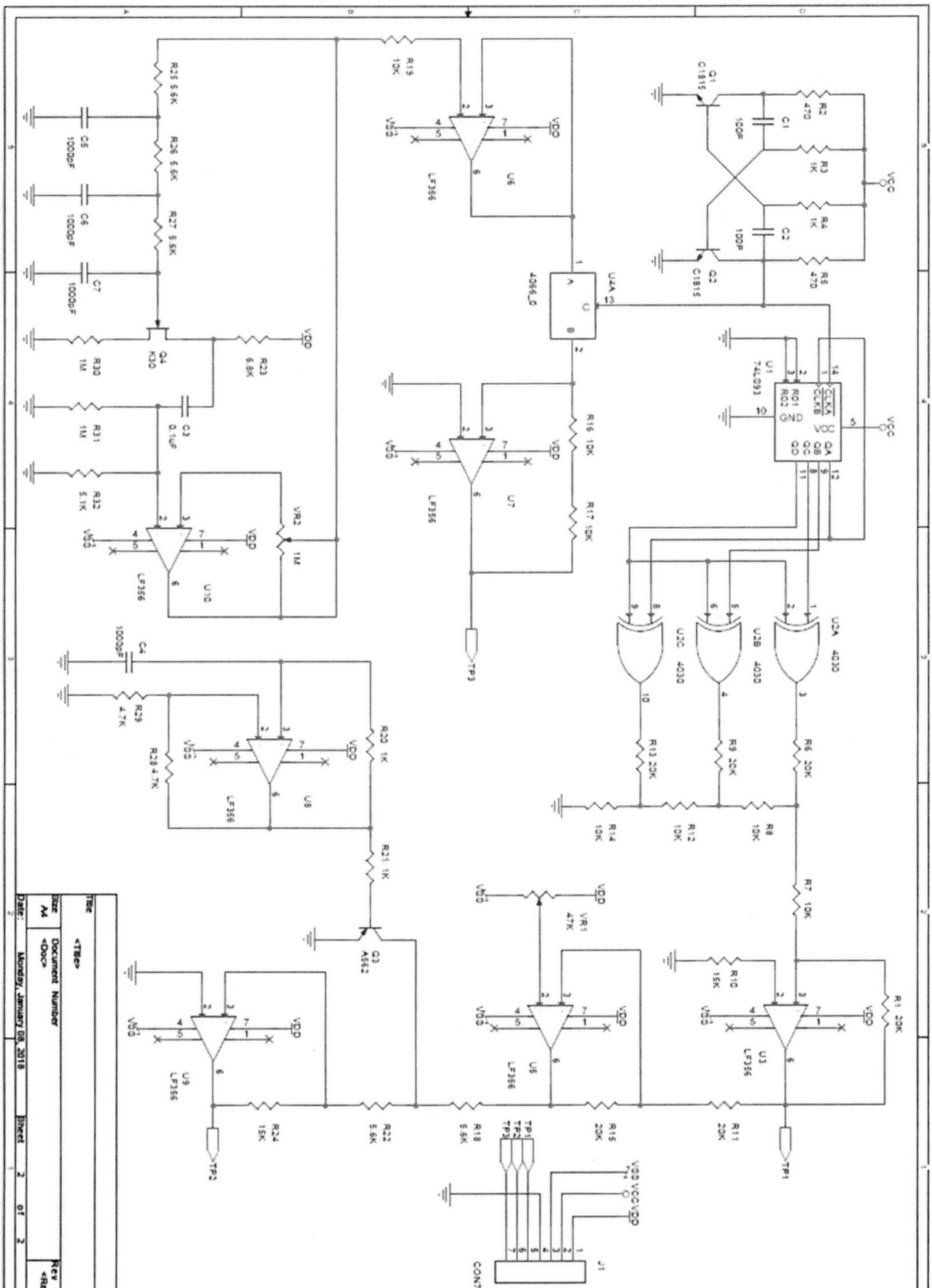

제 5 장 Atmega128 보드 응용회로 제작

5.1 회로설계 조건

5.1.1 주어진 회로의 동작원리를 분석해 보고 Orcad를 사용하여 회로(Schematic)를 설계한다.

5.1.2 기본으로 제공되는 라이브러리를 사용을 원칙으로 하되, 필요할 경우 본인이 라이브러리를 생성한다.

5.1.3 회로설계(Schematic)는 다음의 요구사항에 준하여 설계한다.

① Page size는 A4(mm 297×210)로 균형 있게 작성한다.

② 타이틀 블록(Title block)의 작성한다.

- Title: 회로도명 기재(글자 크기 14)
  (예) ATmega128 Circuit
- Document: 이름(영문이니셜), 학번, 작업일자(글자 크기 12)
  (예) CTH. 1433000. 15. 8. 20
- Rev: 1.0(글자 크기 12)

③ 사용하지 않는 부품 및 핀들은 설계규칙 검사 시 에러를 유발하지 않도록 처리한다.

④ 지정하지 않은 설계조건은 일반적인 설계규칙(KS규격 등)을 적용하여 설계하며, 설계규칙 검사항목은 기본 값을 사용한다.

⑤ 설계가 완료되면 설계도면과 네트리스트 파일을 생성한다.

⑥ 에러 체크를 한 후 에러가 있는 경우 틀린 회로를 수정하여 정상 동작이 되도록 한다.

Part 리스트 및 PCB Footprint 리스트

부품이름	Footprint	부품이름	Footprint
R	RES400	Battery	JUMPER2
LED	led200s(생성)	HEADER 2	JUMPER2
SW PUSHBUTTON	PUSH(생성)	Module	128Module(생성)
FND	7SEG(생성)		

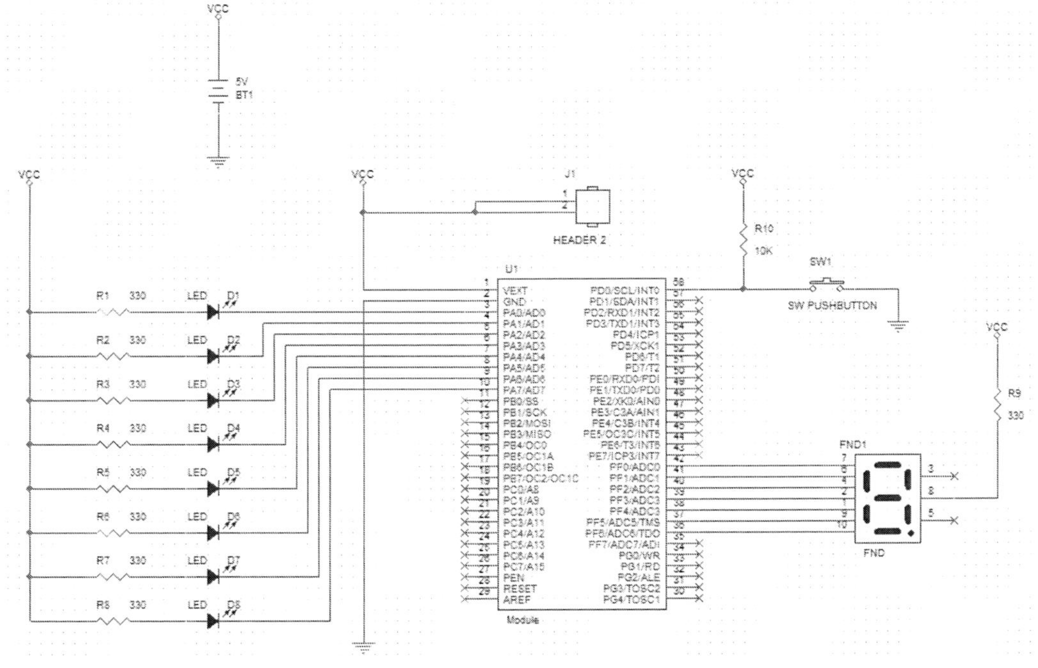

5.2 PCB 설계조건

5.2.1 설계 환경: 단면 PCB

5.2.2 보드 사이즈: 4000 mil × 4000mil로 보드 outline을 생성하시오.

5.2.3 부품 배치

- 부품은 TOP Lay에만 실장하고, 부품의 실장 시 IC와 LED등 극성이 있는 부품은 가 급적 동일 방향으로 배열하도록 하며, 이격 거리를 고려하여 배치하도록 하시오.
- 특별히 지정하지 않는 사항은 일반적인 PCB 설계규칙에 준하여 설계하시오.

5.2.4 네트(NET)의 폭(두께) 설정

- 정의된 네트의 폭에 따라 설계한다.

VCC, GND	30mil
일반선	12mil

5.2.5 배선(Routing)

- 배선은 BOTTOM Layer(배선면)에서 배선을 하시오.
- 배선 경로는 최대한 짧게 하되 100% 배선하며, 직각배선은 하지 않도록 한다.
- 자동배선(Auto routing)은 사용할 수 없으며, 비아(via)는 생성하지 않는다.

5.2.6 기구 홀(Mounting Hole)의 삽입

- 보드 외곽의 네 모서리(좌표 x 200 200, x 3800 200, x 3800 3800, x 200 3800)에 MTG125의 기구 홀을 삽입한다.

5.2.7 실크데이터(Silk Data)

- 실크데이터의 부품 번호는 한 방향으로 보기 좋게 정렬하고, 불필요한 데이터는 삭제한다.
- 이름, 학번을 보드에 위치시킨다.

5.2.8 보드의 BOTTOM면에 카퍼(copper Pour)의 설정

5.2.9 DRC(Design Rule Check)

- 모든 조건은 default 값(Clearance: 10mil) 에 위배되지 않아야 한다.

5.2.10 거버 데이터의 생성

- PCB 제조에 필요한 데이터 파일(거버 데이터 등)을 빠짐없이 생성한다.

5.3 ATmega128 모듈 Footprint 제작

5.3.1 ATmega128 부품 작성

① 프로젝트 관리자 창의메뉴 바에서 File – New – Library을 선택한다. 프로젝트 관리자 창에 Library1.olb가 생성된 것을 볼 수 있다.

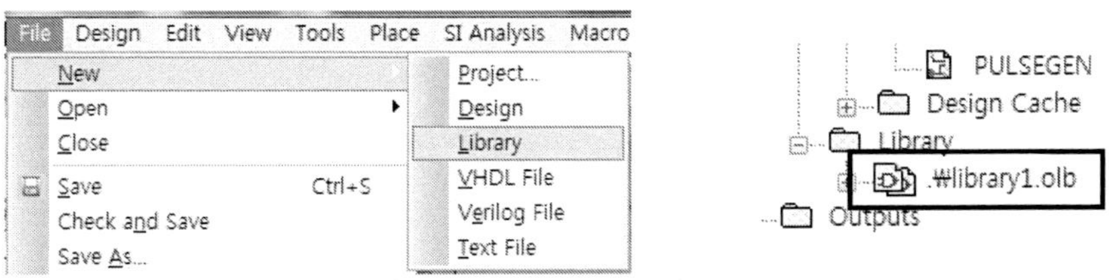

② 새로 생성된 Library1.olb를 클릭 후 마우스 오른쪽 버튼 팝업 메뉴에서 New part(단축키는 ALT-D, T)를 선택한다.

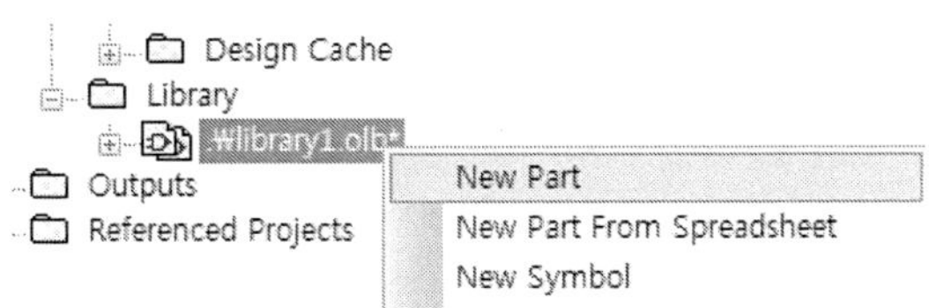

③ New Part Properties 대화 상자에서 아래 그림과 같이 부품이름 Module, 참조이름 U 및 패키지 당 1개의 부품으로 설정한다.

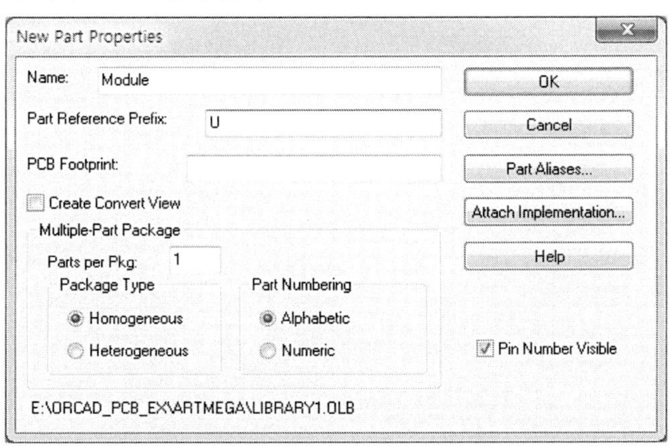

④ 다음과 같이 부품 편집기 화면(LIBRARY1)이 열린다. 점선의 사각형 안쪽 영역은 Module의

그림 정보와 Pin Name이 들어갈 부분이며 사각형 바깥 영역은 Pin이 배치된다.

⑤ 먼저 Pin을 배치하기 위해 메뉴 바의 Place-Pin을 선택하거나 오른쪽 Tool Palette의 아이콘을 클릭한다. (아래 표를 참고하여 Pin을 배치한다.)

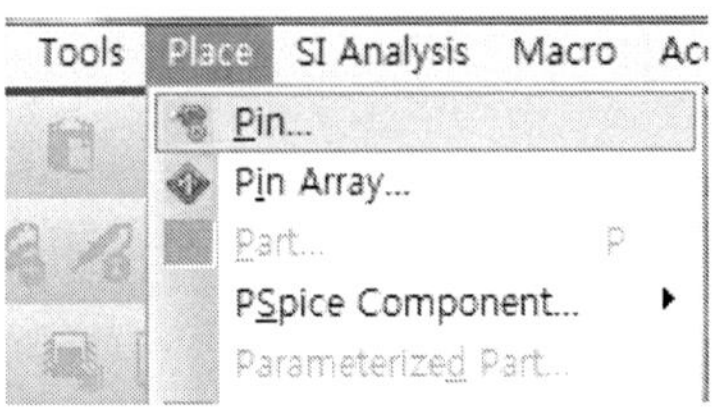

Name	Number	Shape	Type	Name	Number	Shape	Type
VEXT	1	Line	Passive	PD0/SCL/INT0	58	Line	Passive
GND	2			PD1/SDA/INT1	57		
PA0/AD0	3			PD2/RXD1/INT2	56		
PA1/AD1	4			PD3/TXD1/INT3	55		
PA2/AD2	5			PD4/ICP1	54		
PA3/AD3	6			PD5/XCK1	53		
PA4/AD4	7			PD6/T1	52		
PA5/AD5	8			PD7/T2	51		
PA6/AD6	9			PE0/RXD0/PDI	50		
PA7/AD7	10			PE1/TXD0/PDO	49		
PB0/SS	11			PE2/XK0/AIN0	48		
PB1/SCK	12			PE3/C3A/AIN1	47		
PB2/MOSI	13			PE4/C3B/INT4	46		
PB3/MISO	14			PE5/OC3C/INT5	45		
PB4/OC0	15			PE6/T3/INT6	44		
PB5/OC1A	16			PE7/ICP3/INT7	43		

Name	Number	Shape	Type	Name	Number	Shape	Type
PB6/OC1B	17			PF0/ADC0	42		
PB7/OC2/OC1C	18			PF1/ADC1	41		
PC0/A8	19			PF2/ADC2	40		
PC1/A9	20			PF3/ADC3	39		
PC2/A10	21			PF4/ADC4/TCK	38		
PC3/A11	22			PF5/ADC5/TMS	37		
PC4/A12	23	Line	Passive	PF6/ADC6/TDO	36	Line	Passive
PC5/A13	24			PF7/ADC7/TDI	35		
PC6/A14	25			PG0/WR	34		
PC7/A15	26			PG1/RD	33		
PEN	27			PG2/ALE	32		
RESET	28			PG3/TOSC2	31		
AREF	29			PG4/TOSC1	30		

위와 같은 방법으로 나머지 Pin들도 그림과 같이 배치할 수 있으며, Pin 배치 시 사각 점선 부분의 크기를 변경하여 배치한다.

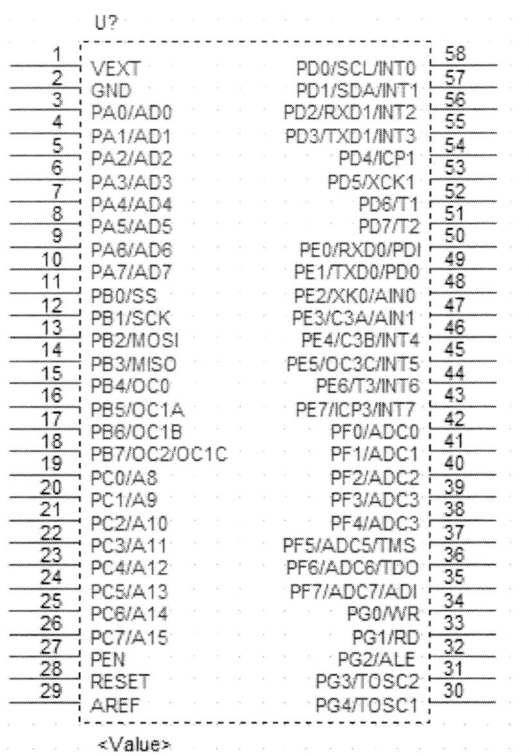

⑥ 부품 그림 정보 작성 완료 후 점선 사각 부분을 작성하기 위해 메뉴 Place — Rectangle을 선택하거나 Tool Palette 아이콘을 클릭한다. 점선 부분을 실선으로 변경한다.

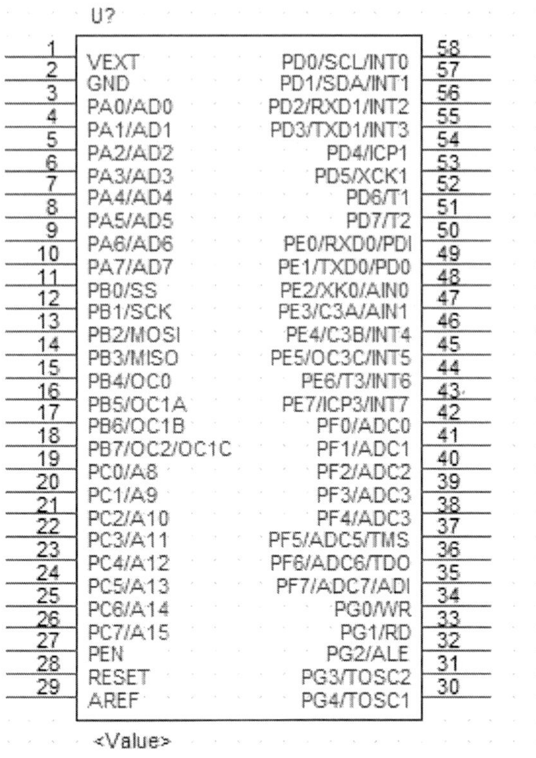

⑦ 위와 같이 부품 작성 완료 후 현재 작업 Tab에서 마우스 오른쪽 버튼 팝업 메뉴에서 Save를 선택하여 해당 부품을 저장한다. 부품 저장 경로는 Capture 기본 경로에 저장하거나 또는 현재 작업 중인 폴더에 저장하여도 무관하다.

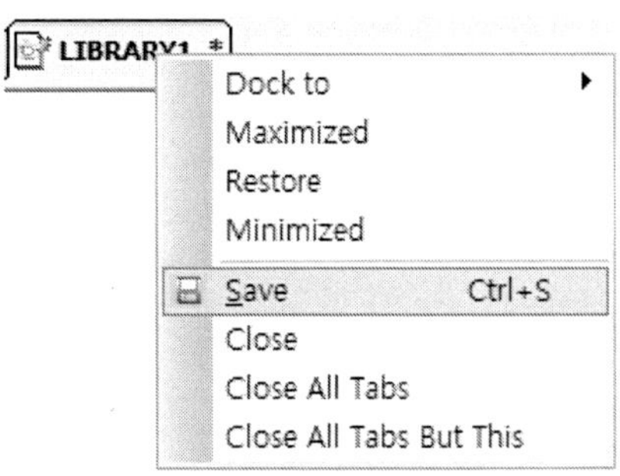

5.3.2 JMOD-128-1 규격

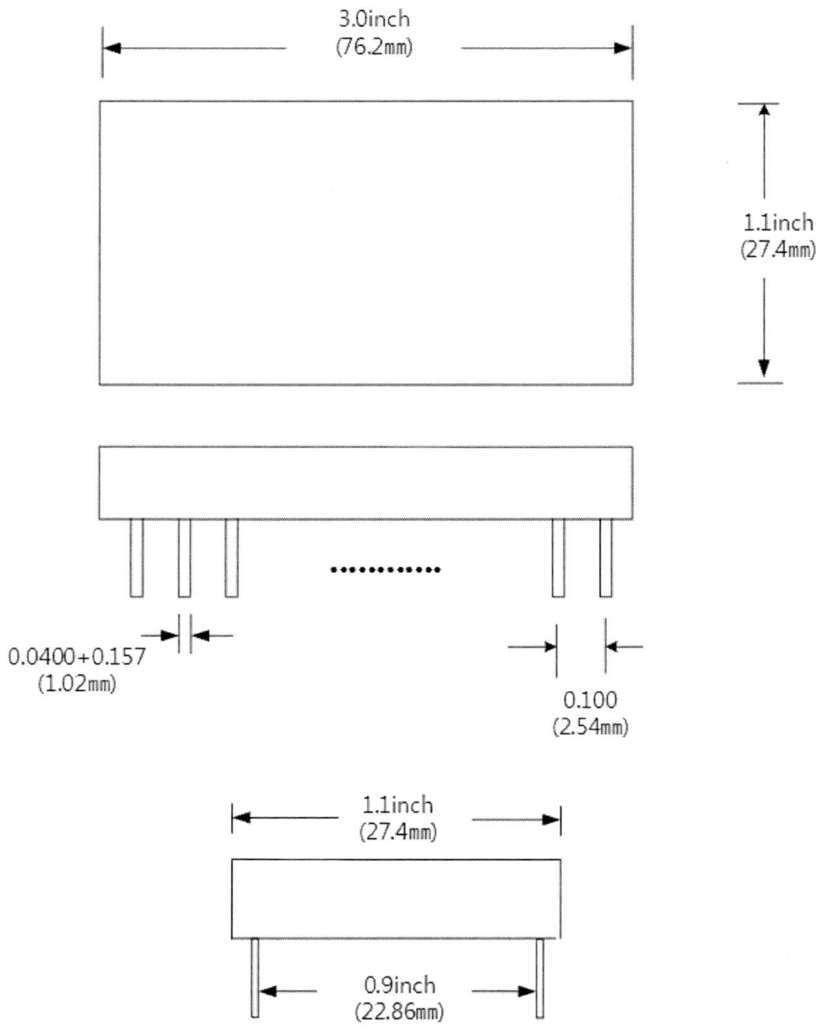

5.3.3 Package Symbol Wizard를 이용한 Footprint 제작

① PCB를 설계하기 위해서는 회로의 모든 부품에 일치하는 Footprint를 지정해주어야 한다.
여기서는 본 예제에서 만들 부품인 ATmega128 모듈의 Footprint를 제작한다.
제작할 JMOD-128-1의 Data sheet에 의해 제작할 Footprint 설계치수를 아래와 같이 정한다.

ⓐ Pin 직경: 1.02㎜(0.040inch = 40mil)이므로,

㉠ Padstack: Pad70sq45d(1번 핀), (Pad75sq49d)
Pad70cir45d(2~58번 핀), (Pad75cir45d)

㉡ Padstack: Pad65sq35d(1번 핀), Pad65cir35d(2 ~ 58번 핀)

㉢ Padstack: Pad60sq35d(1번 핀), Pad60cir35d(2 ~ 58번 핀)

ⓑ Pin 간격: 2.54㎜(100mil), Pin 1에서 Pin 58까지 간격: 22.86㎜(900mil)

ⓒ 부품의 크기: 762×274(㎜) [3000×1100(mil)]이다.

② PCB Editor 프로그램을 실행한다. 메뉴 바에서 File – New를 선택하여 Drawing Name에 작성할 Footprint 명인 128Module(학번)로 입력하고, Drawing Type에 Package symbol Wizard를 선택한 후 Project Directory는 기본적으로 설정한 다음 OK 버튼을 클릭한다.

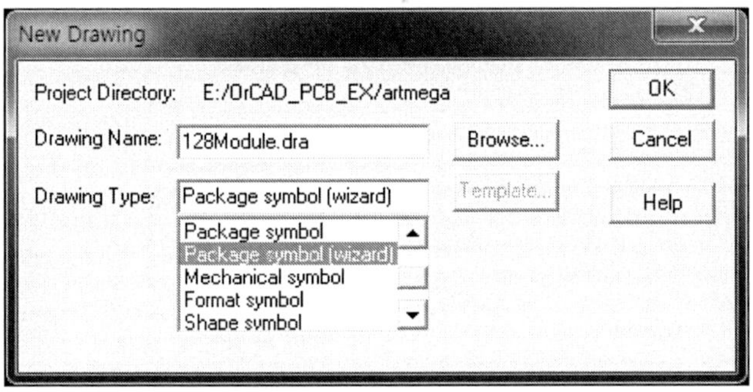

③ 다음과 같이 Package Symbol Wizard가 시작된다. Package Type에서 Dip으로 설정한 후 Next 버튼을 클릭한다. Default Cadence supplied template 환경을 Load할 수 있게 Load Template를 클릭한 후 Next 버튼을 선택한다.

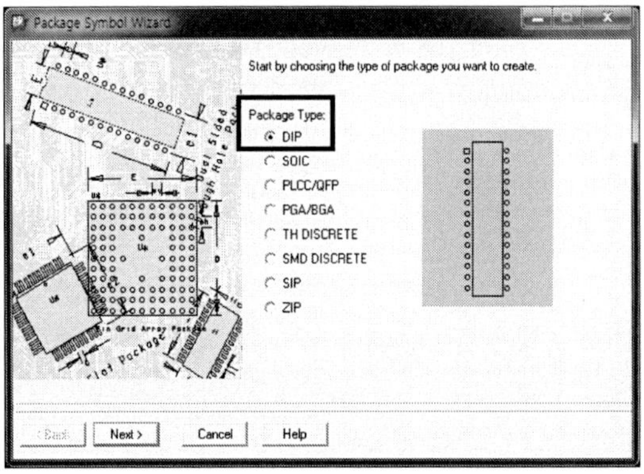

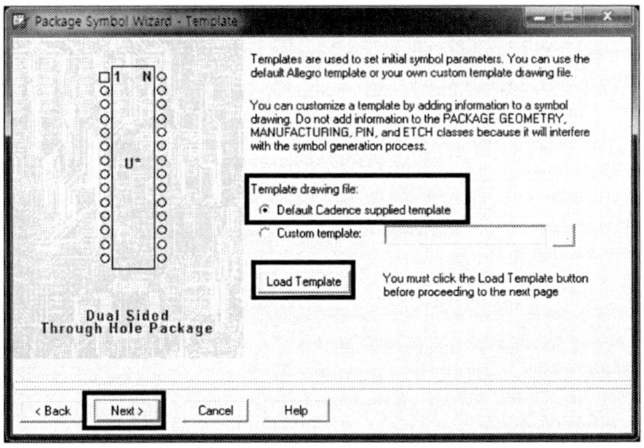

④ 다음 그림과 같이 단위: Mils/Accuracy: 0 / Reference: 128MOD* 로 설정한 후 Next를 클릭한다. 치수기입 창이 뜨면 [N] 58 / [e] 100 / [e1] 900 / [E] 1100 / [D] 3000을 입력

후 Next 버튼을 클릭한다.

⑤ 기본 symbol pins을 설정하기 위해 다음 그림과 같이 Pad75cir45d(Pad65cir35d)를 선택한다. 만약 1번 Pin을 다른 Padstack으로 설정할 경우 같은 방법으로 Pad75sq49d(pad65sq35d) Padstack을 불러서 설정할 수 있다.

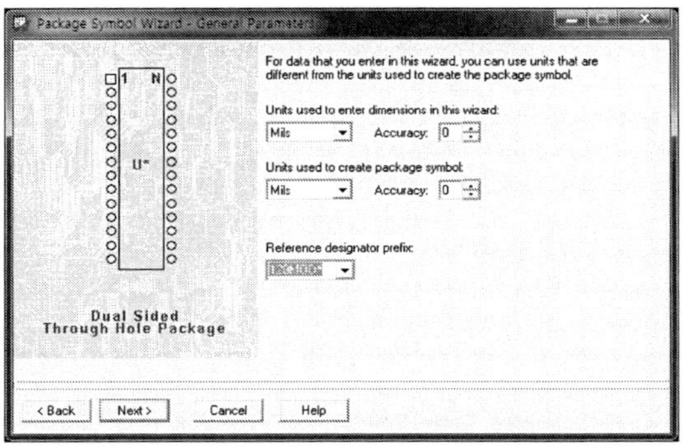

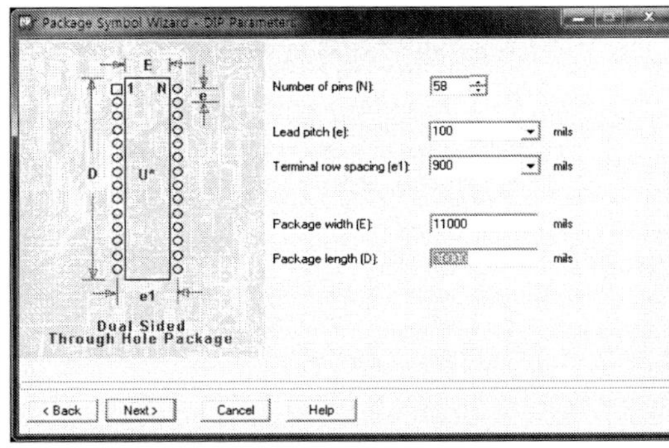

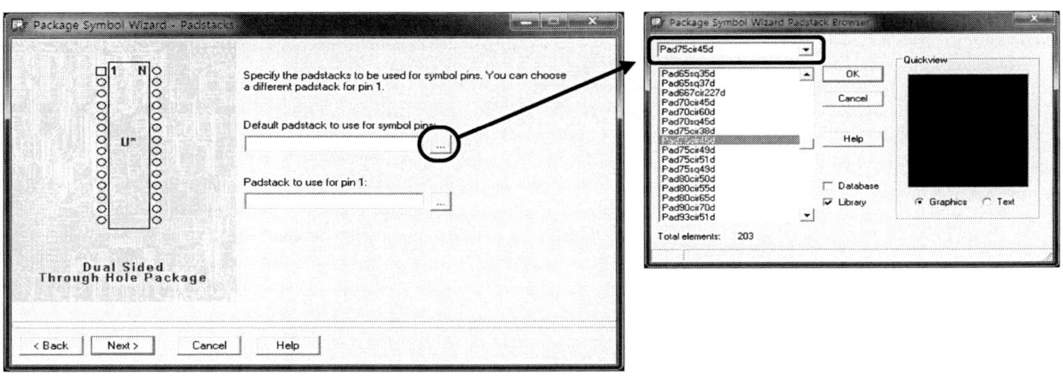

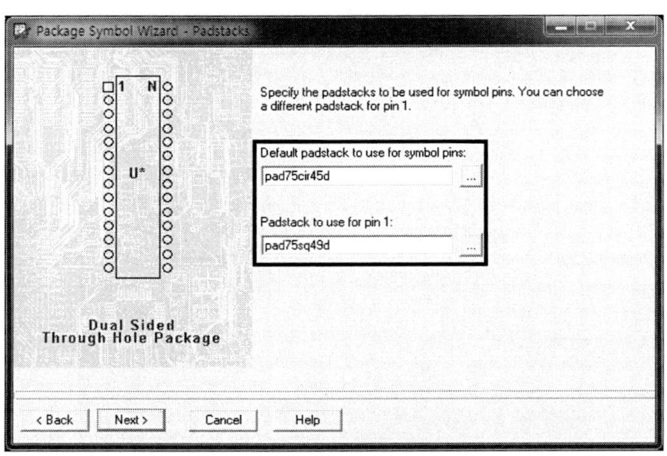

이와 같이 Padstack을 설정 후 Next 버튼을 클릭한다.

⑥ Padstack 설정 후 Symbol Origin(0, 0) 위치를 Pin 1번으로 선택하고 Create a complied symbol을 선택 후 Next 버튼을 클릭한다. 다음과 같이 128Module.dra 및 128Module.psm 파일이 생성된 것을 확인한 다음 Finish 버튼을 클릭하여 완성된 Symbol을 확인한다.

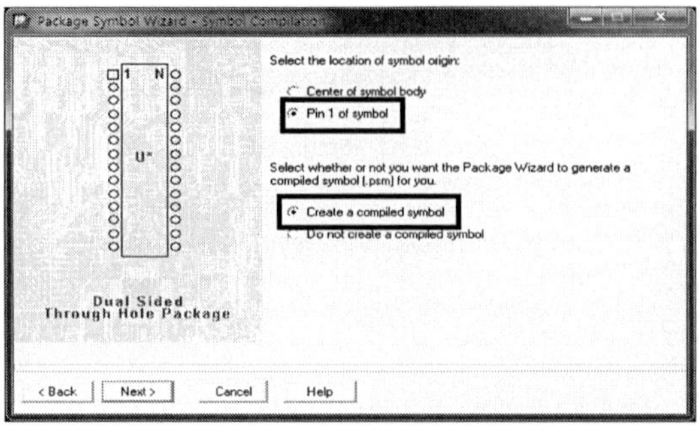

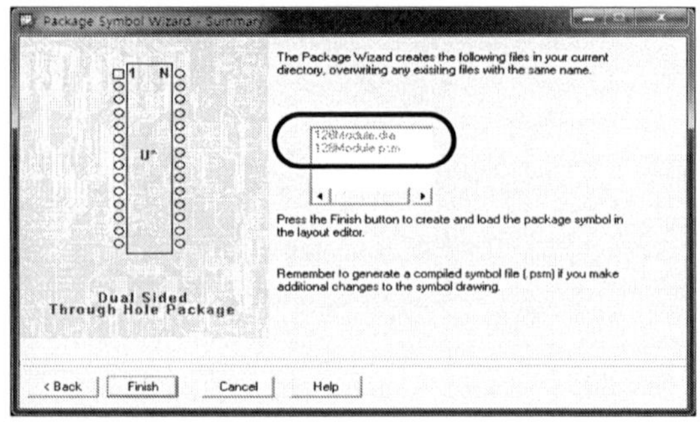

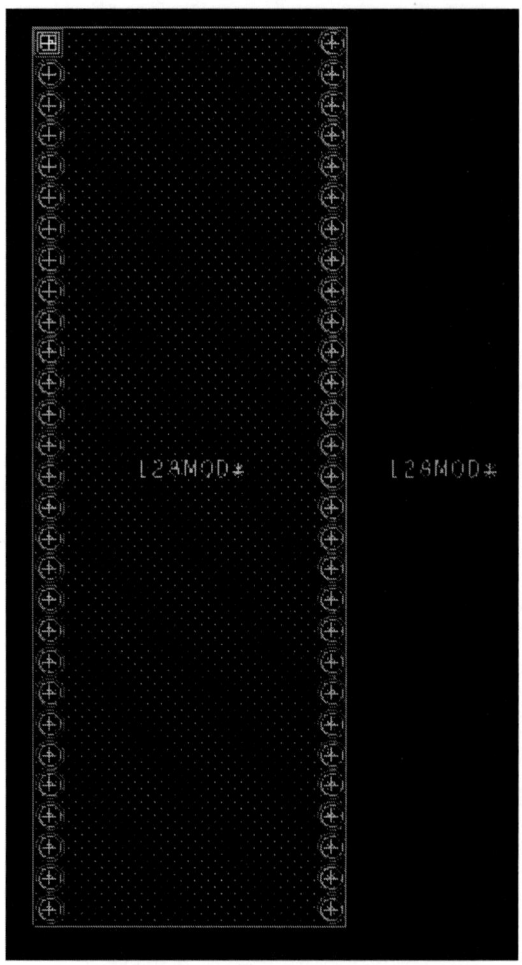

5.4 7 Segment Footprint 제작

5.4.1 7-Segment 부품 작성

① 프로젝트 관리자 창의메뉴 바에서 File – New – Library을 선택한다. 프로젝트 관리자 창에 Library2.olb가 생성된 것을 볼 수 있다.

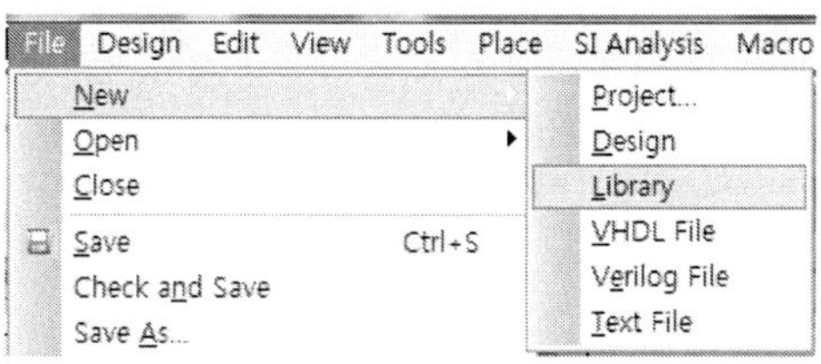

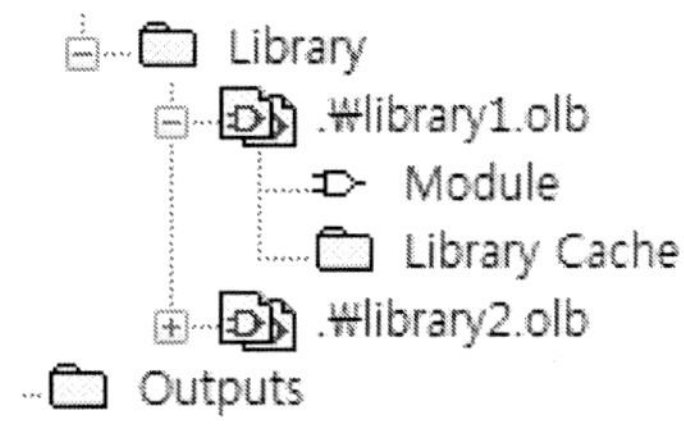

② 새로 생성된 Library2.olb를 클릭 후 마우스 오른쪽 버튼 팝업 메뉴에서 New part(단축키는 ALT-D, T)를 선택한다.

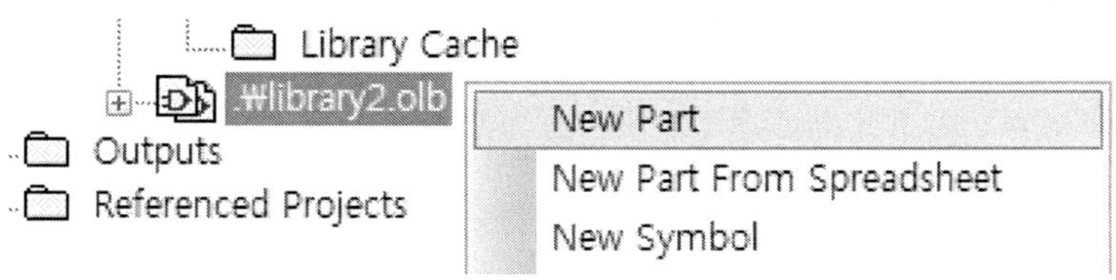

③ New Part Properties 대화 상자에서 아래 그림과 같이 부품이름 FND, 참조이름 FND 및 패키지 당 1개의 부품으로 설정한다.

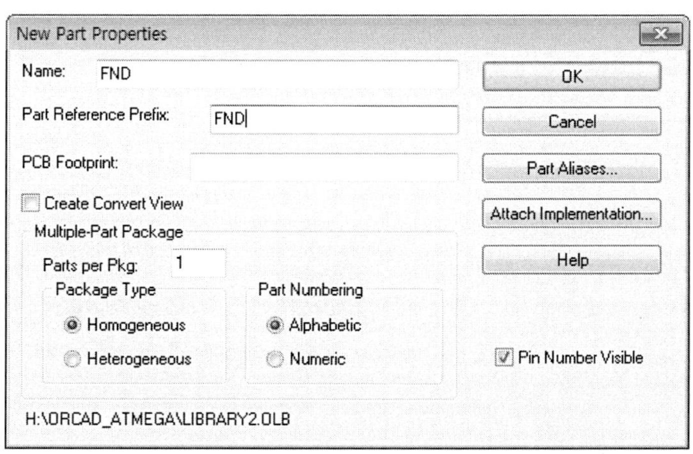

④ 다음과 같이 부품 편집기 화면(LIBRARY2)이 열린다. 점선의 사각형 안쪽 영역은 7-SEGMENT의 그림 정보와 Pin Name이 들어갈 부분이며 사각형 바깥 영역은 Pin이 배치된다.

⑤ 먼저 Pin을 배치하기 위해 메뉴 바의 Place — Pin을 선택하거나 오른쪽 Tool Palette의 아이콘을 클릭한다. (아래 표를 참고하여 Pin을 배치한다.)

Name	Number	Shape	Type	Name	Number	Shape	Type
A	7			F	9		
B	6			G	10		
C	4	Line	Passive	DP	5	Line	Passive
D	2			COM1	3		
E	1			COM2	8		

〈Pin 배치 예〉

표를 참고하여 Name: A / Number: 7 / Shape: Line / Type: Passive로 설정한 후 OK 버튼을 클릭한다. 커서에 붙어 있는 Pin을 점선 사각 바깥 영역으로 배치한다.

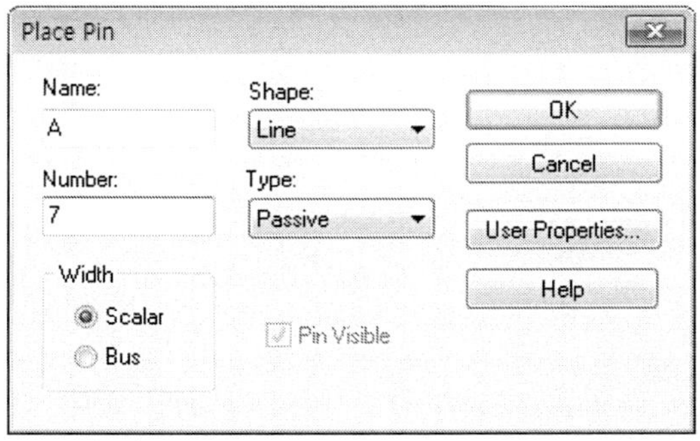

위와 같은 방법으로 나머지 Pin들도 그림과 같이 배치할 수 있으며, Pin 배치 시 사각 점선 부분의 크기를 변경하여 배치한다.

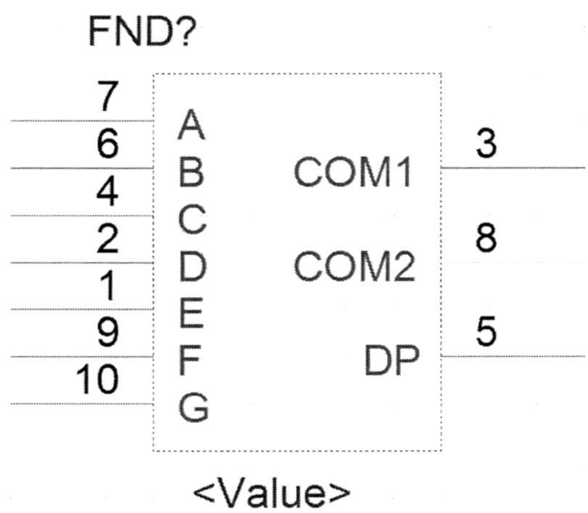

⑥ Pin 배치 후 점선 사각 안쪽 영역에 부품 그림정보를 작성하기 위해 Pin 이름을 보이지 않게 설정하도록 한다. 메뉴 바의 Options – Part Properties를 선택하거나 작업창 빈 공간을 더블클릭한다.

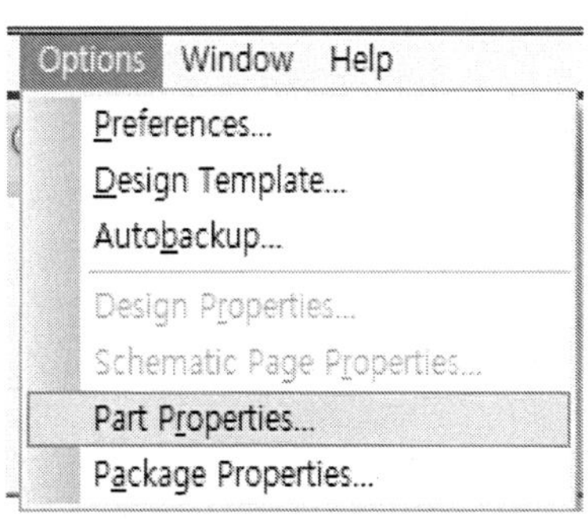

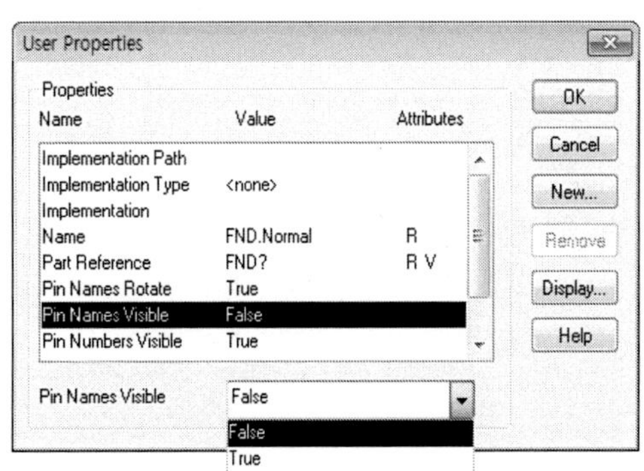

User Properties 창의 Pin Names Visible 부분을 False로 설정한 후 OK 버튼을 클릭한다.

⑦ 부품 그림 정보를 작성하기 위해 메뉴 Place – Line을 선택하거나 Tool Palette 아이콘

을 클릭한다. 다음 그림과 같이 적당한 길이로 Line을 작성한다.

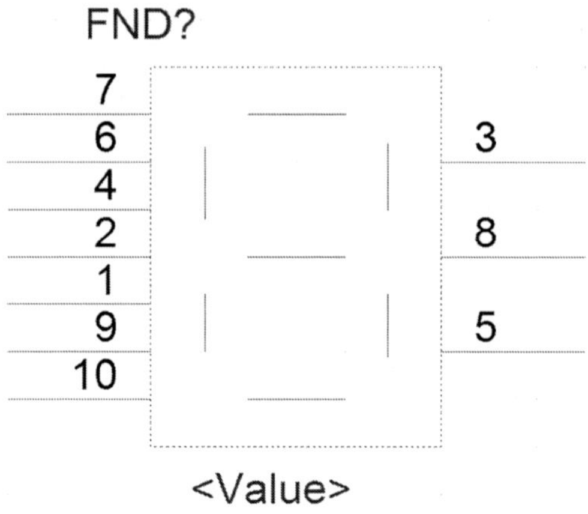

⑧ 작성 Line의 두께를 변경하기 위해 작성한 라인을 클릭 후 마우스 오른쪽 버튼 팝업 메뉴에서 Edit Properties를 선택하거나 또는 Line을 더블클릭한다.

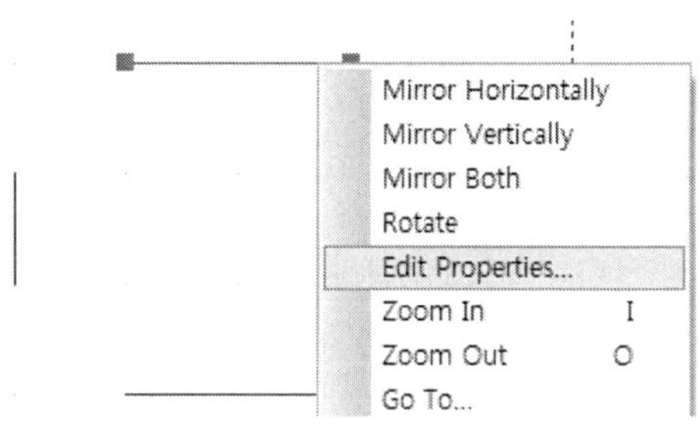

⑨ Line Width에서 제일 두꺼운 Line을 선택 후 OK 버튼을 클릭하여 다음 그림과 같이 부품 그림 정보를 작성할 수 있다.

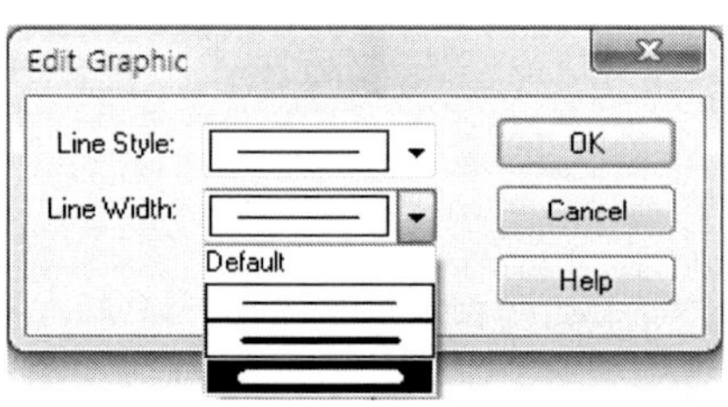

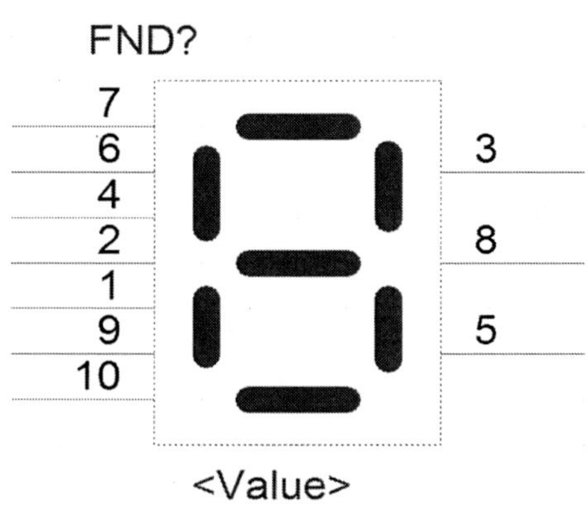

⑩ 다음은 Dot Point 작성을 위해 메뉴 Place-Ellipse를 선택하거나 Tool Palette 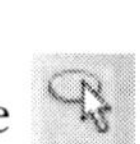 아이콘을

클릭한다. DP의 경우 그리드의 Snap을 해제한 후 작성하기 위해 창 상단 (Snap to grid) 아이콘을 클릭하여 아이콘을 형태로 변경한다. 다음 그림과 같이 적당한 위치에 Dot Point를 작성할 수 있다.

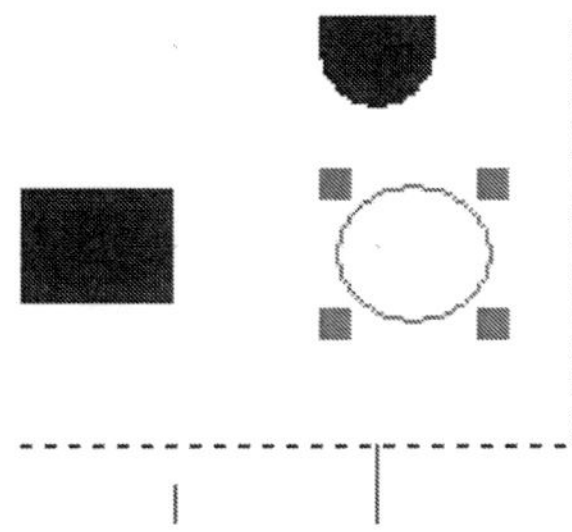

⑪ Dot Point도 안을 채워주기 위해 원을 더블클릭한다. 다음 그림과 같이 Fill Style에서 Solid를 선택한 후 OK 버튼을 클릭한다.

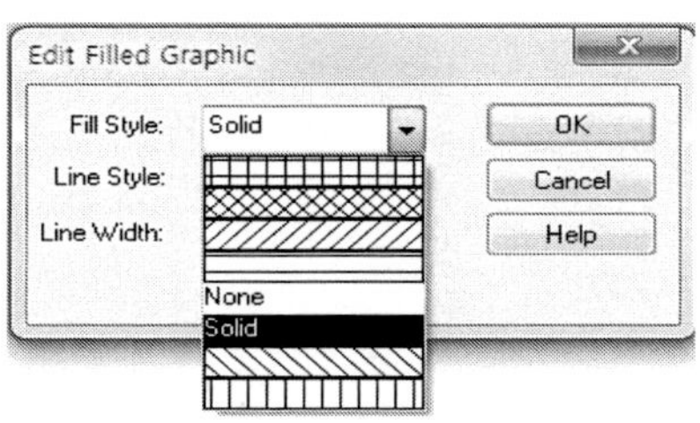

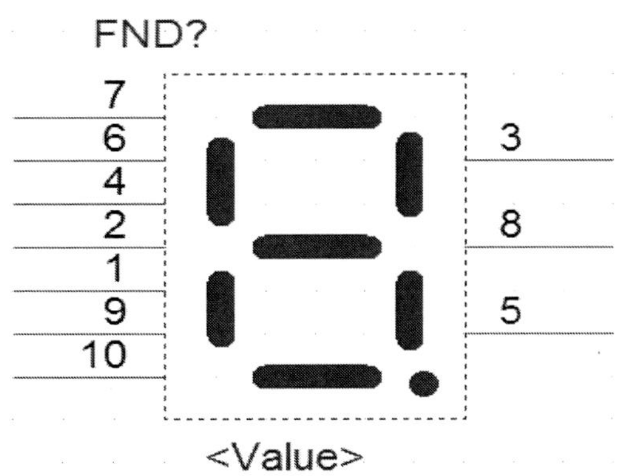

⑫ 부품 그림 정보 작성 완료 후 점선 사각 부분을 작성하기 위해 메뉴 Place – Rectangle을 선택하거나 Tool Palette 아이콘을 클릭한다. 점선 부분을 실선으로 작성 전 앞서 변경한 Snap to grid 아이콘을 원래 아이콘 상태로 변경한 뒤 작성하도록 한다.(→)

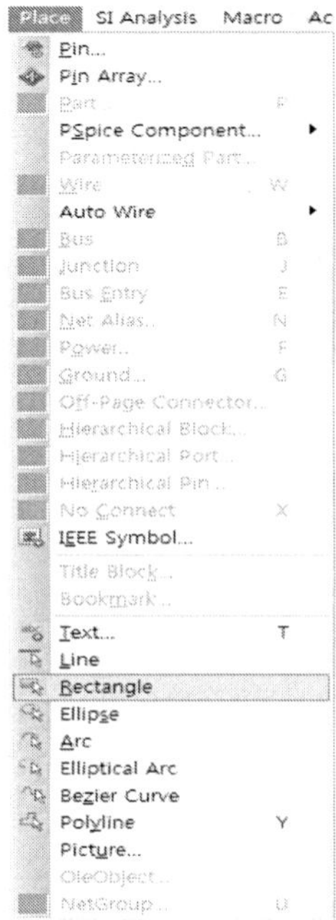

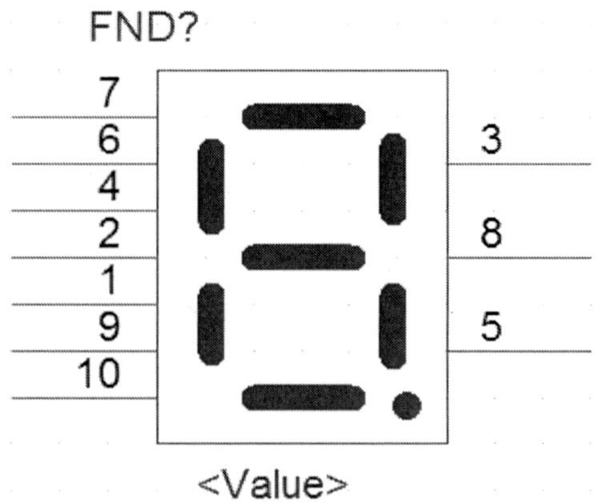

⑬ 위와 같이 부품 작성 완료 후 현재 작업 Tab에서 마우스 오른쪽 버튼 팝업 메뉴에서 Save를 선택하여 해당 부품을 저장한다. 부픔 저장 경로는 Capture 기본 경로에 저장하거나 또는 현재 작업 중인 폴더에 저장하여도 무관하다.

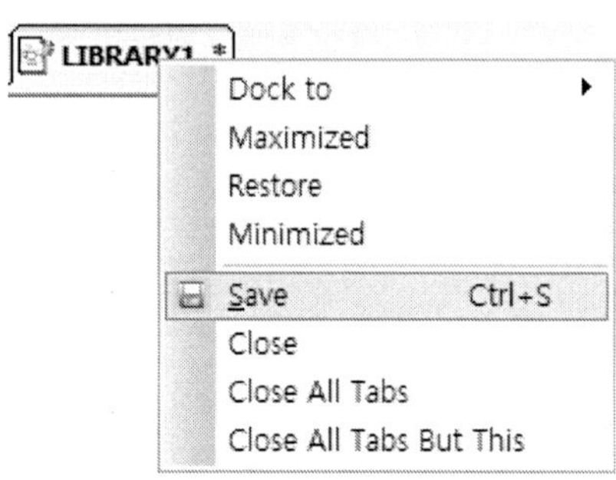

5.4.2 7-Segment 규격

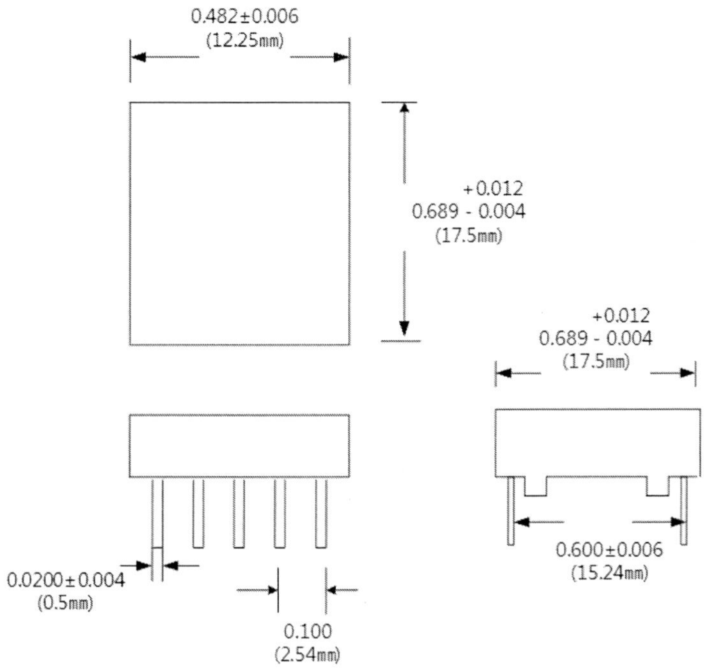

5.4.3 Package Symbol Wizard를 이용한 Footprint 제작

① PCB를 설계하기 위해서는 회로의 모든 부품에 일치하는 Footprint를 지정해주어야 한다. 여기서는 본 예제에서 만든 부품인 7 Segment Display의 Footprint를 제작한다. 제작할 7 Segment의 Data sheet에 의해 제작할 Footprint 설계치수를 아래와 같이 정한다.

ⓐ Pin 직경: 0.5㎜(0.020inch = 20mil)이므로, 기본 0.9㎜(35mil)의 padstack 사용
Padstack: Pad65sq35d(1번 핀), Pad65cir35d(2 ~ 10번 핀)

ⓑ Pin 간격: 2.54㎜(0.1inch = 100mil),
Pin 1에서 Pin 6까지 간격: 15.24㎜(0.6inch = 600mil)

ⓒ 부품의 크기: 12.25×17.5(㎜) [482×689(mil)]이므로, 제작할 Footprint의 크기는 실제 부품보다 약간 큰 500×700(mil)로 한다.

② PCB Editor 프로그램을 실행한다. 메뉴 바에서 File – New를 선택하여 Drawing Name에 작성할 Footprint 명인 7SEG로 입력하고, Drawing Type에 Package symbol Wizard를 선택한 후 Project Directory는 기본적으로 설정한 다음 OK 버튼을 클릭한다.

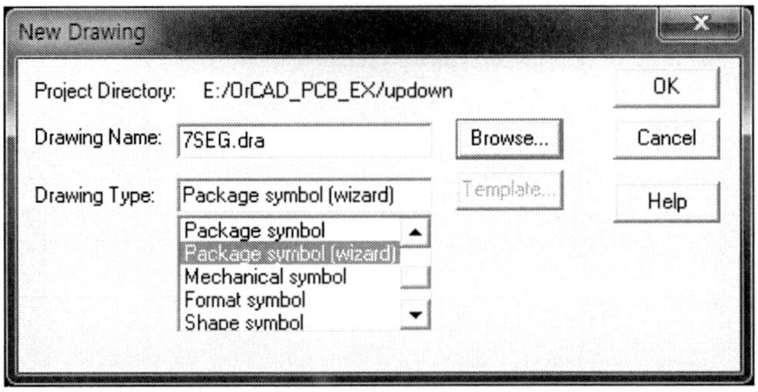

③ 다음과 같이 Package Symbol Wizard가 시작된다. Package Type에서 Dip으로 설정한 후 Next 버튼을 클릭한다. Default Cadence supplied template 환경을 Load할 수 있게 Load Template를 클릭한 후 Next 버튼을 선택한다.

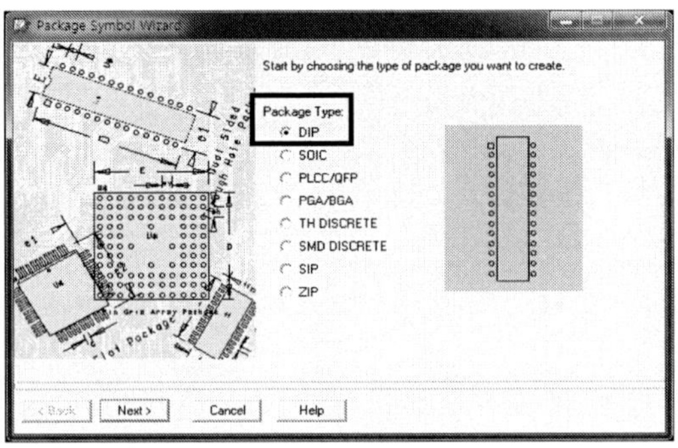

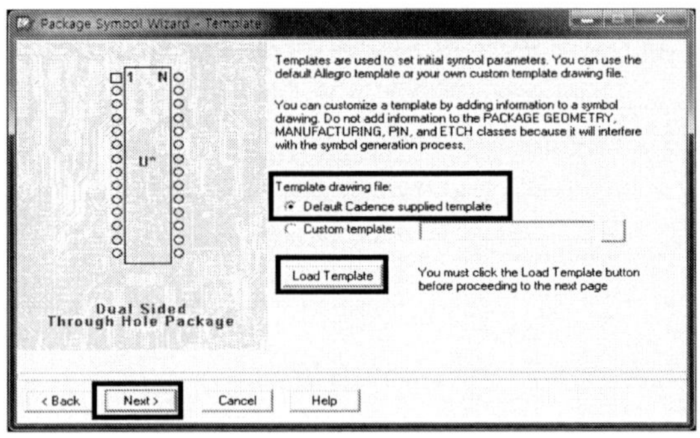

④ 다음 그림과 같이 단위: Mils / Accuracy: 0 / Reference: 7SEG* 로 설정한 후 Next를 클릭한다. 치수기입 창이 뜨면 [N] 10 / [e] 100 / [e1] 600 / [E] 700 / [D] 500을 입력 후 Next 버튼을 클릭한다.

⑤ 기본 symbol pins을 설정하기 위해 다음 그림과 같이 Pad65cir35d를 선택한다. 만약 1번 Pin을 다른 Padstack으로 설정할 경우 같은 방법으로 Pad65sq35d Padstack을 불러서 설정할 수 있다.

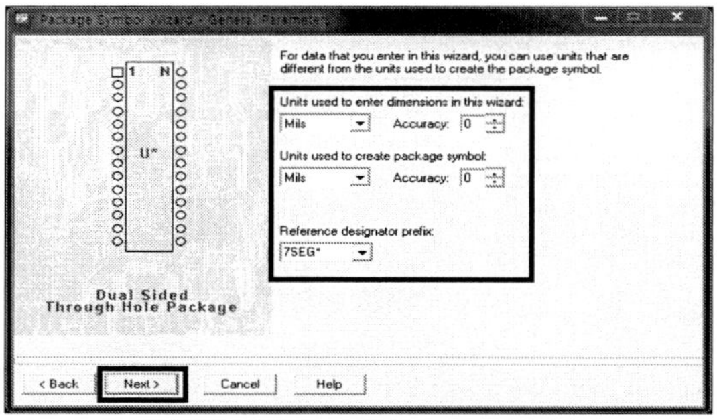
Package Symbol Wizard - General Parameters
For data that you enter in this wizard, you can use units that are different from the units used to create the package symbol.
Units used to enter dimensions in this wizard:
Mils
Accuracy: 0
Units used to create package symbol:
Mils
Accuracy: 0
Reference designator prefix:
7SEG*
Dual Sided
Through Hole Package
< Back
Next >
Cancel
Help

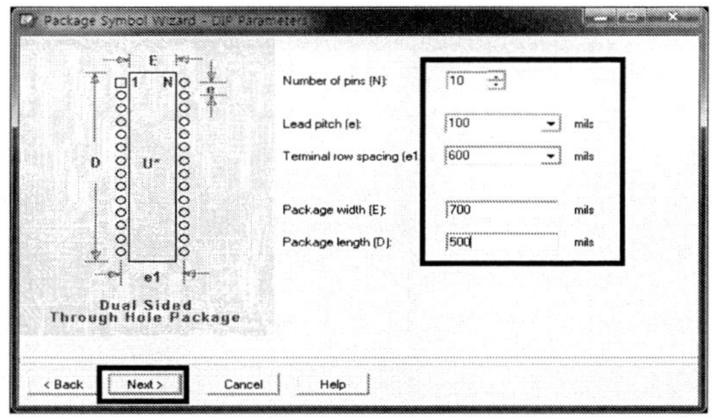
Package Symbol Wizard - DIP Parameters
Number of pins (N): 10
Lead pitch (e): 100 mils
Terminal row spacing (e1): 600 mils
Package width (E): 700 mils
Package length (D): 500 mils
Dual Sided
Through Hole Package
< Back
Next >
Cancel
Help

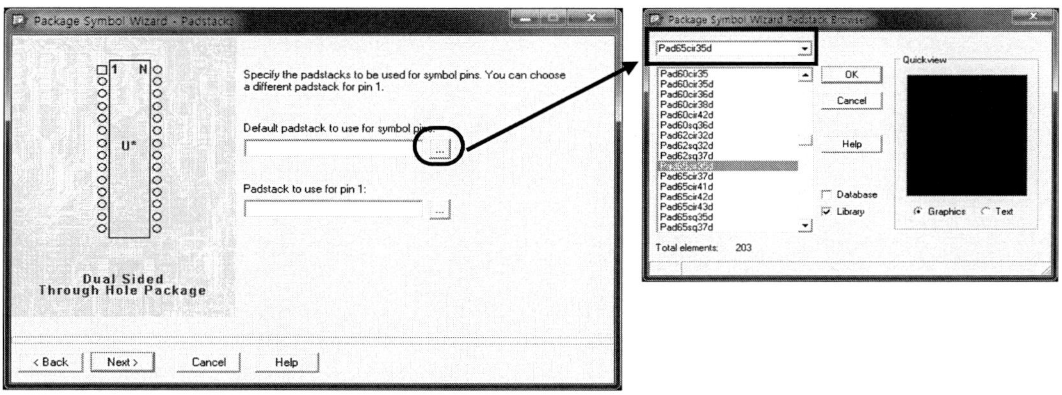
Package Symbol Wizard - Padstacks
Specify the padstacks to be used for symbol pins. You can choose a different padstack for pin 1.
Default padstack to use for symbol pins:
Padstack to use for pin 1:
Dual Sided
Through Hole Package
< Back
Next >
Cancel
Help
Package Symbol Wizard Padstack Browser
Pad65cir35d
OK
Cancel
Help
Quickview
Database
Library
Graphics
Text
Total elements: 203

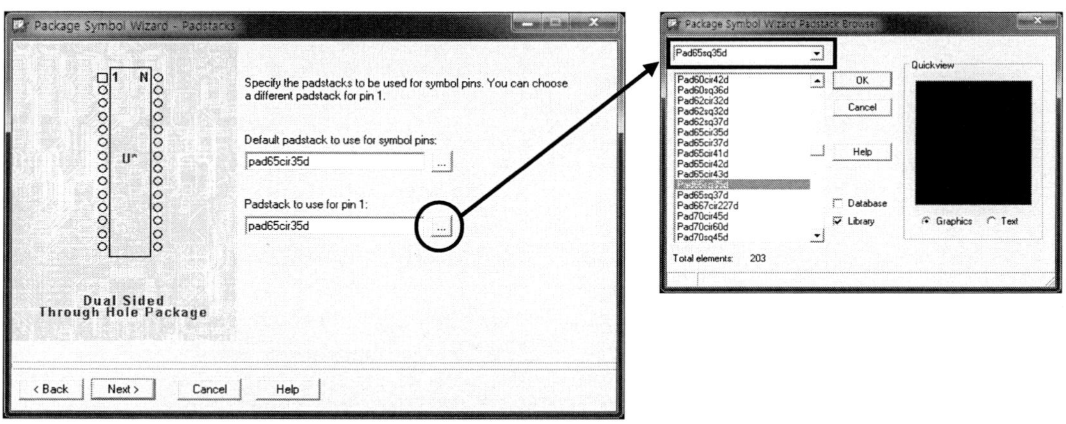
Package Symbol Wizard - Padstacks
Specify the padstacks to be used for symbol pins. You can choose a different padstack for pin 1.
Default padstack to use for symbol pins:
pad65cir35d
Padstack to use for pin 1:
pad65cir35d
Dual Sided
Through Hole Package
< Back
Next >
Cancel
Help
Package Symbol Wizard Padstack Browser
Pad65sq35d
OK
Cancel
Help
Quickview
Database
Library
Graphics
Text
Total elements: 203

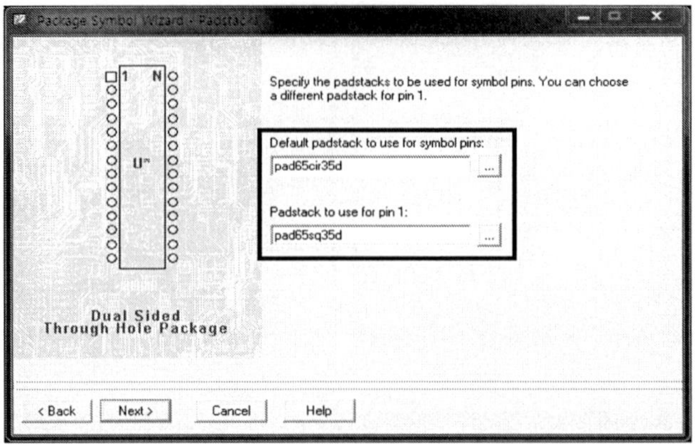

이와 같이 Padstack을 설정 후 Next 버튼을 클릭한다.

⑥ Padstack 설정 후 Symbol Origin(0, 0) 위치를 Pin 1번으로 선택하고 Create a complied symbol을 선택 후 Next 버튼을 클릭한다. 다음과 같이 7SEG.dra 및 7SEG.psm 파일이 생성된 것을 확인한 다음 Finish 버튼을 클릭하여 완성된 Symbol을 확인하다.

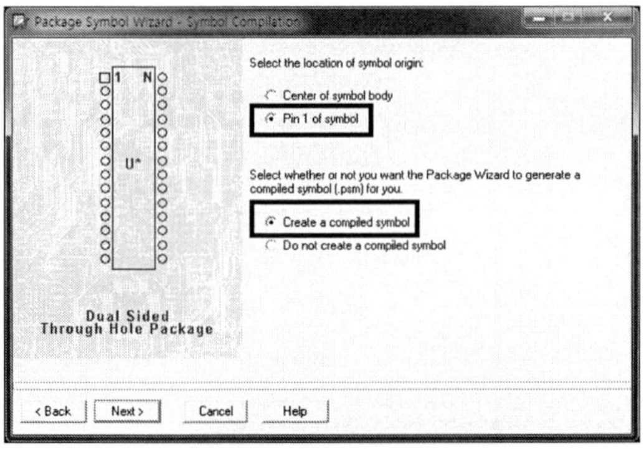

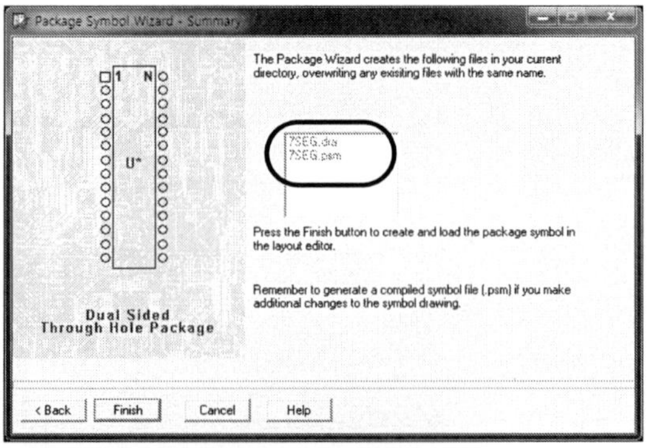

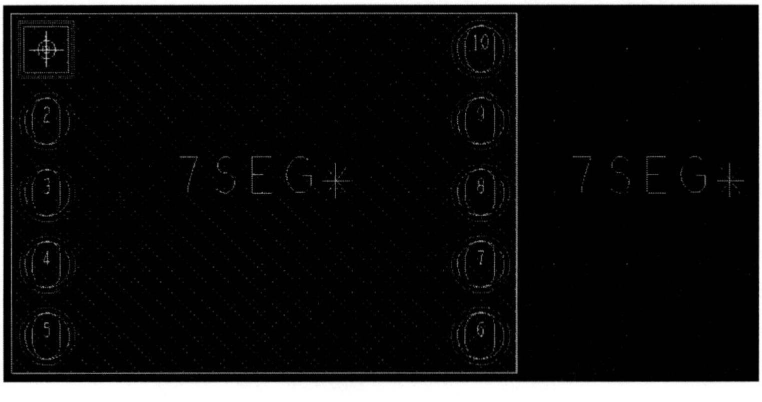

5.5 Push Button Switch Footprint 제작

5.5.1 Push Button Switch 규격

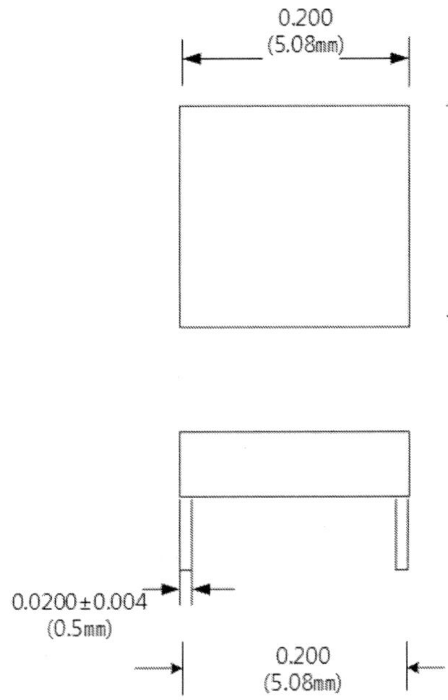

5.5.2 Package Symbol Wizard를 이용한 Footprint 제작

① PCB를 설계하기 위해서는 회로의 모든 부품에 일치하는 Footprint를 지정해주어야 한다. 여기서는 본 예제에서 만든 부품인 Switch의 Footprint를 제작한다.
제작할 Switch의 Data sheet에 의해 제작할 Footprint 설계치수를 아래와 같이 정한다.

ⓐ Pin 직경: 0.5mm(0.020inch = 20mil)이므로, 기본 0.9mm(35mil)의 padstack 사용
Padstack: Pad65cir35d(1 ~ 2번 핀)

ⓑ Pin 간격: 5.08mm(200mil)

ⓒ 부품의 크기: 5.08×5.08(mm) [200×200(mil)]이다.

② PCB Editor 프로그램을 실행한다. 메뉴 바에서 File-New를 선택하여 Drawing Name에 작성할 Footprint 명인 PUSH로 입력하고, Drawing Type에 Package symbol Wizard를 선택한 후 Project Directory는 기본적으로 설정한 다음 OK 버튼을 클릭

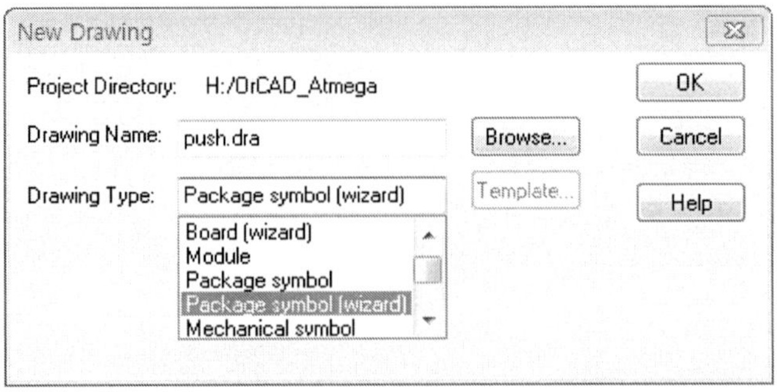

③ 다음과 같이 Package Symbol Wizard가 시작된다. Package Type에서 SIP로 설정한 후 Next 버튼을 클릭한다. Default Cadence supplied template 환경을 Load할 수 있게 Load Template를 클릭한 후 Next 버튼을 선택한다.

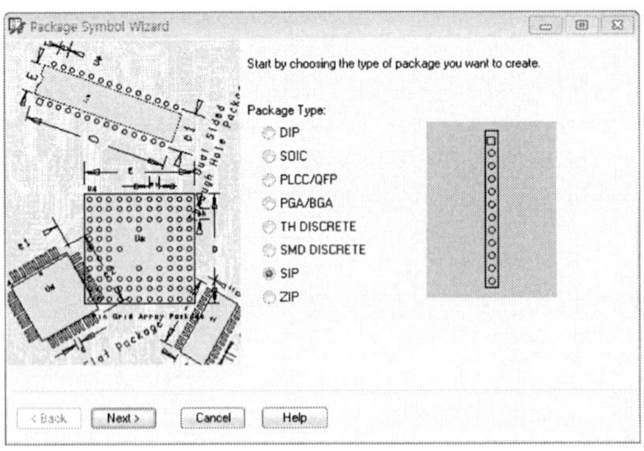

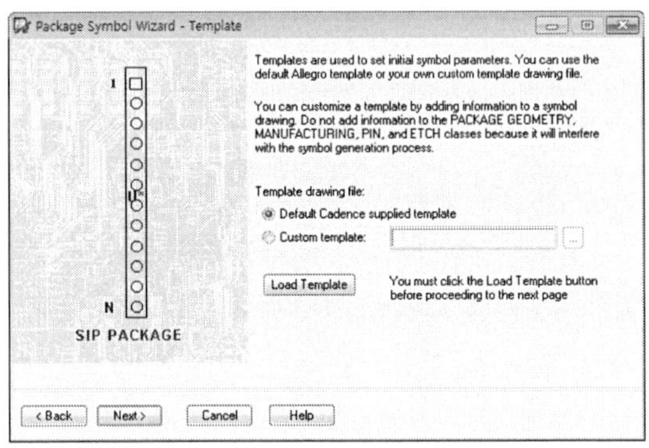

④ 단위: Mils/Accuracy: 0 / Reference: PUSH* 로 설정한 후 Next를 클릭한다. 치수기입 창이 뜨면 [N] 2 / [e] 200 / [E] 200 / [D] 200을 입력 후 Next 버튼을 클릭한다.

⑤ 기본 palette을 설정하기 위해 다음 그림과 같이 Pad65cir35d를 선택한다. Padstack을 설정 후 Next 버튼을 클릭한다.

⑥ Padstack 설정 후 Symbol Origin(0, 0) 위치를 Pin 1번으로 선택하고 Create a complied symbol을 선택 후 Next 버튼을 클릭한다. push.dra 및 push.psm 파일이 생성된 것을 확인한 다음 Finish 버튼을 클릭하여 완성된 Symbol을 확인하다.

5.6 LED Footprint 제작

5.6.1 LED 규격

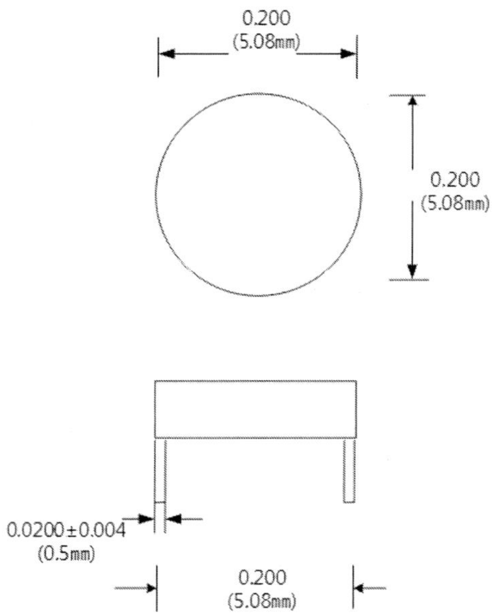

5.6.2 Package Symbol을 이용한 Footprint 제작

환경설정

① PCB Editor를 실행

② 메뉴 File – New 선택를 선택한다.

③ Drawing Type을 Package symbol로 선택

④ Drawing Name에 있는 Browse 버튼을 클릭 후 H:₩OrCAD_ATmega1 폴더에 LED200S라고 기입

⑤ 메뉴 Setup에서 Design Parameter를 선택

⑥ Design 탭 선택

⑦ User Units는 Mils, Size는 A, Accuracy는 0, Extents의 Left X는 −3000, Lower Y도 −3000으로 기입

⑧ Design Parameter 창을 닫음

⑨ 메뉴 Setup 〉 User Preferences를 선택

⑩ Categories에서 Paths — Library를 선택
⑪ Padpath의 Value 부분을 선택
⑫ New(Insert)를 눌러 H:₩OrCAD_ATmega1을 추가
⑬ psmpath에도 동일하게 설정

Pin 배치

① 메뉴 Layout — Pins를 선택
② 오른쪽 Options 팝업창에서 Pad65cir35d를 선택
③ Command 창에서 x 0 100 [Enter↵]를 입력
④ 1번 핀 배치 후 팝업 창에서 Pad65cir35d를 선택
⑤ Command 창에서 x 0 −100 [Enter↵]를 입력

Package Symbol의 Assembly 라인과 Silkscreen 라인 설정

① 메뉴 Add — Circle를 선택
② 오른쪽 Options 팝업 창에서 Active Class and Subclass 항목에서 Package Geometry/ Assembly_Top을 선택
③ Line Width를 10으로 설정
④ Command 창에서 x 0 0 [Enter↵], x 0 150 [Enter↵]를 차례대로 입력
⑤ 오른쪽 마우스 버튼 — DONE 선택
⑥ Active Class and Subclass 항목에 Package Geometry/ Silkscreen_Top으로 위의 ① ~ ⑤를 반복

Package Symbol의 Place Bound 설정

① 메뉴 Shape — Circular를 선택
② 오른쪽 Options 팝업 창에서 Active Class and Subclass 항목엣 Package Geometry/ Place_Bound_Top을 선택
③ Command 창에서 x 0 0 [Enter↵], x 150 [Enter↵]를 차례대로 입력
④ 오른쪽 마우스 버튼 — DONE 선택

Package Symbol의 참조번호 설정

① 메뉴 Layout — Labels 〉 RedDes를 선택
② 오른쪽 Options 팝업창에서 Active Class and Subclass 항목에 Ref Des/Assembly_Top을 선택

③ Text Block 5 입력
④ Package symbol 내부에 클릭 후 LED*를 입력
⑤ 오른쪽 마우스 버튼 – Next 선택
⑥ 오른쪽 Options 팝업창에서 Active Class and Subclass 항목에 Ref Des/Silkscreen_Top을 선택
⑦ Package Symbol 위쪽에 클릭 후 LED*를 입력

Package Symbol 저장

① 메뉴 File – Save를 선택
② LED200S.dra와 LED200S.psm이 저장됨

5.7 PCB 설계

5.7.1 Design Parameter 설정하기

① Setup – Design parameters를 선택한다.
② Display Tab에서 Grid 설정

Non-Etch: X 100, Y 100 All Etch: X 100, Y 100

③ Design Tab에서

Unit: mils　　Sheet Size: A　　Extents: Left X ; -2000, Lower Y ; -3000

④ Text Tab에서

Justification: Center　　Parameter Block: 3

⑤ Shape Tab에서
Dynamic Shape 항목 중 Edit global dynamic shape parameters를 선택한다.
⑥ 창이 뜨면 Void control Tab을 선택하고

Artwork format: Gerber RS274X

Thermal relief connects 항목에서 Use fixed thermal width of를 체크한다.
⑦ Route Tab에서
Add Connect 폴더를 선택하고 우측 설정 중 Style 항목에서

Bubble: Off Off: 기능 해제
Hug: Clearance에 의해 Pin을 감싸며 라우팅
Shove: 배선 시 마우스의 움직임을 따라 기존 배선을 밀어내며 라우팅
Gridless: 체크를 해제한다. (설정 그리드를 따라 배선함)

⑧ Mfg Application Tab에서
Drafting 항목에서 Edit drafting parameters를 선택한다.

⑨ Text Tab에서 Primary dimensions의
Units: Mils, Decimal places(소수점 이하의 자리수): 0

⑩ OK를 눌러 설정을 완료한다.

5.7.2 Constraints(제약조건/Design Rule) 설정하기

① 메뉴 Setup- Constraints — Constraints Manager를 선택한다.

② Physical 항목부터 설정한다.

- Physical Constraints Set All Layers을 먼저 설정하여 Default line(Pattern) Width 를 설정한다.

  Line Width: Min 12mil, Neck Min Width: 12mil, Neck Max Length: 200mil

- Net 폴더 All Layers를 선택하여 Net Name만 보이게 설정한다.

  Net: GND
  Line Width: Min 30mil, Neck Min Width: 20mil, Neck max Length: 200
  Net: VCC
  Line Width: Min 30mil, Neck Min Width: 20mil, Neck max Length: 200

③ Spacing 항목을 선택한다. (Clearance)
PCB의 각층 내에서 부품이나 주요 아이템간의 이격 거리를 정해주는 Spacing Constraints는 왼쪽 창에서 Spacing을 선택하여 수행한다.

- Spacing Constraints Set All Layers을 먼저 설정하여 Default Spacing을 설정한다.

  Line Width: 10mil, Thru Pin: 10mil, True Via: 10mil, Shape: 20mil

④ 설정이 완료되었으면 메뉴 File — Close를 선택하여 Manager 창을 닫는다.

5.7.3 Board outline 그리기

① Board Size는 4000 × 4000[mil]이다.

② 메뉴 Setup — Outlines — Board Outline을 선택한다.

*** Option 창을 확인해보면 Board Geometry/Outline으로 자동으로 맞추어져 있다.

③ Board Outline 창이 뜨면 Board Edge Clearance를 50Mil로 설정한다.

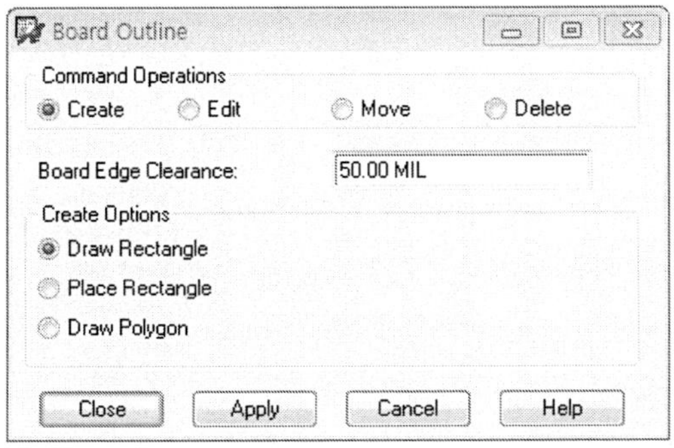

④ 창을 화면 가장자리로 옮겨놓는다(창을 닫지 않는다).

⑤ Command 창에 좌표를 입력하거나 좌표창의 좌표를 확인하면서 그린다.

x 0 0 Enter↵
x 4000 4000 (3900 3900) Enter↵

⑥ Board Outline이 생성되고, Edit 모드로 변경된다. 변경할 사항이 없다면 Close 버튼을 클릭하면 Outline 및 Route Keepin 및 Package Keepin 영역이 생성된다.

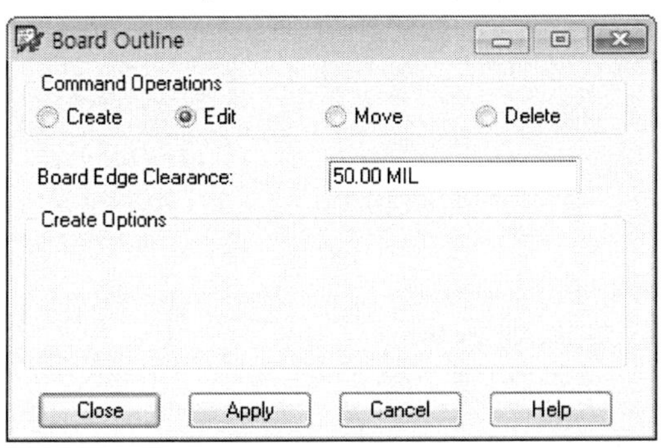

5.7.4 부품 고정홀(기구홀) 배치하기

① 메뉴 Place – Manually를 선택한다.

② Placement 창이 뜨면 Advance Setting Tab을 선택한다.

③ Library에 체크를 한다.

④ Placement List Tab을 선택 후 풀다운 메뉴의 Mechanical symbols로 맞춘다.

⑤ MTG125를 선택한 후 (OK 버튼은 창을 닫는다.)

⑥ Board에 배치한다. 좌표 x 200 200, x 3800 200, x 3800 3800, x 200 3800
⑦ F6 또는 Done을 누른다.

5.7.5 Package(부품) 배치하기

① 부품은 TOP Lay에만 실장하고, 부품의 실장 시 IC와 LED등 극성이 있는 부품은 가급적 동일 방향으로 배열하도록 하며, 이격 거리를 고려하여 배치하도록 하시오.
② 특별히 지정하지 않는 사항은 일반적인 PCB 설계규칙에 준하여 설계하시오.

5.7.6 Route(배선)하기

① 배선은 BOTTOM Layer(배선면)에서 배선을 하시오.
② 배선 경로는 최대한 짧게 하되 100% 배선하며, 직각배선은 하지 않도록 한다.
③ 자동배선(Auto routing)은 사용할 수 없으며, 비아(via)는 생성하지 않는다.

5.7.7 Copper 씌우기

① Bottom Layer에 GND Net Copper를 씌운다.
② Control panel의 Visibility Tab에서 Top체크를 해지한다.
③ 메뉴 Shape – Rectangular를 선택하거나 툴바 Shape Add Rect 아이콘을 선택한다.
④ Control Panel의 Option Tab에서 설정을 한다.

Class: **Etch**
Subclass: **Bottom**
Assign net name: **Gnd**

⑤ Board보다 크게 사각형을 그린다.
Route Keepin/Route Keepout 설정과 Design parameters의 Shape 설정, Constraints Manager의 설정이 조합되어 씌워진다.

5.7.8 작업 상태 확인하기

① 현재 작업에 문제가 없는지 최종 점검하는 단계이다.
② 메뉴 Diaplay – Status를 선택한다.
③ 상태 박스가 모두 녹색을 나타내면 정상이다.
④ Copper(Shape)를 씌우면 찌꺼기가 발생한다. Island라고 불리며 Design parameters의 속성에서 준 값으로 자동 제거가 되고, 남아있는 부분은 수동으로 제거한다.
⑤ 메뉴 Shape – Delete Island을 선택한다.
⑥ Control Panel의 Options Tab을 선택한다.

Delete all on layer: 모든 Island를 제거한다.
First: 하나씩 선택하여 제거한다.

5.7.9 Silkscreen 작성하기

① 중요한 배선 작업이 끝나면 거버 데이터를 만들기 위해 마무리 작업을 진행한다.
② Silkscreen으로 작성된 Reference의 크기와 방향을 정리한다.
③ Color 설정을 변경한다. (Command 창에 Color192 입력)
④ Global visibility: off 클릭한 뒤

Visibility 체크 설정 Stack-Up: Pin, Via(Top, Bottom)
Board Geometry: Outline
Package Geometry: Silkscreen_Top
Component: Silkscreen_Top의 RefDes

⑤ OK 버튼을 눌러서 화면의 표시되는 layer가 변화한다.
⑥ 메뉴 Edit – Change를 선택한다.
⑦ Control Panel의 Find Tab을 선택한다. Text만 선택한다.
⑧ Control panel의 Options Tab을 선택한다.

Class: **RefDes**
Subclass: **Silkscreen_Top**
Text block 체크: 3

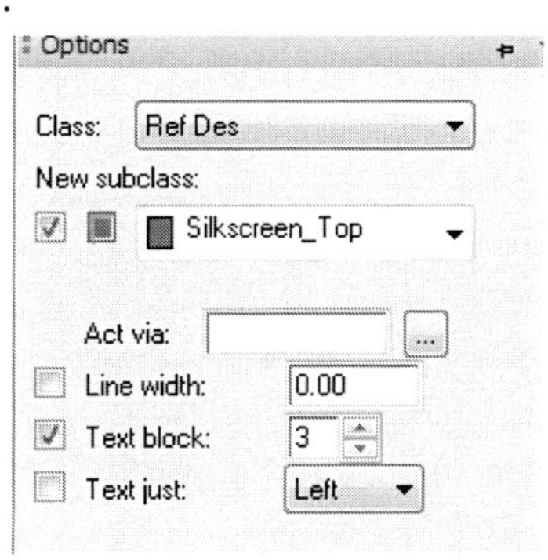

⑨ 마우스로 보드 전체를 드래그하면 reference 크기가 같게 되고 Done 선택
⑩ Setup - Grid클릭, Non-Etch: 10, Y 10으로 변경. (Grid on 체크)
⑪ Edit — Move 명령을 실행한다.
⑫ Control Panel의 Find Tab을 선택하여 모두 선택을 해제하고 Text만 선택한다.
⑬ Reference를 선택하여 적절한 위치에 배치한다.
⑭ 방향성을 맞추기 위해서 Move 명령 중 마우스 오른쪽 버튼에 rotate를 클릭하면 텍스트 (Reference)를 회전시킬 수 있다.

5.7.10 보드명 기입하기

① 기존 Color 설정창에서 Board Geometry/Silkscreen_Top을 추가로 선택한다.
② 툴바 Add Text 아이콘을 선택한다.
③ Control Panel의 Option Tab에서 설정을 변경한다

Class: **Board Geometry**
Subclass: **Silkscreen_Top**
Text block: **5**

④ 보드 내의 빈 공간에 작성을 한다. (한글은 지원되지 않는다)
학번과 이름
⑤ F6 또는 Done을 선택한다.

5.7.11 Dimension 작성하기

① 기본 설정은 시작단계에서 설정하였으므로 Color 설정만 변경한다.
② Color 설정 Board Geometry/Dimension을 선택 체크한다.
③ 메뉴 Manufacture — Dimension Environment 선택 후 설계 화면 창에서 마우스 오른쪽 버튼의 Linear Dimension을 선택한다. (삭제의 경우도 마우스 오른쪽 메뉴)
④ Board Outline에서 상단의 선 끝점과 끝점을 클릭하여 치수를 배치시킨다.
⑤ Board Outline에서 좌측의 선 끝점과 끝점을 클릭하여 치수를 배치시킨다.
⑥ F6나 Done을 선택한다.

5.7.12 Drill Legend

① 메뉴 Manufacture – NC – Drill Customization를 선택한다.

② Drill Customization 창이 열리면 Auto generate symbols 버튼을 눌러 자동으로 심벌을 생성시키고, 경고 문구가 나타나면 확인을 누르면 된다.

③ 메뉴 Manufacture – NC 〉 Drill legend를 선택한다.

④ 설정 창이 뜨면 OK를 선택한다.

⑤ Drill 차트를 보드 아래쪽에 배치시킨다. (다른 위치도 무방)

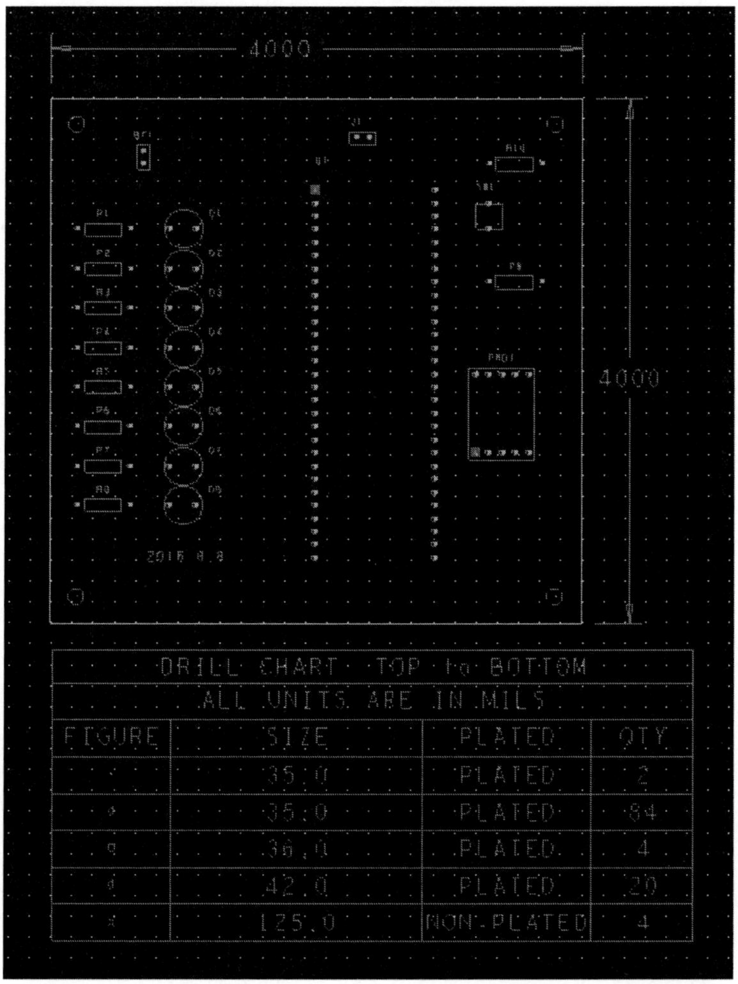

5.8 Gerber File 생성

작성해야할 거버 파일은 양면 기판용 7개이다.

- TOP(Default로 지정되어 있음)
- BOTTOM(Default로 지정되어 있음)
- Soldermask_Top
- Soldermask_Bottom
- Silkscreen_Top
- Drill_Draw
- NC_Drill

5.8.1 Gerber Format 설정하기

① 메뉴 Manufacture — Artwork을 선택한다.

② 알림창이 발생하는데 거버 포맷이 맞지 않으니 설정하라는 설명이다.
PCB Editor 작업 시 처음에 Design Parameters 설정 때 Shape 설정을 RS274X로 설정했다.

③ Artwork Control Form이 열리면 General Parameter Tab을 먼저 설정한다.

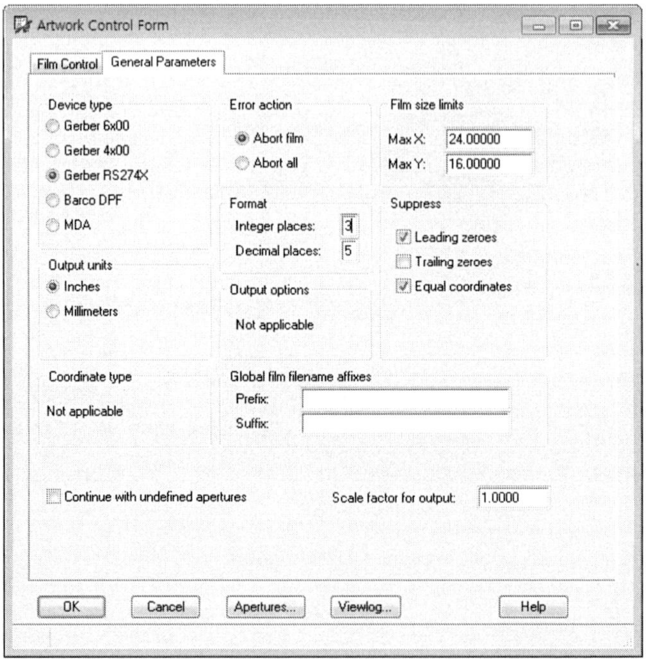

Device Type: RS274X
Format: 3, 5(소수점 앞자리 세 자리, 소수점 뒤로 다섯 자리 표시)
Suppress: Leading Zeroes(Origin Point로 절대좌표 0, 0을 의미하며 설계 시 사용한 좌표를 그대로 읽는다는 의미이다.)
Output: mil과 mm 단위사이에 변환하면서 약간의 미묘한 오차가 있다. 설계 시 사용한 단위를 선택하는 것이 좋다.

④ 설정을 마치고 Film control Tab을 선택한다.

5.8.2 Soldermask_Top 생성하기

① Artwork Control Form 창을 최소화 버튼을 눌러 화면 하단으로 내려놓는다.
② 메뉴 바 Display – Color/Visibility 설정 창을 연다. (command창에 color192)
③ 모든 Visibility 설정을 Off를 선택하여 해제한다.
④ 좌측 Stack_Up 폴더에서 Soldermask_Top에 체크하여 보이게 한다.

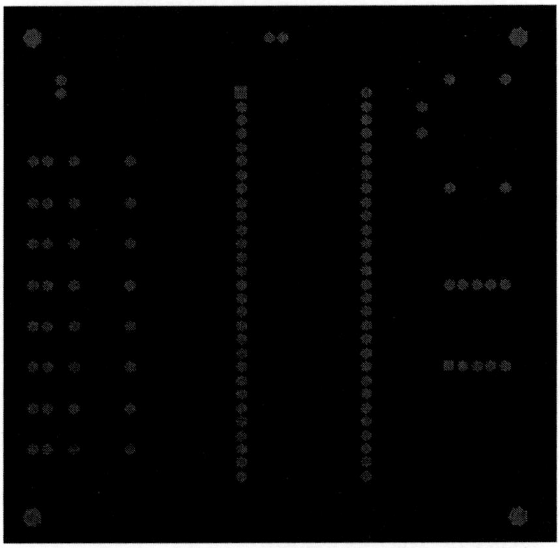

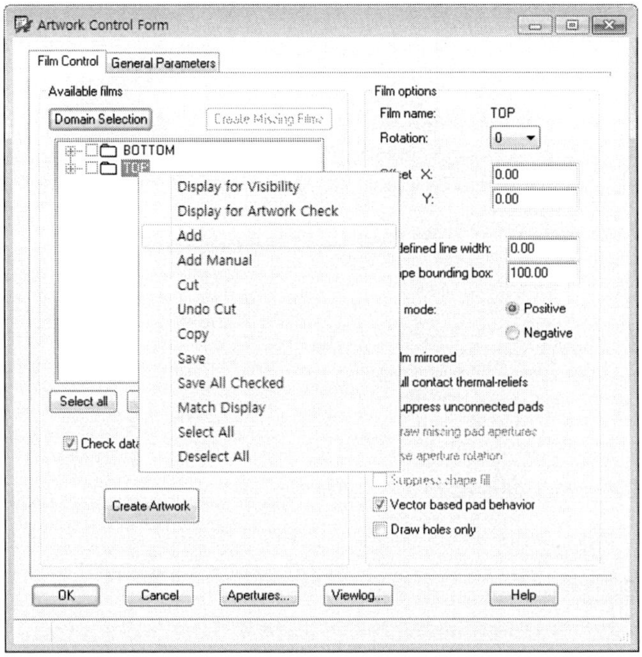

⑤ TOP을 선택한 후 마우스 오른쪽 버튼을 눌러 Add를 선택한다.
⑥ 이름 입력 필드에 Soldermask_Top이라고 입력한다.
⑦ 다시 최소화 시키거나, 창을 띄운 상태로도 무방하다.

5.8.3 Soldermask_Bottom

① Soldermask_Top과 같은 방법으로 한다.
② 메뉴 바 Display – Color/Visibility 클릭 후, 우측 상단에 Global visibility off 선택
③ Color: Stack-Up 폴더의 Soldermask_Bottom만 보이도록 설정한다.
④ 최소화되어 있던 Artwork Control Form 창을 원래 크기로 복원시킨다.
⑤ Soldermask_Top을 선택한 후 마우스 오른쪽 버튼을 눌러 Add를 선택한다.
⑥ 이름 입력 필드에 Soldermask_Bottom이라고 입력한다.
⑦ 다시 최소화 시키거나, 창을 그래도 띄워 놓는다.

5.8.4 Silkscreen_Top

① 메뉴 바 Display – Color/Visibility 클릭 후, 우측 상단의 Global visibility off 선택
② Board Geometry: Silkscreen_Top(보드명)
Package Geometry: Silkscreen_Top(부품 외곽선)
Component: Silkscreen_Top 항목의 RefDes(부품 Ref)를 체크한다.
③ 실크정보가 모두 보이는지 화면상에서 확인한다. 문제가 있으면 수정한다.
④ 최소화 되어있던 Artwork Control Form 창을 원래 크기로 복원시킨다.
⑤ Soldermask_Bottom을 선택한 후 마우스 오른쪽 버튼을 눌러 Add를 선택한다.
⑥ 이름 입력 필드에 Silkscreen_Top이라고 입력한다.
⑦ 부품을 TOP 면에만 실장시키므로 Silkscreen_Top만 만든다.
⑧ Silkscreen에서 line의 두께가 지정되어 않은 것이 있으므로 오른쪽에 있는 Undefined line width 항목에 10mil을 입력한다.
⑨ 다시 최소화시킨다.

5.8.5 Drill Draw

① 메뉴 바 Display – Color/Visibility 클릭 후, 우측 상단의 Global visibility off 선택
② Board Geometry: Outline(보드 외곽선)/Dimension(보드 치수)
Manufacturing: Nclegend-1-2를 체크한다.
③ 최소화되어 있던 Artwork Control Firm 창을 원래 크기로 복원시킨다.
④ Silkscreen_Bottom을 선택한 후 마우스 오른쪽 버튼을 눌러 Add를 선택한다.
⑤ 이름 입력 필드에 Drill_Draw라고 입력한다.
⑥ Drill_Draw에는 line의 두께가 지정되지 않은 것이 있으므로 오른쪽에 있는 Undefined line width에 10mil을 입력한다.

5.8.6 Gerber Film 생성하기

① Select All로 모두 선택한 다음 Create Artwork를 눌러 거버 파일을 생성한다.
② OK를 눌러 완료한다.
*.brd 파일이 저장되는 폴더(타이틀 바에서 확인 가능)에 거버파일이 생성된다.

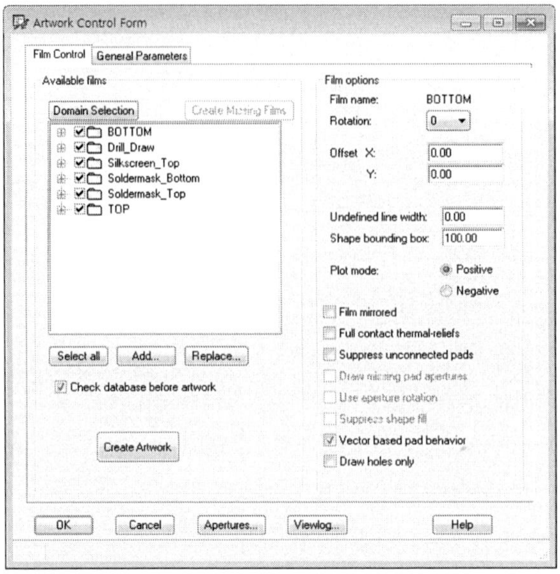

5.8.7 NC Drill

① 메뉴 Manufacture — NC — NC Parameters를 선택한다.

② NC Parameters 창이 열리면 설정을 확인한다.

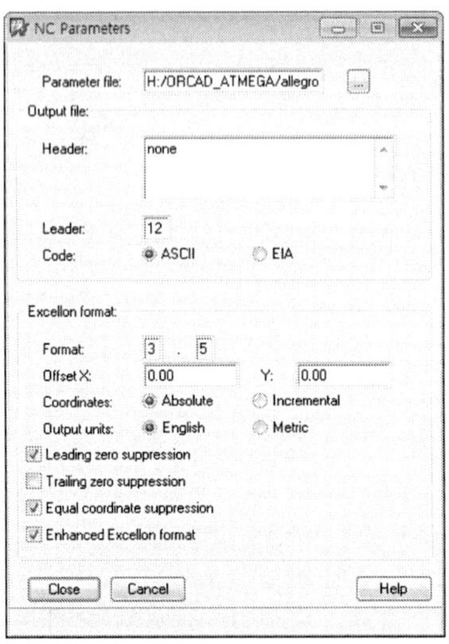

Excellon format: Format 3, 5
Leading zero suppression: 체크
Equal coordinate suppression: 체크
Enhanced Excellon format: 체크

③ Close를 눌러 닫는다.

④ 메뉴 Manufacture 〉 NC 〉 NC Drill...을 선택한다.

⑤ 옵션 항목을 선택한 다음 우측의 Drill을 눌러 데이터를 생성한다.

⑥ Close를 눌러 닫는다.

Appendix A -
OrCAD Signal Explorer

A-1 Topology Extract

A-2 Signal Simulation

A-3 동판 PCB 과정

A-1 Topology Extract

▌Net 추출

① 메뉴 Tools – Topology Extract를 선택한다.

② Topology – Template 창이 나타난다.

③ Create Template from XNet에서 추출하고자 하는 Net을 선택한다.

④ View버튼을 클릭한다.

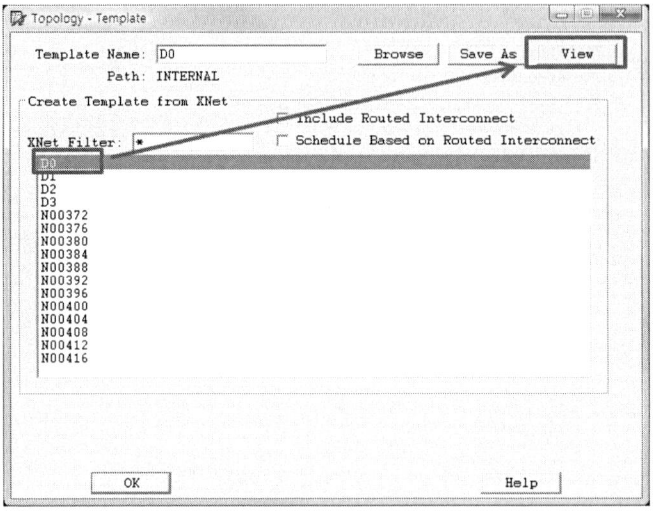

⑤ SigXplorer 프로그램이 실행되며, 추출된 Net이 나타난다.

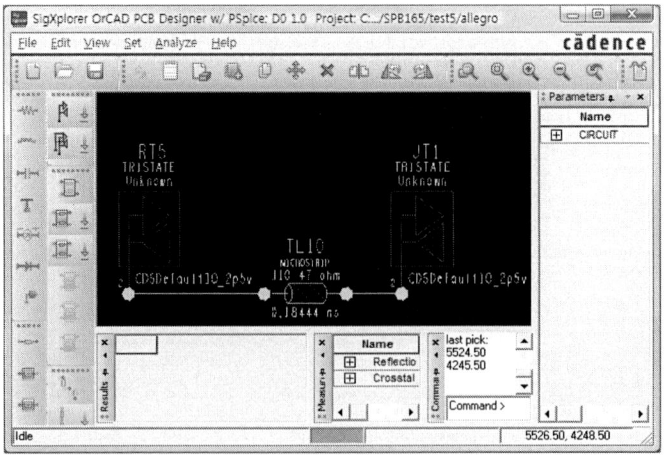

A–2 Signal Simulation

▌신호 설정

① 신호 입력 Cell를 선택 후 오른쪽 마우스 버튼 — Stimulus — Custom을 선택한다.

② Custom을 선택한다.

③ IO Cell Stimulus Edit 창이 나타난다.

④ Stimulus State에서 Custom을 선택한다.

⑤ Terminal Info항목에 Stimulus Type에 SYNC를 선택한다.

⑥ Stimulus Editing 항목에서 Frequency에 150MHz를 선택한다.

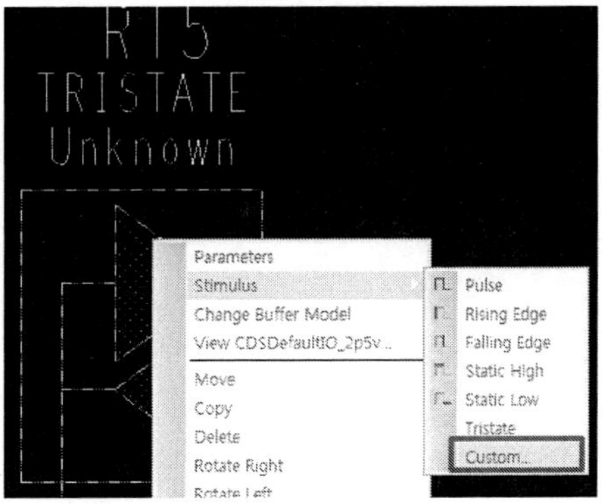

⑦ Stimulus Editing 항목에서 Pattern 옆에 Random을 클릭한다.

⑧ Enter pattern length 부분에 10을 입력하고 OK를 누른다.

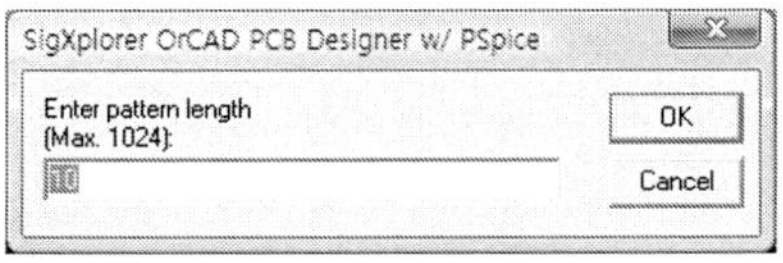

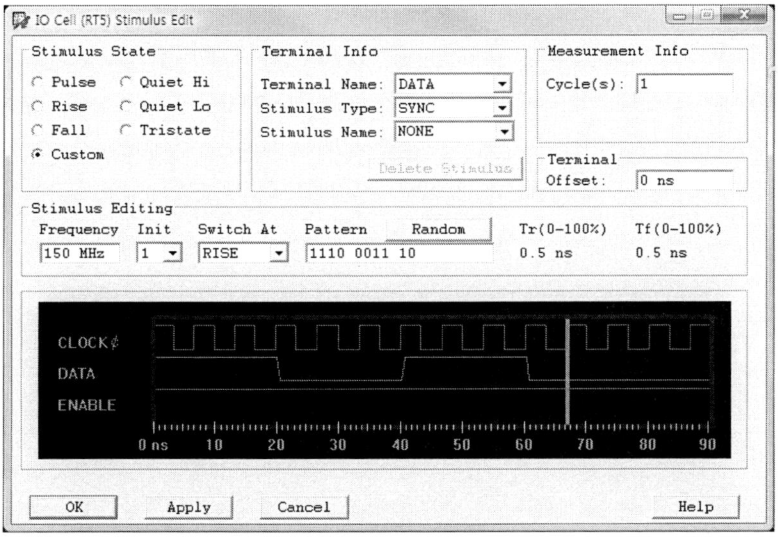

⑨ OK를 눌러 IO Cell Stimulus Edit 창을 닫는다.

▌신호 결과 파형

① 메뉴 Analyze – Simulate를 선택한다.

② 결과 파형이 나타난다.

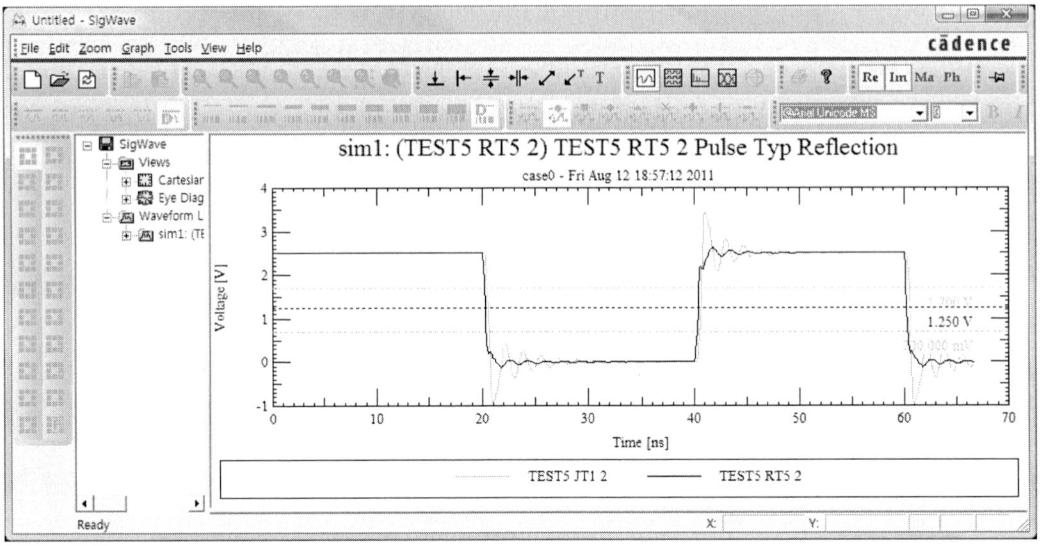

A-3 동판 PCB 과정

▌동판 PCB 과정

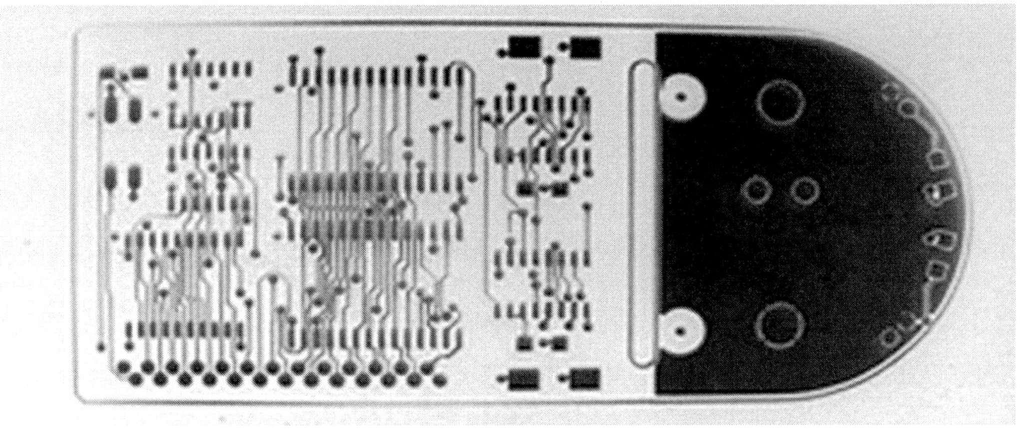

거버 필름(패턴)

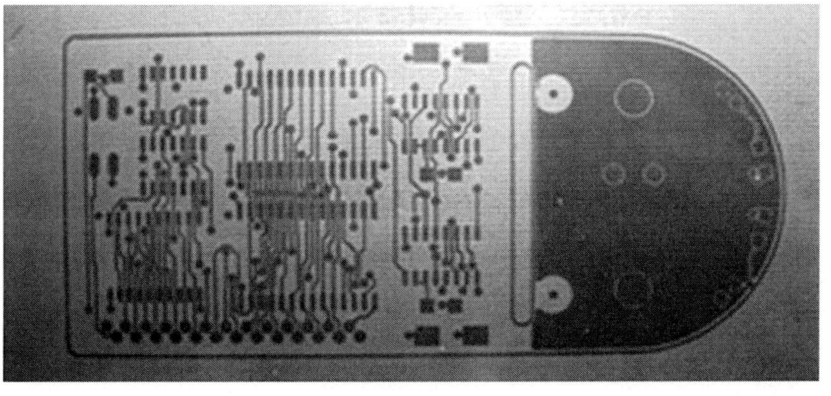

노광된 기판

에칭/박리된 기판

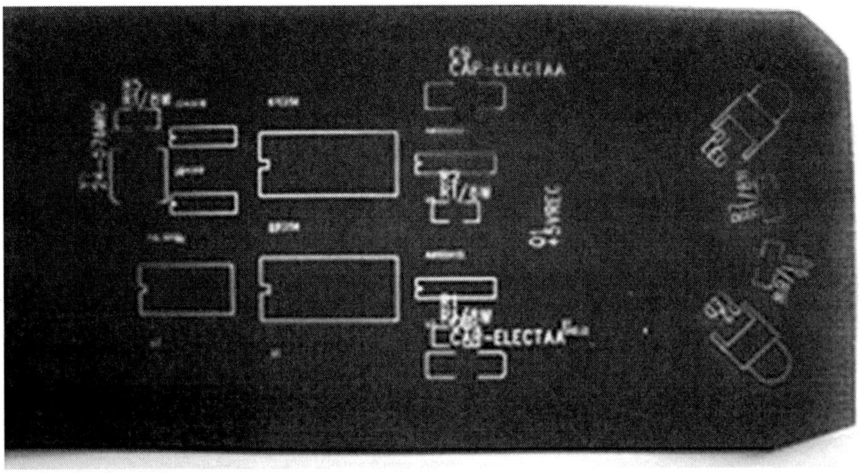

Silkscreen Film

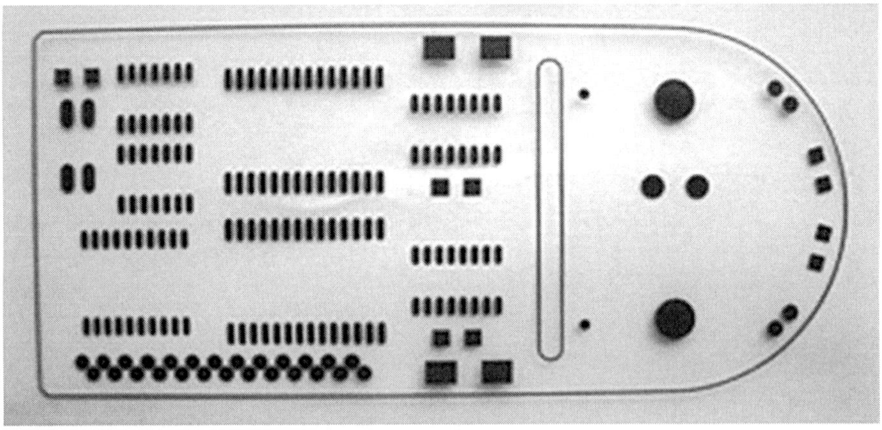

Soldermask Film

완료 기판

Layout TechNote

〈용어 정의〉

	Schematic	PCB
부품	Part	Component
선	Wire	Net (Ratsnest / Track)

Through-hole Component 의 구멍	Through-hole (Pin)
SMD type Component 의 구멍	Via(Pad)
Hole 주위의 도체	Land

PADSTACK

PadStack과 Footprint 정의

패드(pad)는 일명 구리를 애칭시킨 모양으로 부품을 보드에 접속시키기 위하여 사용되는 영역이다. 결국 패드는 부품의 핀을 배치하기 위한 위치를 나타낸다고 할 수 있다. 패드스택은 각층에 위치한 패드와 비아를 정의해 놓은 것으로 구체적인 내용을 살펴보면 층의 접속관계, 드릴 구멍, 크기, 오프셋, 솔더 마스크 카드의 너비 등이 정의되어 있다. 또한 랜드는 단일보드에 존재하는 부분으로 표면실장 즉 SMD에 사용된다. 패드스택은 Footprint 즉, 부품의 물리적인 모양을 정의하기 위하여 사용되며, 이러한 Footprint는 다음과 같은 3가지의 내용으로 구성되어 있다.

- ► 패드스택(Padstack)
- ► 부품의 외형, 실크스크린, 금지/허용영역, 설계도면 데이터 등을 나타내는 Obstacle
- ► 부품명 등을 나타내는 Footprint의 문자정보

다시 말해서 패드스택은 Footprint 즉, 부품의 정보 중에서 핀 정보를 나타내는 것이다.

▌PadStack 정보

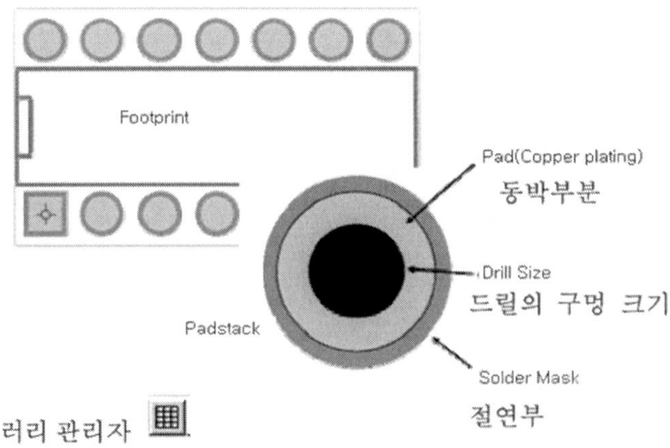

- **Layout 활성창이나 라이브러리 관리자 에서 스프레드시트(Spreadsheet) 아이콘> 패드스택(Padstack)**

패드스택은 보드의 각 층에서의 패드의 모양 및 크기를 정의한다. 따라서 모든 핀들에 대해 동일한 패드스택을 정의할 수 있고, 혹은 각 핀마다 다른 패드스택을 정의 할 수 있다.
사용자는 Footprint 라이브러리에서 새로운 패드스택을 정의할 수도 있고 또한 패드스택의 상태도면(Spreadsheet)의 내용을 변경할 수 있다.

▌Footprint 정보

- **Layout 활성창이나 라이브러리 관리자 에서 스프레드시트(Spreadsheet)아이콘>Footprint**

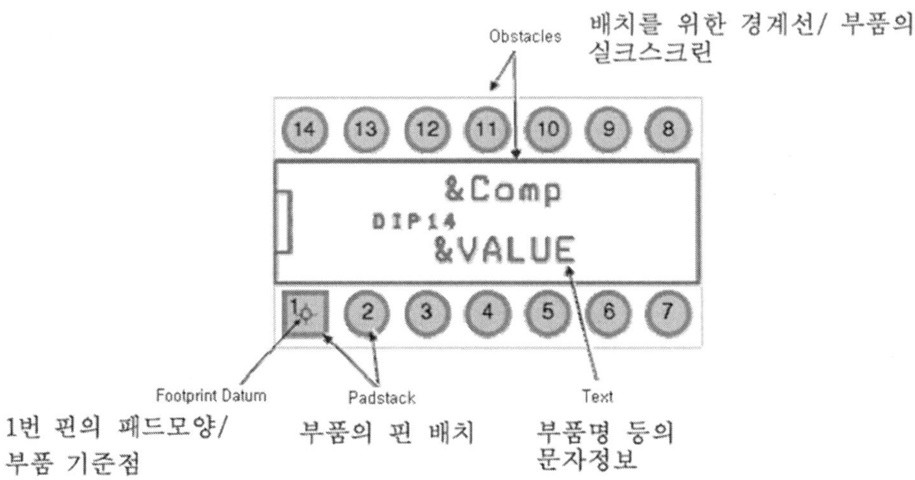

ViaType

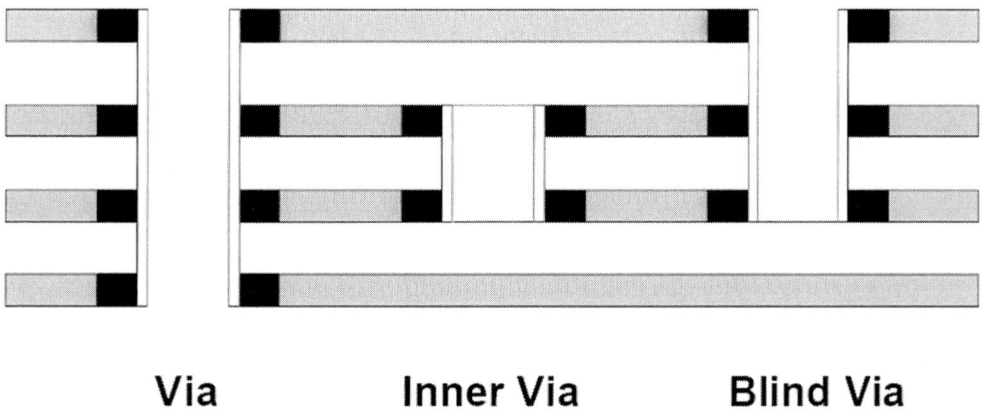

mil 단위

1 inch = 1,000 Mil = 25.4 mm

n (mm) / 0.0254 = Mil

n (Mil) x 0.0254 = mm

PCB Layout Structure

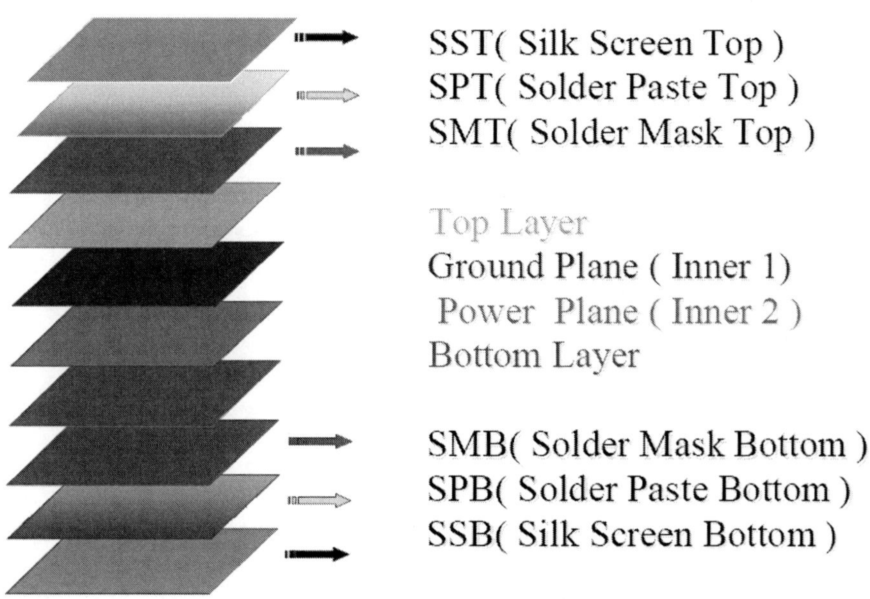

▌Gerber Output 파일 정의

*.TOP: TOP면에 동박이(부품이 많이 실장되어)

*.BOT: BOT면에 동박이(부품보단 Routing이 더 많은 부분)

*.GND: GND Plane면에 동박이

*.PWR: PWR Plane면에 동박이

*.IN1 ~ IN12: Inner면에 동박이

*.SMT: 기판의 TOP면을 코팅하여 주는 정보. 즉, 납땜을 하지 않는 부분에 납이 묻지 않도록 기판 표면에 레지스트리

*.SMB: 기판의 BOT면을 코팅하여 주는 정보

*.SPT: SMD 부품이 TOP면에 실장되었을 PAD면에 paste를 묻혀주는 정보. 즉, 부품의 패드 스택에 SMD 부품은 패드에만 paste 정보가 있다.

*.SPB: SMD 부품이 BOT면에 실장되었을 PAD면에 paste를 묻혀주는 정보

*.SST: 부품이 TOP면에 실장되었을 TOP면에 Reference name과 부품 외곽선을 인쇄해주는 정보

*.SSB: 부품이 BOT 면에 실장되었을 BOT면에 Reference name과 부품 외곽선을 인쇄해주는 정보

*.AST: TOP면에 배치된 부품의 모든 정보를 담고 있는 부가적인 layer

*.ASB: TOP면에 배치된 부품의 모든 정보를 담고 있는 부가적인 layer

*.DRD: Drill 정보를 담고 있는 정보

(*.AST, ASB는 OrCAD에만 있는 Layer로 Gerber파일 생성시 안해도)

▌Multi Layer 구성

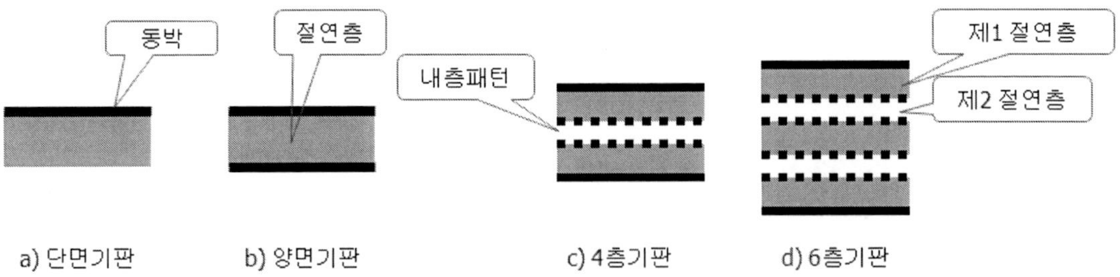

그림 PCB 종류별 구조

4층 Layer

1F – 신호
2F – GND/신호
3F – VCC/신호
4F – 신호

6층 Layer

1F – 신호
2F – 신호
3F – GND
4F – VCC
5F – 신호
6F – 신호

6층 Layer (inner via)

1F – 신호
2F – GND
3F – 신호
4F – 신호
5F – VCC
6F – 신호

8층Layer

1F – 신호
2F – 신호
3F – GND
4F – 신호
5F – 신호
6F – VCC
7F – 신호
8F – 신호

▌Thernal Relief

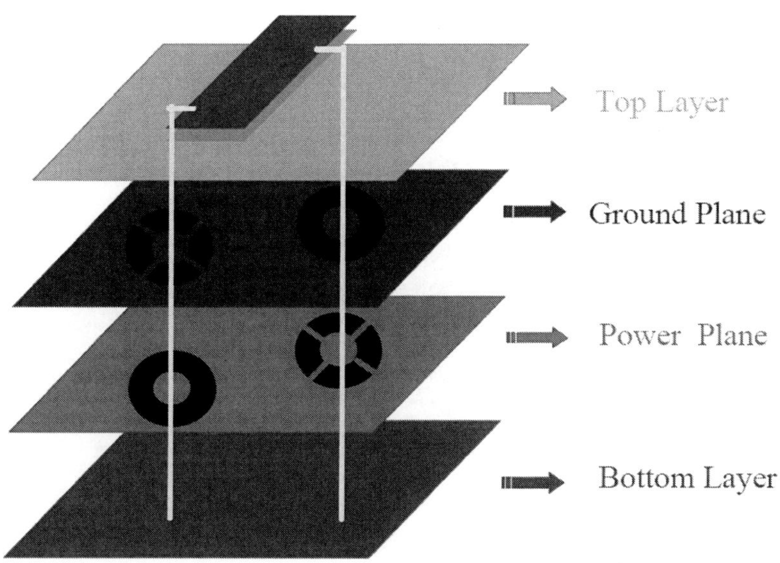

▌부품 배치 방법

- CPU 등 Pin, Pad 개수가 많은 IC – Board 의 중앙배치. (패턴이 다방향으로) 혹은 외각쪽으로 빼줌.(중앙에 패턴을 형성 시킬 공간 확보)
- Fix 시켜야 할 부품을 고려하여 먼저 배치.(ex: connector, port 단자, key 버튼)
- 무게중심을 고려하여 적절한 분산배치.
- 고정 홀 주위에 무거운 부품 배치.
- 전원 범위 (+12V, +5V, +3.3V ...)를 고려한 배치.
- Analog / Digital 부품의 분리배치.
- 고밀도 배치, 고밀도 배선 설계 시(camcorder, notebook 등등) Via 생성 시킬 공간의 확보.
- 열을 많이 발산하는 부품들은 서로 이격, 통풍이 잘 되는 곳에 위치.
- Case의 높낮이, board 내의 절삭 정보에 주의하여 배치.

▌배선 순서

1. GND

2. VCC

3. CLOCK

4. 중요 LINE

5. 일반 SIGNAL

중요 라인의 색을 따로 주어 눈에 띄게 쉽게 함.
배선은 될 수 있는 한 굵고 짧게 형성.

▌배선 각도

신 호 선 - 45°

넓은 Pattern - 45°·90°

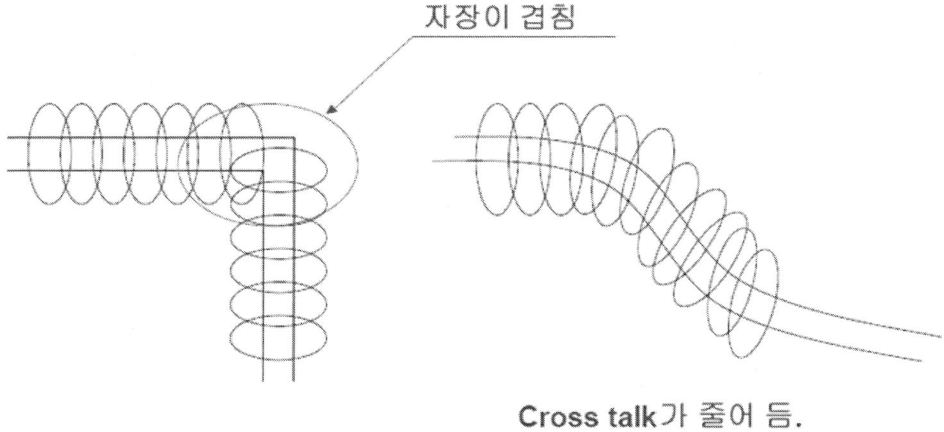

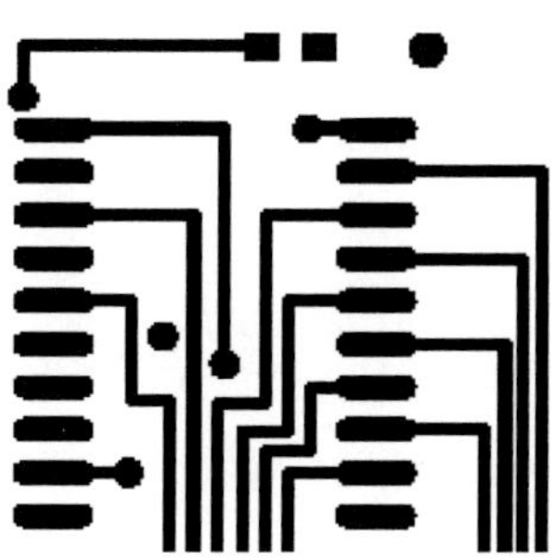

나쁜 예

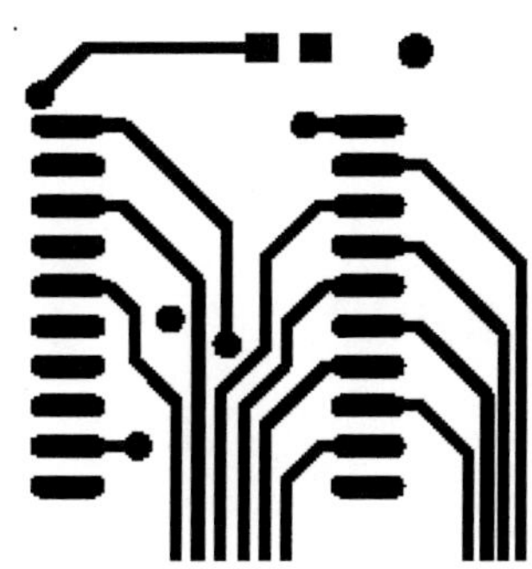

좋은 예

▌배선 분기

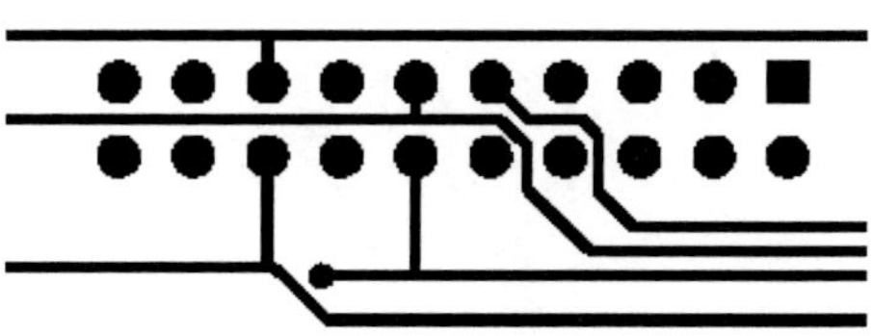

나쁜 예

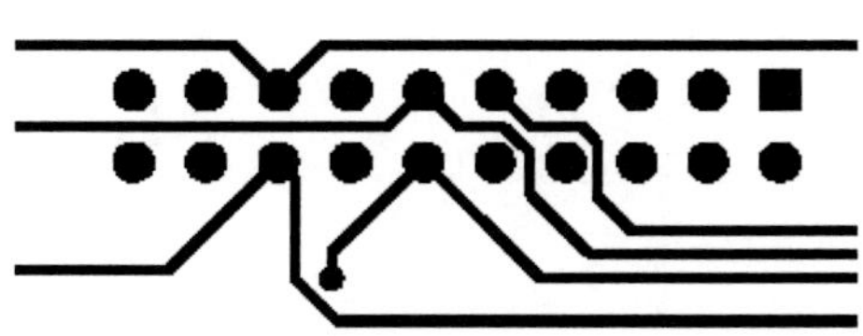

좋은 예

* 배선의 분기는 가능한 부품의 핀이나 Via가 있는 지점에서 한다.

▌표면 실장 부품

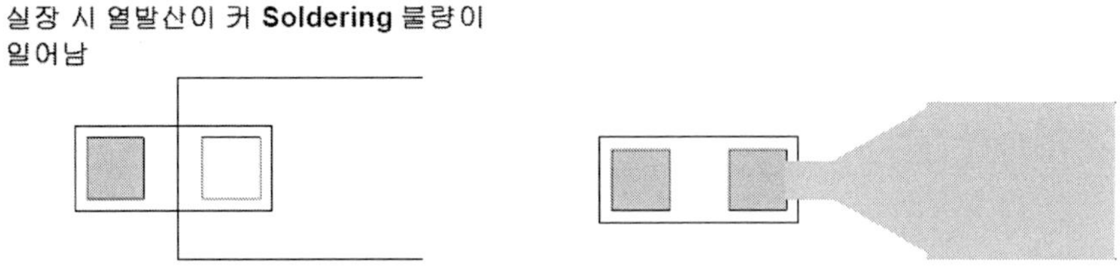

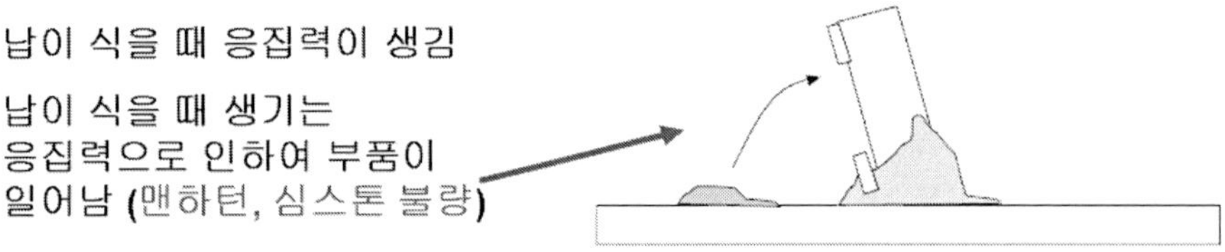

▌Chip pad 배선

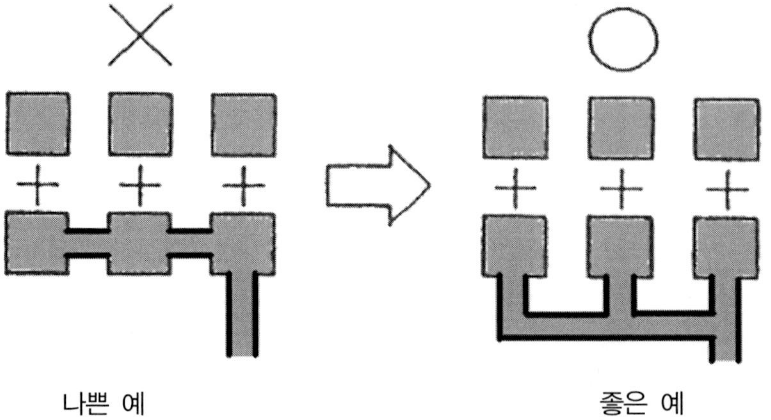

* 부품실장시 표면장력의 불균등 원인이 되므로 Pad의 옆면보다는 중심으로부터 바깥쪽으로 배선을 인출한다.

▌표면 실장 부품 배선 인출

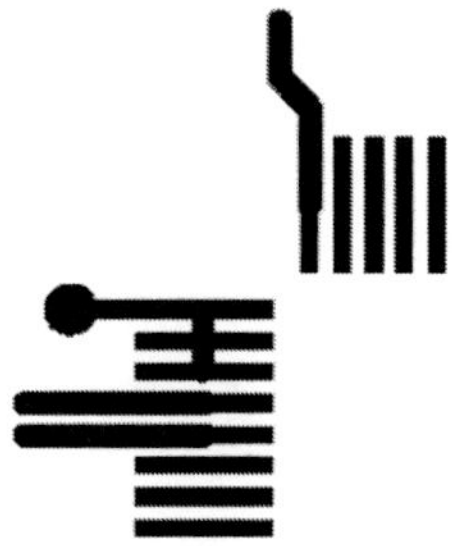

나쁜 예

좋은 예

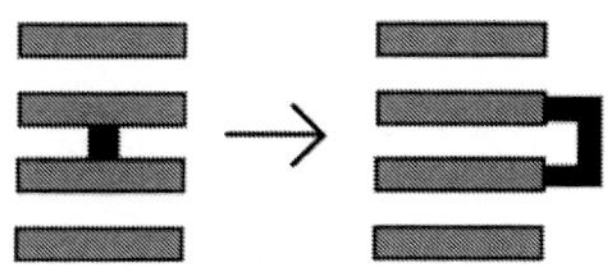

* Pad사이의 연결은 부품의 핀 바깥에서 한다

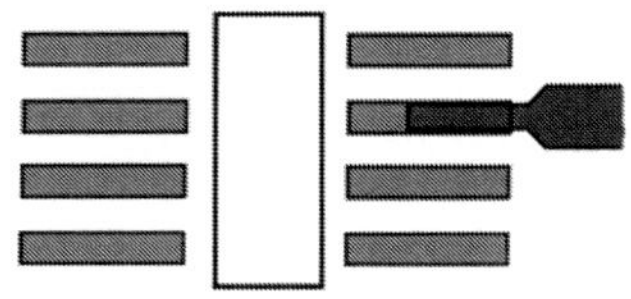

* 부품핀에서의 인출은 Pad폭보다 크지 않도록 한다.

▌표면 실장부품 외형 치수

	외형 치수	LAND	
2125	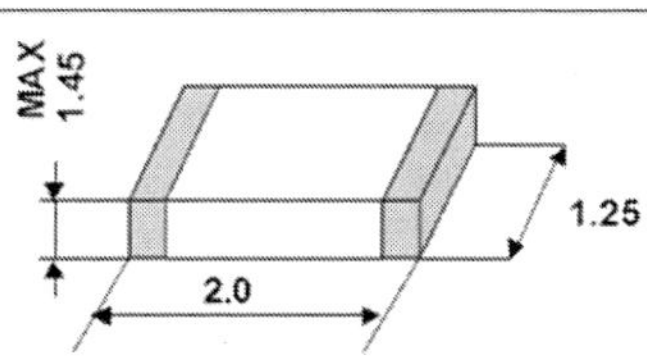	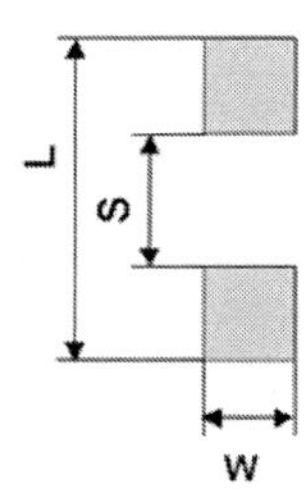	L = 3.4 ~ 3.7 S = 1.0 ~ 1.4 W = 1.0 ~ 1.3
3216	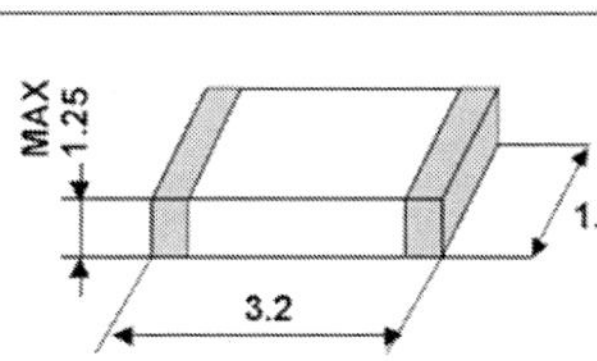		L = 4.7 ~ 5.0 S = 2.0 ~ 2.4 W = 1.0 ~ 1.6
3225	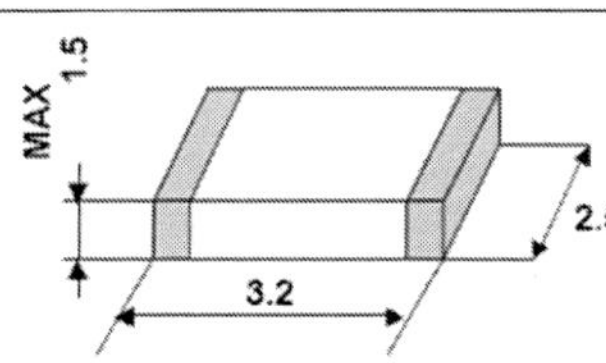		L = 4.7 ~ 5.0 S = 2.0 ~ 2.4 W = 1.5 ~ 2.5

▌클럭 사용시

Connection이 많은 경우의 대응

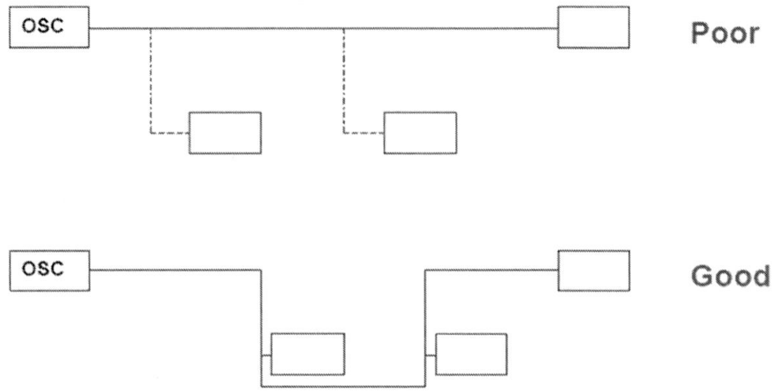

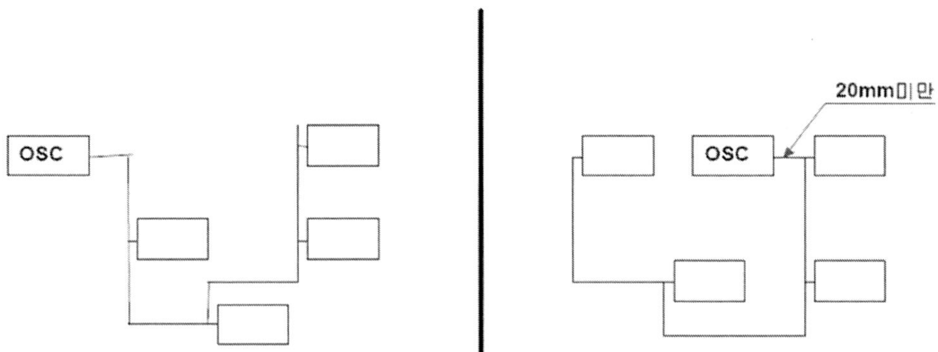

공급원이 기판단에 배치되어 있을 때 배선이 길게 되어 위험성이 높음.

공급원이 기판중앙에 배치된 쪽이 위험성이 낮음.

▌패키지에서의 Gate 처리

Clock에 사용한 gate는 다른 회로와 공동사용을 피할 것

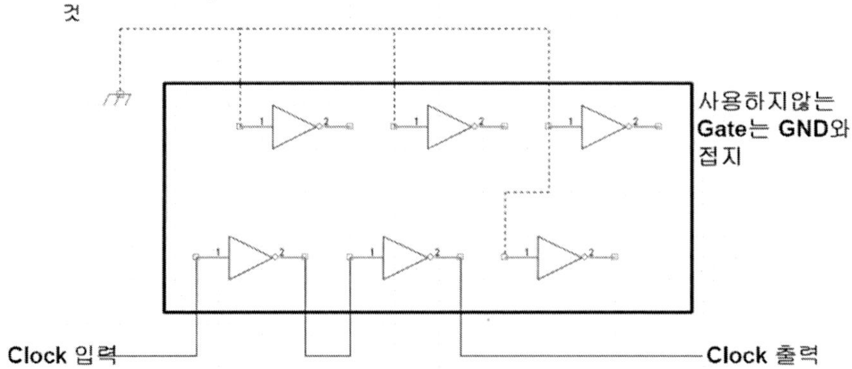

▌신호 부품 배치

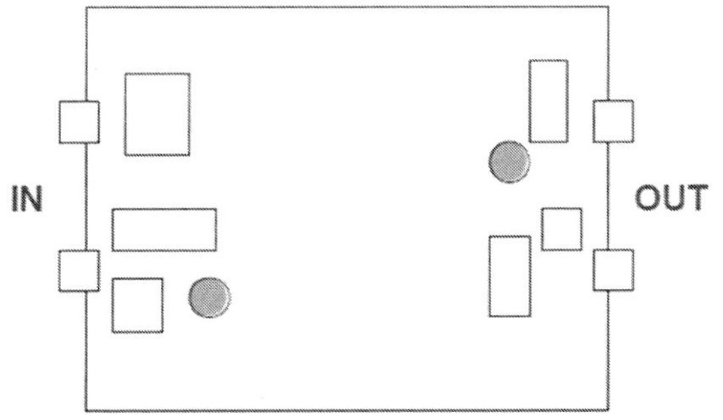

입력 **Signal**을 받아들이거나 **Signal**을 내보내는 부품을 입출력 단자 쪽에 가깝게 배치

▌바이패스 콘덴서 처리

* IC 2개당 하나의 Bypass Capacitor를 사용할때는 모든 IC에 가급적 균등하게 배치한다.

▌배선 금지대

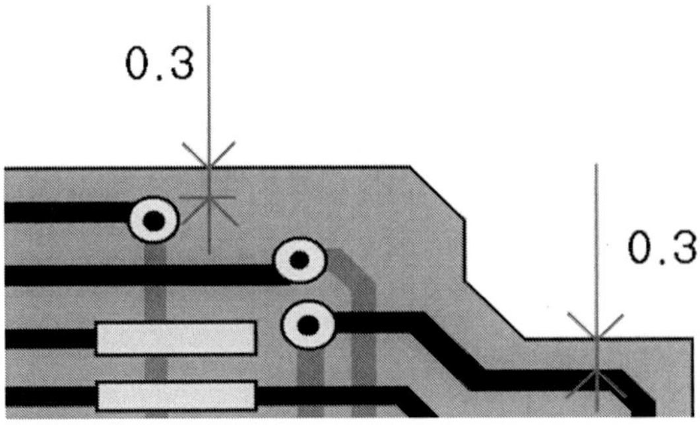

배선은 PCB외곽으로부터 0.3mm이상의 거리를 둔다.

기구홀, V-Cut 면, Missing Hole로부터는 0.5mm 이상 거리를 두고 배선한다.

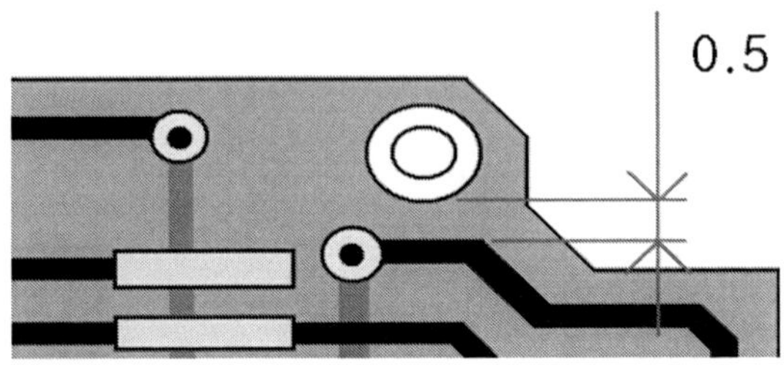

▌Through Hole 제작법

아래의 경우는 Drill Size 0.9 일때의 기준이며 Land경과 Power경은 Drill Size의 크기에 따라 비례적으로 적용한다.

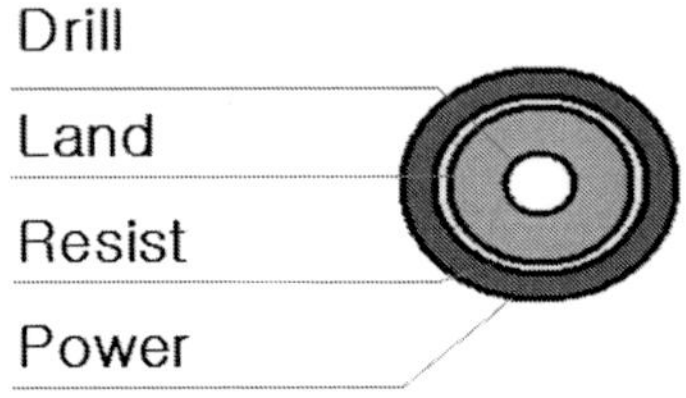

Drill경 : 부품 Pin의 굵기를 참조하여 설정(Normal: 0.9)
Land경 : Drill+0.5
Resist경 : Land+0.1
Power경 : Drill+0.8

BGA Land Size

Pin의 거리에 따라 Land Size를 아래표에 의해 선정한다.

Pitch	Land
0.8	0.35
1.0	0.45
1.27	0.75

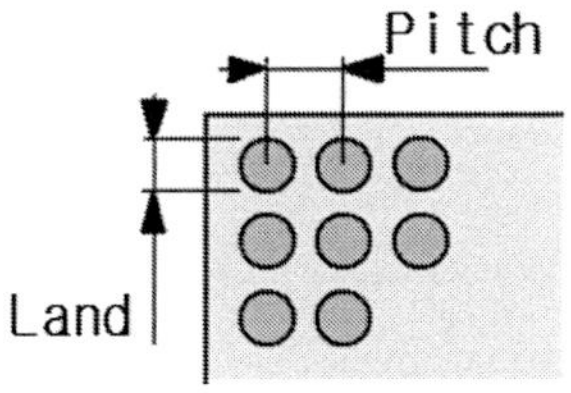

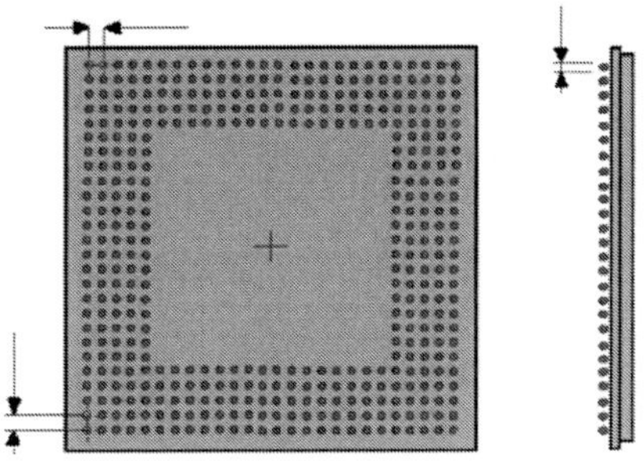

(Bottom View)

SMD IC Package 형명 1

SVP(Surface Vertical-Mount Package)

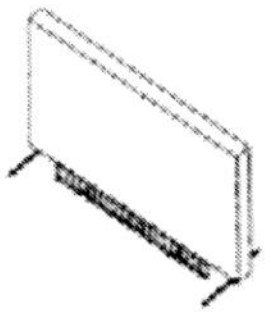

SOP(Small Outline Package)

TSOP(Thin Small Outline Package)

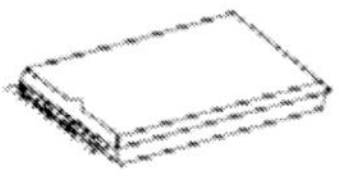

SOJ(Small Outline J-lead Package)

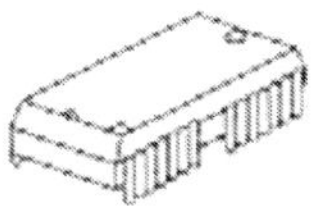

▌SMD IC Package 형명 2

QFP(Quad Flat Package)

QFJ(Quad Flat J-lead Package)

LCC(Leadless Chip Carrier)

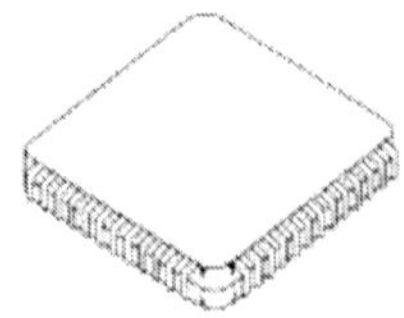

LCC SOJ(Leaded ChipCarrier SOJ)

BGA(Ball Grid Array)

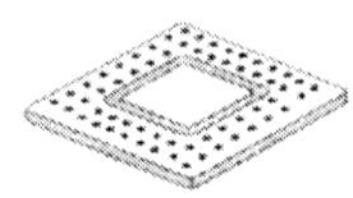

▌DIP IC Package 형명

SIP(Single Inline Package)

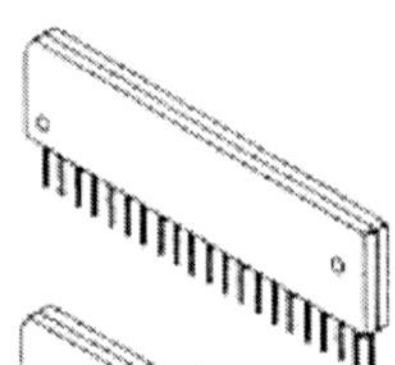

ZIP(Zig-zag Inline Package)

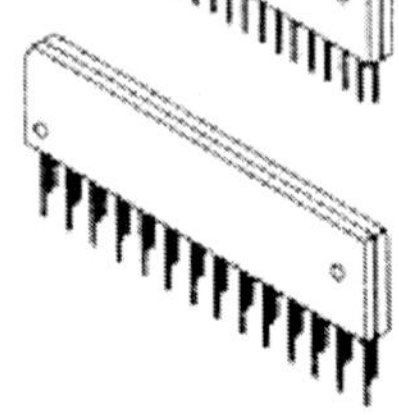

DIP(Dual Inline Package)

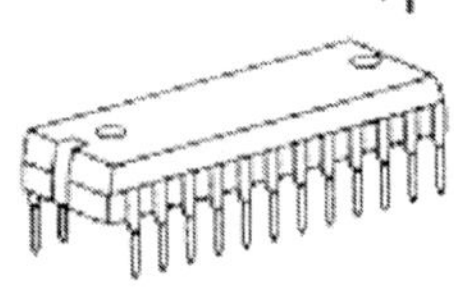

PGA(Pin Grid Array)

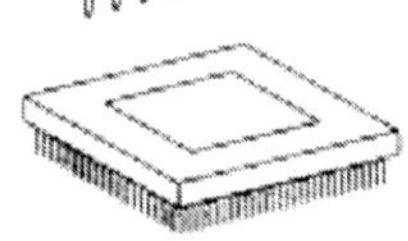

PCB 제조공정

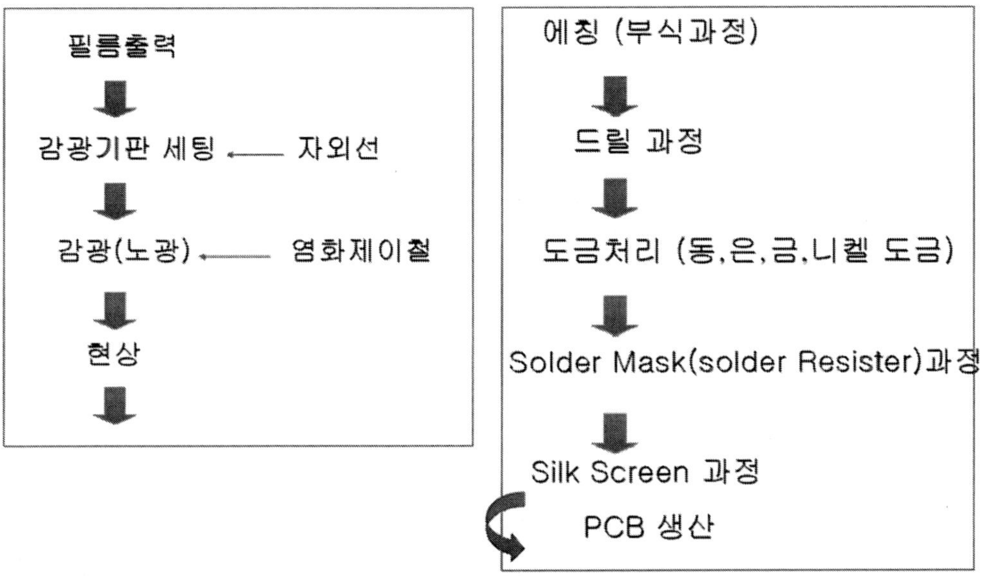
필름출력
감광기판 세팅
자외선
감광(노광)
염화제이철
현상
에칭 (부식과정)
드릴 과정
도금처리 (동,은,금,니켈 도금)
Solder Mask(solder Resister)과정
Silk Screen 과정
PCB 생산

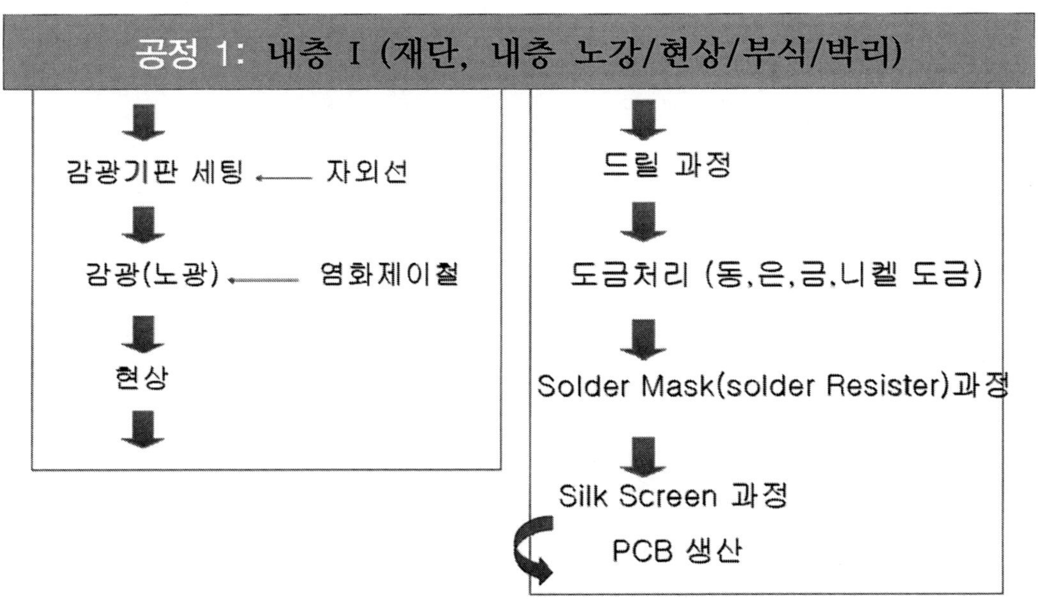
공정 1: 내층 I (재단, 내층 노강/현상/부식/박리)
감광기판 세팅
자외선
감광(노광)
염화제이철
현상
드릴 과정
도금처리 (동,은,금,니켈 도금)
Solder Mask(solder Resister)과정
Silk Screen 과정
PCB 생산

공정 2: 내층 II (BONDING, LAY-UP, PRESS LAMINATION)

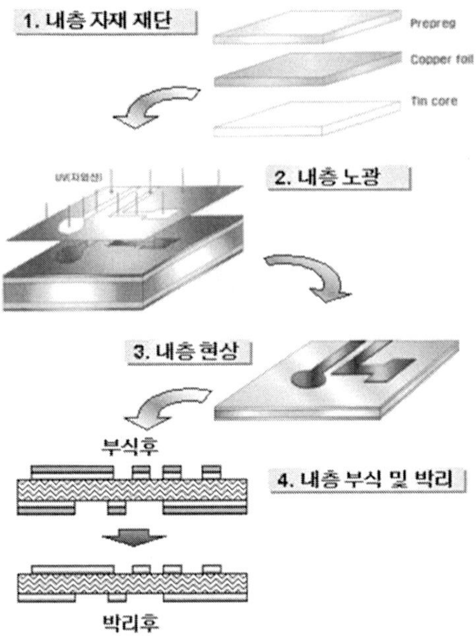

1. 내층 자재 재단
제품 사양에 따라 Core CCL(내층 원자재)를 사내 작업표준 치수로 절단하는 공정으로 407mm x 510mm(6/J)와 510mm x 610mm(4/J)가 주로 많이 사용되며, Sawing Machine으로 재단을 한다.

2. 내층 노광
Core CCL상에 Lamination된 Dry Film위에 Working Film <Negative(음각용) Film>을 정합하여 맞춘 후, 정해진 Intensity(노광량)와 Time(노광 시간)의 빛 Energy를 공급하여 회로가 될 부분의 Dry Film을 Monomer(단량체)에서 Polymer(중합체)로 반응시켜 필요한 Pattern Image를 재현해 내는 공정.

3. 내층 현상
노광에서 Polymer(광경화 중합체)로 변하지 않은 Dry Film 부분 즉, 빛을 받지 않은 부분인 Monomer(미경화 단량체) 부분을 Chemical(Na_2CO_3)을 이용해 벗겨내는 공정. Chemical의 농도, 온도, Conveyor의 속도 그리고 Spray의 압력 및 소포제 사용량의 적정도가 현상품질에 영향을 미친다.

4. 내층 부식 및 박리
부식은 Core CCL상의 동박 중 Dry Film으로 덮여진 부분 이외 즉, 회로 Pattern이 아닌 부분의 노출된 동박을 약품(Acid-Etchant :산성 부식액 : $CuCl_2$, $FeCl_2$)등으로 제거하는 공정이며, DFR 박리는 부식방지막 역할이 종료된 동박 회로상의 Dry Film Resist를 1~5%의 NaOH나 KOH로 벗겨 내는 공정으로 투입⇒팽윤(부풀림)/용해⇒박리⇒세정⇒건조의 절차를 거친다.

공정 3: 드릴 I (재단, 면취, STACK)

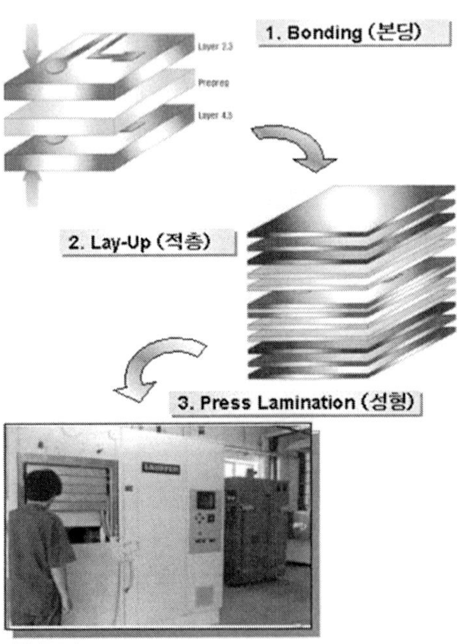

1. Bonding (본딩)
레이 업(적층) 작업을 위해 1차로 내층 회로가 형성된 Thin Core CCL을 Prepreg(층간 접착제)와 하나로 맞 붙이는 작업을 말한다.

2. Lay Up (레이 업=적층)
회로가 만들어진 내층기판과 Prepreg(Bonding Material : 접착제) 그리고 외층이 가공될 동박을 설계사양에 맞게 정합을 유지하도록 겹쳐서 차곡 차곡 쌓는 작업을 하는 공정으로 Mass Lamination(6층 이상의 경우는 Rivet을 사용)방법과 Pin Lamination 방법이 있다.

3. Press Lamination (성형)
흑화처리가 완료된 내층과 층간 절연물 그리고 외층용 동박 등을 하나로 접착 시키는 작업으로, 고온 진공상태에서 일정 시간 가압한 후, 실온까지 Cooling하여 완료하는 공정. Press의 진공도, 평행도와 압력, 열 전달 방법과 효율 그리고 특히 사용되는 Prepreg의 Glass Weave Type, Resin Flow Rate, Resin Content, Gel Time, Tg Point, Volatile Content 등이 품질에 영향을 미친다.

공정 4: 드릴 II (DRILL, DRILL BIT)

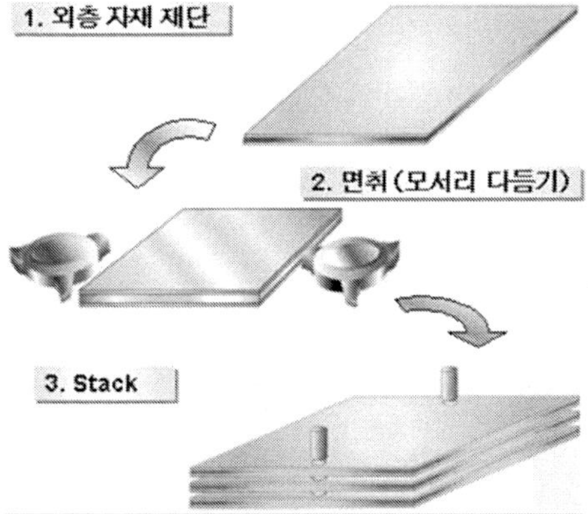

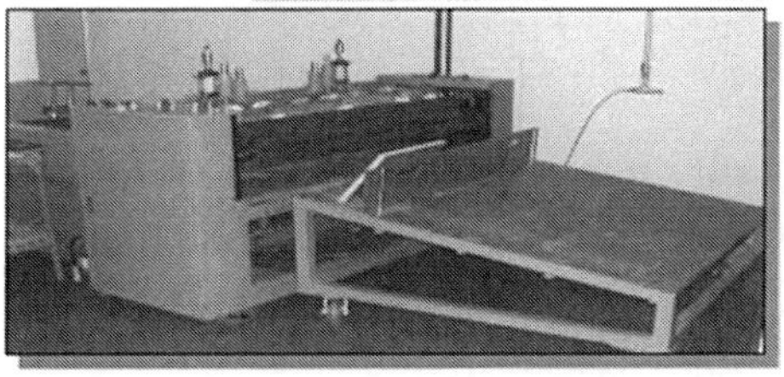

1. 외층 자재 재단
제품 사양에 따라 CCL(외층 원자재)를 사내 작업표준 치수로 절단하는 공정으로 407mm x 510mm(6/J)와 510mm x 610mm(4/J)가 주로 많이 사용되며, Sawing-Machine으로 재단을 한다.
이 재단 공정에서는 특히 다음과 같은 부적합을 주의 깊게 관찰해야 한다.

- Foreign Material (이물질)
- Warp (휨)
- PIT (피트)
- DENT (덴트)
- Scratch (스크라치, 긁힘)
- 찍힘

2. 면취 (모서리 다듬기)
절단기로 원자재를 절단하면 Panel의 외곽 모서리에 Copper Foil(동박), Glass Fiber(유리섬유) 또는 Epoxy Resin (에폭시 레진)의 잔사나 잔류물이 남기 때문에 이를 다듬어 제거하기 위해 필요한 공정이다.

3. Stack
재단과 면취 작업이 완료된 Panel 상에 드릴 가공을 하기 위하여 각 Panel을 동시에 가공할 수량 만큼 함께 쌓고 핀을 박아 고정하는 공정.

공정 5: PHOTO (정면, LAMINATION, 노광, 현상)

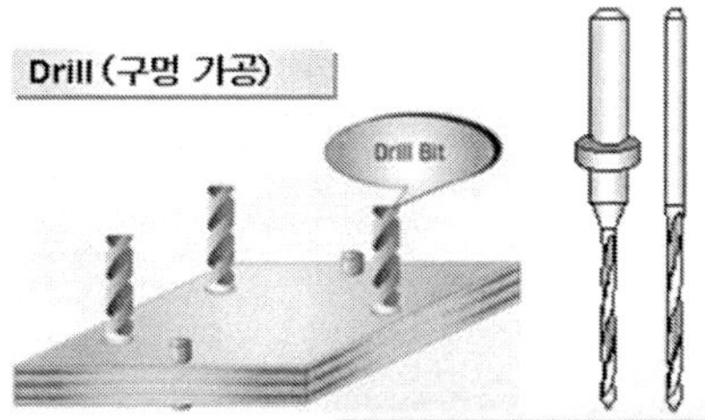

1. Drill (구멍 가공)
고객의 Hole 정보를 기초로 사내에서 Edit(편집)한 X-Y Coordinates를 이용하여 CNC(Computer Numerical-Control)방식으로 Working Panel상에 구멍을 가공하는 공정. 작업을 위해서는 다음과 같은 준비물들이 필요하다.

1) X-Y 좌표 Data
2) Drill Bit (구멍가공 소도구)
3) Aluminum Entry Foil
4) Bakelite Back-up Board
5) Drill Parameter
(RPM/sfm/Chip Load)

2. Drill Bit (드릴 비트)
현재 PCB Drill Bit는 PCB 제조의 요구 특성에 가장 적절한 초경합금이 사용되고 있다.
초경합금의 주성분은 텅스텐 카바이드(WC = Tungsten Carbide)와 코발트(Co = Cobalt)이며, 필요에 따라 Tic, Ta, Nb등이 첨가된 것도 있다.

Drill Bit는 다음과 같은 결함에 주의를 기울여야 한다.
1) Critical Defects (치명 결함)
- Chips
- Layback
2) Major Defects (중 결함)
- Overlap
- Offset
3) Minor Defects (경 결함)
- Gap
- Negative
- Flair
- Hook

공정 6: 도금 II (전해 동 도금, 부식)

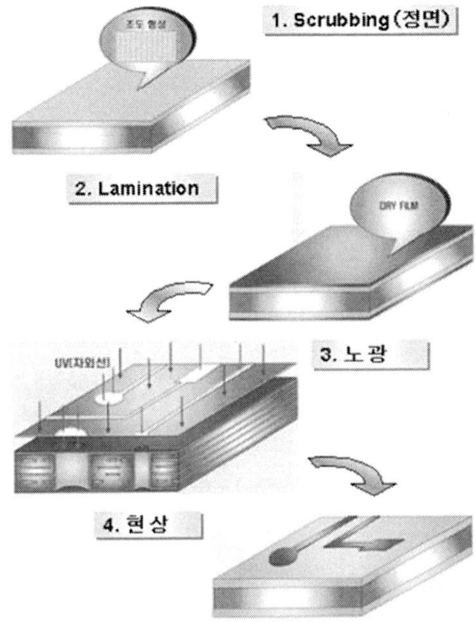

1. Scrubbing(스크러빙 : 정면)
도금된 동박 상에 발생된 산화 막이나 지문 등을 제거하고, Dry Film이 잘 접착 되도록 동박 면을 거칠게 해주는 공정.

2. Lamination(라미네이션)
정면처리된 Panel상에 Dry Film (Photo Sensitive Dry Film-Resist :감광성 사진 인쇄 막)을 정해진 열과 압력으로 압착 도포하는 공정.

3. 노광
작업 Panel의 Lamination된 Dry Film위에 Working Film을 정합하고 정해진 Intensity와 Time(노광시간)의 빛 Energy를 공급하여 Monomer(단량체)를 Polymer(중합체)로 반응시켜 필요한 Pattern Image를 재현해 내는 공정.

4. 현상
노광에서 Polymer(광경화 중합체)로 변하지 않은 부분 즉, 빛을 받지 않은 부분인 Monomer(미경화 단량체) 부분을 Chemical (Na_2 CO_3)을 이용해 벗겨내는 공정.

공정 7: PSR(Photo Imageable Solder Resist) 인쇄

1. 전해 동 도금 (Electro Copper Plating)
앞 공정에서 영상처리가 완료된 후 고객의 요구에 따른 전기적 특성 용량에 적합하도록 회로 Pattern 및 Hole 내벽에 규정된 두께의 동을 전기석출법(Electro-Deposition)을 사용하여 선택적으로 2차 도금하는 공정으로 석출량은 전류밀도와 석출시간으로 결정된다.

2. 전해 땜납 도금 (Electro Solder Plating)
회로(Pattern) 및 Hole 내벽에 도금된 동위에 전기 석출법 (Electro Deposition)을 사용하여 땜납을 추가 석출 도금함으로써 다음 부식공정에서 부식방지막(Etching Resist)의 역할을 하도록 차 공정을 준비하는 공정 (통상 도금두께 = 7~10㎛).

* Solder = Tin/Lead = Sn/Pb(63 : 37)
솔다 = 땜납 = 주석/납 = 석연 = 半田 = 한다

3. 외층 부식 (Etching)
알카리 부식은 작업 Panel상의 동박 중 Dry Film으로 덮여진 부분 이외 즉, 회로 Pattern이 아닌 부분의 노출된 동박을 약품(NH_4 OH, NH_4 Cl)으로 제거하는 공정.

공정 8: Marking 인쇄(Legend Symbol Printing)

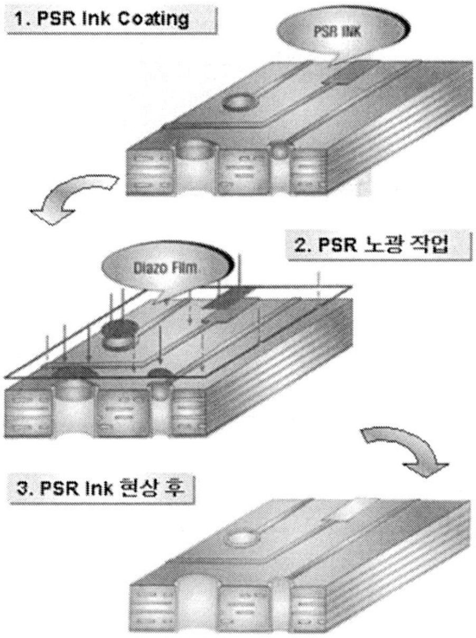

1. PSR 인쇄

물리, 화학적 환경 하에서 내구성을 갖는 불변성 화합물인 Permanent Ink(불변성 잉크)를 도금된 동박 회로 상에 Coating함으로써, 회로를 보호하고 동시에 차 공정인 HASL과 부품 실장 시 실시하는 Wave Soldering 공정에서 회로와 회로 사이에 Solder Bridge(땜납 걸침) 현상이 발생하는 것을 방지하기 위해 실시하는 공정.

* PSR ink : Photo Imageable Solder Resist Mask ink

다음과 같은 소 공정으로 이루어져 있다.

1> Via Hole 메꿈
2> 건조
3> 정면
4> PSR Coating (PSR 잉크도포, 인쇄)
5> Pre-Cure (초벌, 가, 예비건조)
6> PSR 노광
7> PSR 현상
8> Post-Cure (완전경화)
9> UV Curing (자외선 경화)

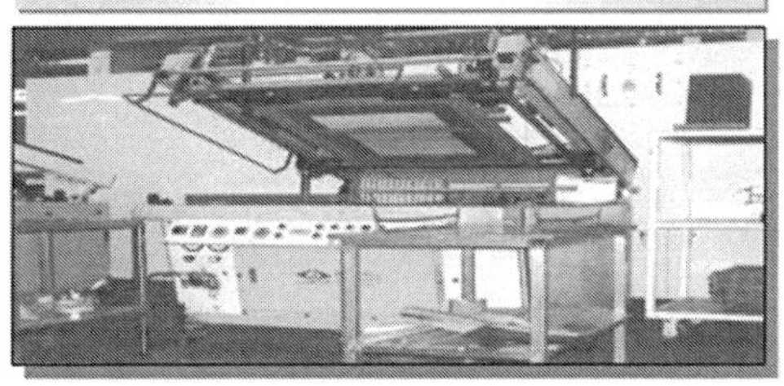

공정 9: 표면처리(HASL, GOLD PLATING, PREFLUX)

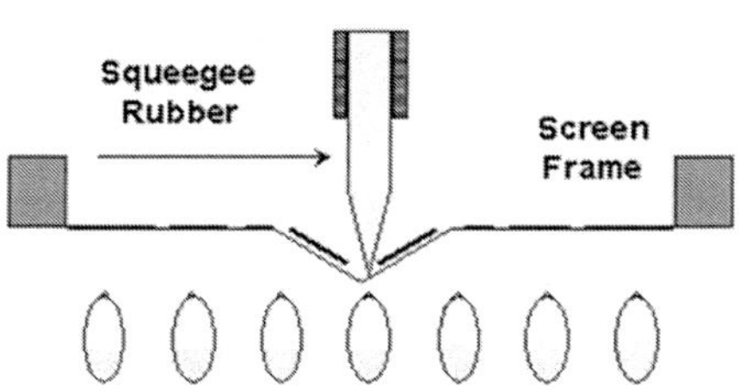

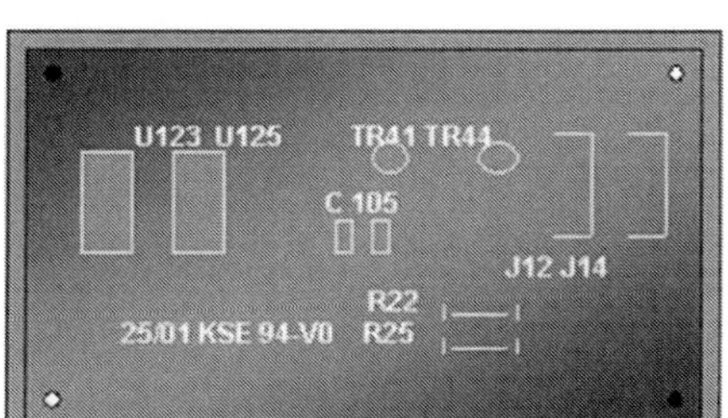

1. 마킹 인쇄(Legend Symbol Printing)

고객의 요구나 고객이 필요한 자료를 공급했을 때, 고객명(Logo), 최종 제품 Code, Part Number(부품번호)나 부품의 위치(좌표), 부품의 종류, 정격 용량 등 PCB상에 표기되어야 할 Symbol(기호)이나 Lettering(식자)를 불변성 잉크로 기판 상에 인쇄하는 공정.

공정 10: 외형 가공(금형/라우팅/브이컷)

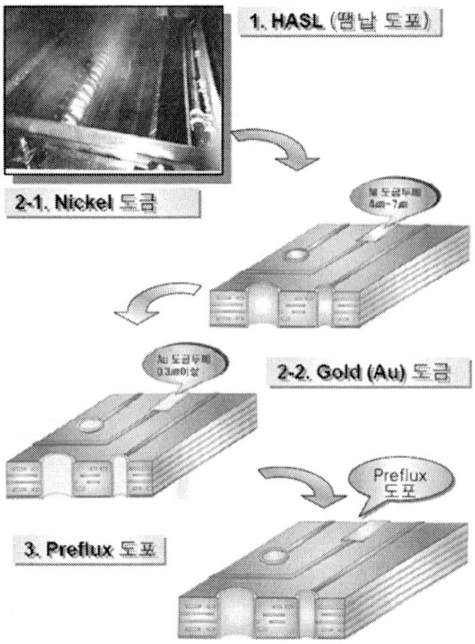

1. HASL (땜납 도포)
고온의 땜납 용융 Tank에 기판을 침적한 후, 고온, 고압의 열풍으로 불어줌으로써, Solder Mask(땜납방지막)가 코팅되지 않은 부위(주로, Hole 주변과 내벽 및 부품 실장용 Pad)에 균일한 두께로 땜납을 입혀주는 공정.
이는 땜납 방지막이 미 도포된 즉, 동으로 노출된 부위의 회로를 보호하고, 부품 실장 시 납땜이 잘 되도록 해주기 위함이다.

2. Gold Plating (금 도금)
전기적 접속부위나 빈번한 착탈로 높은 전기적 특성이 요구되는 부위에 고객의 요구에 따라 Connector에 삽입되는 PCB의 Contact Finger Area에만 부분적으로 실시하는 도금.
전기적 석출방법으로 니켈과 금을 도금해 주는 공정으로 단자금도금과 접점금도금 또는 전면금도금 등으로 구분된다.

3. OSP (**Organic Solderable Preservatives**
= Preflux, 프리프럭스)
열로 부터 동의 산화를 방지하기 위해 실시하는 내열 표면 처리의 일종으로, 현재까지는 HASL 방식이 주로 사용되고 있으나, 고밀도 SMT용 PCB의 경우는 Solder Bridge, Solder Wetting, Uneveness 등의 문제로 인해 유기용제나 수용성 Type의 Preflux 코팅방식이 사용되기 시작했다.
PCB의 Through Hole, Land 등의 동에만 방청제를 화학 반응시켜 0.2-0.5 미크론 정도의 얇고 균일한 보호피막을 형성하는 공정이다.

* 수용성 Type Preflux의 장점
1) 환경오염의 원인인 유기용제를 사용하지 않는다.
2) 동에만 선택적으로 보호피막을 형성한다.
3) 보호피막이 얇아 무잔사 Post Flux, 수용성 Post Flux 등에 모두 적용이 가능하다.
4) 보호피막을 0.2~0.5㎛의 균일한 두께를 형성할 수 있다.

공정 11: 검사(BBT, 육안검사, 포장)

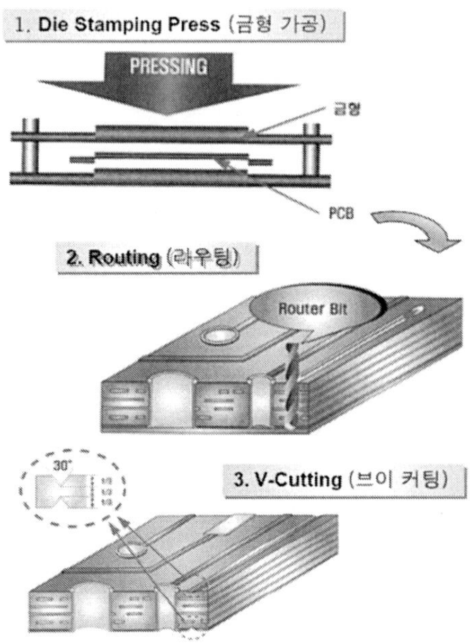

1. Die Stamping Press (금형 가공)
상하 두판으로 이루어진 1 set의 Stamping Die (금형 = 철주조물을 수차 담금질한 형틀에 가공할 PCB의 외형과 홀/홈따기 모양을 깍아 넣은 틀)를 70, 110, 150 ton의 가압 Punching용 Press에 장착하여 순간적인 타발로 원하는 PCB의 외형을 가공하는 공정.
Glass Epoxy PCB용 금형은 마모를 최소화 할 수 있는 재질이어야 하며, 가공 후 마모에 따른 치수 변화에 특별한 주의를 해야 한다.

2. Routing (라우팅)
PCB 생산의 품질 및 생산성향상을 위해 사용한 Working-Panel(작업패널)을 고객이 요구한 최종의 제품 사이즈와 모양으로 만들기 위해 외형을 가공하는 공정으로 Drill 공정과 유사하게 CNC Router M/C과 Router Bit 및 Program Data를 사용하여 작업이 이루어진다.
* Die Stamping Tool (금형)

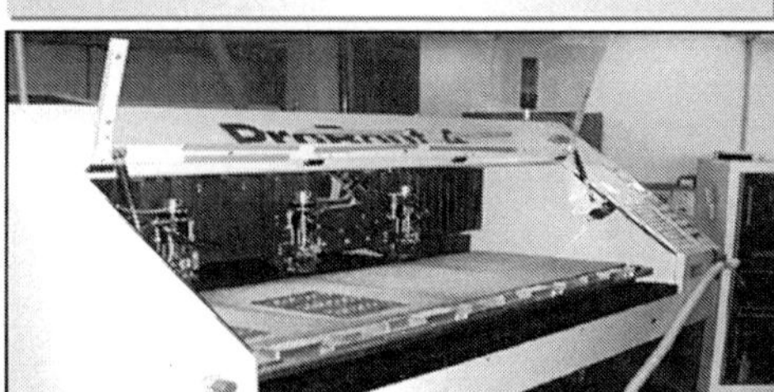

공정 12 : 검 사 (BBT, 육안검사, 포장)

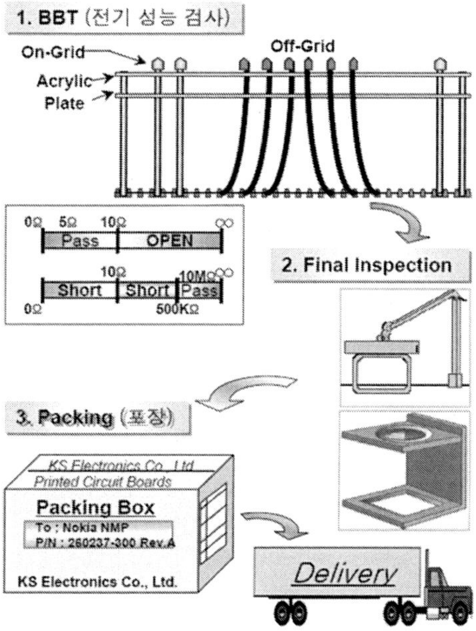

1. BBT (Bare Board Test : 전기 성능 검사)

PCB 가공이 완료된 후 회로상의 전기적 결함 즉, Open & Short (회로의 단락), 절연간격 위반 등 기본적인 전기적 성능을 Multi-Tester로 시험하는 공정이다.

Test Fixture(Jig)가 별도로 준비되어야 하며, Test 장비의 종류는 Dedicated Type(전용기)과 Universal Type(범용기)이 있다.

고객 즉, Set 업체가 부품을 실장 한 후에 실시하는 In-Circuit Test, Function Test, Assy Test와 구분하기 위해 사용하는 명칭.

2. Final Inspection (육안 검사)

전기적 성능시험이 완료된 후, 기판상에 발생한 기타 결함 즉, 제품의 크기, 가공된 Hole Quality, Hole Size, Location, 형상과 재질, 사용한 자재, 회로의 구성 형태 등 고객의 구매 규격에 대한 적합성을 중심으로 PCB 제조 기술상, 관리 기술상 또는 Workmanship Error등을 CMM (좌표측정기), 기타 계측기 (Vernier Calipers, Dial Gauge, Pin Gauge, Angle Block Gauge) 측정 외에 외관결함 Cosmetic Defect) 등을 확대경 검사 및 육안검사로 확인한다.

3. Packing (포장)

고객에게 제품을 납품하기 위해 낱개 및 단위로 포장하는 공정.

낱개 PCB를 단위별로 진공포장 후 완충제와 함께 다시 Box포장을 하며, 장거리 운송이나 고객의 요구 시에는 Banding M/C을 이용한 포장도 한다.

고객별의 요청에 따라 Box상에 필요한 표기를 하고, 출하 검사 시 작성된 검사성적서(COC)를 첨부하기도 한다.

PCB 제조공정도

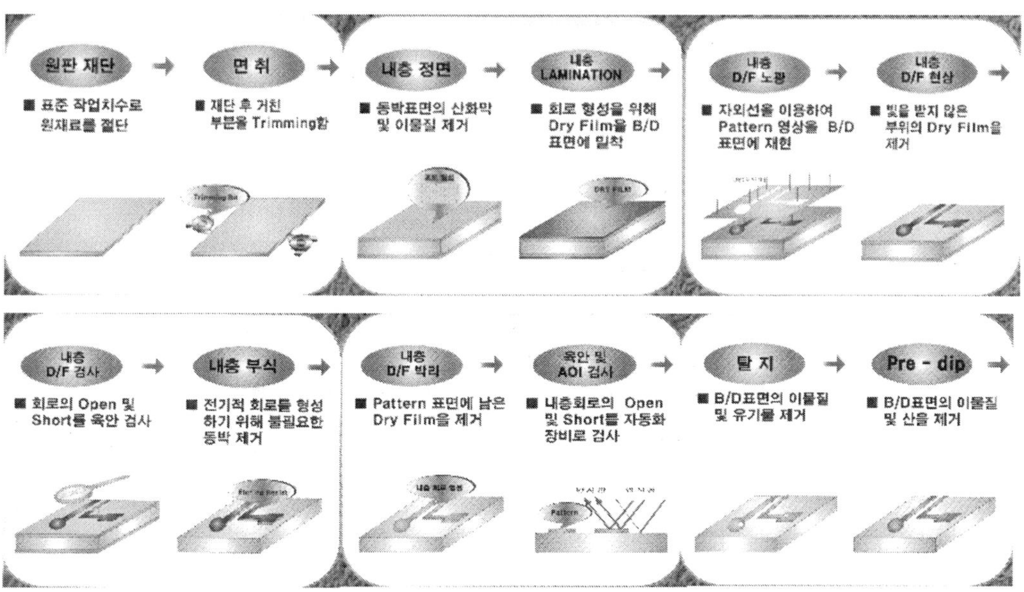

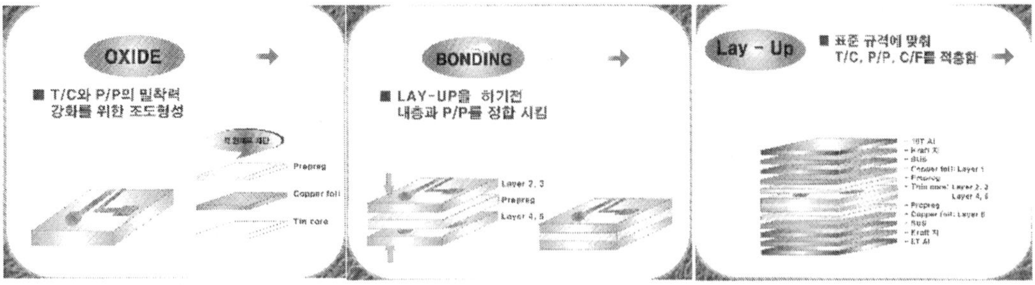
OXIDE
■ T/C와 P/P의 밀착력 강화를 위한 조도형성
Prepreg
Copper foil
Tin core
BONDING
■ LAY-UP을 하기전 내층과 P/P를 정합 시킴
Layer 2, 3
Prepreg
Layer 4, 5
Lay - Up
■ 표준 규격에 맞춰 T/C, P/P, C/F를 적층함

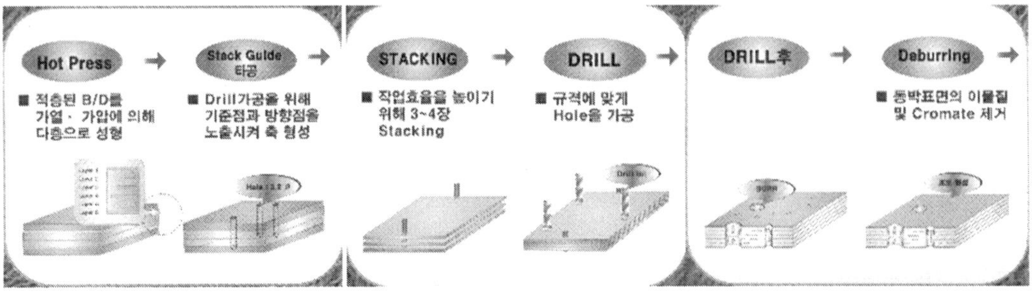
Hot Press
■ 적층된 B/D를 가열 · 가압에 의해 다층으로 성형
Stack Guide 타공
■ Drill가공을 위해 기준점과 방향점을 노출시켜 축 형성
STACKING
■ 작업효율을 높이기 위해 3~4장 Stacking
DRILL
■ 규격에 맞게 Hole을 가공
DRILL후
Deburring
■ 동박표면의 이물질 및 Cromate 제거

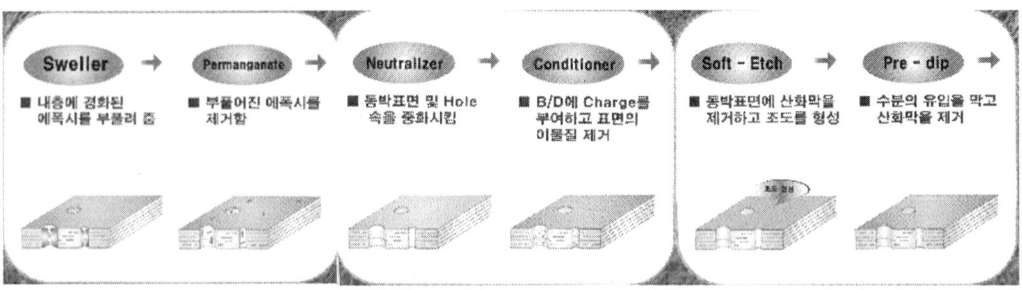
Sweller
■ 내층에 경화된 에폭시를 부풀려 줌
Permanganate
■ 부풀어진 에폭시를 제거함
Neutralizer
■ 동박표면 및 Hole 속을 중화시킴
Conditioner
■ B/D에 Charge를 부여하고 표면의 이물질 제거
Soft - Etch
■ 동박표면에 산화막을 제거하고 조도를 형성
Pre - dip
■ 수분의 유입을 막고 산화막을 제거

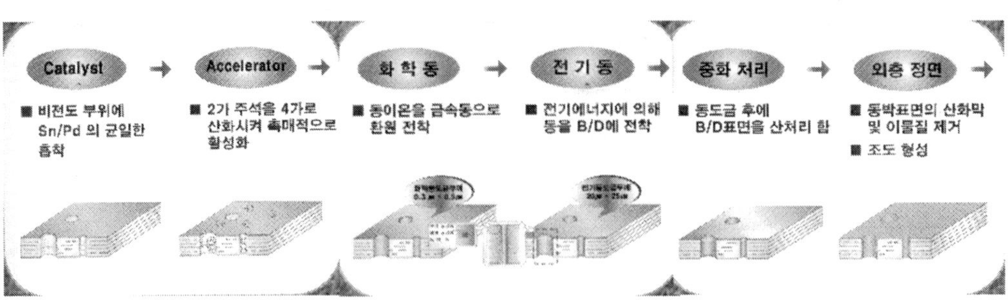
Catalyst
■ 비전도 부위에 Sn/Pd 의 균일한 흡착
Accelerator
■ 2가 주석을 4가로 산화시켜 촉매적으로 활성화
화 학 동
■ 동이온을 금속동으로 환원 전착
전 기 동
■ 전기에너지에 의해 동을 B/D에 전착
중화 처리
■ 동도금 후에 B/D표면을 산처리 함
외층 정면
■ 동박표면의 산화막 및 이물질 제거
■ 조도 형성

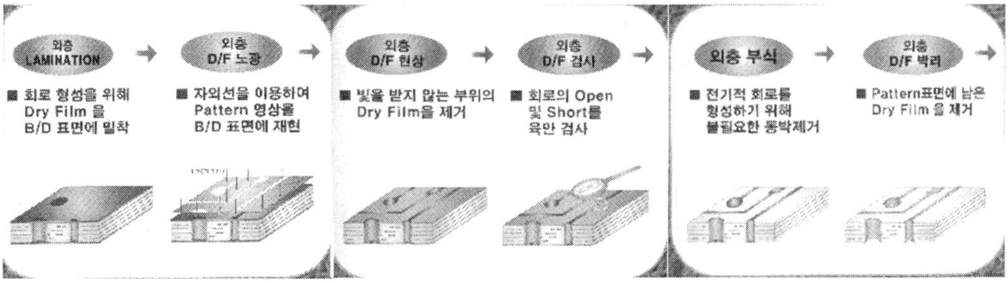
외층 LAMINATION
■ 회로 형성을 위해 Dry Film 을 B/D 표면에 밀착
외층 D/F 노광
■ 자외선을 이용하여 Pattern 영상을 B/D 표면에 재현
외층 D/F 현상
■ 빛을 받지 않는 부위의 Dry Film을 제거
외층 D/F 검사
■ 회로의 Open 및 Short를 육안 검사
외층 부식
■ 전기적 회로를 형성하기 위해 불필요한 동박제거
외층 D/F 박리
■ Pattern표면에 남은 Dry Film 을 제거

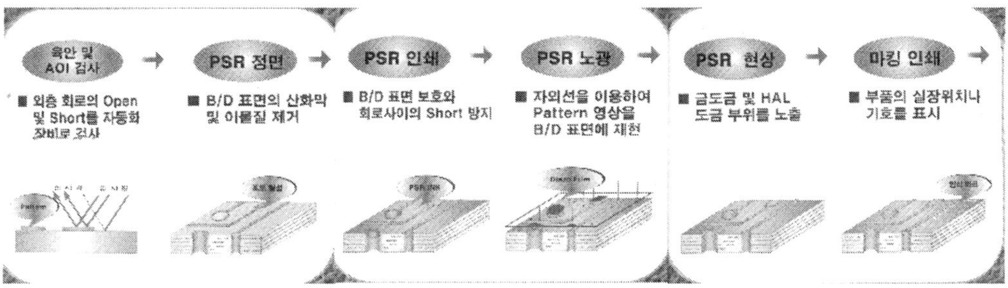
육안 및 AOI 검사
■ 외층 회로의 Open 및 Short를 자동화 장비로 검사
PSR 정면
■ B/D 표면의 산화막 및 이물질 제거
PSR 인쇄
■ B/D 표면 보호와 회로사이의 Short 방지
PSR 노광
■ 자외선을 이용하여 Pattern 영상을 B/D 표면에 재현
PSR 현상
■ 금도금 및 HAL 도금 부위를 노출
마킹 인쇄
■ 부품의 실장위치나 기호를 표시

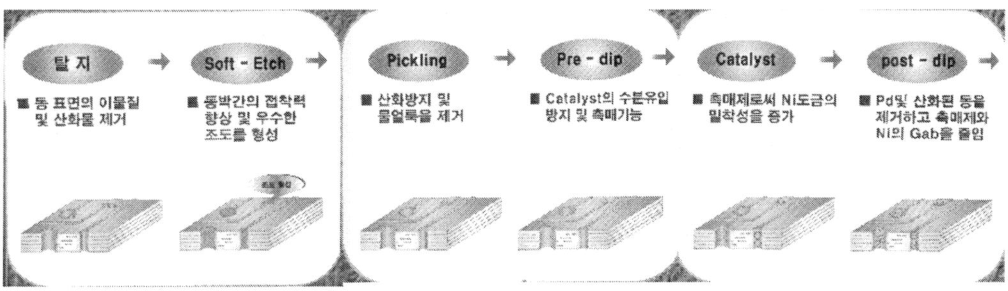
탈 지
■ 동 표면의 이물질 및 산화물 제거
Soft - Etch
■ 동박간의 접착력 향상 및 우수한 조도를 형성
Pickling
■ 산화방지 및 물얼룩을 제거
Pre - dip
■ Catalyst의 수분유입 방지 및 촉매기능
Catalyst
■ 촉매제로써 Ni도금의 밀착성을 증가
post - dip
■ Pd및 산화된 동을 제거하고 촉매제와 Ni의 Gab을 줄임

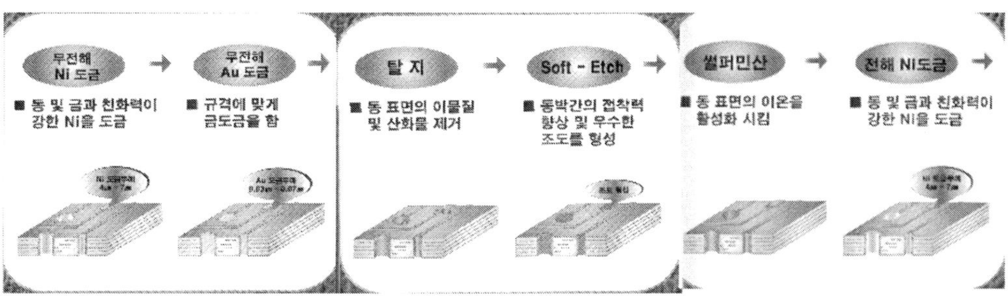
무전해 Ni 도금
■ 동 및 금과 친화력이 강한 Ni을 도금
무전해 Au 도금
■ 규격에 맞게 금도금을 함
탈 지
■ 동 표면의 이물질 및 산화물 제거
Soft - Etch
■ 동박간의 접착력 향상 및 우수한 조도를 형성
썰퍼민산
■ 동 표면의 이온을 활성화 시킴
전해 Ni도금
■ 동 및 금과 친화력이 강한 Ni을 도금

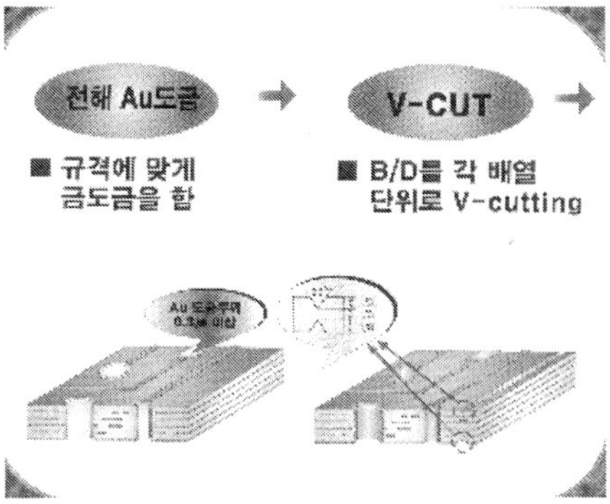
전해 Au도금
V-CUT
■ 규격에 맞게 금도금을 함
■ B/D를 각 배열 단위로 V-cutting

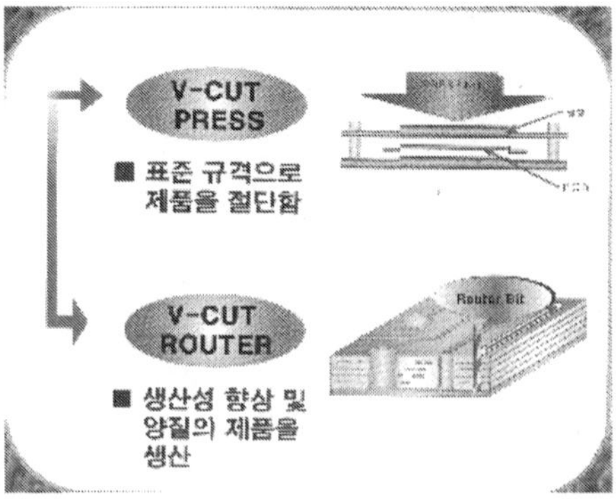
V-CUT PRESS
■ 표준 규격으로 제품을 절단함
V-CUT ROUTER
■ 생산성 향상 및 양질의 제품을 생산
Router Bit

Appendix B –
PCB 제작 일반

B-1 PCB 제작의뢰

1. PCB 거버파일을 생성한다.

설계된 아트워크의 Gerber파일을 제공하여 PCB제작을 할 의뢰할 수 있다.

최근 Gerber Data Format은 Aperture File을 포함하고 있는 RS274-X를 주로 사용한다.

2. 발주서를 작성하고 PCB 제작을 의뢰한다.

발주서 작성은 제작업체마다 약간의 양식상의 차이는 있을 수 있으나 기본적으로 거의 동 일한 내용을 포함하여 작성을 한다. 직접 PCB 제작업체의 홈페이지에 있는 발주서 작성의 예를 들어 작성하는 방법을 알아보도록 한다.

3. 기본사양정보 작성

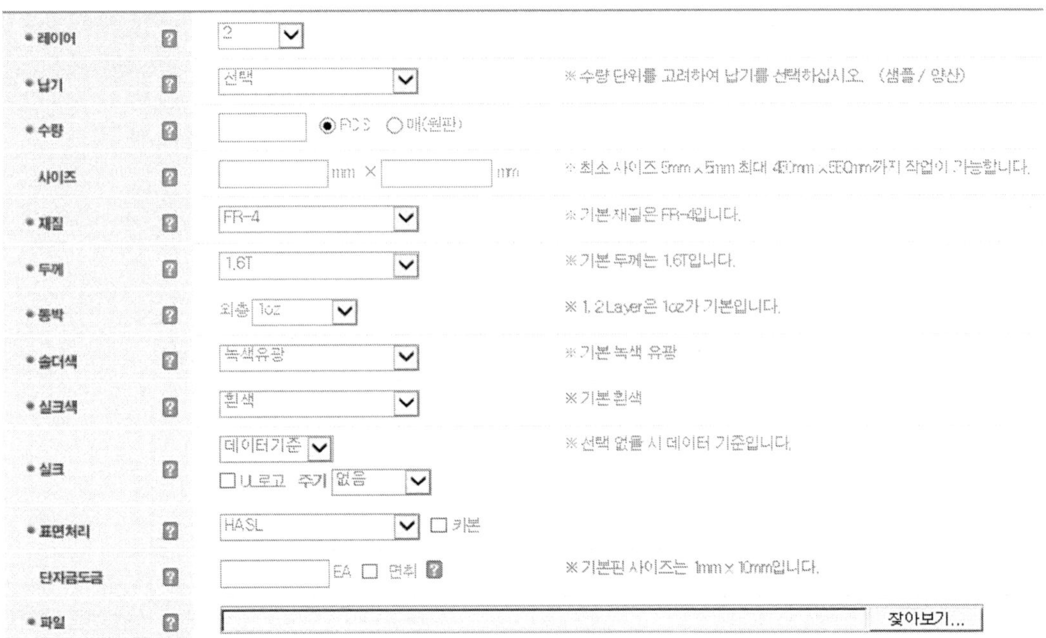

(가) 재질

FR-1, FR-4, CEM-1, CEM-3 등은 ANSI 협회에서 규정한 내열성 등급을 말한다.

① FR-4: Epoxy Resin 이 함침된 Glass Fabric(유리섬유)를 여러 겹으로 적층하여 고온 고압으로 압축 성형한 재질이다. 다른 등급의 재질과 비교 시 가격 대비 성능이 우수하

며, 특성이 가장 평균치이어서 일반적으로 사용되는 재질.

② CEM-1 :Epoxy Resin 이 함침된 Paper Phenol(종이섬유) 를 조직하여 만들어진 유 리섬유이다. 단층 제품에 사용이 되며, FR-2와 FR-3의 가공성과 FR-4의 물리적 특성 을 비슷하게 가지고 있다.

③ CEM-3: 직조된 Glass Fabric(유리섬유) 와 None woven Glass를 이용하여 Epoxy Resin에 함침시킨 제품이다. FR-4 와 흡사한 성질을 가지고 있다.

구분	수지	용도
FR-1	Phenolic	민생용 가전제품
FR-2	Phenolic	민생용 가전제품
CEM-1	Epoxy/Phenolic	민생/산업용
CEM-3	Epoxy	컴퓨터/자동차
FR-4	Epoxy	산업용

④ METAL(Al): Base Material이 Al 등의 Metal로 이루어져 있으며, 방열특성이 특히 우수 하다. 고주파와 방열에 대응하는 용도로 주로 사용된다.

⑤ Teflon: Teflon을 절연체로 사용한 기판으로, 신호 손실을 줄일 수 있어서 작은 power로도 기기를 운용할 수 있게 해주며, 고주파 PCB설계가 가능하다. 회로와 그라운드 사이의 두께가 균일하여 임피던스 조절이 용이하고, 전기적 안정성과 열악한 환경에서의 신뢰성, 내열성 또한 뛰어나다. 고주파를 사용하는 기기 특히 무선통신 분야의 PCB에 많이 사용된다.

⑥ 플렉서블 기판(Flexible Base material): 유연성을 갖는 PCB로 절연기판이 얇은 폴리에스테르나 폴리이미드 필름에 동박을 입힌 기판

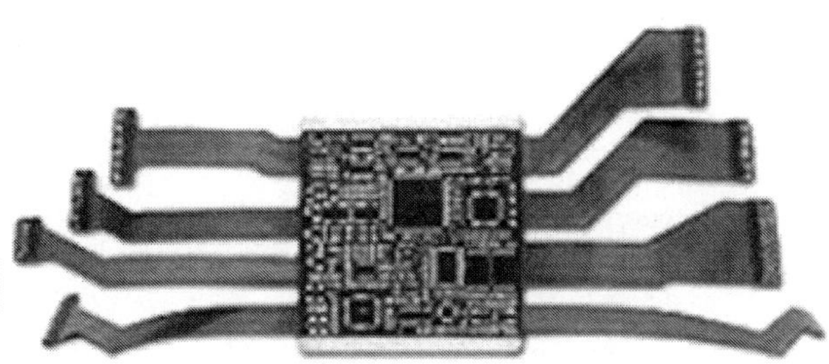

(나) PCB 두께

PCB는 1.6mm 두께가 주종을 이루고 있었으나 전자제품이 경박 단소화 됨에 따라 박판화

되는 경향이 있다. 그 대표적인 제품이 IC카드, 테블릿, 스마트폰, 노트북 등이라 할 수 있다.

구분	두께	사용처	증가율
박판	0.3~1.2㎜	IC카드, 캠코더, 휴대전화, 페이저, 노트북 PC	큼
일반	1.6㎜	컴퓨터, 오디오, 비디오	보통
후판	2.4~6.0㎜	Back panel,검사용(burn in) 보드, IC 테스터 Probe Board, 슈퍼 컴퓨터	보통

(다) 동박

PCB 제작 시 사용하는 동박의 두께는 일반적으로 35㎛~104㎛를 가장 많이 사용한다.

종류(oz)	두께
$\frac{1}{3}$ oz	12[㎛](0.012[㎜])
0.5 oz또는 $\frac{1}{2}$ oz	18[㎛](0.018[㎜])
1 oz	35[㎛](0.035[㎜])
2 oz	70[㎛](0.070[㎜])
3 oz	105[㎛](0.105[㎜])

(라) 솔더인쇄

노출된 회로의 산화를 방지하기 위하여 영구적인 Epoxy 성분의 솔더 마스크 절연잉크를 도포하는 공정으로, 색상으로는 녹색 유광, 녹색 무광, 청색, 노랑색, 흰색, 빨강색, 검정 무광, 검정 유광, LED전용흰색 등이 있다.

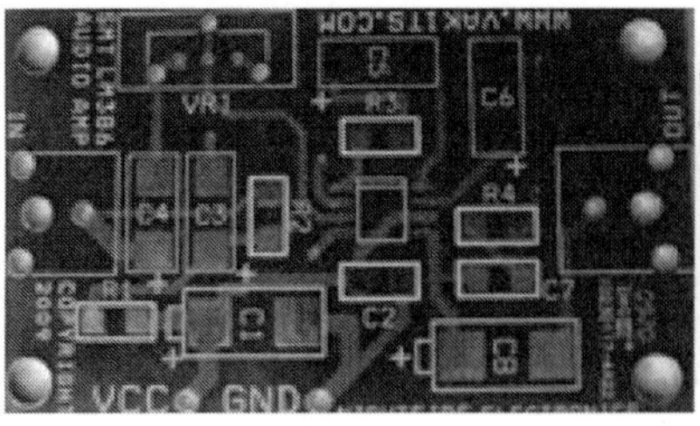

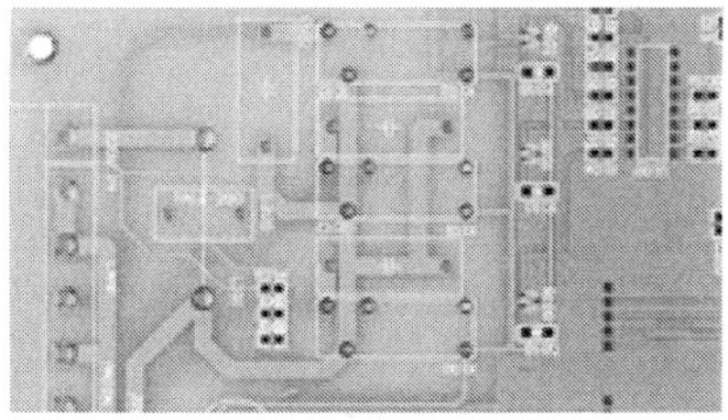

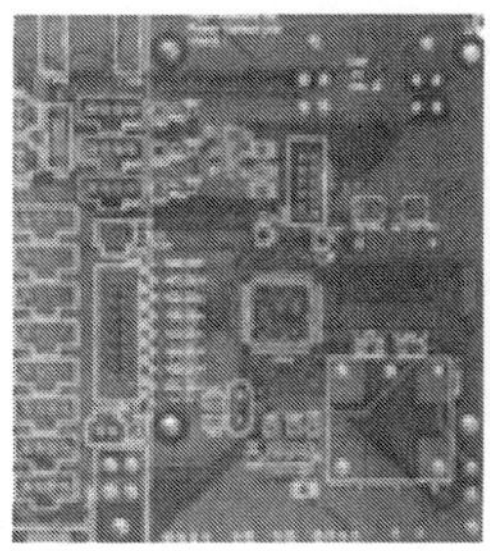

(마) 실크인쇄

부품 번호나 부품의 좌표 등 PCB상에 표기되어야 할 기호나 표기 등 식자를 인쇄하는 것이다.

(바) 표면처리

① HASL(Hot Air Solder Levelling): PCB 내부의 노출된 전도체 부위가(Cu) 용융 솔더 존을 통과하여, 노출 부위에 용융 솔더링이 되며(Sn/Pb,63:37) 고온의 공기 분사를(Hot air cutting) 이용하여, Solder의 두께를 균일하게 유지 및 평준화 시키는 작업이다. 최근 환경 문제로 인해 향후 점차 사용 범위가 축소될 것으로 보인다.

② OSP(Organic Solderability Preservative): Cu(동)의 산화로부터 하층 구리를 보호해 솔더링을 향상시킬 수 있도록 고안된 비금속 코팅 방법으로 수용성 유기화합물을 사용 하여, 동의 산화를 억제하는 보호 피막을 형성한다. FLUX 와 비슷한 화합물이며 환경 친화적인 물질이다. 유기물질이 형성이 되어 있으므로 제품 취급 부주의와 환경 관리 요인 및 장기 보관 시 신뢰성에 문제가 발생될 수 있다.

③ ENIG(Electroless Nickel-immersion Gold): SMT 및 BGA package 부품 실장에 용이하며, 견고성, 마모 저항성 , 부식저항성 등 다양한 물리적 특성이 뛰어나며, 균일한 도금 두께로 인하여 미세 피치 등의 제품에 광범위하게 사용된다. Cu(동)의 산화 방지를 위하여 무전해 Ni-P(니켈) 도금 후에 0.03 ~ 0.05um Au(금) 피막을 형성하고 니켈 하지층의 산화 방지를 목적으로 한다.

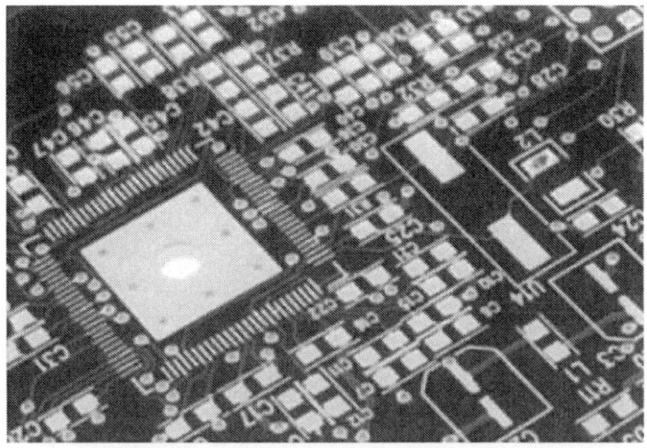

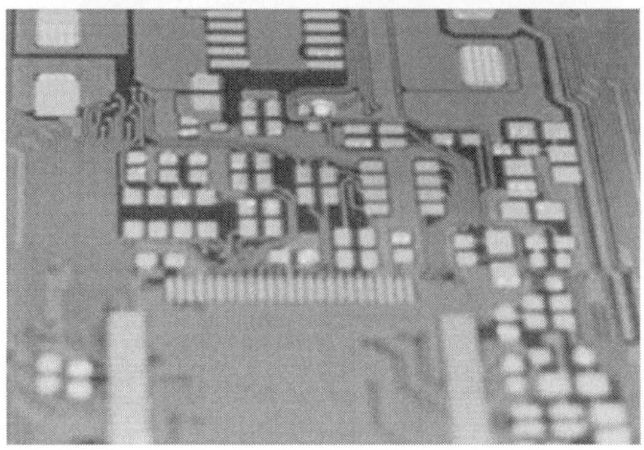

〈HASL〉 〈OSP〉

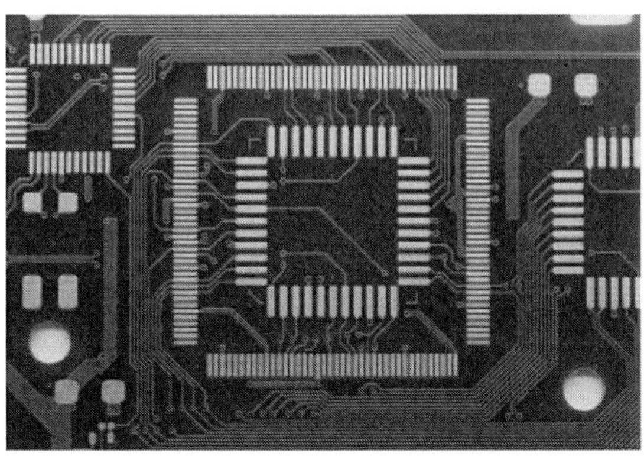

〈ENG〉

(사) 단자도금

전기 전도가 높고 장기간 변색이 되지 않으며, 접촉저항이 적은 특성이 있다. 높은 신뢰성을 요하는 단자에 보통 금으로 단자도금을 한다.

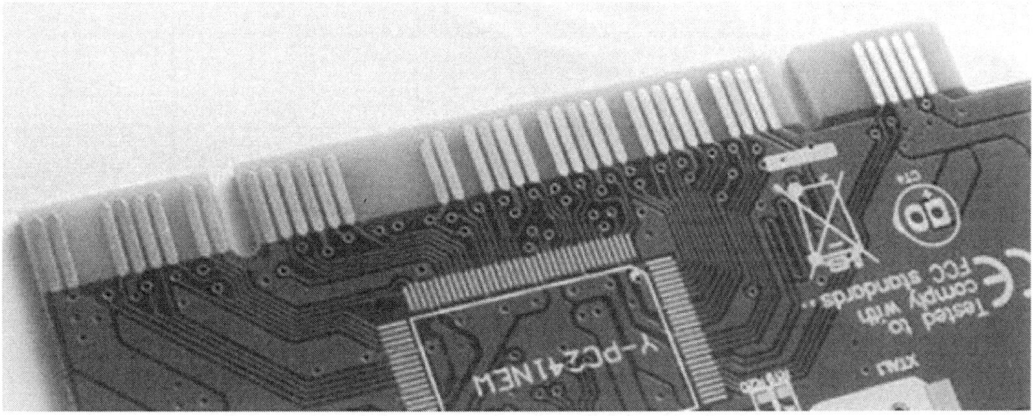

4. 상세사양정보작성

배열	X축 [ ] Y축 [ ] 배열방법 [ ]	
자삽바 부착 유무 치수	선택	※ 자삽바의 위치와 자삽바의 사이즈를 선택해주시면 됩니다.
V-CUT	[ ] 줄	
C-CUT	선택	※제품에 C-CUT이 존재할 경우 선택하시면 됩니다.
Slot Hole(장공홀)	선택	
최소 회로 폭 / 간격	회로폭 [ ] μm 간격 [ ] μm	
요청자료	기본사항 □ 승인원 □ 작업데이터 검사 성적서 □ BBT성적서 □ 육안성적서 □ 섹션(레포트/쿠폰) 필름 □ 작업필름 □ 승인용필름	

(가) 자삽바

부품 실장 시, 자동화된 SMT 장비를 사용하기 위한 Guide Dummy

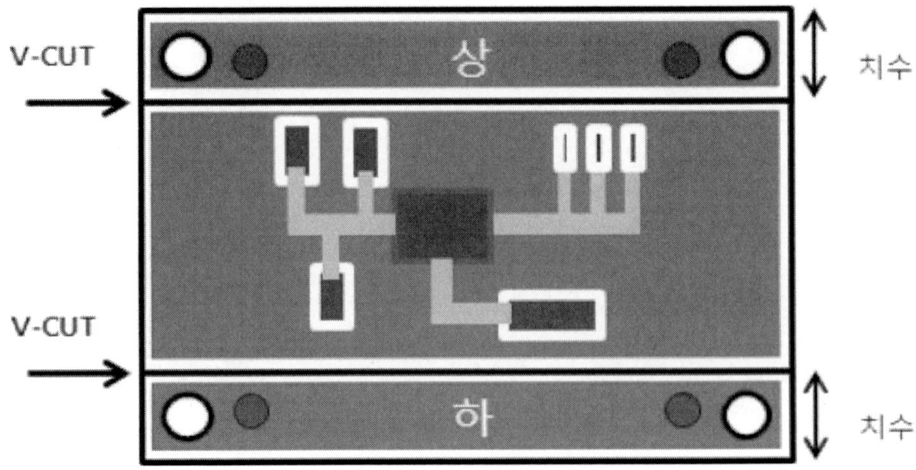

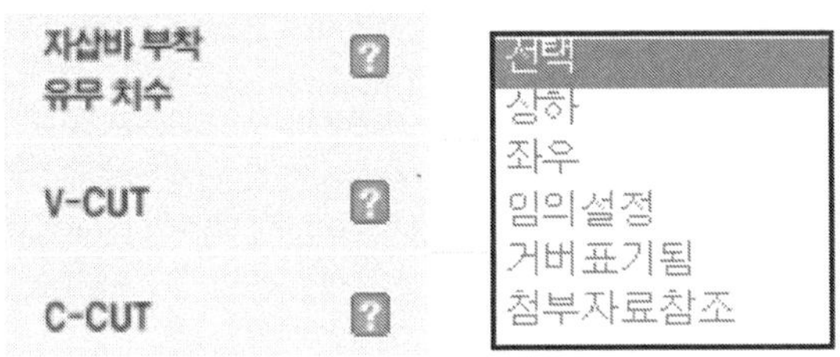

(나) V-CUT

PCB의 분할을 쉽게 하기 위하여 설치한 V형의 홈

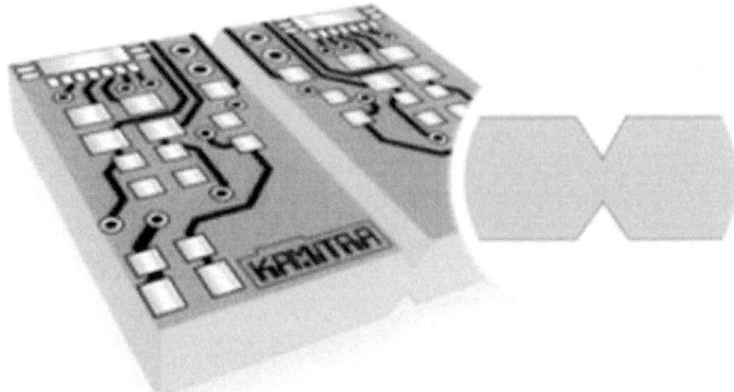

(다) C-CUT

측면에 도금되는 C모양의 반홀이며, 주로 다른 보드와 붙이거나 연결하기 위한 목적으로 사용된다.

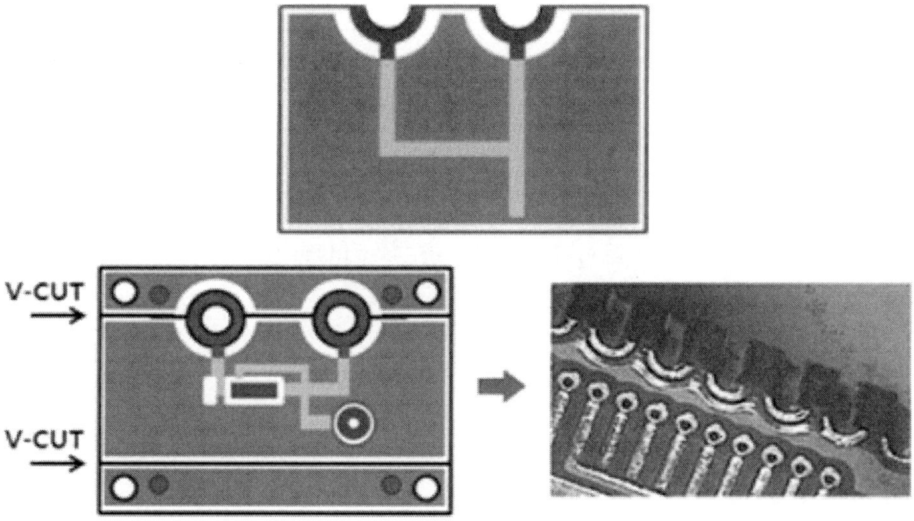

(라) 최소 회로폭/간격

동박의 두께에 따라 최소 회로폭, 패턴 간격이 정해진다.

동박(도금 전 Cu 두께)	패턴 폭	패턴 간격
Hoz (0,018mm)	0. 100mm	0. 100mm
1oz (0.035mm)	0. 125mm	0. 125mm
2oz (0.070mm)	0. 150mm	0. 150mm

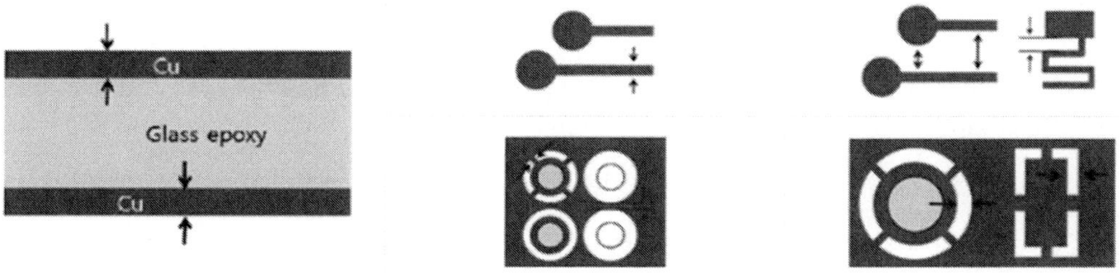

B-2. PCB 제조 공정

① DATA 접수
거버 데이터를 의뢰자로 부터 접수 받는다.

② CAM
거버데이터, 제조 사양등을 확인하여 필름 출도 준비를 한다.

③ Film출력
Master Film을 Ploting한다.(네거티브 Film출력)

④ DRILL
NC 프로그램에 따라 HOLE 크기 순서대로 드릴 작업을 한다.

⑤ 1차(화학도금)
Through Hole인 경우 Expoxy표면에 전기 도금이 안되므로 약품을 1~3um 도금한다.

⑥ 외층정면
외층 패턴 형성시, D/F 밀착강화를 위해서 원판 표면에 요철을 주기 위해서 브러쉬로 연마한다.

⑦ 라미네이션
외층 패턴 형성을 위해 표면에 감광성 필름(D/F)을 원판 표면에 입힌다.

⑧ PATTERN 노광
D/F를 입힌 PANEL에 외층 패턴필름을 덮은후, 자외선에 노출시켜 외층패턴을 형성한다.

⑨ D/F 현상
감광된 작업 PANEL을 현상액에 넣어 감광된 부분인 외층패턴부분의 D/F를 제거한다.(빛을 받지 않은 부분을 벗겨내는 공정)

⑩ 2차 전기도금
Hole속의 도금과 표면에 Copper를 보강하기 위해 전기도금 방식으로 20~25um 도금한다.

⑪ 외층 ETCHING
전기도금후 비 패턴 부분인 D/F를 제거후 노출된 동박은 에칭으로 제거, 패턴만 남긴다. 에칭액은 염화제이철($FeCl_3$)을 사용한다.

⑫ 인쇄 정면
PSR 작업을 위해 표면의 이물질, 산화막, 기름기 기타 잡물질을 제거 부러쉬 연마한다.

⑬ PSR(Photo Imageable Solder Resist)인쇄
기판표면의 절연 및 패턴 보호를 위해 절연성 Ink로 도포한다.

⑭ 실크 인쇄

부품 조립을 위해 부품 기호, 회사로고, 문자 기타 표시를 SilkScreen 방식으로 인쇄한다.

⑮ 건조

PSR인쇄와 Silk 인쇄후의 Ink를 완전 경화를 위해 최소 90분 이상을 건조시킨다.

⑯ HSAL

납땜의 원할과 산화 방지를 위해 Hole, Land, SMD를 납+주석 합금으로 5~7um 도포한다.

⑰ 단자도금

Egde Connector가 있을때, 신뢰성 증대를 위해 금(Au) 0.3um, 니켈(Ni)5um를 도금한다.

⑱ 외형 가공

Set Ass'y를 위해 Chass 기구도면대로 기판외형을 가공한다.

⑲ V-CUT

기판이 배열되어 있을 때 분리를 쉽게 하기 위하여 V자 홈을 낸다.

⑳ 수세

외형 가공시, 잔유물, 이물질, 기름 등을 제거하기 위해서 물로 고압 세척한다.

㉑ 휨 교정

기판이 변형, 뒤틀림, 휨이 있을 경우, 이를 교정하여 Leveling을 일정하게 해 준다.

㉒ BBT(Bare Board Test)

기판의 Open, Short 상태를 Check하여 설계 Data대로 양품, 불량품을 구분한다.

㉓ 최종 검사

기판표면의 상태, 이물질, 형상등을 표준검사표에 부합하여 양품, 불량품을 구분한다.

㉔ 출하 검사

기판의 최종 상태가 승인원(원본 Data)대로 작업되었는가를 검사한다.

㉕ 포장최종 양품기판을 User의 요구 수량, 운송, 보관을 위해 적정 수량대로 포장한다.

B-3. PCB 조립 및 검증

(1) PCB Package Type

SVP(Surface Vertical-Mount Package)

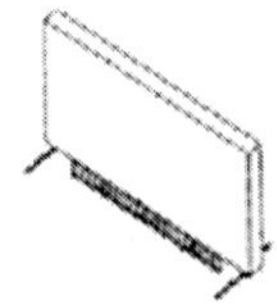

SOP(Small Outline Package)

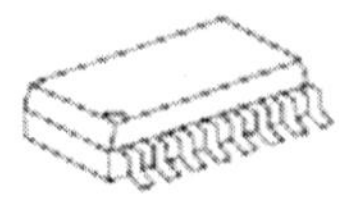

TSOP(Thin Small Outline Package)

SOJ(Small Outline J-lead Package)

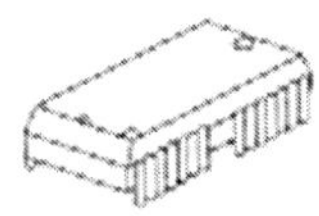

QFP(Quad Flat Package)

QFJ(Quad Flat J-lead Package)

LCC(Leadless Chip Carrier)

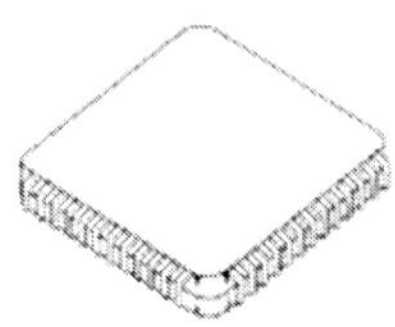

LCC SOJ(Leaded ChipCarrier SOJ)

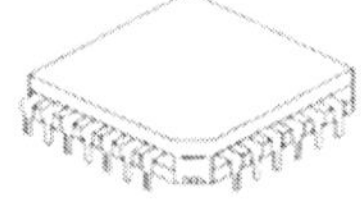

BGA(Ball Grid Array)

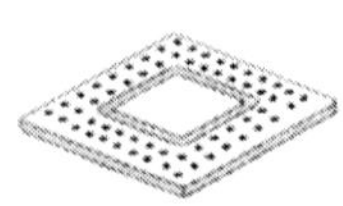

SIP(Single Inline Package)

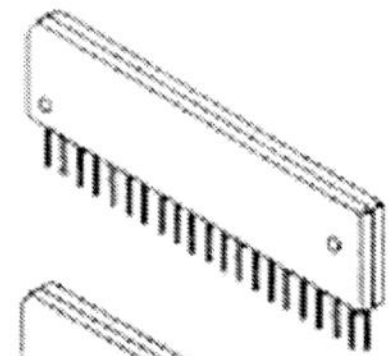

ZIP(Zig-zag Inline Package)

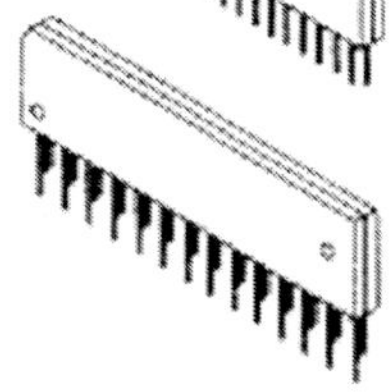

DIP(Dual Inline Package)

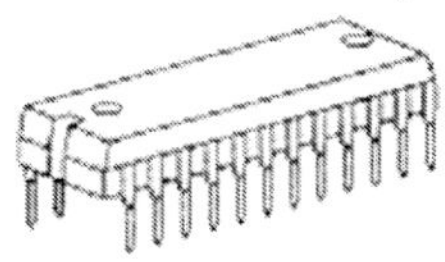

PGA(Pin Grid Array)

① SOP(Small Outline Package): SMT(Surface Mount Type) 형태의 패키 지로서, Package 두께에 따라 TSOP, Plastic Dimension에 따라 SSOP로 구분하며, 가장 널리 쓰이는 Plastic Package이다.

② QFP(Quad Flat Package): 부품의 핀이 4면으로 돌출된 표면실장형(SMD) 의 집적회로 패키지로 소켓이나 구멍의 실장에는 사용할 수 없다.

③ TQFP(Thin Quad Flat Package): 공간이 제약된 응용제품을 설계하는 데 사용되는 집적회로 패키지의 한 종류, 두께는 1.0mm ~ 1.4mm이다.

④ SIP(Single In-line Package): 한쪽 측면에만 Lead가 있는 패키지 소자

⑤ DIP(Dual In-line Package): 핀의 배열이 두 줄로 평행하게 배열되어 있는 부품을 지칭하는 용어로 우수한 열 특성을 가지고 있다.

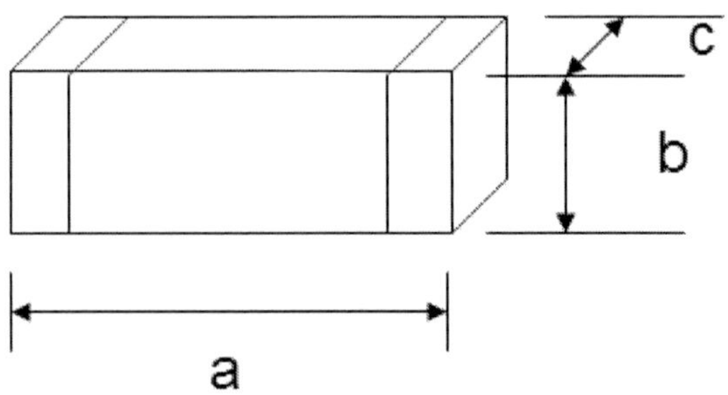

각 chip의 크기 별 분류(적층 chip형)

a,b 즉 1005의 경우 a = 1.0 , b = 0.5

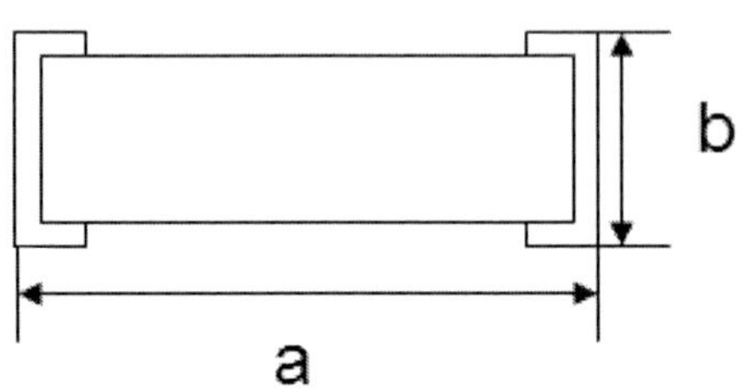

Chip 고정 저항기

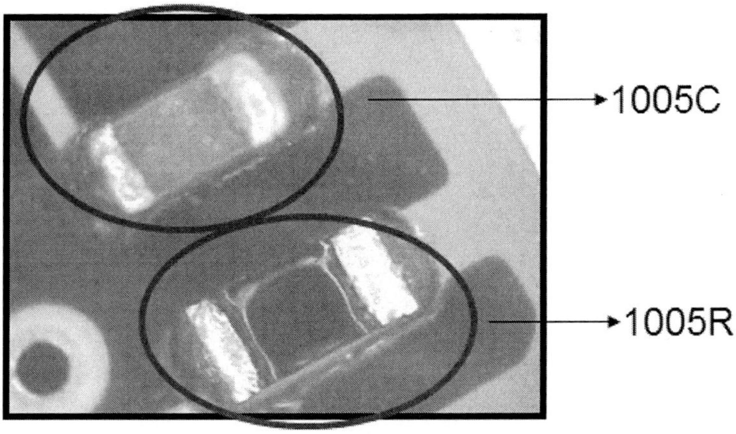

(2) 회로도의 BOM을 참고하여 PCB 조립을 위한 부품목록을 작성한다.

(예)

NO	부품명	규격	개수	비고
1	OP-AMP	uA741, ±15V	5	
2	제너다이오드	Vz = 5V, 1/2W	2	
3	전해콘덴서	22uF, 25V	10	
4				
5				
⋮				

(3) PCB 조립 방법

(a) 수작업에 의한 PCB 조립

(ㄱ) 작성한 부품목록 및 부품배치도를 참고하여 해당 PCB 위치에 해당부품을 삽입한다.

(ㄴ) 해당 부품을 PCB에 밀착시켜 납땜을 한다.

(ㄷ) 해당 부품의 리드 핀 부분을 절단한다.

(ㄹ) 위와 같은 과정을 반복하여 PCB에 부품을 조립한다.

(b) SMT 조립

SMT(Surface Mount Technology)는 표면실장 기술로 전자 기판 위에 부품을 올려놓는 공정이나 시스템을 말한다.

(ㄱ) SMT흐름도

① LOADING

PCB기판을 자동공급

② SCREEN PRINTING

PCB동박에 부품을 납땜하기위한 CREAM SOLDER도포

③ CHIP MOUNTING

CREAM SOLDER가 도포된 PCB상에서 CHIP 부품을 장착

④ 이형부품 MOUNTING

CREAM SOLDER가 도포된 PCB상에서 이형 부품을 장착

⑤ REFLOWING

열을 가해 CREAM SOLDER 납땜이 이루어지게 함

⑥ UNLOADING

작업이 완료된 PCB를 MAGAZINE에 자동적재

⑦ 비젼&목시 검사

조립 완료된 PCB보드의 검사항목 확인

수삽 형태

SMD 부품을 양면에 사용한 형태

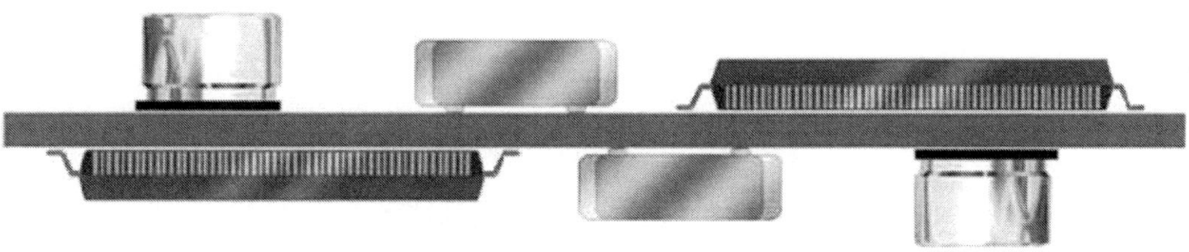

수삽 부품과 SMD 부품이 혼재된 실장 형태

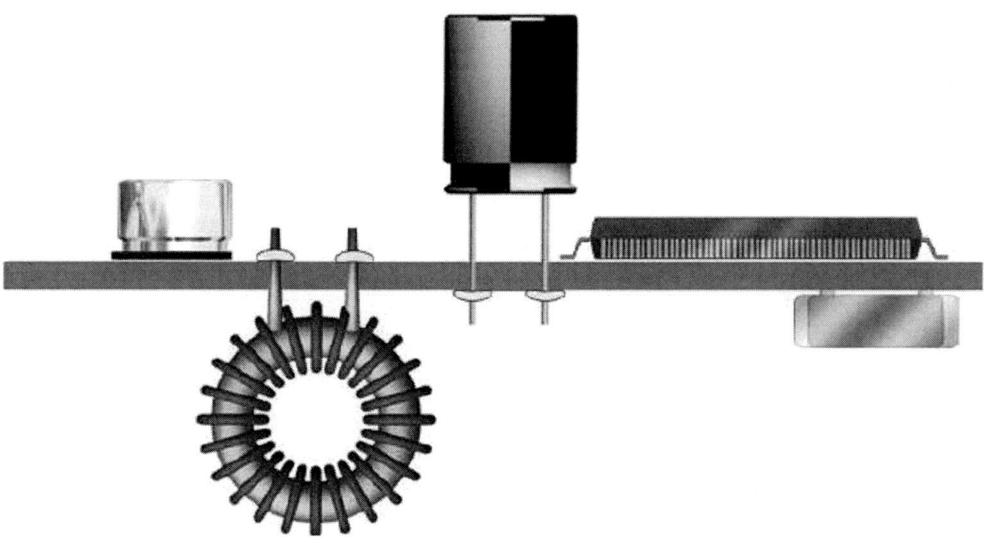

(ㄴ) SMT의 장점

① 자동화에 따른 신뢰성 및 제품의 품질 향상된다.

② 집적회로의 생산으로 전체 생산비용의 감소한다.

③ 대량생산 가능이 가능하다.

④ 생산관리가 용이하다.

(ㄷ) SMT의 단점

① 자동화 공정을 위한 많은 초기 투자가 요구된다.

② 부품이 작고, PCB가 복잡함에 따른 수리비용 발생한다.

③ 신기술의 습득 및 항상 새로운 작업 방법이 요구된다.

④ 소량 생산 시 생산비용 증가한다.

(4) SMT의 불량 유형 및 원인과 대책

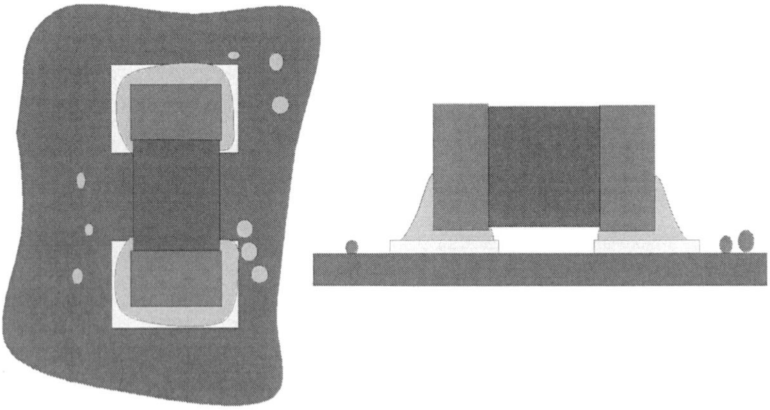

(ㄱ) Solder balling

solder paste가 용융되는 동안 납방울이 하나의 부분으로 합쳐지지 않고 별도의 입자를 구성한 것.

- 원인　　solder 입자의 산화
  flux 활성도의 저하로 인한 용융불량

- 대책　　paste 보존 조건의 엄수
  인쇄시의 습도 관리(60%이하)
  paste open time 준수

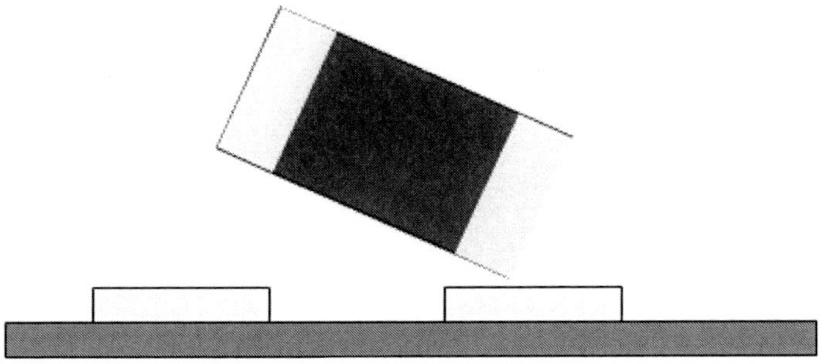

(ㄴ) Tombstone Effect

reflow 후 한쪽면을 기점으로 chip이 일어서는 현상

- 원인 열속도 및 방향의 불균형
  paste의 특성 불량
  예열의 부족 또는 불균일
  부품 단자의 납땜성 불량
  단자의 형상 또는 크기의 불량

- 대책 PCB land의 설계
  solder의 량 조절
  reflow의 온도 조정

Minimum proper wetting must be evident

Rejected: proper wetting is not evident

(ㄷ) Open joint / Lead open

흔히 QFP 등 다핀 부품에서 일어나기 쉬운 현상으로 lead의 미접합 상태를 말한다.

- 원인 paste의 높이가 부품의 평탄도를 하회한 경우

- 대책 Paste의 판빠짐 관리 및 stencile 관리
  paste의 인쇄 환경 관리(건조)
  공정관리의 강화
  부품의 평탄도 관리

저자와의
협의에 의해
인지 생략

기초와 응용 실습을 중심으로 한

Allegro OrCAD PCB 설계

3판 3쇄 2025년 3월 4일

저 자	차태호/허찬욱
발행인	송광헌
발행처	도서출판 복두(더)
주 소	서울특별시 영등포구 경인로82길 3-4 센터플러스 807호 (우) 07371
전 화	02-2164-2580
FAX	02-2164-2584
등 록	1993. 11. 22. 제 10-902 호

정가 : 28,000원

ISBN : 979-11-6675-259-9 93560

한국과학기술출판협회 회원사